KB098268

문화론의 도래와 파장

문화과학 이론신서 78

문화론의 도래와 파장
_『문화/과학』 이론 선집

초판인쇄 2019년 11월 21일 | 초판발행 2019년 11월 28일
엮은이 『문화/과학』 편집위원회
펴낸이 박진영 | 펴낸곳 문화과학사
주소 10881 경기도 파주시 심학산로 12(서패동, 302호)
전화 031-902-0091 | 팩스 031-902-0920
이메일 moongwa@naver.com | 홈페이지 http://cultural.jinbo.net

값 25,000원

ISBN 978-89-97305-18-6   93300

이 도서의 국립중앙도서관 출판시도서목록(CIP)은 서지정보유통지원시스템 홈
페이지(http://seoji.nl.go.kr)와 국가자료공동목록시스템(http://www.nl.go.kr/kolisnet)
에서 이용하실 수 있습니다. (CIP제어번호: CIP 2019047133)

문화과학 이론신서 78

문화론의 도래와 파장

『문화/과학』 이론 선집

• 『문화/과학』 편집위원회 엮음 •

문화과학사

『문화/과학』의 역사적인 100호 발간을 맞아 편집위원회에서 뭔가 기록에 남길 만한 일을 해야 하지 않을까 하는 논의를 하던 차에『문화/과학』99호까지 실린 특집 이론 원고와 문화현실분석 글 중에서 엄선해서 두 권의 선집을 내자는 의견을 모았다. 『문화/과학』이 다른 잡지와 차별화되는 꼭지가 있다면 바로 매호마다 간학제적이고 비판적인 주제를 선정하는 특집과, 동시대 대중문화 현상과 새로 생산되는 미디어텍스트, 그리고 공간과 사람의 현장 관찰기록을 하는 문화현실분석일 것이라는 생각에 이르게 되었기 때문이다.

『문화/과학』은 1992년 발간한 창간호에서 '과학적 문화론을 위하여'라는 특집을 논의 주제로 삼았는데, 이를 시작으로 매호마다 참신하고 도발적인 주제를 선보였다.『문화/과학』초기에는 언어, 욕망, 육체, 공간, 뉴미디어, 사이버 같은 주제들을 선정하여 문화이론의 주요 개념들을 비판적으로 사유하는 작업을 했고, 이후에는 문화공학, 문화사회, 사회미학 등 한국사회의 구조적인 문제들을 문화적 문제설정으로 새롭게 해석하려는 시도를 했다. 또한 지식생산, 교육개혁, 위험사회, 과학기술, 공황, GNR혁명 등 하나의 분과학문으로는 수용이 불가능한 간학제적인 쟁점들을 줄기차게 선보였다. 제2기 편집위원회가 작업하기 시작한 71호부터는 거시적인 주제보다는 미시적인 주제에 집중해서 특집을 다루었고, 특히 한국사회 문화현실의 최전선에서 제기되는 주요 쟁점들을 심층적으로 다루려는 노력을 해왔다. 문화행동, 페미니즘2.0, 블랙리스트, 미투정치, 혐오효과, 플랫폼자본주의, 인류세 등이 그 대표적인 특집 주제들이다.

다른 한편으로『문화/과학』의 특징을 잘 보여준 문화현실분석은 정말로 다양한 글들이 지난 99호까지 실렸다. 대중음악, 영화, 시각문화 등의 텍스트 분석에서 다양한 문화주체들을 위한 현장관찰기록, 재난과 파국의 사건에 개입하는 문화행동의 사례에 이르기까지 문화현실분석은 기존의 문학비평과 장르별 텍스트비평과는 다른 방식의 글쓰기를 개척해 보여주었다. 문화현실분석은『문화/과학』이 99호까지 이어져오는 동안 기획했던 수많은 꼭지들 중에서 끝까지 살아남아 지금까지 계속 되었다는 점에서『문화/과학』이란 계간지의 성격을 가장 잘 대변하는 꼭지라고도 볼 수 있다.

『문화/과학』은 매호마다 적게는 4개, 많게는 7-8개의 특집 원고를 실었다. 심지어는 한국 현시기 페미니즘을 다룬 49호나 '우리가 사는 꼴'이 특집이었던 69호 같은 경우, 잡지 전체를 같은 주제로 기획했던 호도 있었다. 99호까지 특집 이론에 실린 원고를 평균 5편으로 잡았을 때, 최소 500편에 가까운 특집 글이 실린 셈이다. 이에 비해 문화현실분석은 매호 3-4개의 원고를 실었다. 그러니까 문화현실분석 란에 대략 300편이 넘는 원고가 실린 셈이다.
『문화/과학』편집위원회는 800편이 훌쩍 넘는 이 특집 이론 글과 문화현실분석 원고 정보를 모두 정리해서 각각 100편의 글을 일차로 추렸고, 별도의 워크숍을 통해서 필자가 겹치지 않는 선에서 이론과 분석 각각 30여편을 고른 후에 마지막으로 최종 회의를 통해 이론 선집에는 총17편의 글을, 분석 선집에는 총 23편의 글을 수록하기로 결정했다. 편집위원회는『문화/과학』100호 발간을 맞아 이론과 분석 선집에 실릴 글들을 선정하는 과정을 통해서『문화/과학』역사의 깊이와 넓이를 확인할 수 있었고, 정말로 많은 필자들이『문화/과학』에서 원고를 썼다는 것을 확인할 수 있었다.

100호 발간을 기념하여 두 권의 책을 선집의 형태로 내는 이유로 하여 원고별로 글의 면면을 다시 요약 소개하는 것은 큰 의미가 없을 듯하다. 편집위원회가 엄선해서 선정한 글인 만큼 이론 선집과 분석 선집에 실린 글들을 읽어보면 1992년에 창간한 『문화/과학』의 28년의 역사와 함께 1990년대 이후 한국사회의 정치경제적 상황과 문화현실의 역사적 궤적을 간파할 수 있는 계기가 될 것이다.

무엇보다도 이 두 권의 책에 실린 원고의 재게재를 허락해주신 필자분들께 진심으로 감사드린다. 그리고 이 책의 원고를 선정하기까지 수차례에 걸쳐 선정 작업에 참여한 편집위원 여러분들과 두 권의 책임 편집을 맡아준 박현선 차기 편집인과 김성윤 편집위원에게 특별하게 감사의 말을 전한다. 또한 오래된 원고 파일을 다시 찾고 서로 다른 스타일의 원고들을 하나로 편집하고, 최종적으로 단행본 형식에 맞게 배치해준 손자희 선생님에게도 진심어린 감사의 말을 전하고 싶다. 물론 이 두 권의 선집이 『문화/과학』의 이론과 분석의 역사를 모두 대변할 수는 없겠지만, 100호를 발간하는 시점에서 『문화/과학』의 진면목을 일견 보여줄 수 있는 귀중한 흔적이 되길 바란다.

끝으로 책에 묶인 글들이 실렸던 호수를 기록하여 그 출처를 밝혀두고자 한다. 오혜진과 정정훈의 글은 필자가 다시 고쳐 쓴 글로 수록했다.

강내희, 「유물론적 문화론 정초를 위하여」 (창간호, 1992년 여름, 특집: 과학적 문화론을 위하여)

이동연, 「문화연구의 종말과 생성: 비판이론과 담론의 재구성을 위하여 1」 (81호, 2015년 봄, 특집: 문화연구의 종말)

심광현, 「'통치양식'의 문제설정과 새로운 주체이론의 탐색: 푸코-맑스-칸트-벤야민-인지과학의 '변증법적 절합'」 (65호, 2011년 봄, 특집: 21세기 주체형성론)

권명아, 「파시즘과 '해방의 정치'의 딜레마―사회적 약자의 해방의 에너지와 생존」 (58호, 2009년 여름, 특집: 파시즘)

김성일, 「현대사회의 괴물인 다중에 관한 해부학―문화사회에서 실천적 다중의 구성」 (50호, 2007년 여름, 특집: 코뮌주의와 문화사회)

천정환, 「'1987년형 민주주의'의 종언과 촛불항쟁 이후의 한국 민주주의: 대중민주주의의 문화정치를 중심으로」 (94호, 2018년 여름, 특집: 촛불 이후, 민주주의의 전화)

오창은, 「북한 연구에서 북한 문화연구로」 (96호, 2018년 겨울, 특집: 북한 문화연구)

오혜진, 「퇴행의 시대와 'K문학/비평'의 종말」 (85호, 2016년 봄, 특집: 비평전쟁)

조형근, 「합리적 보수는 언제 올까?: 한국 우파의 혁신 가능성에 대한 탐색」 (91호, 2017년 가을, 특집: 한국 우익의 형성)

태혜숙, 「생태문화 민주주의의 페미니즘적 재구성을 위하여」 (49호, 2007년 봄, 특집: 한국 페미니즘의 실천과 이론)

손희정, 「페미니즘 리부트: 한국영화를 통해 보는 포스트-페미니즘, 그리고 그 이후」 (83호, 2015년 가을, 특집: 페미니즘 2.0)

이득재, 「오토포이에시스와 마음의 정치학」 (64호, 2010년 겨울, 특집: 마음의 정치학)

박현선, 「정동의 이론적 갈래들과 미적 기능에 대하여」 (86호, 2016년 여름, 특집: 정동과 이데올로기)

정정훈, 「이데올로기와 어펙트, 혹은 인간학적 조건을 어떻게 사유할 것인가?」 (90호, 2017년 여름, 특집: 혁명과 문화 100년)

백승욱, 「역사적 자본주의의 시각에서 본 신자유주의 금융세계화」 (47호, 2006년 가을, 특집: 신자유주의 세계화 비판)

김상민, 「플랫폼 위에 놓인 자본주의 이후의 삶」 (92호, 2017년 겨울, 특집: 플랫폼 자본주의)

이광석, 「'인류세' 논의를 둘러싼 쟁점과 테크노-생태학적 전망」 (97호, 2019년 봄, 특집: 인류세Anthropocene)

2019년 11월 『문화/과학』 편집위원회를 대표하여

2기 편집인   이동연

차 례

3부

파국의 시대,
문화론의 조건들

1부

과학적 문화론과
주체 위치

1

유물론적 문화론 정초를 위하여

강내희

1. 서론

먼저 이 글의 성격과 한계부터 밝혀야 하겠다. 이 글은 '유물론적 문화론'
의 수립을 위한 정초작업의 성격을 띠고 있다. 따라서 이 글 자체만 가지고
서는 유물론적 문화론이 구성될 수는 없다. 그리고 이 글은 유물론적 문화
론을 수립하는 데 필요한 몇 가지 정지작업에 초점이 맞춰져 있기 때문에
유물론적 문화론의 일부가 되지도 못한다. 어쩌면 유물론적 문화론 자체가
정립되지 않은 단계에서 이런 종류의 글이 가지는 이와 같은 한계는 당연할
지도 모른다. 이 글이 할 수 있는 일이란 유물론적 문화론 구성을 위한 몇
가지 전제들을 검토하고 또 이 과정에서 필요하다 싶은 문제제기를 몇 가지
하는 정도일 것이다. 하지만 이런 정도의 목표설정마저 현단계로서는 과하
다는 생각이 드는데 그것은 물론 필자인 나 자신의 역량부족이 주원인이겠
지만 우리의 이론 정세, 특히 국내 유물론 발전의 일천함 때문에 이 글이
의존하거나 가동할 수 있는 이론적 수단이 그렇게 많지 않기 때문이기도
하다.

유물론적 문화론을 세우는 정초 작업을 하기 위해 한 가지 물음을 제기
할 필요가 있다. 그 물음은 유물론적 문화론이라는 기획이 지금 무슨 의의

가 있겠는가 하는 것이다. 왜 현단계에 유물론적 문화론의 수립을 중요한 이론적 작업 과제로 삼는 것인가? 다시 말해 왜 유물론적 문화론인가? 이 물음은 다시 두 물음 즉, 왜 유물론적 '문화론'이고, 왜 '유물론적' 문화론인가로 나눠진다. 이 두 문제를 차례로 살펴보자. 현단계에서 유물론이 문화론의 형태를 띠어야 하는 이유는 무엇인가? 다시 말해 왜 문화인가? 이 물음에 대한 대답의 일부는 최근에 일어나고 있는 이론정세를 검토하는 것으로 할 수 있지 않을까 생각한다. 근래에 들어 와서 문화에 대한 관심이 부쩍 늘고 있으며 심지어 사회과학 분야에서도 문화론적 관점이 득세를 하고 있다는 것은 주지하는 바다. 다니엘 벨 류의 '신보수주의'문화론이 있는가 하면 장 보드리야르류의 '탈근대'문화론이 있고 프레드릭 제임슨의 '후기자본주의'문화론'도 있다. 여기에 앙리 르페브르의 '일상문화론'이나 볼프강 프리츠 하우크의 '상품미학론' 등 더 많은 문화론을 첨가할 수도 있을 것이다. 이처럼 오늘날 문화론은 우파와 좌파를 망라하면서 사회의 작동원리를 설명하는 이론틀이 되고 있다. 물론 이들 간에는 변별점들이 없지 않지만 이런 문화론들이 대거 등장한다는 것은 현단계의 주요 정세변화가 문화영역을 중심으로 일어나고 있다는 입장이 강화되고 있음을 말해준다. 현단계 지배의 '약한 고리'는 문화라고 보는 이 판단이 과연 적실한지 여부를 따지는 일은 다른 지면을 필요로 할 터이나 이 판단이 문화가 '주제화(thematized)'되어 나타나고 있다는 것을 보여주는 것이라는 점, 그리고 이것이 오늘날 이론정세의 중요한 지표라는 점에는 대부분 동의할 수 있으리라 본다. 따라서 우리는 "왜 문화인가"라는 물음에 적어도 이런 이론적 정세에 대응하기 위해서라는 답을 예비하고 있는 셈이다.

하지만 이처럼 문화론 수립에 대한 요청이 있다고 해도 왜 유물론적 문화론인가 하는 문제는 아직 남아 있다. 나는 왜 유물론적 문화론인가라는 물음에 대한 답은 문화론이 과학적이어야 하기 때문이라는 것 이외에는 없다고 믿는다. 물론 이 대답은 유물론적 문화론은 이미 어떤 경향과 그로 인해 규정되는 내용을 가지고 있다는 것을 시사한다. 말하자면 유물론적 문화론은 분명한 지향, 좀 더 분명히 말하여 계급적 입장을 가지고 있다는 것이다. 혹자는 이런 태도는 객관적이어야 할 과학적 태도에서 벗어나도 한참 벗어난 극히 비과학적인 것이라고 할지도 모르겠으나 과학적 태도와 계급적 입장이 분리된다는 주장 자체야말로 타기해야 할 부르주아적 관념론의 관점이다. 오히려 계급적 관점의 견지 여부는 문화론의 과학화, 즉 유물론적 문화론의 수립에서 관건이 된다. 그 까닭은 문화가 인간 역사의 일부를 이루고 있기 때문이며 이 역사는 루이 알튀세르가 강조해서 지적한 바와 같이 계급투쟁의 효과이기 때문이다.[1] 우리는 이론 내에서 부르주아, 나아가 쁘띠 부르주아의 정치적 입장에 맞서 계급투쟁을 관념의 유희로 대체하는 일체의 기도와 싸워야 한다. 따라서 유물론적 문화론의 기획은 문화론에서 부르주아적 정치 입장이 스며드는 것을 막아내고자 하는 문화이론, 나아가 이론 일반 내 계급 및 정치투쟁에 속한다고 할 수 있다. 이를 위해서는 문화론의 이론화 전략에 소용되는 과학적 개념들을 생산해야 하며 이것들의 생산 여부가 유물론적 문화를 수립하는 데 관건이 될 것이다. 이 글은 이런 과학적 개념들을 생산해내는 데 목적을 두었다기보다 그 생산 가능성을 모색한다는 점에서 유물론적 문화론의 정초작업의 성격을 띤다.

이 자리에서 내가 진 빚을 밝히는 것이 좋겠다. 이 글의 문제의식은 루이 알튀세르의 그것과 깊이 닿아 있으며 논의도 많은 부분 알튀세르 견해의 요약으로 이루어져 있다. 유물론적 문화론의 정초를 놓는 일에 이처럼 알튀세르를 끌어들이는 것은 그의 이론이 나오기 시작한 지 30년이 다 된 지금도 그의 문제제기가 여전히 유효하다고 판단하기 때문이다. 알튀세르는 만능해결사는 아니다. 하지만 그와 그의 '동료 및 친구들'이 전개한 '이론적 실천'은 정통 유물론 이론의 현단계 발전의 수준을 보여주고 있다.[2] 나는

---

1 _ Louis Althusser, *Essays in Self-Criticism* (London: NLB, 1976), 47-54 참조.

2 _ 알튀세르의 제자 피에르 마슈레는 동료 에티엔 발리바르와 함께 『다이어크리틱스』지와 가진 한 인터뷰에서 알튀세는 맑스주의자이지 알튀세주의자가 아니라고 한 바 있다. 알튀세르와 그의 '동료 및 친구들'은 '학파를 구성한다기보다는 유물론적인 문제설정을 하는 이론집단이라 할 수 있다. James H. Kavanagh and Thomas E. Lewis, "Interview

알튀세르가 맑스의 전범에 따라 한 문제제기가 유물론의 정초를 놓는 데 큰 기여를 했다고 보고 그를 수용하고 있다.

2. 문화론의 대상과 그 자명성

어떤 학문체계든 과학으로 성립하자면 분명한 자신의 대상을 가져야 한다. 유물론적 문화론도 과학으로 성립하려면 자신의 대상이 분명히 있어야 한다. 그래서 "유물론적 문화론의 대상은 무엇인가?"라는 물음이 자연스럽게 제기될 것이다. 하지만 이 물음에 섣불리 답하려 들다가는 관념론에 빠져들기 십상이다. 이 물음 속에는 알게 모르게 관념론적 입장이 깊이 배어 있기 때문이다. 우선 그것은 유물론적 문화론과 관념론적 문화론은 대상이 서로 다른 것인 양, 대상에서 이미 차이가 나는 것인 양 간주하고 있다. 유물론과 관념론이 칼로 벤 두부처럼 간단히 구별될 수 있다는 듯한 안이한 태도가 들어 있는 것이다. 하지만 문제는 그렇게 간단하지 않다. 그 까닭은 여기서 문제되고 있는 문화론의 대상이 관념론의 입장을 취하느냐 유물론의 입장을 취하느냐에 따라서 구분되는 것이 아니기 때문이다. "유물론적 문화론의 대상은 무엇인가?"라는 물음은 동시에 "문화란 무엇인가?"라는 물음으로 연결될 것이다. 어떤 문화론이든 그것이 다루는 주요 대상은 문화라는 것이 상식이 아닌가. 그래서 관념론적 문화론의 대상과 유물론적 문화론의 대상이 어떻게 같고 다른지에 관계없이 "그 대상은 문화이다"라는 결론에 이르는 형식은 똑같은 꼴이 되어버린다. 이런 식으로 물어서는 유물론적 문화론이건 관념론적 문화론이건 그 대상을 보는 관점에서 형식적 유사성을 지닌다고 할 수밖에 없다.

여기서 우리가 문제로 삼아야 할 점은 제기된 물음에 대해 대답, 즉 문화

---

with Etienne Balibar and Pierre Macherey," *Diacritics* (Spring 1982), 46 참조.

론의 대상은 문화라고 하는 대답이 즉각 나온다는 사실이다. 그렇다면 문화란 무엇인가라는 물음은 사실 물음이라기보다는 대답이다. 즉 문화가 무엇인지 지금 모르기는 하지만 그것을 보면 곧바로 "아, 저것이 문화로구나"하고 곧바로 알아 볼 수 있으리라는 지레짐작이 이 물음에 들어 있다. 문화가 무엇인지 묻고 있으면서도 사실은 문화에 대한 답을 예비하고 있는 것이다. 왜 이처럼 답이 쉽사리 나오는가? 질문이 채 나오기도 전에 대답이 나온다면 그것은 문화가 문화론의 대상이라는 것이 자명한 사실로 간주되기 때문이다. 따라서 문화론의 대상과 관련된 상식은 어떤 자명성을 전제로 하고 있음을 알 수 있다. 여기서 문화가 무엇인가 하는 물음은 진정한 의미의 물음이 아니다. 그것은 이미 대답, 그것도 자명한 사실을 대답으로 가지고 있지 않은가. 이 질문은 이미 대답의 방향을 가리키고 있다. 이 과정에서 문제의 물음은 문화는 이미 우리에게 주어진 것으로 파악하도록 유도한다. 문화가 무엇인가 하는 물음은 문화를 내보여주면 그것이 무엇인지 안다거나 아니면 문화라는 어떤 것이 바로 우리 앞에 있기는 한데 이것을 어떻게 설명할지 몰라서 이게 뭐냐 하고 묻는 것이나 진배없다.[3]

오늘날 통용되고 있는 수많은 문화론들은 문화를 이처럼 자명한 것으로 받아들이고 있다. 이 관념론적 대상 이해의 손쉬운 예를 곳곳에서 확인할 수 있다. 예컨대 지배세력의 문화에 관한 태도를 보라. 이 경우 문화는 예컨대 문화부등이 분류, 지정, 관장하는 대상으로서 갖가지 문화행사의 형태로 곧잘 나타난다. 이때 문화는 세종문화회관이나 예술의 전당 같은 곳에 가면 곧바로 확인될 수 있는 경험적 사실이다. 혹은 '문화계'라는 데에서 특권적으로 '소유'하고 있는 어떤 소유물이다. 그런데 이런 식으로 규정된 문화는 흔히 이상화되기 때문에 아무나 함부로 그것을 이해하거나 '창조'할 수 없는 것으로 간주된다. 그것은 특정한 사람들의 전유물로서 그 사람들이 노는 데에 가야만 그 존재를 확인할 수 있는 약간은 신비스런 대상이다. 물론

3_ 물론 자명성의 문제는 문화론에만 국한된 것은 아니다. 자명성은 모든 관념론적 인식론이 만들어내는 효과이다. 이 점에 대해서는 알튀세르의 '자생철학' 개념을 참조할 것.

문화에 관한 이런 통념은 관념적이다. 왜냐하면 이때 문화는 절대적 대상으로 간주되고 있기 때문이다.

문화를 자명한 것으로 보는 데에는 문화란 어떤 것이다고 하는, 문화에 대한 본질 규정이 전제되어 있다. 그리고 바로 이런 점 때문에 문화는 관측이 가능한 것으로 취급되어 그것에 대한 다양한 기술이 이루어진다. 오늘날 통용되고 있는 수많은 문화론들이 문화는 현재 어떤 모습을 띄고 있으며 이것은 어떤 의미를 갖고 있다는 식으로 기술되고 있는 것도 문화에는 본질이 있다는 경험론적 전제와 무관하지 않을 것이다. 이런 문화론의 대표격이 문화가 현단계 생산양식을 주도한다며 '정보산업' '지식 노동' '탈공업사회' 등의 용어를 널리 퍼뜨리고 있는 '문화결정론'이다. 다니엘 벨 등 부르주아 지식인이 주로 내세우는 이 문화결정론은 문화를 관측 가능하며 특히 수량화할 수 있는 대상으로 간주한다. 문화가 수량화된다는 것은 그것이 대상으로서 아무런 문제를 제기하지 않으며 단순하게 관측된다는 의미이다. 문화는 여전히 주어진 자명한 사실일 뿐이며 문화론의 작업은 이 경우 이 사실을 기술하는 데 그 목적이 있다. 문화를 관찰가능한 것으로 보는 것은 '비판적' 이론가에게도 흔한 일이다. 예컨대 장 보드리야르는 문화산업, 정보산업의 확대, 대중매체의 확산 등에 주목하면서 현단계 사회는 기호가 현실을 지배하는 단계라고 판단한다. 그리고 이제 현실은 더 이상 현실로 작동하지 않으며 현실을 구분하던 기존 체계는 허물어졌고 또 사회구성체는 상하부 구조관계로 '단순하게' 설명되지 않기 때문에 경제적 모델보다는 문화적 모델에 따라 통합되고 있다고 한다. 이 문화론 역시 '문화영역' 또는 '문화현실'이라는 관찰대상을 직접 그것의 대상으로 삼고 있으며 거기서 '생긴 변화를 그대로 기술하고 있다.

문화론의 대상을 관찰 가능한 경험대상으로 간주한다는 것은 또한 관찰의 주체도 이미 특정한 방식으로 상정하고 있다는 것을 의미한다. 대상인 문화와 그 현실이 이미 주어져 있다고 보는 것은 그것을 관찰하는 주체도 이미 주어져 있다고 보는 것이다. 이미 보았듯이 관념론적 문화론은 그 대상을 '문화적' 사실이라는 실존으로 간주한다. 관념론적 문화론에게 이 문화적 사실은 이미 주어져 있는 대상인 셈인데 이때 주어져 있다는 것은 그것을 문화적 사실로 간주하는 주체에게 주어져 있다는 것이다. 따라서 이 문화론의 대상과 주체는 동일한 장에서 서로 대면하고 있는 방식으로 나타난다. 주체와 대상의 이런 관계를 좀 더 분명히 이해하려면 잠깐 알튀세르가 고전 정치경제학의 대상과 관련하여 한 말을 들어볼 필요가 있다. 알튀세르는 정치경제학의 대상은 첫째 '경제적' 사실이라는 점에서 하나의 실존이며 따라서 "하나의 동질적인 장이라는 성질을 갖는 하나의 한정된 장 내부에 분산되어 있는 현상을 함축한다. 그것을 구성하고 채우는 영역과 현상들은 주어져 있으며 요컨대 직접적인 관찰과 주시의 대상이다"[4]라고 지적한다. 이 대상은 관찰 가능하다는 점에서 관찰하는 주체를 상정하고 있다. 알튀세르는 이 점을 "경제적 현상들의 동질적인 공간은 생산하고 분배하며 수취하고 소비하는 인간의 세계와 맺고 있는 한정된 관계를 함축하고 있다"(205)는 말로 설명한다. 즉 "정치경제학은 경제적 사실들을 인간 주체의 욕구(또는 효용) 속에 있는 그것들의 기원과 관련짓는다"(205). 고전 정치경제학과 마찬가지로 관념론적 문화론도 문화를 주어진 자명한 사실로서 관찰대상으로 삼고 있다는 점에서 그 대상을 객관화하거나 절대화함과 동시에 문화를 인식하는 주체를 상정한다. 즉 관념론적 문화론은 인간학적 바탕 위에 서 있다.[5]

하지만 이 관념론적 문화론은 지배세력들에게만 나타나는 것은 아니다. 문화는 '비판적'인 세력에게도 자명한 사실로 인식되는 경우가 허다하다. 현재 우리 문화운동권 내부에서 통용되고 있는 문화에 대한 통념적 이해에

4_ 루이 알튀세르, 『자본론을 읽는다』, 김진엽 역, 두레, 1991, 204. 이하 이 책에서의 인용은 본문의 괄호 속에 그 쪽수를 명기한다. 한글 번역은 영역판(*Reading Capital* [London: NLB, 1970])을 참조하여 일부 수정을 가했다.

5_ 이때 이 주체가 보드리야르와 같은 탈근대론자가 보듯이 해체되어 있느냐 하는 것은 문제가 아니다. 왜냐하면 해체된 주체도 아주 자명한 사실로 받아들여지고 있다는 점에서는 마찬가지이기 때문이다.

따른다면 문화론의 대상이 문화라고 하는 데 아무런 이의도 있을 수 없다. 다만 구체적으로 문화가 무엇이냐고 물을 때 한편에서는 삶의 방식이라든가 다른 한편에서는 문학예술이라는 각기 다른 대답이 나올 수는 있다. 하지만 문화론의 대상이 무엇이냐고 묻는 지점에서 그것은 문화이고 또 이 문화는 삶의 방식 또는 문예라고 하는 대답에 이르기까지, 다시 말해 문화론의 대상 규정 과정에서 별다른 문제제기가 일어나는 것은 아니다. 즉 문화론의 대상 규정이 자동생산과정에 빠져들기라도 한 듯 그 대상은 '민족문화' '생활문화' 혹은 '문예'로 규정되고 신명론, 공동체론, 문예창작론 등의 대안이 나온다. 이는 곧 국내 문화운동은 대안문화를 '창조'해내는 데 온 힘을 모으고 있다는 것이다. 이 대안문화는 물론 부르주아 지배세력의 문화와는 준별되는 대상규정이다. 하지만 이것 또한 부르주아 지배세력의 문화론이 그것의 대상을 규정하는 방식과 크게 다르지 않은 방식으로 규정되고 있다. 여기에도 운동의 '주체'는 '의식화'를 통해 새로운 실천을 하는, 자신의 운명을 스스로 결정해가는 존재이고 문화라는 대상은 이 '주체'의 창조물이다. 부르주아 문화론이 문화를 인간의 창조적 활동이나 그 결과물로 보고 있는 것과 이것이 문화를 보는 기본 태도에서 크게 다를 바가 없다. 이것은 문화운동권 내부에도 관념론이 스며들었음을 보여주는 한 예이다.

지금까지 우리는 문화론에서 주체와 대상을 이미 주어진 것으로 간주하면 관념론에 빠져들기 십상이라는 점을 강조해온 셈이다. 관념론적 문화론에서는 모든 것이 자명하다. 그 속에서는 '문화'라는 경험대상과 그것을 직접 경험하는 주체가 등장한다. 이 경우 문화론이 성립하는 것은 문화가 이미 경험되고 있기 때문에, 즉 문화가 '현실'로 나타났기 때문이고 그것을 주체가 알 수 있기 때문이다. 이 문화론은 이미 그 대상과 주체가 있다는 것 때문에 그것의 '과학성'을 미리 보장받고 있는 셈이다. 하지만 이런 입장이야말로 관념론의 표징이다. 이 견해는 문화론이 자신의 '과학성'을 담보받기 위하여 가져야 할 대상을 경험의 대상으로 간주하며 경험이 이 대상을 무매개적으로 주체에게 표상하고 있다는 것을 전제하고 있다. 바로 이런 점 때문에 '문화'는 경험대상으로 저절로 떠오르고 문화론의 탐구 대상이 된다. 관념론적 문화론은 자신의 대상인 '문화'와 그 속에서 일어나는 변화를 '읽고' 그 '의미'를 '해독하기'에 급급하다. 이 대상이 어떤 경로를 통해 대상이 되고 그 의미가 어떻게 설정되어 있는가 하는 것은 관심사가 아니다. 그것은 이미 주어져 있는 것이기 때문에 문제시되지 않기 때문이다. 이 대상은 어떤 때는 성스러운 책처럼 신비화되어 숭배의 대상이 되기도 하고 어떤 때는 일상적인 현실처럼 친근한 대상으로 나타난다. 그래서 '문화'는 지고의 가치를 지닌 '예술'로서 숭앙을 받기도 하지만 또한 실증적 의미를 지닌 경험 대상으로 작용하기도 한다. 후자의 경우 문화적 사실들은 계량적 관찰의 대상이 되며 통계자료가 된다. 얼핏 보면 이 '문화'는 신비스런 '문화'와 상반된 의미를 가진 것 같지만 사실은 경험적 대상이라는 측면에서 동일한 대상적 의미를 지니고 있다. '문화'가 이처럼 자명한 경험의 대상인 한 그것에 대한 과학적 인식은 생기지 않는다. 이때 과학적 인식은 문화가 애시당초 문화로 설정되는 것이 저절로 되는 것이 아니라 역사적 과정을 겪어야 한다는 것에 대한 인식이다. 관념론적 문화론은 문화의 역사적 과정에 대한 인식을 억압하는 효과를 가지며 자신의 대상이 자명하다고 설정함으로써 이 설정 자체가 갖는 역사적 효과에 관한 과학적 인식을 방해한다. 이 방해작용이 계급투쟁에서 어떤 효과를 가질지는 '자명'한 일이다.

3. 문제설정

내가 지금까지 문화관념의 자명성 문제와 관련하여 한 말은 알튀세르의 문제의식에 따라 한 것이다. 따라서 이제 알튀세르의 입장을 직접 알아보면서 논의를 전개하는 것이 좋겠다. 우리 논의가 문화의 자명성 문제에 관련되어 있으므로 알튀세르가 자명성과 관련하여 발언하는 것을 참조하기로 하자. 알튀세르가 자명성의 문제를 본격적으로 거론하는 것은 『자본론 읽기』에서다. 그는 여기서 자명성은 그것을 만들어내는 틀거리가 있어야 생기는 효과라고 지적하며 이것을 가리켜 '문제설정(problematique)'이라고 부른다.

알튀세르는 스피노자가 말한 '직접적인 것의 불투명함'이란 문제를 환기시키고 "역사의 진리는 역사의 명시적 담론 안에서는 읽어낼 수 없"(18)다고 지적한다. 그리고 역사의 진리를 그것의 명시적 담론에서는 읽을 수 없는 이유를 '시각'의 특유한 인식구조에 비추어 설명한다. 알튀세르에 따르면 우리가 흔히 갖는 시각 경험에는 구조적인 조정이 작용한다. 상식으로 생각할 때 시각 문제란 무엇을 보고 못보는 것과 관련된 문제이다. 단순히 생각하면 눈에 보이는 것을 보고 보이지 않는 것은 보지 못한다고 할 수 있을 것이다. 하지만 알튀세르는 보이는 것은 보이도록 되어 있기 때문에 보이고, 보이지 않는 것은 보이지 않도록 되어 있기 때문에 보이지 않는다고 지적한다. 즉 경험적으로 보이고 안보이는 것이 중요한 것이 아니라 시각경험의 구조가 어떻게 조건지어져 있는가가 더 중요하다는 것이다. 이처럼 시각경험 구조의 조건이 시각에서 결정적인 역할을 한다면 우리가 보는 것은 사실상 보지 않는 것일 수도 있고 보이지 않는 것은 보이지 않는 것이 아니라 보는 것일 수도 있다. 따라서 알튀세르는 보이지 않는 것은 보이지 않기 때문에 보이지 않는 것이 아니라 보이기 때문에, 그것도 명백하게 보이기 때문에 보이지 않는다는 역설을 말한다. 하지만 왜 보이는 것이 보이지 않는다는 말인가? 이 점을 이해하기 위해서는 '문제설정' 개념을 도입해야 한다.

알튀세르는 문제설정 개념을 여러 가지 방식으로 설명하는데 그 중의 하나가 '지반'이란 용어를 사용해서 하는 방식이다. 지반은 문제를 만들어내는 지반이다. 알튀세르는 맑스가 이미 이 지반이란 용어를 사용한 점을 상기시킨다. 맑스에 따르면 고전 정치경제학은 "노동의 가치란 무엇인가"라는 질문을 하고 "노동의 가치는 노동의 유지와 재생산의 필요한 생활필수품의 가치와 같다"라는 대답을 제시했다. 이 대답은 정확한 것이다. 왜

나하면 이때 대답으로 제시한 것은 다시 "노동의 가치는 노동력의 유지와 재생산의 필요한 생활필수품의 가치와 같다"로 읽히기 때문이다. 하지만 고전 정치경제학은 이처럼 올바른 답을 제시하면서도 그 답을 제대로 읽지 못한다. 고전경제학자는 가치의 문제가 노동의 문제인 줄만 알지 노동력의 문제라는 것은 모르기 때문이다. 맑스는 "고전 정치경제학은 무심결에 그 지반을 바꾸어 지금까지 그들의 명백한 연구대상이었던 노동의 가치를 노동력의 가치로, 즉 기계가 그 성능으로부터 구별되듯이 즉 노동과는 구별되는, 노동자의 인격 속에만 존재하는 힘으로 치환하였"[6]지만 그것을 보지 못한다고 말한다. 노동의 가치가 노동력의 가치라는 것을 뻔히 보면서 보지 못하는 것은 지반의 변화에 대한 이해가 없기 때문이다. 지반이 이동했기 때문에 새로운 대상이 생겨났는데도 그 대상을 새롭게 여기지 않는 것은 관찰자가 이전 지반 위에 그대로 서 있기 때문이다. 그리고 새로운 지반 위의 대상은 바로 이 새로운 지반 위에 있다는 사실 때문에 명백하게 보이면서도 보이지 않게 되는 셈이 된다. 그렇다면 '지반은 그 위에 서 있는 대상을 가시화함으로써 비가시화하는 역설적 효과를 가지고 있다.

이 지반이 바로 '문제설정'에 해당한다. '문제설정' 개념을 좀 더 분명히 이해하기 위하여 다음 말을 살펴보자.

정치경제학은 자신이 사실들의 자명성을 갖는다고 간주하는 '경제적 사실들'의 영역을 대상으로 삼는다. 그 사실은 정치경제학이 어떠한 설명도 요구하지 않고 제공된 대로 받아들이는 절대적 여건이다. 맑스가 정치경제학의 주장을 폐지하는 것은 이 '주어진 것'의 자명성을 폐기하는 것과 동일하다. 사실 정치경제학은 자의적으로 그 주어진 것을 하나의 대상으로서, 이 대상이 자신에게 주어졌다고 주장하면서, '자신에게 제공한다.(201)

6_ 『자본론을 읽는다』, 23쪽에서 재인용.

정치경제학이 그것의 '대상'을, '자신에게 주어졌다고 하면서 스스로 자신에게 제공하도록 하는 것, 그것이 정치경제학의 문제설정이다. 우리는 앞에서 관념론적 문화론이 "문화란 무엇인가?"라고 물으면서 동시에 문화란 어떤 것이다고 하는 답을 준비하고 있는 것을 보았다. 이때 문제로 제기되는 것은 문제가 아니라 이미 해답이다. '문제설정' 개념은 자신의 해답을 가지고 있는 어떤 문제가 특정한 방식으로 설정되고 있다는 것을 가리킨다. 고전 정치경제학은 자신의 대상이 무엇인가라는 질문을 함과 동시에 그 대상은 경제적 사실이라는 대답을 예비하고 있다. 경제적 사실을 이미 주어진 자신의 대상으로 간주한다는 것은 고전 정치경제학이 '경제적 사실'을 자신의 대상으로 설정하고 있다는 말과 같다.

'문제설정' 개념을 도입하면 관념론적 문화론이 자신의 대상을 이미 주어진 자명한 사실로 간주하는 것, 그리고 동시에 그것을 관찰하는 주체를 상정하고 있다는 것 자체가 문제라는 점이 부각된다. 관념론적 문화론이 '문화'를 자명한 것으로 보는 것은 그 자신의 문제설정, 즉 어떤 종류의 질문이 제기되고 제기된 질문에 대해 어떤 방식으로 답이 주어질 것인지 미리 정해놓은 문제제기 방식을 가지고 있기 때문이다. 따라서 '문화'의 자명성은 그 자체가 문제이다. 이 자명성은 하나의 효과로서 그것을 생산하는 메커니즘이 작동하고 있다는 것, 즉 관념론적 문화론의 문제설정이 작동하고 있음을 말해준다.

이미 본 대로 관념론적 문화론은 그 대상을 경험대상으로 제시하는 구조를 가지고 있으며 이 대상 구조는 경험주의와 철학적 인간학을 전제하고 있다. 즉 관념론적 문화론의 대상 구조는 주체와 대상을 동일한 경험의 장에 나타나는 '등장인물'로 제시한다. 따라서 관념론적 문화론은 대상과 주체를 자명한 사실로 간주하고 대상과 주체 사이에 일대일 대응관계가 일어난다고 본다. 관념론적 문화론이 자신의 대상을 '문화'라는 경험적 대상으로 간주하고 그것을 직접 관찰하며 그것에 대한 보고서를 작성할 수 있다고 생각하는 것도 이 때문일 것이다. 이 과정에서 관념론적 문화론은 관념론적 문제설정을 작동시킨다. 즉 그것은 자명성의 작용에 따라 관념과 대상을 동일시하기 때문에 '문화'라는 관념을 경험적 대상인 '문화적 사실'과 동일시한다. 이때 대상과 관념은 서로 비추는 '거울관계'에 놓이며 양자간의 작용은 아무런 실질 내용을 담고 있지 않기 때문에 어떤 발전도 일어나지 않는다. 그 관계는 불변의 상태로 남아 있을 수밖에 없는 관계, 상호작용이 일어날 수 없는 관계이다. 흔히 관념론이 대상의 절대화와 주체의 절대화 사이를 오락가락하는 것도 바로 이런 이유 때문이다. 문화를 지고의 가치를 지닌 절대적 대상으로 간주하는 경우든 인간 정신의 발현으로 생각하든 '문화'라는 대상과 '문화'라는 관념은 동일한 것의 한 면일 뿐이어서 어느 한 쪽이 다른 한 쪽을 일방적으로 지배해도 변화는 일어나지 않는다.

　유물론을 따르는 입장에서 주체가 대상을 직접 경험하며 관념과 대상이 동일하다는 이런 식의 관념론적 문제설정을 따를 수는 없다. 나는 여기서 유물론적 문화론은 관념론적 문화론의 대상과 동일한 차원에서 대별되는 대상을 가지고 있는 것이 아니라는 것을 강조하고자 한다. 관념론적 문화론의 대상이 한 쪽에 있고 그것에 대립하여 유물론적 문화론의 대상이 경험적으로 주어져 있는 것은 아니라는 말이다. 유물론적 문화론의 대상은 관념론적 문화론이 설정하는 대상과는 다른 차원에서 존재해야 한다. 그렇지 않으면 두 대상은 결국 동일한 장에서 서로 변별되기는 하지만 나란히 서 있는 셈이어서 유물론과 관념론은 동일한 차원의 다른 입장으로 분류될 것이다. 유물론적 문화론이 관념론적 문화론과 근본적으로 구분되기 위해서는 그 대상에서도 '차원'의 수준에서 차이를 가져야 한다. 사실 우리는 지금까지 간접적으로 이 차원의 차이를 강조해온 셈이다.

　우리는 유물론적 문화론의 대상을 올바로 설정하기 위해서 관념론적 문화론이 자신의 대상으로 설정한 '문화'에 대한 올바른 개념 구성을 시도했다. 이는 곧 유물론적 문화론은 자신의 대상 설정을 위해 관념론적 문화론의 대상 설정에 개입할 수밖에 없다는 것을 말해준다. 관념론적 문화론은 그 대상을 '문화'로 설정하고 있다. 우리가 본 대로 그것은 자명한 듯 보이지만 사실 관념이다. 따라서 관념론적 문화론은 '문화'라는 관념을 생산하는 문제설정을 가지고 있다고 할 수 있다. 문화에 대한 개념이 아닌 관념을 설정하여 가동시키는 방식, 유물론적 문화론은 이 관념론적 문제설정에 대해 개입해야 한다. 이를 위해 유물론적 문화론은 유물론적 방법을 가동할 수밖에 없다.

지금 문제는 유물론적 문화론이 추구하는 올바른 대상 개념은 무엇인가 하는 것이다. 일단 '문화'라는 관념이나 통념이 '문화'라는 경험대상과 동일하지 않다는 것을 되새길 필요가 있다. 우리는 이미 앞에서 관념과 대상의 동일시, 즉 문화 관념과 문화현실(경험대상)의 일대일 대응관계가 관념론적 문제설정의 한 효과로서 나타난다는 것을 보았다. 이제 자명하게 동일한 것처럼 보였던 이 효과의 유물적 특성을 살펴야 하는데 이를 위해 '실재대상'과 '지식대상'의 개념들, 그리고 그 관계를 따지는 우회로를 따라가는 것이 필요하다.

4. 지식대상과 실재대상: 구조적 관계

'실재대상'은 유물론에 입각한 모든 논의의 출발점이다. 실재대상의 존재는 유물론의 제1테제로서 모든 유물론적 입장은 그것이 전제되어야만 비로소 가능하다.[7] 이 대상은 사유와 구별되며 객관적으로 존재하는 대상이다. 이에 비해 '지식대상'은 관념, 통념, 개념 등 지식과정에서 생기는,

---

7_ 그리고 실재대상의 개념을 통해 경험적 대상에 대해서도 좀 더 정확하게 알 수 있다. 우리는 지금까지 경험적인 대상으로서 '문화적 사실' '문화현실' 또는 '문화'에 대해 그것이 엄밀한 개념이 아니라는 문제제기를 해왔다. 하지만 실재대상이 존재한다고 한다면 이 문제제기가 대상세계는 존재하지 않는다는 것을 말하는 것은 결코 아니라는 것이 분명해진다. 문화적 사실이 없는가? 분명히 있다. 그러나 그렇게 대답하는 것이 그 사실들을 인식대상으로 전환시키고 있는 문제설정을 문제삼아서는 안된다는 말은 아니다. 문화적 사실이 엄존한다고 인정하는 것과 그 대상을 주어진 것, 자명한 사실로 파악하지 말자는 것과는 모순되지 않는다.

실재대상과는 다른 영역에 존재하는 대상이다. 즉 지식대상은 '인간의 머리 속'에서만 생산되며 인간의 두뇌 밖에 있는 실재대상과 분명히 다르다. 이 지점에서 혹시 그렇다면 지식대상도 관념론적 대상이 아닌가 하는 의문이 들지도 모르겠지만 결코 그런 것은 아니다. 왜냐하면 이 지식대상은 물질적 과정으로서 사유 내에 존재하는 것이지 어떤 초월적 존재나 절대적 의식이 아니기 때문이다. 그런데 이 말은 지식대상이 실재대상과 동일한 차원의 물질적 과정이라는 것은 아니다. 지식대상은 실재대상에 대한 인식적 전유인 한에서 대상적 위치를 가지는 것이지 그것 자체로 독립하여 있는 것은 아니기 때문이다. 즉 유물론적 입장에서는 실재대상은 지식대상에 대해 독립할 수 있어도 지식대상은 실재대상에 대해 독립할 수 없다.

바로 여기서 핵심적인 유물론적 원칙이 나온다. 이 원칙은 실재대상뿐만 아니라 지식대상도 물질적 과정이라는 것을 말하는 '주체없는 과정'이란 원칙이다. 유물론이 유물론인 것은 바로 이 원칙을 고수하는 데서 나온다. 즉 유물론이 관념론과 구별된다면 이 구별은 유물론은 대상과 그것에 대한 개념, 그리고 양자의 관계 등이 절대적이거나 초월적인 방식으로 나타나거나 이루어진다고 보지 않고 물질과정으로 파악하는 데 있다. 유물론적 문화론의 대상 구조는 바로 이 지점에서 관념론적 문화론의 대상 구조와 구별된다. 유물론적 문화론은 그 대상을 주체없는 과정으로 간주한다는 점에서 관념론적 문화론과 다르며 특히 그것의 지식대상도 주체없는 과정으로 인식하고 있다는 점에서 관념론이 되지 않는다. 물론 이것은 모든 유물론에 해당하는 점이다. 하지만 우리 경우는 지금까지 말한 유물론적 원칙은 문화의 관념과 문화 대상에 관계된다. 이렇게 되면 유물론적 문화론이 해야 할 우선적 과제는 그 대상을 물질적 과정으로 파악하는 것이며 나아가 그 대상을 인식하는 주체 또한 물질적 과정으로 파악하는 일이다. 이는 곧 유물론적 문화론의 과제는 문화와 관련하여 '주체없는 과정'을 밝혀내는 데 있다는 말이다.[8] 따라서 유물론적 문화론을 구축하기 위한 올바른 방향을 잡기 위해서는 문화가 어떤 형태의 주체없는 과정인지 규명하는 것을 중요한 목표로 삼아야 한다.

 먼저 분명히 할 점은 우리가 규명하고자 하는 주체없는 과정은 단일한 과정이 아니라는 것이다. 그것은 한편으로는 지식대상의 주체없는 과정이 면서 다른 한편에서는 실재대상의 주체없는 과정이다. 유물론적 문화론은 과학으로서 성립하는 한 실재대상과는 분명히 다른 대상, 즉 지식대상을 생산한다. 따라서 유물론적 문화론의 대상 구조는 지식대상과 관련되어 있 다. 이 점을 분명히 하지 않으면 관념론적 경험주의에 빠져든다. 여기서 유물론적 문화론의 대상과 그 구조에 관련하여 부각되는 문제는 문화란 무엇인가라는 대답유도식 물음이 아니라 이 물음이 나오게 되는 문제틀, 문제설정의 문제라는 것을 상기할 필요가 있다. 유물론적 문화론의 입장에 서 보면 문제는 '문화'라는 대상 자체가 아니라 그것이 실재대상인 한에서 그것에 대한 개념설정이다. 따라서 유물론적 문화론에서 중요한 것은 문화 의 '본질'을 규명하는 작업이 아니라 이런 질문에서 문화의 개념이 어떻게 설정되고 있는가 하고 질문을 제기하는 일이다. 이렇게 되면 유물론적 문화 론의 대상은 '문화'라고 하는 경험적 대상이 아니라 '문화'라고 표상되는 관 념이다. 엄밀히 말하여 인식 주체의 '앞에 있고' 이 주체가 파악하지 않으면 안되는 존재라는 의미에서 유물론적 문화론의 '대상'이란 존재하지 않는다. 이것은 나중에 좀 더 살필 일이지만 유물론적 문화론이 '객관적 대상'을 '직접' 포착한다는 경험론적 '인식론'이 아니라 '사회적 실천'의 하나, 즉 이 론적 실천이기 때문이다. 유물론적 문화론은 문화를 대상으로 삼는 것이 아니라 '문화'라는 표상을 그 작업의 원료로 삼아 그것을 과학적 개념으로 전환시키는 것을 목적으로 삼는다. 즉 그것은 지식을 생산한다. 이것은 무 엇을 말하는가? 만약 개념 설정에 의해 지식대상이 주어지는 것이라면 지

8_ "역사는 인간이 만든다"는 테제는 여기서 거부된다. 물론 역사 속에서 개인들은 활동적 이지만 이들은 엄격히 말해 '자유롭다고 할 수 없다. 왜냐하면 인간은 생산 및 재생산 의 역사적 존재 형태가 행사하는 규정들 속에서 또 그것들을 통해 활동하기 때문이다. Althusser, *Essays in Self-Criticism*, 95쪽 참조.

식대상은 실재대상이 아니라는 말이다. 우리가 가지고 있는 문화에 관한 '지식'은 문화가 아니다.[9]

그렇다면 난제가 하나 생긴다. 그것은 어떻게 해서 실재대상과 구별되는 지식대상이 전자에 대한 인식적 전유를 생산할 수 있을까 하는 것이다.[10] 우리의 질문은 유물론적 문화론의 지식대상은 어떻게 실재대상에 대해 인식적 전유를 할 수 있는가 하는 것이다. 여기서 알튀세르가 말한 '지식효과'를 참조할 필요가 있다. 지식효과는 지식을 지식으로, 즉 실재대상에 대한 정확한 인식으로 만들어내는 것이다. 지식이 지식인 것은 그것이 지식으로 될 수 있는 효과를 가지고 있기 때문이다.[11] 지식은 지식이기 때문에 지식으로서 기능을 하고 허위적 인식이란 이데올로기적 효과를 생산하지 않는다. 그런데 문제는 어떻게 지식을 지식으로 만드느냐, 즉 어떻게 지식효과를 생산하느냐 하는 것이다. 여기서 지식효과를 생산하는 메커니즘의 문제가 나온다. 이 '지식효과 생산 메커니즘'은 지식대상을 실재대상의 인식적 전유로 만들게 하는 메커니즘이다. 이 메커니즘은 "지식이 사유된 대상을 통해 실재 대상의 인식적 전유로서 기능하도록 하는"(77) 메커니즘이다. 지

9_ 스피노자가 원의 개념은 원이 아니며 개의 개념은 개가 아니라고 한 말을 상기하라. 알튀세르는 "이론적 실천에 고유한 지식의 생산은 **전적으로 사유의 영역 속에서** 이루어진다"(52)고 한다.

10_ 알튀세르의 문제제기는 이렇다. "**전적으로 사유 속에서 일어나는 지식과정은 어떤 메커니즘에 의해 사유의 외부인 실재 세계에 존재하는 실재적 대상에 대한 인식적 전유를 생산하는가, 또는 지식 대상의 생산은 어떠한 메커니즘에 의해 사유의 외부에서 실재 세계에 존재하는 실재 대상에 대한 인식적 전유를 생산하는가?**"(69-70).

11_ 알튀세르의 다음 말들을 참조하라. "만약 제과학이 진실되게 구성되고 발전한다면, 그것이 생산한 지식을 '진리', 요컨대 지식이라고 선언하기 위해 외부적 실천으로부터 검증받아야 할 필요는 조금도 없다"(74). "맑스의 이론은 그것이 '진리'였기 때문에 성공적으로 적용될 수 있었지 그것을 성공적으로 적용할 수 있었기 때문에 진리인 것은 아니다"(74). "맑스의 이론적 실천이 생산한 지식에 대한 '진리'의 기준은 그의 이론적 실천 그 자체, 논증적 가치, 그리고 이러한 지식의 생산을 **보증**해준 제형태의 과학적 자격에 의해 주어지는 것이다. 맑스의 이론적 실천은 맑스가 생산한 지식에 대한 진리의 기준이다. 그리고 그것은 불확정적인 가설이 아니라 참된 지식의 문제였다는 유일한 이유 때문에, 그 성공뿐만 아니라 실패도 이론의 자기반성과 그 내적 발전을 위한 적절한 '실험'을 구성하게 되는 유명한 제결과를 낳았던 것이다"(74).

식을 지식으로 만드는 메커니즘, 다시 말해 지식효과를 만드는 메커니즘인 것이다. 유물론적 문화론의 경우 이 메커니즘은 어떻게 구성되고 어떻게 작동하는가?

우리는 지금까지 유물론적 대상구조와 관련하여 이 대상이 지식대상으로서의 주체없는 과정이며 이것이 지식효과를 가지자면 지식효과 생산 메커니즘이 가동되어야 한다는 데까지 도달하였다. 다시 말해 유물론적 문화론의 대상은 경험적 대상이 아니라 지식대상이라는 것이며 이 지식대상은 실재대상과 마찬가지로 주체없는 과정, 즉 물질적 과정이라는 점을 알아낸 것이다. 하지만 앞에서 말한 대로 지식대상이 실재대상과 독립하여 존재할 수 없다는 점을 고려하면 지식효과 생산 메커니즘 자체도 실재대상이 지식대상에 우선한다는 점과 전혀 무관하게 작동할 수 없다는 것을 알게 된다. 따라서 지식효과를 생산하는 메커니즘은 반드시 실재대상에 대한 인식을 정확하게 전유하게 하는 방식으로 작동해야 한다는 특징을 가진다. 그래서 문제는 지식효과 생산과정에서 작동하는 메커니즘은 실재대상과 어떻게 관계를 맺는가 하는 것이다. 나는 여기서 잠정적으로 이 관계는 알튀세르가 지적하는 대로 구조적 성격을 가졌다는 것을 지적하고자 한다. 우선 문제의 메커니즘이 실재대상을 실재대상으로 존재케 하는 메커니즘에 대한 지식의 관계를 가지는 메커니즘이라는 점을 인식할 필요가 있다. 즉 두 개의 메커니즘이 있는 셈인데 하나는 실재대상과 관련된 메커니즘이고 다른 하나는 지식대상과 관련된 메커니즘이다. 여기서 양자가 관계를 맺는다는 것은 양자는 유물론의 원칙에 따라 구분되어야 하지만 동시에 절합을 이루고 있다는 말이다. 알튀세르는 이 절합이 구조적 성격을 띠고 있다는 것을 지식효과 생산 메커니즘은 사회효과 생산 메커니즘과 관련되어 있다고 하는 점에서 찾고 있다. 이것을 알튀세르는 맑스의 이론적 실천에서 읽어내기 때문에 그의 맑스 독해를 살펴볼 필요가 있다.

맑스가 관심을 두고 있는 지식효과는 역사과학에 해당한다. 맑스는 역사 이론의 분야에서 지식효과의 생산 메커니즘을 규명하고자 하기 때문이다.

이때 등장하는 지식대상과 실재대상은 어떻게 절합할까? 얼핏 생각할 때 실재대상은 역사의 산물이고 지식대상은 그것에 대한 경험적 인식이라고 할 수 있을 것이다. 다시 말해 역사과학은 역사과정이라는 객관적 과정을 직접적 대상으로 갖지 않겠느냐는 것이다. 하지만 이렇게 되면 역사과학에서 지식대상과 실재대상은 일대일 대응관계를 이룬다는 관념론적 입장에 빠지게 된다. 여기서 지식효과의 생산메커니즘은 언제나 '현재적'이라는 점을 강조할 필요가 있다. 알튀세르는 맑스가 자신의 연구대상을 "역사적 결과로서 고찰되고 있는 현재의 부르주아 사회"로 보되 "이 사회에 관한 이해는 이 결과의 생성에 대한 이론으로부터는 얻어질 수 없고 반대로 오로지 그 몸체, 즉 사회의 현재 구조에 대한 이론으로부터만"(81) 나온다는 것을 분명히 알고 있었다는 것을 강조한다. 현단계 사회의 이해는 그 기원에서 출발할 것이 아니라 당대 사회구조의 관점에서 이해해야 한다는 것이다. 이 사회구조적 관점에서 '사회효과'라는 개념이 나온다. '사회효과'는 사회를 사회로 존재하게 하는 메커니즘이 생산한 효과이다. 즉 맑스는 현단계 사회를 단순히 역사의 결과로 보는 것이 아니라 이 결과는 반드시 하나의 사회로서 기능한다는 점을 중시하는 것이다. 이것은 사회효과를 생산하는 메커니즘이 언제나 이미 결과로서 현재에 작동하는 메커니즘이라는 말이다. 이 메커니즘은 현재 작동되고 있는 자본주의 생산양식의 구조, 혹은 그것을 포함하고 있는 사회구성체이다. 한 사회구성체는 그것의 작동원리, 또는 구조적 기능에 따라 한 사회를 사회로 생산해낸다. 사회효과는 이런 점에서 구조적 효과이다.12 이 구조적 효과의 개념에 따르면 어떤 사회는 결코 그저 주어지는 법이 없다. 그것은 반드시 사회효과로서, 즉 사회로

12_ 여기서 말하는 구조적 효과는 '구조주의'적 입장에서 나온 개념이 아니다. 알튀세르는 자신에게 '구조주의'라는 혐의를 거는 데 대해서 "맑스가 구조, 요소, 지점, 기능, 담지자, 관계, 관계에 의한 규정, 형식 및 변형된 형식, 전위 등의 개념들을 사용한다고 하여 그것이 맑스를 구조주의자로 만들지는 않는다. 왜냐하면 그는 형식주의자가 아니기 때문이다"(*Essays in Self-Criticism*, 130)는 말로 대꾸한다. 구조주의에 대한 알튀세르의 견해에 대해서는 Althusser, ibid., 126–31쪽 참조.

만들어진 것으로서 나타난다. 따라서 이 경우 실재 대상은 이중적 차원을 갖는다. 그것은 우리 눈앞에 있다는 점에서 구체적인 현상이지만 동시에 사회효과라는 점에서 추상적인 관계가 구체적인 모습으로 나타난 셈이다. 우리 눈앞에 구체적으로 존재하는 '역사적 산물'인 사회적 현상은 경험대상으로 나타나고 있기는 하지만 동시에 구조적 효과로서 나타나는 것이다. 즉 현단계 사회구성체와 생산양식의 작동원리, 즉 사회효과 생산 메커니즘에 따라 나타난다고 할 수 있다.

여기서 우리는 사회효과 생산 메커니즘의 궁극적 규정력을 강조할 필요가 있다. 앞에서도 언급했지만 사회효과 생산 메커니즘은 객관적 역사가 전개되어 이룬 결과물이 아니다. 그것은 오히려 역사를 생산하는 메커니즘으로서 사회를 사회로서 존재하게 하는 궁극적인 역사적 현실이다. 이 역사적 현실은 우리 눈앞에 경험적으로 가시화되는 것이 아니며 우리가 경험하는 구체적 현상들을 그렇게 있도록 만드는 원인으로 작용한다. 사회효과 생산 메커니즘이 바로 이런 식으로 존재하기 때문에 그것에 대한 지식효과는 사회효과 생산 메커니즘에 의해 규정을 받는다고 해야 한다. 다시 말해 지식효과, 즉 지식을 지식(진리)으로 작용하게 하는 효과는 사회효과 생산 메커니즘에 의해 궁극적으로 규정받는다는 말이다. 앞에서 유물론적 지식 대상은 실재대상에 대한 인식적 전유라고 한 것이 바로 여기서 적용되고 있는 셈이다. 나는 지식대상은 실재대상을 지칭하는 효과를 가지는 한에서 지식효과를 가진다는 점을 강조했다. 그런데 이제 지식효과 생산 메커니즘이 사회효과 생산 메커니즘에 대해 지식을 생산할 수 있다는 것은 사회효과 생산 메커니즘이 먼저 작동하고 있기 때문이라는 점을 밝힌 셈이다. 사회효과 생산 메커니즘은 인식적 효과도 그 속에 포함하고 있다. 즉 지식효과는 사회효과의 일부인 것이다. 따라서 지식효과가 사회효과에 관하여 작동할 수 있다는 것은 그것이 이미 사회효과 속에 포함되어 있기 때문이라고 할 수 있다. 우리는 인식에서도 실재대상의 우위와 '주체없는 과정'이라는 유물론적 원칙을 확인하게 된다.

5. 문화효과

이상과 같은 우회로를 거쳐 앞에서 제기한 문제로 돌아갈 수 있게 되었다. 지금까지의 논의를 잠깐 정리해보자. 우리는 알튀세르의 유물론적 문제설정에 따라 유물론적 문화론의 정초작업을 나름대로 진행해왔다. 이 과정에서 유물론적 문화론의 정초에 핵심적인 몇 가지 전제들을 추출할 수 있었는데 그 중 하나는 유물론적 문화론의 구축을 위해서는 그 대상의 규정을 엄밀하게 해야 할 필요가 있다는 점이다. 우리는 이 대상은 경험적으로 직접 주어진 자명한 사실이 아니라는 점을 확인하였다. 그리고 그 대신 어떤 것을 자명한 대상으로 제시하는 문제설정이 더 중요한 이론적 대상으로 나타난다는 사실도 확인하였다. 그래서 우리는 유물론적 문화론의 대상 구조는 어떤 것인가 하는 문제를 안게 되었다. 이 문제를 따지기 위해서는 유물론적 원칙을 확인하는 것이 필요하였기 때문에 지식대상과 실재대상을 구분하고 양자의 규정 관계를 살펴 보았다. 여기서 등장한 것이 사회효과라고 하는 구조적 효과이다. 이제 이 성과를 가지고 유물론적 문화론의 대상 구조를 살필 수 있다고 생각한다. 하지만 이미 유물론 일반의 대상 구조를 살핀 바 있기 때문에 유물론적 문화론의 대상 구조를 살피는 일을 처음부터 다시 시작하는 것처럼 할 필요는 없다. 그렇다면 위의 우회로를 거쳐온 의미가 없어질 것이다.

논의가 반복되는 것을 피하기 위하여 결론부터 말하자면 나는 사회효과 생산 메커니즘에서 '문화효과 생산 메커니즘'이란 개념을 추출할 수 있다고 본다. 다시 말해 맑스가 『자본론』에서 자신의 연구대상으로 사회효과를 겨냥했듯이 유물론적 문화론의 연구대상은 '문화효과'라는 말이다. 이제 다음과 같이 말할 수 있을 것이다. 문화효과는 사회효과와 마찬가지로 어떤 생성의 결과이기만 한 것이 아니라 현단계 생산양식 나아가 사회구성체의 효과로서 작용하는 구체적이자 동시에 추상적인 물질과정이다. 한편에서 보면 문화는 물질운동의 결과로서 우리에게 주어진 대상이라는 측면이 분명히 있다. 즉 그것은 아주 구체적인 모습을 띠며 숭배의 대상이 되기도 하고 관찰과 측정의 대상이 되기도 한다. 하지만 문화를 이처럼 구현시키는 것은 문화를 문화로 생산해내는 메커니즘이 작동하고 있기 때문이다. 우리에게 직접 주어진 문화는 이미 우리에게 직접 주어진 것으로 만들어진 것이다. 그 점에서 가시적인 문화는 어떤 부재원인을 그 속에 포함하고 있다. 이 부재원인은 반드시 부재의 형태로서만 문화 속에서 '나타나며' 그것은 자신을 감춤으로써만 그 효과를 드러낸다. 가시적인 경험적 대상으로서 문화는 이 부재원인의 효과이다.

유물론적 문화론이 지식을 생산하는 과학이라면 바로 이 문화효과를 자신의 지식대상으로서 전유하는 과학이 될 것이다. 따라서 직접적으로 주어진 '문화적인 것'이 유물론적 문화론의 대상이 될 수는 없다. 유물론적 문화론의 대상은 우리에게 직접 주어진 문화현실이 아니라 문화를 문화로 만들어내는 문화효과 생산 메커니즘이다. 이 문화효과 생산 메커니즘은 앞에서 '문제설정'이라 한 것과 맥을 같이 한다. 즉 '문제설정'이 그 지반 위에 등장하는 대상들의 성격을 규정하듯이 이 메커니즘도 문화를 문화로 드러나게 만든다. 따라서 문화효과 생산 메커니즘은 문화에 관한 개념 설정을 하는 메커니즘이기도 하다. 문화는 문화효과 생산메커니즘에 의해서 문화로서 규정되기 때문이다. 따라서 유물론적 문화론은 문화의 개념설정을 그 탐구의 주요 대상으로 삼는다고 할 수 있다. 이로써 우리는 문화는 '주체없는 과정'이라는 테제를 확인할 수 있게 되었다. 문화가 개념 설정의 효과라는 말은 그것이 구조적 효과라는 말과 같다. 이때 구조는 생산양식의 구조로서 이 구조로 인해 생산되는 산물인 문화는 개별적 행위자의 행동결과도 아니며 또한 어떤 본질의 표현도 아니다. 그것은 생산양식, 다시 말해 생산력과 생산관계의 통일적 관계로 인해 생산되는 주체없는 과정 그 자체이거나 그것의 결과이다. 이렇게 보았을 때 문화는 비로소 유물론적 문화론의 대상으로 개념화된다. 그리고 이렇게 등장한 이 대상은 문화란 무엇인가라는 물음으로써는 도달할 수 없는 개념이다. 왜냐하면 그와 같은 경험론적 인식론을 통해서는 결코 문화의 개념을 획득할 수 없으며 문화가 구조적 효과라는 지식에 도달할 수 없기 때문이다.

여기서 지식대상과 실재대상의 관계에 관해 앞에서 따져본 방식으로 문화효과를 생산하는 메커니즘과 그것에 대한 인식적 전유를 보장하는 지식효과를 생산하는 메커니즘은 결코 동일하지 않다는 문제를 다시 따질 필요는 없을 것이다. 물론 사회효과와 마찬가지로 문화효과는 실재세계에 속하고 유물론적 문화론의 지식효과는 두뇌 작용에 해당한다는 점에서 앞에서 지식대상과 실재대상의 관계와 관련하여 했던 문제제기는 여전히 유효하다. 하지만 이제 사회효과와 문화효과는 동일한 차원의 효과가 아니라는 점을 강조할 필요가 있다. 문화효과는 사회효과와 동급의 효과가 아니라 그 속에 포함되는 한 효과이다. 따라서 그것은 사회효과 전반에 의해 어떤 방식으로든 규정된다는 위상을 가진다. 하지만 여기서 우리는 사회적 효과 전체를 생산하는 메커니즘은 구조적 절합으로 이루어져 있다는 점을 상기할 필요가 있다. 알튀세르가 말하듯이 실재 세계를 전유하는 방식은 여러 실천들(이론적, 미학적, 종교적, 윤리적, 기술적 실천 등)로 이루어져 있으며 이들 각 전유양식은 자신의 특수 '효과' 생산의 메커니즘 문제를 제기한다(83). 이론적 실천에는 지식효과, 미학적 실천에는 미학적 효과, 윤리적 실천에는 윤리적 효과의 생산 메커니즘이 있다는 말이다. 우리는 여기에 문화적 실천 즉 문화효과 생산 메커니즘을 첨가한 셈인데 이 첨가의 의미가 무엇인지 따지는 것이 필요하다.

알튀세르는 다른 맥락에서 '실재세계 전유방식'을 사회적 실천으로 부르고 있다. 그리고 사회적 실천에는 전통적으로 경제적 실천, 정치적 실천, 이데올로기적 실천, 기술적 실천 등이 있는데 자신은 거기에 이론적 실천을 첨가한다고 하였다. 이 맥락에서 보면 바로 위에서 언급한 미학적 실천, 윤리적 실천이나 우리가 첨가한 문화적 실천은 이들 실천 중 어느 하나에 속하거나 아니면 그것들의 관계 속에 포함되거나 또 그것도 아니면 그것들이 경제적 실천, 정치적 실천, 또는 알튀세르가 첨가한 이론적 실천의 수준에 해당하는 다른 독자적인 실천이라고 할 수 있다. 따라서 문제는 우리가 첨가한 문화적 실천이 다른 실천과 어떤 수준에서 변별성을 가지는가 하는 것이다. 이 글에서 우리는 이런 문제에 바로 접근할 수는 없다. 왜냐하면 이 문제는 유물론적 문화론의 정초 작업 이후에 본격적으로 다뤄질 성질의 것이기 때문이다. 여기서는 문화적 실천과 이데올로기적 실천의 관계와 양자의 변별성이 이 문제의 핵심 사안이 되지 않을까 하는 추측 정도밖에는 할 수 없다. 하지만 문화효과를 만들어내는 문화적 실천이란 독자적인 실천을 첨가할 수 있다면 그것은 중요한 의미를 지닌다고 본다. 물론 여기서 말하는 '문화적 실천'은 개념으로서 지식대상이기 때문에 이 실천의 첨가로 인해 실재세계가 바뀌는 것은 아니다. 개념의 추가로 현실에 어떤 것도 추가되지는 않기 때문이다. 하지만 사회적 실천의 총체적 구조에 대한 인식의 방식에는 커다란 변화가 생길 수 있다. 이 변화는 유물론적 문화론의 성립으로 사회적 실천의 총체적 구조에 대한 과학적 인식에 도달함으로써 생기는 변화이다. 유물론적 문화론의 성립으로 유물론 자체의 풍부화가 이루어지고 변혁을 위한 과학적 개입의 가능성이 높아질 것을 기대할 수 있다.

유물론적 문화론은 지식효과를 생산하고자 하므로 이론적 실천에 속하고 이 실천은 특히 문화효과에 관한 지식을 생산하는 것을 그 목적으로 삼는다. 즉 유물론적 문화론과 문화효과 생산 메커니즘은 서로 다른 실천의 층위를 이루지만 하나가 다른 하나에 대한 지식을 생산하므로 절합을 이루고 있다. 따라서 문제는 유물론적 문화론은 문화효과 생산 메커니즘을 어떻게 설명할 수 있는가, 즉 유물론적 문화론이 어떤 방식으로 그 이론적 실천을 수행하는가 하는 것이다. 우리는 여기서 유물론적 문화론이 '이론적 실천'이라는 점을 중시해야 한다. 유물론적 문화론이 이론적 실천이라는 말은 그것이 실재 대상에 관한 지식을 반영의 방식으로 제꺽제꺽 내놓는 것이 아니라 그 나름의 원료를 가지고 그 나름의 생산수단을 통해 그 나름의 생산물을 만들어낸다는 말이다. 이제 우리는 유물론적 문화론과 문화적 실천의 관계를 좀 더 세밀히 따질 필요가 있다.

우선 유물론적 문화론은 그 자체로 문화적 실천이 아니라는 점을 강조할 필요가 있다. 그것은 이론적 실천의 한 구성 요소이지 문화적 실천과 동일한 것이 아니다. 유물론적 문화론은 이론으로서 문화적 실천에 개입하기 위한 과학적 장치를 마련하는 데 그 목적이 있다. 알튀세르는 「유물변증법에 관하여」에서 이론적 실천은 기존의 관념, 통념, 개념들을 원료로 하여 그것들을 현재의 이론 상황에서 가용할 수 있는 이론들이나 개념들의 집합 등을 생산수단에 의해 가공하여, 즉 이론적 실천을 통해, 새로운 개념들, 이론들을 생산물로 만들어내는 과정이라고 한 바 있다.[13] 알튀세르는 원료를 일반성 1, 생산수단을 일반성 2, 생산물을 일반성 3이라고 부르고 있는데 이렇게 보면 이론적 실천은 일반성 2를 가동하여 일반성 1을 일반성 3으로 전환하는 작업이다. 유물론적 문화론을 이론적 실천으로 간주했을 때 우리가 일차적으로 갖게 되는 문제는 유물론적 문화론의 생산수단인 일반성 2는 무엇이겠는가 하는 점이다. 우리는 위에서 이 일반성 2는 유물론적 문화론이라고 하는 문제설정이라고 했다. 하지만 이것 자체로 답이 풀어지는 것은 아니다. 왜냐하면 지금 단계에서 이 대답은 유물론적 문화론의 생산수단은 유물론적 문화론이다라는 동어반복의 형태를 띠기 때문이다. 더군다나 이 글의 한계 내에서 보자면 유물론적 문화론은 아직 수립된 상태도 아니며 이제 겨우 그 정초작업을 하는 단계이다. 따라서 유물론적 문화론의 생산수단은 여기서 정의하고 있는 유물론적 문화론 자체 내에서보다는 유물론적 문화론의 필요성, 그것의 의의, 그것의 철학적 입장 등을 지지하는 유물론 전체에 이미 마련되어 있는 문제설정에서 와야 된다고 본다. 이는 곧 유물론적 문화론이 다른 이론적 실천들의 '노하우'를 습득하는 것이 필요하다는 말이기도 하다.

여기서 우리의 생산수단으로 가용할 수 있는 문제설정은 맑스가 『자본

13_ Althusser, *For Marx* (London: NLB, 1977), 182-193쪽 참조.

론』에서 제시한 방법론에 의거해야 한다는 점을 강조할 필요가 있다. 맑스는 『자본론』을 통하여 유물론의 전범을 이루었으며 이론적 혁명을 이루었다. 알튀세르에 따르면 맑스의 이론적 혁명은 '사회효과(society effect)'를 생산하는 메커니즘을 밝히고 있다는 데 있다. 유물론적 문화론이 문화라는 물질 운동을 규명해야 한다면 바로 이 점을 그 기본적인 문제설정으로 받아 들이지 않을 수 없다. 문화도 '사회효과'의 하나이기 때문이다. 이 말은 곧 생산양식론, 사회구성체론이 유물론적 문화론의 중요한 생산수단으로 가동되어야 함을 의미한다. '생산양식' '사회구성체' 개념을 문화현상 전반에 적용한다면 '문화생산양식' '문화구성체'라는 개념을 도입할 수 있을 것이다. 물론 현단계에서 '문화생산양식'이나 '문화구성체'라는 개념의 정의는 잠정적일 수밖에 없다. 그것은 사회구성체론 자체가 완제품이 되어 있지 않는다는 이유 때문에도 그러하며 특히 유물론적 문화론이 생산수단으로 가동할 개념들의 정치화(精緻化)가 아직 이루어져 있지 않기 때문에 그러하다. '문화구성체' 개념은 아직은 모호하며 그 타당성 여부도 따져봐야 할 것이다. 하지만 미셸 페쉐가 사용한 '담론구성체'라는 개념을 생각해 볼 때 문화구성체 개념의 대략적인 개요는 그려볼 수 있지 않겠는가 싶다.

페쉐는 언어에서 의미가 생산되는 것은 언어가 담론구성체로 구성되기 때문이라는 견해를 펼친다. 이때 담론구성체는 "어떤 주어진 이데올로기적 구성체에서 즉 계급투쟁의 상태에 의해 규정된 어떤 주어진 국면에서 어떤 주어진 입장에서 무엇을 말할 수 있고 말해야 하는지(연설, 설교, 팜플렛, 보고서, 강령 등의 형태로) 규정하는 것"을 가리킨다.14 우리가 이 '담론구성체' 개념과 더 원천적으로 '사회구성체' 개념을 참조하고 또 위에서 언급한 '문화효과' 생산 메커니즘을 생각할 때 '문화구성체'란 문화효과를 생산해내는 메커니즘이라고 할 수 있을 것이다. 이 점을 좀 더 분명히 하기 위해 페쉐의

14_ Michel Pêcheux, *Language, Semantics, and Ideology* (New York: St. Martin's Press, 1982), 111. 여기서 언급하고 있는 '이데올로기 구성체'란 이데올로기가 구현되어 있는 구체적 모습으로서 이데올로기 국가 장치들을 가리킨다. Ibid., 99쪽 참조.

담론구성체 개념을 좀 더 살펴보자. 페쇠는 단어들, 표현들, 명제들 등은 그 자체로 의미를 소유하는 것이 아니다. 이들이 의미를 가지려면 반드시 한 담론구성체 내에서 치환, 바꿔말하기, 이명사용(synonymies) 등의 관계들에 따른 담론과정을 거쳐야만 한다. 어떤 문장이 의미를 가진다면 그것은 그 문장이 담론구성체 내에서 이들 관계들의 작용에 따라 구성되어 있기 때문인 셈인데 따라서 의미는 담론의 효과라고 할 수 있다. 즉 의미효과는 담론구성체가 만들어내는 생산물인 셈이다. 이런 식으로 따진다면 문화구성체도 문화과정에 따라서 문화효과를 만들어내는 것이라고 할 수 있다. 하지만 아직 이 문화구성체의 '내용'을 세밀히 말할 수 있는 단계는 아니다. 예컨대 담론구성체의 담론과정에 포함되는 치환, 바꿔 말하기, 이명사용 등이 문화과정에서는 어떻게 나타날 것인지도 분명하지 않다. 이런 부분에 대한 연구가 내실 있는 결과를 생산할 때 유물론적 문화론은 그 정초 위에 구체적인 건물을 지을 수 있을 것이다.

이론적 실천의 관점에서 이제 물어야 할 질문은 문화구성체라는 개념이 유물론적 문화론이 가동할 수 있는 생산수단의 하나라면 이 생산수단을 동원하여 변혁할 원료는 어떤 것인가라는 것이다. 적어도 이 원료의 정체만큼은 확실하다. 그것은 우리가 자명한 사실로 받아들이고 있는 통념인 '문화'이다. 유물론적 문화론의 정립을 위해서는 이 '문화' 통념들을 소상히 분석할 필요가 있지만 여기서는 우선 한 가지 통념만 따져보도록 하자. 우리가 문화를 말할 때 많은 경우 그것은 '교양'의 의미로 쓰인다. 그래서 이 '교양'이란 관념을 '문화구성체' 개념으로 정제하거나 가공한다면 어떤 개념이 나오게 될까? 하고 묻는 것이 유물론적 문화론의 이론적 실천의 일부가 될 수 있을 것이다. 문화구성체의 관점에서 '교양'을 분석하면 이 관념은 그것이 제시되고 있는 것과는 달리 이데올로기의 하나로 드러날 수 있다. 왜냐하면 그것은 휴머니즘의 덕목으로 치부되면서 철학적 인간학, 주체 등의 비과학적 통념들로 나타날 것이기 때문이다. 사회구성체 개념은 교양이 '문화효과'의 일부라는 점을 밝혀내는 셈이다. 그런데 이것 자체는 이미 알고 있는 사실이 아닌가 하는 질문이 나올 수도 있다. 왜냐하면 군이 이론적 실천의 과정을 거치지 않아도 교양은 이데올로기라는 결론이 나올 수도 있기 때문이다. 하지만 이런 식으로 '실용적으로' 나오는 결론과 이론적 실천의 결과 '교양'이 문화효과의 하나라는 결론은 미묘하기는 하지만 중요한 차이가 있다. 이 차이는 교양이 문화효과라는 개념화는 분명한 이론적인 확실성을 획득하기 때문에 우연한 결론과는 구별된다는 데 있다.

이제 우리는 유물론적 문화론은 '문화'라는 통념을 사용하여 '문화구성체'라는 이론적 개념을 작동시켜 '문화효과'라는 개념을 생산해내는 이론적 실천이라는 것을 말할 수 있다. 반면에 문화적 실천은 이런 이론적 실천과 구별되는 또다른 사회적 실천의 한 층위를 이룬다. 이 사회적 실천은 다른 사회적 실천들, 즉 경제적, 정치적, 이데올로기적, 기술적, 이론적 실천들과 함께 사회적 실천들의 총화를 이룰 것이므로 그 나름의 독자성을 가지지 않을 수 없다. 물론 이 독자성은 사회구성체 전체와 문화적 실천이 서로 동떨어져 존재하는 것이 아닌 한, 그래서 사회구성체 내의 역학관계에 의해 문화적 실천이 규정되는 한 절대적인 성격을 띨 수 없다. 따라서 문제는 유물론적 문화론과 문화적 실천은 어떤 관계에 놓이는가, 또 각 실천은 다른 사회적 실천들과 어떤 관계를 가지는가 하는 것이다. 우리는 현단계에서 이들 관계를 제대로 설명할 수는 없다. 하지만 여기서 잠깐 '절합' 개념을 생각하여 이 관계들을 사고할 필요가 있다는 것을 말할 수 있을 것이다. 문화적 실천은 그 나름의 독자성을 가지지만 동시에 다른 심급들과 만나지 않을 수 없다. 그것이 다른 심급들과 만난다는 점에서 다른 심급들과 '합치는' 부분이 있을 것이며 또 다른 심급들과 동일하지 않다는 점에서 그것들과 '분리되는' 부분을 가질 것이다. '절합'은 문화적 실천이 이처럼 다른 것들과 합치고 분리된다는 점을 가리킨다. 그렇다면 우리가 물어야 할 질문은 이제 "이론적 실천으로서 유물론적 문화론과 그것과 구분되는 문화적 실천은 어떻게 절합되는가?"로 바뀌게 된다. 그리고 또한 문화적 실천과 다른 실천들은 어떻게 절합되는가?

6. 결론에 대신하여

유물론적 문화론이 아직 구성되지 않은 상태에서 문화적 실천의 특수성을 밝히면서 그것이 어떤 식으로 그 생산양식을 가동하며 나아가서 그 양식이 어떻게 이론적 실천인 유물론적 문화론과 연관되는지 구체적으로 말할 수는 없다. 이 글은 유물론적 문화론의 정초를 닦는 작업의 일환일 뿐 문화적 실천의 지형을 그리거나 문화적 실천과 유물론적 문화론의 관계를 규명하는 단계에 이른 것이 아니기 때문이다. 하지만 문화적 실천은 지금도 계속 일어나고 있으며 이 실천으로 인하여 문화현실이 구성되고 있다는 것은 부인할 수 없다. 수많은 문예창작자와 문화생산자들이 활동을 하는 문화생산양식이 가동되고 있는 것이다. 따라서 문화적 실천과 유물론적 문화론의 관계, 양자의 '절합'을 제한된 방식으로나마 이론적으로 규명해야 할 필요가 있다.

나는 여기서 유물론적 문화론은 문화적 실천에 과학 및 철학으로서 개입한다는 것을 강조하고자 한다. 유물론적 문화론은 문화과정을 역사과정의 일부로 다룬다는 점에서 역사유물론의 일부를 구성한다. 따라서 그것은 역사과학의 일부이다. 동시에 유물론적 문화론은 유물론적 원칙을 강조하므로 유물변증법을 그 철학으로 갖는다. 즉 유물론적 문화론은 유물론적 철학의 입장을 견지하는 과학인 셈이다. 여기서 잠깐 알튀세르가 과학과 철학의 관계에 대해 한 말을 상기할 필요가 있다. 그는 철학은 이론 영역에서 정치를 대변하고 정치에서 과학을 대변한다고 하였다.[15] 유물론적 문화론은 문화론에서 유물론적 테제를 수용하는 철학적 입장을 취하므로 이것은 문화이론 영역에서 계급투쟁의 중요성을 강조하고 계급투쟁에서는 과학을 강조한다. 이는 곧 유물론적 문화론이 한편으로는 노동자계급의 정치투쟁을 지지하며 노동자의 문화적 실천을 지지하면서 다른 한편 문화적 실천에

15_ Althusser, *Lenin and Philosophy* (New York: Monthly Review, 1971), 65.

과학으로서 개입한다는 것을 의미한다.

　여기서 핵심이 유물론적 문화론과 노동자계급의 문화적 실천의 관계, 즉 양자의 융합 문제이다. 유물론적 문화론은 계급투쟁으로서 문화적 실천에 어떤 방식으로 개입할 수 있는가? 이론적 실천의 작동 결과로 도출하게될 개념들과 테제들, 혹은 이론들은 문화적 실천의 결과는 아니다. 하지만문화적 실천은 이 개념들, 이론들에 의하지 않고서는 올바로 설 수 없다는것이 유물론적 문화론이 과학으로서 견지하는 태도이다. 그것은 철저한 유물론적 입장을 견지하기 위해서는 엄밀한 이론적 작업을 거쳐야만 가능하지 실천만으로 그 입장이 나오는 것은 아니기 때문이다. 물론 알튀세르가누누이 말하듯이 실천은 이론에 선행한다. 실천에서만 존재가 사유에 선행하는 것을 실제로 확인할 수 있기 때문이다. 얼핏 보기에 지적인 훈련을훨씬 덜 받은 노동자들이 흔히 지식전문가들보다 훨씬 더 정확한 유물론적입장을 갖게 되는 것도 바로 이 점을 증명한다고 할 수 있다. 이것을 알튀세르는 노동자들의 '자생적' 유물론이라 할 것인데 문화적 실천에 유물론적문화론이 개입한다는 것은 문화실천가들의 이 자생성을 부정하자는 것은결코 아니다. 하지만 실천에는 항상 위험이 도사리고 있다. 예컨대 이론의개입을 거부하고 실천만을 최종심급으로 간주하는 '실천주의'는 이론의 상대적 자율성을 부정하는 결과를 낳으며 결국은 철저하게 따져야만 수립되는 유물론을 쉽사리 얻을 수 있는 것으로 생각하게 하는 결과를 낳는다. 유물론적 문화론은 문화적 실천에서 관념론이 아닌 유물론의 입장이 관철되도록 하는 입장이다. 즉 유물론적 문화론은 문화적 실천에서 과학의 편을들며 어떤 경우건 문화적 실천이 관념론적 문화론에 빠져드는 것에 저항하고 투쟁한다는 입장이다. 이 투쟁은 문화적 실천에 대한 개입의 방식으로밖에 이루어질 수 없다. 나는 이 개입이 구체적으로 어떤 효과를 가질 것인지말할 수는 없다. 다만 알튀세르가 이 점에 대해 한 말을 잠깐 인용하는 것으로 대신하고자 한다.

현실에 대한 지식은 우선 현실에 속하는 것이기 때문에 그것은 현실에 아무것도
덧붙이지 않는다는 역설적인 조건에서만 무언가를 덧붙일 수 있으며, 일단 산출
되고 나면 그것은 당연히 현실로 되돌아가고 그 속으로 사라져버린다… 이처럼
지식 대상과 실재 대상 간의 구별은 그것이 무화되기 위해서만 제기된다고 하는
역설을 제출한다. 그러나 그것은 무가 아니다.[16]

16_ 알튀세르, 『아미엥에서의 주장』, 김동수 역, 솔, 1992, 164.

2

문화연구의 종말과 생성
: 비판이론과 담론의 재구성을 위하여 1

이동연

1. 스튜어트 홀의 죽음과 역사적 문화연구의 종말

2014년 2월 스튜어트 홀의 죽음은 역사적 문화연구1의 종말을 상징적으로 보여준 사건이다. 그는 문화연구의 지적 출범을 공식화시킨 버밍엄현대문화연구소(CCCS)를 이끌었고, 문화연구의 이론적 확산과 실천의 지평을 넓히는 데 분투했던 대표적인 이론가였다. 2014년 2월 10일자 『가디언』지의 부고 기사는 이렇게 쓰고 있다. "그가 주도했던 문화연구의 창립 정신은 당시 통속적이고 낮은 지위에 있었던 문화형식들을 진지하게 말하고, 문화, 권력, 정치의 복잡한 실타래를 추적하고자 했다. 청년 하위문화, 대중미디어, 젠더와 종족 정체성과 같은 다양한 주제들을 분석하기 위해 문화연구의 간학제적 전망들은 문학이론, 언어학, 인류학들을 통합적으로 견인하고자

1_ 이 글에서 언급하는 '역사적 문화연구'는 1964년에 설립한 '버밍엄현대문화연구소(CCCS)'가 주도한 '영국 문화연구'를 지칭한다. 영국 문화연구가 1980년대 이후 미국을 비롯해 캐나다, 호주, 아시아 지식인들의 비판이론에 영향을 미쳤고, 현재는 문학, 사회학, 미디어연구 전반을 관통하는 전 지구적 비판이론으로 확산되는 이론적 기초를 제공했기 때문에 역사적 문화연구의 범위와 시기를 정확하게 구분하는 것은 불가능하다. 다만 2002년 버밍엄대학 문화연구학과의 폐과와 2014년 스튜어트 홀의 죽음은 역사적 문화연구의 종말에 대한 공식적 사건으로 볼 수 있겠다.

했다." 스튜어트 홀의 죽음은 영국 문화연구의 1세대 연구자들의 실질적인 마감을 의미하는 것만이 아니라 이들의 이론적 구성물의 역사적 변천과정과 문화연구의 전 지구적 확장에 따른 국지적 이론의 변용과 특이성에 대한 평가, 그리고 역사적 문화연구와의 단절과 전환의 현실 조건의 검토가 불가피함을 의미하기도 한다.

스튜어트 홀의 '이론-실천' 연대기는 문화연구의 역사적 궤적과 매우 흡사하다. 주지하듯 스튜어트 홀은 자메이카 흑인 이산민 출신으로 옥스퍼드 대학 장학생으로 입학해 1950-60년대 반핵, 평화, 반인종차별 운동 등 다양한 사회운동에 참여했고, 1957년『뉴레프트 리뷰New Left Review』의 창간을 주도했다. 앞서 언급했던 대로 리처드 호가트 등과 함께 1964년 CCCS의 설립과 발전에 핵심적인 역할을 했으며, 1979년에 영국의 개방대학 사회학과 교수로 18년간 재직하면서 문화연구의 확산과 사회정의를 위한 운동, 대중들의 삶에 긍정적인 변화를 가져올 수 있는 교육의 힘에 몰두했다.『인디펜던트』는 추모 기사에서 "그는 신좌파의 이론이 공공의 지적 영역에 영향을 줄 수 있도록 헌신했는데, 이를 위해 그는 개방대학이 대변하고자 했던 교육정신, 즉 개방성과 접근성의 정신에 몰두했다. 이는 사람들의 삶에 긍정적인 변화를 가져다 줄 수 있는 사회정의와 교육의 힘의 승리였다"[2]라고 쓰고 있다. 홀의 이론적 작업은 "'문화에 관한 이론'이기 이전에 '현실 개입의 정치 전략'의 일환"이고 "문화연구를 한 특수 영역에 관한 이론적 관심사로만 여기지 않고, 현대 자본주의, 특히 자신이 위치한 영국 사회의 특수한 모순을 극복하고 새로운 개혁 주체와 전략을 모색하는 장으로 삼았다."[3] 신좌파 이론가로서 그가 사회변혁에 기여했던 이론적 궤적을 일별하기 쉽지 않았겠지만, 대체로 이데올로기 비판[4]과 정체성의 정치학[5]으로 요약할

2_ Marcus Williamson, "Professor Stuart Hall: Sociologist and pioneer in the field of cultural studies whose work explored the concept of Britishness," *The Independent*, 11 February 2014 기사 참고..

3_ 임영호, 「스튜어트 홀과 문화연구의 정치」,『문화/과학』78호, 2014년 여름, 272.

4_ 스튜어트 홀은 영국 문화연구의 장에서 알튀세르의 이데올로기론을 이론적 논쟁 장으로 끌어올린 장본인이라 할 수 있다. 이에 대한 그의 글은 「이데올로기의 문제: 보증

수 있지 않을까 싶다. '구조주의와 문화주의' '이데올로기와 욕망'이란 문제 설정이 문화연구의 가장 중요한 이론적 실천 토픽으로 연구되었다는 점에서 스튜어트 홀의 죽음은 반세기가 넘는 역사적 문화연구의 이론적 '공소시효'의 궁극적 마감이란 감정을 불러일으킨다. 2002년 버밍엄대학교의 학과 구조조정으로 인해 CCCS의 후신이라 할 수 있는 문화연구학과가 폐과되었고, 12년 후에 역사적 문화연구의 오랜 수장이라 할 수 있는 스튜어트 홀이 죽음을 맞이하면서 역사적 문화연구는 사실상 종언을 고했다고 볼 수 있다.

물론 역사적 문화연구의 상징적인 존재였던 스튜어트 홀의 죽음이 곧바로 동시대 문화연구의 종말로 이어지는 것은 아니다. 동시대 문화연구는 여전히 전 세계에서 간학제적 비판이론으로 각광 받고 있다. 콜린 스파크의 지적대로 문화연구를 하나로 정의하는 것은 대단히 어려운 일이다. 그는 "명확한 선을 긋고 그 가운데 한편에서 우리가 문화연구의 적절한 영역을 발견할 수 있다고 말하는 것도 불가능하다. 문화연구에 혹은 문화연구의 특징적인 통일된 이론이나 방법론을 지적하는 것도 가능한 일이 아니다.

없는 마르크스주의」, 「의미작용, 재현, 이데올로기: 알튀세르와 후기 구조주의 논쟁」(이하 스튜어트 홀, 『문화, 이데올로기, 정체성』, 임영호 옮김, 2015, 컬처룩 참고) 등을 참고하면 된다. 또한 1988년에 출간된 *The Hard Road to Renewal: Thatcherism and the Crisis of the Left*는 정치 이데올로기 비판에 대한 홀의 대표적인 저서라 할 수 있다. 이 책은 대처리즘에 대한 본격적인 비판서로서, 통치이데올로기로서 대처리즘과 그 이데올로기를 지지하는 포퓰리즘의 공모관계를 다루고 있다. 대처는 영국 좌파 정당의 국정 실패의 약한 고리를 파고들면서 대중들에게 강한 영국을 만들겠다는 신념하에 극심한 좌우 이념 갈등 조장, 노조파괴, 공기업 민영화, 부자감세 등과 같은 악랄한 정치적 슬로건들을 정당한 것으로 설득했다. 정당화의 논리는 오로지 부강한 영국의 미래라는 환상을 대중들에게 주입하는 것이었다.

5_ 스튜어트 홀의 이론적 실천의 상당부분은 정체성의 정치학에 기반한다. 흑인 이산민으로 정체성에 대한 연구는 본질주의적인 관점보다는 주체의 구성적 생성의 관점으로 파악하고자 한다. 다음의 인용문을 보라. "흑인 이산 주체의 문화 정체성은, 이러한 제2의 의미에서, '있음(being)'의 문제만이 아니라 '되어감(becoming)'의 문제이다. 그것은 과거에 속해 있는 것처럼 미래에도 속해 있다. 그것은 이미 존재하거나 장소와 시간, 역사와 문제를 초월해서 존재하는 어떤 것이 아니다. 문화 정체성들은 어떤 곳에서 나타나서 다수의 역사들을 가지고 있다(Stuart Hall, "Cultural Identity and Diaspora," in Jothan Rutherford, ed., *Identity: Community, Culture, Difference* [London: Lawrence & Wishart, 1990] 참고).

문학비평, 사회학, 역사, 매체연구 등등의 실제적인 잡동사니 같은 생각들, 방법들 그리고 관심사들이 문화연구라는 편리한 이름하에 한데 엉켜있다"[6]고 말한다. 문화연구의 이러한 간학제적인 지적 기획과 비판적 현실 개입의 특이성은 전 세계에서 분과학문의 위기를 극복하기 위한 연구방법으로, 국가 문화정책의 이론적 토대로, 비판이론의 재구성을 위한 대안담론으로 구체화되었다. 문화연구의 전 지구적 확산은 크게 보아 세 가지 경로로 설명될 수 있다.

1990년대 들어 문화연구는 미국에서 지역학과 커뮤니케이션 연구의 이론적 협소함과 비판적 성찰의 부족함을 메우는 지적 실천으로 자리매김되었다. 미국의 대표적인 문화연구자인 로렌스 글로스버그는 "문화연구는 미국의 동시대 지적, 학문적 삶의 주류로 급속하게 이동하고 있다. 커뮤니케이션 학제 안에서 문화연구는 더 이상 주변부 존재로만 취급받지 않는 듯하다. 문화연구는 커뮤니케이션 지배블록에게 구애를 받고 있고, 심지어는 제한된 범위에서나마 자신의 세력을 입증하고 있다. 문화연구는 지적으로 주류에 속하지 않고 정치적으로 대립적인 입장을 지닌 채 상대적으로 신생 학제의 주류 안으로 정당화되고 흡수되고 있는 몇 안 되는 지적 실천 중의 하나이다"[7]라며 1990년대 미국 대학의 인문 사회과학 분야에서 문화연구의 중요한 위치를 말하고 있다.

한편으로 문화연구는 1980년대 중반 이후 호주와 캐나다에서 국가 문화정책에 개입하는 이론적 기초를 만드는 데 큰 역할을 했다. 미건 모리스는 호주의 문화연구는 문화의 총체화를 의문시하는 것에서 출발하는 것으로 보고 있다. 그녀는 1960년대 후반에서 1970년대 초반 즈음부터 문화정체성에 대한 국가의 정책이 변화했음을 지적한다. 호주의 국가정책은 이 시기에

6_ Colin Sparks, "The Evolution of cultural studies," in John Storey, ed., *What is Cultural Studies?: A Reader* (London: Arnold, 1996), 14.

7_ Lawrence Grossberg, "The Circulation of cultural studies," in *What is Cultural Studies?: A Reader*, 178.

영국에서 전해 받은 문화적, 인종적 유산에 기반한 문화전통에서 현재 호주
인구를 구성하는 종족 다양성을 수용하는 다문화주의로 이행하였다. 미건
모리스는 "다문화주의라는 새로운 정책은 좀 더 차별화된 국가적 응집의
양식 안에서, 혹은 그것의 토대로서 문화다양성을 인지하고자 했다"[8]고 지
적하는데, 이러한 국가정책의 대안을 마련하는 데 있어 문화연구가 하나의
지적기획으로 환영받았다. 문화연구의 간학제적 지식생산과 '과정과 구성'
으로서의 중층적 문화정체성에 대한 사유는 전통적인 호주의 백인중심주
의를 비판하고, 백인 이주자 중심의 통합적 국가본질주의의 환상을 깨는
데 중요한 역할을 담당했다. 그래엄 터너는 호주와 영국의 이론적 실천의
주요한 차이가 "국가주의의 정체성 혹은 신화"라는 전통적 인습을 강조하
는 호주의 문화비평의 특이성에서 찾을 수 있다고 말한다. 영국의 문화비평
이 주로 계급과 하위문화에 관심을 가지는 반면, 호주의 문화연구는 국가에
관심을 가지는 특성을 지닌다는 것이다.[9] 토니 베넷이 호주에서 기획한 문
화연구 실천들의 사례[10]에서 알 수 있듯이 호주의 문화연구는 국가정체성
의 본질주의 비판과 새로운 정체성의 구성에 집중한다.

　영국 문화연구는 미국, 호주, 캐나다를 거쳐 1990년대에는 아시아 권역
으로 확대되었다. 아시아에서 문화연구는 현실 사회주의의 붕괴와 후기자

8_ Meagan Morris, "Australian cultural studies," in *What is Cultural Studies?: A Reader*, 346.

9_ Graeme Turner, "'It works for me': British cultural studies, Australian cultural studies, Australian film," in *What is Cultural Studies?: A Reader*, 327. 터너는 호주 문화연구의 정책담론 형성에 중요한 역할을 한 토니 베넷(Tony Bennett)의 언급을 인용하면서 영국에서 '더 네이션'의 문제가 부르주아 지배나 제국주의의 과거와 연관된 것과 달리 호주에서 '더 네이션'은 영국적인 맥락에서는 사유할 수 없는 또 다른 급진적, 정치적 잠재성을 포함하고 있다고 말한다. 이것이 무엇인지에 대해 터너가 분명하게 언급한 것은 없지만, 그의 추가 언급을 파악해보면, 마치 캐나다의 상황과도 유사한 서양의 제국주의의 지배적 위치에서 비켜서 있는 일종의 제3세계적 위치와의 혼종적인 조우를 주장하는 듯하다.

10_ Tony Bennett, "Putting Policy into Cultural Studies," in Lawrence Grossberg et al., eds., *Cultural Studies* (New York & London: Routledge, 1992); Tony Bennett, Michael Emmison, & John Frow, "Social Class and Cultural Practice in Contemporary Australia," in Tony Bennett and John Carter, eds., *Culture in Australia: Policies, Publics, and Programs* (Cambridge & New York: Cambridge University Press, 2001).

본주의의 도래, 자유주의와 소비문화의 확대에 따른 새로운 문화 텍스트와 문화현상의 등장이란 사회변동의 맥락을 반영하며, 맑스주의의 전화, 포스트모던 이론의 비판적 대응이란 이론적 국면을 시사한다. 한국, 일본, 중국, 대만, 홍콩 등 아시아 문화연구는 국지적 특이성11을 갖고 있지만, 대체로 아시아의 권역문화의 기원과 발생, 권역 내 식민지 근대성과 냉전문화의 정치적 동학, 대중문화의 순환회로의 복합적인 구조를 이해하는 중요한 지적 실천으로 각광을 받고 있고, 지적 연대를 위한 제도적 교육적 실험들을 진행하고 있다.12

이렇듯 역사적 문화연구의 종언과 동시대 문화연구의 번성 사이의 모순

11_ 한국에서 문화연구의 본격 등장은 1990년대 초 사회구성체론과 민족문학 이념논쟁을 대체하는 문화담론과 문화이론의 부상과 1990년대 중반 미디어연구와 사회학 분야에서 문화연구를 전공한 해외 유학파들이 국내에 들어오면서 새로운 비판이론으로 유행시켰다(이동연, 「한국 문화연구의 역사기술학」, 한국예술종합학교 전통예술원 학술심포지엄 자료집, 2006 참고. 이 글은 이동연, 『문화연구의 종말과 생성』, 문화과학사, 2017에도 수록되어 있다). 일본에서도 1990년대 초반까지는 문화연구가 총체적으로 논의되지 않았지만, 이후에는 비판적 수용자 연구방법론으로 각광받았고, 1994년 스튜어트 홀의 동경대학교 심포지엄 참여를 계기로 일본에서 새로운 비판이론으로서 문화연구가 붐을 이루었다(요시미 순야, 『문화연구』, 박광현 역, 동국대학교출판부, 2008, 10-11 참고). 중국의 문화연구는 한국, 일본에 비해 중국 지식전통 내에서 문화연구의 근원을 발견하려는 노력이 강한 반면, 문화연구의 연구토픽들은 한국, 일본에 비해 느린 편이다. 최근 중국 당대사회의 복잡한 정치동학을 독해하고, 새롭게 변화하는 문화현실이 야기한 자본주의 문화형성에 대한 비판연구가 활발하게 진행되고 있다(임춘성·왕샤오밍, 『21세기 중국의 문화지도—포스트사회주의 중국의 문화연구』, 중국문화연구공부모임 역, 현실문화연구, 2009 참고).

12_ 아래의 인용문을 보라. "아시아 문화연구는 각국의 상황이 다르긴 하지만 대체로 1980년대 후반부터 1990년대 초반에 걸쳐 등장하기 시작했고, 대체로 비슷한 역사적 진화를 거치고 있다. 아시아 문화연구는 서로 다른 입장들이 구조화된 공간으로서 전복과 배제의 권력관계를 형성하는 문화담론의 '장'을 형성한다. 문화연구의 장은 문학연구, 지역연구, 미디어연구의 장과는 다른 제도적 구성체를 형성하며, 맑스주의, 기호학, 페미니즘, 탈식민주의 이론의 장과 다른 담론구성체를 형성한다. 물론 문화연구가 위의 제도 영역과 이론 영역과 상당부분 중첩되지만, 그것의 발화위치 혹은 정치적 태도에 있어서는 특정한 입장을 구조화하는 '장의 논리'에 따라 작동한다. 따라서 '장'으로서의 아시아 문화연구는 '문화연구'의 일반적인 장의 논리에 근거하면서도 영미권 문화연구와는 다른 게임의 규칙을 개발하고자 하며, 국지적인 발생 원리를 갖는다"(이동연, 「아시아 문화연구는 있는가?: 비판적 재구성을 위한 질문들」, 『아시아문화연구를 상상하기』, 그린비, 2006 참고).

과 차이는 단지 연대기적 시간과 지리-정치적 함의만의 문제는 아니다. 그것은 역사적 문화연구가 본래 가지고 있던 이론적 실천이 지금도 유효한가, 동시대 문화연구의 확산 과정에서 현실에 개입하는 비판이론으로서의 입장이 충분히 발견되는가의 문제이다. 역사적 문화연구는 아직도 유효하다거나 동시대 문화연구의 전 지구적 확산과 대중화는 역으로 문화연구의 위기와 소멸의 징후라는 지적이 나오는 것도 그런 맥락에서이다. 문화연구를 재규정해야 한다는 논쟁의 핵심은 오히려 문화연구의 전 세계적 발전에 따른 고도의 가시성과 교육방법으로서 문화연구의 무한확장적인 유연성과 문화연구가 수정주의 이론으로 천착하는 것 때문이며 결국 "문화연구가 국가적, 전 지구적 정치, 경제와 매체 시스템의 심오한 구조적 변화를 경험적으로 다루지 못했다"는 지적13과 "문화연구의 확장, 특히 미국에서의 확장은 텍스트화하는 전환에 기반하고 있다. 그 결과는 본래 문화연구 기획의 탈정치화와 사회학적 비판이론을 새로운 해석학으로 변환시켜 버렸다"는 지적14은 모두 현재 문화연구의 전지구화, 대중화로 야기된 한계들 중의 하나를 간파한 것이라 할 수 있다.

문화연구의 진화와 팽창이 역으로 역사적 문화연구 본래의 비판적 실천의 지평을 계승하기보다는 무화시키는 결과로 나타났다는 것도 부인할 수 없는 사실이다. 문화연구의 붐이 다른 분과학문에 영향을 준 것은 사실이지만, 결과적으로는 분과학문의 생존을 위한 도구로 활용되어 폐기처분되는 상황을 목도하고 있고, 문화 관련 학과들이 범람하게 된 이론적 근거로 악용되기도 했다. 문화연구의 이론과 방법을 차용하는 수많은 문화 관련 교육제도들의 생성에도 불구하고 정작 "문화연구" 본연의 학제는 대학제도 안에서 고전을 면치 못하고 있다.15 문화연구자들의 문화정책의 개입 역시

13_ Marjorie Ferguson and Peter Golding, "Cultural Studies and Changing Times: An Introduction," in *Cultural Studies in Question* (London & Thousand Oaks: Sage Publication, 2007), xiii.

14_ Janet Wolff, "Excess and Inhibition: Interdisciplinarity in The Study of Art," in *Cultural Studies*, 715.

15_ 다음의 인용문을 보라. "문화연구가 제도적 인정을 획득하기 시작하는 바로 그 순간, 문화연구는 자신의 간학제적 성격을 버릴 뿐 아니라 문화연구의 초기에 독특한 정체

정책을 정치화하는 권력을 내파시키는 데는 역부족이다. 문화담론과 비평의 정치적, 사회적 효과 역시 현저하게 그 기능이 위축되었고, 비평의 세속화, 대중화로의 급격한 변화는 비평의 현실 개입의 지위와 기능마저도 무력하게 만들었다. 이러한 지적들은 현재 한국의 문화연구가 안고 있는 딜레마이기도 하다. '방법'으로서 문화연구의 간학제적, 제도적, 정책적인 확산이 '실천'으로서 문화연구의 정치적 기획의 결핍을 야기한다면 역사적 문화연구의 종언의 전도로서 그것의 정치적 기획으로의 복원을 재론할 필요가 있을 것이다. "문화연구가 확고한 위상을 지닌 중요한 존재가 되어감에 따라 원래 문화연구가 지니고 있는 특성은 잃어가고 있다. 문화연구라는 용어가 점점 더 자주 등장함에 따라 특정한 영국식 작업내용과의 연관은 사라져가고, 과연 어떤 공간에서 우리들이 거주하게 될 것인가 하는 점이 점점 더 모호해지고 있다"는 그로스버그의 지적16도 문화연구의 신원주의의 상실을 안타깝게 여긴 것이라기보다는 문화연구 본래의 정치적 기획의 상실을 비판한 것이라 할 수 있다. 스튜어트 홀의 죽음을 계기로 제기한 역사적 문화연구의 종말은 역설적으로 그것의 정치적 기획의 복원의 시작을 의미한다. 역사적 문화연구의 신원과 제도의 효과는 소멸했는지는 모르겠지만, 그것의 정치적 기획은 여전히 유효하기 때문이다.

2. 문화연구의 정치적 기획을 다시 읽기

그렇다면 역사적 문화연구의 정치적 기획이란 무엇일까? 그것은 아마도 문화연구의 태동을 알린 CCCS가 무엇을 하기 위해 만들어진 것인지를 이해

성을 부여해주었던 맑스주의 비판과 계급관계의 탈중심화에 의해 그 토대 또한 흔들리는 듯하다"(Angela McRobbie, "Post-Marxism and Cultural Studies: A Post-script," in *Cultural Studies*, 722).

16_ Lawrence Grossberg, "The Circulation of cultural studies," in *What is Cultural Studies?: A Reader*, 178.

하는 것으로 시작된다. 아니 근본적으로 문화연구에서 정치란 무엇인가, 이론적 기획이란 무엇인가 하는 문제와 직결되기도 한다. 내가 보기에 CCCS의 탄생은 두 가지 중요한 정치적 기획을 갖고 있다. 하나는 문화연구가 당대현실에 대응하는 새로운 비판이론으로서 제기되었다는 점이다. 문화연구는 단순히 이론적, 학문적 지형 내의 돌연변이라기보다는 당대의 정치적, 사회적 성격과 모순을 반영하고 있다. 전후 영국 사회는 전통적인 고전적 맑스주의가 설파하는 계급결정론이나 경제결정론으로 환원될 수 없는 계급, 정치, 경제, 이데올로기 심급의 중층적, 복합적 파급효과들이 충돌하고 있었다. 계급결정론과 경제결정론에 대한 비판은 계급적, 경제적 관점의 무효를 주장하는 것이 아니라, 그것의 정치적, 문화적 효과로의 복합적인 확장을 주목한다. 문화연구의 지적 기획은 계급 그 자체가 아닌 계급의 형성 과정과 그것의 문화적 효과에 주목하면서 계급적 실재와 조건들이 재현된 텍스트를 분석하고, 계급의 사회적 실재 속에서 분화가 이루어지고 있는 문화적 현장을 탐구하고자 했다. 노동계급의 형성과정, 노동자계급 청년하위문화의 스타일, 여성주체들의 미디어 재현에 대한 이데올로기 비판 등이 그런 탐구에 해당된다. 문화연구는 계급과 경제의 문제를 포기했다기보다는 문화라는 이론적, 실재적 우회를 통해 그것의 사회적 형성 과정에 대한 구조적 효과를 보려했던 것이다. CCCS의 초대 소장을 지낸 리처드 호가트의 『읽고 쓰는 능력의 효용』에 대해 "특정 계급의 텍스트를 독해함으로써 그 계급의 견제와 저항을 기술하고자 시도했다. 격언과 상식으로부터 잡지와 신문에 이르기까지 온갖 수준에서의 '목소리 듣기'가 필요했다. 만약 이러한 작업이 고급문화와 위대한 전통의 엘리트주의를 거부했다면 마찬가지로 그것은 엄격한 경제결정론으로 맑스주의를 이해하는 환원주의적 태도에도 반대했다"라고 말한 마이클 그린의 지적[17]은 초기 문화연구의 저작들이 단지 일상의 경험을 중시하는 문화주의의의 산물이 아니라 문화

17_ Michael Green, "The Center for Contemporary Cultural Studies," in *What is Cultural Studies?: A Reader*, 50.

와 계급의 상관관계, 혹은 계급의 문화적 효과에 주목했음을 강조한다.

그래서 스튜어트 홀의 지적대로 문화연구의 토대가 되었던 1950년대 후반에서 1960년대 후반까지의 영국 초기 문화연구자들의 작업들, 예컨대 리처드 호가트의 『읽고 쓰는 능력의 효용』, 레이먼드 윌리엄스의 『문화와 사회』, 『장구한 혁명』, E. P. 톰슨의 『영국 노동계급의 형성』 등은 "영국 사회와 문화에서 전개되는 장기적인 추세를 다룬" "나름대로 문화적 개입"18이었다. 이 책들은 전후 영국사회 상황을 반영한 것이었다. 전후 영국 사회의 안정화 국면이 "자본주의적 생산, 복지국가의 설립, '냉전' 등에 의해 규정"(204)된다고 볼 수 있는데, 이러한 국면 속에서 문화연구는 다음과 같은 질문을 던졌다. "지금 진행되는 변화로서 그러한 문화적 변화에 해당하는 것은 무엇인가? 지금까지 바로 문화적 질서 자체의 토대였던 전통적인 계급관계, 계급구성체, 계급문화에 이러한 변화가 미치는 영향은 어떤 것인가? 새롭게 부상하는 문화적 세력이나 경향은 있었는가? 무엇보다도 이러한 역사적 과정을 어떻게 질적으로 이해하고 평가할 것인가?"(204). 스튜어트 홀은 이러한 쟁점들이 전후 문화논쟁의 중요한 토픽들이었고, 문화연구의 목표와 의제를 정하는 데 중요한 질문들이었다고 말한다. 아래의 인용문은 문화연구의 지적 실천의 계기는 달라진 사회 상황에 대한 달라진 이론적 실천의 필요에 따른 것임을 분명히 한다.

이러한 주제들(리처드 호가트 류의 연구주제-필자 주)은 1950년대 좌파의 정치적 심연으로부터, 풍요와 부르주아화라는 십년간의 핵심 신화로부터 그 의미와 힘을 취하고자 했다. 그동안 많이 논의했었고 극도로 가시적이라고 말했던 양차 대전 사이의 경제위기는 일종의 아주 신선하고 화려한 미래주의로 포장한 자본주의 번영의 재구조화에 의해 대체되어 버렸다. 양차 세계 대전 기간에는 단지 군데군데 눈에 띄였을 뿐이었던 소비 제품들이 1950년대에는 막대한 규모로 국

18_ 스튜어트 홀, 「문화연구와 버밍엄 연구소」, 『문화, 이데올로기, 정체성』, 임영호 역, 컬처룩, 2015, 202. 이하 인용은 본문에서 쪽수만 표시한다.

내 시장에 확장되어 발전했다. 엔젠베르거가 '의식산업'이라고 말한 매스 미디어는 소비자뿐 아니라 상품의 구경꾼으로서 여성들을 위한 새로운 장소를 축조했다. 그와 동시에 민중들과 뚜렷한 지배계급 사이의 대립은 좀 더 세련된 생산물과 복지국가의 향상된 역할과 보호를 필요로 하는 중간 매개 형 관리 그룹들로 대체되었다.[19]

문화연구는 세계 대전 이후 영국의 불안정한 사회상황에 따른 계급 모순과 탈산업사회로 이행하는 대량 문화생산 체제가 개인의 일상에 미치는 영향의 국면 속에서 발생한 것이다. 이는 결국 문화가 현실사회와 맺는 관계에 대한 새로운 해석을 요청하는 것이다. 문화연구는 문화의 수준을 '진정성'의 논리로 위계화하려는 리비스주의적 해석과, 문화를 계급적, 정치적 이데올로기의 선전수단으로 간주하려는 스탈린주의적 해석을 넘어서 문화의 일상적 경험 속에서 발견되는 계급적, 정치적 효과들, 그리고 그것의 정치적, 이데올로기적 의미화를 꼼꼼하게 분석하여 그것을 현실운동에 대면하는 것을 기획한다. 마이클 그린의 지적대로 문화연구의 기획은 하나의 동의된 문화주의 프로그램의 일환이 아닌 '신좌파'의 부상하는 의제들, 예컨대 반전반핵운동이나 흑인인권운동과 같은 의제들과 함께하는 정치적 응축의 프로그램이었다. 이러한 변화를 위한 의제들은 사실 공식적인 정치적 정당이나 주류 아카데미 밖에서 이루어진 것들이다. 스탈린주의의 위기나 전후 노동당의 위기들은 흑인, 학생, 여성과 같은 새로운 정치적 유권자, 새로운 정치적 의제의 가능성을 열어놓았는데, 그 의제 중 가장 논쟁적인 것이 바로 학문 중립성에 대한 거부, 심지어는 군산복합체를 지지하고 그 체제에 동원되는 연구에 대한 거부였다(51-52).

문화연구의 두 번째 정치적 기획은 보수적이고 반동적인 학문제도와 지식생산에 대한 내파였다. 마이클 그린은 학제 간 한계와 벽을 허무는 방법

19_ Michael Green, "The Center for Contemporary Cultural Studies," 50. 이하 인용은 다시 본문에서 쪽수로만 표시한다.

과 문화연구의 발전된 버전 사이에는 거칠게나마 항시적으로 커넥션이 있었다고 본다. 그는 학제 간 한계를 극복하는 문화연구의 세 가지 수준의 버전을 리처드 호가트의 『읽고 쓰는 능력의 효용』에서 찾고자 했는데 그것이 특정한 문화와 하위문화의 일상적 삶의 의미에서 추출되는 "산 경험"이라는 버전, 상징적 형태가 주목을 요하는 "텍스트"라는 버전, 그리고 그것들을 좀 더 큰 틀에서 결정하는 구체적인 역사적 설명이 요구되는 사회적 구조의 버전이다(53). 그린은 경험, 텍스트, 사회구조의 세 가지 버전에 대한 문화연구의 지식생산은 서로 복합적인 쟁점들의 조우이자 학문적-정치적 이중 결합의 사례로 보고자 한다. 문화연구는 그래서 학제적인 위상을 주장하지도 않았고, 그것과 일치하지도 않았다. 그런 이유로 문화연구는 눈엣가시 같은 존재, 조화로움 속에 박힌 돌처럼 여겨졌다(53).

문화연구는 부르주아 학문을 재생산하는 데 기여한 분과학문의 형성, 주장, 사명 등에 대해 비판적인 입장을 견지했다. 그린의 지적대로 영국 문화연구의 이러한 분과학문에 대한 비판적 태도들은 초기에 "지식생산의 형식과 널리 퍼진 사회적 연구 관계들, 즉 고등교육의 노동과정에 관해서도 비판적인 자세"(54)를 통해 그 입장을 드러냈다. 그린은 문화연구의 비판적 지식생산 형태들이 1960년대 영국에서 두 가지 형태로 등장했다고 언급한다. 하나는 정치 정당들 혹은 반(半)-자율적인 정부단체에 대한 자문 혹은 연구들이었다. 예를 들어 노동당을 위한 정책 연구로서 가장 유명한 사례가 고교입학자격시험 폐지 캠페인과 합리적인 학교를 세우기 위해 아카데미 영역에서 교육 사회학자들과 학교의 개혁적 교사들 그리고 노동운동가들이 연합한 사례이다.[20] 다른 하나는 국가 기관들과는 무관하게 아주 비조직

20_ 이 연구결과물로 CCCS가 발간한 책이 『1944년 이래 영국의 비대중적 교육과 사회민주주의*Unpopular Education: Schooling and Social Democracy in England since 1944*』(London: Huchinson & Co. Publishers Ltd., 1981)인데 이 책은 CCCS의 고전 텍스트 시리즈로 2006년에 루틀리지 출판사에서 재출간되었다. 이 책은 CCCS의 교육그룹에 참여한 스티브 배런, 단 핀, 닐 그랜트, 로버트 그린, 리처드 존슨이 기획한 것으로 전후 영국의 급변하는 사회 환경에 대한 대응과 교육적 실천의 다양한 이슈들을 다루고 있다.

화된 독자적인 연구자 그룹들이 작업한 교육 형태들에 대한 연구인데, 그 연구를 살펴보면 문화적 탐구가 광범위하게 진행되었음을 발견할 수 있다 (56). 1970년대 이후에 문화연구는 우리가 통상적으로 알고 있듯이 급진적 좌파들이 주도하는 알튀세르와 그람시로 대표되는 유럽 맑스주의의 이론적 실천에 의해 학술 진영과 출판계에 큰 영향을 미쳤고, 1970년대 후반부터 진행된 문화연구의 비판적 개입에 맹렬하게 저항한 대중적 신보수주의의 반동으로 이론적 동요와 부침 현상을 겪었다. 스튜어트 홀의 『대처리즘의 문화정치 *Hard Road to Renewal*』는 신보수주의 문화반동에 제대로 대응하지 못했던 좌파이론, 특히 비판적 문화연구의 지적 실천에 대한 반성을 담고 있다고 볼 수 있다.

이러한 문화연구의 이론적 전개과정은 어떻게 보면 1990년대에 시작한 한국의 문화연구의 이론적 전개과정과 매우 흡사한 면을 발견할 수 있다. 달라진 문화현실에 대한 새로운 급진적 비판이론의 필요성,[21] 분과학문의 폐해를 넘어서려는 간학제적 지식생산,[22] 그러한 비판적 지식생산을 제도화하려고 했던 작업들,[23] 그리고 문화연구의 그러한 정치적 기획을 무력화시키려는 대중적 보수주의의 반동의 과정은 영국 문화연구의 정치적 기획의 전개과정과 유사하다. 어쨌든 CCCS를 기반으로 한 영국 문화연구는 새롭게 변한 사회현실에 대한 이론적 대응, 보수적인 학문 체제를 넘어서는 새로운 지식생산의 구성이라는 특유의 정치적 기획을 가지고 있었다. "CCCS는 자신의 작업을 '새로운 형태의 정치학'과 연계하고자 했고, 새로운 정치적 지적 변화들이 엄청난 규모로 생겨나는 상황에서 문화연구의 정치

21_ 강내희, 「혁명 사상 전통 계승으로서의 1990년대 한국의 문화연구」, 『문화연구』, 2권 2호, 2013.

22_ 여건종, 「영문학과 문화연구: 대중의 문화에 어떻게 개입할 것인가」, 『안과 밖』, 제20호, 2006; 이동연, 「한국예술학의 새로운 방법론 모색―문화연구와의 만남을 통해」, 『음악과 문화』 22호, 2010; 박상환, 「人文學의 위기와 文化연구를 위한 試論―분과 학문의 배타성을 넘어 공존의 학문으로」, 『大同文化硏究』 57집, 2007 참고.

23_ 원용진, 「현실개입의 실천적 문화연구의 가능성」, 『한국언론정보학보』 통권 11호, 1998년 가을.

적 효과는 새로운 사유가 필요하다는 그린의 적절한 지적"(59)은 문화연구의 정치적 기획의 역사적 정당성과 현재적 유효성을 강조한 것이라 할 수 있다.

요약하자면, 문화연구는 달라진 사회구조에 문화가 어떻게 정치적, 계급적 효과를 생산하는지를 탐구하고, 간학제적이고 비판적인 지식생산을 통해 지식의 현실 개입을 다양하게 기획한다. 문화연구는 그 자체로 비판이론의 완결성을 갖기보다는 그것이 운동의 국면에서 지적 기획력을 가질 때, 그것이 유기적 지식인들에게 운동의 국면을 보게 만들 때 그 힘이 발휘될 수 있다. 문화연구의 정치적 기획은 그런 점에서 스튜어트 홀이 현실에 대한 항시적 긴장과 개입24이라고 말한 "지적 프로젝트"로서의 문화연구에 가깝다. 홀은 이론의 한계를 언제나 인식하면서, 그 한계를 극복하는 방법으로 그람시가 언급한 현실에 개입하는 실제적이고, 다양한 실천을 만드는 유기적 지식인의 상을 제시한다.25 유기적 지식인이 기획하는 지적 프로젝트라는 말은 사실 매우 추상적이고 모호한 말이지만, 이 말 안에는 문화연구, 혹은 문화연구자들이 취해야 할 이론적 실천, 정치적 입장을 함축하고 있다. 그것은 전통적인 지식인들과 다르게 유기적 지식인으로서 문화연구자의 정치적 기획의 특수성, 즉 재현의 정치학과 그것의 현실 개입의 생산적 힘을 견지하는 것이라 할 수 있다.

24_ 다음의 인용문을 보자. "문화연구는 이 긴장 즉 모든 텍스트 관련 실천에 따르는 긴장과 더불어 사는 법을 배워야 한다. 사이드는 이 긴장을 텍스트가 속한 '제도, 기관, 기구, 계급, 학계, 기업, 집단, 이데올로기적으로 규정된 정당과 전문직, 국가, 인종, 젠더' 등과 관련지어 검토하는 것으로 묘사한다. 그런데 문화연구가 이러한 긴장과 더불어 사는 법을 배우기 전에는, 혹은 그렇게 하지 못한다면, 그 '세속적' 소명을 저버리게 될 것이다"(스튜어트 홀, 「문화연구와 그 이론적 유산」, 『문화, 이데올로기, 정체성』, 289). 이후 이 책에서의 인용은 본문에 그 쪽수를 표시한다.

25_ 홀은 그람시가 영국 문화연구의 이론적 실천에서 중요한 이유는 그가 맑스주의의 일부 유산을 급진적으로 수정했다는 점에서 찾고 있다. 그는 맑스주의의 일부 유산을 급진적으로 수정했다는 것이 어떤 의미인지를 구체적으로 설명하지 않지만, 필자가 판단하기에는 그람시가 전통적인 맑스주의 국가론, 혹은 상부구조론에 대한 새로운 해석을 제기하고, 계급투쟁과 정치적 실천에 대한 매우 구체적인 전략을 제시한 것이지 않을까 싶다.

스튜어트 홀은 이 문제를 구체적으로 제시하기 위해 문화연구가 에이즈 문제에 어떻게 대응해야 하느냐는 질문을 던진다. 홀은 에이즈 문제는 지금까지 여러 가지 모순된 방식으로 재현되었다고 말하면서 사람들이 거리에서 죽어나가는 시급한 상황에서 문화연구라는 게 무슨 소용인지, 재현을 연구한다는 것이 무슨 의미인지 반문한다. 그는 그러면서도 그러한 근본적인 현실개입과 실천의 문제는 간단한 문제가 아니라면서 에이즈 문제는 "단순히 사람들이 거리에서 죽어간다는 사실보다는 더 복잡하고 새롭게 구성된 문제"(290)라는 점을 강조한다. 즉 재현의 관점에서 에이즈 문제는 죽음의 문제만이 아니라 욕망의 문제이기도 하기 때문이다. "문화연구는 재현 자체의 구성적, 정치적 성격에 관해, 재현의 복잡성에 관해, 언어의 효과에 관해, 그리고 사활이 걸린 장으로서 텍스트성에 관해 특정한 사안을 분석해야 한다"(291)는 지적은 문화연구의 정치적 기획이라는 것이 특정한 정치적 당파의 선택이나 특정한 계급적, 이데올로기적 입장을 표명하는 것이 아니라 그것이 재현되는 수많은 텍스트들의 모순들과 이데올로기 효과들을 간파하고 분석하는 것이라는 점을 주지하기 위함이다. 문화연구의 재현의 정치학은 재현된 현실을 망각하는 것이 아니라 그 현실의 이데올로기적, 기호적 모순을 폭로하는 것이고, 역설적으로 재현의 이데올로기 허구를 드러냄으로써, 재현되지 않는 것의 모순까지도 폭로하는 것이다. 아쉽게도 홀은 이러한 재현의 정치학의 복합적 조건들에 대해서는 충분하게 언급하지 못했다.

문화연구의 재현의 정치학은 '이데올로기의 호명'이나 '의미화 과정'이란 이론적 틀을 통해서 현실과 텍스트의 관계를 분석하려는 특이성을 가진다. 그것은 또한 재현되는 주체의 발화행위, 주체 내 모순의 복합성, 재현의 주류담론에서 배제된 하위 주체들에 대한 의미의 복원이라는 점에서 정체성의 정치학이기도 하다. 앞서 언급했듯이 '이데올로기 비판'과 '정체성의 정치학'은 문화연구의 가장 중요한 이론적, 실천적 토픽으로서 텍스트, 주체, 현실 사이의 복합적인 관계의 그물망을 직조하는 씨줄과 날줄과 같은 것이다. 실제로 역사적 문화연구의 이론과 비평의 궤적은 '이데올로기 비판'과 '정체성의 정치학'을 중심으로 구성되었다. 예컨대 미디어와 권력의 관계, 생산관계의 재생산에 동원되는 문화적 장치의 문제들, 페미니즘 주체의 재현과 인종 정체성의 의미화, 청년 하위문화 스타일의 저항의 문제들이 모두 이 두 가지 이론적 토픽을 근간으로 하고 있다.

그러나 '이데올로기 비판'과 '정체성의 정치학'이란 문화연구의 두 가지 토픽에 대해 의문을 제기하는 이론적 입장들도 많다. 가장 일반적으로는 문화연구를 전통적인 맑스주의에서 비껴간 수정주의적, 개량주의적 입장으로 해석하여 전통적으로 문화연구 발생의 맥락과 그것이 의존하고 있는 이론적 구성에 대해 의문을 제기하는 구좌파적 입장과 다른 하나는 달라진 사회구성체와 정치경제적 조건을 거론하면서 문화연구의 이 두 가지 틀을 낡은 패러다임으로 간주하고, 현재적 유효성에 대해 회의를 품는 새로운 정치경제학비판에 근거한 비판적 문화연구자들의 입장이다. 전자의 경우에는 주로 맑스주의의 정치경제학적 관점에서 문화연구의 이데올로기 비판과 정체성의 정치학을 비판하는 입장을 보이고 있고, 후자의 경우에는 문화연구에서 주체의 자율성과 감각, 미학과 윤리의 고려가 부재한 것에 대한 비판을 담고 있다. 또한 신자유주의 이데올로기와 정치경제적 지배의 전면화로 현실사회가 파국의 길로 접어들면서 문화연구가 기획하고자 했던 담론적, 제도적, 현실 개입 전략이 발생 초기의 국면과는 달리 불가능해졌다는 근본적인 문제제기도 있다.

한국의 전통적인 구좌파 진영은 문화연구의 발생 초기부터 문화연구를 또 다른 텍스트주의이자 이론적 개량주의로 비판했다는 점에서 큰 변화를 감지할 수 없지만, 최근에 한국의 비판적 문화연구자들의 작업들은 문화연구의 전통적인 이론적 토픽이라 할 수 있는 이데올로기 비판이나 정체성의 정치학과는 거리를 두고자 한다. 대표적인 비판적 문화연구자들이라 할 수 있는 강내희, 심광현, 서동진의 최근 연구 작업들은 대부분 전통적인 문화연구의 토픽들에서 벗어나는 작업을 진행하고 있다. 강내희는 '신자유주의 금융화의 전면적 등장에 주목하면서 문화정치경제의 복합적인 상황을 독해하는 새로운 사회구성체론을 제시한다.[26] 강내희는 이러한 문제의식을 갖게 된 배경으로 두 가지를 언급하고 있다. 하나는 신자유주의의 현재 지배체제에서 금융화의 문제가 문화, 정치, 경제를 모두 관통하는 오늘날 자본주의의 핵심 축적 전략이라는 판단과, 문화, 정치, 경제가 서로 분리되지 않은 채 매우 복잡한 관계를 맺고 있다는 판단 때문이다.

한편 심광현은 맑스주의의 이론적 지평을 확장하기 위한 전략으로서 인지과학과 네트워크이론, 창의적 교육혁명이론을 제시하면서 전통적인 문화연구의 이론적 실천과는 다른 지적작업을 시도한다. 그는 본격 문화연구에 대해 직접 언급하지는 않았지만, 맑스주의의 문화적 이행과 전화를 문화사회론이라는 프레임으로 발전시키고 있다는 점에서 자생적인 비판적 문화연구의 이론을 구성하고 있다. 맑스주의의 유물론의 핵심테제를 생산양식과 주체화 양식의 변증법적 결합으로 설정함으로써 문화교육의 중요성을 부각시키고, 새로운 주체형성 이론으로 마음의 정치학을 제시하면서 '자기통치적 주체'의 창조를 새로운 문화정치의 실천 프레임으로 제안하고 있는 심광현의 작업은 이데올로기 비판과 정체성의 정치학과 같은 전통적인 문화연구의 이론적 실천과는 거리를 둔다.[27]

26_ 강내희, 『신자유주의 금융화와 문화정치경제』, 문화과학사, 2014. 다음의 인용문을 보자. "문화정치경제는 여기서 3대 사회적 실천 층위에 해당되는 문화와 정치와 경제가 복합적인 방식으로 빚어내는 관계망을 가리키는 말로 사용된다. 이들 사회적 실천 층위는 개별적으로도 방대하고 복잡한 문제들을 안고 있어서, 따로 하나씩 다루는 것도 어렵지만, 그 상호관계를 다루는 것은 더욱 어려운 일이다. 하지만 '문화정치경제'라는 관점을 견지함으로써 내가 일차적으로 눈여겨보려는 것은 세계와 사회, 그리고 개인의 삶이 재료가 되어 엮이는 사회적 실천 층위들의 관계양상, 다시 말해 그것들이 서로 침투해서 영향을 미치며 보여주는 어떤 운동성, 관련성이다"(16-17).

27_ 심광현, 『맑스와 마음의 정치학』, 문화과학사, 2014. 심광현의 작업 역시 생산관계와 생산양식, 변증법적 유물론과 사적 유물론에 대한 탈근대적 해석을 총괄하는 거시적 메타이론의 성격을 갖지만, 그러한 이론적 실천이 나가야 할 미래사회의 방향에 대해서는 '생태적 문화사회론'을 주창한다는 점에서 문화연구의 이론적 실천의 범주에서 완전히 별개의 것으로 간주하기는 어렵다. "억압적 국가장치를 폐지해야 한다든가, 일하지 않는 소수가 일하는 다수를 착취하는 대신 모두가 평등하게 일해야 한다는

마지막으로 문화의 '경제화'와 경제의 '문화화'가 가속되는 신자유주의 시대에 오히려 문화와 경제를 이데올로기적으로 분리해내려는 것을 자유주의의 착시효과로 판단하는 서동진의 주장은 문화연구의 폐기처분도, 문화연구의 본래 기획의 고수도 아닌 우리 시대 자유주의적 기획에 맞서는 새로운 비판적 대결을 주장한다. 서동진은 최근의 자유주의적 기획들이 모든 문화를 경제적인 것으로 치환해버리는 상황에서 문화연구의 본래 기획이 상실되는 상황에 맞서는 새로운 비판이론의 기획을 제시한다.[28] 1990년대 문화비평의 시대, 당시로서는 낯설고 금기였던 급진적 성정치학을 주장하며 정체성의 정치학의 비판담론을 주도했던 서동진의 최근의 작업들은 신자유주의 주체형성 비판과 자본과 국가의 착취 구조의 내재화에 대한 비판으로 집중하면서 자신의 연구와 실천의 궤적을 포함해 문화연구의 역사적 실천의 단절과 전화의 국면에서 진지한 논쟁을 야기할 법하다. 문화연구가 범람하는 근대성 연구와 한류와 케이팝 연구의 방법론적 도구로 활용되거나 학문의 구조조정을 전제로 한 대학의 지식융합의 알리바이로 인용되면서, 문화연구 본래의 이론적, 정치적 개입의 동력이 실종된 것은 아닌가 하는 위기의식을 토로할 때, 한국의 대표적인 비판적 문화연구자들의

슬로건은 모두 기존의 부정적 가치의 철폐를 강조하는 것들이다. 부정적 가치체계의 문제점을 정확히 분석하고 비판하며, 그 철폐를 위해 노력하는 일은 대안사회로 나아가기 위한 첫 걸음이 분명하다. …사회 성원들 모두의 개성적이고 자립적인 활동이 보장되고 문화적 역능이 신장되며, 차별 없이 평등하게 문화적 교통과 향유가 보장되는 문화사회, 그러면서도 자연에 대한 착취가 아니라 자연과 공생할 수 있는 방식으로 인간과 자연의 신진대사를 새롭게 조정하는 생태사회, 즉 생태적 문화사회야말로 현재 상태를 지양하기 위한 모든 노력과 투쟁의 긍정적 동기가 될 것이다'(35).

28_ 서동진, 「심미적인, 너무나 심미적인 자본주의」, 『경제와 사회』, 통권 92호, 2011년 겨울, 12. "이제 문화연구가 문화의 타자로서 정의했던 경제는 문화 그 자체인 것처럼 보일 지경이 되었다. 그렇다면 경제적 현실을 미(학)적·문화적 담론을 통해 표상하는 새로운 경제적 서사들은 '경제와는 다른 그 문화라는 것이 존립하지 않음을 증명하는 것일까. 혹은 더 심하게 말한다면 문화와 경제의 탈분화(de-differentiation)라는 새로운 자본주의의 추세는 문화연구가 이론적 기획으로 더 이상 설득력이 없음을 말해주는 것이 아닐까. 그러나 나는 이런 질문에 직접 답하려는 시도는 불가능하다고 생각한다. 또한 그런 시도 자체가 문화와 경제라는 구분을 생산한 '자유주의'에 갇혀버리는 효과를 낳을 뿐이라 생각한다'(12).

최근 작업들은 문화연구의 현 지형에서 논쟁을 촉발시킬 수 있는 계기를 만들었다. 무엇보다도 이들의 작업이야말로 최근 문화연구의 탈정치적 성향, 수용자 중심적인 텍스트 연구, 시대사 분석에 기반을 둔 근대성연구의 퇴행에 대한 우회적인 비판을 담고 있으며, 역설적으로 전통적인 문화연구 방법론의 무용 혹은 폐기를 주장하는 것으로 평가할 수 있다.

문화연구의 가장 핵심적인 이론적 실천이라 할 수 있는 이데올로기 비판과 정체성의 정치학은 최근 비판적 문화연구자들의 작업을 기준으로 할 때, 한가한 이론적 유산에 대한 향수 어린 복기이자 당사자들의 배부른 요청일 수 있다. 문화연구의 위기와 종말을 언급하는 와중에 문화연구의 핵심 토픽이라 할 수 있는 이데올로기 비판과 정체성의 정치학에 주목해야 한다는 주장은 얼핏 보면 모순적일 수 있다. 그러나 역설적이게도 문화연구의 종말을 이야기하는 순간, 이데올로기 비판과 정체성의 정치학은 매우 중요한 토픽이 되었다. 문화연구의 종말은 이러한 두 가지 토픽의 역사적 오류 때문이 아니라, 그것의 역사적 불충분함, 혹은 그것의 현실적인 실종에서 비롯된 것일 수 있기 때문이다. 이데올로기 비판과 정체성의 정치학은 그런 점에서 달라진 현실에 개입하는 문화연구의 이론적 실천의 구성에 있어서도 폐기할 수 없는 것들이다. 여전히 이데올로기 비판과 정체성의 정치학에 대한 이론적 실천은 불충분하다. 사실 문화연구에 대한 정치경제적, 미학적 비판의 지점들이 타당한 주장을 담고 있음에도 그것이 이데올로기 비판과 정체성의 정치학과 배리된다거나, 서로 배제한다고 보기는 어렵다. 신자유주의 지배체제는 단지 경제적 토대만의 문제가 아니라 여전히 그것을 확대 재생산하는 이데올로기의 문제이기도 한다. 이데올로기 비판 없는 문화연구의 새로운 전화는 불가능하다. 마찬가지로 신자유주의 지배체제에 인지적으로 대면하는 개인들과 개인들의 연합의 국면들에서 새로운 주체형성 없는 저항이란 불가능하다. 문화연구의 종말에 대한 선언은 문화연구의 새로운 이론적 생성을 요한다. 새로운 이론적 생성은 또한 이데올로기 비판과 정체성의 정치학에 대한 새로운 해석과 실천을 요한다. 문화연구의 종말과 생성은 단절과 연속, 차이와 반복의 변증법에 대한 수사이다. 그것은 상호 보완적인 관계이며, 중층적인 현실의 국면을 지시할 뿐이다. 그것은 문화연구의 미래를 기획하는 일이기도 하다. 현실의 국면에 대응하는 문화연구의 이론적 재구성을 위해 이데올로기 비판과 정체성의 정치학이 대면해야 하는 매우 까다로운 문제들을 앞으로 세 번의 연재[29]를 통해서 논의하고자 한다.

3. 이데올로기 비판과 그 불만

문화연구에서 이데올로기 비판은 문화의 일상적 삶의 경험을 중시하는 전통적인 문화주의에 대한 회의에서 비롯된다. 스튜어트 홀은 문화주의에 반하는 이론적 입장을 통상 구조주의로 정의하고 문화주의와 구조주의를 문화연구의 두 가지 이론적 패러다임으로 제시했다.[30] 문화연구에서 이데올로기 비판은 대중들의 문화적 일상의 경험에 영향을 주는 지배적 관계들을 하나의 권력의 체계로 설정하고 그것이 어떤 방식으로 작동하여 대중들의 일상에 관여하는지를 보고자 한다. 이는 주지하듯이 리처드 호가트, 레

29_ 첫 번째 연재에 해당되는 이 글은 문화연구의 이데올로기 비판의 전개과정과 그것의 반비판으로서 미학, 윤리, 감각의 문제를 다루고 있는 '정동의 정치학'의 연계 지점을 중심으로 다룰 것이다. 두 번째 연재는 문화연구의 또 다른 핵심 테제인 정체성의 정치학의 새로운 이론적 구성을 정동에 관한 세 가지 토픽을 통해 언급할 것이며, 전통적인 정체성의 정치학의 비판으로서 경치경제학의 재구성이 어떤 논쟁점들을 야기하는지를 중심으로 다룰 것이다. 이 글에서 기초적으로 다루었던 정동의 정치학이 정체성의 정치학의 재구성에 어떤 이론적 자원을 제공해 줄 수 있을지, 마찬가지로 정치경제학의 재구성에서 문화경제와 인지과학의 접목이 어떤 전망을 제시할 수 있을지를 다룰 것이다. 마지막 연재는 문화연구의 생성과 미래를 위한 이론적 실천으로서 한국 문화연구의 전화에 대해 언급할 것이다. 한국 문화연구의 이론적 실천은 21세기 비판이론으로서 어떤 토픽들로 구성될 수 있으며, 그것들이 서로 경합하는지에 대해 논의할 것이다.
30_ 스튜어트 홀, 「문화연구의 두 가지 패러다임」, 『스튜어트 홀의 문화이론』, 임영호 역, 한나래, 1996 참고.

이먼드 윌리엄스, E. P. 톰슨의 작업들로 구성된 경험주의에 기반을 둔 영국 초기 문화연구를 비판하면서 프랑스의 구조주의 철학, 특히 알튀세르의 이데올로기론을 이론적 기초로 한다. 여기서 알튀세르의 이데올로기론을 장황하게 설명하는 것은 바람직하지 않지만, 소위 알튀세르의 'ISAs'론이 문화연구의 이데올로기 비판에 미친 이론적 영향에 대해서는 언급할 필요가 있겠다. 문화연구가 'ISAs'론을 통해 주목했던 것은 이데올로기론에 대한 이론적 구성 그 자체였다기보다는 생산관계의 재생산을 지배하고 있는 이데올로기의 호명테제, 특히 이데올로기에 호명된 주체형성의 문제였다.

이데올로기는 현실 인식의 문제이다. 맑스는『독일 이데올로기』에서 당시 독일에서 팽배했던 부르주아 허위의식으로서 이데올로기 비판에 집중했다. 흥미롭게도 맑스가 이데올로기 문제를 거론하게 된 배경은 19세기 중반 상품생산의 과잉으로 인한 경제적 활동의 파행과 사회적 관계들의 사물화 상황이 가속화된 시기였는데, 이는 1950년 이후 후기산업사회의 도래에 따른 대량문화 생산을 바라보는 문화연구자들의 이데올로기 비판의 배경과 흡사하다. 맑스는 이 당시를 철학적 격변의 시대로 규정하고 절대정신의 부패과정으로 심각하게 진단한다. "독일 시장이 공급과잉의 상태에 놓이고 온갖 노력에도 불구하고 상품이 세계시장에서도 잘 팔리지 않게 되자, 장사는 흔한 독일식으로 즉 대량생산 및 모조품 생산, 품질의 열악화, 원료의 조악성, 상표의 위조, 하위거래, 어음부도 아무런 실제적 기반도 갖지 못한 신용제도 등의 방식으로 타락했다"[31]는 지적에는 사회적 관계를 오염시키는 신흥 부르주아의 지배계급의 허위의식에 대한 맹렬한 비판의식이 담겨 있다.

맑스의 이데올로기 비판은 부르주아 허위의식에 대한 청년 헤겔학파의 비판을 좀 더 유물론적인 입장에서 비판한 것이라 할 수 있다. 포이에르바하로 대변되는 청년 헤겔학파는 표상, 사상, 개념이 의식의 환상일 뿐이라

31_ 칼 맑스『독일 이데올로기 1』, 김대웅 역, 두레, 1989, 52. 이하 인용은 본문에 그 쪽수를 표시한다.

고 비판하지만, 맑스는 그것을 의식의 산물이 아니라 인간의 물질적 활동과 사회적 관계의 총체의 산물로 보고자 한다. "이념 표상 의식의 생산은 우선 인간의 물질적 활동과 물질적 교통 및 현실적 생활의 언어 속에 직접적으로 편입되어 있다. 인간의 표상, 사유, 정신적 교통은 아직 그의 물질적인 행동의 직접적인 발현으로서 나타난다. 인간은 그들의 표상 관념들의 생산자이지만, 그는 생산력과 그에 상응하는 교통의 일정한 발전에 의해 조건 지워진 그대로 현실적으로 활동한다. 의식과 의식된 존재 이외의 그 어떤 것도 아니며 인간의 존재는 그의 현실 삶의 과정"(65)인 것이다. 의식에 대한 삶의 결정론은 맑스주의 유물론의 가장 중요한 이론적 토대라 할 수 있는데, 아래의 인용문은 인간의 삶을 왜곡시키는 부르주아의 관념론적 허위의식에 대한 전복과 인간이 사회적 실재와 맺는 총체적 관계를 역설하고 있다.

오히려 현실의 역사적 지반 위에 서서 관념으로부터 실천을 설명하는 것이 아니라 물질적 실천으로부터 관념적 구성물을 설명함으로써, 다음과 같은 결론에 이른다. 그 결론이란 의식의 모든 형태 및 산물은 정신적 비판, 그리고 '자기의식'으로 해소나 '요괴', '유령', '망상' 등으로의 전화에 의해서가 아니라, 오직 이러한 관념론적 허구들이 도출되는 현실적 사회관계의 실천적 전복에 의해서만 해소될 수 있다는 것이다. 역사와 종교와 철학 그리고 그 밖의 모든 종류의 이론의 추진력은 비판이 아니라 혁명인 것이다. 이러한 역사관에서 살펴보면, 역사는 '정신에 대한 정신'으로서의 '자기의식'으로 해소됨으로써, 끝나는 것이 아니다. 역사의 각 단계는 그 선조로부터 각 세대가 물려받은 물질적 성과, 생산력의 총합, 자연에 대한 그리고 개인들 상호 간의 역사적으로 창조된 관계를 포함하고 있다는 것을 보여준다. 다시 말해서 일군의 생산력, 자본, 환경이 존재하고 이것들이 한편으로는 새로운 세대에 의해 개조되지만, 다른 한편으로는 새로운 세대에 대해 그 특유의 생활조건을 규정하며, 그 세대에 일정한 발전 및 하나의 특수한 성격을 부여한다는 것을 보여준다. 그러므로 이것은 인간이 환경을 만드는 것과 마찬가지로 환경이 인간을 만든다는 사실도 보여준다. 모든 개인과 모든 세대를 소여 된 그 무엇으로 파악하는 생산력, 자본 그리고 사회적 교통형태의 이러한 총합은 철학자들이 '실체'나 '인간의 본질'이라고 생각하는 것의 그리고 그들이 신성시하고 공격하는 것이 실제적인 근거이다.(81)

맑스의 이데올로기 비판은 인간 활동을 선험적 의식에 의해 규정하려는 관념론과의 단절을 시도한다. "하늘에서 땅으로 내려오는 독일철학과는 정반대로 우리는 땅에서 하늘로 올라간다"는『독일 이데올로기』에 쓰인 유명한 수사는 이러한 맑스의 문제의식을 압축한다. 문제는 맑스의 이러한 이데올로기 비판이 부르주아의 허위의식으로서 인간을 표상하는 재현의 과정 일체를 관념적인 것으로 일반하고 있다는 점이다. 맑스는 "우리는 인간이 말하고 상상하고 관념화시킨 것으로부터 출발한다거나 혹은 말해지고 상상되고 표상된 인간으로부터 출발하여 그로부터 육체를 가진 인간에게 도달하려는 것이 아니다. 오히려 우리는 현실적으로 활동하는 인간으로부터 출발"(65)한다고 언급하면서 "상상되고 표상된 인간"과 "현실적으로 활동하는 인간"을 구별하고 있다. 이는 전자의 인간을 "하늘에서 땅으로" 후자의 인간을 "땅에서 하늘로" 비유하는 것과 일치한다.

바로 이 지점에서 맑스의 독일이데올로기와 알튀세르의 이데올로기론이 구분된다. 알튀세르는 "상상되고 표상된 인간"을 만드는 이데올로기를 단순한 부르주아의 허위의식이나 관념적 허구로 보지 않고 인간이 사회적 관계 속에서 맺는 구체적인 물질적 과정으로 파악하고자 한다. 알튀세르의 맑스주의는 인간주의와 경제주의로부터의 단절을 기도한다는 점에서 청년 헤겔주의자들의 관념론을 비판한『독일 이데올로기』와 문제의식을 같이 한다. 흥미롭게도『독일 이데올로기』에서 "상상되고 표상된 인간"이란 표현과 알튀세르가「이데올로기와 이데올로기적 국가장치들」에서 "개인이 사회적 실재와 맺는 상상적 관계"라고 표현한 것이 이데올로기의 정의로서 거의 유사한 설명 같다. 그러나 이 두 설명은 실제로는 상상과 표상에 의한 이데올로기의 효과에 대해서는 서로 다른 판단을 하고 있다. 맑스는 "상상되고 표상된 인간'을 현실의 활동에 근거하지 않은 관념론적인 인간으로 보는 반면, 알튀세르는 "개인이 사회적 실재와 맺는 상상적 관계"를 현실에서 작동되는 매우 구체적인 것으로 파악한다. 맑스는 상상과 표상을 인간의 잘못된 현실인식 혹은 현실에 기반을 두지 않은 관념적인 사유로 보지만, 알튀세르는 이것을 근본적인 인간의 오인 효과로 보려고 한다.

주지하듯이 "개인이 사회적 실재와 맺는 상상적 관계"에서 '상상적'이란 말은 라캉의 "상상적인 것"이란 개념에서 차용한 개념이다. 알튀세르는 전통적인 인식론 기저에 있는 환영과 그것이 구체화되는 지식의 이데올로기적 개념은 라캉의 오인개념에 대한 언급을 통해 진단될 수 있다고 제안한다. 「프로이트와 라캉」에서 알튀세르는 정신분석학이 다음과 같은 사실을 발견했다고 쓰고 있다. "인간주체는 탈중심화되어 있고, 자아의 상상적인 오인, 즉 자아가 스스로 인식하는 이데올로기 형태를 제외하고는 중심이 없는 구조에 의해 구성된다는 점을 발견했다."[32] 라캉의 오인 테제는 알튀세르로 하여금 경험주의적 지식 개념이 인간주체에 대한 경험을 구조화하는 방식을 개념화하도록 해주었다. 라캉에게 있어 자기동일성에 대한 어린아이의 인식은 자신을 거울 속에 표상시키는 과정, 즉 자기를 타자의 응시 속에서 인식하는 과정을 통해 어린 시절에 나타난다. 자아는 부인과 오인의 상태 속에서 구성되는데, 왜냐하면 실제로 주체는 철저하게 파편화되어 있기 때문이며, 어린아이가 거울 속에서, 타자의 응시 속에서 나타나게 되는 통합된 신체이미지로서 주체가 나타나지 않기 때문이다. 알튀세르에게 있어 거울 이전의 주체는 자신이 하나의 주체임을 믿는 개별자이다. 그러나 이러한 믿음은 관념과 가치들의 체계 안에서 생산되는 것이다. 이데올로기는 개인이 실재와 맺는 상상적 관계라는 정의에서 '상상적 관계'는 유아기부터 형성된 개인의 내재적 무의식적 타자화를 전제하고 있다는 점에서, 혹은 개인이 현실을 이해하는 길은 오로지 '상상적'인 관계 안에서라는 점

32_ 루이 알튀세르, 「프로이트와 라캉」, 『레닌과 철학』, 이진수 역, 백의, 1997, 218-219.

에서 매우 근원적이다.

맑스에게 있어서 상상과 표상은 현실 인식을 통해 쉽게 극복할 수 있는 것으로 믿는 반면, 알튀세르에게 있어서 그것은 인간의 원초적 욕망에 근거한 것으로 쉽게 극복하기 어려운 것이다. 어떤 점에서 맑스는 "상상되고 표상된 인간"을 인간의 현실 활동과 별개로 관념적 주체로 단정함으로써, 현실 속에서 그러한 표상된 인간들이 생산되는 이데올로기적 과정에 대해 과소평가했다. 이에 비해 알튀세르의 이데올로기론은 이데올로기를 부르주아 허위의식 일반으로 단정하지 않고, 특정한 장치를 통해 개인을 구체적인 주체로 호명하는 것으로 파악하고자 했다. 말하자면 개인을 주체로 호명하는 이데올로기가 어떤 메커니즘을 통해 생산되고 작동되며, 그것이 생산관계의 재생산에 어떻게 관여하는가를 간파하고자 한 것이다.

문화연구에서 이데올로기 비판이 맑스의 『독일 이데올로기』가 아닌 알튀세르의 「이데올로기와 이데올로기적 국가장치들」을 우회해서 구성된 것이라는 판단이 더 적절한 것은 바로 이데올로기의 상상과 표상이 문화적 재현 장치를 통해서 끊임없이 재생산되기 때문이다. 이데올로기 비판은 상상과 표상이라는 재현의 정치학을 우회한다는 점에서 문화의 기호적 속성, 즉 문화의 의미화 과정을 비판하는 것이다. 알튀세르가 허위의식으로서의 부르주아 이데올로기의 설정을 비판하면서 강조하고자 했던 이데올로기의 실천과 그 실천의 거점이 되는 장치들은 비록 그것이 이데올로기적 국가장치들로 일반화되고 그래서 그람시가 언급했던 헤게모니의 역사적 블록에 대한 여지를 봉쇄시킨 비판을 받고 있긴 하지만, 현저하게 문화의 의미화과정과 관련되어 있다. 스튜어트 홀은 알튀세르가 정신적 사건이 사회현상으로 표현 혹은 실현되는 곳이 어디인지를 잘 알고 있다고 지적하면서 이데올로기가 작동되는 곳이 재현의 영역, 의미화의 영역이라는 점을 강조한다.

알튀세르는 관념이 어디서 사회현상으로 나타나며, 이기서 정신적 사건이 사회현상으로 표현 혹은 실현되는지에 초점을 둔다. 물론 이것은 언어(기호사용을 포함하는 의미작용 실천이라는 뜻에서, 또 기호학적 영역에서는 의미와 재현 영역)에서 이루어진다. 또한 이데올로기가 각인되는 사회행동이나 행위의 의식과 실천에서도 이러한 현상이 생겨난다는 점도 이와 마찬가지로 중요하다. 말하자면 언어와 행위는 이데올로기가 물질적으로 표현되는 미디어이자 이데올로기가 기능하는 양식이다. 이러한 의식과 실천은 항상 사회적 장소에서 사회적 장치와 연결되어 발생한다. 이 때문에 언어나 행위 속에 각인된 이데올로기적 사고 유형을 읽어 내려면 언어와 행위를 분석하거나 해체해 보아야 한다.[33]

이데올로기 비판은 재현의 정치학을 우회하여 사회적 관계들의 모순과 구조를 비판하는 것이라 할 수 있다. 알튀세르의 이데올로기론이 단지 사회적 실재에 대한 표상된 언어와 기호의 의미의 결정을 주장하는 현상학이 아닌 것은 이데올로기가 생산관계의 재생산에 개입한다는 일관된 판단 때문이다. 홀의 지적대로 "이데올로기가 다양한 이데올로기 장치를 통해 수행하는 것은 넓은 의미에서 생산의 사회적 관계를 재생산하는 것이다"(96). 알튀세르는 생산관계의 재생산에서 이데올로기가 관여하는 바가 절대적이라고 본다. 알튀세르에 따르면 생산관계의 재생산은 생산수단의 재생산과 노동력의 재생산 없이는 불가능하다. 이중 노동력의 재생산은 노동자들에게 임금을 지급함으로써 가능한데, 알튀세르는 노동력의 재생산이 단지 노동자들의 임금만으로 재생산되지 않음을 강조한다. 왜냐하면 노동자들이 노동에 합당한 임금을 받지 못하는 일반적인 상황을 스스로 받아들이지 않으면 안 되기 때문이다. 노동력의 재생산은 임금의 재생산만이 아니라 열악한 임금을 기꺼이 수용하게 만드는 훈육과정이 재생산될 때 비로소 가능하다. 알튀세르가 「이데올로기와 이데올로기 국가장치들」에서 언급한 학교에서의 선행규칙, 도덕, 시민의식, 직업의식의 규칙들이 모두 훈육과정의 재생산에 동원되는 것들이다.

33_ 스튜어트 홀, 「의미작용, 재현, 이데올로기: 알튀세르와 후기 구조주의 논쟁」, 『문화, 이데올로기, 정체성』, 98. 이하 인용은 본문에 그 쪽수만 표시한다.

노동력이 노동력으로 재생산되기 위해서는 노동력 재생산의 물질적 조건을 보장하는 것만으로는 충분치 않다. 노동력의 기술재생산도 필요하다. 그러나 이런 기술과 지식 이외에도 아이들은 학교에서의 선행의 규칙들을 배운다. 다시 말해 노동 분화 속의 각 행위자들이 자신에게 운명 지워진 직업에 따라 지켜야 할 태도 즉 도덕, 시민의식, 직업의식의 규칙들을 배운다. 실질적으로 이 모든 것들이 의미하는 것은 사회, 기술적 노동 분화에 대한 존중의 규칙들 및 궁극적으로 계급지배가 확립해놓은 질서의 규칙들이다. 달리 말해 학교는 노하우를 가르치긴 하지만, 지배이데올로기에 대한 복종심이나 그 실행에 대한 지배력을 보장받는 형태로 가르친다.[34]

지금까지 언급한 알튀세르의 이데올로기론이 물론 문화연구의 이데올로기 비판의 모든 것은 아닐 것이다. 알튀세르의 이데올로기론은 '재생산'과 '장치'라는 개념을 통해서 이데올로기가 개인들을 호명하는 메커니즘이 특정 계급에 국한되는 것이 아니라 전면적이고 영구적이라는 점, 그것이 푸코의 통치성의 개념과는 다른 차원에서 국가 권력의 재생산에 있어 중요한 구성요소라는 점을 간파했다는 점에서 문화연구의 이데올로기 비판, 특히 미디어와 기호의 이데올로기 비판에 있어 유효한 이론적 틀을 제공한다. 그러나 문화연구에서 이데올로기 비판은 정교한 지배이데올로기 비판뿐 아니라 저항이데올로기, 혹은 대항이데올로기의 형성에 대한 이론적 보충을 요청한다. 알튀세르의 이데올로기론이 지배이데올로기만을 언급한다는 스튜어트 홀의 주장은 이론의 여지가 있지만, 구체적인 개인을 구체적인 주체로 호명하는 알튀세르의 이데올로기론이 '상상적' 관계를 매우 영구적으로 설정하여 저항 이데올로기의 형성을 봉쇄시켰다는 주장[35]은 일견 일

34_ 루이 알튀세르, 「이데올로기와 이데올로기적 국가기구」, 『레닌과 철학』, 이진수 역, 백의, 1997, 140.

35_ 대표적으로 스튜어트 홀은 이렇게 언급하고 있다. "이데올로기의 모순된 장에 관해, 어떻게 피지배계급의 이데올로기가 생산되고 재생산되는지에 관해, 또한 저항, 배제, 일탈 등등의 이데올로기에 관해 의문을 제기할 때, (알튀세르의) 이 글은 아무런 해답

리가 있다. 알튀세르의 이데올로기론이 라캉의 '상상계'의 망령에 사로잡혀 주체호명과 오인효과의 외부를 보지 못한다는 지적과 그의 이데올로기론은 지배 이데올로기로부터 개인을 호명하는 메커니즘이 얼마나 집요하고 구체적인지를 말하려는 것일 뿐 이데올로기 외부를 망각하지 않았다는 지적 사이의 차이는 알튀세르의 이데올로기론을 바라보는 관점의 차이를 드러낸다. 알튀세르의 이데올로기론이야말로 이데올로기 국가장치들의 승리를 이야기한 것이 아니라, 그가 『맑스를 위하여』에서 언급한 모순과 중층결정, 지배 내 구조, 최종심급에서의 경제결정론과 같은 급진적 은유에서 알 수 있듯이 정교한 계급투쟁론으로 보아야 한다는 생각도 문화연구의 이데올로기 비판에 있어 중시해야 할 부분이다.

그러나 어쨌든 문화연구의 이데올로기 비판은 알튀세르의 이데올로기론만으로는 불충분하다는 결론에 이르게 되었다. 알튀세르의 이데올로기적 국가장치와 주체호명 테제가 저항의 계기를 무력화시켰다는 주장과 함께 그 대안으로 그람시의 헤게모니론을 대안으로 설정한 것은 역사유물론으로서 알튀세르 철학이 이론적·실천적으로 적절한가의 논쟁을 떠나 당연한 선택이었다고 볼 수 있다. 실제로 문화연구의 이데올로기 비판에는 미디어 장치이론을 정교하게 분석했던 '알튀세르적 계기'가 있는가 하면, 하위문화에서 저항을 발견하려 했던 그람시적 계기가 있기도 하다.36 그람시의 헤게모니 이론은 알튀세르가 명명한 이데올로기 국가장치들의 영역

도 주지 못한다'(97).

36_ 가령 장치이론은 미디어와 영화연구에서 주체의 이데올로기적 재현의 문제를 논쟁적으로 제시할 때 사용된 개념으로 주로 데이비드 몰리 류의 BBC와 같은 공영방송 뉴스 분석이나 영화비평지 *Screen*의 영화비평의 분석방법론으로 활용되었다(David Morley, *The "Nationwide" Audience* [London: BFI, 1980]; Greme Turner, *British Cultural Studies: An Introduction* [London: Routledge, 1992], 29 참고). 반면 딕 햅디지, 폴 윌리스의 하위문화 연구들은 노동자계급 청년하위문화의 스타일의 정체성을 프로테스탄트 윤리의식에 사로잡힌 부모세대에 대한 저항으로 간주하면서 이것을 전후 불안정한 영국의 사회구조에 대한 대응으로 분석하고자 한다(Dick Hebdige, *Subculture: The Meaning of Style* [New York & London: Merhuen, 1979]; Stuart Hall & Tony Jefferson, *Resistance Through Rituals: Youth Subcultures in Post-war Britain* [London: Huchinson & Co. Ltd., 1975] 참고).

을 시민사회의 영역으로 간주하고 이곳에서 지배헤게모니와 대항헤게모니가 투쟁하는 계급투쟁의 장으로 보고 있다. 이데올로기 국가장치들 대신에 시민사회를, 이데올로기 주체 대신에 유기적 지식인을, 호명 테제 대신에 진지전과 기동전의 테제를 제시하는 그람시의 헤게모니론은 알튀세르의 이데올로기론의 한계를 메우는 매력적인 이론적 전략이 될 수 있다. 스튜어트 홀은 "국면분석, 정치, 이데올로기와 국가처럼 그간 매우 소홀히 해온 영역이나, 다양한 정치체제 유형의 특징, 문화적, 국민적-대중성 문제의 중요성, 사회 내 다양한 사회세력 간의 관계 균형의 변화에서 시민사회가 수행하는 역할 등 바로 이러한 이슈들에 관해서는 그람시가 기여할 부분이 엄청나게 많다"[37]고 평가한다. 정치적 투쟁에서 "시민사회가 직접적인 경제적 요소(공황, 불황 등)의 파국적 '기습'에 저항할 수 있는 복합적인 구조로 성장"하였고 "시민사회라는 상부구조는 근대적 전쟁에서의 참호체계와 같다"는 그람시의 언급[38]에서 시민사회가 국가 헤게모니에 맞서는 대항헤게모니의 장소로서 기능할 수 있음을 알 수 있다.

　그람시에 의하면 사실 국가의 존재는 폭력적, 군사적 기능만 있는 것은 아니다. 국가 역시 헤게모니 행사의 주체이다. 국가의 가장 중요한 기능 중의 하나가 "거대한 인구대중을 특정의 문화적, 도덕적 수준 (또는 형태), 다시 말하여 생산력 발전을 위한 요구, 따라서 지배계급의 이익에 부응할 수 있는 수준으로까지 끌어올리는 데 있는 것이라는 점에서 윤리적 국가이다"(274). 야경꾼으로서 혹은 개입주의자로서의 국가가 아닌 도덕적인 수행자로서 '윤리적 국가'는 대중에 대한 지도력을 행사하려는 헤게모니를 보유한다. 부르주아 계급은 "끊임없이 운동하는 유기체" "전 사회를 자기 자신의 문화적, 경제적 수준으로 동화시킬 수 있는 유기체"로서 자신 자신을

37_ 스튜어트 홀, 「인종과 종족성 연구에서 그람시적 함의」, 『문화, 이데올로기, 정체성』, 490.

38_ 안토니오 그람시, 『옥중수고 I』, 이상훈 역, 거름, 1986, 247-248. 이후 인용은 본문에서 쪽수로만 표시한다.

제시한다. 부르주아 계급이 장악한 국가의 일체의 기능이 변화하면서 국가는 "이제 교육자가 되었다"(276). 이러한 윤리적 국가는 폭력적인 국가와는 다르게 시민사회와 시민사회에서 부상하는 세력들에게 역사적으로 주도권이 이행되는 국가를 의미한다는 점에서 시민사회의 헤게모니를 행사하는 진지전의 장소라 할 수 있다. 그람시에게 있어서 국가와 시민사회는 정치적으로 도덕적으로 완전히 구별되는 것이 아니다. 그람시는 "여전히 국가와 지배를 동일시하는 풍토 속에 있는데, 이 동일시야말로 경제적, 조합주의적 형태의 표현, 다시 말하여 시민사회와 정치사회 사이의 혼동을 보여주는 표현이다"(279)라고 말하면서 국가의 정의를 정치사회와 시민사회의 결합, 궁극에는 윤리적 국가, 혹은 시민사회로 전환하는 조절된 사회로의 이행을 전망한다.

그람시의 윤리적 국가는 어떤 점에서는 알튀세르의 이데올로기적 국가장치들과 마찬가지로 국가의 내재적 외연성의 유연화를 상상한다는 점에서 새로운 상부구조론이라 할 수 있지만, 그 방향과 전망은 다른 맥락을 가지고 있다. 알튀세르의 이데올로기적 국가장치들은 시민사회의 국가 이데올로기로의 흡수를 상상하는 것이라고 한다면, 그람시의 윤리적 국가는 폭력적 국가에 대항하는 시민사회의 헤게모니적 투쟁과 경합을 상상하는 것이라 할 수 있다. 그러나 이러한 서로 다른 상상은 문화연구의 이론적 실천에서 대립적인 위치에 있는 것만은 아니다. 이 두 이론적 실천은 어떤 점에서 "지배와 저항"의 복합적이고, 내재적인 관계들을 상호 보완적으로 설명한 것이라 할 수 있다. 전자는 지배적 생산관계의 재생산의 작동원리를, 후자는 그러한 생산관계의 내파와 저항의 작동원리를 각각 효과적으로 설명하고자 했다. 그람시의 '헤게모니론' 안에도 내재적인 국가 호명의 원리가 작동하고 있으며, 알튀세르의 '이데올로기론' 안에도 내재적 계급투쟁의 원리가 작동하고 있다. '헤게모니'와 '이데올로기 호명'이라는 언표는 재현의 정치학으로서, 정체성의 정치학으로서 문화연구의 이론적 실천에 있어 상호 보완적인 토픽들이라 할 수 있다.

4. 이데올로기 비판을 넘어서—메타이론의 전환

그러나 이러한 접합의 가능성과 달리 알튀세르의 '이데올로기론'과 그람시의 '헤게모니론'은 그간의 문화연구의 이론적 실천에 있어서 대립된 입장을 대표한다고 볼 수 있고, 이 이론적 대립은 문화연구자들 사이에서도 한동안 연구자 자신들의 입장을 드러내는 기준이 되기도 했다. 이데올로기 비판은 지나치게 이론적이고 인식론적이며 비관적이라는 지적과 함께 문화연구에서 헤게모니론은 그러한 이데올로기 비판의 대안이자, 대항문화를 형성하는 실천이론으로 각광을 받았다. 1990년대 한국의 현장 문화운동가들이나 비판 커뮤니케이션 이론이 기반한 진보적 미디어 연구자들 중에서 알튀세르의 이데올로기론보다는 그람시의 헤게모니론을 더 선호한 이유도 이런 맥락에서이다. 다른 한편 그람시의 헤게모니론은 이데올로기에 대한 과학적 인식의 결여로 인해 개인을 주체로 호명하는 국가장치들의 구조적 작동 메커니즘을 너무 쉽게 간과한다는 비판이 뒤를 따랐다. 어쨌든 문화연구에서 이데올로기는 문화주의와 구조주의의 논쟁, 혹은 주체호명과 헤게모니의 논쟁에서 빼놓을 수 없는 토픽이다.

문화연구에서 이데올로기 비판은 단일한 당파적, 정치적 입장을 공공연하게 드러내는 주의주의에 대한 비판이라 할 수 있다. 이데올로기는 특정한 계급의 당파적 이해관계로 환원할 수 없는 복잡한 사회적 양상들로 표상되기 때문이다. 제임스 커리의 지적대로 좌파들은 이데올로기를 매우 다양하게 분석하며, 정치적 행동을 위한 하나의 이데올로기만을 고집하지 않는다. 문화연구는 이데올로기를 동일한 문화 안에서 다양한 표현의 형식들로 바라보려고 한다. 이데올로기 형태들은 문화를 표현하고 수용하는 조건에 따라 그 의미와 스타일이 각기 다르게 나타난다.[39] 이데올로기 비판은 그런 점에서 현실에 대한 구체적이고 복합적인 갈등 관계에 대한 분석이 전제되

39_ James W. Carey, "Overcoming resistance to cultural studies," in *What is Cultural Studies?: A Reader*, 68. 이하 인용은 본문에서 쪽수로만 표시한다.

어야 한다. "'이데올로기'가 전체 삶의 방식을 기술하는 용어로 기술되거나, 혹은 단지 지금 벌어지고 있는 일에 대한 또 다른 이름으로 기술될 때, 근대 사회의 풍부한 현상학적 다양성은 계급들과 분파들 간의 단조로운 갈등분석으로 환원된다'(69)는 커리의 지적은 일리 있는 말이다.

다양한 사회적 조건들에 대한 다양한 표상의 형식을 분석하는 방법으로서의 이데올로기 비판은 재현의 정치학이란 이름으로 옹호되거나, 현상적인 텍스트주의로 비난받는 일들을 반복해왔는데, 문화연구는 이제 이데올로기 비판의 한계를 극복하는 대안으로 헤게모니이론이나 문화주의에서 찾기보다는 그러한 전통적인 논쟁의 대상에서 벗어나 새로운 메타이론과의 대면이 필요하다. 나는 새로운 메타이론의 전환을 '정동의 정치학'이란 문제설정을 통해 찾고자 한다. 정동(affect)의 정치학은 앞서 언급했듯이 문화연구의 또 다른 이론적 토픽이라 할 수 있는 정체성의 정치학과 거의 유사한 것으로 이해할 수 있다. 그러나 문화연구에서 정체성의 정치학은 전통적으로 여성주의문화, 노동자계급 청년 하위문화, 이주자문화, 게이문화 등 사회적 소수자들의 주체성 문제로 논의되었다. 사이먼 듀링의 언급대로 1950년대 영국에서 처음 등장했을 때 문화연구가 보인 두 가지 뚜렷한 특징 중의 하나가 "주체성(subjectivity)"에 초점을 맞춘 것이었다. 주체성에 대한 관심은 문화연구가 사회과학의 실증주의나 "객관주의"와 단절하고 개인적 삶과의 연관 속에서 문화를 연구했다는 것을 의미한다.[40] 정체성은 소수자들을 향한 사회적 배제와 차별에 대한 방어기제로서, 사회적으로 구성된 주체들의 차이의 실천 감각을 중시한다. 정체성의 정치학은 차이의 정치학이며, 소수자의 정치학이라 할 수 있다. 그래서 정체성의 정치학은 차이의 '정치'와 '담론', 그리고 인권에 대한 문화적 실천을 포함한다.

그러나 여기에서 제시하고자 하는 정동의 정치학은 주체성의 욕망과 차이의 정치학과 긴밀하게 연관되어 있지만, 특정한 소수자 주체들에 한정된

40_ Simon During, "introduction," in Simon During, ed., *The Cultural Studies Reader* (New York & London: Routledge, 1999, 2nd Edition) 참고.

담론의 수준을 넘어서 동시대 문화, 정치, 경제의 현실과 그 담론에서 발견되는 감정, 감각, 윤리의 문제들을 제기하는 의미를 가진다. 신자유주의 경제 질서와 지배체제, 그리고 그것의 지배적인 이데올로기가 매우 강렬하게 사회 곳곳에 파고드는 상황에서 '호명' '장치'로서의 이데올로기 비판만으로는 설명할 수 없는 이데올로기 외부의 문제들이 등장하고 있다. 이데올로기론에서 이데올로기의 외부는 과학이라 할 수 있는데, 정동의 정치학은 과학의 발견을 위한 이론적 실천이라기보다는 오히려 비과학적인 사이비 감정들, 예컨대 공포, 증오, 혐오, 재난의 감정들의 분출에 대해 문화연구가 취해야 할 이론적 입장과 담론적 실천들을 요구한다. 그것을 이데올로기의 외부로 볼 수 있는 것은 그러한 정동의 사회적 국면들이 이데올로기 허구효과의 수준을 넘어서 하나의 파국적 현실을 지시하고 있기 때문이다. 이는 역사적 문화연구에서 수행해온 전통적인 이데올로기 비판으로는 도저히 해석될 수 없는 것들로서 인간, 신체, 감정에 대한 근원적인 질문을 던지게 만든다. 그렇다면 문화연구의 메타이론의 전화에서 '정동'의 문제가 어떤 의미를 가지며 그 문제의식이 중요해진 이유를 어떻게 말할 수 있을까?

첫째, 정동은 매우 흥미롭게도 맑스의 『독일 이데올로기』가 언급하고자 하는 궁극적인 문제의식을 고려해보면, 이데올로기비판과 대립적이지 않다는 점이다. 정동은 궁극적으로는 현실인식과 실천을 위해 동일한 문제의식을 공유한다는 점에서 전혀 낯선 것은 아니다. 사실 맑스가 『독일이데올로기』와 『포이에르바하에 대한 테제』에서 청년 헤겔학파를 비판할 때 언급했던 중요한 논의 중의 하나가 바로 "인간의 감성적 활동"으로 이데올로기 비판의 실질적인 대안으로 논의된다. 맑스는 인간도 역시 '감성적 대상'이라는 것을 통찰하고 있다는 점에서는 포이에르바하가 '순수한' 유물론자보다는 훨씬 탁월하다고 추켜세우지만, 그가 인간을 '감성적 활동'으로서가 아니라 단지 '감성적 대상'으로서만 파악하고 있다는 점에서는 불충분하다고 비판한다. 맑스는 포이에르바하가 결코 현실적으로 실존하고 활동하는 인간에 도달하지 못하고, '인간'이라는 추상물에 머물러 현실적, 개별적 육체적 인간을 다만 감각 속에서 인정하는 데 그쳤다"[41]는 것이다. 알다시피, 맑스의 포이에르바하의 비판은 『독일 이데올로기』에서만 아니라 『포이에르바하에 대한 테제』에서도 이어진다.[42] 맑스의 이러한 비판은 인간의 감성을 관념적 형태로서의 연애와 우정의 문제로, 혹은 상품형식의 문제로 보지 말고, 총체적으로 살아있는 감성의 활동으로 볼 것을 강조한다. 맑스가 언급한 "인간의 감성적 활동"은 이데올로기 비판으로서 문화연구의 한계를 보완할 수 있는 중요한 개념이지 실천토픽이다. 그것은 또한 문화연구의 이론적 실천의 또 다른 영역이라 할 수 있는 '정체성의 정치학'을 신원주의나 인간주의의 함정으로부터 벗어날 수 있게 해주는 메타적인 토픽으로서 적절하다. 실제로 문화연구의 이론적 전화뿐 아니라 정치경제학의 새로운 이행을 위한 연구에서 맑스가 언급한 "인간의 감성적 활동"에 대한 재해석은 매우 중요한 경로로 진행되어왔다. 문화연구에서는 이데올로기 비판의 구조적 인식으로는 간파하기 어려운 주체의 미학과 윤리의 문제를 다루었다.

　　문화연구에서 윤리와 미학의 문제는 문화연구가 직접적으로 다루는 주된 주제는 아니지만, 문화연구의 이론적 개입에 있어서 중요한 정당성의 근거로 논의될 수 있다. 이안 헌터의 언급대로, 문화연구 운동은 그 자체로

41_ 칼 맑스, 『독일 이데올로기 1』, 90.

42_ 맑스의 포이에르바흐에 대한 테제 중 다음 테제1과 테제5를 참고하라. "지금까지의 모든 유물론(포이에르바흐를 포함하여)이 갖는 주요한 결함은, 대상·현실·감각이 단지 객체 또는 직관의 형태로만 파악되고 감각적-인간적 행위, 즉 실천으로, 주체적으로 파악되지 않는다는 점이다. 따라서 행위의 측면은 유물론과는 반대로 관념론에 의해서 추상적으로 (왜냐하면 관념론은 현실적 감각적인 행위 자체를 알지 못하기 때문이다) 발전했다. 포이에르바흐는 사유대상과는 현실적으로 구분되는 감각적인 대상을 원한다. 그러나 그는 인간의 행위 자체를 대상적인 행위로 파악하지 않는다. 따라서 그는 『기독교의 본질』에서 단지 이론적인 태도만을 올바른 인간적 태도로 간주하며 반면에 실천은 오직 그 더럽고 유대인적인 현상 형태로서만 파악되고 고정화된다. 따라서 그는 '혁명적인', 실천적이고 비판적인 행위의 의미를 파악하지 못하고 있다"(테제1). "포이에르바흐는 추상적 사유에 만족하지 못하여 감각적 직관에 호소한다. 그러나 그는 감각을 실천적인, 즉 인간적·감각적인 활동으로 생각하지 않는다"(테제5). 칼 맑스, 『칼맑스 프리드리히엥겔스 저작선집 1』, 최인호 역, 박종철출판사, 1997 참고

미학에 대한 비판으로 인식된다. 그것은 19세기 미학에서 전해 내려온 문화에 대한 제한된 개념들을 뛰어넘으려는 필요에 의해서 생겨난 것이다. 문화연구자들에게 있어서 미학은 특정한 계급이 전유한 특별한 고급문화의 취향을 반영하는 것이 아니라 삶의 총체적 방식에서 나오는 것이다. 미학의 문제가 낯설어진 것은 자본주의의 "노동의 분할" 때문인데, 노동의 분할은 미학을 사회적, 경제적 삶 속에 통합되었던 것에서 분리시켜 그것을 고유하고 특화된 것으로 간주해버렸다. 헌터는 레이먼드 윌리엄스를 인용하면서 "총체적 삶의 방식"으로서의 문화로부터 분리된 미학은 뿌리 뽑힌 엘리트들의 순수하게 윤리적인 탐구로 전락하고 말았다고 말한다.43 그는 미학을 가치, 이상, 교조들로 구성되는 것이 아니라 개인들의 실제적인 삶을 구성하는 독특한 방식으로 간주하고자 한다(348).

두 번째, 문화연구에서 윤리는 최근 사회적 폭력과 증오, 도덕과 정의의 문제가 비판이론의 중요한 토픽으로 제기되면서 피할 수 없는 문제가 되었다. 문화연구에서 윤리가 전면적으로 등장하게 된 계기는 1990년대 포스트모더니즘과 연루되면서 주체구성과 정치학의 문제들과 가능성들에 대한 논쟁이 시작되면서부터이다. 문화연구는 점증하는 신우파의 정치적, 윤리적 영향력에 직면해서 개입을 위한 비판적 토대를 제공해야 한다는 도전에 맞설 수밖에 없게 되었다.44 우파들의 정치적 윤리와 그것을 추종하는 포퓰리즘의 공세들은 좌파이데올로기를 무력하게 만들었을 뿐 아니라, 좌파의 도덕과 윤리의식마저도 무기력하게 공중분해시켜 버렸다. 아마도 이러한 문제의식을 가장 잘 드러낸 지적 작업이 스튜어트 홀의 『대처리즘의 문화정치(The Hard Road to Renewal)』일 것이다. 안젤라 맥로비는 스튜어트 홀의 이 책을 높이 평가할 수 있는 것 중 하나는 대중들의 의견들이나 선입관들,

---

43_ Ian Hunter, "Aesthetics and Cultural Studies," in *Cultural Studies*, 347. 이하 인용은 본문에 그 쪽수만을 표시한다.

44_ Jennifer Daryl Slack and Laurie Anne White, "Ethics and Cultural Studies," in *Cultural Studies*, 571.

그리고 깊게 각인된 도덕적 가치들과 같은 이질적인 요소들이 어떻게 보수적인 정치에 재접합되는지를 설명한 데 있다고 말한다. 민주적 포퓰리즘에 결합된 자본주의는 도덕적 힘을 가지게 되는데, 이 도덕적 힘은 1980년대 보수주의 정치학을 1960년대 후반 가치들과 신념들에 대항하는 가장 강력한 힘을 행사할 수 있는 위치에까지 올려놓았다. 이러한 도덕적 힘은 신사회운동이나 게이 권리 운동을 포함한 1970년대 좌파 급진주의를 반대하는 대항 이데올로기를 행사한다.[45] 윤리가 중요해진 이유를 진보적 이념의 붕괴에서 찾고자 하는 알랭 바디우의 주장이 이와 같은 맥락이라 할 수 있다. 바디우에 따르면 인권이 위기를 맞게 되면서 윤리가 이러한 권리를 수호하고 존중하는 역할을 맡게 되었는데, 이는 인간이 원래 가지고 있는 자연권이라는 낡은 교리로의 회귀를 뜻한다고 말한다. "모든 집합적 지표들을 상실하고, '역사적 의미'에 대한 사고를 박탈당한 채 사회 혁명을 더 이상 희망할 수 없는 상황에서 수많은 지식인들은, 그리고 그들과 더불어 의견을 만들어 내는 부분들은, 자본주의적 형태의 경제와 의회민주주의에 동조해버렸다."[46]

윤리의 문제는 자신들의 권력의 이해관계에 따라 선과 악으로 이분화하는 우파 보수주의자들의 도덕성에 기초한 것으로 어떤 점에서는 부르주아 미학에 대한 문화연구의 반미학적 태도에 대한 반동으로 제기된 것이다. 윤리적 토대로서 도덕성을 주장하는 우파들의 정서는 1960년대와 1970년대를 풍미했던 신좌파들의 반미학, 자율주의, 감각의 해방, 표현의 자유에 대한 도덕적 저항을 가장하고 있기 때문이다. 이에 대해서는 영국의 문화연구자인 조안나 즐린스카의 언급이 참고할 만하다. 그녀는 미국과 영국에서 이른바 '포스트 911'의 당대 국면 중에서 가장 의미심장한 특징 중의 하나가

45_ Angela McRobbie, *The Uses of Cultural Studies* (London, Thousand Oaks and New Delhi: Sage, 2005), 25; Joanna Zylinska, "Cultural Studies and Ethics," in *New Cultural Studies: Adventures in Theory* (Edinburgh: Edinburgh University Press, 2006), 80에서 재인용.

46_ 알랭 바디우, 『윤리학』, 이종영 역, 동문선, 2001, 11.

정치적 의제를 명시적으로 도덕화시키는 것이라고 말한다. 미국의 부시대통령이 9.11 사건이 일어난 지 9개월 후에 언급했던 "우리는 선과 악 사이에서 투쟁하고 있다"라는 발언, 그 발언을 압축하고 있는 "악의 축"이라는 수사, 그리고 영국의 블레어 총리가 언급한 "도덕적 책무"와 같은 발언들은 모두 테러와의 전쟁을 정당화시켜주는 신자유주의 이데올로기의 도덕적 기초들이다. 이상과 같은 내용을 통해서 영국뿐 아니라 미국에서 9.11 사건은 새로운 도덕적 감수성을 새롭게 만들어내는 데 있어 상징적인 역할을 했다.[47] 이러한 정치적 도덕주의는 부시와 블레어가 명백하게 승리한 모두를 아우르는 '테러와의 전쟁'을 뒷받침해 주었고, 보이지 않는 적, 테러 그 자체와 맞서 싸웠다. '우리'와 '그들' 사이의 차이가 이 전쟁에서 구축되게 되는 것은 바로 도덕적 수사, 즉 선과 악이라는 담론에 의존하는 것을 통해서이다. 도덕성은 그런 점에서 정치학에 봉사하는 일에 복무하도록 만들어졌으며, 민주적 신자유주의를 정당화하고 그것을 구축하는 데 이용되었다(72). 즐린스카는 부시와 블레어 류의 우파의 정치적 도덕성에 호소하지 않고서 좌파가 어떻게 정치의 도덕화의 문제에 응답할 수 있는지에 대한 탐구가 중요하다고 판단하면서, 그 대안으로 "정동적 투여(affective investment)"로서의 윤리의 문제를 제시한다. 이러한 정동적 투여는 의식적이기도 하면서 무의식적이기도 하기 때문에 합리적 주장과 리비도적 충동의 결합으로부터 나온다고 말한다(75).

문화연구를 내재적으로 윤리적인 것으로 위치 지을 수 있도록 해주는 것은 경전, 가치, 신념들, 실천들에 대한 지속적인 이론적 성찰을 통해서이다. 이러한 이론적 성찰을 가능하게 하는 것이 "타자의 다름에 대한 끊임없는 개방성"(79)에 대한 인식이다. 즐린스카는 문화연구는 1) 최근 우파의 정치적 담론의 기류에서 나타나는 "윤리 없는 도덕"에 대해 의문을 갖고, 2) 악의 축에 대항하는 테러와의 전쟁, 자선 손목 팔찌, 윤리적 쇼핑 등으로

47_ Joanna Zylinska, "Cultural Studies and Ethics," in *New Cultural Studies: Adventures in Theory*, 71-72. 이하 인용은 본문에 그 쪽수만을 표시한다.

표상되는 도덕주의에 방심하지 말고, 3) 차이에 대한 개방성의 표명, 즉 주변화되고, 비경전적이고, 배제된 것에 개방성을 표명함으로써, 정치적인 작업에 윤리적 공급물을 제공하며, 4) 정동적인 투여가 가능한 책임 있는 정치를 개념화할 수 있도록 좌파의 새로운 이론적 틀을 제공해 줄 수 있다고 말한다(83).

한국사회에서도 신자유주의의 경제적, 정치적 지배체제가 전면화되면서 민주화 이후 그나마 어렵게 쌓았던 사회적 관계가 붕괴되고, 사회적인 것들은 오로지 공공적 질서에 종속되거나 자유주의 경제윤리의 선한 사마리아인으로 자처하고 있는 상황에서 도덕과 윤리의 문제는 새삼 중요한 화두가 되었다. 특히 두 번에 걸친 보수정권의 집권과 이 정권이 자행한 파시즘적 통치주의로의 회귀에 따른 '일베'와 같은 우익들의 대중적 궐기 현상들이 이데올로기적 적대와 사회적 증오, 혐오, 상징적 폭력을 행사하는 현실은 거의 성찰이 불가능한 정신의 파국과 치유가 불가능한 마음의 재난의 상황에 근접한 것이어서 윤리의 문제는 문화정치의 중요한 토픽이 되었다. 또한 재현 불가능한 세월호 참사라는 실재하는 재난에 어설프게 대응하는 지배 권력의 '통치 없는 통치성'과, 대중들의 야만적 증오심으로 분출된 오이디푸스적 편집증은 사회적으로 구성된 신체와 감각의 내부와 외부의 극단적 분열 의식을 느끼게 한다. 이러한 사회 국면과 관련해 권명아를 포함한 한국사회의 '정동' 연구는 문화연구의 비판적 작업에서 매우 중요한 지위를 갖는다. 이에 대한 자세한 논의는 다음 연재 글에서 하도록 하겠지만, "신자유주의 시대로 진입하면서 정치적인 것에 대한 아파지(무관심)가 가장 중요한 시대의 징후로 간주되기도 했다. 파토스에서 아파지로의 변화, 정치적인 것을 둘러싼 '파토스'와 '아파지' 사이의 이행과 변형에 고민하는 과정들이 슬픔, 외로움, 사랑, 위기감, 불안 등 정념과 관련된 논의들을 경유하며 진행된다"는 언급[48]은 문화연구의 이데올로기 비판을 넘어서는 메타

48_ 권명아, 『무한히 정치적인 외로움』, 갈무리, 2012, 19.

이론의 전환에 있어 중요한 분석의 시사점을 던져준다.

　마지막으로 정동의 정치학은 역사적 문화연구가 다루지 않았던 비물질 노동과 인지적 감각의 문제들을 제고하게 만든다. 비물질 노동은 안토니오 네그리가 중심이 된 이탈리아 자율주의 이론에서 주장하는 것으로 자본주의 생산양식의 체계가 달라진 21세기적 상황을 함축적으로 지시하는 개념이다. 생산의 물질적 차원이 지배하는 근대적 자본주의 체제에서 생산의 비물질적 차원이 지배하는 탈근대적 자본주의 체제로의 이행은 노동과 생산, 가치와 재화의 관계에 대한 새로운 해석을 요한다. 네그리는 신체와 정신에 모두 관여하는 비물질 노동의 한 형태로 정동노동을 언급한다.[49] 정동노동은 비물질 노동의 형태로서 자본 스스로가 고안해 낸 새로운 착취의 유형이지만, 다른 한편으로는 사적 소유의 착취와 공공 소유의 형식적 전유의 한계를 넘어서는 공통적인 것을 위한 구성 요소로 간주되기도 한다.[50] 국내에서는 이러한 비물질 노동의 사회적 성격과 이를 극복하는 사회적 삶의 재구성을 "인지자본주의"로 명명한 조정환의 작업이 논쟁이 되기

49_ 다음의 인용문을 보라. "앙드레 고르는 "생산물들의 비물질적인 차원" 즉 상징적·미적·사회적 가치가 "그 물질적 실재보다 우위에 있다"고 주장한다. 예를 들어 이미지, 정보, 지식, 정동, 코드, 사회적 관계가 자본주의적 가치화 과정에서 물질적 상품, 혹은 상품의 물질적 측면보다 더 큰 중요성을 가진다는 것이다. …이러한 비물질적 재화(혹은 물질적 재화의 비물질적 측면)를 생산하는 노동형태는 흔한 말로 '머리와 마음의 노동'이라고 할 수 있으며, 서비스노동, 정동노동, 인지노동을 포함한다. 물론 이 상투적인 재유에 오도되어서는 안된다. 인지노동과 정동노동은 신체의 특수한 기관에 국한되는 것이 아니라 신체와 정신 전체와 연관되기 때문이다. 바꾸어 말하자면 생산물이 비물질적인 경우에도 생산하는 행위에는 여전히 신체와 정신이 모두 관여한다"(안토니오 네그리·마이클 하트, 『공통체』, 정남영·윤영광 역, 사월의 책, 2014, 198).

50_ 오늘날 비물질적인 것이 물질적인 것에 대해, 복제 가능한 것이 복제 불가능한 것에 대해, 공유 가능한 것이 배타적인 것에 대해 필연적으로 승리한다. 이렇게 비물질적인 소유형태가 점점 더 지배적인 것이 된다는 점은 의미심장하다. 왜냐면 이 글의 주체라 할 수 있는 공통적인 것과 소유 그 자체의 갈등을 일정 부분 보여주기 때문이다. 아이디어, 이미지, 지식, 코드, 언어, 그리고 심지어는 정동조차 소유물로서 사유화될 수 있고 통제될 수 있지만, 이것들은 너무 쉽게 공유되거나 복제되기 때문에 그것들의 소유권 침해를 침해하기가 더 어렵게 된다. 이런 재화들에는 소유의 경제를 벗어나서 공통적인 것이 되려는 경향이 항상 존재한다(안토니오 네그리 외, 『자본의 코뮤니즘, 우리의 코뮤니즘』, 연구공단 L 엮음, 난장, 2012, 33-34).

도 했다.[51]

한편으로는 정동의 정치경제적 해석 이전에 정동의 감각에 대한 인지적 이해가 전제되어야 한다는 주장도 새겨들을 만하다. 인간의 인지적 감각은 기술자동화와 비물질 노동의 전면화가 야기한 정치경제적 전환의 조건에 영향을 받기 이전에 인간의 고유한 감각에 대한 행동적 특이성에 주목한다는 점에서 프란시스 바렐라의 구성적 인지이론에 대한 보완이 필요하다. 바렐라가 언급한 "인지에 대한 구성적 접근"이라는 개념은 "감각과 운동의 과정이, 지각과 행동이 근본적으로 분리될 수 없다는 점을"[52] 강조한다. 칸트의 비판철학을 토대로, 들뢰즈와 벤야민을 거쳐 바렐라의 구성적 인지 과학을 결합하고, 복잡계 네트워크 이론을 통해서 비물질 노동의 인지적 관점을 협소한 시각으로 비판하는 심광현의 최근의 저서 『맑스와 마음의 정치학』은 신체화된 인지적 감각의 사회적 구성을 '감정의 정치학' '마음의 정치학'으로 제시하는데, 이는 이 글에서 언급하고자 하는 '정동의 정치학'의 이론적 구성에 있어서 논쟁점을 제공해 준다.

이러한 이론적 경합들을 고려할 때, 문화연구에서 이데올로기 비판의 이론을 보완할 수 있는 메타이론의 재구성을 정동의 정치학의 관점에서

51_ 조정환, 『인지자본주의』, 갈무리, 2011. 이 책의 서문에는 현대사회를 인지자본주의로 파악하는 것의 의미를 다음과 같이 언급하고 있다. "한국에서 지난 이 십 여 년 동안 이루어져온 연구들의 많은 부분은 인지자본주의의 증상들과 결과들을 탐구하는 데 바쳐졌다. 인지자본주의가 고용에 미치는 영향에 집중하는 실업, 비정규직, 불안정노동에 관한 연구들, …인지자본주의가 주체 재구성에 미치는 영향에 집중하는 신세대론을 비롯한 각종의 세대론과 청년론, 인지자본주의가 과학과 테크놀로지 발전에 미치는 영향에 집중하는 인지과학, 생명공학, 정보화론, 인지자본주의가 공간재구성에 미치는 영향에 집중하는 도시개발론, 네트워크도시론, 메트로폴리스론, 환경공학론, …인지자본주의가 가져오는 권력형태의 미시적 재구성에 집중하는 우리 안의 파시즘, 대중독재론, 부드러운 파시즘, 인지자본주의가 자연에 미치는 영향에 집중하는 여러 유형의 생태론, 인지자본주의가 성별 문제에 미치는 영향에 집중하는 돌봄노동론과 페미니즘론 등등의 주제가 그러하다. 인지자본주의론은 이 미시적이고 다양한 탐구들이 천착하고 더듬어온 문제들을 노동형태 및 자본형태의 변화, 그리고 노동과 자본 사이의 사회적 관계의 변화라는 거시적 틀 속에서 종합하고 각각의 문제들의 위치를 밝히며 그 사회적 총체의 발전경향을 밝히려는 시도이다"(13-14).

52_ 프란시스코 바렐라, 『윤리적 노하우』, 유권종·박충식 역, 갈무리, 2009, 35.

정의하고자 한다. 정동의 정치학은 문화연구에서 크게 세 가지 형태로 구성할 수 있는데 그것이 '인지적 감각' '비물질 노동' '감성의 분할'이다. 이제 이러한 세 가지 토픽에 대한 구체적인 내용은 다른 글들에서 문화연구의 정체성의 정치학의 전화를 위한 이론적 재구성과 실천이란 이름으로 논의하도록 하겠다.

3

'통치양식'의 문제설정과 새로운 주체이론의 탐색: 푸코-맑스-칸트-벤야민-인지과학의 '변증법적 절합'

심광현

1. 들어가며

사망하기 2년 전인 1982년 푸코는 '자기의 테크놀로지'라는 제목의 세미나(미국 버몬트 대학 연구세미나)에서 자신은 '통치(governmentality)'의 문제, 즉 타자지배(권력)의 테크놀로지와 자기지배의 테크놀로지로 연결된 지배관리 관계의 테크놀로지에 관심을 가져왔는데, 그 동안에는 전자에 지나치게 역점을 두어왔다면, 이제는 후자로 관심이 기울어졌다고 기술한 바 있다.

25년 이상이라는 세월 동안 나의 목표는 우리의 문화 속에서 인간이 자기 자신을 인식하기 위해 전개시켜 온 각종 방식이었던 경제학, 생물학, 정신의학, 의학, 형벌학에 대한 역사를 소묘하는 일이었다. …소위 학문이라 불리는 이러한 인식을, 인간이 자기 자신을 이해하기 위해 사용하는 특수한 기술과 관련된 매우 특수한 <진리의 게임>으로 분석하는 일…이러한 테크놀로지에는 네 가지 주요한 형이 존재하며, 각각의 형은 실천상의 모체를 지니고 있다는 점이다. 열거하면, 1) 생산의 테크놀로지: 이것은 우리가 사물을 생산하고, 변형하고, 조작하도록 해준다. 2) 기호 체계의 테크놀로지: 이것은 우리에게 기호, 의미, 상징, 혹은 의미작용을 사용할 수 있는 힘을 부여한다. 3) 권력의 테크놀로지: 이것은 개인의 행위를 규정하고, 개인을 특정한 목적이나 지배에 종속시켜 주체의 객체화를 꾀한다. 4) 자기의 테크놀로지: 이것은 개인이 자기 자신의 수단을 사용하거나, 타인의 도움을 받아 자기 자신의 신체와 영혼, 사고, 행위, 존재 방법을 일련의 작전을 통해 효과적으로 조정할 수 있도록 해준다. 그 결과 개인은 행복, 순결, 지혜, 완전무결, 혹은 불사라는 일정 상태에 도달하기 위하여 자기 자신을 변화시킬 수 있는 힘을 갖추게 된다. …보통의 경우, 먼저의 두 테크놀로지는 학문 및 언어학의 연구에 사용된다. 그러나 가장 나의 주목을 끈 것은, 나중의 두 테크놀로지인 지배와 자기의 테크놀로지이다. 나는 지배와 자기에 관한 지식의 편성 역사를 기획하여 왔었다. …타자 지배 테크놀로지와 자기 지배 테크놀로지 사이의 이 연결을 나는 지배관리관계(governmentality)라고 명명하였다. 어쩌면 나는 지배와 권력의 테크놀로지에 지나치게 역점을 두어 왔는지도 모른다. 요즘 나의 관심은 점차 자기 자신과 타자와의 상호작용, 그리고 개인이 행사하는 지배의 테크놀로지에서 얼마나 개인이 자기 자신에게 작용하는가에 대한 역사, 즉 자기의 테크놀로지로 기울어졌다.[1]

이와 같은 자전적 분석은 두 가지 지점에서 더 파고 들어가 보아야 할 중요한 시사점을 제공하고 있다. 1) 그 하나는 그가 학문의 분류를 생산, 기호, 권력, 자기의 테크놀로지라는 네 가지 기술-실천으로 분류하고 있다는 점이고, 2) 다른 하나는 자신의 주된 관심이 생산-기호가 아닌 권력-자기의 테크놀로지에 놓여 있다가 말기에 가서는 자기-테크놀로지 쪽으로 기울어졌다는 점이다. 이런 구분과 강조점의 변화를 '주체이론'의 재구성이라는 목적과 연관시켜 보면 다음과 같은 해석이 가능하다고 본다.

1) 첫째, 생산-기호-권력-자기의 테크놀로지라는 푸코의 분류는 맑스를

1_ 미셸 푸코, 「자기의 테크놀로지」, 푸코 외, 『자기의 테크놀로지』, 이희원 옮김, 동문선, 1997, 35-37.

따라 알튀세르가 분류한 사회적 실천들의 분류, 즉 경제적-이론적-정치적-이데올로기적 실천들이라는 분류와 유사하면서도 이데올로기적 실천이라는 문제틀에는 결여되어 있는 개별 주체의 자기구성이라는 윤리적 과제를 사회적 실천 일반의 반열에 올려놓고 있다.(대신 푸코에게는 이데올로기라는 문제틀이 결여되어 있는데 이 문제에 대해서는 뒤에서 다시 살피도록 하겠다.) 알튀세르의 "주체 없는 과정"이라는 문제틀은 휴머니즘적 맑스주의의 이론적 취약성을 비판하는 데 기여하기는 했지만, 동시에 능동적인 주체적 변화라는 과제를 이론적 사유의 지평에서 배제(단지 경험적 실천의 측면에서만 유효하다고 보면서)하는 결과를 초래했는데, 이는 "목욕물을 갈면서 아이까지 버린" 셈이라고 할 수 있다. 알튀세르 이후 더욱 진전된 해체론과 포스트모더니즘의 세계적 확산 과정에서 낡은 계몽주의적-휴머니즘적 주체이론은 해체되었지만, 새로운 변혁주체 형성을 위한 이론은 재구성되지 못했다. 그 빈자리는 라캉-지젝의 정신분석과 들뢰즈의 분열분석, 그리고 페미니즘 간의 치열한 경쟁과 대립에 의해 어지럽게 파편화되어온 것이 오늘의 현실이다. 물론 이 세 가지 계열의 이론들이 새로운 변혁적 주체형성에 이론적으로 기여하는 바가 없다는 것은 아니다. 그러나 이 이론들은 특수한 출발점이나 전제를 보편적인 것으로 일반화하거나 탈역사화하는 경향이 있고, 변혁적 주체형성의 일면적 계기들을 과도하게 강조함으로써 그 자체가 하나의 거대한 복잡계라고 할 수 있는 주체를 단순화, 파편화하는 데 일조했다는 데 문제가 있다고 본다. 물론 푸코 역시 자기의 테크놀로지에 대한 연구를 시작한 지 얼마 되지 않아 사망했기 때문에 새로운 주체이론을 체계화하지 못했지만, 이 문제를 다른 사회적 실천들과 대등한 반열에 올려놓았다는 점은 변혁이론의 새로운 구성을 위해 시사하는 바가 매우 크다고 본다.

2) 둘째, 푸코가 제시한 '통치' 개념은 권력의 테크놀로지와 자기의 테크놀로지를 연결하는 개념이기 때문에, 자기의 테크놀로지 연구가 상당히 진척되어야만 제대로 작동할 수 있다. 물론 푸코의 연구는 새로운 출발점을

제공했을 뿐이며, 이를 진척시키는 것은 우리의 과제일 것이다. 그러나 '통치' 개념이 적어도 두 테크놀로지의 순환적 연결로 이루어져 있다고 보는 시각은 국가권력의 장악과 해체라는 고전적인 '이행의 쟁점'을 분석하는 데 새로운 시각을 던져줄 수 있다. <통치=권력의 테크놀로지+자기의 테크놀로지>라는 문제틀은 두 테크놀로지의 결합 유형을 다음과 같이 배치할 수 있게 해주며, 이 배치 형태 속에서 <통치양식>의 유형을 명확히 구분할 수 있기 때문이다.

권력의 테크놀로지 / 자기의 테크놀로지	지배권력의 테크놀로지	탈지배적 권력의 테크놀로지
자기-부정/순응의 기술	통치양식(A)	통치양식(B)
자기-배려/창조의 기술	통치양식(C)	통치양식(D)

　　이렇게 배치해 보면, 푸코의 '통치' 개념은 근대에 들어서는 서로 분리되어왔던 윤리와 정치를 다시 결합하려는 문제틀을 함축하고 있는 셈이다. 이는 윤리학을 정치학의 일부로 보았던 아리스토텔레스와, 모든 개인은 사회적 개인이며, 개인의 자유로운 발전이 사회 발전의 전제가 되어야 한다고 보았던 맑스의 관점과도 상통하는 것이다. 그러나 맑스는 생산양식 일반의 틀을 구성하는 데 주력한 나머지, 통치양식이라는 문제의식을 발전시키지 못했고, 고전적 맑스주의 역시—그람시를 제외하고는—이 문제에 관심을 기울이지 않았다. 역사적 사회주의 운동의 실패는 윤리와 정치를 통합적으로 파악할 수 있는 이런 문제의식의 결여와 연관이 깊다고 할 수 있다. 19세기 이후의 자유주의를 (A)라고 한다면, 스탈린주의는 자율적 주체의 테크놀로지를 등한시한 채 (A)에서 (B)로의 강제적 이행을 모색하다가 오히려 자유주의 통치양식 이전의 절대왕정의 통치양식으로 퇴화한 경우다.(북한은 이런 퇴화과정을 더욱 후진시켜 '세습제'로 고착된 경우다.) 그에 반해 20세기 후반의 신자유주의에서 유행하는 '자기-계발'의 논리는 (C)를 '안정화'하기 위한

것이다. 반면, 들뢰즈의 '탈주의 정치'는 신자유주의적인 (C)의 '포획장치'와 대결하면서, 자율적 주체의 창조적 잠재력을 최대한으로 강조하는 방향으로 나아갔다. 반면 푸코는 기존의 통치양식들을 계보학적으로 비판하면서, (D)의 가능성을 탐색했지만, 갑작스러운 사망으로 이를 미완의 과제로 남겨놓았다.

역사적으로 (D)는 아직 실현된 바가 없고, 맑스가 파리코뮌의 사례를 들어 제시했던 '코뮌국가'가 잠시 그 실현가능한 모습의 일면을 보여주었을 뿐이다. 그러나 맑스도 (D)라는 목표를 제시했을 뿐, (A)→(D)로의 현실적 전환의 지도를 제시하지는 못했다. 이는 맑스가 생산양식 분석과 이데올로기 비판의 문제를 넘어서 통치양식의 구성이라는 지점까지 나아가지 못했던 것과 관련이 깊다. 반면, '억압가설'을 비판하며 '권력의 생산성'을 강조해온 푸코의 경우는 지배권력과 탈지배적 권력을 개념적으로 구분하기가 쉽지 않고, '권력의 포획성'과 '욕망의 생산성'을 대립적으로 설정한 들뢰즈의 경우에도 '대안적 권력'이라는 개념 자체가 들어설 자리를 찾기가 어렵다. 이들 이론이 결국은 자유주의적인 자기배려의 윤리나 무정부주의적 탈주에만 초점이 맞추어져 있다는 비판에서 벗어나기 힘든 이유도 여기에 있다. 이런 과정에서 '해방적 통치양식'으로의 이행이라는 현실적 과제는 실종되어왔다.

이런 역사적 맥락들을 고려하면서 이 글에서는 통치양식 (D)의 '발명'은 푸코의 <자기-배려/창조>의 테크놀로지와 맑스-알튀세르의 <코뮌국가>라는 개념의 '변증법적 절합'을 통해 가능할 수 있다는 가설을 제시하고자 한다.[2] 그리고 이런 가설에 입각해서 기존의 통치양식 (A), (B), (C)에

2_ 발리바르는 양자가 중요한 공통점을 갖고 있다는 점에 주목한 바 있다. 1989년에 발리바르는 이렇게 쓴다. "마르크스 대 푸코의 대결은 명목론자가 되는 적어도 두 가지 방식, 따라서 **역사에 대한** 철학들에 반대하여 **역사 속에서** 철학을 실천하는 두 가지 방식이 있음을 보여준다. …우리가 미셸 푸코의 작업에 의지할 수 있다는 것은 따라서 커다란 이점이다. 즉 마르크스를 반추하는 대신에, 마르크스에 대한 비판을 위하여 마르크스 안에서 준거점을 찾는 모호함 속에 남아 있는 대신에, 우리는 지금 분리된 동시에 필연적으로 대립되는 두 개의 이론적 집합을…갖고 있는 것이다"(에티엔느 발리바르, 「푸코와 마르크스: 명목론이라는 쟁점」, 윤소영 엮음, 『알튀세르와 라캉』, 공감,

귀속된 자기의 테크놀로지 관련 이론들(푸코, 프로이트, 라캉, 들뢰즈)에 대해 비판적으로 분석하고, 통치양식 (D)로의 전환을 위해서는 칸트의 미적-윤리를 벤야민의 미메시스적 경험이론으로 보완하는 새로운 주체이론 (포이에르바하 테제3의 이론적 확장) 구성이 예비적으로 요구된다는 점을 신경정신분석학의 도움을 매개로 설명해보고자 한다.

2. 푸코와 프로이트

말기 푸코가 자기의 테크놀로지 분석을 위해 그리이스-로마 시대의 자기 수양의 사례 분석으로 거슬러 올라간 것을 두고, 하버마스 같은 비판이

1996, 259). 그러나 발리바르는 명목론적 유물론이라는 관점을 공유한 이 두 개의 이론적 집합의 관계를 어떻게 설정할 것인가에 대해서는 더 논의를 진전시키지 않았다. 그는 1997년에도 이렇게 쓰고 있다. "가장 흥미로운 것은 다시 푸코의 아포리아와 맑스의 아포리아를 나란히 놓는 것이다. 그 곤란들은 우리가 볼 수 있듯이 대립된 항들에 관련되지만 전적으로 변혁이라는 중심적 관념에 본래적인 두 곤란들이다. …혹자는 이 모든 것으로부터 변혁으로서의 정치라는 관념은 마침내 붕괴한다고 부당하게 결론지을 것이다. 해방의 아포리아들이 해방에 관한 정식화와 요구를 끊임없이 재활성화시키는 것과 마찬가지로 변혁이라는 관념의 발본적 정식화가 자신이 제기하는 문제들의 장 전체를 제약하는 아포리아(그것이 "세계변혁"의 아포리아든 "자기 자신의 생산"의 아포리아든 간에)에 부딪힌다는 사실 때문에 변혁이라는 관념이 자격 박탈되는 것은 아니다. 정반대로 그러한 사실은 영속적 발명의 원동력이다"(에티엔느 발리바르, 『대중들의 공포』, 최원·서관모 옮김, 도서출판 b, 2007, 53-55). 이런 아포리아를 의식하면서, 발리바르는 "해방으로서의 정치만큼이나 변혁으로서의 정치의 구성을 다시 의문시하는 타율성의 타율성을 보자고 제안"(61)하면서, 저항들의 다수자로-되기의 전략과 소수자로-되기 전략 사이에서 선택 대신 '탈통합'이 필요함을 강조한다. 그리고 이는 이론적 선택의 문제가 아니라 정치적 기술의 문제라고 주장한다(71). 이런 관점은 발리바르가 맑스주의를 이질적인 '두 토대'인 생산양식과 주체화양식의 결합으로 재구성하려는 시도와 맞물려 있다(574). 그런데 이런 입장은 이데올로기이론이 국가이론(즉 국가에 내재한 지배양식의 이론)인 반면, 물신숭배이론은 기본적으로 시장이론(즉 주체화 양식)이라고 보는 것(566)에서 멈추어 있다. 필자의 입장에서는 이런 분리, 병치보다는 지배양식과 주체화양식의 모순적 결합을 '통치양식'으로 개념화하고, 통치양식과 축적양식의 모순적 통일로서 생산양식을 재개념화하는 것이―맑스와 푸코를 병치하는 대신―맑스를 푸코로 보완하는 적합한 방법이라고 생각된다.

론가들은 '신보수주의적 회귀'라고 비판했던 점을 고려할 필요도 있다. 그러나 푸코의 텍스트를 면밀히 읽어본다면 그가 말하는 자기-테크놀로지가 신자유주의적-신보수주의적 '자기계발'의 테크놀로지와 전혀 다른 함의를 갖고 있다는 사실을 발견하기는 어렵지 않다.[3]

> 나의 모든 분석은 인간의 생활(존재)에 보편적 필연이 있다는 관념과 대립합니다. 나의 분석은 제도의 자의성을 밝히고, 우리가 여전히 누릴 수 있는 자유의 공간은 무엇이며, 얼마만큼의 변화가 아직도 일어날 수 있는지를 명백히 제시하는 일입니다.[4]

> 우리 모두는 생활하고 사고하는 주체입니다. 내가 반발하는 점은 사회사와 사상사 사이에 균열이 있다는 사실입니다. 사회사가는 인간의 사고를 고려하지 않고 행동을 기술하고, 사상사가는 인간의 행동을 고려하지 않고 사고를 기술하는 것으로 추정되었습니다. 하지만 어떠한 인간이라도 행동하고, 또한 사고합니다. … 오늘날 인간에 대한 관념은 규범적이고 자명한 것이 되었으며, 보편적인 것으로 추정되었습니다. 휴머니즘은 보편적이지 않고, 주어진 상황에 따라 무척 상대적일 수도 있습니다. …이 말이 의미하는 바는 자유나 인권이 특정 영역에 제한되어야 한다고 우리가 결코 말할 수 없다는 점입니다. …이러한 의미에서의 휴머니즘에서 우리들이 상상할 수 있는 것 이상으로 우리의 미래에는 더 많은 비밀, 더 많은 자유의 가능성, 더 많은 발명이 존재할 것이라고 나는 생각합니다(27-29). 생활하고 행동하고 사고하는 주체를 각기 다른 측면으로 분리시키고 균열시켜

3_ 서동진, 「자기계발하는 주체의 해부학 또는 그로부터 무엇을 배울 것인가」, 『문화/과학』 61호, 2010년 봄. 서동진에 따르면, 자기계발 담론은 1990년대 한국자본주의의 변화와 더불어 형성된 노동자주체성의 변화하는 과정과 평행해왔는데, 이는 "자신의 삶을 사업 혹은 기업으로 대상화하며 자신과 맺는 관계에서 스스로를 기업가로 주체화하도록" 하는 "자아의 기업가화"라는 자기지배의 테크놀로지이다(46-47).

4_ 럭스 마틴, 「진리-권력-자기: 미셸 푸코와의 대담─1982년 10월 25일」, 『자기의 테크놀로지』, 22. 앞으로 동일한 책이나 논문을 계속해서 인용할 경우에는 두 번째부터는 본문에 그 쪽수만을 표시하도록 한다.

놓은 것이 자연스럽고 자명하며, 보편적인 인간의 상태로 치부되는 한 자유의 공간을 발명하기는 더욱 어려워질 것이다. 푸코가 프로이트의 정신분석에 대해 비판적인 이유도 이런 문제인식과 관련되어 있다. 푸코는 프로이트의 정신분석 방법이 우리 자신에 대한 중요한 의미를 노출한다는 점에서는 일보 양보하고 있지만, 이러한 의미 중 그 어떠한 것도 결정적인 이해에 기여하는 것은 아무 것도 없다고 주장한다.

자기에 대한 탐구는 아무렇게나 닥치는 대로 순로를 달리다가, 결국에는 막다른 골목에 종착하는 일종의 정신적 미로에로의 여행이다. 여행 도중에 회복된 기억의 단편은, 우리에게 그 여행의 전체적 의미를 해석하는 기반을 마련해 주지 못한다. 우리가 우리의 기억으로부터 유도해 낸 의미는 오직 부분적인 진실이며, 그것의 가치는 수명이 짧다.[5]

오히려 푸코에게 정신은 기록보관소일 뿐만 아니라 거울이다. 자신에 관한 진리를 알기 위해 정신을 찾아 헤매는 일은 무익한 과업이다. 그 이유는 정신은 우리 자신을 기술하기 위해 우리가 마음속에 불러낸 상을 비출 뿐이기 때문이다. 정신 속을 들여다보는 것은, 따라서 마치 거울 속에 비추어진 거울의 상을 보는 것과 같다. 우리는 무한한 후퇴의 상 속에 우리 자신이 비추어진 것을 본다. 결국 푸코에게 자기의 의미보다 더 중요한 것은, 우리가 그 의미를 파악하기 위해 사용하는 방식이다. 우리가 연속성을 발견하는 곳은 인류가 수 세기에 걸쳐 사용하여온 자기의 테크놀로지 속에서이다(234). 이런 관점에서 푸코는 프로이트의 정신분석의 독창성에 이의를 제기하며, 그것이 오랜 계보를 지닌 기독교적인 <자기-고백>의 기술을 차용한 것이라고 보며, 그와 같은 <자기부정>의 기술에 대항하여 기독교 이전의 소크라테스-헬레니즘 시대로 거슬러 올라가 <자기-배려>의 기술을 찾아내고 있다. 이런 비판적 분석 속에서 정신분석의 방법은 지금은 의학적

5_ 패트릭 H. 허튼, 「푸코-프로이트-자기의 테크놀로지」, 『자기의 테크놀로지』, 233-234.

어휘로 위장되어 있는 자기구제(self-help)의 치료법이라는 고대의 생활률에서 파생된 것으로, 비록 자기분석의 목적이 변화되어왔지만, 그 기술은 변화되지 않았다고 지적하면서, 프로이트에 대해 "자기배려의 한 가지 방법을 탐구하는 것에 만족하였던 선조들과 대조적으로 프로이트가 이러한 다양한 기술을 통해 자기에 대한 진실을 발견하고자 애쓰는 이유가 무엇인가?"라는 질문을 던진다(223-227).

기독교도들의 자기분석과 자기-고백의 목적은 내세로 들어갈 준비를 위한 것이었다면, 스토아학파의 자기배려의 실천은 현실에 보다 효과적으로 대처하기 위해 기획된 것이었다. 그에 반해 프로이트의 정신분석은 신경증 환자들로 하여금 억압의 원인을 인식하게 하여 '정상적'인 생활인으로 돌아오게 하기 위한 것이다. 그러나 그렇게 돌아온 정상적인 생활 자체가 문제로 가득 차 있다면 어떻게 할 것인가? 푸코는 이미 1954년에 발표한 첫 저서 『정신병과 심리학』에서 주체의 소외의 원인이 정신질환에 있는 것이 아니라, 오히려 "현대세계가 정신분열의 직접적인 원인을 제공하고 있다"는 점을 명쾌하게 지적한 바 있다.

사실 인간이 자기 언어 속에서 일어나고 있는 일에 이방인인 채로 남아 있을 때, 자기 활동의 산물에서 인간적이며 살아 있는 의미들을 확인할 수 없을 때, 이 세계 속에서 자기 조국을 발견할 수 없는데도 경제적이며 사회적인 결정이 그를 구속해 올 때, 또한 정신분열증과 같은 병리학적 형태를 가능하게 하는 문화 속에서 살고 있을 때, 인간은 현실 세계로부터 소외되어 어떤 객관성도 보장해 줄 수 없는 '사적인 세계'로 내몰린다. 그러나 현실세계의 구속에 순응하는 인간은 그가 도망치는 이 우주를 운명 같은 것으로 받아들이고 있다. 현대 세계는 정신분열의 직접적인 원인을 제공하고 있다. …실존 조건의 실제적 갈등만이 정신분열의 세계가 지닌 역설에 구조적인 모델이 될 수 있다. 요약컨대 질환의 심리학적인 차원은 얼마만큼의 궤변 없이는 독자적인 것으로 생각될 수 없다고 말할 수 있다. 물론 정신질환의 위치 설정을 할 수는 있다. 인간 발생과의 연관하에서, 심리적이며 개인적인 역사, 실존 형태들과의 연관 하에 정신질환을 자리매김하는 것이 가능하다. 그러나 심리적 구조의 발달이나 본능의 이론, 혹은 실존적 고고학과 같은 신화적 설명의 힘을 빌리기를 원치 않는다면, 질환의 이러한 다양한 양상들을 존재론적 형태로 만들지 말아야 한다. 사실 유일한 '선험적' 구체성을 발견할 수 있는 것은 단지 역사 속에서 뿐이다. 그리고 이 '선험적' 구체성 속에서 정신질환은 자기 가능성의 텅 빈 열림과 더불어, 필요한 얼굴들을 취하는 것이다.6

주체는 베이컨이 말하듯이 '백지' 형태로 태어나는 것이 아니라 일정한 '선험적 조건(특정한 형태의 생물학적 유전자의 배치에 의해 결정된 잠재적 능력들의 포맷)'을 부여받고 태어난다. 그러나 이 '선험적 조건'은 태어나자마자 주체가 맞닥뜨리는 부모와 가족 환경 등에 의해 다양한 형태로 변형된다. 주체가 살아가면서 겪게 될 선험적 조건과 경험적 조건의 복잡한 상호작용은 역사적으로 달라질 수밖에 없기에 푸코는 이를 '역사적 선험성'이라고 부른다. 푸코는 이 '역사적 선험성'의 복잡성을 리비도(원초적 자아)-자아-초자아 간의 억압/갈등의 관계로 한정했던 프로이트를 넘어서고자, 권력의 테크놀로지와 자기의 테크놀로지 간의 상호작용이라는 '통치'의 역사적 형태 변화에 대한 탐구라는 과제를 제기했다. 양자의 상호작용은 적어도 세 가지 관계 양상을 취할 수 있다. (1) 전자가 후자를 일방적으로 규정하거나, (2) 후자가 전자에 저항하여 일정하게 자율성을 획득하거나, (3) 혹은 후자가 자기 자신의 변화와 전자의 변화를 동시에 이루어내는 방식(포이에르바하 테제3)이 그것이다. 푸코는 '생정치(biopolitics)'와 지식/권력의 계보학이라는 문제틀로 (1)의 역사적 형태 변화를 추적했고, '자기의 테크놀로지'의 계보학이라는 문제틀로 (2)의 역사적 형태 변화를 추적했다.7 그러나 (3)의 역사적

6_ 미셸 푸코, 『정신병과 심리학』, 박혜영 옮김, 문학동네, 2002, 147-148.
7_ 푸코가 고대 그리스-로마 시대로 거슬러 올라가 참조했던 <자기-배려의 테크놀로지>의 계보학에 대한 비판적 분석에 대해서는 졸고, 「감정의 정치학」(『문화/과학』 59호,

형태변화를 추적하는 작업은 '통치양식의 (역사적 형태 변화의) 계보학'이라는 미완의 과제로 남게 되었다. 그렇다면 비슷한 시기에 주체 문제를 다루었던 알튀세르, 라캉, 들뢰즈의 작업은 이 미완의 과제를 해결하는 데 얼마나 기여했을까?

3. 알튀세르-라캉-들뢰즈

주지하듯이 알튀세르는 프로이트에 기대어 이데올로기의 개념을 변화시켰고, ISA라는 개념틀을 창안했지만, 이는 결국 (1)의 사회적 작동 메커니즘을 규명하는 데에 국한된 것이라고 할 수 있다. 이 때문에 알튀세르는 '기능주의'라는 비판을 받았다. 그러나 알튀세르는 이런 비판에 대해 다음과 같이 답변한 바 있다.[8]

> 사실 맑스와 관련하여 발전하는 이데올로기 이론의 특수성은 국가장치와 이데올로기적 국가장치들의 기능과 기능양식에 대한 계급투쟁의 우위를 주장한다는 점에 있다고 할 수 있다. 이런 우위는 당연히 어떤 기능주의와도 양립할 수 없다(128). …지배이데올로기의 재생산을 위한 투쟁은 언제나 계급투쟁에 종속한 채 끊임없이 재개될 수밖에 없는, 항상 미완성의 투쟁이다(129). …부르주아 국가의 지배와 그 위험 효과에, 그리고 지배 이데올로기의 '자명성'에 종속되어 있으므로, 노동자 계급은 자신의 이데올로기, 곧 프롤레타리아 이데올로기를 실현하는 조직 형태와 행동 형태를 만들어내기 위해 지배 이데올로기에서 해방되어 그것에 대해 경계선을 그을 때에만 비로소 독자성을 쟁취할 수 있다. 이런 단절, 이런 근원적 간격 설정의 특수성은…부르주아지의 지배형태들 내부에서 부르

2009년 가을) 참조.

8_ 루이 알튀세르, 「이데올로기적 국가장치들에 대한 노트」, 서관모 엮음, 『역사적 맑스주의』, 도서출판 새길, 1993.

주아지와 싸울 수밖에 없는 오랜 기간에 걸친 투쟁 속에서만 성취될 수 있다는 데에 있다(145-146). …프롤레타리아 이데올로기가 부르주아 이데올로기의 직접적 대립물, 그 전도, 전복이 아니라, 전혀 다른 '가치들'을 갖는 전혀 다른 이데올로기, 곧 '비판적이고 혁명적'인 이데올로기임을 뜻한다. 그리고 프롤레타리아 이데올로기는, 그 역사의 온갖 영고성쇠에도 불구하고, 이미 노동자 투쟁의 조직들과 실천들 속에서 실현되는 이런 가치들의 담지자이기 때문에, 사회주의로의 이행기의 이데올로기적 국가장치들이 될 어떤 것을, 따라서 또한 공산주의에서 국가의 폐절과 이데올로기적 국가장치들의 폐절이 될 어떤 것을 미리 보여준다.(147)

알튀세르의 반론처럼 "주체의 호명"과 "국가장치"와 관련된 이데올로기론은 계급투쟁의 관점을 전제하지 않는다면 의미를 상실한다. 그러나 알튀세르의 이데올로기론은 부르주아 이데올로기의 '재생산'의 메커니즘을 규명하는 데에는 효과적이지만, 프롤레타리아의 이데올로기의 형성 메커니즘을 규명하는 데에서는 별로 효과적이지 못했다. 그는 다만 양자의 '비대칭성'과 후자가 전자와는 '전혀 다른 가치'임을 강조할 뿐이지, 자신이 말한 바처럼 "미리 보여" 주는 데에는 이르지 못했다. "미리 보여" 주지 못한 이유는 알튀세르 자신이 인정하듯이 다음과 같은 과제가 해결되지 못했기 때문이다.[9]

그[맑스]는 훨씬 멀리 봤다. 그는 혁명 후 건설해야 할 미래 국가의 형태에 대해 생각했다. 파리코뮌 경험이 그에게 그것에 대한 첫 번째 구상을 제공했다. 그것은…국가가 아니라 '공동체'이거나, '더 이상 본래 의미의 국가가 아닌'이어야…했다. 요컨대 그것은 자신의 소멸, 자신의 사멸을 초래할, 완전히 새로운 형태여야 했다. …맑스는(스탈린주의적 존재론이라는 반면교사의 혹독한 가르침을 받은) 맑스

9_ 루이 알튀세르, 「철학의 전화」, 『역사적 맑스주의』.

주의자들에게 특별히 어려운 과업을 물려준 셈이다. 노동자운동에게 국가를 불필요한 어떤 것으로 전환시킬 '코뮌'의 새로운 형태를 발명해야 한다는 과제를 남긴 것과 꼭 마찬가지로, 맑스는 맑스주의 철학자들에게 부르주아 이데올로기적 헤게모니의 종말을 촉진할 철학적 개입의 새로운 형태를 발명해야 한다는 과제, 요컨대 철학의 새로운 실천을 발명해야 한다는 과제를 남겨준 것이다. … 이론적 헤게모니의 행사라는 철학의 기능은 철학의 새로운 실존 형태에 길을 비켜주기 위해 사라질 것이다. 그리고 노동자들의 자유로운 연합이, 맑스에 따르자면, 국가의 역할과는 완전히 다른 역할(폭력이나 억압과 같은 것이 아닌 역할)을 수행하기 위해 국가를 대체해야 하듯이, 이 자유로운 연합의 미래에 결부되어 있는 철학적 실존의 형태들은, 사회적 실천과 인간 관념들의 해방과 자유로운 작동을 증진시키기 위해, 지배 이데올로기의 구성과 이 구성에 수반하는 모든 절충과 이용을 자신의 본질적 기능으로 삼기를 그치게 될 것이다. 국가와 관련한 전망에서 그런 것과 마찬가지로, 맑스주의 철학에 부여된 과제는 먼 미래를 위한 것이 아니다. 그것은 현재를 위한 과업이며, 맑스주의자들은 그것을 준비해야 한다.(95-97)

코뮌의 새로운 형태의 발명, "폭력이나 억압이 아닌" 다른 역할을 할 수 있는 노동자들의 자유로운 연합의 새로운 형태의 발명이라는 과제, 이 과제에 결부되어 있는 철학적 실존형태들의 발명이라는 과제는 아직도 미완의 과제로 남아있다. 알튀세르는 이 과제가 현재를 위한 과업이기에 당장 준비해야 한다고 강조했지만, 그가 실제로 제시했던 것은, 기존 통치양식의 폐절을 위해 투쟁하는 프롤레타리아 이데올로기가 개인들을 '투사-주체'로 호명하며, 전혀 다른 가치를 지닌 프롤레타리아 이데올로기와 결부된 프롤레타리아 독재(프롤레타리아 통치양식)는 오직 '투사-주체'들의 투쟁 과정 속에서만 형성될 수 있다는 것이었다.[10] 그러나 기존 가치와의 '투쟁'만으로

10_ 루이 알튀세르, 「이데올로기적 국가장치들에 대한 노트」, 141.

코뮌의 새로운 형태, 철학적 실존의 새로운 형태라는 새로운 가치가 발명-창조될 수 있는 것은 아니다. "환경을 변화시키기 위해서는 인간 자신이 변화되어야 하며, 교육자 자신도 교육받아야 한다"는 포이에르바하 테제3은 권력의 테크놀로지의 변화를 위해서는 자기의 테크놀로지의 변화가 동시에 이루어져야 함을 강조한 것이다. 알튀세르가 이루어내지 못했던 것은 그의 용어로 말하자면 새로운 코뮌 형태, 즉 비폭력적/비억압적인 권력의 테크놀로지와 그것에 결부된 새로운 철학적 실존형태, '자기의 테크놀로지의 혁명적 변화'였다. 이런 점에서 알튀세르는 분명히 부르주아적인 통치양식을 폐절할 새로운 통치양식으로의 이행을 고민했지만, 맑스가 그랬던 바와 같이 이를 미완의 과제로 남기고 말았다. 그 이유는 무엇보다도 그가 '철학적 실존형태'라고 불렀던 자기의 테크놀로지의 변혁을 단지 '투사'의 형태로만 사고했던 것과 관련이 있다. 그런데 자기의 테크놀로지의 변화라는 과제는 인간 존재를 단지 싸우기만 하는 존재가 아니라, 투쟁함과 동시에 "생활하고, 사고하고, 행동하는 존재"(푸코)이자, "대상과의 관계 속에서 감성적으로 활동하는 존재"(맑스)로 바라볼 때라야 온전히 파악될 수 있다.

알튀세르가 권력의 테크놀로지를 비판하는 데 주력했다면, 라캉과 들뢰즈는 자기의 테크놀로지를 중심으로 사고했다고 할 수 있다. 그런데 라캉의 경우가 권력의 테크놀로지(1)와 자기의 테크놀로지(2)의 관계를 탐구하면서 (1)의 우세적 지평(상징계의 우위) 내에서 (2)의 문제를 '인식론적(해석학적)'으로 해결하는 데에 치중했다면, 들뢰즈는 (1)을 비판하고, (2)의 창조성을 최대화하려는 데에 몰두했지만, 통치양식(3)의 변화라는 문제의식의 부재로 역사를 (1)과 (2) 간의 영구적인 반복(진자운동)으로 추상화했다고 할 수 있다. 물론 이런 한계를 가진다고 해서 이들의 작업이 (3)의 과제 해결에 도움이 되지 않는다는 것은 아니다. 오히려 이들의 작업은 권력의 테크놀로지와 자기의 테크놀로지가 얽혀서 만들어내는 복잡한 지형 내에서 적절한 위치를 부여 받을 경우, (3)의 과제 해결에 생산적인 계기를 제공할 수 있다.

다시 말해서 양자 간의 대립이 통치양식의 역사적 형태 변화를 이루는 다양한 계기들의 일면을 환원주의적으로 강조하는 데서 발생한다면, '환원주의적 시각'을 버리고 통치양식의 역사적 형태 변화의 복잡성을 분석하게 되면, 양자는 통치양식의 상이한 국면에서 분석적 적합성을 가질 수 있다는 것이다.

보르메오 고리처럼 얽혀 있는 라캉의 실재계-상상계-상징계는 매우 복잡해 보이지만, 거시적으로 보자면, 프로이트의 이드-자아-초자아를 '언어적 전화'를 통해 논리형식주의적으로 일반화한 것일 뿐이다.11 이런 일반화를 다른 철학적 범주들과 비교하여 재구성해 보자면, 퍼스의 1차성-2차성-3차성, 들뢰즈의 전개체적인 것(감성적 이념)-개체화(감지)-개체간의 관계(지성)에, 스피노자의 실체(자연 그 자체)-1종 인식-2종 인식에, 칸트의 물자체-감성적 인식-지성적 인식의 구분과도 일정하게 상응한다고 할 수 있다. 물론 이런 비교 자체는 이들 간의 수많은 차이를 의도적으로 사상한 것인데,

---

11_ 알튀세르, 「프로이트 박사의 발견(1983)」, 윤소영 엮음, 『알튀세르와 라캉』, 도서출판 공감, 1996. 알튀세르에 따르면 프로이트가—다만 치료과정에서 수집된 분석 자료에 대한 묘사와 그 경험 결과들을 사고하고자 한 감동적 시도를 남겨주었지만, 결코 완성하지는 못한—"무의식의 어떤 과학적 이론을 구성"하고자 시도했다면, 라캉은 과학적 이론 대신에 단지 "정신분석학의 어떤 철학"(칸트나 엥겔스가 경고했던 바와 같이 존재할 권리가 없는 '대상 없는 과학', '대상 없는 철학')을 제시하여 사람들을 놀라게 했을 뿐이며, 프로이트가 스스로를 자연과학자라고 부른 것이 100% 정당한 데 비해, 라캉은 논리형식주의자라고 비판한다(47-55쪽 참조). 알튀세르는 같은 책에 수록된 「마르크스와 프로이트에 대하여(1977)」라는 글에서, 프로이트는 "심리학에서의 의식의 우선성에 대해 이견을 제기함으로써 '정신적 장치'를 하나의 전체로서 사고하게 되었는데, 그 속에서 자아 또는 '의식'은 단지 하나의 심급, 부분 또는 효과일 뿐"(15-16)이라고 본다는 점에서 모든 종류의 관념론과 유심론에 반대하는—라캉은 헤겔-하이데거적인 유심론자이다—유물론자라고 주장한다. 또한 "마르크스와 프로이트는 유물론을 통해서 서로 접근하게 되는데, 프로이트가 마르크스의 그것들에 매우 접근해 있으면서도 또한 그것들보다 훨씬 더 풍부한 변증법의 형상들(전위, 응축, 과잉결정 등의 범주들)을 연구했다"(16)며 프로이트를 높이 평가한다. 그리고 그는 프로이트가 자신의 발견이 과학이론이 되기 위한 객관적 조건들을 구비하지 못한 자신의 시대의 한계를 잘 알고 있어서 겸손하게 행동했지만, 이 조건들이 갖추어질 경우 언젠가는 진정한 과학으로 전환될 것으로 정당하게 기대했다고 보는데, 실제로 2000년대에 들어서 신경/뇌과학의 발전에 힘입어 이런 전환이 나타나기 시작하고 있다.

이는 주체문제(자기의 테크놀로지)를 온전히 사고하기 위해 필요한 일반적 틀을 도출하기 위한 것이다. 이런 일반적 틀은 철학사적 비교 분석을 요하는 방대한 작업을 거쳐야 정교하게 제시될 수 있겠지만, 단순화하자면, 주체란 자연사와 사회사의 상호작용으로부터 출현하는 '사이-존재'라는 것이다. 각각의 이론들은 이 '사이'의 상호작용의 성격과 그 속에서 주체의 위치와 역할의 어떤 측면을 어떻게, 무슨 목적으로 강조하는가에 따라 상이하게 편성되고 상호대립하게 된다고 볼 수 있다. 20세기 후반의 이론들 중에서 이 강조점의 차이에 따라 가장 첨예하게 대립하는 쌍이 라캉과 들뢰즈 간의 대립이다.

우선 라캉은 상상계에 대해 상징계의 우위를 주장한다(개인적인 주체의 사회문화적 구성의 우위, 즉 상징적 구조에 대한 강조점). 그러나 들뢰즈는 프로이트-라캉의 정신분석이 우리를 부르주아적인 외디푸스 삼각형의 상징계 속에 코드화/영토화하는 것을 '숙명'으로 이론화하는 보수적 이론이라고 비판하면서, 이를 넘어서기 위한 탈코드화/탈영토화의 중요성을 강조하며, 상징계에 저항하는 실재계의 우위, 즉 자연사적인 것의 우위를 주장한다(무의식적 욕망의 실재적 힘에 대한 강조점). 그런데 이 상반된 주장의 공통점은 자연사-주체-사회사 간의 역동적 관계 속에서 양자 모두가 '행위 주체'를 폄하한다는 점이다.

1) 라캉이 상상계에 대한 상징계의 우위를 주장하는 것은 심리학에 대한 정신분석의 우위를, 심리학이 가장 소중히 여기는 '주체의 합일'에 대한 거부와 동시에 주체가 돌이킬 수 없게 분리되거나 '가로막혀' 있다는 것을 보이기 위함이다. 라캉은 '외존(ex-sistence)'이라는 신조어를 만들어내는데, 우리 존재의 핵심부도 근본적으로는 대타자이며, 외부적인 것이고 낯선 것이라는 생각을 표현하기 위해서이다. 주체는 탈중심적이고, 그의 중심은 그자신의 외부에 있으며, 외심적이다.[12]

12_ 딜런 에반스, 『라깡 정신분석 사전』, 김종주 옮김, 인간사랑, 1998, 222.

2) 들뢰즈 역시 주체가 탈중심화되어 있고, 낯선 것이라고 보고 있으며, 자아 심리학을 거부한다. 그러나 라캉에게 탈중심화된 주체가 그 자신의 외부에 있다고 할 때의 그 외부는 상징계이지만, 들뢰즈가 말하는 탈중심화된 주체가 탈영토화하는 차원은 상징계가 아니라 실재계이다. 들뢰즈는 실재적인 것을 베르그송을 따라 현행적인(actual) 것과 잠재적인(virtual) 것으로 구분하는데, 탈영토화가 발생하는 차원은 현행적 실재가 아니라 잠재적 실재 차원이며, 들뢰즈의 입장에서 보자면 상징계는 끊임없이 코드화가 이루어지는 현행적 실재의 차원일 따름이다.

라캉과 들뢰즈 모두는 상상계를 저평가하고, 고전적 의미에서의 중심화된 의식적 주체 개념을 거부하지만, 전자가 상상계에 대한 상징계의 우위와 실재계의 저항을 주장한다면, 후자는 탈영토화/탈코드화의 가능성을 상징계에 대한 실재계의 우위에서 찾고 있다. 전자가 개인에 대한 사회의 우위를 주장한다면, 후자는 사회를 거부하고 자연 쪽으로 탈주할 기회를 찾는 것과 유사하다. 이 양자 간 대립에서 어느 쪽에 손을 들어줘야 하는가? 라캉과 들뢰즈 사후에도 이 대립은 지젝과 바디우-랑시에르 간의 대립으로 반복되고 있다. 그런데 이 중 하나의 손을 들어주기에는 두 입장 모두가 부분적으로만 옳다. 만일 개인적 상상계에 대한 사회적 상징계의 우위가 영구하고, 본질적이라면, 주어진 사회 시스템의 상징계가 억압적이고 착취적일 경우 이에 대한 저항과 변혁의 가능성은 원천봉쇄가 될 것이다. 그러나 개인들은 탈영토화/탈코드화한다고 해도, 사회적으로 생존하기 위해서는 일정하게 재코드화/재영토화가 불가피하다. 이는 곧 일정한 형태로 새로운 상징계를 구성해야 한다는 것을 뜻한다. 이런 맥락에서 보자면 사회 시스템에 문제가 있을 경우 라캉은 들뢰즈의 주장을 허용해야 하며, 반대로 사회 시스템을 새롭게 구성하고자 할 경우 들뢰즈는 형식적으로라도 라캉의 주장을 용인하지 않으면 안 된다는 것을 뜻한다. 이런 분석을 통해서 우리는 다음과 같은 도식을 얻을 수 있고 이 도식 속에 기존 담론들의 위치를 배분해볼 수 있게 된다.

상상계 \ 상징계	지배적 상징계 (체계의 안정 국면)	지배적 상징계로부터의 탈주 (체계의 해체국면)	상징계의 해방적 재구성 (새로운 체계구성 국면)
수동적 상상계	(a)		(d)
능동적 상상계	(b)	(c)	(e)

a) 지배적 상징계 내에서 상상계의 수동적 위치를 강조하는 담론: 라캉의 주인 담론/대학 담론

b) 지배적 상징계에 저항하지만 결코 벗어나지는 않(으려)는 담론: 라캉의 히스테리 담론/분석가의 담론

c) 지배적 상징계로부터 탈주하지만 상징계의 해방적 재구성에는 이르지 못하는 담론: 들뢰즈의 노마디즘

d) 상징계의 해방적 재구성을 외치면서 개별 주체의 능동성은 배제하는 담론: 스탈린주의

e) 개별 주체의 능동성과 상징계의 해방적 재구성을 동시에 이루려는 담론: 맑스-벤야민의 담론

푸코가 구상했던 통치양식의 문제틀에 입각하면, 이들의 이론은 상이한 통치양식의 국면에 일정하게 부합한다. 체계가 안정된 국면에 처해있을 경우에는 라캉의 정신분석이 부분적 적합성을 갖는 반면, 체계가 해체 국면에 처할 경우 들뢰즈의 노마디즘이 부분적 적합성을 갖는다. 하지만 체계가 새로운 이행 국면으로 변화할 경우 이 두 가지 담론을 넘어서는 (d)와 (e)의 계기들이 출현한다. 러시아혁명 이후 (e)의 계기가 잠시 번쩍이다가 (d)가 지배하게 된 것(스탈린주의)은 상징계의 해방적 재구성이 그렇게 어렵다는 것을 여실히 보여준다. 또한 일시적으로 (e)의 계기가 전면화된다고 해도 인간 존재의 불완전성으로 인해 해방적 상징계의 창조가 쉽게 안정화되기 어렵기 때문에, (a)와 (b)의 계기로 후퇴하기 쉽다. 하지만 그렇다고 해서

(e)의 실현이 '선험적'으로 불가능하다고 보게 되면 모든 논의는 무의미해질 것이다. 이런 가능성을 열어놓지 않을 경우 비판적 분석(라캉)과 창조적 생성(들뢰즈)은 이율배반적이 된다. 칸트-맑스적 시각에서 유명론적 라캉과 실재론적 들뢰즈, 관념론적 라캉과 유물론적 들뢰즈, 합리론적 라캉과 경험론적 들뢰즈 간의 "변증법적 절합"이 필요한 이유가 여기에 있다. 그런데 유명론과 실재론, 합리론과 경험론의 변증법적 절합은 허공에서 이루어지는 것이 아니라 개별 주체에 의해 이루어지지 않으면 안 되지만, 들뢰즈가 변증법 자체를 거부한다면,[13] 라캉은 이런 변증법을 수행할 "자율적 주체"라는 개념을 거부한다.

자아 심리학에 의하면 자아는 원초적 욕동과 현실의 명령 사이에 조화로운 균형을 이룸으로써 자율적이 된다. 그러므로 자율적 자아는 '강한 자아', '잘 적응된 자아', '건강한 자아'와 동의어이다. 그러나 라캉은 자아 심리학이 만들어 낸 이런 '자율적 자아'라는 개념을 거부한다. 자아는 자유로운 것이 아니라 상징계에 의해 결정된다고 주장한다. 자율성을 즐기는 것은 상징계이지 자아가 아니라는 것이다.(라캉 사전, 330)

'적응'이란 개념은 생물학적 개념으로, 유기체가 환경에 맞춰서 스스로 적응해가도록 되어 있다는 생각이다. 적응은 내적 세계와 주위 세계 사이에 형성되는 조화로운 관계를 의미한다. 그러나 라캉에 의하면 현실이란 자아가 적응해야만 하는 단순하고 객관적인 것이 아니라, 자아가 꾸며낸 허구의 잘못된 표상과 투사의 산물 그 자체이다. 정신분석가의 임무는 오히려 적응이 가지고 있는 착각적인 의미를 전복시키는 것인데, 그 까닭은 그것이 무의식에 대한 접근을 막기 때문이다. 적응이라는 개념 속에 내포된 유기체와 환경 사이의 조화라는 생각이 인간에게 적용될 수 없는 까닭은 인간이 상징계에 기입됨으로써 '탈자연화'되기 때문이

13_ 들뢰즈와 변증법의 관계에 대해서는 졸고, 「제3세대 인지과학과 마음의 정치학」(『문화/과학』 64호, 2010년 겨울)을 참조할 것.

다. 인간에게는 어떤 '생물학적 틈새'가 존재하며, 인간이란 본질적으로 부적응적인 존재이다. 따라서 자연과의 조화를 찾으려는 어떤 시도도 죽음의 욕동 안에 집적된 본질적으로 과도한 욕망을 간과하게 된다.(라깡 사전, 335-336)

라깡의 저작에서 드러나는 일관된 주제는 인간 존재와 다른 동물, 또는 그가 표현하듯이 '인간사회'와 '동물사회'의 차이이다. 이러한 차이의 기초는 언어이다. 인간은 언어를 가지고 있는 반면에 동물은 단지 약호만을 가지고 있을 뿐이다. 동물의 심리가 전적으로 상상계에 의해서 지배되는 반면, 인간의 심리는 상징계라는 부가적 차원에 의해서 뒤얽혀 있다는 것이다. 그는 다른 인류학자들과 마찬가지로 문화를 자연과 차별화하는 법적 구조의 핵심으로서 근친상간의 금지를 지적한다. 또한 동물의 본능이 비교적 불변인 데 반해 인간의 성은 극도로 가변적이고 생물학적 기능을 목표로 삼지 않는 욕동에 의해 지배된다.(라깡 사전, 327-328)

그러나 자아 심리학에서 말하는 환경에 대한 적응과 균형의 개념에 기반한 '자율적 자아'의 개념을 거부한다고 해도, '주체의 자율성' 자체가 원천적으로 배제된다면, 환경과 타자에 대한 예속의 거부와 저항, 자유로운 주체의 삶을 공동으로 증진할 수 있는 새로운 환경(정치사회)의 창조도 원천적으로 배제될 것이다. 이런 점에서 라깡은 보수적이다. 하지만 "자유로운 생산자들(개인들)의 연합"(맑스)이 가능하기 위해서는 먼저 연합할 개인들 스스로가 자유롭거나 혹은 적어도 연합의 과정을 통해서 자유로워져야 한다. 그렇지만 이 길을 찾는 일이 쉽지 않은 것은 주체적 자유가 쉽게 통제할 수 없는 욕망의 문제와 복잡하게 얽혀 있기 때문이다. 라깡은 이런 문제의식을 "칸트와 함께 사드를"이라는 테제로 요약한 바가 있다. 그러나 이 테제는 (a), (b), (c)의 계기의 위상과 한계를 선명하게 하는 데에는 기여할 수 있지만, (e)의 문제의식은 함축하지 못한다. (e)의 문제의식을 발전시키기 위해서는 라깡과 들뢰즈 간의 진자운동을 넘어서 칸트-벤야민적 주체와 맑스의 '코민국가의 문제틀을 겹쳐 봐야 하고, 이를 통치양식의 역사적 계보 속에서 재분석하는 작업이 필요하다. 그렇다면 통치양식의 역사적 계보를 어떻게 구성할 수 있을까?

조반니 아리기는 맑스의 자본주의 생산의 일반 정식 MCM'을 이용하여 근대 자본주의 세계체계의 역사를 통치양식(영토국가)과 축적양식(자본) 간의 변증법적 상호작용의 과정으로 파악한 바 있다.

> 여기서 제시된 구도에서, 자본주의와 근대 국가간 체계 사이에 존재하는 긴밀한 역사적 연계성은 통일성의 연계성인 동시에 모순의 연계성이다. …국가 간·기업 간 경쟁의 형태는 달라질 수 있으며, 그 형태는 근대세계체계—통치양식이자 축적양식으로서—의 작동 방식 또는 작동하지 않는 방식에 중요한 결과를 낳는다. …"끝없는" 자본축적과 상대적으로 안정적인 정치공간의 조직화 사이의 반복되는 모순을 해결하기 위해 연이은 세계헤게모니들이 근대세계체계를 형성하고 재형성하는 데서 어떤 역할을 해왔는지 온전하게 평가할 수 있을 것이다. 이렇게 이해해 볼 때 핵심적인 것은 대립적 통치양식 또는 대립적 권력 논리로서 "자본주의"와 "영토주의"라는 규정이다. 영토주의적 통치자는 권력을 세력 판도의 범위 및 인구 수와 동일시 하며, 부/자본을 영토적 팽창 추구의 수단 또는 부산물로 인식한다. 이에 비해 자본주의 통치자는 권력을 희소자원에 대한 통제 범위와 동일시하며, 영토 획득을 자본축적의 수단이자 부산물로 간주한다. 마르크스의 자본주의 생산 일반 정식(MCM')을 활용하여, 우리는 두 가지 권력 정식 사이의 차이를 각각 TMT'와 MTM'이라는 정식으로 표시할 수 있을 것이다. 첫번째 정식에 따르면, 추상적 경제 지령 또는 화폐(M)는 추가적 영토 획득(T - T=+⧍ T)을 목표로 하는 과정에서 수단 또는 중간 고리이다. 두번째 정식에 따르면, 영토(T)는 추가적 지불수단 획득(M' - M=+⧍M)을 목표로 하는 과정에서 수단 또는 중간 고리이다.[14]

14_ 조반니 아리기, 『장기 20세기』, 백승욱 옮김, 도서출판 그린비, 2008, 81-83.

여기서 아리기가 말하는 통치양식은 지배와 지적-도덕적 지도력을 동시에 의미하는 그람시의 헤게모니 개념에 의거한 것으로, "우세는 강제에 의존하는 것으로 인식될 것인 반면, 헤게모니는 갈등이 일어나는 모든 쟁점들을 '보편적' 지평에서 제기할 수 있는 역량이 있기 때문에 얻게 되는 부가적 권력으로 이해될 것이다"(75). 이런 관점에서 아리기는 국가 간 관계에서 세계헤게모니를 다음과 같이 정의한다. "한 국가는 자신이 피지배자들에 대한 통치자들의 집합적 권력을 일반적으로 확장하는 동력이라고 신뢰감 있게 주장할 수 있기 때문에 세계헤게모니적이 될 수 있을 것이다. 또는 반대로, 한 국가는 일부 국가들 또는 심지어 모든 다른 국가들에 대해 그 국가권력을 확장하는 것이 모든 국가의 피지배자들의 일반 이익이 된다고 신뢰감 있게 주장할 수 있기 때문에 세계헤게모니적이 될 수 있다"(77).

이런 관점에서 맑스가 <생산력과 생산관계의 모순적 통일>이라고 정식화한 생산양식 개념을 <축적양식과 통치양식의 모순적 통일>이라고 재정의할 수 있을 것이다. 낡은 축적양식의 해체는 낡은 통치양식의 해체와 맞물려서 새로운 축적양식과 통치양식의 생성을 촉진하게 되는데, 이 과정을 자본주의 세계체계의 역사적 발전 과정에서 세계헤게모니의 순환적 교체라는 아리기의 역사적 설명틀 내에 위치시켜 보면 다음과 같은 그림이 만들어질 수 있다. '해방적 통치양식'의 필요성에 대한 요청이 증대하는 것은 낡은 축적양식이 해체되고 새로운 축적양식으로의 이행이 진행되는 과정과 상응하는 반면, 지배적 통치양식에 대한 거부가 증대하는 것은 새로운 축적양식이 정점에 달한 이후 내부 모순으로 인해 해체되어 가는 과정과 상응한다고 보자는 것이다. 15세기 이후 자본주의 세계체계는 네 차례 세계헤게모니가 교체되면서 실물적 팽창(M-C)과 금융적 팽창(C-M)을 반복해왔는데, 지배적 통치양식의 퇴락과 이에 대한 저항은 주로 금융적 팽창기에, 해방적 통치양식에 대한 탐색은 금융 팽창기가 해체되면서 새로운 실물적 팽창으로 이행해 가는 과정에서 나타난 혁명적 과정에 해당되며, 이후 새로운 세계헤게모니로의 이행이 완료되고 실물적 팽창이 새롭게 가속화하는 시기가 되면 서서히 소멸하는 방식으로, 자본주의 세계체계의 축적양식의 순환 운동과 통치양식의 순환 운동이 서로 맞물려 진행되어왔다고 볼 수 있다. 이런 흐름을 다이어그램으로 그려보면 다음과 같다.

<자본주의 세계체계의 축적양식과 통치양식의 순환 주기>

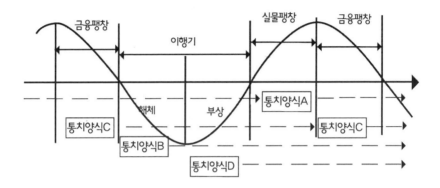

이런 그림은 자본주의 세계체계의 역사적 변동에 따른 통치양식의 역사적 변동의 계보를 파악하기 쉽게 해준다. 프랑스 혁명 당시 로베스피에르 정부는 네덜란드 헤게모니의 해체에 따른 새로운 이행 국면에서 등장한 통치양식(D-1)에 해당하며, 1871년의 파리코뮌은 영국 헤게모니의 정점 국면에서 통치양식(A)에 저항하며 두 달간 진행되었던 새로운 형태의 통치양식(D-2), 그리고 러시아혁명 당시 레닌이 주도했던 소비에트 정부는 영국 헤게모니의 해체에 따른 새로운 이행 국면에서 등장한 통치양식(D-3)에 해당한다고 할 수 있다. 이때 (D-1)이 위로부터의 혁명적 통치양식이라면, (D-2)는 아래로부터의 혁명적 통치양식인 데 반해, (D-3)는 (D-1)과 (D-2)의 종합을 시도한 것이라고 요약해볼 수 있을 것이다. 그러나 이 세 가지 시도들은 모두 실패했다. 이들의 성공과 실패의 역사적 계보를 자세히 규명하는 일은 다음 과제로 미루고, 여기서는 러시아혁명의 실패 요인을 레닌의 사례를(그에 대한 지젝의 오독을 함께) 분석해 봄으로써, 21세기의 이행기에 등장할 새로운 통치양식(D-4)의 필요조건들이 무엇인가를 개괄해 보고자 한다.

4. 레닌과 포이에르바하 테제에 대한 지젝의 오독과 왜곡

러시아혁명 과정에 대한 역사적 분석을 위해서는 별도의 글이 필요하지만, 여기서는 레닌의 문제의식을 중심으로 <해방적 통치양식>과 관련된 주요 쟁점들을 선별하여 일종의 "사고 실험"을 해보고자 한다. 러시아혁명 과정에서의 가장 중요한 쟁점은 세 가지 차원에서 혁명적 과정의 '비동시적' 진행과 시차적 상호작용이다. (1) 위로부터의 혁명, (2) 아래로부터의 혁명, (3) 그리고 위-아래의 교차 지점인 중간 수준에서 크고 작은 다양한 제도적 혁명(관료주의 철폐와 제도의 해방적 재구성 등)이 그것이다.

러시아혁명 과정에서 (1)을 주도했던 볼셰비키와 (2)를 주도했던 평의회/소비에트 운동은 극히 예외적인 사례를 제외하고는 끊임없이 대립해왔고, 오늘날에도 이런 대립은 트로츠키주의와 자율주의 간의 대립으로, 지젝과 랑시에르-바디우 간의 대립으로 반복되고 있다. 그러나 1917년 러시아혁명은 볼셰비키(1)가 10월 봉기로 권력을 장악하기 이전, 이미 1917년 2월부터 광범위한 지역에서 소비에트(2)의 약진이 없었다면, 또한 레닌이 <4월 테제>("모든 권력을 소비에트로!")를 통해 (1)과 (2)의 적극적 결합을 추진하여 10월 혁명 직전에는 대다수 소비에트에서 볼셰비키가 다수파가 되는 변화 과정을 만들어내지 않았다면 결코 성공할 수 없었을 것이다. 그러나 이 두 과정의 유기적 결합을 통해 권력 장악에 성공한 이후, 레닌은 (3)의 중요성을 서서히 실감해 나가다가, 사망 1년 전부터 (3)의 심각성을 느끼고 트로츠키와 협력하여 스탈린과 당의 관료주의화를 해체하고자 시도했지만 결국 실패했다. 그 결과 수년에 걸친 스탈린-트로츠키 간의 투쟁을 거쳐 스탈린 일인 독재체제가 구축되면서, 맑스-레닌적인 의미에서의 세계혁명 과정은 사실상 중단된다.

총체적 혁명은 생산양식 전체, 즉 축적양식만이 아닌 통치양식(권력의 테크놀로지와 자기의 테크놀로지)까지도 전면적 변화를 요구하는 것이기에 단기적으로 권력 장악에 성공했다고 해서 장기적으로도 사회 전체의 변화에 성공하리라는 보장은 없다. 아무리 혁명정부가 들어서서 위로부터의 혁명을 강제하더라도, 뿌리 깊은 낡은 생활습관과 제도의 끈질긴 관성이 새로운 생활양식과 제도의 창조를 끊임없이 교란하게 마련이고, 이 과정 속에서 혁명 주체들은 갈등과 폭력, 권력투쟁의 예기치 못한 함정들을 돌파할 수 있을 만큼 자기창조를 거듭해야 하고, 대다수의 대중들 역시 새로운 주체들로 거듭나야 한다. 대략 5-10년의 과정만이라도 짧게 스케치 해보면, 이 과정이 얼마나 어렵고, 또, 이를 위해서는 얼마나 많은 '준비'가—알튀세르의 주장처럼—필요한지를 생각해야 한다. 그러나 우리의 경우는 물론 세계적으로도, 이런 과정과 준비에 대한 본격적 논의는 여전히 충분히 이루어지지 않고 있다. 오히려 혁명의 시기와 가능성 여부, 폭력의 필요성 여부에 대한 논란만이 무성할 따름이다. 하지만 역사적으로도 그랬고, 사고 실험을 통해서도 예측할 수 있듯이, 체계의 카오스가 커지게 되면 새로운 체계로의 이행은 불가피해지고, 이 과정은 혁명-반혁명, 혁명 후의 퇴보와 재전진으로 얼룩지게 마련이다. 이 복잡다단하고 지그재그적인 과정은 호불호의 문제도 논리적인 문제도 아니다. 체계의 카오스가 증대되면서 발생하는, 물리적으로 복잡한 상호작용을 포함하는 현실적이고 객관적인 과정이다. 세계 체계의 장기주기의 흐름에 비추어볼 때, 세계사적 이행과정은 이미 시작되었기 때문에, 과거의 실패를 반복하지 않도록, 다각적인 준비가 시급하다.

　지젝은 1914년의 레닌을 따라, "공부, 또 공부하라"고 말한다. 당장 목전에 닥친 작은 문제들을 해결하기 위한 실천보다는 보다 근본적인 변혁을 위한 이론적 천착이 필요한 것은 물론이다. 그러나 그 공부가 어떤 공부인가가 문제이다. 5년 이상 지속된 혁명적 과정 속에서 많은 어려움을 절감했던 레닌은 1923년 3월 2일 당대회에 보내는 편지에서 다음과 같이 호소한 바 있다.[15]

15_ 레닌 외, 『레닌의 반스딸린 투쟁』, 김진태 옮김, 신평론, 1989. "12차 당대회에 보내는 편지"는 1923년 4월 개최 예정이었던 당대회에 공개적으로 보내는 편지로 작성된 것인데, 3월 10일 레닌이 뇌일혈로 쓰러진 후, 부인 크룹스카야는 이 문서를 비밀 보관했

이러한 국가기구를 구축하기 위한 요소들 가운에 우리가 가지고 있는 것은 무엇입니까? 오직 두 가지 요소를 갖고 있을 뿐입니다. 첫째는, 사회주의를 쟁취하기 위한 투쟁에 전력투구하고 있는 노동자들입니다. 그러나 이들은 충분히 교육받지 못했습니다. 그들은 더 나은 기구를 만들고 싶어 하지만, 어떻게 해야 할 지 모르고 있습니다. 따라서 그들은 그런 기구를 하나도 만들 수 없습니다. 그들은 이 일에 요구되는 문화를 아직 충분히 계발하지 못했습니다. 그런데 필요한 것은 문화입니다. ⋯둘째로, 우리는 지식과 교육 및 훈련이라는 요소를 갖고 있습니다. 그러나 이 요소는 다른 나라와 비교해 볼 때 턱없이 불충분합니다(116). ⋯다음 번의 군사적 대결까지 우리가 확실히 살아남기 위해서는, 이 절대 다수의 인민대중이 문명화되어야만 합니다. 우리는 비록 즉시 사회주의로 이행하는 데 필요한 정치적 전제조건을 갖추고 있기는 하지만, 그렇게 할 수 있을 만큼 충분히 문명화되어 있지는 못합니다"(129). ⋯이의 실현을 위해서는 당의 가장 권위 있는 기구를 "평범한" 인민위원회와 융합시키는 것을 제안하고 있는 것입니다.(131)

지젝은 레닌이 모두가 난감해 하고 있던 1914년의 절박한 상황에서 헤겔 논리학을 열심히 공부해서 1917년 위기가 심화되었을 때, 사회민주주의를 넘어서는 혁명의 필요성과 긴박성을 설파할 수 있게 되었다고 말하지만, 혁명 후 실제적으로 새로운 체제를 건설하기 위해 필요한 일들을 충분히 준비하지는 못했다는(결과적으로 이 준비를 위한 공부도 부족했다는) 사실을 레닌의 호소를 통해서 확인할 수 있다. 레닌 자신도 (1)과 (2)만으로는 혁명을 완수할 수 없으며, 정치적 혁명 이후에는 무엇보다도 (2)와 (3)의 과제를 결합하는 일이 절실함을 강조했다. 지젝은 "역사가 종국에는 형제적인 정의를 위해 싸우는 편에 있게 될 것"이라는, 현재는 휴면상태에 있으면서도

___

고, 이는 이후 '유언장'으로 알려졌다. 이 편지는 1924년 1월 레닌 서거 직후 제13차 당대회 직전에 대회 대표들에게 아무도 필기를 하지 않는다는 조건으로 낭독되었고, 이 중 일부가 미국의 급진주의자인 맥스 이스트먼에 의해 1926년 10월 18일 뉴욕타임스에 발표되었으며, 1956년 스탈린 사후 소련 당국에 의해 레닌의 서한 전문이 출간되었다(39–40).

여전히 출몰하는 희망에 새로운 생명을 주기 위해, 레닌을 '반복하자'고 제안한다. 그런데 그에 의하면 레닌을 반복하는 것은 레닌으로 돌아가서 그가 "했던 것을 반복"하는 것이 아니라, 그가 "실패한 것, 그가 잃어버린 기회를 반복"하는 것이다.16 그렇다면 그가 실패한 것, 그가 잃어버린 기회란 어떤 것일까? 이는 앞의 편지에서 명백히 확인할 수 있듯이 (2)와 (3)의 과제의 성공적 결합이 아니고 무엇일까? (3)의 과제의 중요성에 대한 레닌의 자각과 이 과제 해결의 실천방안 제시는 사망 1년 전부터 레닌이 중앙위원회에 보낸, 그러나 레닌의 뇌일혈로 인해 보내지지 못했던, 여러 편지들에서도 확인할 수 있다. 몇 가지만 예를 들어보면 다음과 같다.

저는 이번 대회에서 우리의 정치 체제에 상당한 변화가 이루어지기를 강력히 촉구하는 바입니다. …최우선적으로 저는 중앙위원회 수를 수십 명 내지 심지어 백여 명에 이르도록 증원시켜야 한다고 생각합니다. …새로 들어오게 되는 노동자들은(여기서 노동자라는 표현은 언제나 농민을 포함하는 것입니다) 소비에트의 기구들에서 오랫동안 종사해 왔던 사람들 이외에서 충원되는 것이 바람직합니다. 왜냐하면 소비에트 기관들에서 오래 동안 일해 온 그런 노동자들은 우리가 싸워서 극복하고자 하는 바로 그런 전통과 편견에 이미 물들어 있기 때문입니다. 노동계급 출신의 중앙위원회 위원들은 주로, 지난 5년간 승격되어 소비에트 기구 내에서 활동하는 자들보다 더 낮은 지위에 속한 노동자들이지 않으면 안됩니다. 그들은 보통의 일반적인 노동자와 농민들에 더 가까운, 그러나 직접적으로건 간

16_ 슬라보예 지젝(2002), 『혁명이 다가온다: 레닌에 대한 13가지 연구』, 이서원 옮김, 도서출판 길, 2006. "레닌 반복하기는 우리 주변에 여전히 출몰하는 이 희망에 새로운 생명을 주는 것을 의미한다. 결과적으로 레닌을 반복하는 것은 레닌으로 돌아가는 것을 의미하는 게 아니다. 레닌을 반복한다는 것은 '레닌이 죽었다는 것', 그러니까 그의 특별한 해법이 실패했다는, 그것도 엄청나게 실패했다는 것과, 하지만 그 안에 여전히 구제해낼 만한 유토피아적 불꽃이 남아 있다는 것을 받아들이는 것이다. 레닌을 반복하는 것은, 사람들이 실제로 레닌이 한 것과 그가 열어낸 가능성의 장, 즉 그가 실제로 행한 것과 레닌 안에 레닌 자신보다 더 많이 있었던 다른 차원을 구별해야 한다는 의미이다. 레닌을 반복하는 것은 레닌이 했던 것을 반복하자는 것이 아니라 그가 실패한 것, 그가 잃어버린 기회를 반복하는 것이다"(272-273).

접적으로건 착취자의 범주에 속하지 않은 그런 사람들이어야 합니다(41-47). 스탈린은 너무도 무례합니다. 그리고 이 결점은 우리들 공산주의자들 속에서 사업을 할 때나 우리들 사이에서는 용납될 수 있을지라도, 서기장직을 맡는 데에서는 용납될 수 없습니다. 바로 그러한 이유로, 저는 동지들이 스탈린을 그 직위에서 해임하는 방법을 생각해 볼 것을 제안하는 바입니다. 다른 모든 측면에서 스탈린 동지와는 다른 사람을, 말하자면 보다 참을성 있고, 보다 성심 있으며, 보다 공손하고, 동지들에 대해 보다 세심하게 배려하며, 덜 변덕스러운 등등의 그런 사람을 그 대신 지명하도록 요청합니다.(45)

주지하는 바와 같이 병상에 갇힌 레닌의 이런 시도는 성공하지 못했고, 레닌 사후 스탈린은 가장 강력했던 경쟁자 트로츠키와 반대파들을 대거 숙청하고 살해하면서 30년간 1인 독재체제를 구축했다. 만일 레닌의 유언장이 사실이라면, 레닌이 실패한 것은 무엇보다도 스탈린을 제거하면서 동시에 당의 관료주의화를 해체하고, 아래로부터 "일반적인 노동자와 농민들에 더 가까운, 그러나 직접적으로건 간접적으로건 착취자의 범주에 속하지 않는 그런 사람들"의 적극적 참여를 이끌어내어 (1)과 (2)와 (3) 간의 선순환 구조를 만들어내는 일이었다고 할 수 있다. 지젝 역시 레닌이 이런 문제에 직면했다는 점을 기술하고는 있다.

레닌의 최후 저작들에서는 그가 『국가와 혁명』의 유토피아를 포기한 후 오랜 세월이 흘러, 볼셰비키 권력이 무엇을 해야 하는가에 대한 완화된 '현실적' 프로젝트의 틀이 발견된다. 더딘 경제 발전과 러시아 대중의 문화적 후진성으로 러시아가 '곧 바로 사회주의에 진입할 가능성은 없었다. 소비에트 권력이 할 수 있는 것은 '국가 자본주의'의 점진적 정책과 지체된 농민 대중에 대한 집중적인 문화교육을 결합시키는 일이다. 이는 '공산주의적 선동'이라는 세뇌가 아니라 발전된 수준의 문명화를 끈기 있게 점진적으로 성취시키는 것을 의미한다. …레닌은 반복적으로 직접적인 '공산주의의 이식'에 대해 경고했다. …그는 반복해서 '여기에서 가장 해로운 것은 서두르는 일'이라고 주장한다. 이러한 '문화혁명'의 입장에 반하여 스탈린은 전적으로 반레닌적인 '일국 사회주의 건설'이라는 개념을 선택한다.[17]

사정이 이러하다면, 레닌의 실패로부터 배워야 할 것은 (1)이 아니라 (1)+(2)+(3) 의 결합을 지속적으로 성취하는 일일 것이다. 그러나 지젝은 다음과 같이 단언한다. 세 가지만 들어보자.

(a) 간단히 말해 당이라는 형식이 없다면 운동은 '저항'의 악순환에 빠지게 된다. …가장 보고 싶지 않은 일은 반세계화가 교화되어 단지 또 하나의 자본주의에 대한 '저항'의 장소가 되어버리는 일이다. 결과적으로 오늘날 핵심적인 '레닌주의'의 교훈은 다음과 같다. 정당이라는 조직의 형식 없는 정치는 정치 없는 정치이다.(198)

(b) 결론적으로 극단적인 정치 전략가 레닌과 생산의 과학적인 재조직을 꿈꾸는 '테크노크라트' 레닌이 분리되어서는 안 된다. 비록 그가 이 두 수준을 함께 생각하는 적절한 개념적 장치를 갖추지 못했을지라도, 레닌의 위대함은 그가 불가능하지만 반드시 필요한 이 임무를 행해야 한다는 긴급성을 인식하고 있었다는 점이다.(155)

(c) '그럼 우리가 아무것도 하지 말아야 한다는 건가요? 그냥 손 놓고 기다리라고요?'라는 식의 비난 말이다. 우리는 주저하지 말고 대답해야 한다. '예, 바로 그겁니다!' 어떤 상황에서는, 즉각 참여하고자 하는 충동에 저항하는 것, 끈기 있고 비판적인 분석을 사용하여 '일단 기다리면서 두고 보는' 것이 유일하게 할 수 있는, 진정으로 '실제적인' 일일 때도 있다. …1914년 제1차 세계 대전 발발 이후 레닌은 바로 그렇게 하지 않았던가? 그는 스위스의 외진 곳에 은둔하여 헤겔의

17_ 지젝, 『혁명이 다가온다: 레닌에 대한 13가지 연구』, 24-34.

논리학을 읽으며 '공부하고, 공부하고, 또 공부했다.[18]

지젝이 제시하는 (a)와 (b)는 2002년의 주장이며, (c)는 2008년의 주장이다. 그러나 이 모든 주장의 공통점은 레닌의 '실패'가 아니라 레닌의 '성공'을 반복하자는 것일 뿐이다. 물론 레닌의 성공을 배우지 말자는 것이 아니다. 문제는 성공과 실패로부터 동시에 교훈을 끌어내야만 함에도 불구하고, 지젝은 <혁명이 다가온다>고 주장하면서 100년 전 레닌의 성공을 반복하자는 말만—그와 더불어 "스탈린주의의 내적 위대함"을 찬양하는 공허한 외침을—반복하고 있다. 이럴 경우 우리는 또 다시 레닌의 실패를 반복하면서 스탈린주의로 되돌아가는 길 이외는 선택의 여지가 없게 될 것이다. 우리는 지젝의 화려한 수사학적 유희 속에 숨겨진 헤겔적 관념론의 위험을 간파해야 한다. 지금은 아무 것도 하지 않고, '손 놓고 기다리는 것'이 아니라, 많은 일들을 새롭게 준비하고 공부해야 할 시기이다.

지젝은 『폭력이란 무엇인가』의 한국어판 후기를 다음과 같이 끝맺고 있다.

정신분석학적 해석 속에는 이론과 실천을 변증법적으로 통일하는 통찰만이 있다. 그러니까 정신분석가의 '해석'을 '시험'하는 것은 환자에게 그 진리 효과가 나타났느냐 하는 데 있다는 얘기다. 이는 우리가 맑스의 11번 째 테제, 즉 '지금까지 철학자들은 단지 세계를 다양하게 해석했을 뿐이다. 그러나 중요한 것은 세계를 변화시키는 것이다.'는 테제를 (다시) 읽어야 함을 뜻하는 것이다. 즉 맑스 이론을 '시험'하는 것은 맑스 이론이 말하는 프롤레타리아에게 진리-효과가 나타나느냐는 데 있다는 것이다. 프롤레타리아를 혁명적 주체로 전환시키는 진리-효과 말이다.(312)

그런데, 겉으로 보기에는 혁명적인 것처럼 보이는 이 그럴듯한 주장에는

18_ 슬라보예 지젝(2008), 『폭력이란 무엇인가』, 정일권·이현우·김희진 옮김, 난장이, 2011, 31-33.

두 가지 문제가 있다.

1) 맑스의 이론이 프롤레타리아를 혁명적 주체로 전환시키기 위한 필요조건을 제공하기는 하지만, 그의 이론은 자본주의 생산양식의 발생 조건과 그 모순적 작동 메커니즘을 구체적-체계적으로 해명한 역사과학이지, 아직은 과학이 아닌 정신분석학과 같은 해석학이 아니기 때문에 진리-효과에 의해 시험되는 것이 아니다. 그는 맑스의 포이에르바하 테제를 다시 읽자고 말한다. 그런데 그 앞 문장에 비추어 보자면 이는 해석에서 변화로의 강조점 이동을 주장한 맑스의 논지를 이제라도 '다시' 계승하자는 주장이라기보다는, 오히려 '해석'을 중시하는 정신분석의 교훈을 매개로 하여 "세계 해석"의 비중을 새롭게 높이는 방식으로 다시 읽자는 것으로 보인다. 이렇게 맑스를 라캉으로 겹쳐 읽는 방식은 맑스를 전진시키기보다는 오히려 후퇴시켜 헤겔-포이에르바하로 되돌리게 하는 효과를 야기하게 될 뿐이다.[19]

2) 지젝의 말대로 <포이에르바하 테제 다시 읽기>는 현시점에서 매우 중요하다. 그러나 이 중요성은 11번 테제를 3번 테제와의 연결 속에서 다시 읽을 때라야 의미를 얻게 된다. 테제 3번은 테제 11번을 실현하기 위한 전제 조건을 밝히고 있기 때문이다. 테제 3번에 의하면, 세계를 해석하는 대신 세계를 변화시키기 위해서는, 세계를 변화시키고자 하는 사람 자신도 변화되어야 하며, 교육자 자신도 교육되어야 한다는 점이 전제되어야 한다. 이런 점에서 포이에르바하 테제는 교묘한 해석자의 위치에서 벗어나지 않은 채, 타자들에게 변화를 요구하고 있는 지젝의 주장과는 달리, 알튀세르가 맑스를 따라서 강조했듯이, 권력의 테크놀로지와 자기의 테크놀로지 양자

19_ 이런 기이한 해석은 알튀세르가 라캉의 문제점을 비판했던 것과 유사한 문제에서 비롯된다고 생각된다. "라캉은 이렇게 양다리를 걸쳤다. 철학자들에게 그는 프로이트가 생각했던 것을 '안다고 가정되는 스승으로서의 보증을 내세웠다. 정신분석가들에게 그는 철학적으로 사고하는 것이 의미하는 것을 '안다고 가정되는 스승으로서의 보증을 내세웠다. 그는 세상 모든 사람들을 속였고, 그리고 필경 분명히, 자신의 극단적인 교활함에도 불구하고, 스스로도 속았을 것이다"(알튀세르, 「프로이트 박사의 발견」, 『알튀세르와 라캉』, 48).

의 혁명적 변화, 즉 <해방적 통치양식(D)>의 구성만이 오직 혁명적 의미를 가진다는 점을 명백히 하고 있는 셈이다. 앞서 살폈듯이 혁명 후에 레닌이 뼈아프게 절감했던 점도 바로 이 3번 테제의 중요성을 미리 살피지 못했다는 점이라고 할 수 있다. 그럼에도 불구하고 레닌의 실패의 의미를 지젝은 전혀 깨닫지 못하고 있다는 사실을 다음의 구절에서 재확인할 수 있다.

> 궁극적으론 거대한 체계가 더 부드럽게 작동할 수 있도록 해 줄 뿐인 국부적 행위(새로운 주체성이라는 다양성의 공간을 마련하는 것과 같은 행위)에 참여하기보다는 아무것도 하지 않는 게 더 낫다. 오늘날 진짜 위협적인 것은 수동적인 것이 아니라 유사 능동성이다.[20]

지젝은 여기서만이 아니라 그의 글 곳곳에서 새로운 주체성의 창조와 이를 위한 문화적, 교육적 노력의 필요성이나 중요성을 거부하거나 폄하한다. 앞서 인용한 레닌의 고민과 관련된 기술에서도 레닌이 강조한 '문화혁명'의 중요성에 대해서도 그저 담담히 '기술하고' 넘어갈 뿐, 그 함축적 의미를 충분히 규명하려는 노력은 보이지 않고 있다. 물론 새로운 주체성의 창조를 주장하지만 실제로는 자본주의를 더 부드럽게 작동하는 데에 그칠 뿐인 "유사 능동성"의 사례가—대부분의 NGO 활동들과 복지국가론 등—많은 것은 사실이다. 그러나 모든 주체성의 창조가 '유사-능동성'이 아님도 물론이며, 그렇지 않다면 혁명적 실천이라는 것 자체가 불가능하게 될 것이다. 하지만, 이런 문제점이 있다고 해서 지젝의 논의 모두가 무효라는 것은 아니다. 벤야민을 원용하여 지젝이 주장하듯이 구조적-법적 폭력이 심화된다면, 그 구조적 폭력을 제거하기 위한 "신적 폭력"이 불가피할 것이며, 그와 같은 순간이 오면, "모험을 건 결단" "일종의 내기" "고통을 감내하는 용기"는 필수적인 것이다(311). 그러나 그런 용기를 발휘하는 순간을 통과하

20_ 슬라보예 지젝, 『폭력이란 무엇인가』, 296.

고나도, 하루아침에 통치양식과 축적양식 모두가 한꺼번에 바뀌지는 않는다. 통치양식과 축적양식의 해방적 변화는 비대칭적이고 비동시적이며, 특히 정치가와 지식인, 대중 모두가 자기-통치적 주체로 변화하기 위해 상호 교육하고 실천하는 문화혁명의 기나긴 과정이 기다리고 있다는 사실에 주목해야 한다. 지젝의 일면적이고 관념론적인 주장을 변증법적으로 재구성해야 할 필요성이 여기에 있다.

5. 해방적 통치양식의 두 계기 간의 변증법

맑스는 포이에르바하 테제 3번에서 "혁명적 실천"을 다음과 같이 정의한 바 있는데, 이는 앞서 말했듯이 권력의 테크놀로지(환경)와 자기의 테크놀로지(인간 자신)의 동시적 변화, 즉 해방적 통치양식(D)의 구성을 의미하는 것이다.

환경의 변화와 교육에 관한 유물론적 교의는, 환경이 인간에 의해 변화되며, 교육자 자신도 교육 받지 않으면 안 된다는 사실을 망각하고 있다. 따라서 이 교의는 사회를 두 부분으로 나누어 하나를 다른 것 위에 놓는 결과를 초래하는 것임에 틀림없다. 환경의 변화와 인간의 활동 또는 자기 변화의 일치는 오직 혁명적 실천으로서만 파악될 수 있으며, 합리적으로 이해될 수 있다.[21]

맑스는 환경의 변화와 인간 자신의 자기 변화의 일치가 혁명적 실천의 핵심임을 강조하기는 했지만, 이 일치의 구체적인 경로와 과정을 분석하거나 제시하지는 않았다. 앞서 살펴본 레닌의 편지는 이 '일치'의 어려움을 여실히 보여주는 것이다. 이 일치가 어려운 이유는 무엇보다도 권력의 테크

21_ 칼 마르크스·프리드리히 엥겔스『독일 이데올로기 I』, 박재희 옮김, 청년사, 2007(초판 14쇄), 184.

놀로지나 자기의 테크놀로지나 각각의 경우 상반된-이율배반적인 경향이 충돌하고 있어 이 두 테크놀로지의 변화가 선순환을 이루는 것을 방해하고 있다는 데에 있다. 따라서 통치양식(D)의 구성 가능 여부는 각각의 경우에 대립하는 두 계기 간의 이율배반을 넘어설 수 있는가의 여부에 달려 있다고 할 수 있다. 헤겔 변증법과 칸트 변증법 간의 차이가 선명하게 드러나는 곳이 바로 이 지점이다. 전자가 이 문제를 해결할 수 없는 이유는 각각의 이율배반적인 계기와 경로들이 결코 "지양"될 수 없고, 오직 '절합(Gliederung, articulation)' 혹은 '짝짓기(coupling)'될 수 있을 따름이기 때문이다. 칸트는『순수이성 비판』과『판단력 비판』을 통해서 결코 지양될 수 없는 이율배반을 어떻게 '절합(짝짓기)'할 수 있는가를 명확하게 보여준 바 있다.[22] 이런 의미에서 헤겔의 변증법이 "지양의 변증법"이라면 칸트의 변증법은 "절합의 변증법"이라고 구분할 수 있다. 현실적 실천에서 이 구분이 갖는 중요성은 다음과 같은 점에서 드러난다.

1) 억압적/지배적 권력의 테크놀로지로부터의 해방을 둘러싸고 대립하고 있는 상반된 경향은 <볼셰비키>라는 <하향 경로>와 <평의회/소비에트>라는 <상향 경로> 간의 대립이다. 이 양자의 대립은 결코 양자택일 혹은 "지양"의 방법으로는 해소될 수 없다. 혁명과정에서 볼셰비키적인 독재를 포기할 경우 곧바로 부르주아 권력이 복귀할 것이며, 소비에트적인 요구를 포기할 경우 곧바로 스탈린주의로 변질될 것이기 때문이다. 고전적인 방식은 이 문제를 단계론의 방식으로 해결하는 것이다. 혁명적 과정 속에서 전자가 단기적인 과제라면 후자는 장기적 과제라는 것이다. 이행과정으로서의 사회주의와 도달 단계로서의 코뮌주의의 구별, 혹은 낮은 단계의 코뮌주의와 높은 단계의 코뮌주의의 구별이 그것이다. 그러나 이런 단계론적 해결이 변증법적 해결이 아님은 물론이고, 그 결과가 스탈린주의로의

22_ '변증법적 절합(짝짓기)'의 의미와 작동 방식에 대해서는 졸고「칸트-맑스-벤야민 변증법의 현대적 재해석」(『변증법』, 현대사상연구소, 2010) 참조.

고착(즉 낮은 단계에 영구히 머물기)임은 레닌의 편지와 그 이후의 역사가 여실히 보여주고 있다. 레닌은 이 문제를 해결하기 위해서는 <상향 경로>와 <하향 경로>가 선순환을 이루어야 함을 강조했다. 이는 곧 혁명적 실천이란 위로부터-아래로부터 동시적으로 전사회적 차원에서 민주주의를 '급진화'해야 한다는 것을 의미한다.(이런 점에서 말기 레닌은 트로츠키의 '연속혁명론'과 공명한다.) 이 과정이 바로 변증법적 '절합', 혹은 '짝짓기(coupling)'이다. 그러나 이 과정이 저절로 선순환을 이루는 것이 아닌 이유는, 이 복잡한 투쟁 속에 참여하는 주체들이 사적 소유와 권위주의라는 부르주아적 아비투스로부터 얼마나 자유로워질 수 있는가라는 별도의 문제가 곳곳에 도사리고 있기 때문이다. 권력의 테크놀로지를 혁명적으로 변화시키기 위해서는 위로부터-아래로부터 권력 구조의 변화라는 과정 이외에도 자기의 테크놀로지의 혁명적 변화가 동시에 필요한 이유가 바로 여기에 있다.

2) 주체가 자기-통치적인 자유로운 주체가 되는 데에도 크게 두 가지 경로가 대립해왔다고 할 수 있다. 단순화하면, 이성적 방법과 감성적 방법, 합리주의와 경험주의 간의 대립이 그것이다. 스토아 학파적인 금욕적 수양(이를 전거로 삼은 푸코의 자기-배려의 윤리), 칸트가 실천이성 비판에서 제시한 <정언명령>에 의해 욕구/욕망을 초월하는 실천이성적 윤리, 프로이트-라캉적 방식으로 억압된 욕망/갈등의 무의식적 착종 과정을 대화적 분석을 통해 깨달음을 얻고 자유로워지는 인식론적 윤리 등이 대표적인 <하향 경로>라고 한다면, 에피쿠로스적인 탈금욕주의적 수양, 라이히-마르쿠제-들뢰즈 등이 주장하는 욕망의 자유로운 해방의 윤리가 대표적인 <상향 경로>라고 할 수 있다. 그런데 이 두 가지 길의 대립이 환원주의적인 방식으로는 결코 해결될 수 없는 이유는 인간 존재 자체가 이성적이면서 감성적인 양면적 존재이기 때문이다. 죽기 직전의 레닌이 권력의 테크놀로지의 변혁 과정의 성공 여부가 이율배반적인 두 경로의 양자택일이 아닌, 변증법적 '절합'에 있다고 보았듯이, 칸트 역시 『판단력 비판』에서 자유의지와 감성

적 욕망 간의 대립을 양자택일적 환원주의 방식이 아닌 '변증법적 절합'이라는 방식으로 해결책을 제시한 바 있다. 이런 맥락에서 보자면 칸트의 윤리학은 흔히 오해하고 있듯이 실천이성비판의 초월론적 윤리학에서 머무는 것이 아니라 『판단력 비판』에 이르러서야 전체 윤곽을 드러낸다고 할 수 있다. 칸트의 윤리학을 '미적 윤리학'이라고 불러야 하는 이유가 여기에 있다.

권력의 테크놀로지의 혁명적 변화의 관건이 하향 경로와 상향 경로의 양자택일이 아닌 '순환적 짝짓기(circulary coupling)'를 이루고 있다는 점은 레닌의 편지와 지젝에 대한 비판을 통해서 살펴보았으므로 이제는 자기의 테크놀로지의 혁명적 변화에서도 하향 경로와 상향 경로 간의 양자택일을 넘어서 두 경로 간의 선순환 고리를 형성할 수 있는 실천이 관건이라는 점을 구체적으로 해명할 필요가 있다. 다음 절에서는 인지과학적 연구 성과를 매개로 이 과정을 더욱 상세히 파악해 보도록 하겠다.

6. 뇌과학과 자기의 테크놀로지의 미적-윤리적 변화

생명을 가진 인간은 서로 이질적인, 내부세계와 외부세계가 동시에 결합되어 있는 '역설적'인 존재이다. 안이면서 동시에 바깥이기도 한 존재가 역설적인 이유는 이 두 측면 중 어느 한쪽이 다른 한쪽으로 환원되면 생명력을 상실하게 되는 동시에 양자가 갈등/모순 없이 연결되는 것이 아니라 안과 바깥 간의 대립이 항존하고 있기 때문이다. 전통적인 철학에서 그리고 현대과학에서도 여전히 지속되고 있는 일원론과 이원론의 대립, 유물론과 관념론의 대립은 이 해소불가능한 역설을 어느 한 쪽의 시각에서 인과적으로 설명하고자 했기 때문에 발생한다. 유물론은 인간 존재를 바깥에서 보기로만 해결하려 한다면, 관념론은 안에서 보기만으로 문제를 해결하려 한다. 하지만 이런 방식의 환원주의는 생명과 인간 존재를 반쪽으로 나누어 버리

게 된다. 이런 시각 대신에 안과 바깥의 환원 불가능한 차이를 인정하면서
도 양자를 연결하여 바라보려는 시각이 있다. 2세기 전, 괴테는 바깥에서
보기를 학문적 지식으로, 안에서 보기를 예술적 성찰의 문제로 파악하고,
양자가 결합된 전체성을 파악하기 위해서는 학문적 지식 자체를 예술적으
로 성찰해야 한다고 주문했다.

> 전체라는 것은 지식에서든 성찰에서든 조립될 수 없는데, 그것은 지식에서는 내
> 부가, 성찰에서는 외부가 빠져 있기 때문이다. 그래서 우리가 학문에서 모종의
> 전체성과 같은 것을 기대한다면 그 학문을 예술로서 사유하지 않으면 안 된다.
> 그것도 우리는 그 전체성을 어떤 일반적인 것, 과도하게 넘쳐나는 것에서 찾으려
> 해서는 안 되고, 예술이 각각의 개별 예술작품에서 재현되듯이 학문 역시 각각의
> 개별 대상에서 그때그때 온전히 입증되어야 할 것이다(괴테, 「색채론의 역사에 관
> 한 자료」).[23]

온전한 전체를 파악하기 위해서는 학문과 예술의 결합이 필요하다는 괴
테의 성찰은 생활하고, 행동하고 사고하는 주체를 온전히 파악하기 위해서
는 사회사와 사상사가 연결되어야 한다는 앞서 살핀 푸코의 주장과도 일맥
상통하는 것이다. 푸코는 자유와 인권이 온전한 의미를 가지려면 생활하는
주체와 사고하는 주체의 분리를 전제로 한 기존의 "휴머니즘"을 넘어서야
한다고 주장했고, 이를 위해서 더 많은 발명이 필요함을 역설한 바 있다.
이런 발명이 성공하기 위한 전제 조건은 생활하는 주체와 사고하는 주체의
연결, 즉 바깥에서 본 주체와 안에서 본 주체의 연결이다. 그러나 앞서 살핀
바와 같이 푸코는 이 문제의 구체적인 해결에 이르지는 못했다. 하지만 21
세기의 신경과학은 이 과제 해결을 진전시키는 데에 중요한 실마리를 제공
해주고 있다. 마크 솜즈・올리버 턴불은 이 문제를 해결하려면 양쪽의 시

23_ 발터 벤야민, 「인식 비판 서론」, 『독일 비애극의 원천』, 김유동・최성만 옮김, 한길사,
   2009, 35쪽에서 재인용.

각에서 관찰한 지식을 결합해야 한다고 본다. 이들은 이런 입장을 <양면적 일원론>이라고 기술하면서, 뇌/신경과학(바깥에서 본 지식)과 정신분석학(안에서 본 지식)을 결합한 <신경정신분석학>(Neuro-psychoanalysis)이라는 새로운 연구방식을 주창하고 있다.

경쟁적인 입장들은 과학에서 서로 다투게 되고 어느 쪽이 옳은지 결정하기 위해 실험적으로 검증하게 된다. 그러나 모든 명제들이 검증될 수 있는 것은 아니다. 예를 들어, '신은 존재한다'와 같은 명제를 어떻게 검증할 수 있을까? 우리가 그것을 받아들이는 일이 아무리 싫을지라도, 과학자들이 작업할 수 있는 검증 가능한 가설은 그 자체로는 검증할 수 없는 더욱 광범위한 명제들 속에 깊이 새겨져 있다. 이처럼 더욱 광범위한 명제들이 세계관을 규정하고 있는데, 그 속에서 과학자가 작업하고 있다. 그리고 세계관은 증명되지 않는다. 과학은 특별한 세계관 속에서 던져질 수 있는 질문들에 답하는 것으로 제한되어 있다. 그것은 세계관 그 자체를 검증할 수 없다. …'신체와 정신은 하나다'(일원론의 입장)와 같은 진술이나 혹은 '정신은 실제로 존재하지 않는다'(유물론적 입장)와 같은 진술은 우리들의 견해로는 과학적으로 검증 가능한 진술이 아니다. 그것들은 '신은 존재한다'라는 진술과 동일한 종류에 속한다. …이것은 과학자들 자신이 채택해 왔던 철학적인 입장을 인식한다는 것이 얼마나 중요한 일인지를 여실히 보여주고 있다. 오로지 특별한 철학 체계 내에서 어떤 신경세포의 과정들이 의식을 야기하는 것으로 기술하는 일은 적절한 것이다. 비록 신경세포의 과정들의 특별한 부분집합이 의식적인 경험과 독특하게 연관되는 것을 실험적으로 증명하게 될지라도, 이런 연합을 인과적인 것이라기보다는 오히려 상관적인 것으로 보는 일은 (예를 들어, 이원론 체계 내에서) 여전히 가능할 것이다. 이런 이유 때문에, 즉 "신경세포의 과정들이 의식을 야기한다"는 그런 가정이 "어려운 문제"가 과학에 제기하는 바로 그 문제를 교묘히 피하고 있기 때문에, 우리는 대부분의 우리 동료들이 최근 채택하고 있는 유물론적 입장을 지지하지 못하는 것이다. 우리는 약간 다른 입장을 선호하는데…양면적 일원론은 우리가 단지 한 종류의 재료로만 되어 있음을 받아들이지만(그것이 바로 일원론의 입장이다), 이 재료가 두 가지 다른 방식으로 지각된다는 것도 암시하고 있다(따라서 양면적 일원론).[24]

솜즈와 턴불에 의하면 "양면적 일원론이 의미하는 바는 뇌가 바깥쪽에서 보았을 때는 (하나의 대상으로서) "육체적"인 것으로 보이고 안쪽에서 봤을 때는 (하나의 주체로서) "정신적인" 것으로 보이는 그런 재료로 되어 있다는 것이다"(84). 실제로 우리 자신은 매초 단위로 안에서 느낌을 받는 동시에 외부를 지각하는 행위를 의식적-무의식적으로 교대하고 있다. 이런 이유에서 신체와 마음을 이원론적으로 나누는 것 자체는 이렇게 교차하는 지각 방식 중의 하나를 인위적으로 선택하여 양자의 우위를 가늠하려는 태도일 따름이라고 할 수 있다.

신체와 마음 사이에서의 이런 구별은 지각의 가공품이다. 나의 외부적인 지각기구는 나(나의 신체)를 육체적인 실체로 보고 있으며, 나의 내부적인 지각기구는 나(나의 자기)를 정신적인 실체로 느끼고 있다. 이런 두 가지 것들은 하나이자 동일한 것—진정으로 단 하나의 "내"가 있을 뿐이다—이지만, 내가 바로 내가 관찰하고 있는 그것이기 때문에 나는 동시에 두 가지 다른 관점에서 내 자신을 지각하게 되는 것이다.(85)

인간 존재가 이렇게 내부세계와 외부세계라는 양면의 역설적 결합으로 이루어진다면, 이 결합의 구체적인 절차는 어떻게 이루어지고 있는가? 솜즈와 턴불의 설명에 기대어 이 복잡한 과정과 절차를 최대한 압축해서 설명해 보면 다음과 같다.

1) 뇌는 신체의 외부세계와 내부세계 사이를 중재한다. 외부 환경으로부

24_ 마크 솜즈·올리버 턴불(2002), 『뇌와 내부 세계: 주관적 경험의 신경과학 입문』, 김종주 옮김, 하나의학사, 2005, 82-84.

터 온 정보가 감각기관을 통하여 도달하고, 대뇌반구의 뒷 부분으로 향한다. 각종의 감각수용기로부터 유래된 정보는 각각의 양식을 다루도록 특별히 고안된 일차 피질로 투사되면, 그 이후에는 주로 대뇌반구의 뒷부분에 있는 연합 부위에서 정보의 다른 조각들과 연결된다. 이전 경험의 흔적들과 통합된 이런 외부 세계의 지식은 전두엽의 연합피질에 전달되는데, 그곳에서 그것은 행동 프로그램을 안내해 준다. 이런 프로그램은 신체의 내부 세계로부터 유래된 영향에 의해서도 똑 같이 지배된다. 내부 정보는 맨 먼저 시상하부에 의해 기록되고, 전두엽으로 전달되기 전에 변연계에 있는 다른 정보와 연합된다. 이것이 우리의 내부 동기의 근원이 되는데, 그것이 개인적인 기억과 감정과 의식에 긴밀히 연결된다. 이런 식으로 전전두엽 계통은 행동을 지배할 채비를 갖추는데, 현재의 유력한 외부 조건과 내부 조건을 기초로 삼을 뿐만 아니라 이전의 경험도 그 기초로 삼는다. 이런 마지막 언급은 당연히 전전두엽에 영향을 주는 계통들 가운데 하나가 그들 사이의 '균형'이 깨어지는 방식으로 수정되고 있는 그런 경우들에서 일어날 수 있다는 것을 의미한다. 예를 들어, 어떤 사람은 그 자신의 욕동에 의해 너무 쉽게 영향을 받을 수도 있고, 따라서 단기간의 목표를 위해 강박적으로 행동할 수도 있으며, 외부세계의 관점에서 본다면 부적절한 방식으로도 그럴 수 있다. 그 대신에 정보의 내부 근원의 혼란으로 불활성을 초래할 수 있거나, 혹은 이전 경험의 감정적 표시에 근거하여 행동수정의 실패를 가져올 수도 있다.(55-56)

2) 외부 세계로부터 유래된 정보에 의지하는 뇌기능들(주로 전뇌 기능)은 주로 통로-의존적 기능이다. 이는 이런 계통들에 의해 처리된 정보가 분리된 조각들로 들어오고 분명하고도 특수한 경로를 통해, 뇌 전반에 아니라 특수한 부위를 목표로 하여 전달된다는 것이다. 반면에 내부세계로부터 유래된 정보는 뇌간을 통해서 전뇌의 모든 엽에 있는 뉴런들에게 동시에 영향을 미치는 방식으로 전달되는데, 이런 계통은 상태-의존적인 기능으로 분

류되며, 뇌를 내장에 직접 연결시켜 준다(59-61).

3) 다마지오에 의하면 의식의 내용은 외부 세계를 모니터 하는 뒷부분의 피질 통로에 부착되어 있는 반면에, 의식의 상태는 신체의 내부 환경을 모니터하는 뇌간의 상행활성화계통의 산물이라는 것이다. 따라서 의식의 내용은 외적인 지각양식들로부터 유래된 피질지역에서의 변화를 나타내지만, 의식의 상태는 신체의 내적인 상황에서의 변화를 나타내게 된다(128).

이 세 가지 설명을 통합하여 뇌를 통해서 이루어지는 외부 정보와 내부 정보의 결합 경로를 그려보면 다음과 같다.

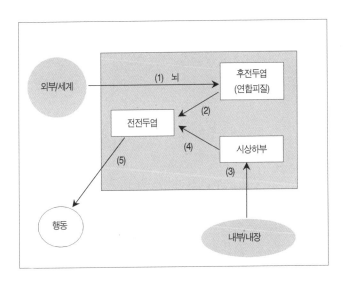

이 그림은 우리가 생활하면서 지각하고 사고하고 행동하는 과정이 어떻게 단일한 경로가 아니라 상이한 경로들 간의 연결을 통해서 이루어지는가를 명확하게 보여준다. 이 5가지 경로 중에서 한 가지라도 문제가 생기면 행동에 이상이 발생하고 주체는 질환에 빠진다. 칸트의 3대 비판서는 오늘날과 같은 뇌과학/인지과학의 도움 없이 이 경로들을 이론적으로 해명하고, 종국에는 전체 경로의 연결과 종합이 어떻게 이루어지는지를 해명하는 방식으

로 구성되어 있다. 이 그림을 이용하여 칸트의 철학 체계를 재해석해 보면 다음과 같다. 순수이성비판의 <분석론>이 (1)→(2)→(5)로 이어지는 경로를 인식론적으로 해명한 것이라면, 실천이성비판은 (3)→(4)→(5)로 이어지는 경로를 실천적(윤리적)으로 해명한 것이라고 할 수 있다. 그런데 칸트는 이 두 경로, 즉 외부정보의 경로와 내부정보의 경로가 항상 조화를 이루기보다는 오히려 이율배반적 상황에 처하게 된다는 점을 깨닫고 『판단력 비판』에서는 반성적 판단력을 통해 제능력들의 자유로운 유희가 이루어지는 과정에서 이 두 경로의 변증법적 '절합'이 이루어질 수 있다고 보았다. 이런 메커니즘은 뇌과학적으로 보자면, <전전두엽>에서 외부정보의 경로와 내부정보의 경로가 합류되는 과정과 상응한다고 할 수 있는데, 이런 종합은 저절로 이루어지는 것이 아니라 반드시 감정의 조절과정과 매개된다. 감정은 뇌간의 중간지역과 상위지역으로, 여기에는 시상하부, 복측피개영역, 부상완핵, 도수관주의 회색질, 봉선핵, 청반핵 복합체 및 고전적인 망상체가 포함된다(150).

이런 점에서 칸트의 변증법이 헤겔의 변증법과 근본적인 차이가 있고, 그 차이로 인해 헤겔 변증법이 인간 존재의 해명에 부적절한 이유가 쉽게 드러날 수 있다. (1) 우선 외부 정보의 경로와 내부 정보의 경로는 상호의존적이면서도 상충할 수 있다는 점에서 변증법적이지만 결코 "지양"될 수는 없다. (2) 이 두 경로는 어느 한 쪽으로 환원 불가능한 차이를 유지하면서, 전전두엽에서 수렴되는데, 이 두 경로를 통해서 수렴된 정보들은 자유로운 유희를 통해 '절합'되거나 또는 화학적 결합을 이루더라도 그 구성 성분자체가 '지양'되는 것은 아니다. 칸트가 말하는 '선험적 종합판단'은 이런 두 가지 조건을 유지하면서 성립된다. 발터 벤야민이 미래 철학의 과제를 기술하면서 헤겔적 "지양"이 아닌 다른 방식의 종합의 필요성을 강조하면서 칸트의 삼원적 체계를 반드시 유지해야 한다고 강조했던 것도 바로 이런 맥락과 정확하게 일치한다.25

여기서 나는 연구의 결과가 아니라 연구의 프로그램을 다루기 때문에 다음과 같은 정도만 말해두고자 한다. 새로운 선험적 논리학의 토대 위에서 변증법의 영역, 즉 경험이론과 자유이론 사이의 이행이 일어나는 영역이 변형되는 것은 필연적이고 불가피할지라도, 이러한 변형이 자유와 경험의 혼합으로 수렴해서는 안 될 것이다. …왜냐하면 여기서 연구를 위해 열리는 변형 과정들이 예측할 수 없게 진행된다 할지라도, 칸트 체계의 삼분 구조는 보존되어야 할 유형의 위대한 중심 부분에 속하며, 무엇보다도 그 삼분 구조가 유지되어야 하기 때문이다. 이 체계의 둘째 부분이 여전히 윤리학을 다루어야 하는지(셋째 부분의 난점은 차치하더라도), 또는 인과성의 범주가 자유에 의해 어떤 다른 의미를 갖게 될지는 문제 삼아도 좋을 것이다. 이 삼분 구조는―이 삼분 구조가 지닌 형이상학적으로 심오한 관계들은 아직 발견되지 않았는데―칸트의 체계에서 이미 관계 범주들의 삼원성에 결정적인 근거를 두고 있다. 이러한 체계의 절대적 삼분 구조는 바로 이러한 삼분성에서 문화의 전체 영역과 관련되는데, 그러한 구조 속에 칸트의 체계가 이전의 철학자들에 대해 갖는 세계사적 우월성 중의 하나가 놓여 있다. 그렇지만 칸트 이후의 체계들이 갖는 형식주의적 변증법은 테제가 정언적 관계로, 안티테제가 가언적 관계로, 그리고 진테제가 선언적 관계로 규정되는 데 근거를 두고 있지 않다. 하지만 진테제의 개념 이외에도 어떤 다른 개념 속에 두 개념이 일종의 비진테제로 관계를 맺는 것도 체계의 관점에서 매우 중요하게 될 것이다. 왜냐하면 진테제 이외에 테제와 안티테제 사이의 또 다른 관계가 가능하기 때문이다. 그렇지만 이것은 관계 범주

25_ "사람들은 순수철학에서의 나의 구분들이 거의 언제나 3분법적이 되는 것을 기이하게 생각했다. 그러나 그것은 사태의 본성에서 기인하는 것이다. 구분이 선험적으로 지어져야 한다면, 그것은 분석적이거나 종합적일 것이다. 분석적일 경우는 모순율에 따른 것으로, 그 경우에 구분은 항상 2분법적이다(어떠한 것이든 A이거나 非A이다). 종합적일 경우에는 구분이(수학에서처럼, 선험적으로 개념에 대응하는 직관으로부터가 아니라) 선험적 개념들로부터 이끌어내져야 한다면, 종합적 통일 일반에 필요한 것, 1) 조건, 2) 조건 지어진 것, 3) 조건 지어진 것과 그것의 조건과의 통합에서 생기는 개념, 이것들에 따라서 구분은 필연적으로 3분법일 수밖에 없다"(임마누엘 칸트, 『판단력비판』, 백종현 옮김, 아카넷, 2009, 187).

의 사원성으로 나아갈 수는 없을 것이다.26

그리고 이런 맥락에서 보자면 『판단력 비판』이 어떤 의미에서 <자기의 테크놀로지>의 대립하는 두 계열의 계보, 즉 이성의 윤리학과 감성의 윤리학을 변증법적으로 '절합'하는 위치에 놓여 있음을 이해하기 쉽다. 칸트는 『판단력 비판』의 서론에서 이와 같은 변증법적 '절합'을 다음과 같은 도식으로 체계화한 바 있다.27

마음의 전체 능력	[상위-필자]28 인식능력	선험적 원리	적용대상
인식 능력	지성	합법칙성	자연
쾌-불쾌의 감정	판단력	합목적성	기예
욕구 능력	이성	궁극목적	자유

이 도식에서 합목적성의 원리에 따라 기예를 실천하는 능력인 판단력(즉 반성적 판단과 쾌-불쾌의 감정)은 합법칙성의 원리에 따라 자연을 탐구하는 능력인 지성(즉 순수이성과 감관)과 자유를 삶의 궁극목적으로 추구하는 능력인 이성(즉 실천이성과 욕구능력) 사이에서 매개적 위치에 놓여 있다. 이와 같은 매개적 역할이 부재할 경우 법칙 탐구와 자유의 추구는 서로 대립하고 분열할 수밖에 없어 양자 사이에는 건널 수 없는 심연이 발생하게 된다.

지성은 감관의 객관인 자연에 대해서 선험적으로 법칙 수립적이며, 가능한 경험

26_ 발터 벤야민, 「미래 철학의 프로그램에 대하여」, 『발터 벤야민 선집 6』, 최성만 옮김, 도서출판 길, 2008, 110-111.

27_ 임마누엘 칸트, 『판단력 비판』, 187.

28_ 여기서 "상위"라는 용어를 첨가한 것은 칸트의 표에서 인식능력이라는 같은 명칭이 두 곳에 위치한 것을 구별하기 위한 것이다. "상위 인식능력"은 뇌과학적으로 보자면 <전전두엽>에 속한다고 할 수 있다. 반면, 이 도식에서 칸트가 "마음의 전체 능력" 중에 "인식능력"을 위치시킨 것은 "감관(혹은 감각적 직관)적 인식능력"에 해당하는 것으로 뇌과학적으로는 후전두엽에 위치한 연합피질의 기능이다. 과학적 인식은 이 양자의 결합으로 가능하게 된다.

에서 자연의 이론적 인식을 위한 것이다. 이성은 주관에서의 초감성적인 것인 자유 및 자유의 고유한 원인성에 대해서 선험적으로 법칙수립적이며, 무조건적으로 실천적인 인식을 위한 것이다. 전자의 법칙 수립 아래 있는 자연개념의 관할 구역과 후자의 법칙 수립 아래 있는 자유개념의 관할구역은 그것들이 각기 (각자의 기본법칙에 따라) 서로 간에 미칠 수도 있을 모든 교호적인 영향에도 불구하고, 초감성적인 것을 현상들과 분리시키는 커다란 간극에 의해 전적으로 격리되어 있다. 자유 개념은 자연의 이론적 인식과 관련해서는 아무것도 규정하지 않으며, 자연 개념 또한 마찬가지로 자유의 실천적 법칙들과 관련해서는 아무것도 규정하지 않는다. 그런 한에서 한 구역에서 다른 구역으로 건널 다리를 놓는다는 것은 가능하지가 않다. …그러나 자유에 의한 인과성의 결과는 이 자유의 형식적 법칙들에 따라서 세계 안에서 일어나야만 한다. …자유개념에 따른 결과는 궁극목적으로서, 이 궁극목적인(또는 감성세계에서 그것의 현상은) 실존해야하며, 이렇기 위해서는 이 궁극목적을 가능하게 하는 조건이 (감성존재자 곧 인간으로서의 주관의) 자연본성 안에 전제되는 것이다. 이러한 조건을 선험적으로 그리고 실천적인 것을 고려함 없이 전제하는 것, 즉 판단력이 자연개념들과 자유개념 사이를 매개하는 개념을 자연의 합목적성 개념 안에서 제공하는 바, 이러한 매개 개념이 순수이론[이성]에서 순수실천[이성]으로의 이행, 전자에 따른 합법칙성에서 후자에 따른 궁극목적으로의 이행을 가능하게 한다.(184-185)

우리는 이런 방식의 매개적 결합(지양이 아닌 '절합')을 통해서 서로 대립하기 쉬운 자연법칙의 탐구와 준수 및 궁극적 자유의 추구를 동시에 이루어낼 수 있다. 마치 전전두엽을 통해서 외부 정보와 내부 정보가 결합을 이루듯이 말이다. 그렇다면 쾌-불쾌의 감정과 판단력은 어떤 방식으로 자연법칙과 자유를 매개하는가, 또는 이 매개과정의 메커니즘은 어떤 것인가?

자연의 합목적성이라는 판단력의 개념은 자연개념들에 속하되, 단지 인식능력의 규제적 원리로서만 그러하다. 비록 이 개념을 야기하는 (자연 또는 예술의) 어떤 대상들에 관한 미감적 판단이 쾌 또는 불쾌의 감정과 관련해서는 구성적 원리이지만 말이다. 인식능력들의 부합이 이 쾌의 근거를 함유하거니와, 이 인식능력들의 유희에서의 자발성이 야기한 이 개념으로 하여금 자연개념의 관할구역들을 자유개념의 것과 그 결과들에서 연결 매개할 수 있도록 한다. 이 자발성이 동시에 도덕 감정에 대한 마음의 감수성을 촉진함으로써 말이다.(186)

『판단력 비판』 서론의 최종 결론은 이 매개과정의 메커니즘이 두 가지 절차로 구성되어 있음을 보여준다. 1) 쾌-불쾌의 감정은 마음의 능력들 간의 자유로운 유희에서 부합 여부에 따라 발생하게 되며, 이 감정과 관련해서 미감적 판단은 구성적 힘(하향적 조절)을 발휘할 수 있다. 즉 미감적 판단은 자연과 예술작품의 미적 형식이 주는 쾌감을 얻기 위해 자연법칙에 대한 과학적 관심이나 식욕/성욕/권력욕 등을 괄호 속에 넣을 수 있는 힘을 발휘할 수 있다("무관심적 관심"). 2) 그러나 미감적 판단력은 자연의 합법칙성과 자유의 궁극목적에 대해서는 구성적 힘을 발휘할 수 없고, 단지 "규제적 원리"(상승하라는 요구)로서 도덕 감정에 대한 감수성을 촉진할 수 있을 따름이다. 즉 판단력은 양자의 매개가 반드시 필요하다는 주관적 요청을 하면서, "객관적 목적 없는 형식적 합목적성"이라는 방식으로 양자의 괴리를 좁히도록 조절하고자 노력할 수는 있다는 것이다.

이 두 가지 과정은 다음과 같은 기능을 발휘하면서 하나로 연결된다. 즉, 구성적 힘을 발휘하여 마음의 전체 능력들 간의 자유로운 유희를 이루어내면서 그로부터 얻어지는 쾌의 감정과 자발성을 토대로 하여 도덕 감정(자유로운 감정)에 대한 마음의 감수성을 촉진함으로써 주체를 주어진 자연 조건에 순응하는 것에 머물지 않고, 확장된 자유를 향해 전진하도록 하게 돕는다는 것이다. 물론 이 과정은 순탄하고 일직선적인 것이 아니라 미와 숭고라는 두 차원 간의 교차로 이루어진 복잡한 과정이다. 우리의 눈높이에 적합한 대상의 미적 형식은 인식능력들의 조화로운 일치를 일으켜 쾌감을 야기한다. 그러나 눈높이를 크게 초월하는 거대한 대상(양적인 광대함을 가진

태산과 질적으로 고강도의 태풍)은 인식능력들의 불일치와 상상력의 한계를 노정하게 하면서 불쾌감과 공포감을 야기하는데, 이때 실천이성이 구원투수로 등장하여 상상력을 돕게 되면 주체는 불쾌감/공포감을 이겨내면서 주체의 능력을 확장하여 거대한 대상과 맞대면할 수 있게 되고, 여기에 성공할 경우 미의 차원에서는 맛볼 수 없었던 최대치의 쾌감을 느끼게(즉 노력에 대한 보상을 받게) 된다. 물론 이런 차원에 이르게 되는 것은 결코 쉬운 일은 아니지만, 미감적 판단력의 작용은 한편으로는 미와 다른 한편으로는 숭고라는 두 차원의 미적 경험을 교차시켜 예속적이고 수동적인 주체를 자유롭고 능동적인 주체로 형성하게 만드는, 자기변혁 테크놀로지의 훌륭한 원리가 될 수 있다는 점이 확인된다. 칸트가 말하는 미감적 판단력을 금욕의 윤리와 욕망의 윤리를 매개하고, 지성적 합법칙성과 자유의 궁극목적을 매개하는, 미적-윤리의 테크놀로지라고 부를 수 있는 이유가 여기에 있다.

7. 신경정신분석학과 벤야민의 미메시스

앞서 살펴보았듯이 정신 기구는 두 가지 서로 다른 방식으로 알려질 수 있다. 내부를 들여다봄으로써 우리 마음의 주관적 인상을 얻게 되는데, 이것이 정신분석이 마음을 연구하는 방법이다. 한편 뇌라는 신체기관은 마음에 대한 객관적인 시각, 즉 마음을 사물로 바라보는 시각을 제공해주며, 이것이 뇌-신경과학이 마음을 연구하는 방법이다. 솜즈와 턴불은 이 두 시각을 결합하여 <신경정신분석학>[29] 이라는 학제적 연구를 주도하고 있는데, 이들이

29_ 마크 솜즈·올리버 턴불, 『뇌와 내부 세계: 주관적 경험의 신경과학 입문』, 374-378쪽 참조. 신경정신분석학 연구는 1990년대 초 뉴욕정신분석연구소의 후원 하에 구성된 학제간 스터디 그룹(솜즈와 턴불은 여기에 참여했다)으로부터 시작되어, 2000년 7월에 <국제신경정신분석학회>가 창설되어 국제학술대회가 개최된 이후, 같은 제목의 잡지가 발간되고 있다. 자세한 내용은 www.neuropsa.org.uk 참조.

설명하는 마음의 복잡한 작용을 다음과 같이 요약해 볼 수 있다(343-362).

1) 뇌는 우리 몸의 내적 욕구들과 외부 세계의 위험 및 환희와의 사이를 중재하면서 생물학적 존재로서의 생존을 증진시켜준다. 뇌는 크게 보아 삼층 구조(삼부 뇌: 신피질-구피질-뇌간)로 되어 있는데, 그 중 가장 핵심에 위치한 것이 뇌간이다. 뇌간은 뇌의 해부학적 핵심으로 진화론적으로 가장 오래된 부분인데, 여기에는 우리의 식물성 내장의 생활을 조절하는 수많은 신경핵들이 있어서, 심장박동과 호흡과 소화, 기타 등등을 통제한다. 이 회로들은 모든 포유류가 공유하는 것으로 고정된 것이고, 여기에 사소한 변화가 생기면 살아남지 못하게 된다. 이런 회로들은 마음과 직접 관련되지 않으며, 사물들과 외부의 지각-운동 세계를 중재하는 역할을 한다.

2) 마음은 이런 계통들이 끝나는 곳, 즉 뇌간의 윗부분에 있는 회로들(시상하부)을 통해서 시작된다. 여기서 의식은 항상 변동하고 있는 연결장치를 통해서 자기의 현재 상태와 대상 세계의 현재 상태를 연결하는 과정에서 출현한다. 의식의 단위 각각은 자기와 대상들 간의 연결을 만들어내는데, 이런 의식적인 시간의 순간적 단위들은 피질 활성화의 맥동에 의한 율동적 진동(시각적 의식의 경우 40헤르츠의 진동)에 의해 구성된다. 그 맥동은 심층의 "망상" 시상핵들에서 방출되고 일초 동안 여러 번씩 의식의 두 종류(혹은 출처)를 서로 결합시킨다. 다마지오가 규명한 바와 같이 의식은 우리 주위에서 벌어지고 있는 일에게 투사되는 느낌(평가)들로 구성된다. 의식의 다양한 '통로'들은 토대를 이루는 의식의 '상태'에 의해 묶여지는데 그 자체가 '극미인'이다. 이는 달리 말하면 신체적 자기의 투사이고, 다마지오는 이를 핵심적인 의식, 혹은 기본감정이라고 부른다. 이 기본 감정은 특정 부류의 지각과 행동을 연결하는 역할을 하는데, 이런 연결들이 판크세크가 부르는 <기본감정 명령계통>이다. 여기에는 네 가지가 있다. 즉 추구(그리고 동반된 쾌락-갈망) 계통, 분노(혹은 격노-분노) 계통, 공포(혹은 공포-불안) 계통, 공황(분리-고통) 계통이 그것들이다. 그런데 모든 인간이 공유하는 이 계통들은 각

자의 유전자와 각자가 맞이하게 되는 환경 사이의 복잡한 상호작용을 통해서 개인적인 변형, 즉 "좋은" 대상관계와 "나쁜" 대상관계에 대한 개별적인 분류를 통해서 상이한 내용을 갖게 되고, 이를 통해서 각자가 자기만의 고유한 내부세계를 발전시키게 된다.

3) 그런데 "상속된 기억"들이 기본감정 명령계통의 <형태>를 결정한다면, 좋은 대상/나쁜 대상이 그런 계통들의 <내용>을 결정해준다. 이것은 잠재적인 학습계통의 핵심으로서 "감정적 기억"이라고 부른다. 이 두 가지가 과거로부터 유래된 것으로 의식에 미치는 무의식의 영향이라면, 의식 그 자체는 대상들과의 상호작용을 '재작동'할 수 있는 능력에 의해 지금 당장의 현재를 넘어서까지 확장되는데, 이것이 명백한 의식적인 기억하기이며, 이를 "삽화적 기억"(개인적 사건에 대한 기억)이라고 부른다. 삽화적 기억은 지금 현재의 핵심적 의식(내적 의식)과 과거 사건들에서 유래된 저장정보(외적인 의식)를 결합-재가동시키는데, 이런 일이 발생하는 장소가 해마이다.

4) 마음에 대한 내적 시각에서 가장 중요한 것은 능동적인 행위자의 경험이다. 이것은 곧 자기(self)와 동의어로서, 이 자기는 다만 주관적으로만 지각될 수 있을 뿐이다. 그러나 신경정신분석학은 이 주관적 자기 의식의 물리적 상관물을 객관적으로 연구할 수 있게 해주고, 그것의 기능적 구조를 밝혀줄 수 있다. 이 구조의 최하위 수준에는 최초의 자기(판크세크의 용어로 단순한 자아-유사한 생명 형태, Simple Ego-like Life Form)가 뇌간의 구조에서 나타나는데, 이것이 "살아 있다"는 경험의 근원이고, 이것은 반사와 본능적인 행동으로 프로그램화된 운동계통으로서, 이는 수동적이고 강박적인 기전으로서 여기에는 선택이 결여되어 있는데, 이것이 프로이트가 말한 "반복강박"이다. 신경과학적으로 보자면, 자유의지의 본질은 억제를 위한 능력으로서, 이것이 인간을 다른 영장류와 구별해주는 상위 수준의 "자기" 계통의 발달로서, 이 계통은

근본적으로 전전두엽에서 나타나는 억제 기전 위에 구성되어 있다.

5) 전전두엽은 행동에 관한 결정을 연기(억제)시킬 수 있다. 생각하기는 상상적인 행동하기로 간주될 수 있는데, 이로써 행동의 결과를 미리 평가한다. 따라서 억제는 사유의 필요조건이자 매개이다. 전전두엽은 출생 후에 성숙해지고, 2세와 5세 경에 두 번의 야무진 스퍼트를 보이지만, 태어나서 20년 동안에는 계속 발달하게 된다. 따라서 전전두엽은 상당히 "경험-의존적"이다. 인생의 초창기에 이런 집행 기전의 활동에 모습을 갖춰주는 경험들은 각자의 구조를 결정하게 되는데, 그것의 타고난 (신경화학적) 억제 능력의 적용은 처음 몇 년 사이에 아이의 발달의 이런 측면을 안내해주는 부모(와 다른 양육자)에 의해 말 그대로 조각된다. 이런 조각과정은 (1) 부모들의 행동과 (2) 그들이 말하는 바에 의해 지배된다. 부모들의 행동(1)은 전두엽과 두정엽의 외부 표면에 위치한 거울 뉴런(mirror neuron)을 통해서 아이들에게 "내면화" 혹은 "내사(introjection)" 되는데, 아이들은 이 기전을 이용하여 관찰된 행동을 "상상 속에서" 거울로 비춰보는 셈이다. 이런 과정의 반복을 통해서 행동이 사유로 변화하고, 수동성은 적극성으로(예를 들면, 자제로) 변하게 된다. 그리고 나서 말을 하고 알아듣는 단계에 이르면 아이들은 "내부 언어"의 기전을 통해서 부모의 금지명령(2)을 억제로 변화시킨다. 언어는 자기-조절의 강력한 수단이 된다. 이것이 충동과 행동 사이에 사유를 개입시키는 두 가지 방식이다.

6) 이 과정이 잘못되면, 행동계통을 효과적으로 지배하는 자기 능력이 위험에 처하게, 즉 정신병리의 형태가 나타나게 된다. 솜즈와 턴불은 기본 감정 명령계통이 프로이트가 이드라고 부른 것과 등가이며, 전두엽에서의 운동계통의 통제를 프로이트가 현실적 자아라고 부른 것과 등가라고 간주한다. 프로이트는 욕동 에너지를 억제시킬 수 있는 능력을 자아의 이성적-현실적-강제적-실행적인 모든 기능의 기본이 된다고 보았고, 이것을 구속받지 않는 정신활동을 지칭하는 "일차과정"과 대비하여 "이차과정" 사유

라고 구분했다. 솜즈에 의하면 대화치료는 자아의 통제 능력을 강화하는 수단이 될 수 있는데, 피억압물에 이차과정의 억제적인 강요를 부가하는 것이고, 그렇게 해서 자아(자기 혹은 자유-의지)의 융통성 있는 통제 하에 그것들을 두는 것이다. 전전두엽에 의해 발휘된 실행적인 통제의 연결된 네트워크로부터 제외되어 있는 뇌의 어떤 부위의 활동은 어떤 의미로는 피악압물이고, 이런 관점에서 보면 몇 가지 억압의 변형들이 있게 된다. 대화치료는 언어를 이용하여, "전이" 관계의 퇴행적 특성을 인위적으로 재점화함으로써 무의식 속에서 작동하던 피억압물을 확인하고 이를 이차과정의 억제 속으로 끌어들임으로써 전전두엽의 기능적 영향권을 확장시키는 것이다.

2000년 국제학회 창립으로 본격화된 신경정신분석학의 발전은 아마도 외부에서 본 마음과 내부에서 본 마음 간의 변증법적 절합의 메커니즘을 더욱 구체화하는 데 기여할 것이라고 본다. 그런데 신경증이나 분열증과 같은 정신적 병리상태에 처하지 않은 일반인들의 경우에는 정신분석적 대화치료를 수행할 수가 없는데, 여기서는 증상도 미미하고 전이도 발생하지 않기 때문이다. 그렇다면 위와 같은 신경정신분석학적인 마음의 지도 그리기는 일반인들의 <자기의 테크놀로지>를 예속적 주체에서 자기-통치적 주체로 전환시키는 데 어떤 도움을 줄 수 있을까?

다양한 논의들이 가능하겠지만, 여기서는 두 가지 단서를 발전시켜 보고자 한다. 그 하나는 기본감정 명령계통의 형식들에게 좋은 대상-나쁜 대상과의 관계 형성의 내용을 구체적으로 부여하는 구성적 역할이 거울 뉴런에 있다는 사실이 벤야민의 독특한 "미메시스" 개념과 "언어"이론을 과학적으로 해명하는 데 도움을 줄 수 있다는 것이다. 그리고 다른 하나는 이와 같이 과학적으로 재구성된 미메시스 이론은 칸트적인 미적-윤리의 테크놀로지를 인지과학적인 차원에서 보다 정교하게 발전시킬 수 있는 생산적 단서가 될 수 있다는 것이다.

벤야민에 의하면 "자연은 유사한 것들을 만들어낸다. 이는 의태(보호색)를 보기만 해도 알 수 있다. 그러나 유사한 것을 생산해내는 최고의 능력을 갖고 있는 존재는 인간이다. 어쩌면 인간이 지닌 상위의 기능들 가운데 미메시스 능력이 함께 작용하지 않는 기능은 없다고까지 말할 수 있다."[30] 이렇게 미메시스를 상위의 인간 능력들 중에서 가장 핵심적인 것으로 보는 벤야민의 가설은 이제 거울 뉴런이 전전두엽과 두정엽에 집중적으로 위치하여 모든 상위의 인식 기능의 핵심 역할을 하고 있다는 발견에 의해 검증되고 있다. 그런데 벤야민은 계통발생과 개체발생의 두 차원에서 미메시스에는 역사가 있으며, 후자의 경우는 <놀이>를 통해서 발달하게 되는 데 비해, 전자의 경우는 역사가 경과하면서 점차적으로 그 능력이 퇴화하고, 다른 영역으로 전환되고 있다는 가설을 제시했다.

우리는 가정을 해볼 수 있다. 즉 예전에 투시력의 토대였던 미메시스 능력은 수천 년의 발전과정을 거치면서 점차 언어와 문자 속으로 옮아갔고, 이 언어와 문자 속에서 비감각적 유사성의 완전한 서고를 만들게 되었다는 가정이 그것이다. 이처럼 언어는 미메시스 능력의 최고의 사용 단계를 나타내고, 그 안으로 이전에 유사성을 자각하는 능력들이 남김없이 들어간 매체가 되었을 것이다. 이 언어라는 매체 속에서 사물들은 예전처럼 더 이상 직접적으로 예언자나 성직자의 정신에 따라 서로 관계를 맺는 것이 아니라 그 사물들의 정수, 지극히 민속하고 섬세한 실체들, 사물들의 독특한 향들이 서로 만난다. 달리 말해 투시력이 스스로 예전에 가지고 있던 힘들을 역사가 흘러가는 동안 점차 물려받게 된 것이 바로 문자와 언어이다(206). 그러나 읽기와 쓰기에서 템포는 바로 그 읽기와 쓰기 과정과 떼어 놓고 생각할 수 없는데, 이 빠른 속도는 유사한 것들이 사물들의 흐름에서 번개처럼 순간적으로 떠올랐다가 이내 가라앉아 잠겨버리는 템포에 정신을 참여케 하려는 노력 내지 능력과 같은 것이다. 그리하여 모든 범속한 읽기가—

30_ 벤야민(1933), 「유사성론」, 『발터 벤야민 선집 6』, 199.

읽는 자가 뭔가를 이해하고자 한다면—모든 마법적인 읽기와 공유하는 것이 하나 있다면 바로 이것이다. 즉 읽기 행위는 읽는 자가 헛수고를 하지 않기 위해 결코 잊어서는 안 되는 필수적인 템포, 아니 그보다는 어떤 위기의 순간에 의해 지배 받고 있다는 점이다.(207)

이 글은 매우 신중하게 해석될 필요가 있는데, 자칫하면 벤야민이 미메시스 능력이 이제는 소진되고 단지 문자와 언어 속에만 그 흔적을 남기고 있다고 주장하는 것처럼 오독할 수가 있기 때문이다. 그러나 벤야민의 주장에서 핵심은 이런 역사적 퇴화와 전이는 '계통발생적'인 차원에서 일어난 것이고, '개체발생적'인 차원에서는 아이들의 경우에서 볼 수 있듯이 <놀이>를 통한 미메시스 능력의 발달이 이루어지고 있다는 점이다. 또한 문자와 언어에는 비감각적 유사성이라는 의미에서의 미메시스적 투시력이 침전되어 있어서, 마치 번개처럼 순간적으로 떠올랐다가 이내 가라앉아 버리는 템포가 있는 데 이와 공조할 수 있다면 일정하게 회복이 가능하다고 본다는 점이다. 그렇다면, 개체발생적 차원에서 아직 보존되고 있는 감각적 미메시스와 계통발생적 차원에서 문자와 언어에 침잠되어 있는 비감각적 미메시스라는 투시력은 내부 세계와 외부 세계의 연결을 선순환의 방식으로 이끌어가는 데 없어서는 안 될 경로가 되지 않을까? 그리고 이것이 곧 벤야민이 칸트적 경험의 빈곤함을 넘어서서 보충해야 한다고 주장했던 바를 실현할 수 있는 경로가 되지 않을까?

바로 그것이 **문제이다. 즉 적나라하고 원시적이며 자명한 경험이라는 표상**···
그것은 어떻게든 자기 시대의 지평을 공유한 인간으로서 칸트에게 유일하게 주어진 경험, 아니 유일하게 가능한 경험으로 비친 그 경험이다···이 경험은 독특하면서 시간적으로 제한된 경험이었다. 그리고 사람들이 특징적인 의미에서 세계관이라고 칭할 수 있을 그 경험은 그것이 일정한 방식으로 모든 경험과 공유하는 이러한 형식을 넘어 계몽주의 시대의 경험이었다. 그러나 그 경험은 여기서 가장 본질적인 특성들을 두고 볼 때 근대의 다른 세기에서의 경험과 그다지 다르지 않다. 이 경험은 **세계에 대한 가장 낮은[비속한] 경험** 또는 견해들 중 하나이다. 칸트가 자신의 엄청난 저작을 바로 계몽주의의 성좌구조[상황] 아래에서 착수할 수 있었다는 것은 **그의 저작이 말하자면, 의미의 영점 내지 최소치로 축소된 경험을 상대로 기도**되었다는 것을 뜻한다.[31]

위의 두 인용문들을 종합해 본다면, 칸트의 3분 체계를 유지하면서도 이렇게 영점 내지 최소치로 축소된 경험을 다채롭고 풍요로운 경험으로 확장할 수 있는 가능성은 바로 미메시스적인 경험의 발달과 확장에 달려 있는 셈이다. 그런데 이때 벤야민이 말하는 미메시스는 우리가 익숙한 '동일성의 재현(representation)'이 아니라 마치 아이들의 기차 놀이와 같이, 거울 뉴런의 수행적 능력에 의한 "유사한 것의 체화(embodiment)"이다.

> 장난감의 표상 내용이 아이의 놀이를 규정하는 것이 아니라 실제 사정은 정반대이다. …모방은 놀이 속에 있는 것이지 장난감 속에 있는 것이 아니다.[32]

벤야민은 경험을 "살았던 유사성"이라고 정의한다. 이는 그가 칸트적 의미의 경험, 즉 자연과학적 인식이 되기 위해 최소화된 경험으로는 포괄할 수 없는, 다른 종류의 경험을 중시한다는 것을 뜻한다. 그 때문에 그는 '기억' '꿈과 깨어남' '충격' 체험, '마약 체험, '기시감'과 같은 초심리학적이고 신비적인 체험 일반을 주목한다. 이런 이유에서 그는 늘 예술가, 미개인, 광기에 사로잡힌 사람, 예언적 투시력을 가진 사람, 어린아이의 경험에 관심이 끌렸다.[33] 칸트가 자신의 작업을 '예비학'이라고 부르면서 혼신의 힘

31_ 벤야민, 「미래 철학의 프로그램에 대하여」, 101. 강조는 필자.
32_ 벤야민의 「장난감의 문화사」; 최성만의 해제, 「발터 벤야민 사상의 토대: 언어-번역-미메시스」, 『벤야민 선집 6』, 45쪽에서 재인용.
33_ 최성만, 「발터 벤야민의 역사철학적 구제 비평」, 『발터 벤야민 선집 5』, 도서출판 길, 2008, 22.

을 기울여 정초해 놓았던 '미적-윤리'의 체계는 이런 방식으로 벤야민의
미메스시적 경험에 의해 보충되지 않으면 안 된다.[34]

8. 나가며

포에에르바하 테제 3번에서 맑스가 주장했던 바와 같이 환경의 변화와
인간 주체의 변화를 동시적으로 실현하기 위해서는, 다시 말해, 말기의 푸
코가 고민했듯이 권력의 테크놀로지와 자기의 테크놀로지를 연결하는 '통
치'의 개념틀을 역사화하여, 해방적 통치양식으로의 이행의 구체적 형태를
'발명'하기 위해서는, 휴머니즘적/실존주의적 맑스주의와 구조주의적 맑스
주의, 그람시와 알튀세르 간의 양자택일을 넘어서서, 행위와 구조의 변증법
에 기반한 새로운 권력이론-주체이론이 필요하다. 이 글은 기존의 주체
관련 이론들을 비판적으로 검토하면서 이 새로운 이론 구성을 위한 예비적
절차들이 무엇인가를 살피는, 일종의 '예비학(칸트적 의미의 예비학)'에 해당
한다고 할 수 있다.

이런 예비적 절차들을 검토한 결과, 맑스의 포이에르바하 테제에 기반하
여 푸코의 '통치' 이론을 통치양식의 역사적 변화라는 문제틀로 확장하고,
그 기반하에서 벤야민이 「미래 철학의 프로그램」에서 제시했던 바와 같이,
칸트의 삼분법 체계를 유지하면서도 동시에 경험을 확장할 수 있는 새로운
형태의 주체이론의 구성이라는 과제가 제시되었다. 그리고 이런 과제를 해
결하는 데에 있어 <신경정신분석학>과 같은 학제적 작업의 매개가 과학

34_ 이렇게 벤야민에 의해 보충되는 칸트의 미적-윤리적 경험은 좁은 의미의 '미학'의
  범주에 묶어둘 수 있는 경험이 아니다. "오히려 그러한 '미학'이라는 분과학문적 틀을
  폭파하는 인식론적, 역사적, 정치적 함의를 갖는 경험의 '소우주'로서 파악된다. 그리
  고 벤야민에게 '미적 가상'은 헤겔과는 달리 '이념의 감각적 현현'이 아니라 신화를
  인식하게 하는 신화적 매체와 같은 성격을 띤다. 미적 경험은 이미 어린 시절의 경험
  에서 마법적 경험으로 다가온다"(최성만, 같은 글, 22).

적 기반을 제공할 수 있다는 점을 확인하였다. 특히 여기서 벤야민의 미메시스 이론과 신경정신분석학의 결합이 관건인데, 벤야민의 혁명적 주체이론의 핵심 기제라고 할 수 있는 "꿈과 각성의 변증법"에 대한 보다 과학적인 해명을 기대할 수 있기 때문이다.[35]

35_ 벤야민의 꿈과 각성의 변증법에 대해서는 졸고, 「시공간의 변증법과 도시의 산책자」, 『시대와 철학』 제21권 3호, 2010년 가을 참조.

4

파시즘과 '해방의 정치'의 딜레마
―사회적 약자의 해방의 에너지와 생존

권명아

1. 한국사회와 파시즘: 고질적인 문제들, 또는 새로운 지점들

우리는 지금 왜 파시즘을 고민해야 하고, 파시즘에 대한 고민을 통해서 어떤 대안을 제시해야 할까? 참으로 어렵기도 하고 매우 광범위하기도 한 질문이다. 한국에서는 파시즘이라는 용어가 억압적 지배 형태를 통칭하는 기술적 개념으로 사용되기도 하고(교육 파시즘, 파시즘적 억압 등), 특정한 체제(특히 박정희 체제)의 성격을 규명하는 문제와 관련한 학문적 의제로 간주되기도 한다. 한국사회는 일본의 식민통치를 통해서 파시즘적 사회 시스템을 경험한 바 있고, 이렇게 해서 형성된 파시즘적 사회 시스템과 심성 구조, 문화 등은 해방과 냉전을 거치면서 '청산되기는커녕 더욱 강화되었다. 한국사회에서 파시즘이 고질화 또는 만성화된 억압적 체제나 심성 구조와 관련되는 것은 이 때문이다. 따라서 이 글에서는 한편으로는 세계화 이후 '새롭게' 대두된 파시즘화의 징후를 살펴보면서, 다른 한편으로는 파시즘의 경험과 이에서 비롯된 만성적으로 구조화된 문제를 동시에 고찰해 보고자 한다.

이 글에서는 기본적으로 역사적 파시즘 체제[1]와의 비교 고찰을 통해서 세계화 이후의 새로운 징후들에 대해 논의를 전개할 것이다. 이 글은 먼저 새로운 파시즘의 징후가 세계화와 이에 따른 위기감의 만연, 현존하는 대안적 패러다임의 한계 및 이에 대한 반작용(reaction)에서 생성된다는 점에 초점을 두고 논의를 전개하고자 한다. 또 이를 통해서 현재 한국사회에서 파시즘적 징후를 사유하는 일이 사회적 약자의 해방의 사상과 실천을 다시금 탈환하는 일이라는 점을 제기하려고 한다. 현재 한국사회의 파시즘적 징후는 많은 부분 대안적인 해방의 이념 부재와 이에 따른 사회적 약자의 위기감과 환멸에서 비롯되기 때문이다. 한편 고질적이고 만성화된 파시즘의 구조에 대해서는 성노예화와 비국민화의 문제를 중심으로 논의할 것이다. 이러한 논의 과정을 통해서 이 글은 이른바 파시즘의 경험과 유산이 한국인의 심성구조와 문화에 어떻게 각인되었는지를 살펴보고, 이러한 측면이 비국민화를 재생산하는 법제 및 검열이라는 차원에서 어떻게 지속적으로 작용하고 있는지를 논하고자 한다.

2. 사회적 약자의 '해방'에 대한 기대와 환멸의 줄타기: 파시즘이 당신을 부르는 방법

사람들에게 파시즘은 도통 이해가 잘 안 되는 개념이거나, 독재나 억압 등의 현상에 어디든 따라붙는 수사처럼 간주되기도 한다. 이런 이유로 학자들은 파시즘이라는 용어 자체가 설명력을 지니기 어려운 개념(혹은 무규정적인 개념)이라고 비판하기도 한다. 그런데 실은 이러한 측면이 바로 파시즘이 지닌 '고유성'이라고도 할 수 있다. 역사적으로 파시즘은 자기 내적인 고유

1_ 역사적 파시즘 체제란 1차 세계대전에서 2차 세계대전의 종전까지 전세계가 파시즘 대 반파시즘 블록으로 나뉘어 재편된 시기를 의미한다. 즉 단지 파시즘 블록(이탈리아, 독일, 일본)에 국한된 문제가 아니라 세계 체제가 파시즘과 반파시즘으로 재편됨으로써 파시즘이 세계 체제의 운영 원리가 된 시기를 의미한다. 이에 대해서는 권명아, 『역사적 파시즘: 제국의 판타지와 젠더 정치』, 책세상, 2005 참조.

한 이념, 혹은 이데올로기를 기반으로 구성된 것이라기보다, "현존하는 모든 것에 대한 안티테제"[2]를 자신의 기반으로 삼았다. 따라서 파시즘의 징후를 분석하는 일은 현존하는 이념과 대안 세력 및 사회 구조와 이에 대한 안티테제가 등장하는 지점들 사이의 길항 관계를 규명하는 일이기도 하다. 또 이는 단지 특정 정당의 정책 변화나 집권 집단의 성향을 분석하는 일로 환원될 수 없다. 오히려 파시즘적 징후에 대한 분석은 사회 전체의 집단적인 심성 구조의 변화의 결을 살펴보는 일이며, 특히 사회적 약자의 심성구조, 자기 인식의 준거와 그 변화 등을 읽어내는 일과 관련된다. 그런 점에서 한 사회의 주체화와 관련된 여러 지표들의 변화와 이와 관련된 사회적 기제, 제도, 정책 등의 변화를 읽어내는 일 역시 중요하다. 이러한 조망은 매우 광범위한 영역에 걸쳐서 진행되어야 하기에 필자의 능력을 벗어나는 일이기도 하다. 여기서는 이와 관련된 몇 가지 지점을 논하는 데 그치고자 한다.

역사적 사례를 통해서 보자면, 파시즘은 20세기의 주류적 이념이자 상호 대립하는 두 세력인 사회주의와 자본주의 모두를 비판하면서 자신을 정립했다. 특히 모든 것에 대한 안티테제로 자신을 구성하면서 스스로를 "제3의 길"로 정립하는 것은, 대중 선동[3]의 차원에서 매우 효과적이었다. 파시즘이 안티테제로 삼는 대상은 단지 사회주의와 자본주의만은 아니었다. 파시즘은 당대의 대립하는 두 이념이던 페미니즘과 반페미니즘도 모두 비판하였다. 일례로 식민지 조선에서 진행된 파시즘 기획은 사회주의와 자본주의 모두를 배격하면서, '혁신'과 '아시아 해방'의 기치를 내걸고 이에 적합한

2_ 이 구호는 무솔리니가 파시즘을 설명한 말이기도 하다. 이 진술은 파시즘의 성격을 정확하게 보여준다. 파시즘이 반동적인(reactionary) 혁명이라는 형용모순을 기반으로 하는 것도 이러한 요인과 관련된다.

3_ 필자는 이전의 작업에서 파시즘을 사유함에 있어서 대중과 엘리트라는 이분법적 주체 규정이 지닌 한계를 비판한 바 있다. 이에 대한 필자의 입장과 대안은 『역사적 파시즘』(앞 책)을 참조하기 바란다. 여기서는 논의의 번거로움을 피하기 위해 이 문제를 본격적으로 다루지는 않고자 한다. 따라서 이 글에서 대중정치, 대중 선동, 대중의 자발성 등의 용어를 사용하는 것은 이른바 통념적인 언어 표현을 언급하는 차원에 국한된다.

인간형을 요구하였다. 또 여성 해방의 이념을 담지한 신여성적 삶과, 노예 상태에 빠진 구여성적 삶을 모두 배격하면서, 총후부인과 군국의 어머니와 같은 새로운 인간형을 만들어냈다.

이러한 방식은 파시즘의 정체성정치의 핵심이다. 이는 전사회적으로 매우 조밀한 방식으로 이뤄진 것이기도 하였다. 기존의 것에 대한 안티테제를 통해서 새로운 인간형을 주조해내는 과정에서 파시즘의 정체성정치는 그간 사회의 이면에서 호출되지 못했던 존재들을 사회의 전면으로 부상시킨다. 이러한 호출에 대한 응답의 과정이 단지 수동적이거나 일방적인 것은 아니다. 오히려 이러한 응답은 그간 사회 속에서 자신의 설 자리를 갖지 못했다고 느끼던 집단들이 이와 같은 파시즘의 정체성 정치 속에서 자신의 자리를 마련해간 적극적이고 능동적인 과정이었다고 볼 수 있다. 이러한 측면이 이른바 파시즘에서의 대중의 자발성과 관련된다.

역사적으로 보자면 식민지 조선에서 이러한 과정을 통해 효과적으로 호출된 집단은 청년, 부인, 소국민이었다. '청년'은 근대적인 의미의 부르주아 지식인도 아니고, 사회주의적인 인간형(프롤레타리아나 전위)도 아닌 그 "무엇"이었다. 이른바 애국 청년이라는 정체성의 내적 규정은 이러한 안티테제 외에는 없는 공허한 것이었다. 그러나 현존하는 정체성 모델과 자신을 동일시할 수 없었던 특정한 집단들은 이 속에서 자신의 자리를 발견하게 되었다. 그리고 그 자리는 이른바 입신출세주의라는 이념에 의해 정당화되었다. 또 총후부인과 군국의 어머니 역시 이 과정을 통해서 가정이 아닌 사회와 '국가' 속에서 자기 자리를 발견하게 된다. 파시즘의 대중정치란 그런 점에서 대중의 자발성을 불러내는 일이기도 하였다.[4]

4_ 물론 자발적 대중에 관한 논의에서도 나타나듯이 자발성이란 한편으로는 새로운 형태의 자기조직화 논리로서 이른바 새로운 주권성의 가능성을 함의하기도 하지만, 파시즘과의 연루라는 역사적인 문제와 분리해서 사유하기 어렵다. 따라서 대중의 자발성을 자기조직화의 긍정적 계기만으로 일방적으로 평가하는 일은 다소간 낙관적인 전망이라 할 수 있다. 이러한 논란은 촛불집회와 대중의 역능에 대한 최근의 논의에서도 중요한 논점이 되고 있다.

그렇다면 이러한 과정은 어떻게 가능한 것일까? 파시즘이 현존하는 모든 것에 대한 안티테제로 자신을 정립할 수 있었던 것은, 사회주의와 자본주의, 페미니즘과 반페미니즘, 진보와 보수 등등 현존하는 이념에 대한 대중의 만연한 환멸과 피로감에 안티테제적 호소가 효과적으로 작용할 수 있었기 때문이다. 즉 이러한 경향들 말이다. 진보와 보수, 한겨레와 조중동, 민주와 반민주에 대해서 "이것도 저것도 다 망조다"라거나, "이것도 저것도 다 마찬가지다"라는 대중적 피로감과 환멸의 만연과 같은 현상이 그것이다. 한국사회에서 이러한 피로감과 환멸은 이른바 민주화 이후, "잃어버린 10년" 등과 같은 수사에서 징후적으로 드러난다. 예를 들면 이른바 참여정부나 국민의 정부라고 불린 '민주화 시기'에 한겨레와 조선일보 둘 다를 보면서 자기 나름의 시각의 '균형'을 잡는다는 사람들이 많았다. 그러나 최근에는 이렇게 균형을 잡으려는 태도가 한겨레도 조중동도 '편파적'이기는 매한가지라는 심성구조로 변화되었다. 또 무엇보다 진보도 보수도 "다 거기서 거기"이고, 노무현도 이명박도 "다 그게 그거"라는 심리가 사회에 만연해 있다. 페미니즘은 문화상품으로서도 매력을 잃은 지 오래고, 그렇다고 해서 사람들이 반페미니즘에 적극적으로 동의하지도 않는다. 다만 페미니즘이라는 말 자체가 '지겨울' 뿐이다.

이러한 현상은 이른바 진보진영의 무능력함과 실패와도 밀접한 관련이 있다. 또 이는 기존에 대안으로 제시되었던 "해방의 정치"에 대한 기대심리

이른바 다중의 역능에 대한 낙관적 전망은 한국뿐 아니라 전세계적 차원에서도 이른바 "이데올로기의 종언" 이후 환멸과 무기력에 빠진 지식인들의 정치적인 것에 대한 혐오를 비판하는 차원에서도 새로운 대안으로 제기되고 있기도 하다. 대표적인 논자는 자크 랑시에르이다. 다중의 역능에 대한 강조를 통해 정치적인 것에 대한 환멸을 극복하려는 시도는 그런 점에서 세계화 이후의 정치적인 것의 전망을 재조직하는 데 중요한 논점이 되고 있다. 또 이와 관련하여 다시금 다중의 자발성과 파시즘의 결합에 대해서 새롭게 사유할 필요성도 동시에 부각되고 있다. 예를 들어 랑시에르의 논의에 대한 공방이 그것인데 에른스트 라클라우는 랑시에르의 논의가 다중의 역능에 대한 낙관적 전망으로 인해 대중과 파시즘의 연루를 사유하지 못하게 만든다고 비판하기도 하였다. 이에 대해서는 Paul Bowman, "This Disagreement is Not One: The Populism of Laclau, Rancière and Arditi," *Social Semiotics*, Vol. 17, No. 4 (2007) 참조.

가 충족되지 못함으로써, 부풀어 올랐던 기대심리만큼 역으로 해방의 정치에서 등을 돌리는 과정이기도 하다. 이것이 현재 한국사회에서 진행되는 보수로의 회귀라는 대중의 동선이 의미하는 바이기도 하다. 여기서 잊지 말아야 할 것은 바로 이러한 이유 때문에 역사적으로 파시즘은 "약자의 해방의 사상"으로 등장했다는 점이다. 물론 파시즘은 결국 사회적 약자들이 걸었던 기대를 단지 배신하는 데 그치지 않고 사회적 약자를 절멸하는 것으로 귀결되었다. 그러나 역사적으로 파시즘이 해방에 대한 사회적 약자들의 기대감과 좌절의 틈새에서 싹텄다는 점은 잊지 말아야 한다. 최근 한국사회에 만연한 파시즘의 징후는 해방의 사상과 정치에 대해 사회적 약자들이 지니고 있던 기대감과 좌절과 깊은 관련이 있다. 이런 측면을 간과한다면 자칫 파시즘에 대한 논의는 "모든 것이 보수의 탓"이라는 진보진영의 자기 합리화로 귀결되기 십상이다. 또한 이렇게 만성화된 책임 떠넘기기 구조는 현존하는 모든 이념에 대한 대중의 피로감을 가속화시키는 주된 요인이기도 하다.

게다가 최근 대중에게 만연한 환멸과 피로감은 세계적인 경제위기를 통해서 극점에 이르렀다. 이러한 상황은 역사적으로 파시즘이 체제로 발현된 1차 세계대전 이후의 위기 국면과 매우 유사한 형태를 보인다. 현존하는 모든 것에 대한 안티테제로서 파시즘이 등장하고, 파시즘이 생존의 절대성이라는 이념 아닌 이념을 통해 광범위한 대중의 호응을 얻게 된 맥락 또한 이러한 세계사적 상황과 관련된다. 그것의 역사적 판본이 "입신출세주의"[5] 라면 현재적 판본은 "실용주의적 전환"이라 할 것이다.

현재 한국사회에서 나타나는 파시즘화의 징후는 해방의 정치에 대한 기대와 환멸뿐만 아니라, 이러한 심성구조를 강화하거나 조직화하는 대중정치의 구조에서도 뚜렷하게 나타난다. 가장 대표적인 것 중의 하나가 386세대 책임론, 실크 세대론 등 세대론적 인정 투쟁의 구도를 사회 전반에 강화

5_ 입신출세주의와 역사적 파시즘의 관련성에 대해서는 권명아, 앞의 책 참조

하려는 대중정치의 측면이다. 양극화, 수도권 중심주의, 엘리트 중심의 교육체제 개편 등 이미 존재했던 사회적 대립의 축들은 물론, 대중정치 차원의 사회적 대립까지 더욱 강화함으로써 현 체제에 대한 동의를 이끌어내려는 시도들이 작동하고 있는 것이다.

이 지점과 관련하여 이명박 정부에 대한 유권자 과반수 이상의 지지를 "자영(自營)"에 대한 기대와 환상이라는 차원에서 검토할 필요가 있다. 여기서 말하는 '자영'에 대한 기대와 환상이란 단지 자영업자 집단에 대한 선거 전략의 차원을 의미하지 않는다. 이 글에서 주목하는 바는, '자영'의 환상이 노동자에 자기 지지 기반을 두었던 참여 정부와의 전략적 차별화의 소산인 동시에, 노동자, 페미니즘적인 여성 등 기존의 집단적 주체성에 대한 피로감에 젖은 집단들에게 효과적으로 호소하는 대중정치 차원의 선동이라는 점이다. 그런 점에서 스스로 경영한다는 '자영'이라는 이념은 집단적 주체성과 이와 결부된 개념들, 특히 노동, 신체, 노동을 통한 정치화 등과 다른 의미화 방식으로 정체성을 재규정한다.[6] 특히 이는 만연한 경제위기(단지 금융위기 국면만이 아니라) 속에서 세계 속에 맨몸으로 내던져져 있는 것과 같은 존재론적 불안감에 시달리는 사회구성원들의 위기감에 호소하는 일이기도 하다.

이러한 징후는 여러 층위에서 진행 중이지만, 이러한 징후의 의미는 지난 대통령 선거에서 사용된 홍보 전략에 집약적으로 드러나 있다. 이명박 정부의 대선 홍보로 사용된 "국밥집 할매" 광고는 이 지점에서 매우 상징적이다. 이 광고는 단지 "국밥집 할매"와 선거 주자 이명박만을 재현하면서도 이른바 "386 책임론"을 효과적으로 가시화했다. 화면에 재현되는 것은 오로

6_ 필자는 여기서 자영에 대한 기대와 환상이라는 문제를 논하면서 현존하는 집단적 주체성의 정치에 대해서는 더 이상 기대감을 갖지 못하고 이와는 다른 자기규율과 자기조직화에 대한 이상은 포기하지 않았지만 현실적인 대안을 찾지 못한 그러한 사회구성원들의 기대와 소망 충족의 불가능성의 간극을 염두에 두고 있다. 이 점은 보다 정교한 논의를 통해 구체화될 필요가 있지만 현재로서는 징후에 대한 분석의 차원에 논의를 제한하고자 한다.

지 늦은 밤 김이 펄펄 나는 국솥을 정성스레 닦는 할매의 맨몸의 노동, 할매의 주름진 얼굴과 구부정한 허리, 그럼에도 넘쳐나는 삶에 대한 애정이었다. 이것과 짝을 이루는 것이 "자갈치 아지메"를 내세운 공익광고[7]였다. 이 광고 역시 매서운 바람을 온몸으로 맞으며 자식을 위해 노동하는 헌신적인 아지메들만을 전면에 내세우고 있다. 이 두 광고는 이렇게 헌신적인 할매와 아지메의 노동과, 노동으로 닦여진 쇠락하고 주름진 신체만을 재현함으로써 대중적 호소력을 발휘했다. 그녀들의 주름지고 쇠락한 신체야말로 "생존의 위대함", "생존 자체의 절대성"이라는 이명박 정권의 대중적 호소력을 온 몸으로 증언하고 있기 때문이다. 또 화면 어디에도 등장하지 않는 386세대는 "생존의 위대함"을 일깨우는 바로 그 어미들의 자식임에도 불구하고 생존의 위대함을 망각한 존재들로 의미화 된다. 그리고 이러한 분할 속에서 이른바 '민주화'는 생존과는 다른 영역, 생존의 절대성과는 다른 공간에 놓인 것으로 효과적으로 배제된다.

"자갈치 아지메"에서 국밥집 할머니까지, 한국사회에서 억척모성의 표상은 자영업적 경제 구조와 밀접한 관련을 맺는다. 한국사회에서 억척모성이란 바늘 하나 꽂을 여지가 없는 이 땅에 뿌리를 내리고자 했던 가장-엄마들의 다른 이름이다. 그리고 그녀들이 억척 모성으로 자식을 생산하고 가족을 부양하고 이 땅에 근거를 마련한 것은, 바로 시장 좌판에서 구멍가게에 이르는 바로 그 자영업의 세계를 통해서다. 이러한 자영업적 세계는 한국에서 박정희 체제의 경제 개발주의에 대한 환상과 매우 밀접한 관련을 맺는다.[8] 그러나 이 광고가 단지 박정희 체제에 대한 향수 때문에 효과를 발휘한

7_ "자갈치 아지메"는 노무현 정부의 선거 홍보 과정에서도 중요한 역할을 했고, 이후 노무현 정부의 '실패'에 한숨짓는 "민심의 바로미터"로 전유되기도 했다. 그런 점에서 민주당과 한나라당은 모두 "자갈치 아지메"의 상징을 노동, 혹은 민심이라는 축을 따라 각자 전유하고 있다. 물론 이는 한국의 정당 정치에서의 지역성의 호출과도 밀접한 관련이 있다. 여기서 논하는 바는 이렇게 노동과 '민심'이라는 것이 결합되면서 호출되는 자갈치 아지메의 표상이다. 이런 이유로 2007년의 대선 과정에서 자갈치 아지메는 민주화에 대한 대중의 희망과 환멸, 혹은 민주화 이전과 이후의 민심의 향배를 나타내는 상징으로 호출되었다.

것은 아니다. 생존의 위대함, 혹은 생존 자체의 절대성이 '대안'으로 제시된 광고에 대해 유권자들이 일정한 지지를 보낸 데에는, 앞서 말했듯이 현존하는 대안에 대한 대중들의 피로감과 환멸이 밀접하게 작용하고 있다.

선거 과정에서 이명박 정부의 이러한 대중정치에 지지를 보낸 집단의 많은 부분이 자영업 종사자라는 사실은 여러 논자들이 지적한 바이다. 자영업 집단은 경제적으로 참여 정부나 국민의 정부의 노동정책과 경제정책의 사각 지대에 있었으며, 정체성 차원에서 봐도 노동자도(자영업자란 정규직이나 비정규직, 혹은 프롤레타리아 노동자도 화이트칼라 노동자도 아니다) 자본가도 아니었다. 말하자면 기존의 정체성 호명 체제에서 자신의 자리를 발견하기 어려운 집단이었던 것이다. 또 386 세대를 삭제하고 아비/어미 세대의 생존 투쟁의 신성함을 통해 주체를 호명하는 정체성정치의 새로운 국면은, 단지 자영업자라는 특정 경제 집단에 호소하는 것을 넘어 자영(自營)이라는 환상을 통해서 노동과 삶에 대한 재규정을 시도하는 데서 시작된다. 국밥집 할매와 자갈치 아지메의 일은 가족을 위한 헌신적인 노동으로, 맨 몸으로 세계와 맞서서 가족을 지켜내는 것으로 의미화된다. 이를 통해 노동은 갈등과 투쟁의 장이 아니라 가족의 생존을 위해 막막한 세계 앞에서 맨 몸으로 홀로 맞서 싸우는 일이 된다. 싸워야 할 대상은 저 위기로 가득한 세계이고 지켜야 할 것은 가족의 생존이다.9 이는 갈등과 투쟁을 모르는 세계이고, 그런 점에서 '민주화 시기'의 노동과 삶의 관계를 규정하던 의미 맥락과

8_ 억척 모성과 경제 성장 만능주의의 밀착된 이데올로기적 동질성을 가장 날카롭게 비판한 이는 다름 아닌 박완서이다. 그런 점에서 억척 모성의 신화화가 필연적으로 이러한 성장 이데올로기에 대한 자기정당화로 이어진다는 점을 우리는 박완서 소설을 통해서 익히 알고 있다. 그런 점에서 현재 만연한 억척 모성과 생존에 대한 신화화 작업은 일종의 퇴행적 현상이기도 하다.

9_ 그런 점에서 이러한 대중정치의 논리가 『워낭소리』와 같은 세계에서 자신의 닮은꼴을 발견하는 일은 그다지 놀라운 일은 아니다. 이와 관련해서 최근 베스트셀러 반열에 오른 『워낭소리』나 신경숙의 『엄마를 부탁해』와 같은 작품에서 나타나는 생존의 절대성과 그 신화화의 문제나 노동에 대한 재규정 작업이 지니는 공과를 검토할 필요가 있다. 이에 대해서는 별도의 글을 통해서 논하고자 한다.

완전히 이질적인 세계이다.

중요한 것은 국밥집 할매와 자갈치 아지메로 표상되는 정체성은 기존의 페미니즘적인 여성 주체성과도 상이하고 노동자라는 집단 정체성과도 상이하다는 점이다. 그러나 이들의 표상은 단지 헌신적인 모성이라는 보수주의적인 가치로 회귀한 것도 아니다. 그녀들은 가사와 육아라는 사적 영역에 유폐된 '고전적인 모성'이 아니라 모두 노동하는 인간이다. 그러나 그녀들은 노동을 통해 자신의 정치적, 성적 권력을 쟁취해가는 페미니즘적인 여성 주체성이 아니라, 생존의 절대성 앞에서 맨몸으로 가족을 위해 세계와 싸우는 여성이다. 또 그녀들은 노동하는 인간이지만, 그녀들의 노동은 노동자라는 집단적 주체성 속에서 자신의 동일성을 구하는 형식을 취하지 않는다. 그런 점에서 국밥집 할매와 자갈치 아지메로 상징되는 이 정체성정치의 준거는, 기존의 진보/보수, 페미니즘/반페미니즘적인 집단적 주체성의 정치 모두에 대한 안티테제의 성격을 명확하게 지니는 것이다. 그리고 이러한 안티테제가 수렴되는 것은 생존의 절대성, 모든 이념을 넘어선 '실용'의 세계이다. 그리고 이러한 모든 현존하는 이념을 넘어선 실용의 세계란 역으로 이와 같이 현존하는 주체성과의 격렬한 분리에 호소함으로써 만들어지는 것이다.

이러한 세계 속에 모든 존재는 홀로 서있다. 거기에는 어떠한 사회적 유대 관계도 존재하지 않는다. 존재하는 것은 고립된 존재의 생존을 위한 투쟁, 그 막막한 세계를 신화로 만드는 이미지뿐이다. 이를 통해서 생존은 기존의 모든 이념을 대체한 '대안이 된다. 그리고 이것의 현실적 버전은, 우리가 지금 목도하고 있듯이 실용주의(이는 이념을 넘어선 것이라고 자신을 규정하고 있다)라는 이름 하에 진행되는 경쟁 만능주의와 이를 통한 사회적 적대의 급속한 심화 현상인 것이다.

그러나 다시 한 번 강조하지만, 이러한 징후를 모든 것을 경제발전으로 환원하는 '무지한 대중의 보수주의적 회귀나 이에 영합한 보수진영의 문제로만 본다면, 현 사회의 파시즘의 문제를 직시할 수 없다. 이러한 징후에는 현존하는 노동과 주체 구성의 패러다임 속에서 자신의 위기를 해소해줄 대안을 찾지 못한 집단의 '대안'에 대한 욕구 또한 작동하고 있다. 또 현재의 노동과 주체성과 관련된 국면이 기존의 집단적 주체화의 정치로는 해석되고 설명될 수 없는 지점으로 접어들고 있음에도 불구하고, 새로운 국면에 대한 해석의 지평을 열지 못하는 '진보진영'의 사상적, 실천적 무능력 또한 이러한 대중정치가 호소력을 갖게 만든 현실적 기반이기도 하다.

3. 비인(非人) 혹은 비국민 생산의 구조로서 파시즘: 성노예화와 집단학살, 트랜스젠더와 비국민의 상동구조

파시즘의 가장 중요한 특징은 자발성이다. 파시즘은 집단주의나 보수주의, 위로부터의 일방적 통제라는 요소들을 내포하면서도 본질적으로 이러한 통제와 이념을 내적인 자발성의 기제로 작동시키는 고유한 방식을 내포하고 있다. 이러한 자발성이 어떻게 형성되는가에 대해서는 다양한 논의가 있다. 그러나 그중 가장 중요한 것은 전사회 내적으로 적대의 관계가 조밀하게 재구성되고, 사회구성원들이 적대의식을 내면화함으로써 자발적으로 파시즘에 참여하게 되는 역학이다.[10] 역사적 사례를 통해서 볼 때, 이러한 자발성을 효율적으로 작동시키는 것은 경쟁의 내면화, 혹은 생존 논리의 이념화이다. 즉 사회적 적대가 보이지 않을 정도로 촘촘하게 구조화되고

10_ 이런 맥락에서 파시즘에서 '대중의 자발성'이란 다양한 현현 방식을 보인다. 한 사회에서 파시즘의 징후가 경향적으로 잠복하고 유동할지라도 이러한 경향이 위로부터 조직화되지 않는 경우 파시즘이 사회 전체를 운용하는 구성 원리, 즉 체제의 구성 원리로서 지배적 형식이 되기는 어렵다. 그런 점에서 파시즘은 대중정치의 향배에 따라 단지 사회의 잠복된 경향으로 항존하기도 하고, 아니면 조직운동이나 사회체제로 전환되기도 한다. 그런 점에서 파시즘에서 대중의 자발성이 사회구성원리 차원으로까지 지배화되는 것은 위로부터의 조직화에 의해서이다. 따라서 역사적으로 파시즘이 사회체제의 지배적 형식이 되는 과정에서 억압적인 통제뿐 아니라, 헤게모니 기구에 대한 장악을 동반하였다는 점은 이와 관련하여 매우 중요한 부분이다.

그것이 인간 각자의 심성 구조로까지 각인되면 무한경쟁 구조가 완성되는데, 이것의 역사적 실현물이 파시즘이다. 그런데 파시즘 하에서 경쟁이나 생존이 이념화된다고 해서, 자본주의 사회에서 일반화된 경쟁과 생존 논리가 모두 파시즘적 경향이라는 의미는 아니다. 앞서 논의했듯이, 여기에는 선행하는 이념과 대안, 사회구조와 주체성의 정치에 대한 안티테제의 정립이라는 매우 현실적인 역학이 작용하기 때문이다. 즉 파시즘은 경쟁과 생존이 그 자체로 주체성의 근간, 이념, 대안으로 정립되는 현실적인 맥락과 관련된다.

파시즘이 생존을 이념과 인간 존재의 진리의 차원으로까지 격상시키는 과정에는 사회 내적으로 만연한 위기감이 중요하게 작용한다. 특히 이는 전지구적인 차원에서 자신의 위치가 재규정되는 과정과 긴밀하게 연동된다. 양차 세계대전이라는 세계 권력 구도 속에서 소외된 '약자' 진영에서 파시즘이 생성되었고 또 해당 사회 내부에서 소외된 약자의 위기감이 파시즘에 대한 지지 기반이 된 것은 그 역사적 사례이다. 한국의 경우 이른바 IMF 체제는 자본의 세계화, 혹은 세계체제의 재편 과정에서 한국의 소외된 약자로서의 위치와 무기력감을 맛본 징후적인 경험이었다.[11] 그러나 한편으로 만성화되는 경제위기 국면과 이에 따른 위기감은 "민주화"에 대한 열망과 공존해왔고 그것이 1990년대 말에서 2000년대 초반까지의 국면이었다. 그러나 민주화에 대한 열망과 기대가 실망과 환멸로 이어지자, 위기감과 열망의 긴장관계는 급속하게 흔들리게 되었다. 이러한 긴장의 붕괴가 이른바 '잃어버린 10년'이라는 대중선동의 구호가 현실적 힘을 발휘하게 된 사회심리적 구조라 할 수 있을 것이다. 민주화는 이제 '이미 경험해본 낡은 것'이 된 것이다. 경쟁 논리를 내면화시키는 실용주의를 통해 생존을 대안적 이념으로 제시하는 대중정치의 역학은, 이러한 현실적인 요인들 속에서 그 효과를 발휘하는 것이다.

11_ 세계화 이후 한국사회에서 이러한 환멸과 피로감이 확대되는 현상에 대한 구체적인 논의는 권명아, 『식민지 이후를 사유하다』, 책세상, 2009 참조.

민주화는 이미 낡은 경험이 되었고, 증폭되는 세계 경제위기 속에서 한국의 지위에 대한 불안감은 격화되고, 본질적으로 이 속에서 개인들의 경제적, 존재론적 위기감은 폭발 직전까지 팽배해있다. 파시즘은 이러한 위기감 특히 약자의 손상된 지위에 각인된 존재론적 불안을 먹고 탄생한다. 파시즘이 약자의 사상이었던 이유 또한 이와 관련이 깊다. 약자라는 인식, 약자의 피해의식은 경쟁 구조와 생존 논리를 자기정당화의 기제로 작동시킨다. 이러한 기제를 통해서 파시즘은 한 사회를 무한 증식하는 적대의 구조로 만들고, 그것도 자발적으로 작동하게 만든다. 경쟁이란 무엇인가? 그것은 내 옆에 존재하는 인간이 다름 아닌 나의 경쟁 상대, 즉 내가 이겨야 할 적이라는 인식을 내면화하는 것이다. 따라서 이러한 심성 구조 하에서 사회의 모든 인간은 적으로 간주되고, 적으로 간주된 존재를 절멸시키는 기획에 동참하는 일은 손쉽게 이루어진다.[12] 그리고 절멸은 폭력이 아닌, '자연도태'의 이름으로 수행된다. 나치에게 유태인은 적이자, 낙오자이며 경쟁자이기도 하였다. 따라서 유태인의 절멸은 게르만 민족을 위기에 몰아넣은 경쟁자의 제거가 되고, 경쟁에서 도태된 자가 제거되는 일은 자연스러운 일로 간주된다.

역사적으로 파시즘은 이러한 적대의 내면화를 통해서 인종 말살을 자행했을 뿐 아니라, 무수한 집단을 비국민의 이름으로 제거했다. 파시즘의 절멸의 기획은 적대를 내면화하는 경쟁 구조로의 사회 재편과 밀접한 관련을 맺는다. 그러나 이 절멸의 기획은 말살과 제거라는 차원과 동시에 노예화라는 또 다른 방식을 동반한다. 파시즘에서 살아남은 자들이는 경쟁에서 승리

12_ 그런 점에서 역사적으로 파시즘을 경험한 일본과 한국이 모두 입시지옥, 무한경쟁 지옥을 토대로 구성된 사회라는 것은 우연이 아니다. 또 이와 같이 경쟁의 내면화를 통해 사회적 적대의 구조를 작동시키는 과정에서 교육, 가정, 문화 등 헤게모니 기구를 장악하는 일은 파시즘에서 매우 중요한 사안으로 대두된다. 이러한 헤게모니 기구를 장악하느냐 아니냐에 따라서 파시즘이 대중의 자발성을 조직하는 데 실패하느냐 성공하느냐가 달려있기 때문이다. 최근 교육, 문화, 미디어 등의 헤게모니 기구에 대한 국가의 재조직화가 폭력적으로 진행되는 것은 이러한 점에서 중요한 징후이기도 하다.

한 자들의 다른 이름이다) 이외의 나머지는, 항시적으로 반사회적 존재, 낙오자, 무능력자 등등의 이름으로 노예 상태에 내몰렸다. 이것의 최종적 형식이 성노예화(일본군 종군 위안부로 대표되는)와 절멸 기획(나치의 홀로코스트와 일본의 비국민 낙인을 통한 '적'의 제거)이다. 파시즘의 절멸 기획에 대한 가장 최근의 논의인 아감벤의 연구에서도 호모 사케르는 수용소에 감금된 무젤만, 즉 인종 말살의 차원에서만 다뤄지고 있다. 그러나 실상 호모 사케르는 또 다른 성격의 수용소인 위안소에서 벌거벗은 채 절규하던 위안부의 존재와도 밀접한 관련이 있다. 즉 파시즘은 인종 말살이라는 차원뿐 아니라 성노예화의 문제와도 결부되어 있으며, 동시에 이 두 가지는 모두 비국민화의 기제와 밀접한 관련을 맺는다.

아감벤도 지적하고 있듯이, 이러한 절멸의 기획에 대한 문제제기적 질문은 단지 "어떻게 이토록 잔인한 범죄들이 인류를 대상으로 자행될 수 있었는가라는 위선적인 질문이 아니다. 인간 존재로서의 권리와 특권들을 어쩌면 그토록 완벽하게 박탈했는지, 그들에게 자행된 어떤 짓도 더 이상 위법이 아닌 것처럼(그러니까 사실상 모든 것이 정말 가능해지는) 보이도록 만든 법적 절차와 권력 장치들을 주의 깊게 탐구하는 것이 보다 정직하며 또 무엇보다도 보다 유용할 것이다."13 따라서 파시즘의 절멸의 기획이 말살, 성노예화, 비국민화와 관련이 깊고, 이것이 '합법적' 절차를 통해서 수행되었다는 점, 즉 인간에게 모든 권리와 특권을 완벽하게 박탈하는 일이 법의 이름으로 자행되었다는 것을 새삼 환기할 필요가 있다.

성노예화, 절멸의 기획, 비국민화와 정체성정치가 어떻게 상호간에 연동해서 작동하는지를 보여주는 흥미로운 사례는 최근 국가 인권위원회와 관련된 논란이다. 국가 인권위원회 축소 찬반론자들이 등장한 텔레비전 토론 프로그램에서 축소론자들은 인권위가 했던 잘못된 일의 대표적 사례를 트랜스젠더와 촛불집회라는 두 개의 사안을 근거로 제기했다. 국가 인권위원

13_ 조르조 아감벤, 『호모 사케르』, 박진우 옮김, 새물결, 2008, 323.

회가 트랜스젠더의 성전환 수술 비용에 대해 의료보험 혜택을 주어야 한다고 권고했는데, 축소론자들에 따르면 이는 "사회통념"에 맞지 않는 과잉된 일이었다는 것이다. 마찬가지로 촛불집회 참가자에 대한 사법처리 과정에 대해서 국가보안법 폐지를 권고한 것 역시 "사회통념"에 어긋나는 일이라는 것이다.

왜 트랜스젠더와 국가보안법이 이렇게 나란히 문제가 되는 것일까?[14] 트랜스젠더와 국가보안법을 같은 층위에 놓는 것은 그러니까 전형적인 파시즘의 상상력이다. 먼저 이 지점에서 트랜스젠더의 인권 박탈과 비국민의 인권 박탈이 문란, 사회 통념, 공공의 안녕 질서와 같은 무규정적인 개념을 통해서 이뤄진다는 점을 염두에 두어야 한다. 특히 이러한 무규정적인 개념이 법적 판단의 근간이 되는 현상은 징후적이다. 한국사회에서 이러한 법적 판단의 기준은 일본의 식민통치 하에서, 특히 일본의 식민통치가 파시즘으로 전환되는 문턱에서 만들어졌다. 대표적인 것이 풍기문란 통제와 사상 통제라는 두 가지 형식이었다. 이에서 비롯된 법적 구조, 특히 문화와 사상에 대한 검열과 통제의 법적 구조는 한국사회에 여전히 남아있다.[15]

이런 역사적 맥락 때문에 한국사회의 보수집단에게 트랜스젠더에 대한 위와 같은 입장 표명은 매우 "상식적인" 것일 것이다. 트랜스젠더란 말 그대

14_ 인권위를 현상태로 유지해야 한다는 입장의 논자들이 트랜스젠더 문제에 대해서 아무런 반박도 하지 않은 것 또한 매우 흥미로운 일이었다. 오히려 인권위를 대표하는 이들은 "인권"이라는 아젠다를 "국가제도" 속에서 유지해야 한다는 점에만 골몰해 있는 듯이 보였다. 이 문제는 차후에 다시 논의를 하도록 해보자.

15_ 이와 관련해서는 권명아, 「풍속 통제와 일상에 대한 국가 관리」, 『민족문학사연구』 33호, 2007년 4월; 「음란함과 죽음의 정치: 풍기 문란과 근대적 주체화의 역학」, 『현대소설 연구』 39호, 2008년 12월 참조. 비국민화와 성정치의 관계에 대한 좀 더 자세한 논의는 이 글들을 참조하기 바란다. 또 이와 관련해 비국민화와 성정치를 밀착시킨 이러한 법제는 원래 독일의 법을 차용한 것이었지만, 일본도 독일도 이러한 법제는 2차대전 이후 폐기되었다는 점도 언급해야 할 것이다. 이러한 법제를 유지하고 있는 국가는 역사적으로 파시즘을 경험한 국가들 중에서도 한국이 유일하다. 이는 단지 비국민에 대한 법제만을 의미하는 것이 아니라, 풍속통제와 문화통제와 관련한 일련의 법제 역시 이러한 비국민화를 위한 법제의 연장에서 정립된 것이라는 점을 인식해야 할 것이다.

로 젠더의 경계를 넘어선 존재들이다. 이들은 현 사회에서 공인된 정체성의 기준과 이에 적절한 역할(이는 본질적으로 성역할을 의미한다)을 넘어선 존재이다. 파시즘의 상상력에서 보기에 이들은 그런 점에서 '문란한 존재들이다. 문란한 존재란 근본적으로 성적인 의미를 지니지만, 파시즘적 상상력에서 이는 단지 성적 차원만을 함의하지 않는다. 정체성의 경계를 흐리는 일은 성적 문란을 통해서 사회의 재생산에 치명적인 위험을 가한다. 어떤 재생산일까? 젠더 경계를 넘어서면 안 되는 것은 파시즘의 상상력에서 여성의 성적 역할은 근본적으로 사회의 '안정적 재생산을 담당하는 분자로서 기능하는 것이기 때문이다. 우생학적으로 우월한 여성들은 생물학적인 재생산(모성)의 기능을 담당하고, 이를 통해 사회의 안정된 재생산에 기여한다. 반면 우생학적으로 열등한 여성들(주로 하층 계급 여성들)은 모성보다는 성적 노동을 제공하는 역할을 한다. 이른바 매춘이라는 성노동의 사회적 구조화이다. 따라서 고정된 젠더 경계를 유지하는 일은 안정된 생물학적, 사회적 재생산을 위해 여성의 신체를 모성과 매춘이라는 양분된 구조로 재조직하는 것이다. 양자 모두는 근본적으로 자궁(재생산의 생물학적 기제로서)의 기능에 따라 두 가지 역할(재생산과 성적 '서비스')로 분할된다. 따라서 모성의 형태로든 매춘의 형태로든 여성은 자궁이라는 생물학적이고 성적인 기능으로 환원된다. 역사적으로 일본의 파시즘이 한 축에는 군국의 어머니와 총후 부인을, 다른 한 축에는 위안부를 여성의 역할로 분할한 것은 전형적인 사례이다.

이러한 파시즘의 성정치와 정체성정치는 여성을 근본적으로 성노예로 만드는 기제를 내포한다. 그리고 여기서 비롯된 심성 구조와 문화는 한국사회에서 거의 '일상'이 되어버린 고질적인 구조이다. 파시즘의 상상력의 차원에서 볼 때 트랜스젠더란 '자궁'이 없는 존재이다. 파시즘의 상상력에서 이는 인간 존재에 대한 규정을 넘어선, 비존재이다. 트랜스젠더의 성전환 수술에 대해서 의료보험 혜택을 주면 안 된다는 것은, 바로 트랜스젠더란 사회적으로 보호받을 가치가 없는 존재라는 인식의 직접적 표현이다. 사회적으로 보호받을 가치가 없는 존재란 무엇인가? 그들은 살 권리는 있을지 모르지만, 죽을지라도 사회적으로 관심을 기울일 필요가 없는 존재라는 것이다. 이렇게 특정 집단을 사회적으로 보호받을 가치가 없는 존재라고 규정하는 것은 바로 그 집단을 절멸되어도 좋을 존재로 호출하는 것이다. 죽도록 내버려 두어도 좋은 존재들 말이다. 이 지점에서 트랜스젠더와 비국민은 동일한 차원에 놓인다. 그리고 성노예화와 비국민화의 상호 관련은, 뜨거운 강철 '쇠우리' 속에서 죽음에 이른 용산 참사 피해자와 어두운 골방에서 성노예로 자신의 모든 권리를 박탈당한 채 죽음에 이른 장자연에 이르기까지, 무수한 표상으로 우리 앞에 놓여 있다.

이러한 성노예화와 비국민화의 기제는 한국사회에서 오랫동안 만연한, 일종의 사회적 구조화의 근간이 되었다. 바로 앞에서 논의했듯이 파시즘적인 사회의 조직화를 통해서 성노예화와 비국민화를 수행하는 것은 재생산에 대한 강박과 밀접한 관련이 있다. 파시즘적인 사회 구조에서는 인간은 각자의 역할에 따라, 상이한 방식으로 모두 재생산의 기계로 환원된다. 파시즘 하에서 인간은 사상, 신념, 정치, 문화에 의해 규정되는 것이 아니라, 각자의 생물학적이고 우생학적인 속성에 따른 재생산기계로 환원되는 것이다. 역사적으로 일본의 파시즘은 이를 '직분(각자에 맞는 사회적 역할과 정체성)'이라고 불렀다. 이러한 의미에서 파시즘이 상상하는 인간은 사상과 신념, 정치와 문화와는 거리가 먼, 재생산의 기능과 역할에만 충실한 존재이다. 파시즘이 그토록 강박적으로 사상과 신념에 대한 억압적 통제에 골몰하는 것은 이 때문이다. 또 경쟁기계로서의 인간이란 사상이나 정치와 무관하게 자신의 성공에만 골몰하는 인간이라는 점에서, 파시즘의 이상, 그 죽음의 상상력의 완벽한 실현이다.

이러한 맥락을 염두에 둘 때 한국사회에 만연한 자살률 증가 현상과 출산 거부 현상은 이와 같이 인간을 재생산기계로 몰아온 한국사회의 고질적인 사회 구조의 '부정적' 효과라는 점이 명백해진다. 자살과 출산 거부 자체가 긍정적인 현상이라는 말을 하는 것이 아니다. 오히려 자살과 출산 거부는 단지 만성적인 '사회문제'가 아니라, 인간을 재생산기계로 몰아온 한국 사회의 구조적 문제라는 인식이 필요한 것이다. 그리고 이러한 문제가 한국 사회가 파시즘의 경험으로부터 벗어나지 못한 채 지속적으로 파시즘적 사회 구조를 강화해온 과정에서 비롯되었다는 인식 또한 필요한 것이다.

그런 점에서 자살과 출산 거부, 성노예화와 비국민화라는 매우 기원이 다른 것처럼 보이는 현상들이 폭발적으로 사회 표면에 함께 출현하기 시작한 것은 징후적이다. 우리가 현재 직면한 한국사회의 가장 핵심적인 문제들이 결국은 모두 파시즘, 그 역사적 경험과 현실적 변화와 연동된 문제들인 것이다. 따라서 지금이야말로 우리가 파시즘, 그 질긴 악연과 절연을 할 수 있을 것인지, 아니면 그 죽음의 정치의 심연으로 함께 휘말려들지가 판가름이 날 국면이라고 할 수 있을 것이다.

4. 생존은 이념이 아니고 불안은 숙명이 아니다: 해방의 사상과 정치를 탈환하기

위안부 문제와 성상납 사건을 비교해보면 매우 중요한 공통점을 발견할 수 있다. 두 사례는 60년이 넘는 시간적 격차가 있고 '사법 판단의 주체'가 상이함에도 불구하고, 어떤 공통점을 내포한다. 둘 다 진상 규명이 '미궁 속에 빠졌고, 이미 죽은 자 혹은 생존자들의 '증언'이 진상 규명에 중요한 자료로 간주되지 않았다는 점, 그리고 진상 규명이 미궁으로 빠지는 과정이 매우 합법적으로 이루어졌다는 점이다. 그녀들의 말은 죽은 자의 말이기에 사실 증거로 간주되지 않거나, 역으로 말이 사실 증거로 간주되지 않기에 그녀들은 말을 박탈당하고 죽은 자로 간주된다. 어떤 형태로든 그녀들의 말은 합법적 공간에서 말로서의 지위를 박탈당한 것이다. 그것도 매우 합법적인 방식으로 말이다. 즉 그녀들의 죽음과 그녀들의 말의 법적 지위를 합법적으로 박탈하는 것은 등가적인 의미를 지닌다. 이 지점은 파시즘의 정체성정치와 죽음의 정치, 성정치가 내포하는 의미를 명료하게 보여준다. 그녀들의 죽음은, 생물학적인 절멸이자, 상징적인 차원에서의 절멸(말의 박탈)이고, 권리 박탈의 '합법적 수행'이기도 하다. 그러니까 절멸의 기획은 존재를 말 이전의 세계로 밀어 넣는 것이며, 말의 합법적 지위와 권리를 존재에게서 박탈하는 일이다. 이런 점을 생각하면 파시즘의 절멸의 기획에 대항하는 일은 먼저 말의 권리, 말의 합법적 권리를 통해 구축되는 존재의 주권성을 확보하는 일이라는 점이 명확해진다.

그런 의미에서 말의 권리를 합법적으로 제한하려는 최근의 일련의 법적 조치들에는 분명한 위험성이 존재한다. 이는 단지 표현의 자유라는 인권의 차원의 문제에 국한되는 것이 아니라, 존재의 권리를 합법적으로 박탈하는 신호탄이라는 점에서 문제적이다. 역사적으로 파시즘적 통제에 대한 이탈은 유언비어와 같은 말의 분산적인 흐름들 속에서 싹텄다. 여기에는 두 가지 차원이 개입된다. 파시즘의 절멸의 기획은 말의 권리에 대한 합법적 박탈의 과정이며, 여기에는 사상통제와 정보통제 역시 포함된다. 이와 함께 중요한 것은 성노예화의 경우에 명백하게 나타나듯이 아예 어떤 존재를 말 이전의 세계로 전이시키는 것이다. 이는 파시즘적 통제가 사회를 불가지론의 구조로 재조직하는 것과도 관련된다.

이는 단지 성노예화와 같은 구조에서만 나타나지는 않는다. 일례로 파시즘은 사회 내부의 위험 요인을 과도하게 강조하면서, 음모론적인 대중정치와 선동을 지속한다. 즉 근거를 알 수 없는 무수한 위험 요인들을 강조하는 방식이 그것이다. 따라서 파시즘적인 사회체제 하에서 세계는 음모론적이고 불가지론적인 방식으로 구조화된다. 이는 정보통제와 독점 그리고 대중선동과 대중정치가 복합적으로 결합된 결과이다. 그런 점에서 유언비어는 이러한 파시즘의 음모론적이고 불가지론적인 세계 표상 방식의 역상이기도 하다. 파시즘이 세계를 이러한 구조로 표상하는 것은 이를 통해서 위기감을 지속적이고 효과적으로 재생산할 수 있기 때문이다. 이러한 세계상 속에서 사회구성원들은 알 수 없는 불안감에 사로잡혀 살 수밖에 없다. 따라서 파시즘은 생존의 절대성으로 사상을 대체하고, 불안감을 숙명으로 만들면서 사회구성원들을 끝없는 위기감으로 내몰아간다.

파시즘적인 세계상이 근거를 알 수 없는 정보들로 만들어진 음모론적이고 불가지론적인 세계라면, 유언비어는 바로 이 세계가 만들어낸 역상이다. 이러한 맥락에서 유언비어를 만들어내는 것은 파시즘, 바로 그 자체이다. 그러나 한편으로 유언비어는 이처럼 음모론적이고 불가지론적인 파시즘적 세계상 속에서 말과 정보의 권리, 또 말의 소통을 통한 말의 합법적 권리를 확보하고자 하는 욕망의 표현이기도 하다. 즉 말의 권리 혹은 말의 소통을 통한 존재의 권리에 대한 욕망이 충족되지 못할 때, 말은 말이 아닌 곳(비어) 속에서 소통(흐르는 언어)의 욕망을 대리 충족하고자 하는 것이다.

그런 점에서 파시즘의 위험성을 경계하는 것, 한 사회를 파시즘화에 빠지지 않도록 경계하는 일은 말의 권력을 쟁취하고자 하는 지난한 투쟁에서 시작된다. 사상의 자유와 문화 향유의 권리 등이 파시즘에 저항하는 중요한 보루가 되는 것은 이 때문이다. 이는 단지 원론적인 차원에서 사상과 표현, 문화 향유의 자유와 권리가 중요하다는 의미가 아니다. 앞서 말한 바와 같이 파시즘은 인간을 사상, 문화, 정치를 통해 규정하는 것이 아니라, 생존이라는 신화를 통해서 재규정한다. 그런 의미에서 파시즘적 인간형은 생존의 노예이다. 생존의 노예가 되지 않는 길은, 인간이 사상과 문화, 정치를 통해서만 비로소 노예가 아닌 인간의 삶을 살 수 있다는 그 평범한 존재 진리를 다시 탈환하는 방법뿐이다.

최근 몇 년간 사회적 약자들의 목소리는 담론 공간에서 급격하게 사라지고, 대신 그들의 존재는 자살, 사건 사고와 같은 죽음의 표상으로만 가시화되고 있다. 한국사회에서 사회적 약자는 삶과 자신의 목소리를 통해 존재를 증명하는 것이 아니라, 죽음과 유언으로만 자신의 부재를 증명하고 있다. 그런 점에서 죽음의 정치는 한국사회에서 너무 오래, 그러나 언제나 새로운 방식으로 작동하고 있는 것이다. 한국사회의 파시즘적 징후는 파시즘을 경험한 역사와 그 유산 및 새롭게 대두한 문제들과 밀접한 관련을 지닌다.

무엇보다 사회적 약자의 해방에 대한 기대와 희망이 충족되지 못하고, 노동, 주체성, 성정치 등 삶에 대한 새로운 사상과 실천이 대안적으로 제시되지 못하는 상황이 파시즘에 대중들이 매혹되는 중요한 요인이다. 그런 점에서 파시즘의 징후를 고찰하고 이를 통해 어떤 대안을 제시하고자 한다면, 무엇보다도 사회적 약자의 삶의 새로운 조건들을 사유할 수 있는 사상과 실천의 새로운 패러다임을 모색하는 일이 가장 중요할 것이다.

5

현대사회의 괴물인 다중에 관한 해부학
─문화사회에서 실천적 다중의 구성

김성일

1. 망각되었던 다중의 귀환

괴물은 영화 속에서만 있는 것이 아니다. 괴물은 제1세계의 메트로폴리탄에서 출몰하는가 하면, 제3세계의 빈민가를 배회하고 있다. 또는 시애틀 한복판의 성난 시위대 속에 있는가 하면, 사이버공간의 매트릭스 위에 등록된다. 일찍이 맑스가 유령이라 일컬었던 공산주의가 사라진 지금, 새로운 코뮌을 꿈꾸며 제국을 배회하는 거대한 흐름! 공산주의에 맞서 교황과 짜르, 메테르니히와 기조, 프랑스 급진파와 독일의 첩보경찰이 신성동맹을 맺었듯이, 제국의 지배분파들은 새로운 동맹서약의 시기를 앞당기고 있다. 왜냐하면 현대사회의 괴물, 바로 '다중(Multitude)'에 대항하기 위해서이다.

다중이 현대사회의 괴물인 이유는 기존의 지배·저항이라고 하는 등식의 외부에 있기 때문이다. 즉, 기존의 진보담론과 사회운동 속에서 인식되고 동원되는 주체가 아니라, 완전히 새로운 인식론과 존재론을 요구하는 특이성 때문이다. 한편 다중의 역능이 어떻게 활성화되는가에 따라 그 이미지는 야수의 모습일 수도 있고 천사의 모습일 수도 있다. 따라서 다중에게 보내는 시선 속에는 의혹과 의심 혹은 두려움과 불안이 지배적이다. 분명한 것은 다중이 이론적 구성물이기에 앞서 실재한다는 것이며, 그 위세와 영향력이 급속히 증대하고 있다는 점이다.

한국사회에서 다중에 관한 관심이 대두된 것은 2002년 이후에 일어난 일련의 사건들 때문이다. 오노사건(김동성 선수의 실격)과 월드컵 길거리응원전은 스포츠 이벤트만으로 끝난 것이 아니었다. 인터넷을 통한 대중적 의미화의 실천양식은 주의 깊게 관찰해야 할 하나의 '사건'을 만들어냈고, 이후에 일어난 미선이·효순이 정국, 이라크전·파병반대운동이라는 정치적 사건과 접속하였다. 길거리응원전, 추모집회, 반전운동은 내용상 달랐지만, 그것을 '사건화'하는 주체화 과정은 동일했다. 정보적 소통을 통한 행동목표의 명확한 인지, 주체적이고 자발적 참여는 새로운 의미로서 '대중의 시대'를 알리는 신호탄이 되었다.

대중의 시대 속에서 사회부정의에 대한 감시와 처벌은 더 이상 경찰과 사법기관과 같은 국가기구의 독점으로 귀속되지 않았다. 인터넷신문, 블로그, 미니홈피, UCC, 아고라, 게시판, 댓글과 같은 정보적 소통문화는 대중 스스로 민중의 지팡이임을 자임하게 만들었다. 그러나 지식과 권력의 탈집중화에 기여한 이 같은 소통문화는 인터넷 마녀사냥이라고 하는 사이버홀로코스트를 자행했다. 또한 '황우석 사건'에서 나타났던 자폐적 민족주의와 맹목적 민중주의는 '쏠림현상'이라는 집단주의 문화와 관련하여 다중의 야수성을 확인토록 했다. 이러한 다중 속의 양면성이 사회문제로 등장한 이상, 그에 대한 올바른 진단과 대책 마련은 다중연구의 필요성을 재차 강조한다.

다중에 관한 관심과 규명은 이론적 수사가 아니다. 그것은 현대사회의 성격과 현대인의 사회적 삶의 형태를 규명하는 문제와 연관된다. 시민(civil)이라는 개념이 근대국가와 민주주의의 규명에 중요하게 관련되듯이, 다중이라는 개념은 제국[1]이라는 통치체제, 통제사회라는 권력행사, 비물질노동

1_ 제국이란 네그리와 하트가 『제국』을 통해 제시한 전지구화된 주권형태를 지칭한다. 이들은 제국이 다음과 같은 특징이 있다고 논의한다. ① 혼합된 구성(세계은행과 같은

이라는 물적 토대를 이해하도록 한다. 주체화양식이 작업장 내에서 노동자로 호명하는 것(푸코적 의미의 규율사회)으로부터 일상생활을 포괄하는 '사회적 삶의 구성으로 변화했다는 사실은 현대사회가 새로운 국면에 들어섰음을 시사한다. 따라서 다중론은 사회변동을 다루는 지적 작업이며, 변동요인의 규명을 통해 새로운 대안을 제시하려는 이론적 실천이라 할 수 있다.

2. 다중에 대한 호명방식의 다양한 변이들

한국사회에서 다중에 대한 높은 관심이 나타난 것은 아우또노미아 이론을 주창했던 네그리와 비르노의 논의가 소개되었던 이론정세와 월드컵 길거리응원전과 촛불시위에서 나타난 대중의 자발적 집합행동 그리고 황우석 사태에서 볼 수 있었던 맹목적 집단주의라는 현실정세와 관련된다. 이론정세와 관련하여, 아우또노미아 이론은 넓게는 1960-70년대 서구유럽 좌파의 맑스주의에 대한 재전유(전화), 좁게는 이탈리아 평의회운동 및 노동자주의(Operaism)에서 연원한다.[2] 이로부터 노동자계급의 중심성에서 벗어나 새로운 사회주체의 혁명성을 사고하려는 노력이 반(反)위계·반(反)대의제의 정치성을 급진화하려는 기획과 함께 제출되었다. 현실정세와 관련하여, '쏠림현상'이라 부를 수 있는 대중의 집단주의가 야기한 긍정적 측면(시민사회의 개입)과 부정적 측면(자폐적 민족주의, 맹목적 애국주의)은 기존의 대중관에 관한 재고를 요청했다.

초국적 실체들에서부터 국민국가들에 이르기까지 그리고 결국 국지적이고 지역적인 NGO에 이르기까지 비교적 자율적인 상이한 구조 및 기구형태들) ② 중심의 부재(권력이 혼합된 구성의 다양한 수준들 및 등록기들을 통해 분배/인간 상호작용을 규제할 뿐만 아니라 인간 본성을 직접 지배) ③ 경계의 부재(제국의 지배는 한계가 없음) ④ 시간적 경계의 부재(정복에 의해 생겨난 역사적 체제로서가 아니라 역사를 효과적으로 중지시키고 그럼으로써 사태의 현 상태를 영원히 고정) ⑤ 외부의 부재(그 자체로서 전체를 구성). 안토니오 네그리 · 마이클 하트, 『제국』, 윤수종 역, 이학사, 2001, 19-20.
2_ 조지 카치아피카스, 『정치의 전복』, 윤수종 역, 이후, 76-90.

한국사회에서 다중이라는 용어는 비교적 최근의 지적·실천적 관심 대상으로 떠올랐지만, 원래 이 용어는 상이한 이름과 개념을 지닌 장구한 역사를 갖고 있다. 그 흐름은 대중에 대한 다음과 같은 문제의식의 변화 속에서 파악 가능하다. 먼저 '대중은 왜 저항하지 않는가'라고 하는 문제의식에서 출발한 접근방식이다. 이러한 질문은 수적으로 다수를 차지하고 공통된 이해관계를 공유하는데도 열악한 자신의 환경을 바꾸지 않는 이유에 대한 규명으로 시작된다. 이러한 문제의식은 사회과학에서 다루는 정치과정론, 대중사회론에서 발전되고 심화되었다. 정치과정론에 따르면, 대중의 집합행동에서 요구되는 다양한 자원동원과정(정치적인 교육, 집단의식과 충성심의 고취, 집단 리더십의 출현, 물질적 자원의 수집)이 원활하지 않을 때 집합행동은 소기의 목적을 달성할 수 없게 된다.3 한편 미국에서 발전한 대중사회론은 대중매체를 통한 수동적 대중의 대량생산이 '고독한 군중'을 야기했다는 분석을 통해 현대사회의 인간 주체성이 당면한 위기를 논의한다.4

다음으로 '대중은 왜 지배를 원하는가'라는 문제의식에서 출발한 접근방식이다. 이러한 태도는 근대 자유주의 정치사상과 파시즘 연구에서 발견된다. 근대 자유주의 정치사상가인 홉스는 주권론을 통해 그만의 대중론을 펼친다. 홉스는 근대국가가 성립하기 위해서는 민중(people)의 주권양도가 요구되는데, 이러한 정치적 의사결정의 양도(독점)에 있어 물티투도(multitudo)는 위험한 존재라고 규정했다. 민중이 국가라는 제도 안으로 전환된 대중이라면, 물티투도는 하나의 종합적 통일로 수렴되지 않는 다원성(자연상태)에 근거한 대중이었던 것이다.5 이로부터 왕권신수설을 개정한 주권론(국가가 있기에 국민이 있다)이 등장하게 되었고, 자신의 고유한 권리(천부인권)를 양도하지 않기에 법적 인격의 지위를 획득하지 못한 물티투도는 (근대국가의 형

3_ 임희섭, 『집합행동과 사회운동의 이론』, 고대출판부, 94-96.
4_ 대중사회론으로 논의할 수 있는 대표적 저작으로는 데이비드 리즈먼의 『고독한 군중』, 토스테인 베블렌의 『유한계급론』을 꼽을 수 있다.
5_ 빠올로 비르노, 『다중』, 김상운 역, 갈무리, 2004, 38-41.

성·발전과 맥을 같이 하는) 역사의 무대로부터 사라지게 되었다.

파시즘의 정치동학 역시 권력에 대한 대중의 승인이라는 맥락 속에서 함께 논의될 수 있다. 파시즘은 위로부터의 폭력과 억압이 권력행사에 있어 그다지 생산적인 방법이 아니라는 점을 보여준다. 즉, 배제와 감금보다는 체제에 순응하도록 대중의 집단적 주체성을 만드는 정교한 정치공학이 더 합리적이라는 것이다. 국가의 동원체제에 적극적이고 자발적으로 참여하도록 대중의 욕망을 특정하게 생산하는 장치들은 아래로부터의 독재(민중주의)를 가능케 했던 것이다.6 홉스의 주권론은 자발적인 자연권의 양도를 통해, 파시즘은 기꺼이 지배되기를 열망하는 민중주의를 통해 권력의 정당성이 확보된다는 점에서 동일한 문제의식을 공유한다.

마지막으로 '대중은 왜 지배되지 않는가'라는 문제의식에서 출발한 접근방식이다. 이러한 태도는 소수문화론, 노마드론, 다중론에서 살펴볼 수 있는데, 그 원류로서 스피노자의 대중론이 있다. 스피노자에게 물티투도는 공적인 무대에서, 집단적 행동에서, 공동체의 사태를 처리하는 데 있어 하나로 수렴되지 않는 그 자체로 존속되는 다원성(복수성)을 의미한다.7 권력의 지배장치로부터 전적으로 포획되지 않는 다중의 이러한 역능은 이후 맑스, 니체, 들뢰즈, 네그리의 사상으로 이어졌다. 맑스가 고전 정치경제학의 형이상학을 유물론으로 뒤집어놓은 인식론적 단절은 노동과 노동력의 구별에 있다. 맑스에게 있어, 노동이 자본주의적 생산과 교환에 포획된 죽은 노동이라면, 노동력은 그 자체로서 능력, 재능, 가능태(dynamis)이며 노동보다 우선되는 본원적 능력을 의미했다. 니체는 힘에의 의지와 영원회귀 개념을 결합시켜 존재와 생성, 당위와 필연성, 세계와 인간 간의 긴장관계를 특유한 문학적 상상력을 통해 재구성함으로써 생성적 실재에 관한 디오

6_ 파시즘의 대중에 대한 관심은 일상적 욕구를 충족시킨다는 단순한 배려의 차원을 넘어, 국가의 동원체제에 적극적이고 자발적으로 참여하도록 욕망을 특정한 방식으로 만들어내는 데 있다. 임지현 외 엮음, 『대중독재』, 책세상, 2004, 20-24.

7_ 빠올로 비르노, 앞의 책, 38-40.

니소스적 긍정의 철학을 확립하였다.[8]

이러한 역능과 생기론이 철학적으로 급진화된 것이 들뢰즈의 노마드론이고, 정치적으로 급진화된 것이 네그리와 비르노의 다중론이다. 들뢰즈는 기존의 관계를 유지하려는 권력의 선분을 가로지르며 새로운 배치를 생산하고 구성하려는 긍정적이고 창조적인 욕망(욕망하는 생산) 속에서 유목민적 주체를 구성했다. 비르노는 노동으로 가치화가 실현되는 자본주의적 교환관계와는 달리, 역량 그 자체로서 가치가 평가될 수 있는 '노동-역량'의 존재양식을 제시했다. 네그리는 하트와 함께 다중을 전지구적 주권형태인 제국(Empire)에 맞서 대항할 수 있는 주체로 확장했다. 즉, 다중은 국민국가를 넘어 전지구적으로 주권을 행사하는 제국에 대항할 수 있는 유일한 주체인 것이다. 이때 다중의 저항은 국가와 전위정당 같이 위계화된 제도와 조직이 아닌, 역능에 기초한 자기조직화를 통해 자율적 구성정치를 실현하는 과정 속에서 이루어진다.[9]

3. 다중형성의 숙주로서의 다중사회

대중의 공유된 의식과 집합행동을 지칭하는 다양한 용어들이 있어왔지만, 다중이라는 개념의 명시적 표현은 분명 현대사회 속에서 발견되는 특이성들 때문이다. 따라서 다중에 대한 규명은 다중이게 만든 특이성이 발현될

8_ 백승영, 『니체, 디오니소스적 긍정의 철학』, 책세상, 2005, 287-293.
9_ 대중에 대한 세 가지 질문을 토대로 한 변주는 이후 다양하게 전개되었다. 그 중 대표적인 대중론으로는 근대성과 관련하여 짐멜(근대문화가 당대 대중의 삶을 어떻게 변화시켰는가를 규명), 벤야민(도시성으로 이해될 수 있는 근대적 대중의 삶 규명), 프랑크푸르트학파(수동적 대중을 만드는 근대성 속의 야만 규명)를, 커뮤니케이션 테크놀로지와 관련하여 라인골드(인터넷과 휴대폰으로 무장한 참여군중 규명), 레비(사이버공간에서의 집단 지성 및 지식 공동체 규명)를 지적할 수 있다. 한편 본격적인 다중론은 아닐지라도 주체구성론의 관점에서 알튀세르(이데올로기를 통한 주체 호명)와 푸코(생체권력을 통한 자율적인 성적 주체 구성)를 함께 거명할 수 있다.

수 있는 현대사회의 변동과 함께 이루어져야 한다. 이러한 접근방식은 다중이 결코 사유 속의 구성물이나 화려한 수사의 산물이 아님을 의미한다. 다중은 철저하게 역사적으로 규정된 생산양식 및 재생산 문제를 해결할 수있는 주체화양식 속에서 형성된 사회적 실재이다. 그렇다면 다중은 어디에서 형성되는가? 그것은 현대자본주의의 주요한 생산방식인 포스트포드주의가 야기한 변화, 특히 사회발전의 핵심 요소로 부각된 주체의 화용론적실천(정보, 상징, 이미지에 대한 이해 및 활용)과 사회적 협력(네트워크로 구성된사회관계 및 조직 형태)과 관련된다.

포스트포드주의는 1970년대 초 발생했던 세계대공황에 대응한 자본의재구조화로 나타난 새로운 축적체제이다. 일명 '경직성의 한계'로 불리어지던 포드주의적 축적위기에 대해 자본이 취한 처방전은 '유연생산체제'를특징으로 하는 포스트포드주의였다. 문제는 이러한 새로운 축적체제가 축적위기에 몰린 자본을 구출하는 구명대의 역할을 하면서도, 불완전하게 표류할 수밖에 없는 자본을 집어삼킬 다중을 형성하는 숙주로서 작용한다는점이다. 따라서 포스트포드주의는 경제적 의미에 국한되는 것이 아니라, 탈근대적 다중사회의 물질적 기초를 제공하는 사회구성적 축적체제로 볼수 있다.10

다중구성의 숙주로서 기능하는 다중사회의 물질적 기초는 경제의 탈근대화 속에서 만들어진다. 경제의 탈근대화란 굴뚝산업이라 지칭되던 생산방식이 지식, 정보, 서비스, 소통, 감성, 체험이 중요시되는 생산방식으로바뀌는 과정을 말한다. 주의할 점은 이들 요소들이 별개의 산업영역으로구축되는 것이 아니라, 상호 융합하면서 일반적인 경제활동으로 구조화된다는 사실이다. 즉, 지식-정보산업 혹은 서비스산업과 같은 분류 차원의구별이 아닌, 다차원적이고 비동시적이며 불균형적 융합과 그것이 야기하는 새로운 효과들이다. 따라서 경제의 탈근대화는 기존의 1차 · 2차 산업을

10_ 빠올로 비르노, 앞의 책, 168-191.

대체하는 과정이 아니라, 1차·2차 산업을 포함하여 모든 생산과 활동을 지식, 정보, 서비스, 소통, 감성, 체험의 융합으로 재구조화하는 변동과정이라 할 수 있다.

지식, 정보, 서비스, 소통, 감성, 체험, 정동은 물리적이고 내구적인 것들이 아니기에 '비물질노동'이라 정의할 수 있다. 비물질노동이란 상품의 정보적·문화적 내용을 생산하는 노동을 말한다. '정보적 내용'이란 노동 속에 포함된 숙련기술이 점차로 사이버네틱스와 컴퓨터 통제를 포함하는 숙련기술로, '문화적 내용'이란 노동으로 인식되지 않던 일련의 활동(문화, 예술, 규범 및 가치체계, 취향, 유행, 소비)을 말한다.11 문제는 비물질노동이 경제의 탈근대화라는 현실정세 속에서 자본의 가치증식에 핵심적인 역할을 수행하는 동시에 다중의 주체성 역시 구성한다는 점이다. 즉, 노동이 비물질적 성격으로 변화함에 따라, 비물질노동이 작업장을 넘어 다중의 주체성을 구성하는 사회적 삶의 생산에 직접적으로 연계됨에 따라, 지식·정보·서비스·소통·감성·체험·정동은 상호 긴밀하게 융합되면서 사회심급들의 중층결정성을 더욱 심화시킨다. 여기서 정치, 경제(노동), 사회, 문화(이데올로기, 이론)의 기능적 구분은 무의미해진다. 혼종성이 강화된 사회심급들의 다층적 절합 속에서, 특히 노동과 문화는 노동자라는 주체 호명을 넘어 사회적 삶 자체를 생산하는 문화정치 속에서 급속히 융합된다.

하지만 비물질노동의 중요성이 새롭게 부각된다고 해서 기존의 물질노동을 대체하는 것은 아니다. 물질노동과 비물질노동은 노동이라고 하는 실체의 두 양태이지 대체나 양자택일과 같은 대응개념은 아니다. 더욱이 비물질노동이 자본의 가치증식과 연관되는 한, 그것은 자본의 실질적 포섭을 더욱 강화하는 질료가 될 뿐이다. 가령, 고임금의 전문적 비물질노동과 저임금의 단순 비물질노동이 노동시장 내부에서 위계화되고 있다. 또한 최첨단 자동화기술체계에 기초한 제1세계의 중심적 비물질노동과 단순조립과

11_ 마우리찌오 랏짜라또, 「비물질노동」(조정환 옮김), 질 들뢰즈 외, 『비물질노동과 다중』, 갈무리, 2005, 181-183.

하청에 기초한 제3세계의 주변적 비물질노동이 공간적으로 차별화되고 있다. 따라서 비물질노동 자체는 진보적 내용을 담아내지 않는다. 그것이 어떠한 사회적 배치 속에 놓이게 되는가에 따라 반동적일 수도 진보적일 수도 있는 것이다. 따라서 다중의 주체성이 비물질노동의 일상적 경험만으로 바로 구성되는 것은 아니다. 사회적 분업체계 속에서 부과된 역할과 책임에 따라 다중의 주체성은 불균등하고 비대칭적으로 형성된다. 다중을 지칭하는 '현대사회의 괴물'이라는 은유는 이러한 맥락에서 살펴볼 수 있다. 이 말은 다중사회 역시 양가적 성격을 가지고 있다는 것을 의미한다.

다중사회가 해방과 억압이라는 두 갈래의 방향 중 어느 쪽으로 갈 것인가라는 문제는 통제사회와 문화사회라는 양극단의 벡터 사이에서 어디에 위치하는가에 따라 달라진다. 통제사회와 문화사회는 다중사회로부터 분리되어 나와 서로 대칭되는 것이 아니라, 사회적 현실을 생산하는 물질적 조건들의 생산 및 그것을 활성화하는 주체성을 구성하는 상이한 능력(힘)들이다. 통제사회의 힘이 강화된다는 것은 다중사회와 다중이 제국이라는 전 지구적 주권형태 속에 더욱 예속되는 것이고, 초국적 자본의 이윤획득에 필요한 자원을 무한히 공급하는 (수탈대상으로서의) 자연이 되는 것을 의미한다. 통제사회란 제국의 권력행사가 모든 구성원에게 기꺼이 수용되고 자발적으로 재활성화될 수 있도록 전체 삶을 지배하고 관리하는 사회를 말한다. 또한 통제사회는 푸코의 훈육사회―관습, 습관, 생산실행을 생산하고 규제하는 배열장치나 장치의 분산된 네트워크를 통해 사회적 명령이 구축되는 사회―보다 훨씬 발전된 형태로서, 명령 메커니즘들이 더욱 더 민주적이고 사회적 장에 내재적이며 대중들의 두뇌와 신체 전체에 퍼져있는 사회를 말한다.[12]

12_ 통제사회가 갖고 있는 지배와 사회의 포섭 혹은 배제의 메커니즘을 이해할 필요가 있다. 통제사회 속에서 지배에 적합한 사회적 통합과 배제의 행위들이 점점 더 주체들 자체 내부에 내재화된다. 이 속에서 권력은 생활감각 및 창조욕망으로부터 자동소외 상태가 되게끔 소통체계, 정보 네트워크 등에서의 두뇌와 복지체계, 감시활동 등에서의 신체를 직접적으로 조직하는 기계들을 통해 행사된다. 안토니오 네그리 • 마이클

반면, 문화사회의 힘이 강화된다는 것은 다중이 자발적인 의지와 자율성의 원리에 따라 자기가치를 실현시킬 수 있는 생태문화적 코뮌을 구축함을 의미한다.[13] 여기서 '문화사회'라 함은 기능적 분류에 따른 협의의 문화범주가 아니다. 즉, 문화복지 관련 국가기구의 정책, 축제와 콘서트와 같은 문화예술행사들을 의미하지 않는다. 그것은 하나의 부문영역으로서 문화를 강조하는 차원을 넘어, 사회적 의미와 실천의 기호들을 문화적 마인드로 갈음해 나가자는 새로운 사회 패러다임인 것이다. 그런 의미에서 문화사회는 사회변혁을 모색하기 위한 사회구성체론적 사유를 제기한다.[14] 무엇보다도 문화사회는 노동시간의 감축에 따른 유휴시간을 문화적으로 구성해 자기가치를 실현시킬 수 있는 주체의 역능이 한층 발전된 사회이다. 따라서 문화사회 속에서의 활동(노동)은 자본의 가치증식과 결부되지 않는다는 의미에서 노동거부와 연결된다. 노동거부는 자본기계에 등록되지 않고도 인간이 유(類)적 존재로서 생활할 수 있는 생산적 활동을 가능케 하는 적극적인 자기가치의 실현방식이다.

문화사회 속에서 비물질노동은 '욕망하는 생산'이 될 수 있다. 욕망하는 생산이란 주체 앞에 제시된 욕망대상의 제한된 목록(카탈로그)에 의해 선별적으로 구성되는 욕망이 아닌, 욕망대상을 변형하고 그것을 주체의 신체(내면)와 접속시키면서 자신과 욕망대상을 새롭게 변화시키는 능동적 활동(역능)을 말한다. 그런 의미에서 욕망하는 생산은 신체의 회로에 등록될 때 비로소 의미를 갖는다는 측면에서 삶능력(bio-power)[15]이고, 소통과 상호작용

하트, 앞의 책, 51-57.

13_ 심광현은 생태문화적 코뮌이 자유로운 개인들의 자발적인 연합과 사회문화적 실천이 교차하는 가운데 만들어진다고 논의한다. 그는 생태문화적 코뮌에 기초한 생태적 문화사회를 구축하기 위해 다음과 같은 실천을 제시한다. 국가와 시장에 의존하지 않는 자립적-자율적 공동의 자치능력의 형성, 국가를 지속적으로 민주화하고 시장을 자본주의적 착취와 독점으로부터 해방시켜 사회적 공공성을 확대하는 일.

14_ 심광현·이동연 편저, 『문화사회를 위하여』, 문화과학사, 1999, 210-211.

15_ 아우또노미아 이론에서 삶능력은 정동적 노동의 잠재성을 의미한다. 삶능력이 정동들의 생산과 재생산을 통해 삶을 창조하는 능력으로서 집단적 주체성들, 사회성 그리고

의 계기들 속에서 만들어진다는 점에서 화용론적 실천이라 할 수 있다. 따라서 비물질노동의 진보적 잠재성을 현실태로 전화하기 위해서는 주체의 신체와 그것이 세계와 맺는 관계인 '사회적 배치 및 등록'을 동시에 고려할 수 있어야 한다.

위와 같이 통제사회와 문화사회라는 두 개의 벡터가 어떤 역학관계를 맺느냐에 따라 다중사회의 성격이 규정된다. 현재 통제사회는 제국이라고 하는 전지구화된 주권정치 속에서 그 영향력을 증대시키고 있다. 이 속에서 욕망하는 생산이 다중의 지성화(일반지성)보다는, 자본기계에 철저히 예속되면서 자본의 지성화(금융자본, 상징자본 같은 비물질자본)에 복무하고 있다. 하지만 문화사회의 물질적 기초 역시 점차 확고하게 구축되고 있다. 생산의 사회화라는 자본주의의 경향적 법칙과 필요노동시간의 감소 및 자유시간의 증대에 따른 다중의 자기가치 실현의 욕망이 급속히 커지고 있다는 것이다. 물론 이러한 객관적 경향을 급진적 정치화의 문제로 전화하는 것은 다중의 실천성에 달려 있다.

4. 다중사회 속에서 다중되기

생산양식이 특정한 경제적 배치일 뿐만 아니라, 사회적 삶을 생산하는 총체적 구성 원리를 제공한다고 할 때, 포스트포드주의 역시 경제적 축적체제이면서도 주체구성의 주요한 메커니즘을 생산하는 사회문화적 축적체제라 할 수 있다. 경제의 탈근대화라 할 수 있는 포스트포드주의는 급속한 기술혁신에 기초하여 생산·유통·소비구조를 유연화함으로써 자본의 이

사회 그 자체를 생산한다는 것이다(마이클 하트, 「정동적 노동」, 자율평론 번역모임 옮김, 『비물질노동과 다중』, 153-157). 하지만 정동적 노동은 그 자체로서 잠재적 성격을 갖고 있기에, 그것을 어떻게 현실화하는가의 여부는 다른 차원에서 논의해야 한다. 그런 의미에서 욕망하는 생산으로서의 삶-능력은 사회적 배치와 등록을 함께 사고할 수 있는 보다 유효한 개념이라 할 수 있다.

윤획득을 극대화하였다. 특히 지식, 정보, 서비스, 소통, 감성, 체험, 정동이 생산의 주요 질료이자 원리로서 부각되면서 노동과정은 새롭게 재구조화되었다. 즉, 위계화된 지시감독체계 속에서 단순한 명령의 수신자가 아닌, 노동자의 개성과 주체성이 투여되어야 하는 노동의 질 자체가 변화했다.

이러한 상황 변화는 새롭게 다중의 주체성을 규정한다. 왜냐하면 노동자가 갖고 있는 인격적, 미적 요인들과 능력들이 '노동'이라고 하는 '구체화된 노동' 속에서 활발하게 투여되기 때문이다. 여기서 노동과 노동력을 구분했던 맑스의 발견은 새로운 방식으로 통합된다. 맑스에게 있어, 노동은 노동자와 자본가가 노동시장에서 맺는 구체적 노동을, 노동력은 노동자가 본래적으로 지닌 노동할 수 있는 능력을 말한다. 노동은 구체적인 노동과정을 통해 자본의 가치화에 투여되는데, 이때 수행된 노동은 노동계약상의 의무 이행이라 할 수 있는 규정된 일만 하는 것이 아니다. 노동계약에 명시되어 있지 않은 노동, 그래서 임금으로 지급되지 않는 노동(부불노동)이 함께 투여된다. 이것이 바로 잉여가치 생산의 비밀이며, 노자관계의 형식적 공정거래를 지탱하는 방식이다. 노동이 자본 가치화에 투여됨으로써 자본주의적 방식으로 코드화되었다면, 노동력은 전적으로 자본에 포섭되지 않은 초코드화의 영역이다. 바로 이러한 미지의 영역 속에서 비물질노동이 구성되고, 욕망하는 생산 속에서 구체화된다.

구상과 실행의 새로운 절합이라 할 수 있는 새로운 노동 혹은 삶-능력의 증대는 '다중의 지성화'를 촉진시킨다. 여기서 다중의 지성화란 의사와 변호사와 같은 전문직 혹은 화가와 작가와 같은 장인의 기예를 의미하지 않는다. 무엇보다도 다중의 지성화란 삶 속에 지식, 정보, 서비스, 소통, 감성, 체험, 정동이 더욱 깊숙이 내재화된다는 것이고, 그것들의 화용론적 실천(네트워크화된 소통체계)이 일반화된다는 것이다. 그런 의미에서 다중의 지성화는 소수의 배타적 독점에서 벗어나 구성원 전체의 사회적 소통(공유화)으로 연결된다. 구상과 실행의 분리 속에서 위계적으로 분할되어왔던 지식, 정보, 서비스, 소통, 감성, 체험, 정동은 지식노동과 육체노동의 위계, 물질

노동과 비물질노동의 위계, 남성노동과 여성노동의 위계로 구체화되었다. 하지만 문화사회 속에서 이러한 요소들은 주체의 삶-능력을 배가시키는 방향으로 융합된다. 왜냐하면 문화사회 속에서 이들 요소들은 자본 가치화에 기여하는 것이 아니라, 보편적 삶의 일반형식으로서 다중들에게 전유되기 때문이다.

다중의 지성화는 '일반지성'이라는 개념을 통해 맑스의 『요강』에서 제시되고 있다. 맑스는 『요강』에서 자본의 유기적 구성과정 속에 나타난 변화, 즉 생산과의 관계 속에서 발생한 주체의 근본적 변화를 논의한다. 자본의 유기적 구성도가 높을수록, 즉 기계제 대공업에서 나타나는 바와 같이 생산과정의 기계화가 진척될수록 생산물은 더 이상 직접적인 개별노동자에 의해 창출되지 않는다는 것이다. 이에 대해 맑스는 기계제 대공업이 발전함에 따라 실질적 부의 창출이 기계 안에 응축되어 있는 생산성, 즉 과학의 발전과 기술수준에 따른 '생산능력'에 좌우된다고 보았다. 생산과정의 기계화와 자동화에 응축되어 있는 생산능력이란 개별 노동의 총화, 즉 사회적 활동의 결합을 말한다.[16] 일반지성은 자동화기술에 응축되어 있는 지식의 총체이면서 그것을 활용할 수 있는 지식기반 숙련도를 의미하며, 정보적 소통에 필요한 다양한 정동적 요소들 및 그것의 활용능력을 말한다.

다중의 지성화는 자동화기술과 관련하여 작업장에서의 노동과정의 변화를 반영할 뿐만 아니라, 정보적 소통과 관련하여 일상생활에서의 화용론적 실천에 필요한 사회적 지식의 동원과 협력을 증대시킨다. 그런 의미에서 다중의 지성화는 전문직 노동자와 지식인과 같이 지식활용의 기능적 차원이 아닌, 사회생활에서의 보편화라는 경향 속에서 이해될 필요가 있다. 다중의 지성화가 일반적 과정으로 등장하는 가운데, 다중은 함께 사고하고 행동할 수 있는 '공통의 장소'를 발견한다. 공통의 장소는 아리스토텔레스에게 있어 개별 담론을 아우르는 일반적 가치를 지닌 논리적·언어적 형태

16_ 마우리찌오 랏짜라또·안또니오 네그리, 「비물질노동과 주체성」(김상운 옮김), 『비물질노동과 다중』, 291-295.

(수사학)였지만, 오늘날에는 다중의 주체성이 구성되는 공론장으로 재전유된다.[17] 공통의 장소에서 일반지성이 형성되고 소통됨에 따라, 다중의 지성화는 그 자체로서 공적 성격을 갖게 되고 다수가 끌어내는 공유된 자원을 표상한다.

다중의 지성화와 공통의 장소가 공적 성격을 갖기 위해서는 사회적 공공성을 확보하고 확대하는 실천이 동반되어야 한다. 사회적 공공성은 국가-자본(시장)의 힘이 무차별적으로 사회영역에 침투되는 것을 막기 위해 다중이 벌이는 견제·비판·저항운동 속에서 확보된다. 이는 다중의 자율적 연대와 협동의 네트워크(고진의 맥락에서 어소시에이션의 어소시에이션[18])를 구성하고 자기가치 실현을 위한 삶-능력을 배가시킬 수 있는 문화사회 속에서 가능하다. 문화사회 속에서 구현되는 사회적 공공성의 강화와 민주적 공론장의 활성화는 국가를 민주적으로 통제하고 자본(시장)을 공정하게 규제하여 다중의 삶-능력을 증진시키는 효과로 이어진다. 여기서 주의할 점은 국가와 자본(시장)에 대한 민주적 재전유 논의는 문화사회를 구축하고 다중의 자율적 삶-능력을 강화시키기 위한 전략적 선택이지 궁극적 목적은 아니라는 점이다. 보다 근본적으로 지향해야 할 점은 국가와 자본(시장)을 문화사회 속에서 새롭게 구성해내는 '배치의 전략'에 있다.

다중의 지성화가 공적 성격을 갖게 된다는 말은 다중의 일반지성이 '하나' 혹은 '유일자'로 된다는 것을 의미하지 않는다. 다중의 지성화는 그 자체로서 자기동일성을 끊임없이 해체하거나 비껴가는 탈주를 감행한다. 오히려 다중과 대별되는 '민중'이 하나 혹은 유일자를 표상한다. 민중은 원자화되어 있는 개인을 주권정치와 관련시켜 단일한 주체(시민)로 호명하고자 하는 구심적 운동의 결과물이다. 근대의 국민국가가 '일반의지'로 수렴된 정

17_ 빠올로 비르노, 앞의 책, 58-66.

18_ 가라타니 고진은 새로운 혁명전략으로서 어소시에이션의 어소시에이션을 제시한다. 그것은 국가에 의해 협동조합을 육성하는 것이 아니라, 협동조합의 어소시에이션이 국가를 대체하는 새로운 대안이다. 가라타니 고진, 『트랜스크리틱』, 송태욱 역, 한길사, 2005, 48-50.

치체제인 만큼, 민중(시민)은 일반의지에 자신의 자연권을 양도하기 위해서 혹은 일반의지에 반하는 국가에 불복종을 하기 위해서라도 구심적 호명이 요구되었던 것이다. 하지만 다중은 일반의지가 아닌 일반지성에 의해 구성되는 만큼, 그것은 비국가적 영역에서 공적 지식의 공유를 추구하기 때문에 원심적 운동의 결과물이라 할 수 있다. 따라서 다중은 국가주의로 귀결되는 것이 아니라, 비국가적 정치형태 및 의사결정구조 또는 비대의적 민주주의 형태를 모색하는 일을 자신의 실천전략으로 설정한다.

욕망하는 생산의 중요성이 부각되고 다중의 지성화가 일반화된다는 것은 경향성과 관련된 논의이다. 즉, 사회적 사실로서 실재하는 하나의 '사건' 이지, 옳고 그름을 평가하는 가치판단의 차원이 아니라는 말이다. 그것은 통제사회와 문화사회라는 두 벡터에 의해 상이한 방식으로 현실화된다. "주체가 되라" "상상력을 발휘하라" "개성을 연출하라" "활발히 소통하라" 라는 작업장의 슬로건들은 노동자를 주체로 만드는 것이 아니라 생산과정에서 소외를 부추기는 완곡어법에 지나지 않는다.[19] 주체의식, 상상력, 개성은 분명 비물질노동의 주요한 구성요소들이지만, 그것이 자본기계에 등록되면 상상력과 개성까지도 노동통제의 대상이 된다는 끔찍한 결과로 이어진다. 다중의 지성화 역시 공공성을 갖지 못하게 되면, 국가로부터 혹은 기업으로부터 수탈의 대상으로 무차별적으로 호출되는 원재료로 전락한다.

욕망하는 생산과 다중의 지성화를 문화사회의 벡터 안에 위치시킬 때 비로소 다중사회의 해방적 진보성은 실현된다. 이러한 경향이 주체의 삶-능력을 강화시키는 방식으로 기능하기 위해서는 노동거부와 욕망의 정치학을 시급히 구성할 필요가 있다. 이때 노동거부는 노동소외를 야기한 임노동에 대한 거부이지, 주체의 유(類)적 존재를 가능케 하는 노동력에 대한 거부는 아님에 주의해야 한다. 오히려 노동력 안에 들어 있는 잠재된 역능

19_ 마우리찌오 랏짜라또, 「비물질노동」, 184-185.

들을 현실태로 전화할 능력(역능)이 증가할 때, 자유시간의 창조적·문화적 활용은 가능해진다. 아울러 공통의 장소는 다중의 자율적 활동으로 구축되어야 하며(사회적 공공성의 확대), 국가주의나 관료주의 혹은 전시행정으로 오염되는 것을 막을 수 있어야 한다(제도적 개입).[20]

5. 다중사회 속에서 실천적 다중의 구성

다중사회 속에서 실천적 다중을 구성하는 문제는 단순히 제국이 지배하는 통제사회에 대한 거부 속에서 찾아질 수 없다. 즉, 통제사회의 외부에서 저항의 근거를 찾아서는 안 된다는 말이다. 왜냐하면 제국은 지배대상과 공간이 외부와 내부로 나누어질 수 없는 하나 혹은 전체로 설정되기 때문이다. 따라서 제국의 생산과 지배회로로부터 벗어난 저항이란 불가능하며, 그런 의미에서 제국의 일반법칙이 야기한 모순과 한계들을 더욱 가속화하고 급진화(내재성의 원리)하는 실천을 모색해야 한다. 착취와 지배가 강요하는 명령의 전지구성은 그 자체로서 다중의 저항에 대한 전도된 이미지에 불과하다.[21] 즉, 제국이 행사하는 권력의 특이성은 대항제국을 건설하려는 다중의 실천에 대한 제국의 사후적 봉합에서 그친다. 따라서 제국의 현재적 지배는 초월적인 무한한 힘을 보여주는 것이 아니라, 그 자체로서 다중의 역능을 겨우 통제할 정도의 한계선만을 지시한다.

위와 같은 상황은 제국과 통제사회에 대한 다중의 저항이 그만큼 활발하게 전개되어왔음을 의미한다. 언제나 지배의 재생산이 보증되는 임계점은 저항의 강도에 의해 사후적으로 결정될 뿐이다. 그런 의미에서 지배는 그 자체로서 구성적이지 못한 반면, 저항은 그 자체로서 구성적이다. 명시적으로 평화로워 보이는 평평해진 지구 위에는 일탈과 반란의 회로로 주름진

20_ 심광현, 『문화사회와 문화정치』, 문화과학사, 2003, 174-176.
21_ 안토니오 네그리·마이클 하트, 앞의 책, 282-286.

비가시적 저항들이 존재해왔다. 이미 다중의 저항은 곳곳에서 활기차게 혹은 끈질기게 전개되어왔지, 제국의 지배장치에 예속되어 탈정치화되었던 것이 아니었다. 이제 다음과 같은 문제설정을 새롭게 던질 필요가 있다. "어떻게 제국(통제사회)에 저항할 것인가"보다는 "이미 줄기차게 전개되어온 저항을 어떻게 급진적으로 가속화시킬 것인가"로 말이다. 새로운 실천 의제와 강령은 추상을 통해 어렵게 짜내는 것이 아니라, 이미 존재해왔던 저항의 활성화라는 맥락 속에서 혹은 다중의 산 경험에 근거하여 그 한가운데에서 구성되어야 한다.

경제의 탈근대화 속에서 노동은 더 이상 임노동 관계에 예속되어 노동소외를 야기하거나 노동시간이라는 양적 가치체계에 의해 측정될 수 없다. 노동은 (보다 정확히 노동능력은) 욕망하는 생산이 되고 그 속에서 자신의 가치를 발견한다. 이 속에서 노동의 가치는 자본관계로부터 자율적이게 되었고 자기가치화를 가능하게 하는 산 노동이 되고 있다. 이로부터 노동의 정치성은 노동조건의 개선이 아닌 사회적 삶을 생산하는 능력(삶-능력)의 강화라는 의미 속에서 찾아져야 한다. 삶-능력은 다중의 지성화가 확대되고 상승하며 소통되는 과정 속에서 발전한다. 거장의 퍼포먼스와 같은 최종 결과물이 없는 활동은 더 이상 지식노동(자)에 국한된 배타적 산물이 아닌, 자기가치화를 실현시킬 보편적 능력(역능)으로서 나타나고 있는 것이다.

위와 같은 의미에서 다중은 곧 노동자이며 노동자는 곧 다중이다. 이 말은 노동자를 대체하기 위해 다중이 나온 것이 아니라, 노동자를 포함하면서도 그 이외의 다양한 주체들이 갖고 있는 현대적 삶의 양식을 포착하기 위해 선택되었다는 것이다. 이와 관련하여 네그리와 하트는 다중이라고 하는 새로운 프롤레타리아트가 구성권력으로 등장했다고 논의한다. 이들에 따르면, 기존의 산업 노동자계급이 프롤레타리아 혁명의 역사에서 그리고 자본이 가치를 척도로 환원할 수 있던 시기에 하나의 부분적 계기만을 보여 준 반면, 새로운 노동자계급은 자본에 의해 착취당하는 노동을 하는 모든 사람들, 즉 협동하는 전체 대중을 포괄한다.[22] 이러한 주장의 근거로서 이들이 제기하는 것은 제국의 생체 정치적 맥락에서 자본의 생산이 더욱 더 사회적 삶 자체의 생산 및 재생산으로 수렴된다는 사실이다. 이에 따라 더 이상의 생산적・재생산적・비생산적 노동 사이의 구별은 무의미하게 되었고 착취의 장소 역시 무차별적이라고 한다. 이에 대해 네그리와 하트는 제국 속에서 프롤레타리아트는 완전한 일반성을 가진 개념 혹은 존재로 확장되었다고 본다.

위와 같은 네그리와 하트의 논의는 국민국가를 넘어 지배의 전지구성에 대항하는 저항의 전지구성을 이해하는 데 유효한 시사점을 제공한다. 하지만 다중이 곧 노동자라는 의미는 맥락적으로 이해할 필요가 있다. 즉, 객관적 지표(생산수단의 소유, 고용관계, 임금 수준) 속에서 규정되었던 것(사회학적 구분)과는 달리, 삶 자체의 생산과 지배라는 생체 정치적 맥락에서 규정된 노동자계급이 다중으로서 등장하는 맥락을 고려해야 한다. 이 말은 무조건 노동자를 다중이라 부를 수 없으며, 다중이 곧바로 노동운동의 주체가 된다는 뜻이 아니라는 것이다. 다중은 그 자체로서 복합적이고 모순적인 사회적 실천과 의식을 갖고 있다. 왜냐하면 다중이 속한 다중사회 자체가 복합적이고 모순적이기 때문이다. '다중' '다중적 의식' '다중적 실천'은 대중의 모든 집합행동을 지시하지 않는다. 따라서 기존의 대중(사회)론, 계급론, 대중심리론, 집합행동론은 그 나름의 분석적 유효성을 지닌다. 문제는 다중이라 부를 수 있는 새로운 (과거와 현재에 이르는) 상황 속에는 기존의 이론들에서 포착할 수 없는 특이성이 발견된다는 점이다.

그런 의미에서 다중(론)은 선택적으로 사용될 필요가 있다. 즉, 다중이라 부를 수 있는 특이성을 가장 잘 포착할 수 있는 상황에서의 선택 말이다.23 2002년의 월드컵 길거리응원전은 다중으로 부를 수 있는 특이성이 집약적으로 표출된 집합행동이다. '붉은 악마'라는 핵심주체의 존재, 인터넷이라

22_ 같은 책, 506-509.

23_ 이 말은 다중(론)이 분석적 개념으로서 불완전하다는 것이 아니라, 기존의 이론과의 변별성을 살릴 수 있도록 연구대상과 방법의 개발 및 심화에 힘써야 함을 의미한다.

는 매체를 통한 정보의 사전 공유, 자율적 행동지침은 대중의 집합행동에 대한 부정적 태도(무매개적, 비자발적, 일시적, 우연적)를 완전히 해체시켜 버렸다. 남녀노소를 불문한 단일한 응원문화는 계급별, 세대별, 학력별, 성별 구분과 같은 기존의 접근방식을 무의미하게 만들었다. 일명 '광장문화'로 지칭되는 이러한 경험은 이후 미선이·효순이 정국에서의 촛불시위로 이어지면서, 스포츠와 반미운동이 절묘하게 결합되는 상황을 연출했다.

또한 '황우석 사태'에서 볼 수 있는 경도된 애국심과 자폐적 민족주의 그리고 맹목적 민중주의(평등주의) 역시 기존의 접근방식을 통해서는 도저히 이해될 수 없는 상황이다. '황빠·황까'의 적대관계와 그것을 정당화했던 담론들은 계급론 혹은 민족주의론을 갖고는 도저히 설명할 수 없는 특이성을 보여 준다. 한편 '개똥녀 사건'이나 '된장녀 사건'에서 볼 수 있는 인터넷 마녀사냥 역시 기존과는 다른 행동양식을 보여준다. 게시판, 아고라, UCC, 댓글은 인터넷 문화의 기술적 요소들이지만, 그것이 소통의 매체로 사용되는 맥락은 네티즌이라는 사이버공간에서의 다중활동과 연관된다. 공공질서나 사회적 통념에서 벗어난 행동에 대한 인터넷 고발은 사회정의를 수호한다는 차원을 넘어서거나 애초부터 고려의 대상이 되지 못한다. 즉, 사건의 객관적 사실에 대한 확인과 평가보다는, 무수히 달린 댓글 자체에 대한 감정적 반응과 적대적 대응이 보다 중요하게 작동했던 것이다.

따라서 경제의 탈근대화로 나타난 새로운 경향들이 자기가치 실현을 위한 자율적 활동의 자유도를 자동적으로 상승시키지 않는다는 점에 주의해야 한다. 통제사회의 벡터가 강하게 작용할수록 비물질노동은 상품화되어 직접적인 착취의 대상으로 전락한다. 비물질노동의 상품화는 '할리우드화' 혹은 '맥도날드화'라고 지칭되는 감정산업 및 문화산업에서의 노골적 상품화 전략과 연결된다. 바로 이 지점이 통제사회가 자신의 권력을 보다 효과적이면서도 전면적으로 행사하고픈 대상으로 설정된다. 왜냐하면 통제사회의 권력은 주체의 내면까지도 관리대상으로 포괄할 만큼의 섬세하고 정교한 생체정치를 구사하기 때문이다. 그런 의미에서 통제사회의 권력 이미지는 근엄하고 권위가 있기보다는 부드럽고 우아하며 때로는 장난스럽기까지 하다.

이 속에서 통제사회를 관장하는 제국의 지배방식은 선택적 군사개입과 전면적인 도덕적 개입으로 전개된다. 통제사회는 국민국가를 넘어선 전지구적 단위의 사회이기에, 제국의 질서를 문란케 만드는 행위는 세계평화와 세계시민의 안전을 위협하는 범법자(테러리스트, 마피아, 악의 축, 바이러스)로 규정된다. 제국은 범죄자를 소탕하기 위해 경찰국가로서의 미국을 동원하여 (이라크 전쟁과 같은) 즉각적인 치안활동에 돌입한다. 반면, 제국은 생체정치를 통한 주체 내부의 통제에 문제가 생길 경우, 도덕적·윤리적 명분을 앞세워 상징조작을 통한 상징폭력(문화정치)으로 해결책을 모색하고자 한다.

따라서 다중의 삶-능력은 문화사회라는 벡터의 권역 안에 있을 때에야 비로소 해방의 성격을 획득하게 된다. 문화사회의 구축과 다중의 삶-능력의 증대는 무엇보다도 사회적 공공성의 방어와 재전유 그리고 확대를 통해 가능하다. 물론, 공공영역이 근대 부르주아지의 자기확대라 할 수 있는 근대 민주주의의 구축과 연관되어 있음은 주지의 사실이다. 공공영역의 역사적 구축과정이 자본가계급의 이해관계와 연관되어왔지만, 다양한 사회 구성원들의 소통체계로도 기능했다는 점에 주목할 필요가 있다. 왜냐하면 공공영역의 재전유(전화) 속에서 다중의 삶-능력을 활성화시킬 기반이 다져질 수 있기 때문이다. 한미FTA 협상 타결로 진행될 보다 강력한 신자유주의 공세는 공공영역의 파괴(시장화)를 가속화시킨다는 점에서 사회적 공공성 확보를 위한 보다 적극적인 대책이 모색되어야 한다.

다중은 사회적 공공성을 확보하고 확대하는 운동을 펼침으로써 문화사회를 보다 굳건하게 구축해야 한다. 자본(시장)에 대한 다중의 규제가 강화되어 사회적 보장소득이 제공될 수 있을 때, 노동사회가 야기한 과잉생산과 강박적 노동규율은 사라지게 된다. 과잉생산이 사라질 경우 지속가능한 생태친화적 성장이 확보될 수 있고, 강박적 노동규율이 사라질 경우 노동시간의 실질적 단축과 그에 따른 유휴 시간이 증대될 수 있다. 이 속에서 획일화된 과시적 소비는 중단되고, 유휴 시간을 자기가치 실현으로 활용할 수 있는 다양한 문화적 역능의 계발이 가능하게 된다.[24] 또한 다중은 생체정치적 지배에 저항할 수 있는 삶-능력을 증진시키기 위해 끊임없이 신체변형을 시도해야 한다.[25] '신체변형'이란 신체를 중심으로 행사되는 통제사회의 훈육체계를 교란시키는 것을 의미하는데, 이를 통해 다중은 자기가치를 증식시키고 사회적 협력을 통해 생산적 지성을 재전유하게 된다. 마지막으로 다중은 사회적 협력을 활성화하기 위한 '욕망의 배치'를 전략적으로 구사해야 한다. 욕망은 배치로서 존재하며 역으로 모든 배치는 욕망의 배치이기에, 통제사회의 지배 권력을 탈영토화할 수 있는 전략을 모색해야 한다. 이를 위해 신자유주의(한미FTA를 포함하여)가 주도하는 욕망의 선분을 끊어내는 일부터 시작해야 한다. 왜냐하면 문화의 경제종속화를 적극 반대하면서 문화의 자율적 실천을 확보하는 것이 문화사회를 보다 빨리 앞당길 수 있기 때문이다.

　인간은 사회 속에서 규정되지만, 동시에 사회를 변화시킨다. 다중은 문화사회 속에서 삶-능력이 규정되지만, 동시에 다중의 실천 속에서 문화사회의 벡터 역시 강화된다. 그런 의미에서 다중의 실천과 문화사회의 구성에 관한 문제(급진적 정치화)는 면밀히 고찰되어야 한다. 결코 다중은 그 자체로서 자신의 혁명성을 담보하지 못한다. 다중의 삶-능력이 통제사회 혹은 문화사회에 등록되는 양태에 따라 반동적일 수도 진보적일 수도 있는 것이다. 제국 속의 통제사회에서 착취의 대상이 무차별적이기에, 다중의 저항 역시 모든 곳에서 일어날 수 있다. 다중의 저항은 변증법적인 힘의 대립이 아니

24_ 심광현・이동연 편저, 앞의 책, 19-21.
25_ 네그리와 하트는 『제국』에서 신체변형과 관련하여 다음과 같이 논의하고 있다. 신체변형이란 생명공학의 발전에 따라 생물학적 기능이 변경・연장되고 가상공간 안에서 탈육화의 방식으로 존재하는 '포스트휴먼(post-human)'이다. 하지만 신체적 변형을 통한 새로운 삶의 자율적 구축이 함의하는 바는 사이보그를 연상시키는 저자들의 논의를 넘어선다(287-288).

라, 노마드적 탈주를 통한 애매하고 삐딱한 방식으로 전개된다. 이 점은 다중이 제국기계에 등록(포섭)되지 않았음을 의미하지만, 그렇다고 대항주체로서의 대표성을 주장할 만큼 명확하지 않다는 점도 시사한다. 그런 의미에서 다중을 '현대의 괴물'이라 지칭하는 것은 정당하다. 그 존재의 향방이 결정되지 않았기 때문에 여전히 공포와 두려움의 대상인 것이다. 하지만 바로 그 이유로 다중에 관한 새로운 관심이 생겨나고 있다. 그만큼 제국에 맞설 수 있는 새로운 주체의 '재림'에 많은 사람들이 목말라하고 있다는 증거이다.

6. 다중론의 과제

다중론은 대중의 현대적 삶과 그 존재양식을 밝힌다는 의미에서 의의를 찾을 수 있다. 다중론의 주창자들은 명시적으로 다중론이 능동적인 계급구성론으로서 설정될 수 있음을 주장한다. 이들에 따르면, 민중/인민 개념은 자기 동일성의 문제를 제기하기에 특이성의 총체로서 파악 가능한 다중 개념을 도입해야 한다는 것이다. 특이성으로 파악한다고 해서 다중이 대중사회론에서 말하는 '파편화된 개인' '고독한 군중'은 아니다. 왜냐하면 다중의 특이성은 일반지성을 통해 획득된 공통성을 지니고 있기 때문이다. 이러한 일반지성은 정동적 비물질노동의 확대와 정보적 소통의 증대에 따른 사회적 협력의 강화 속에서 형성된다고 한다.

다중론의 문제설정과 경제의 탈근대화가 야기한 사회변화에 관한 분석은 자본의 코뮌이 강화되는 현 시기를 이해하는 데 시사하는 바가 크다. 다중·다중론에 대한 대중과 이론진영이 보인 관심의 증대는 이를 반영한다. 하지만 현재 다중론이 제시하고 있는 다중에 관한 논의는 '존재론'에 집중되어 있다. 즉, 다중의 삶-능력이 이전(포디즘체제와 산업사회)과는 다르게 증대하고 있다는 증거를 포착하는 수준에 머물러 있다는 말이다. 물론

이러한 이론적 발견은 '맑스주의의 전화'라는 맥락 속에서 큰 의미를 지닌다. 여전히 좌파적 입장에서 포스트포드주의가 야기한 새로운 국면을 이해하는 데 풍부한 상상력을 제공하기 때문이다.

다중론이 보다 이론적인 풍부함을 가지기 위해서는 다중의 존재론적 성격의 지속적 규명 이외에, '무엇을 할 것인가'와 관련된 '윤리학(실천론)'을 발전시켜야 한다. 다중의 삶-능력(역능)은 그 자체로서 진보적인 방향으로 활성화되지 않는다. 즉, 통제사회와 문화사회라는 두 갈래의 벡터가 상이하게 작용함에 따라 다중사회의 반동성과 진보성이 규정되고, 이 속에서 다중의 실천 역시 규정된다. 그런 의미에서 다중론은 '다중사회론'이라는 새로운 챕터를 넣어야 한다. 그것은 단순히 다중의 성격과 특성을 규정하는 외부조건이 아닌, 다중의 삶-능력을 반동적 혹은 진보적으로 활성화시키는 힘으로써 기술될 필요가 있다.

근대 자유주의 정치사상가들은 다중을 해적이나 산적 혹은 부랑민으로 규정했다. 국민국가라는 절대 권력의 신성한 리바이어던을 구축하려는 이들의 욕망에 비추어 볼 때, 다중은 길들여지지 않은 혹은 길들일 수 없는 괴물과 같았던 것이다. 바로 이 괴물에 대한 공포와 두려움이 다중을 역사로부터 누락시킨 에토스로 작용했다. 이 괴물이 19세기보다 훨씬 문명화된 오늘날 우리 앞에 그 모습을 드러내고 있다. 바야흐로 이 괴물의 무한한 잠재성을 믿고 스카우트하려는 제국(통제사회)과 문화사회라는 에이전트의 피 말리는 싸움이 시작되었다.

2부

한국 문화지형의
새로운 구성

6

'1987년형 민주주의'의 종언과 촛불항쟁 이후의 한국 민주주의: 대중민주주의의 문화정치를 중심으로

천정환

1. 서: 두 봉기와 불안한 기대

연일 비핵화와 남북 화해에 관한 '좋은 소식'이 들려오는 가운데 이 글을 쓴다. 아직 북미회담과 그 결과로 야기될 지정학적 변화의 전도를 구체적으로는 점칠 수 없지만, 탈분단의 희망에 관한 '민족'의 상상력은 만개하고 있다. 평화협정 체결이나 북미수교도 미래의 일인데, 벌써 북한 사회주의의 전도(前途)나 주한미군 철수, 한반도의 영세 중립국가화 같은 담론도 운위되고 있다. 사실 아직은 다소 성급하지만, 이는 당장 전쟁위기의 해소와 남북 관계의 개선이 가져다주는 정치와 이데올로기 지형 변화를 예시하는 것일 테다. 70년 넘게 이어져온 냉전 상태와 극우반공 이념의 지배를 벗어나서 새로운 사회에서 살고 싶다는 시민의 열망이 반영된 것이 아니겠는가?

이런 긍정적 변화는 우리가 2016~18년에 걸쳐 한국사회 안에서 목격하고 경험하고 있는 연속된 두 '봉기'와 연관된 것이기도 하다. 그것은 곧 촛불항쟁과 '페미니즘 봉기'다. 전 시대와의 단절선을 긋게 하는 두 봉기가 연속 선상에 놓여 있음은 분명하나, 둘 사이의 이음매가 견고하지는 않은 것 같다. 그리고 두 봉기는 함께 또 각각, '혁명'으로 완수되지는 않은 채 조금

어중간한 진행 상태에서 민주주의 열차의 축을 굴린다.[1]

촛불항쟁은 혁명의 급진성을 갖지는 못했지만 정권교체보다는 강한 효력을 지니고 있다. 항쟁은 그 자체로는 소멸했지만 항쟁을 통해 제기된 적폐청산과 민주개혁의 요구는 여전히 유효하다.[2] 촛불은 이명박·박근혜와 그 하수인들을 구속하고 극우·수구 세력의 힘을 약화시켰다. 6.13지방선거에서 '보수의 궤멸'을 점치는 전망도 적지 않다.[3] '아래로부터의' 움직임도 이어지고 있다. 1987년 6월항쟁 이후의 노동자대투쟁과는 비교할 수 없는 규모지만, 오랜 기간 정체했던 한국의 노조가입률은 높아지고 있다. 민주노총과 한국노총은 각각 200만 조합원 시대를 기대하고 있으며,[4] 전국대학원생노동조합·전국특성화고졸업생노조 같은 새로운 노동청년이 '주체'로서 등장했다.

그럼에도 '촛불'은 재벌, 강남 기득권, 조중동, 종교권력, 사학재단 등으로 이뤄진 한국의 지배동맹에 결정적인 타격을 입히지는 못했으며, 더욱 실질적인 사회경제적 개혁을 구동하지 못하고 있다. 문재인 정부 1년간 일자리 문제나 경제 사정은 나아질 기미가 보이지 않는데, 촛불이 '체제 자체'에 대한 문제제기를 하는 힘은 약했기 때문이다.[5] 또한 촛불의 대중정치는

1_ '미투'혁명', '촛불'혁명' 등의 용어가 운위되는데 이는 사태를 바라보는 주체의 강한 전유의 의도가 들어 있는 수사로 보인다. 이 글에서 쓰는 '봉기'나 '항쟁'은 지배와 권력에 대한 아래로부터의 항거와 직접행동의 측면을 강조하기 위해 사용한 잠정적 용어다. 강남역 살인 사건 이후 미투 운동까지 전개된 일련의 대중적인 문화적·실천적 페미니즘 운동에 대한 '붐, 리부트'보다 더 나은 명명이 필요한 듯하다. '촛불항쟁'의 성격과 용어에 대해서는 천정환, 「누가 촛불을 들고 어떻게 싸웠나: 2016/17년 촛불항쟁의 문화정치와 비폭력·평화의 문제」, 『역사비평』 118호, 2017 참조.

2_ 지난 5월 청와대는 집권 1년차를 맞아 "채용비리·학사비리, 토착비리, 공적자금 부정수급, 재개발·재건축 비리, 경제적 약자 상대 불공정·갑질행위 등 민생과 직결된 영역에서 벌어지는 생활적폐청산'을 추진하고 적폐청산이 제도개혁으로 이어지게 하겠다고 밝혔다. 「靑 "권력형적폐청산 넘어 생활적폐청산으로"」, 『경향신문』, 2018. 5. 13 등 참조.

3_ 「아침을 열며: 보수 몰락은 진보마저 위태롭게 한다」, 『한국일보』, 2018. 5. 7 등 참조.

4_ 「민주노총 조직률 빠른 속도로 상승, 조합원 200만 시대 청신호」, 『노동과세계』, 2018. 4. 30. http://m.worknworld.kctu.org/news/articleView.html?idxno=247451

대안적 정치세력을 스스로 조직하거나 기존 진보정치 세력을 재구성, 재충전하는 힘이 되지 못했다.

2016년 이래 2018년 5월 19일 1만여 명이 넘은 최대 규모의 군중이 참가한 '혜화역 시위'까지, 한국 페미니즘 운동도 전례 없는 대중적 기반을 바탕으로 단호한 행진을 계속하고 있다. 올 상반기 한국사회를 뒤흔든 미투(#Me_too)운동은 가히 '혁명적'[6] 의미를 지닌다. 상당수 한국 남성들이 충격을 받고 생각과 행동방식을 고치고 있다. 직장·학교 등의 젠더문화가 달라지고 의미 있는 제도 변화도 예상된다.[7]

그러나 미투 운동과 페미니즘에 대한 남성들의 반발도 꽤 강력하다. 작용과 반작용의 수렴점이 어디가 될지 예상하기는 이르지만, 이미 '백래시'의 흐름은 상수가 되어 있다. 페미니즘 운동이 내적 위기를 안고 있다는 진단들도 나온다. 정희진은 페미니즘 운동의 '피해자화'가 신자유주의와 맺은 관련을 지적하며, "한국사회 전반의 약자혐오 문화와 언어 인플레이션, 자극적 언설"을 배경으로 한 "지금과 같은 일부 페미니즘의 대중화 방식은 절대로 여성의 지위 향상으로 이어지지 않는다"고 말한다.[8] 손희정 또한 "대중운동으로서의 페미니즘은 피해와 고통을 거점으로 한 강력한 정체성의 정치에 기댈 수밖에 없었고 그것이 페미니즘 리부트를 불러온 대중성의 핵심"이었다 평가하면서도 "이 한계를 극복할 수 있는 방법은" '리부트' 이후 여전히 찾기 어렵다고 보고 있다.[9]

5_ 촛불이 변혁적 성격을 갖기는커녕 박근혜 일당의 전횡과 무능으로 야기된 체제의 정상성 위기를 봉합하는 데 동원된 것이라는 진단도 있다.

6_ 「미투 운동, 이제 '미투혁명'이다… 여성·시민단체 337곳 연대」, 『여성신문』, 2018. 3. 15. http://m.womennews.co.kr/news_detail.asp?num=130501#.WulWXi5ub3g; 이나영, 「페미니스트 관점에서 본 '미투 운동'의 사회적 의미 1」, 『복지동향』 200호, 2018 등을 참조.

7_ 「실질적 성평등 실현을 위한 부처별 이행 본격 추진」, 『정책브리핑』, 2018. 5. 2. http://www.korea.kr/briefing/pressReleaseView.do?newsId=156267579

8_ 정희진, 「피해자 정체성의 정치와 페미니즘」, 권김현영 편, 『피해와 가해의 페미니즘』, 교양인, 2018, 235-236.

9_ 손희정, 「혐오 담론 7년」, 『문화/과학』 93호, 2018년 봄, 43.

촛불항쟁과 페미니즘 봉기의 의의를 살려 한국 민주주의를 확장하고 불가역적인 것으로 만들어나가는 것은 지상의 과제다. 이는 '1987년체제'를 종결 짓고 법제도적으로나 사회경제적으로나 다른 수준의 민주주의사회로 나아가는 길이다.

이 글은 그것을 위한 조건을 탐색하고 특히 대중민주주의의 문화정치의 현황을 고찰해보는 것을 목적으로 한다. 이를 통해 지식과 문화의 차원에서의 과제를 도출하기 위한 생각을 나누고자 한다. 다음 2절에서는 '민주 대 반민주'의 구도를 넘어선 '촛불 이후' 민주주의 전선의 과제를 보는 방법에 대해 우선 논의하고, 3절부터는 특히 대중성[10]의 내용과 존재방식을 중심으로 오늘날 한국 민주주의와 문화정치의 문제를 살펴볼 것이다.

2. 시각: '민주 대 반민주' 너머 여러 겹의 민주주의 전선

『문화/과학』 94호의 특집은, "촛불 이후의 민주주의로써 이른바 '1987년형 민주주의'를 전화시켜내야 한다"는 문제의식에서 마련되었다. 『문화/과학』은 87년체제가 독재세력과의 타협으로 만들어진 불완전한 민주주의체제였다는 전제하에 '민주화세력'이 주도하는 개헌을 하면 '새로운 체제'가 수립된다는 유의 안일한 진단에 반대하며, 87년체제와 '87년형 민주주의' 그 자체를 문제 삼으려 한다.[11] 국회와 청와대를 장악하거나 또 장악하기 위해 상쟁하는 세력은 일견 87년체제 성립 당시의 민주화세력과 반민주세

10_ 이 글에서 '대중성'은 대중의 지향성과 의식의 주된 내용이라는 의미로 쓴다.

11_ '1987년형 민주주의'는 필자의 용어가 아니다. 『문화/과학』 편집위원회의 기획·취지문에 따르면 '87년형 민주주의'는 87년체제의 헌정질서와 남성 중심주의와 '민주노조운동'의 운동정치가 가진 한계 때문에 야기된 불완전한 민주주의 '체제'를 의미한다. 그 속 내용에는 '민주화세력' 즉 민주화의 세대 주체의 문제도 포함한다. 그러나 '87년형 민주주의'로 한국 민주주의의 취약성 전체를 개념화하기는 어렵다고 생각한다. '형'과 '체제' 사이의 차이를 의식한 용어 선택에 대해서는 「94호를 발간하며」를 참조.

력처럼 보인다. 분단이 지속되고 전쟁의 불안이 남아 있는 한국에서 '민주 대 반민주(독재·극우)의 구도'가 실제로 전선의 주요 구성 부위를 이루고 있는 것도 사실이다.

그러나 '민주 대 반민주'의 표상은 압도적 위력을 발휘하고 악순환을 만들어내기도 했다. 이는 언제나 '다음에'라는 '시기상조론'과 (더 큰 파도가 밀려오니 조개나 줍지 말고) '가만히 있으라'는 식의 비판적 지지론이 횡행하게 만들었다. 하지만 그것은 불가피한 현실이 아니라 민주당으로 대표되는 자유주의세력의 장기 전략이자, 되풀이되어온 구체적인 동원의 전술인 측면이 더 강했다. 이 때문에 오히려 한국 민주주의는 활력을 잃었었다. 노동·여성·생태 등의 가치 지향이 유보, 억압되는 상황이 사회적 다양성과 민주주의의 질과 양을 후퇴시켜, 억압의 총량은 더 커지고 극우가 더 활개 치게 하는 악순환을 만들어냈다. 이런 면에서 '87년형 민주주의'의 종막에 대한 진단은 당연해 보인다.

또 '민주 대 반민주'의 구도는 정치를 헌정체제 중심으로 초점화하는 위험을 감당해야 한다. 하지만 1987년 이후 '민주화 이후의 민주주의'[12]의 전개 과정과 성격을 파악하는 데 한국 자본주의 축적체제의 변화와 글로벌 신자유주의에서의 위상 변화를 살피는 것은 지극히 중요하다. '87년체제'와 '97년체제'는 중첩된다.[13] IMF 경제위기 이후 급격히 전일화된 한국식 신자유주의체제인 '97년체제'는 고용불안과 금융화를 중심으로 인민의 삶에 큰 변화를 초래했다. 이런 견지에서 '민주 대 반민주'의 전선은 재벌과 기득권

12_ 알다시피 원래 최장집의 책 제목이었으나 보통명사처럼 쓰이는 말이다. 최장집은 2000년대 중후반의 단계에서 한국 민주주의가 겪는 정체와 쇠퇴를 이 같은 명제로 포착했다. 그는 정체와 쇠퇴의 핵심 원인을 정치적 대표 체제가 좁은 이념적 범위 안에서 사회의 요구와 변화를 반영하지 못한 채 보수적 경쟁에 안주하는 것에서 찾는다. 이에 대한 대안으로 정당 체제가 제대로 된 '대표'가 될 것을 핵심이라 주장하며 '운동정치'나 직접민주주의를 비판하여 이른바 '최장집주의'를 형성한다. 최장집, 『민주화 이후의 민주주의』(개정판), 후마니타스, 2010 참조.

13_ '87년체제론과 '97년체제론' 사이의 대립에 대해서는 김종엽 편, 『87년체제론』, 창비, 2009; 『[맑시즘 2010] 87년-97년-08년체제 논쟁과 진보진영에 주는 함의』 자료집에 실린 손호철, 조희연 등의 글 참조.

동맹 중심의 경제질서·축적체제와 대다수 민중이 처한 현실로 재해석, 재배치되어야 한다. 1997년과 2002년을 경과하면서 진행된 신자유주의화와 이명박·박근혜 정권 시기에 재구조화된 계급관계와 정치지형의 변화를 적극적으로 반영해야 한다.

오늘날 한국 민주주의의 전선은 교차적이고 다차원적이다. 이 다차원성은 '민주 대 반민주'처럼 전선의 통합이나 일관된 동원의 기표가 아닌 '분할'로 상징된다. 세대 단절이나 젠더 대립, 그리고 노동계급 내부에서의 분할로 표시되는 사회경제적 분단 상태는 근래 극심해졌다. 이제 이 같은 상태를 표현하는 데 '20 대 80 사회'라든가 '1 대 99' 등의 표현으로는 불충분하다. 더불어 미세먼지 같은 일상적 환경 문제와 기후변화로 표상되는 생태위기 또한 남북(선진국 대 개도국) 간 모순이나 계급모순 같은 다른 모순과 연관되어 있지만 다른 모순으로 환원되지는 않는다.

민주주의의 전선은 이제 언제나 교차하고 또 서로 길항한다. 예컨대 지난 19대 대통령선거에서 불거진 성소수자 이슈나, 페미니즘 운동과 다른 '진보' 분파들 사이의 갈등이 항존하게 된 것은 시사하는 바 크다. 이제 현실에 대한 쉬운 진단과 안일한 처방을 피하고자 할 때, 억압과 모순이 교차하고 연관되는 선을 찾고 교차하고 길항하는 전선의 지점들을 의식해야 하는 것이 '정치'의 요체가 된다.[14]

이런 문제에 관련하여 여성 정치학자 샹탈 무페는 대안적 '급진 민주주의'의 구성에 있어 여성·노동자·흑인·동성애자·생태주의자 들이 민주주의적 요구를 절합하는 원리가 "민주적 등가성의 원칙을 통해 접합된 하나의 집합적인 정치적 정체성을 구성하는 것"이라 하면서도, "차이를 제거하지 않"고 "민주적 등가의 원칙을 중심으로 접합하기 위해서는 새로운 정체성들을 창출할 필요가 있다"고 주장한다. 더불어, 서로 다른 정체성·지

14_ 그래서 이번 호 『문화/과학』(94호, 2018년 여름)은 이와 같은 한국 민주주의 전선의 세대, 젠더, 노동(자)의 분할을 고루 다루는데, 독자들께서는 특집의 각각의 항목들이 교직하면서 동시에 모순을 일으키는 지점들을 징후적으로 읽는 게 좋으리라 생각한다.

향에 입각한 요구들은 현실에서 "서로 안티테제를 이루고 있으며, 그 요구들은 자유롭게 왜곡되지 않은 의사소통을 통해서가 아니라 헤게모니적 접합이라는 정치적 과정을 통해서만 수렴될 수 있다"고 했다.[15]

이런 문제틀은 대단히 의미 있지만 보충도 필요해 보인다. 즉 젠더, 생태, 계급, 인종 등의 이슈가 '헤게모니적으로 절합'되어야 한다는 테제는 그에 길항하는 정체성의 안티테제들이 왜 공존하며 그럴 수밖에 없는지를 의식해야만 '정치'로서 구성된다. 나아가 '진보정치'란 그 같은 차이들을 '포월(包越)'해야 한다. 차이의 보존과 절합이 사변만은 아닌데, '정체성들'을 횡단하는 민주주의의 심급이 존재하지 않는 것은 아니기 때문이다. 한반도에서의 평화 이슈가 갖는 중요성이라든가, 냉전·수구·극우 세력과의 대결이 지닌 의미 같은 것이 한 예다. 이명박·박근혜 시절에 우리가 확인한 것도, 권력이 새로운 신자유주의적 '치안 정치'와 낡은 냉전 정치의 조합으로써 인권과 민주주의의 기초 자체를 위협할 수 있다는 점이었다.

문제는 한국 대중정치에서 '진보'와 소수자 정치가 절합, 연대하기 위한 범례나 방책이 모두 불충분하다는 데 있다. 각각은 내부적인 난관에 처해 있으면서도, 갈등하면서 공존하는 '정치'보다는 배제와 적대를 주로 작동시켜왔다. 정희진에 의하면 오늘날 페미니즘 운동은 "타자와 연대할 것인가, 아니면 지배세력이 원하는 피해자가 될 것인가"의 기로에 서 있다.[16] "피해자성을 강조하는 것은 여성주의에 불리"함에도 한국사회에서 피해를 고발하고 징죄하는 일은 긴급성과 불가피성을 갖는다. 페미니즘은 일상의 정치와 젠더 구조 전체를 개혁하기 위한 실제적인 '정치적' 조건에 대해 검토해야 하는데, 강요되는 '피해자화'와 정체성의 정치를 뛰어넘을 페미니즘 정치의 자원은 여전히 부족하다.

15_ 샹탈 무페, 『정치적인 것의 귀환』, 이보경 역, 후마니타스, 2012, 139-140.

16_ 정희진, 앞의 글, 217, 225. 한편 여성의 피해자성에 대한 강조는 "남성 중심 사회에서 남자로 키워진 모든 사람들이 가해행위에서 자유롭지 못"하다거나 "그럴 만한 남자가 따로 있는 게 아니"라는 식의 '남성 일반의 가해자성에 대한 강조라는 현상으로 드러나기도 한다(이나영, 앞의 글).

반면 '진보'가 젠더 문제를 통해 재구성되어야 한다는 당위 또한 현실에서 충분히 수행되지 못하고 있다. 안희정·정봉주 등의 사건을 들어 '진보'의 젠더 후진성을 비판하는 일이 오늘날에 일면 '권력 비판'의 의미를 가지면서도, 다른 일면 '진보 전체'를 문제 삼는 것은 억설에 가깝다. 그럼에도 '메갈' '워마드' 핑계를 대는 식의 안티 페미니즘은 '진보' 안에도 적지 않다. 예컨대 정의당은 2016년 소위 메갈리아 사태 당시 당원 2천여 명이 탈당하고 지지율이 7% 선에서 4% 선으로 떨어지는 등 분란을 겪었다. 이후 당 대표가 '페미니스트 정당'을 선언했음에도 아직 결정적으로 달라진 것은 없다.17 청년세대 내부의 상시화된 젠더 갈등을 진보정치와 페미니즘 진영이 더 적극적으로 '정치적'으로 사유하지 않으면 안 되는 이유가 여기에 있다.

3. 대중성의 현재와 대중민주주의

1) 대중성의 재구조화와 촛불의 대중

한국의 정치적 대중은 2000년대 이후 새롭게 분화하고 그 이념과 정념도 재구성되었다. 2002년, 2008년 그리고 2016~17년의 정치적 변화는 각각 그 계기점들이다. 김성일이 정리해주고 있는바 "'새로운 대중이 출현'한 때"는 2002년이다. 노사모 신드롬과 진보정당의 의회 진출, 월드컵 길거리 응원전, 미선이·효순이 촛불집회, 노무현 대통령 당선 등을 통해 "이전의 사회운동 혹은 대중 결집의 그것과 너무나도" 다른 "대중 참여, 정보 소통을 통한 집단지성의 발현, 운동단체로부터 일반 시민으로 행동주체 이동, 다종다양하면서도 재치 있는 자기표현 양식, 모두가 하나 된 광장문화의 창출, 정치와 놀이가 결합된 정치집회의 출현 등"이 도래했다.18 이로써 지금껏

17_ 최근에도 정의당은 당 게시판에서 성소수자 혐오 발언 논란을 겪었다.
18_ 김성일, 「한국 우익진영의 대응사회운동」, 『문화/과학』 91호, 2017년 가을, 136-137.

이어지고 있는 "대중의 탈근대적 변환"과 새로운 참여가 개시되고[19] 70~90년대의 '민중'은 2000년대 이후 오늘날의 민중 또는 다중으로 '전환'했다.

2008년 촛불시위는 이를 다시금 확인해주었다. 2008년 촛불에서는 '취향'의 공동체들과 새로운 여성들이 주체로 등장했다. 주로 사이버 공간에 진치고 있던 팬, 마니아, '덕후' 등을 위시한 동호인들, 이를테면 동방신기 팬덤인 <카시오페이아>를 비롯한 '촛불소녀'들, 주부들이 주축이 된 요리 관련 사이트(<82COOK> 등), 20·30대 대도시 여성이 주축이 된 패션 동호회(<소울드레서>), 디지털카메라 동호회(<디씨인사이드> 및 <SLR동호회> 등), 메이저리그 야구 동호회 등등이다. 이 새로운 참여자(New Comers)는 새로운 세대 및 계층의 소속원이자 지향성의 소유자들이었다. 또한 '촛불'은 새로운 매체(인터넷과 온라인 커뮤니티)와 거기에 근거한 조직방법에 근거했다. 2008년 '촛불'에서 우리는 새로운 혁명의 가능성과 불가능성을 동시에 보았으나 어쨌든 '촛불'은 봉기와 혁명에 관한 상상력을 전면 개정(改定)할 힘을 갖고 있었다. 혁명은 '전위조직+노동계급+통일전선'이 아니라, 다른 어떤 주체성에 의해 준비되어야 할 것이라는 점이 좀 더 분명해졌다.[20]

2016~17년 촛불항쟁에는 전농·민주노총 같은 전통적 대중운동 조직이 포괄하는 대중들 외에도 페미니스트나 성소수자 같은 새로운 주체가 촛불항쟁의 유력한 '블럭'으로 참가했다. 또 그에 더하여 2008년에서와 같은 다중적이며 개별적인 주체(동호인·마니아·덕후·팬), 즉 가족·친구 단위의 참가자들과 이른바 '혼참러'가 광장의 군중을 구성했다. 2016~17년의 주체들은 "깃발 내려"가 주요한 구호였던 2008년과 달리 다양하고도 흥미로운 깃발로 자신들을 적극적으로 표현했다. 예컨대 트잉여운동연합, 안남대학교 리볼버과, 나만고양이없어, 햄네스티 인터내셔널, 일 못 하는 사람 유니

19_ 김성일, 「대중의 탈근대적 변환과 참여적 군중에 관한 연구」, 고려대학교 박사학위논문, 2010 등.

20_ 『문화/과학』, 『녹색평론』 등의 2008년 촛불시위 관련 특집 및 천정환, 『대중지성의 시대』, 푸른역사, 2008; 조정환, 『미네르바의 촛불』, 갈무리, 2009 등 참조.

온, 탄누투바 광산회사, 커리 애호가 모임, 꿀벌 7만, 장수풍뎅이연구회, 고산병연구회, 전국 한시적 무성욕자연합, 민주묘총, 범야옹연대, 전국아재연합, 힝입니다ㅠ 등등.[21] 이 같은 깃발들은 기본적으로 강한 자기표현이다. 이 '참여'는 오늘날 한국사회에서의 정치적 주체화의 경로에 대해 중요한 몇 가지를 시사해주었다.

첫째, '혼참러'와 가족, 친구 단위의 참가자들은 기존의 대중조직 즉 학생회·노조 또는 시민사회단체와 정당 들이 조직하지 못하는, 네트워크와 다중의 분파가 엄청나게 많다는 것을 보여준다. 다양하고도 재밌는 깃발을 들고 나온 시민들은, 그러니까 학생회도 노조도 힘과 '가입율'이 현저하게 작은 한국의 사회세계의 어두운 면도 보여준 것이라 할 수 있다.

둘째, 2008년 촛불시위를 통해 본격적으로 그 모습을 드러낸 것처럼 그들은 김성윤의 지적같이 더 이상 "덩어리라는 양태로 존재하는" 대(大)중이 아니라 "역사에 유례없을 수준으로 분화된" 소(小)중으로서의 삶[22]을 영위하는 존재들이다. 소중으로서의 삶은 무엇보다도 소비와 취향으로 규정된다. 오늘날의 삶은 점점 더 양극화·개별화·'소중화'되고 있는데, 2016~17년 촛불항쟁은 이를 뚫고 이뤄낸 (한시적) 연대의 승리임에 틀림없다.[23]

2) 좌우의 포퓰리즘

한편 '우익' 대중의 재구조화도 2000년대 대중성의 재구성에서 빼놓을 수 없는 부분이다. 2003년 노무현 정부의 출범과 대중성의 "문화적 전환"에 대한 우익진영의 전례 없던 대응으로 그들의 행동화·조직화가 본격화되었다. '뉴라이트'라는 이름으로 대표되는 한국의 신종 우익의 등장은 유럽

21_ 주체성과 참여의 목적을 표현한 깃발의 종류와 특징에 대해서는 천정환, 앞의 글 참조.

22_ 김성윤, 「플랫폼과 '소중': 생산과 소비의 경합이라는 낡은 신화의 한계상황」, 『문화/과학』 92호, 2017년 겨울, 105.

23_ 그래서 촛불의 '공통 강령'은 수준이 낮았을지 모른다. 한편 새로운 항쟁 참여자들의 사회적 신원은 대부분 '리버럴' 시민들이자 중산층이었다고 보인다. 가장 낮은 계층의 시민이 촛불에 얼마나 참가했는가는 구체적으로 조사되지 않은 듯하다.

에서 좌파 혹은 자유주의세력의 집권이 "인종주의와 국가주의를 표방한 새로운 우익의 발호와"[24] 비슷한 현상이라 볼 수 있는데, 박근혜 정부의 출범 이후 극성기(極盛期)를 맞았다. 그들이 주로 개신교도의 분파와 영남 지역민, 기득권층과 극우적인 장노년층임에 비해, 일베로 대표되는 극우 '넷 우익'은 웹공간에서 10~30대에 걸친 남성을 중심으로 자생하며 새로운 우파 포퓰리즘 혐오세력을 구축했다. 정치세력으로서의 '일베'는 촛불 이후에 기세가 다소 꺾였지만, 세대 · 젠더를 걸쳐 그들이 퍼뜨린 혐오의 의식과 문화는 여전히 극복의 대상이다.

그런데 포퓰리즘은 단지 '오른쪽'의 현상만은 아니다. '민주화 이후'로부터 현재에 이르는 한국 정치의 큰 흐름을 관통하는 대중의 문화정치를 이해하는 데 포퓰리즘과 대중민주주의의 문제틀은 현실적인 시각을 제공한다. 각 정치적 국면마다 민주주의의 위기를 감지하고 그것을 나름의 방법으로 애써 돌파하고자 나타났던 대규모 대중현상(2002년 노사모 돌풍, 2008년 촛불시위, 2012년 안철수 현상 등)이나 최근의 촛불항쟁은 물론 소위 '태극기부대'나 '나꼼수로 표현되는 좌우(?)의 '작은' 동원들도 포퓰리즘의 요소를 포함하고 있다.[25]

주지하듯 포퓰리즘은 신자유주의적 세계화의 흐름 속에서 정치가 시장과 대자본에 종속되고 국민국가의 정치적 대표 체계(대의민주주의)가 실질적으로 무력화, 와해되면서 나타났다. 즉 기성 정치에 대한 대중의 불신 · 환멸이 커지고 정치적 · 사회적 갈등이 더욱 심각해지는 상황에서 생겨난 현상이다. 양극화와 자유민주주의의 구조적 위기와 결부된 초국적인 현상인 포퓰리즘은 그 자체로는 악도 선도 아니다. 새로운 민주주의의 출현을 촉구하는 대중의 흐름과 그에 부수되는 '증상'이기 때문이다.[26]

24_ 김성일, 앞의 글, 145.

25_ 우파 엘리트주의의 용어로 자주 악용되는 '포퓰리즘'은 대중정치, 인민주의, 민중주의로 환치될 수 있는 말이다. 포퓰리즘의 용어 문제에 대해서는 진태원 편, 『포퓰리즘과 민주주의』, 소명출판, 2017, 4-5 참조.

26_ 같은 책, 4-5, 25.

포퓰리즘 대중정치는 순식간에 열정적으로 확산, 전파되는 대중의 정동(정의감, 분노 등)과 고도로 현대화된 대중민주주의의 원리(초연결 사회의 미디어 네트워크)를 기본 요소로 삼되, 그와 반대 방향에 있는 전통적 우중정치의 위험(참주 선동과 영웅주의)을 모순적으로 결합한다.

포퓰리즘 대중정치의 문제틀은 민중·인민·대중에 의해 수행되는 민주주의의 고유한 불안과 가능성을 동시에 지시해주며, 대중민주주의를 경멸하는 우파적 엘리트주의나 일부 '문화 좌파'의 태도를 넘어서게 한다. 포퓰리즘에는 고유의 위험과 함께 거대자본과 부자계급에 장악된 정치를 극복하고자 하는 대중의 열망과 해방의 가능성이 들어 있다. 그러므로 대중정치와 그 다기한 표현 속에 과연 대중의 어떤 해방의 열망과 한계가 들어있는지 살피고 그것을 '정치화'할 수 있어야 한다.[27]

또한 포퓰리즘 대중정치의 문제틀에서 우리는 '민중에서 시민으로',[28] 또 '시민에서 다중'으로 이어져온 현대 한국 대중정치와 봉기의 전통, 그리고 주체의 역사를 이해할 수 있다. 3.1운동에서부터 4.19혁명, 광주민중항쟁을 거쳐 촛불항쟁에 이르기까지 연속된 민중항쟁의 전통은 한국 민주주의의 중대한 자원이다. 2016~17년의 촛불항쟁은 그런 점을 재확인하여 한국 정치에서의 저항권과 광장정치의 의의를 일깨워주었다. 신비로울 것도, 높이거나 격하할 것도 없는 오늘날의 다중은 여전히 '민중'으로서의 면모를 갖는 한편, 새롭고 다양한 '참여적 군중'과 '빠'와 여성 및 소수자 들이다.[29]

실천적으로 포퓰리즘은 '양날의 칼' 같은 효력을 지닌다. 그것은 대중정

27_ 같은 책, 37.

28_ '민중 대 시민'의 이분법은 90년대 민주세력의 분화 과정에서 나온 뒤 지금도 사용되는 '통념'의 개념이기도 하다. 「'퇴진행동' 염형철 상임운영위원 "새 세상에 대한 기획, 광장서 나오리란 기대 든다"」(『한겨레』, 2016. 12. 6) 같은 기사에 의하면 "시민(운동) 진영"과 "민중(운동) 진영"이 연합한 것이 '퇴진행동'이며 "민중그룹의 실무능력, 헌신성과 시민단체의 기획력과 대중적 확장력이 결합해 나름의 균형을 잡고 있다"고 서술하고 있다.

29_ 다중의 문제의식은 안토니오 네그리와 마이클 하트의 『다중』(정남영·서창현·조정환 역, 세종서적, 2008) 등을 참조. 새로운 민중사의 상에 대해서는 역사문제연구소 민중사반의 『민중사를 다시 말한다』(역사비평사, 2013) 참조.

치의 엄연한 상수 요인이 되어버린, '올라타야 하는 말 같은 것이다. 경계해야 할 것은 흔히 지식인이나 자유주의 정치학자들이 주장하는 "'성숙한 민주주의'(이 문구의 숨은 뜻은 '선진 자유주의' 정치체제일 것이다)" 따위다. 이를 "포퓰리즘의 대안으로 제시하는 것은 문제를 표면적으로 이해하는 것이거나 아니면 순환논리"에 불과하다. 포퓰리즘이 곧 "자유민주주의체제의 위기 내지 한계를 드러내주는" 것인데 도로 '성숙한 자유민주주의' 따위를 그 대안으로 내세울 수 없기 때문이다.[30]

낸시 프레이저는 이와 관련하여 트럼피즘(Trumpism, 트럼프식 포퓰리즘)에 의외의 참패를 당한 미국 민주당과 '진보적 신자유주의'[31]를 위해 흘릴 눈물은 없다면서 "진보주의자들은 트럼프를 지지했던 대중들에게 호소할 필요가 있다"고 열렬히 주장한 바 있다. "트럼프 지지자들은 인종주의자들도 아니고 헌신적인 우파들도 아"닌 "조작된 체계의 희생자들"이며 그들이야말로 "소생한 좌파의 반신자유주의 프로젝트를 위해 차출될 수 있으며, 차출되어야만 하는 사람들"이라는 것이다.[32]

'자유민주주의'나 '헌정질서'를 초과하는 민중의 정치, 대중정치는 과대한 정념과 카리스마적 지도자와 급진적 행동주의를 포함할 수 있다. '법질서'나 '성숙'은 봉기나 전선에서의 인민행동과는 거리가 있을 수 있다. '순수한 촛불'이나 '순수한 페미니즘'은 없다. 우파 엘리트나 안티 페미니스트의 눈으로 보면 촛불항쟁이니 페미니즘 운동만큼 반지성적이고 반제도적인 광기가 어딨겠는가?

그럼에도 이런 문제들이 한국에서 단단한 지도력·조직력을 갖춘 제도적·정치적 구심을 갖출 필요와 아래로부터의 민주주의의 기초를 더 탄탄

30_ 진태원 편, 앞의 책, 78.

31_ 이는 친기업적 페미니즘, 반인종주의, 다문화주의 등을 내용으로 한 주류 신사회운동과 '진보적' 문화산업과 할리우드 등의 동맹에 의해 구축된 지난 30년간의 '클린턴주의'라 설명된다(낸시 프레이저, 「진보적 신자유주의의 종언」, 김성준 역, 『말과활』 13호, 2017, 179).

32_ 같은 글, 183.

히 하는 것을 부정하는 것은 결코 아니다. 더 강력한 진보정당과 더 많은 노동자 조직은 절실하다. 촛불항쟁을 성공으로 이끈 시민적 민주주의의 힘과 광범위함, 또한 그것이 가져다주고 있는 새로운 차원의 젠더정치와 아래로부터의 조직운동들에 주목해야 한다.

4. 대중의 정동과 지성

1) 정동: 분노·억울함·'문빠'·불안

촛불 이후 오늘날 대중정치의 이념적·정서적 추동력은 무엇일까? 그리고 문화정치는 어떤 새로운 과제를 가지고 있을까?

촛불로 타올랐던 시민정치는 산개했고 다른 형식으로 변형되었다. 첫째, 무수한 '청와대 청원'이 상징하듯 문재인 대통령과 그 정부에 촛불의 주권이 위임되었다. 청와대 청원 같은 대중현상은 말하자면 촛불의 시민 직접행동이 다른 출로를 찾지 못하고 분출하는 일종의 직접민주주의의 형식이다. 소소한(?) 일상적 '갑질'에 대한 해결로부터 자유한국당 해산이나 반려동물 식용 금지 등에까지 이르는 청와대 청원은 일견 법리·합리성과는 큰 인연이 없는, 불공정에 대한 '민중적' 분노와 정의감·억울함의 표출의 한마당인 것처럼 보인다. 분노와 억울함은 오늘날의 한국사회를 지배하는 정동으로 간주되어왔다.[33] 그럼에도 그것은 직접적 행동으로는 잘 표현되지 않는다. 애초에 촛불항쟁 자체에 (항쟁이 아니라) 청원으로서의 성격이 강하게 들어 있었으며,[34] 그랬기에 촛불은 끝까지 '법질서' 속 '비폭력 평화'를 유지

---

[33] 이 같은 진단은 꽤 오래되었다. 김헌태, 『분노한 대중의 사회(대중 여론으로 읽는 한국 정치)』, 후마니타스, 2009; 최태섭, 『억울한 사람들의 나라: 세월호에서 미투까지, 어떤 억울함들에 대한 기록』, 위즈덤하우스, 2018 등 참조.

[34] 헌재·국회에 박근혜 탄핵을 청원하는 성격도 강했다는 것이다. 김동춘, 「견고한 민주주의를 향한 한국의 촛불시위」, 제14회 칼 폴라니 국제학회(2017. 10. 12~14) 제5세션 발표 논문 참조

할 수 있었다는 평가도 있다. 청와대 청원 자체도 기실 법의 틀 속에서의 사회권·평등권의 요구라 해석될 수 있다.[35]

그리고 '문재인'이라는 이름은 현재 한국적 포퓰리즘 대중정치의 상징이자 매개가 되었다. 행동력과 결집력을 지닌 아래로부터의 대통령 지지기반이 강하게 형성되어, 정치 영역 전체의 상수(常數)가 되었다.[36] 노사모 이래 대통령 팬덤은 한국 대중정치의 주요 구성 요소다. 정치적 대중인 '빠'는 대중문화와 대중민주주의 사이의 상호침투를 잘 보여준다. 정치인 팬덤과 아이돌 팬덤은 물론 다르지만 그럼에도 이를 통해 환기할 것은, 많은 시민들이 집회·시위나 세미나·학생회·노동조합 또는 지역의 풀뿌리 조직 같은 데서 정치적 행위양식을 배우고 경험하기보다는, 온라인 공간과 대중문화의 장으로부터 학습하고 또 그럼으로써 '주체화'했다는 사실이다. 이런 점은 한때 여성과 젊은 세대에서 더 두드러졌으며, '노무현'의 이름과 친노 정치인이 그 주요한 대상이 되었다.[37]

지난 1~2월 사이의 상황은 이 같은 대중정치의 메커니즘과 정동을 압축해서 보여주는 사례다. 암호화폐와 평창올림픽 아이스하키 단일팀 논란의 와중에 한때 문재인 대통령의 지지율이 10% 가깝게 급격히 빠졌다.[38] 사회경제적 불만이 누적된 20·30대 중 일부와 보수층이 일시적으로 급격히 재(再)중립화되거나 문재인 정부로부터 이반한다고 볼 수도 있는 현상이 벌어진 것이다.

이는 한국 상황에서의 대북·안보 이슈의 폭발력을 보여주는 한편, 20·30대의 사회경제적 불안정성이 정치적 유동성과 어떻게 연결되는지 보여

35_ 「국민청원, '떼법' 아닌 성평등·인권 등 '사회권 보장' 요구 높았다: 청와대 국민청원 빅데이터 분석」, 『한겨레』, 2018. 5. 9.

36_ 한귀영, 「[한겨레 프리즘] 문 대통령 고공지지율 지속될까」, 『한겨레』, 2018. 4. 16.

37_ 박창식, 「정치적 소통의 새로운 전망: 20~30대 여성들의 온라인 정치커뮤니티를 중심으로」, 광운대학교 박사학위논문, 2010.

38_ 「문재인 대통령 지지율 첫 50%대로… 청와대 "겸허히 수용"」, 『한국경제』 A8면 6단, 2018. 1. 25. 등.

준 사례라 할 수 있다. 민주정부의 실패와 신자유주의의 심화 이후, 20·30대는 2007년 대선에서 이명박에게 50% 이상의 지지를 보내기도 했고 2012년엔 '안철수 현상'을 만들기도 했다. 2015년 1월 한국과학기술원(카이스트) 미래전략대학원의 토론회 <한국인은 어떤 미래를 원하는가>에서 발표된 과학기술정책연구원 박성원 박사의 논문에 의하면 20~34세 청년층을 대상으로 한 설문조사에서, 응답한 청년의 42%가 "붕괴, 새로운 시작"을 원했으며, "지속적인 경제성장"을 원한 청년은 23%에 불과한 것으로 나타났다.[39] 일종의 집단적 '리셋 증후군'처럼 보이기도 하는 이 결과는 포퓰리즘 대중정치의 정동적 질료의 하나가 무엇인지 보여준다. 이미 많이 논의되었듯 불안은 '혐오사회'와 '분노사회'의 기반이기도 하면서[40] 동시에 현실에서 끝없이 '영웅'을 찾아내고 열광적 지지를 보내는 팬덤정치의 기반이 된다.

문재인 대통령은 '노무현 정치'를 이어받은 지도자이고, '친노' '친문' 시민들이 가진 특유의 감정정치와 팬덤에 일부 문제가 있지만, 대통령의 개인적 스타일이나 민주당의 성격을 고려할 때 그 위험은 과장돼 있는 듯하다. 막 1주년을 맞은 문재인 정부의 통치성과 계급적 성격은 아직은 명확히 평가하기 어렵다. 노동개혁도 재벌개혁도 "속도가 나지 않고 있"지만 "소득불평등 완화와 복지 확대" 등은 긍정적으로 평가할 수 있다는 견해[41]와 "자본의 이해를 침해하는 일은 아무 것도 하지 않"은 문재인 청와대가 "결코 노동자를 위한 청와대가 아님"이기에 다시 "투쟁을 준비할 수밖에 없"다는 주장도 있다.[42] 문재인 정부는 태생적인 부르주아 자유주의를 기반으로 하

39_ 강준만, 「[강준만 칼럼] 촛불 이후의 이데올로기」, 『한겨레』, 2018. 4. 8. 강준만은 청년층이 "고성장 시대의 종언이 돌이킬 수 없는 현실임을 잘 알고" "붕괴, 새로운 시작을 원한" 것이라고 해석했다. http://www.hani.co.kr/arti/opinion/column/839649.html #csidx4b163 f407ceea028cfe1601f49d0814

40_ 정지우, 『분노사회』, 이경, 2014 등을 참조.

41_ 정의당 정책위원회, 「논평: 문재인 정부 1년. 긍정적으로 평가, 더 과감한 개혁추진에 나서야」, 2018. 5. 9. http://www.justice21.org/newhome/board/board_view.html?num=107448

42_ 사회변혁노동자당, 「성명: 문재인 청와대는 노동자를 위한 청와대가 아니다—허울뿐이었던 문재인정부의 '노동존중' 1년」, 2018. 5. 10. http://rp.jinbo.net/statement/49070

면서, 한편 열성 지지자인 '문팬'과 다른 한편 촛불항쟁의 주체인 시민으로 된 두 가지 대중 분파에 근거하고 있다.

2) 대중지성의 성장과 위기: 여론조작, 반지성주의, 음모론, 지식인

5월 7일자 경찰 발표에 의하면, 남북 단일팀 구성과 관련해 대통령 지지율이 하락하던 바로 그즈음 '드루킹 일당'은 무려 2,290개의 아이디를 사용하여 675개 기사의 댓글 2만여 개에 매크로를 실행해 210만여 회에 걸쳐 클릭했다.[43] 조중동 또한 전례 없이 청년층에 공감하는 제스처를 취하면서 '반(反) 평창올림픽' 여론에 개입했다. 이는 온라인 여론 정치의 위험성을 보여주는 사례며 단지 현실정치판의 브로커 사건이 아니다. 이는 이명박·박근혜 정권의 민간인 사찰이나 국정원 댓글 사건 그리고 세계적으로 이슈가 되는 '가짜 뉴스' 문제의 연장선상에 있다. 이들 사건은 '여론'에 개입하고 조작하려는 '작전'(세력)이 실재하며 그들의 공격에 인터넷 공론장이 취약하다는 점을 보여준다. 특히 드루킹 사건은 3천만 명이 접속한다는 인터넷 독과점 포털인 네이버를 경유하여 이뤄진 것이다.[44] 대규모 플랫폼·1인 미디어·SNS 공론장 등이 대중적 정동 형성과 정보 공유의 새로운 장으로서 하는 역할과 문화정치의 과제가 면밀하게 분석될 필요가 있다.

이와 관련하여 여전히 집합지성·대중지성 등의 문제틀은 전문가주의와 우중정치가 지닌 위험을 동시에 의식하여 연대의 창출에 대한 시좌를 일러준다. 집합지성·대중지성은 2006년 황우석 사태와 2008년 촛불집회를 계기로 본격적으로 제기되었는데, 심화된 양극화와 나쁜 방향으로 변화한 미디어 상황, '이명박근혜' 시대의 반동 등은 그에 대한 장애 요인이다.

43_ 「경찰, "'드루킹' 댓글 2만여 개에 매크로로 210만여 번 부정클릭" 추가로 드러나」, 『경향신문』, 2018. 5. 7.

44_ 오늘날의 '인터넷 권력'은 한편으로는 인터넷 환경에 개입함으로써 사용자들의 사고와 행동을 관리, 통제하고, 다른 한편으로는 그 내부 사용자들의 (가상적) 자유를 극대화하여 사용자의 정신적 능력을 전유해나간다. 이는 새롭고 효과적인 통치 시스템으로 간주될 수 있다. 박승일, 「인터넷과 이중 관리권력 그리고 관리사회」, 서강대학교 신문방송학과 박사학위논문, 2017 참조.

문재인 정부 출범에 전후하여 일각에서는 한국 대중정치의 한계를 뭉뚱그려 '반지성주의'라 단정하는 흐름이 커졌다. 그러나 이는 대개 안일한 우파적 일반화에 가까웠다. 반지성주의에 대한 경계가 지식인이나 좌파의 무능에 대한 자기합리화로 귀착되지 않도록 주의해야 한다. '반지성주의'라는 비판은 정치적으로 편의적이며, 이제는 다른 정치세력을 비난하는 데 쓰는 상투어가 되어버렸다. 촛불항쟁이나 페미니즘 봉기 등에 개재된 지적 열기는 반지성주의와 거리가 크다는 사실 외에도, '맹목적' 지지자라 일컬어지는 정치팬덤의 행태조차 정치 지형에 대한 과잉된 계산에 입각해 있다는 사실에 주목할 필요가 있다.

문제는 진영정치와 '기울어진 운동장'에 대한 과잉된 의식화다. 세월호 사건처럼 진실을 밝히기 어려운 대규모 재난이 빈발하고, 박근혜 정부처럼 통치 자체가 '농단'인 불합리한 상황이 음모론을 상수화한다. 음모론이나 심지어 일베를 지배하는 것도 "과잉된 합리성"이다.[45] 음모론 지지자들은 지적 신뢰와 권위가 없는(또는 그 구축의 방법을 알 수 없는) 상황에서 자기 나름의 논리와 '팩트'를 추구한다. 음모론이 횡행하는 중요한 배경은 대중이 친정부 '자유주의' 계열의 '네임드'들에 의존하는 정황이다. 김어준과 '나꼼수로 상징되는 몇몇 '인플루언서'들은 강한 행동력과 장악력으로 상당히 광범위한 대중에게 영향을 미치고 있다. 문제는 그런 세력이 마치 진보 전체를 대표하는 양 되어버린 상황일 것이다.

여기서 실제적인 문제를 제기해야 한다. 반지성주의가 진짜 문제라면, 과연 오늘날 '지성'은 무엇이며, 그것은 어디에 있는가? 대중정치와 오늘날의 앎의 문제에 관해서는 세 가지 수준의 실제적인 중요한 문제가 있다.

첫째, 이념 수준의 대안 부재다. 음모론이 횡행하고 김어준류의 세계인식이 대중을 장악하는 이유는 이재훈이 말한 것처럼 "오래전부터 고통을 설명하던 이론들이 힘을 잃었"기 때문이며 "정치 이데올로기 역시 더 이상

45　이재훈, 「[월요칼럼] 사람들은 왜 김어준의 음모론에 호응하는가」, 『뉴스민』, 2018. 4. 16. http://www. newsmin.co.kr/news/29232

사람들의 고통을 설명해주거나 '혁명적 보상'을 약속하지 못하고 있"기 때문이다.[46]

그렇다면 문제는 '진보좌파'의 무능·부진이다. 현재 한국사회에는 촛불로 제시된 사회개혁의 요구를 받아안을 대안적 정치세력과 그 언어가 없다. 청와대 청원과 페미니즘 운동 외에 다른 것은 보이지 않는다. 박근혜정권 퇴출 이후의 열린 공간에서도 제도 수준의 진보정당과 좌파정치는 활로를 개척하지 못하고 있는 것으로 보인다. 현재의 정치 구도에서 정의당은 모호한 태도를 취할 수밖에 없다. "진보적 의제를 던지기는커녕 '여당의 이중대'라고 비난받아도 할 말이 없을 정도의 행보를 보이고 있다."[47] 그 노선이나 대중적 기반은 문재인 정부나 또 그 지지층과 일부 겹친다. 아직도 "탄핵 국면에서 형성된 진보와 중도의 동맹"이 유지되고 있다.[48] 이제껏 정의당은 주로 문재인 정부 지지층과의 갈등을 피하는 방식으로 정치적 실리를 추구해왔지만, 새로운 대중정치를 발명하지 않으면 현재 상황은 고착되고 존재감이 생겨나지 않을 것이다. 노동당·민중당·녹색당은 여전히 존재감이 약하다. 본래적인 자신의 한계를 벗지 못했거나 대중적 지지기반을 갖기에 한계가 있다. 민주당의 당세와 대중적 지지도가 역사상 유례없이 커진 상황에서, 진보정당은 독자적 진보정당의 존재 필요성을 또다시 스스로와 대중에게 설명해야 할 필요가 있다.

둘째, 실천적 지성의 부재다. 반지성주의와 대결하는 적절한 방책은 동어반복적으로 '반지성'을 고발하는 것이 아니라 다른 합리성이 존재한다는 사실을 대중에게 보여주는 것이며, 권위와 신뢰를 가진 앎을 스스로 생산하는 일일 것이다. 그런데 음모론에 맞서거나 쓰레기 정보의 홍수를 넘어 언제나 명징하게 진실을 준별할 수 있는 균형 있고도 종합적인 지적 능력을

46_ 이재훈은 여기에 덧붙여 사람들이 "자유주의적 정치 체제의 위선에 넌더리를 내고 있"기 때문이라 했다. 김어준과 음모론의 신봉자들이 자유주의 정부인 문재인 정부 지지자들이라는 점에서 이 말은 다른 차원을 지닌다(같은 글).

47_ 같은 글.

48_ 한귀영, 앞의 글.

개인은 그 누구도 보유하고 있지 않다. 더 근본적으로는 지배의 거대하고 복잡한 메커니즘과 정보 자본주의의 규모에 비해, '지성'은 매우 빈약해 보인다. 권위 있는 지성과 공통감각을 통해서만 '합리성'이 성립 가능하다고 할 수 있겠지만, 책임 있는 언론이나 공공적인 대학이 거의 존재하지 않는 상황이다. 사실상 정보 판단과 앎의 과제는 매순간 대중과 개인들 스스로에게 맡겨져 있다.[49]

따라서 필요한 과제는 대중과 '지성' 사이의 통로를 다시 뚫는 일이다. 그런데 전통적 '지식인'은 파편화되고 자본과 권력, 그리고 대학기업에 종속돼 저항이나 비판의 역할을 상실했다. '지식인의 죽음' '대학의 죽음'이 선언된 지도 이미 10년이 지났다.[50] 참여적 지식인 집단은 거의 존속하지 않거나, 지식인이라는 존재의 재생산·존속 방식 자체가 '파편화'의 방식으로 변했다. 솔직히 이제 '지식인'이 성립 가능한 개념인지도 모르겠다.

실재하는 위험한 반지성주의의 주체가 있다면, 앎을 독점하고 여론을 농단하여 지배에 동원하려 하는 체제와 기득권동맹이다. 정치가와 자본가, 대학 관료, 일부 경영학·경제학 종사자, 일부 공학자·생물학자 들의 반지식인주의 및 반인문·반사회과학은 현실적인 위협이다. 대학의 위기나 '인문학의 위기' 또한 이로부터 온다. 특히 한국 대학과 인문사회과학은 향후 5~10년간 결정적인 재생산의 위기를 겪게 될 듯하다.

셋째, 앎의 양극화 또는 (거시적 규모의) 사회적 지적 격차의 확대다. 전체로서의 대중도 책보다는 팟캐스트나 뉴미디어에 의존하며 글 읽는 힘은 전체 계층에서 확실히 약화되었다. 새삼 리터러시의 문제가 제기될 정도로 '교육 양극화'도 심각해졌다. 이미 초등학교 시기에서부터 '수저 계급'이 결정되며 공교육이 붕괴되는 상황에 대한 진단이 많지만 교육개혁은 지지부

49_ 이런 면에서 '숙의 민주주의'의 실험은 가치가 있다. 그런데 '숙의'는 절차 합리성으로 내용의 합리성까지 보장가능하다는 전제와, 숙의의 주체가 지닌 대표성을 대가로 지향성을 희생해야 한다는 위험을 감수해야 한다.

50_ 예컨대 2007년 『경향신문』의 '지식인의 죽음' 연속 기획 시리즈 등을 참조.

진하다. 시민인문학 같은 '대중의 자구책'은 생산되는 불평등의 구조에 비하면 미미하다.

거론한 모든 정황에는 지식층에게 큰 책임이 있다. 한국 지식인들은 자기환멸과 허위의식에 찌든 지배의 하수인 아니면 그냥 평범한 월급쟁이가 되어버렸다. 요컨대 한국사회 반지성주의의 극복의 요체는 언론 및 교육 개혁과 지식(인)운동의 재구조화에 있다고 생각한다.

5. 결: 87년체제를 넘어 새로운 사회적 민주주의사회로

서두에서 말했지만 탈냉전·탈분단이 수행되고 동북아시아 질서의 근본적 변화가 추동된다면, 국가주의나 안보논리가 노동탄압과 여성차별의 빌미가 되는 일이 줄어들고 군사주의 남성문화, 극우 개신교, 영남 패권주의가 약화될 가능성이 커진다. 이때 한국 민주주의의 기저는 좀 더 단단해지고 '노동'과 '젠더' 또한 이 길에서 보다 넓은 공간을 얻을 수 있지만, 이때 문화운동과 소위 '진보좌파'는 진보의 담론과 운동의 논리를 재구성해야 하는 책무가 있다.

지정학의 새로운 변화와 남북관계의 극적 개선은 어떤 식으로든 '1987년형 민주주의'를 종결지을 것이다. 이로써 이제야 NL/PD 구도 같은 80년대식 운동의 구도가 완전히 해체되어 근대적 민족해방과 민중민주주의의 과제는 새로운 의미의 탈식민과 한반도 차원의 민주주의사회를 이룰 과제로 대체될 것이다. 남과 북의 정치는 이제까지와는 다른 방식으로 상호작용할 것이며, 바야흐로 한반도 수준의 새로운 문화정치와 이데올로기 문제가 제기될 것이다. '통일'의 개념·방법과 체제 이행에 대한 논의가 뜨거워질 것이다. 남북한은 우선 각각 사회적 민주주의와 민주적 사회주의로 나아가야 한다. 북의 식민화와 세습독재를 피하여, 그리고 남과 북이 함께 신자유주의의 극복의 과제를 안게 될 가능성이 높다. 따라서 북한 사회주의와 그

개혁개방의 진로에 대해서는 물론, 2000~2007년 사이의 남북관계뿐 아니라 베를린 장벽 붕괴 이후 독일 통일 과정 등을 되새기고 연구해야 할 필요가 있다.

이제 '문화좌파'의 기획은 촛불항쟁 이후의 이데올로기와 대중 정동의 지형을 섬세하게 파악하여 새로운 현실을 설명하고, 대중적 문화운동의 논리를 제공할 앎의 네트워크를 개척하기 위해 노력하는 데 초점을 맞춰야겠다.

7

북한 연구에서 북한 문화연구로

오창은

1. 평양의 모니카, 서울의 모니카

한 흑인 여성에게 누군가가 질문을 던졌다. "나중에 아이를 낳게 되면 그 아이들에게 엄마의 삶을 한마디로 어떻게 얘기해줄 수 있을까요?" 여성은 아주 짧게 대답했다. "한반도."[1]

흑인 여성이 한반도인의 정체성을 갖고 살아온 삶을 상상한다는 것은 쉽지 않다. 아프리카의 적도기니에서 태어나 평양에서 16년간 생활했고 서울에서도 2년여를 거주한 사람이 있다. 그는 북한에서 사는 내내 북한 음식이 입에 맞지 않아 '떡과 빵'만 먹어야 했다. 그런데 정작 평양을 떠나 스페인에서 살 때, '냄새조차 못 맡았던 한국 음식'을 먹기 시작했다. 향수병이 북한의 음식을 받아들이게 한 것이다.

모니카 마시아스(Monica Macias), 1972년생이며 여섯 살이던 1977년 평양에 도착해 망명생활을 시작했다. 적도기니의 초대 대통령이었던 모니카의 아버지는 국방부장관이었던 사촌의 쿠데타로 생명을 잃을 위기에 처하게 되자, 자녀들의 미래를 김일성 주석에게 부탁했다. 모니카는 아버지가 처형을

1_ 모니카 마시아스, 『나는 평양의 모니카입니다』, 예담, 2013, 257.

당한 이후 오빠인 파코, 언니인 마리벨과 함께 평양에서 학교를 다니며 성장했다. 만경대혁명학원 인민학교와 고등중학교를 마쳤고, 평양경공대 피복학과를 졸업했다. 그는 평양에서도, 서울에서도 어디를 가나 "우리말 참 잘하네요"라는 감탄을 들었어야 했다. 한국어를 모어로 쓰고, 영어와 스페인어에 능통하며, 평양과 서울을 함께 사랑하는 흑인여성의 존재 자체는 특별하다. 피부색만 다를 뿐 모니카의 정신세계와 정서는 한때 '한반도인' 자체였다.

한국에서는 2013년 『나는 평양의 모니카입니다』가 발간되면서 그의 존재가 널리 알려졌다. 사람들의 호기심 속에 방송사 인터뷰가 쇄도했고, 모니카 또한 남과 북을 정서적으로 잇는 가교 역할을 해야겠다는 마음으로 미디어의 인터뷰 요청에 적극적이었다. 그는 북한에 대해 '모른다'는 편견을 갖고 있는 이들에게 진심을 담은 메시지를 전했다.

만일 김일성광장에서 축제 때마다 즐겁게 웃고 춤추는 평양 사람들을 보며 '연출된 행복'이니 '조작된 일상'이니 하며 비웃을 수 있다면 똑같은 말을 미국 사람들한테도 할 수 있을 것이다. 평양 사람들에게 자유가 없다면 미국 사람들에겐 얼마나 자유가 있을까? 공산주의 체제 안에서 희생되어야 할 자유가 있듯이 승자독식의 시장자본주의 안에서도 자유는 한정적일 수밖에 없었다. 비록 3년밖에 살지는 않았지만 자본주의의 정수라 불릴 만한 뉴욕에서 지내는 동안 나는 숨 쉬고 먹고 마시며 사랑하는 인간의 모든 행위가 달러로 환산될 수 있다는 사실에 놀랐다.[2]

모니카가 전하는 메시지는 소박하면서 깊은 울림이 있다. 체제의 눈으로 보면 다른 체제에서 사는 삶이 비루해 보일 수 있지만, 민중의 눈으로 보면 모두들 자신의 삶을 살고 있을 뿐이다. 일상의 눈으로 볼 때 '우월한 체제의

2_ 같은 책, 229.

삶'은 없다. 모니카는 서울 신림동 거리를 거닐면서 평양 창광거리를 걷는 느낌을 받는다고 말하고, 평양 사람이나 서울 사람이나 속 깊은 정은 똑같다고 말한다. 그는 평양경공대 피복학과 재학 시절에 '다국적 유학생 패거리'들의 아지트였던 평양상점 옆 '김치바'에서 함께 어울려 놀던 시절이 잊혀지지 않는다고 했다. 평양이 상대적 관점에서 볼 때, 폐쇄된 사회는 맞지만 그곳도 사람 사는 곳이었음에는 분명하다.

모니카는 평양과 서울을 균형 있는 태도로 전할 수 있는 위치에 서 있었다. 그는 제3세계 적도기니 태생이며, 어린 시절을 평양에서 보냈기에 유럽적 보편주의로부터 자유롭다. 그 자유로운 시선은 스페인에서 견뎌야 했던 기층 민중의 삶, 한때 적이라고 배웠던 뉴욕에서의 직장 생활, 그리고 서울의 바빴던 직장 생활에서 체득한 것이기도 하다. 그는 내부자와 외부자의 위치를 넘나들며 평범한 사람들의 위치에서 '타인에 의해 규정되는 일상'에 대해 저항하는 발언을 하고 있다. 『나는 평양의 모니카입니다』는 일상을 일상 그 자체로 받아들이면서 북한사회를 기록하고 있기에 독특한 '문화연구 텍스트'라고 할 수 있다.

북한을 기록한 텍스트들은 많다. 진천규의 『평양의 시간은 서울의 시간과 함께 흐른다』[3]는 가장 최근의 평양 모습을 화려한 화보로 구성해, 2018년 남북 교류의 훈풍을 타고 베스트셀러가 되었다. 진천규는 2017년과 2018년 네 차례의 방북을 통해 '북한사회가 허용한 범위' 내에서 북한의 일상을 담아 보여주었다. 이 책에는 남한 사람들이 상상한 모습과 북한이 보여주고 싶은 모습의 긴장이 곳곳에 스며 있다. 그러면서도 남북관계에 긍정적으로 기여하고자 하는 필자의 조심스러움이 텍스트의 기본적 정조를 관통하고 있다. 조금 더 과감한 텍스트도 있다. 이 이른바 다크투어리즘의 외관을 띠고 있는 이찬삼의 『옥화동무, 날 기다리지 말아요』[4]가 그것이다. 이 책은 북한을 세 번 방문한 경험이 있는 중앙일보 미주 시카고 특파원 겸 편집국

3_ 진천규, 『평양의 시간은 서울의 시간과 함께 흐른다』, 타커스, 2018.
4_ 이찬삼, 『옥화동무, 날 기다리지 말아요』, 중앙일보사, 1995.

장 이찬삼 기자가 네 번째로 방북해 북한 내부를 취재한 기록을 담았다. 대범하게도 중국 조선족 위장 부부 역할까지 하면서, 보따리 장사꾼으로 내부를 잠행 취재해 책 곳곳에 긴장감이 넘친다. 이 텍스트는 일종의 첩보물을 연상케 하는 여행자의 기록이기에, 북한사회가 외부 방문자에게 보여주고 싶은 것만 보여주는 것에 대한 '저항적 취재'라는 데 의미가 있다. 주성하의 『평양 자본주의 백과전서』⁵는 북한이탈주민 출신의 기자가 쓴 북한사회에 대한 간접취재물이다. 한때 북한의 내부자였던 필자가, 이제는 남한의 내부자가 되어 북한사회를 기록했다는 사실 자체가 이례적이다. 이 책은 북한체제에 대해서는 비판적이고, 자본주의적 경향에 대해서는 우호적이라는 점이 문제적이다. 필자인 주성하가 '김일성대 출신의 탈북자이자 현역 『동아일보』 기자라는 독특한 발화 위치로 인해 이데올로기적 편향성을 보인다.

그간 북한의 일상에 대한 정보 접근은 북한 방문기, 북한이탈주민들의 인터뷰로만 가능했다. 방문자들과 탈북자들의 경험주의적 증언이 위주다 보니, 조심스러운 공식적 기록(『평양의 시간은 서울의 시간과 함께 흐른다』), 탐사 보도의 외양을 띤 모험주의적 접근(『옥화동무, 날 기다리지 말아요』), 체제비판적인 북한이탈주민의 증언 위주의 접근(『평양 자본주의 백과전서』) 이 중심을 이뤘다. 이들 경험주의적 증언 위주의 접근을 벗어나려면 북한 문화연구로의 방향 전환이 필요하다.

북한 문화연구는 학술적이면서도 정치적인 프로젝트라고 할 수 있다. 방문기나 탐사보도를 통한 북한 이해에서 한걸음 더 나아가 일상 연구, 대중 연구, 욕망과 이데올로기 연구가 이뤄져야 한다. 북한의 정치경제를 중심으로 한 체제 연구를 넘어, 북한 민중의 삶을 일상생활 속에서 재구성하고 북한문화가 어떻게 주체를 구성하는가를 규명하는 것이 북한 문화연구의 과제다. 남과 북이라는 특수관계로 인해 남한 연구자에게 북한은 '해석

5_ 주성하, 『평양 자본주의 백과전서』, 북돋움, 2018.

적 대상'에서 배제할 수 없다. 남과 북은 같은 기원을 공유하면서도, 현재는 분리되어 있다. 따라서 기존의 분과학문 분야에 기반을 둔 북한 연구에서 총체적이고 통합적인 연구방법론의 적용이 요구된다.

학제 간 연구를 위해서는 기존의 북한 연구를 적극적으로 수렴하고, 이를 북한 문화연구로 방향을 전환할 필요가 있다. 북한 연구는 북한에서 생산된 텍스트를 남한 연구자가 직접 보고 분석하는 연구방법으로 진행된다. 기존 연구는 정치사상이나 대외관계, 경제무역 분야에 집중되어 있었다. 사회문화적 접근은 비교적 주변부적인 것으로 취급되었다.[6] 2000년대에 이르러서야 북한 예술에 대한 연구를 중심으로 사회문화에 대한 연구가 활발해졌다. 북한 문학에 대한 연구는 1990년대 이후 활발해졌고, 북한 영화를 중심으로 음악과 미술에 대한 장르적 접근 또한 그 연구성과를 축적하고 있다. 하지만 북한에 대한 문화연구적 접근은 본격적으로 검토되지 않았다. 이 글은 북한 문화연구는 어떤 방식으로 이뤄져야 하는가와 관련한 이미지 분석 사례 연구, 그리고 북한 연구는 어떤 어려움에 직면해 있으며, 북한 연구에서 북한 문화연구로의 전환을 위해서는 어떤 접근법이 필요한가를 논의하기 위해 쓰였다. 이 글에서는 남한의 북한 연구자 인터뷰, 북한 연구 관련 텍스트, 북한의 원전 텍스트를 자유롭게 넘나들 것이다.

2. '현지지도' 사례로 본 북한 이미지의 이면 읽기

북한에 대한 문화연구적 접근은 '문화연구로서의 북한 연구'라는 새로운 영역을 제안하는 것이 아니다. 문화연구의 기본 문제설정처럼 이는 분과학

6_ 1970년부터 1998년까지 발표된 '학위논문 분야별 분포도'에 따르면, 총 138편의 논문 중 정치사상 37편, 대외관계 16편, 경제무역 14편, 통일대남 12편, 교육 12편, 군사안보 11편, 법 10편, 행정 10편에 이어 사회문화는 7편뿐이다. 북한 사회문화 연구가 1998년까지는 상대적으로 비중이 크지 않았음을 알 수 있다(북한연구학회 편, 『분단 반세기 북한 연구사』, 한울아카데미, 1999, 17).

문으로서는 포착되지 않는 총체적 삶의 양식으로서의 문화에 대한 접근을 전제로 한다. 그렇기에 북한 문화연구는 일반 문화연구에서 논의하는 다음과 같은 기본적 관점을 전제한다. 첫째, 문화적 접근은 특정 사회의 구조와 역사와 관련해 그 사회의 문화를 분석하는 태도를 지칭한다. 둘째, 문화연구는 한 사회체제 내에서 계층, 세대, 젠더, 지역 등 불균등하게 구분된 영역들에 대한 접근을 말한다. 셋째, 문화연구는 이데올로기 분석을 핵심적 개념으로 삼는다.7 여기서 더 나아가 일상생활이 어떻게 구성되고, 문화가 어떻게 그 사회의 주체를 형성하는가에 대한 질문으로 나아간다.

북한에서는 일상문화 대신에 '생활문화'라는 개념을 사용한다. 생활문화는 "사람들의 구체적인 개인생활과 공동생활 속에 구현된 문화"를 말한다. 보다 구체적으로는 "사람들의 개체 위생은 물론 식생활과 개인생활, 옷차림과 몸단장, 살림집꾸리기, 정서생활 등에 구현되어 있는 문화"를 지칭한다.8 북한에서는 생활문화와 관련해 "문명화된 생활"을 강조했다. '사회주의 생활문화' 확립과 민족문화의 결합을 중시한다. 특히, "민족 특성이 구현된 건전하고도 문명한 우리식의 사회주의 생활문화"가 국가의 기본 방침이라고 할 수 있다.9 '민족의 고유한 특성과 전통이 구현된 생활문화'의 대척점에는 '제국주의 사상문화'를 놓고 있다. '제국주의 사상문화'는 "사람의 머릿속에 극단한 개인주의를 비롯한 온갖 잡사상을 불어넣어 혁명의식, 계급의식을 마비시키고 동물적이고 변태적인 생활을 추구"하게 하는 것을 말한다.10 전지구적 자본주의 질서 속에서 영향력을 행사하고 있는 글로벌 문화도 북한의 입장에서는 '제국주의 사상문화'의 범주에 포함된다고 할 수 있다.

7_ 존 스토리 편, 『문화 연구란 무엇인가?』, 백선기 역, 커뮤니케이션북스, 2000, 27.

8_ 김명옥, 「생활문화확립에서 사회주의법의 역할」, 『법률연구』(루계 제63호), 과학백과사전출판사, 2018, 26.

9_ 같은 글, 27.

10_ 김경일, 「제국주의 사상문화의 해독성」, 『사회과학원학보』(루계 제100호), 사회과학출판사, 2018, 36.

남한 연구자에 의해 이뤄지는 북한 문화연구는 '특수관계에 있는 타자'의 시선임을 수용할 수밖에 없다. 공간적으로는 동일한 한반도의 범주에 있으면서도, 분리된 지도 70년을 훌쩍 넘겼다. 때로는 적으로, 때로는 동반자로 분단 이후의 역사를 공유해왔다. 현대에 이르러서는 남의 일상문화와 북의 생활문화의 차이는 깊은 골을 형성하고 있다. 그 핵심에 북의 지도자론인 '수령관'이 자리하고 있다. 북한 문화연구의 한 사례로 '지도자의 표상 이미지' 분석이 가능하다.

북한에서 지도자의 표상 이미지는 롤랑 바르트가 이야기하는 '오늘의 신화'로 해석할 수 있다. 롤랑 바르트는 "신화는 일종의 빠롤이며, 그렇기 때문에 담론의 규칙을 따르기만 한다면 모든 것은 신화가 될 수 있"다고 했다.[11] 바르트는 현대의 신화학은 '형식-안의-관념들'을 연구한다고 했다. 지도자의 이미지 표상이 북한사회에서 관습적으로 재현되고 있다면, 그 관습에 기입되어 있는 기호적 의미를 파악하는 것은 의미가 있다.

다음의 사진은 2013년 홍수 피해를 입은 나진시를 '현지지도'하는 김정은의 모습을 담았다. 현지지도는 북한 지도자의 중요한 전통으로 이어져 내려오고 있다. 공식적이면서도 정치적인 통치행위인 현지지도를 통해 북한 당국은 '지도자와 인민'의 관계를 긍정적으로 표현한다.[12]

2015년 북한 최북단인 라선시에서 발생한 홍수 피해는 2016년 함경북도 북부 지역에서 발생한 물난리 피해와 함께 북한사회가 겪은 최근의 큰 재난이었다. 1990년대 중후반 '고난의 행군'의 고통을 겪어야 했던 북한사회로서는 총력을 다해 대응해야 하는 피해이기도 했다. 김정은은 군대에 즉각

11_ 롤랑 바르트, 『신화론』, 정현 역, 현대미학사, 1995, 16.
12_ 권헌익과 정병호는 '아리랑 공연'과 '현지지도'를 대비시켰다. 아리랑 공연은 "일반 인민들이 참여하는 집회와 공연으로 항상 나라의 정치적 중심지인 수도 평양에서 열리고 북한의 지도부는 이때 먼발치에 있는 관객"이라고 했다. 반면, 현지지도는 "나라의 최고지도자가 변방으로 몸소 찾아가 일반 시민들과 친밀한 만남"을 가진다는 것이다. 수도와 변방, 일반 인민과 최고지도자, 그리고 먼발치의 관객과 친밀한 만남이라는 측면에서 대비된다는 것이 권헌익과 정병호의 주장이다(권헌익·정병호, 『극장국가 북한』, 창비, 2013, 49).

라선시를 현지방문한 김정은(『조선』 2018년 1월호, 조선화보사, 2018, 7)

동원령을 내리고 피해복구에 힘을 기울였다고 한다. 이 사진에 대해 정기상은 "3년 전 조선의 최북단 라선시에 큰물로 인한 혹심한 자연재해가 발생하였을 때"에 김정은이 "인민군대에 피해복구를 맡아 단기간에 끝낼 데 대한 명령을 하달하시고도 마음이 놓이지 않으시여 하늘길, 령길, 배길로 2000여리의 멀고 험한 현지지도길을 이어가시였으며 불과 한 달 남짓한 기간에 인민의 무릉도원으로 전변되게 하여주시였다"라고 해설했다.13

　이면 읽기를 통해 앞의 사진을 분석할 경우, 혼합되어 있는 수많은 기호들을 읽어낼 수 있다. 김정은은 버스 안에 있고 바깥에는 군중들이 환호하듯 모여 있는 것으로 보아, 노상에서 이뤄진 우연한 만남을 포착한 사진임을 알 수 있다. 김정은이 창문을 열고 군중들의 열광에 호응하고 있고, 군중들은 시선을 김정은에게 맞추고 있다.

　이 사진에서 주목할 부분은 사진 전체가 우연성으로 채워져 있다는 점이다. 차량을 에워싸고 있는 경호원들도 보이지 않고, 군인들의 모습 또한 비무장상태다. 북한 주민들은 감격스러운 표정으로 두 손을 번쩍 올리거나,

13_ 정기상, 「인민에 대한 멸사복무를 좌우명으로」, 『조선』 2018년 1월호, 6.

스스럼없이 김정은에게 다가서려 하고 있다. 한 군인은 김정은에게 너무 다가서려는 여성을 조심스러운 태도로 제지하고 있다. 이 사진은 미국과 유럽의 미디어가 일반적으로 재현하는 제3세계 독재자의 이미지와는 배척된다. 미국과 유럽의 일부 미디어는 제3세계 지도자를 표상할 때, 부정축재를 통해 권력을 유지하고, 무장 군인들이 그를 호위하는 모습을 내보낸다. 미국과 유럽의 독자들은 그러한 이미지를 통해 '악의 축'으로 북한 지배체제를 규정하고, 대북제재를 정당화한다. 사진에서는 무장 경호원들이 주민들의 접근을 차단하거나, 김정은과 북한 주민 사이의 긴장관계도 보이지 않는다. 김정은의 표정 또한 그 어떤 불안감도 없는 밝은 모습이다. 사진은 북한 주민들이 김정은을 지도자로서 위치 지우고 있으며, 체제적 측면에서도 안정성이 유지되고 있음을 보여준다.

도상학적 측면에서는 '지도자와 인민'의 관계를 상징화하고 있다. 김정은은 버스 안에서 얼굴을 내밀고 호응하는 위치에 있다. 북한 주민들보다는 높은 위치에 있으며, 일대 다수라는 상황에도 불구하고 왜소하지 않은 모습으로 포착되어 있다. 무엇보다 버스의 유리에 비친 북한 주민들의 이미지에 주목할 필요가 있다. 거울 이미지에 의해 북한 주민들이 김정은을 둘러싸고 있는 형상이 자연스럽게 만들어졌다. 이러한 도상학적 구도로 인해, 김정은의 얼굴이 전체적으로 나오지 않았음에도 불구하고 화면 속에서 균형을 형성하고 있다.

여기서 더 나아가 보다 더 깊이 있는 이면 읽기를 시도해보면 어떨까?

북한 주민들은 오직 한곳인 김정은만을 주시하고 있다. 사진의 프레임 안에서는 자유롭게 자신의 일에 집중하거나, 김정은을 외면하는 모습은 찾아보기 힘들다. 이러한 북한 주민의 모습은 지도자를 향한 갈망이 얼마나 강한가를 보여준다. 당과 지도자에 의존하면 할수록, 자율성은 제한된다. 북한사회는 지도자와 주민이 일체화된 사회가 특별한 시기에 어떤 파국적 결과를 초래하는지를 경험했다. 국가 식량배급체제가 무너진 1993년과 98년 사이에 대기근이 발생했다.[14] 북한의 역사적 전통인 유일체제는 과거에는 국가 운영은 효율성을 극대화한 사회주의 시스템이었을 수 있다. 하지만 현실의 변화 속에서, 획일화된 국가 운영이 회복 탄력성을 제한하는 역효과를 낳았다. 현실 사회주의 붕괴 이후 북한체제는 국제적 안정망도 제한적일 수밖에 없는 상황이었다. 사진에서처럼 북한의 모든 주민들이 오로지 한곳만을 응시하면, 자율성은 제한되는 역효과가 나타날 수밖에 없다.

국가와 당, 그리고 북한 지도자의 현지지도는 북한 민중의 삶 속에 지도자를 위치하게 하는 것이며, 지도자의 노선과 정책이 대중의 요구와 지향과 합치하도록 하는 것이라고 했다.15 북한사회의 지도원리인 주체사상에서도 "인민대중의 의사와 지향을 반영한 로선과 방침을 세울 뿐 아니라 그것을 대중 속에 깊이 침투시켜 대중 자신의 것이 되게" 한다고 했다.16 지도자와 인민대중을 일체화하는 '유일체제'는 북한사회를 특징짓는 개념이다. 이종석은 유일체제에 대해 "절대권력자인 수령을 중심으로 전체 사회가 일원적으로 편재"되어 있는 것으로 "북한사회의 특징을 가장 분명하게 보여주고 있는 '북한적 현상'이라고 할 수 있다"고 했다.17 정치적 유일체제가 인간의 품격을 보장해주지는 않는다. 정치로부터 자유로운 일상의 감각, 인간에 대한 신뢰에 기반한 민중주의, 자신이 속한 세계에 대한 비판적이면서도 지성적인 사유능력 등은 국가기구의 권위에 포박될 수 없는 것들이다. 이러한 비체제적이고, 민중주의적이며, 자율적 영역에 대한 옹호가 비판적 북한문화연구의 토대가 될 수 있다고 본다.

14_ 헤이즐 스미스, 『장마당과 선군정치』, 김재오 역, 창비, 2017, 214.

15_ 장금철은 김일성의 행복관을 논하면서 다음과 같이 썼다. "이렇게 그 누구보다도 인민을 찾아 온 나라 방방곡곡을 찾고 찾으시며 인민의 요구와 지향을 환히 알고 계시였기에 위대한 수령님께서 내놓으시는 로선과 정책들은 다 인민을 위한 가장 정확한 로선과 정책으로 될 수 있었다. 이처럼 위대한 수령님의 행복관은 한평생 인민을 믿고 인민들 속에 들어가 그들과 생사고락을 함께하는 것을 가장 큰 락으로, 삶의 보람으로 여기시는 숭고한 행복관이였다"(장금철, 「위대한 수령 김일성동지의 숭고한 행복관」, 『사회과학원학보』[루계 제100호], 사회과학원학보편집위원회, 2018, 15).

16_ 김정일, 『주체사상에 대하여』, 조선로동당출판사, 1991, 65.

17_ 이종석, 『새로 쓴 현대북한의 이해』, 역사비평사, 2000, 210.

3. 현장 연구의 불가능성에 대하여

북한 문화연구는 어떤 현실적인 문제를 안고 있을까?

문화연구에서 현장작업은 '타자의 세계에서 오랫동안 시간을 보내는 것'을 의미했다. 그러면서도 관찰자는 지적이고 객관적이라는 믿음을 갖는다. 이때 특수성을 강조하면 식민주의적 입장에 근접하게 되고, 보편성을 강조하면 제국주의적 입장에 경도되는 위험을 안게 된다.[18] 그런데 현재 남한의 북한 문화연구자들은 '대중-관찰 프로젝트'를 재현된 텍스트를 통한 문화연구로 대체해야 한다는 한계상황에 처해 있다.

남한의 북한 문화연구자는 북한을 방문하거나, 북한의 내부에서 참여관찰을 할 수 없는 상태에서 연구작업을 해야 한다. 그 어려움은 북한 문화연구 자체에 대한 회의와 한계를 불러일으킨다. 2008년부터 북한 미술을 연구해온 홍지석 단국대 교수는 필자와의 인터뷰에서 "미국 국적을 지녔고, 북한을 다녀온 경력이 있는 큐레이터가 북한 미술 전문가 행세를 했을 때, 그 사람과 대적해야 한다는 것이 연구자로서 서글펐다"고 말했다. 그는 연구자가 실재 현실, 혹은 실제 작품을 볼 수 없다는 것은 큰 제약이라고 했다. 남한의 북한 연구자들은 '두려움을 내면화'하게 하는 상황에 내몰린다. 텍스트 생산자에 대한 정보가 없는 상태에서 텍스트를 해석해야 하고, 2차적으로 재현된 텍스트를 약간의 시차를 두고 접한 상태에서 연구를 진행해야 한다. 그렇기에 북한 텍스트 읽기와 분석은 북한 문화연구의 중요한 쟁점이다.

북한 문화연구는 텍스트를 기반으로 맥락과 담론을 분석하는 방법론을 적용한다. 북한 민중의 일상생활을 구성하는 역사적이면서 정치적인 맥락을 재구성하기 위해서는 '공식적 메시지'의 이면을 읽어낼 수 있어야 한다. 텍스트의 이면 읽기는 '바라보는 자의 위치 바꾸기'를 통해, 표현된 내용을 다른 각도에서 해석하는 것을 말한다. 이미지 속에서 주변적인 것으로 표현

18_ 게레스 스탠튼, 「민속지학, 인류학 그리고 문화연구: 그 연계와 관계」, 『대중문화와 문화연구』, 백선기 역, 한울아카데미, 1999, 614-616.

된 것을 중심에 배치해 읽기도 하고, 전체 구도 속에서 충분히 진술되지 못한 내용을 읽어내는 것도 한 방법이다.

북한 텍스트 읽기와 관련해, 북한 음악을 연구하는 배인교 경인교대 교수는 "북한 원전 읽기 훈련이 북한 연구의 진입장벽이다"라고 명확하게 말했다. 그는 "남과 북이 같은 언어를 쓰기에 북한 원전"을 쉽게 읽어낼 수 있으리라고 생각하는 것은 오산이라고 했다. 배인교 교수는 북한 음악연구 초기에 겪은 고통이 "위대한 수령님, 위대한 원수님 같은 호칭에 대한 심리적 거부감"이었다고 했다. 실제로 연구자가 다루어야 하는 북한 원전 텍스트는 대부분 "위대한 수령 김일성동지께서는 다음과 같이 교시하시였다"로 시작한다. '김일성, 김정일, 김정은'의 이름은 꼭 진하게 표시되어 있고, 한 호수 크게 인쇄되어 있다. 처음 북한 연구를 시작한 연구자라면 이러한 구절을 대면할 때마다 연구 의욕이 꺾이는 듯한 느낌을 받게 된다. 이들 상용구는 남한 연구자에게는 '동일시를 거부하게 만드는 표식'처럼 읽힌다. 설사 이러한 표현에 익숙해졌다고 하더라도 북한의 독특한 어법, 문장의 구성 방식, 표현법에 적응하기는 쉽지 않다. 북한의 공식적 문장에는 '내밀한 개인'이 빠져 있다. 모든 문장이 엄격한 검열과정을 통과했기에, 일종의 공동 작업적 성격을 띠는 것처럼 보인다. 한마디로 북한의 공식 텍스트는 '공적 수사'로 채워져 있다.

북한 텍스트 연구과정에서 언어의 문제처럼 보였던 것이 실제로는 북한의 사회·정치·문화에 대한 낯섦 탓이었다는 사실을 스스로 터득하는 것도 중요하다. 남과 북의 언어가 같고 비슷한 어휘를 사용한다는 점에 현혹되어, 이를 쉽게 생각했다가 '난독(難讀)의 늪'에 빠져들고 만다. 그 실체는 이미 달라진 남과 북의 사회·정치·문화 체제였다. 자본주의 체제와 사회주의 체제의 차이, 그리고 외부 세계와의 소통방식의 차이로 인해 언어환경도 다른 발전 경로를 걷게 되었다. 남한의 언어에 외래어, 외국어가 많은 반면 북한의 언어는 국한문 병기도 허용하지 않은 철저한 한글 전용을 고수해왔다. 남한의 북한 연구자들은 통상 북한 원전 텍스트 읽기에 익숙해지기 위해서는 짧게는 6개월, 길게는 1년 반 정도의 시간이 소요된다고 말한다. 누구나 북한 원전 텍스트를 바로 읽어낼 수 있는 것은 아니다. 북한체제를 이해하기 위한 인고(忍苦)의 시간을 견뎌내야 가능하다.

남한의 북한 연구자에게는 고립감을 견뎌야 한다는 것도 큰 고통이다. 특히나 문화연구는 간(間)학문적이고 통합(統合)학문적이기에 연구자들의 고립감이 더 클 수밖에 없다. 개별 분과학문 영역에서도 북한 연구는 대부분 소외 학문 취급을 당해왔다. 북한 연구자가 일반적으로 가장 자주 듣는 질문은 다음과 같은 것들이다. '왜 북한 연구를 하세요.' '어떻게 그 자료를 구했어요.' '그것 연구해서 뭐하시게요.' 외부에서 제기되는 이러한 질문들의 답변에 대한 책임은 고스란히 연구자들에게 되돌려진다. 필자가 만난 북한 연구자들에게 무엇이 북한 연구를 계속할 수 있는 동력이었는가에 대해 질문했다. 한승대 박사(동국대 북한학)는 "자료를 직접 찾아가면서 퍼즐 맞추듯 추적해나가는 연구가 재미있다"고 했다. 그는 "북한 지도부가 생각하지도 못했던 정책의 효과를 밝혀냈을 때, 연구자로서 희열을 느낀다"고 했다. 남과 북의 상호관계로 인해 남한 연구자가 볼 수 있는 북한사회의 이면이 있을 수 있다. 한승대 박사는 '발견으로서의 북한 연구'를 경험한 것이다.

북한 문학을 연구하는 남원진 건국대 교수는 "북한 문학 연구를 통해 새로운 형태의 근대문학이 존재한다는 규정을 내릴 수 있었던 것"이 연구를 지속할 수 있는 힘이었다고 했다. 남원진 교수는 북한 문학을 '근대 미달의 양식'이라고 규정했는데, 이는 근대문학의 다른 형태로서 북한 문학을 호명하는 학문적 용어였다고 했다. 즉 북한 문학을 통해 '한국 문학을 포함한 근대문학을 상대화'할 수 있었다는 것이다. 이러한 학문적 상대주의의 시야 확보가 북한 문학을 공부하는 보람이었다고 했다.

배인교 경인교대 교수는 조금 특별한 경험을 이야기했다. 배인교 교수는 2012년 『한국음악연구』라는 학술지에 「북한 민요풍 노래에 나타난 민요적 전통성」이라는 논문을 발표했다. 이 논문은 북한 민요풍 노래의 음조, 장단,

음계에 대한 분석을 시도한 것이다. 그런데 2013년 북한에서 간행되는 『조선예술』에 '민요연구는 음조만으로 하면 안 된다' '사상이 들어가야 한다'는 취지의 간접적 반박문이 실린 것을 읽었다고 한다. 배인교 교수는 "북한에서 발표한 글을 보고 비판의 타당성 여부를 떠나 희열을 느꼈다"고 했다. 1년의 시차가 있기는 하지만 '민요풍' 노래에 대한 학문적 대화가 남과 북 사이에 오간 희귀한 사례이기 때문이었다. 분과학문 영역에서 오랫동안 북한을 연구해온 학자들도 비슷한 경험을 했다고 한다. 직접적 언급이 이뤄지는 경우는 드물지만, 북한에서도 남한 연구자들의 논문을 읽고 있음이 분명하다는 것이다. 남한 연구자의 연구결과물이 북한 학문이나 사회에 직접적 영향을 미치기는 쉽지 않지만, 학문적 소통의 가능성이 완전히 닫혀 있는 것은 아니다. 심지어 일부 북한 연구자는 북한에서 자신이 작성한 연구성과가 읽힐 것을 염두에 두고, 민감한 내용을 '자기 검열'하기도 한다. 북한 문학 연구자 김재용 원광대 교수는 "내가 높게 평가했던 작가가 작품을 더 이상 발표하지 않으면 불안해진다"고 했다. 남한에서 발표된 연구 성과나 평가로 인해 북한 작가의 활동이 제약을 당하는 사례가 발생할 수도 있기 때문이다.

북한 연구를 통해 남한에서 이뤄진 연구를 객관화하거나 상대화함으로써, 학문적 관점을 확장하는 사례도 있다. 홍지석 단국대 교수는 '겸재 정선 연구'를 그 사례로 거론했다. 남한 일부 학계에서는 겸재 정선의 회화가 '명나라를 대신하는 소중화주의의 영향' 아래에서 독특한 화풍을 전개했다고 보았다. 하지만 북한 학계에서는 겸재 정선을 긍정하는 논리로 '보이는 것에 충실하며, 객관적 세계를 바라보려는 태도'를 제기했다. 북한 학계의 논의를 통해 겸재 정선에 대한 평가의 상대주의적 다원화가 가능해졌다는 것이다. 홍지석 교수는 "남한에서 전통회화를 이해하는 방식과 북한에서 전통회화를 이해하는 방식이 다르다는 데서 '숨통이 트인다'는 느낌을 받았다"고 했다. 북한 미술을 연구하면서, 미술이란 무엇이며 전통이란 무엇이냐라는 근본적인 질문에 대한 고민이 더 깊어지는 경험을 했다는 것이다.

남한에서 이뤄지는 북한 문화연구도 텍스트 읽기의 정교함, 현장연구 불가능성으로 인한 불안감, 북한 문화연구를 통한 남한 문화연구의 상대화 가능성을 고려해야 한다. 남한 문화연구자에게 북한의 텍스트 연구는 '마(魔)의 관문 통과하기'와 같다. 북한의 원전 텍스트 확보라는 곤란함을 감내해야 하고, 북한 원전 텍스트를 대면하면서 겪게 되는 난독의 경험을 인내해야 하며, 반향 없는 학문적 고립감과 더불어 북한에서 이뤄지는 미지의 반향에도 대응해야 한다. 비판적 북한 문화연구는 북한을 향해 있는 듯이 보이지만, 사실 그것은 남한의 문화연구를 상대화하는 경험으로 이어질 수밖에 없다. 북한 문화연구를 해야 하는 학문적 당위의 토대는 남한 문화연구에 대한 관심으로부터 출발하기 때문이다.

4. "확인하는 것만큼 강렬한 충격은 없다"

소설가 유영갑이 북한이탈주민에게 관심을 갖게 된 것은 2000년대 후반이다. 한 명을 만나니, 곧 이어 한 명을 만날 수 있게 되고, 그렇게 그는 북한이탈주민의 연결망 속으로 들어갈 수 있었다. 북한이탈주민들을 인터뷰하고, 그들의 일상생활을 꼼꼼히 확인하며 취재했다. 유영갑 작가는 북한이탈주민과의 숱한 인터뷰 과정에서 "그들이 들려준 증언과 경험담에 큰 충격"을 받았다. 생생한 작품으로 써서 북녘의 현실을 그려보리라는 열의가 솟았다. 하지만 정작 소설을 쓰려고 하면 막막하기만 했다. 이렇게는 안 되겠다 싶어 혼자서 배낭을 메고 중국 연길로 떠난 것이 2012년이었다. 한 달여 동안 연변 조선족의 도움도 받고, 대범하게 단독으로 두만강 주변을 사진으로 찍고 그 정취를 마음에 담았다. 무장한 중국 군인들에게 검문을 받고 간첩행위로 체포될 위기를 맞기도 했다. 그렇게 해서 탄생한 소설집이 『강을 타는 사람들』[19]이다.

유영갑 작가는 2018년 10월 27일 필자와 인터뷰하면서 이러한 말을 했다.

"확인하는 것만큼 강렬한 충격은 없다." 뜨거운 창작적 열의에 비해 차갑게 식어버리기만 하던 소설의 문장들이, 2012년 두만강을 방문한 이후에 생생하게 펄떡거리기 시작했다는 것이다. 현장은 그래서 중요하다. 유영갑의 소설은 1990년대 중후반 북한의 '고난의 행군' 시절을 촘촘하게 재현해낸 역사적 문학 텍스트가 되었다. 특히 그의 작품 「세상의 그늘」은 북한의 일상언어를 소설의 언어로 실감 있게 끌어당기고 있으며, 북한이탈주민의 결단이 '삶의 극한적 희망찾기'임을 절실한 언어로 증언하고 있다.

유영갑 작가의 경험은 북한 문화연구에도 큰 시사점을 제공한다. 북한의 텍스트만으로 이뤄지는 북한 문화연구는 '결여된 문화연구'일 수밖에 없다. 그렇기에 연구자의 위치가 중요하다. 보는 사람의 위치가 바로 그 사람의 정체성을 보여준다. 소설가 유영갑은 남한의 위치에서 북한을 그린다는 것의 곤란함을 소설 창작 과정에서 깊이 경험했다. 그리하여 그 경험을 두만강 유역을 여행하며 '제3의 위치 확인하기'로 해결한 것이다. 그는 북한이탈주민의 인터뷰를 통해 얻은 정보를, 두만강 유역 방문에서 실감으로 전환해 소설 언어로 구체화했다.

남한의 북한 문화연구자들은 '제3의 바라보는 위치'를 확보하지 못하면 언제든 정체성의 위기에 직면할 수밖에 없다. 북녘에 두고 온 친구인 선화, 윤미, 수정이를 항상 그리워한다는 모니카는 다음과 같이 이야기했다. "북쪽 사람들이 남쪽을 모르듯이 남쪽 사람들 역시 북쪽을 모르는 것은 마찬가지이다. 서로 알지 못하고 알아갈 기회도 차단된 상태에서 감정적인 거리만 점점 멀어지고 있는 셈이었다."[20] 그 중계자의 역할을 해야 하는 이들이 바로 남한의 북한 문화연구자들이다.

'남한의 우월함'을 전제하거나, '북한의 열등함'을 규정하는 문화연구는 '20세기식 이데올로기 연구'로 국한되고 만다. 따라서 북한 문화연구에서 '역사주의적 맥락 읽기'가 중요하다. 남과 북을 포괄하는 보편성을 전제하

19_ 유영갑, 『강을 타는 사람들』, 북인, 2014.
20_ 모니카 마시아스, 앞의 책, 253.

기보다는, 역사주의적 맥락 읽기를 통해 개별성을 존중하는 방법론적 접근이 필요하다. 남과 북은 자본주의 체제와 사회주의 체제라는 20세기적 유산을 떠안고 있다. 따라서 두 체제의 대립에 국한되지 않는 비체제적 관점을 적극적으로 포용하고, 민중의 입장에서 이데올로기 비판을 할 수 있는 '상상력의 힘'이 요구된다. 비체제 민중주의적 문화연구는 ① 남북의 상호 차이를 존중하며 동일성의 이데올로기를 극복하는 것이며, ② 동시대 남의 일상문화와 북의 생활문화를 상대화함으로써 문화연구를 다원화하는 것이자, ③ 민중적 관점에서 체제를 비판적으로 바라보는 것이면서, ④ 남한의 연구자의 관점과 북한 연구자의 관점을 '연관적 사유'를 통해 고찰하는 것을 지칭한다.[21] 남한사회가 자본주의적 시장질서를 내면화하고 있다면, 북한사회는 사회주의 체제를 전제한다. 자본주의 체제와 사회주의 체제를 상호관계 속에서 상대화할 경우, 비체제적 관점을 지닌 민중의 모습을 구체화할 수 있다. 남과 북의 민중들은 국가기구의 관리 시스템에 순응하면서도 저항해왔다. 그것이 사회주의 체제이든, 자본주의 체제이든 민중의 일상생활은 '비국가적 요소'를 지닌다. 비판적 문화연구가 체제 내에서 체제 바깥의 상상 가능성을 확장한다고 한다면, 남과 북의 문화연구는 모두 비체제적 상상력을 탐색하고 있다고 볼 수 있다.

21_ 오창은, 「북한 문학의 미적 보편성과 정치적 특수성: 비체제적 양식과 민중적 해석을 중심으로」, 『반교어문연구』 41집, 2015, 26.

8

퇴행의 시대와 'K문학/비평'의 종말
―2015년 문학권력 논쟁 및 문학장의
뉴웨이브를 중심으로

오혜진

두 번의 문학권력 논쟁, 그 차이와 반복

2016년 2월 현재까지 작가 신경숙의 이름은 한국문학사에 크게 세 번 기입됐다. 「풍금이 있던 자리」(문학과지성사, 1993)와 『외딴방』(문학동네, 1995) 으로 '신경숙 현상'을 일으키며 1990년대 (여성)문학의 총아로 떠오른 1993~ 1995년, 『엄마를 부탁해』(창비, 2008)를 통해 한국문학계의 숙원이던 '세계시 장 진출의 '쾌거'를 이뤄낸 2008~2011년, 그리고 표절 스캔들을 통해 한국 문학장 전반을 극적으로 탈은폐시킨 2015년. 특히 세 번째 국면은 신경숙이 '촉망받는 신인작가에서 '세계문학의 기수가 되기까지의 앞의 두 국면들 을 전면적으로 문제 삼으며 촉발됐다. 이는 신경숙의 행보가 상징하는 '신 자유주의시대 이후 한국문학(장)'의 질서를 자명한 것이 아니라, 어딘가 뒤 틀린 것 혹은 기형적인 것으로 간주하고 의문에 부치는 것이었다. 그래서 신경숙 개인의 문학이력뿐 아니라, 한국문학장의 주요 생산주체인 '창작과 비평사(이하 '창비') 및 '문학동네'의 역사, 그리고 1990~2010년대 문학사가 모조리 소환돼 새롭게 심문의 대상이 됐다.

그런데 이 심문의 장은 이미 2000년대 초에 한 번 펼쳐진 적 있기에 기시감을 일으키기도 했다. 주지하다시피 18년 전의 이 논쟁은 '문학권력'이라는 문제적 개념을 통해 한국문학[1]을 구성하는 물적 토대의 한 단면을 드러냈다는 공적에도 불구하고, 고유의 대안적 진지를 구축하지 못했다는 문학사적 평가를 얻으며 일단락된 바 있다. 그러므로 먼저 물어야 할 것은 18년 전 논쟁과 지금 그것의 '차이와 반복'이겠다.

'차이'에 대해서라면 두 가지를 기억할 만하다. 우선 하나는 문학평론가 김미정이 잘 지적한대로, 2015년의 문학권력론에서는 이전 문학권력 비판론의 주요 논의였던 '상업주의 비판'이 실종되거나 다른 문제틀로 흡수됐다는 점[2]이다. 예컨대, 2001년의 문학권력 논쟁 때 가장 큰 대중적 설득력을 가졌던 비판 중 하나가 '문학의 상업화', 즉 '정신적 가치의 정수(精髓)인 문학이 어떻게 상업적 목적과 결탁할 수 있나와 같은 주장이었음을 떠올려보자. 하지만 2015년의 문학권력 논쟁 때 이런 방식의 비판은 제기되지 않았다. 오히려 주목된 것은, '출판사 역시 사업체이며, 문학 또한 시장질서에서 자유로울 수 없다는 것이 자명해진 오늘날, 문학 혹은 출판사는 어떻게 신자유주의적 시장질서 속에서 문학 특유의 가치를 지켜갈 수 있는가, 혹은 '문학은 현 신자유주의적 시장질서 속에서 공정하게 생산·유통·소비되고 있는가 등의 문제였다.

이는 '문학은 시장친화적이어서는 안 된다는 통념이 느슨하게나마 잔존했던 2000년대 초의 상황과 달리, 오늘날 대부분의 사람들이 문학 출판사의 이윤 추구 자체를 문제시하지는 않게 됐을 만큼 일변한 한국사회의 경제구조와 인식체계를 반영한다. 이번 문학권력론이 창비와 문학동네의 소유구

---

1 이 글에서 '한국문학'은 시·소설과 같은 창작물뿐 아니라, 해설과 비평 및 그에 관한 담론 등 '한국에서 벌어지는 문학현상 일반을 총칭하는 용어로 쓰인다. 논점의 명료화를 위해 '모든' 문학현상을 다루기보다는 '주류 문학현상'과 그 '지배적 경향성'에 초점을 맞췄다.
2 김미정, 「아르키메데스의 점에 대한 상상: 2015년, 한국문학, 인간의 조건에 대한 9개의 노트」, 『내일을여는작가』 68, 2015년 하반기, 32-33.

조 및 경영 메커니즘을 포함한 문학재생산 과정 전반, 즉 "문학자본주의"[3]의 문제를 환기함으로써 이전과 다른 논의의 스펙트럼을 갖게 된 것 또한 이와 무관치 않다.

그러나 '상업주의 비판 실종'이라는 진단은 이번 문학권력 논쟁의 성격을 설명하는 데에는 다소 제한적이다. 이 진단은 절반의 유효성만을 지니는데, 창비와 문학동네의 같고도 다른 문학관 및 사업전략의 성격과 그 정치적 효과가 충분히 고려되지 않았기 때문이다. 예컨대 '상업주의 비판 실종'이라는 지적은 문학동네 비판의 한 경향에 대한 술어로서는 비교적 적실해 보인다. 문학동네는 창간 당시부터 '이념에 구애되지 않는 다양한 문학의 소개', 즉 이분법적으로 구획된 '이념성'과 '상업성'이라는 대립항으로부터의 자유를 내세웠기 때문에 애초에 '상업주의로의 타락'이라는 혐의가 적용되지 않았다.

하지만 이 진단은 창비가 문학권력론의 주된 표적이 될 때 여전히 작동하는 '상업성 비판 논리의 잔존을 포착하지 못한다. 창비는 표절 스캔들의 당사자이기도 하지만, 무엇보다 1990년대부터 상업주의와 '타협'해왔다고 평가되는 창비의 행보가 초래한 한국 문학장의 변곡 때문에 지탄 받았다. '기득권체제에 대한 저항의 거점'이었던 창비가 자유주의 및 상업주의와 타협하면서 신경숙의 표절로 상징되는 한국문학(장)의 '질적 저하'가 초래됐다는 것이 그 비판의 내용이었다. 즉 이 대목에서만큼은 여전히 '상업성'이라는 오래된 잣대를 중심으로 논의가 공회전하고 있음을 알 수 있다. 물론 창비는 이 문제를 상업성의 틀이 아닌, '사업성과 공공성의 결합'이라는 연성화된 표현으로 번역하기도 했다. 그러나 문화연구자 천정환의 분석처럼, 이는 근본적인 모순을 내포한 아포리즘적 명제일 수밖에 없다.[4] 그것이 당

3_ 천정환, 「'몰락의 윤리학'이 아닌 '공생의 유물론'으로: 문학장과 지식인 공론장의 구조 변동을 위한 제언」, 『말과활』 9, 2015, 84.

4_ 천정환, 「'문예지'의 공공성: 창비를 소재로 생각해본 '편집'과 '소유' 또는 사업성과 공공성의 모순」, 『오늘의문예비평』 100, 2016년 봄.

위명제로 승인되기 위해서는 '사기업이 공공성을 추구하는 것은 필요하고 가능한가' 혹은 '문학 출판사는 일반 사기업과 다른 사회적 위상과 역할을 지니는가' 등의 선험적 물음이 해명돼야만 할 것이다.

(가) 다만 내가 바라는 것은, 나와 나의 문우들이 문학을 처음 시작했을 적에 신앙했던 문학의 그 치열하고 고결한 빛을 되찾는 일일 뿐이다. 신경숙의 개인사가 아니라 한국문학사 전체를 병들게 하는, 나아가, 아직 태어나지 않은 미래의 한국문학 작가들과 그들의 독자들에게까지 채워질 저 열등감의 족쇄를 바수어 버리는 일일 뿐이다.5

(나) 만약 문학권력이라는 말이 성립할 수 있다면, 그것은 문학 그 자체의 힘이라는 뜻일 것이다. …글쓰기에는 그것을 쓰기 시작할 수밖에 없는 차원이 있고, 일단 시작해버렸지만 도무지 완결시킬 수 없는 차원이 있다. 완결시킬 수 없으리라는 절망감 속에서도 일단 쓰지 않을 수 없는 차원이 있으며, 그 미완의 지점으로부터 누군가가 응답하지 않을 수 없게 만드는 차원이 있다. 비평가를 포함한 독자의 입장에서 그것을 읽고 나면 짧은 감탄사든 긴 비평문이든 뭐라도 응답을 하지 않을 수 없는 것이 좋은 글쓰기에는 들어 있다. 문학에는 그런 것들을 강제하는 힘이 있다. 그것이 문학권력이다. 그런 차원을 제외한 뒤 성립할 수 있는 문학권력이 무엇인지 나는 알지 못한다.6

무엇보다 두 번의 문학권력 논쟁에서 가장 의미심장한 '차이'는 문학의 사회적 위상에 대한 인식차에 있다. 그리고 놀랍게도 그 '인식'은 '시대의 변천에 따른 문학의 사회적 위상 하락' 혹은 '문학의 민주화'라는 우리의

5_ 이응준, 「우상의 어둠, 문학의 타락: 신경숙의 미시마 유키오 표절」, <허핑턴포스트코리아>, 2015. 6. 16.

6_ 권희철, 「눈동자 속의 불안: 2015년 가을호를 펴내며」, 『문학동네』 84, 2015년 가을. (중략은 인용자의 것. 이하 동일)

상식에 역행한다. 예컨대, 2001년 문학권력론의 주요 문제의식 중 하나는 문학의 특권화에 저항하고 문학의 탈신비화에 도전하는 것이었다. 비(非)문단인인 강준만이 2000년대 초 문학권력론을 정리한 책『문학권력』(개마고원, 2001)에서, 전쟁통에도 체호프 희곡집을 사들고 월남했다는 소설가 이호철의 회고를 언급하며 가장 먼저 물었던 것은 "문학은 종교인가?"였다.

그런데 2000년대 초 그토록 비판 받았던 '문학의 특권화' 논리는, 이번 논쟁에서는 문학권력 비판론자들과 문학권력으로 지목된 대상들 모두의 공통적인 신념이었으며 양 진영의 주요 논거였다. 우선 문학권력론자들이 '문학의 특권'을 주된 논거로 내세우는 장면을 보자. 위 인용에서 보듯, 소설가 이응준의 글(가)로 촉발된 2015년의 문학권력론은 여전히 '신앙'의 대상을 지키려는 "사제적인 비장함"[7]을 발산하고 있다는 점, '문학비평'이 '오염'된 한국문학을 구원할 수 있다고 믿으며, 이를 위해 '타락'한 문학/비평 정신의 회복을 주창했다는 점이 특징적이다. 문학권력으로 지목된 자들(나) 역시, 문학자본주의의 정치경제학적 메커니즘과 관련된 다양한 비판에 대한 답변을 그저 문학(성)에 대한 추상적인 원론 혹은 낭만화된 신화를 읊는 것으로 갈음하거나, 혹은 다른 산업분야의 질서와 구분되는 문학장의 예외성과 자율성을 강조하는 방식으로 자기방어를 시도했다.

두 번의 논쟁에서 '반복' 혹은 '연속'된 내용도 짚어보자. 단적으로 말해, 두 번의 문학권력 논쟁의 심급에 있었던 것은 '부당하게 청산된 1980년대적인 것'에 대한 복권(復權)의 의지다. 그리고 바로 이것이야말로 문학권력 비판론자들이 신경숙과 창비가 표절을 '명시적'으로 인정했는가의 여부에 다소 강박적일 만큼 집착하면서 진정으로 문제화하고자 했던 것이기도 하다. 문학권력 비판론자들에게 신경숙의 표절과 이에 대한 창비의 비호 혹은 자기합리화는 신경숙을 알리바이 삼아 상업주의와 결탁하고 '운동으로서의 문학'을 저버렸던 과거 '잘못된 선택'의 반복이자 '오래된 미래'로 해석됐

7_ 심보선, 「생태계로서의 문학 VS 시스템으로서의 문학」, 『문화/과학』 83호, 2015년 가을, 231.

다. 이런 문제의식은 현실사회주의의 몰락과 함께 '1980년대적인 것'이 성급하게 시효만료된 것으로 간주되거나 용도폐기됐던 역사적 트라우마에 기인한 것이다. 그런 의미에서 2015년의 문학권력론은 1990년대의 문학(장)이 신자유주의적 질서에 침윤되면서 정당한 사후평가를 받지 못한 채 폭력적으로 청산한 것들, 즉 '억압된 것들의 귀환'이라고 할 수 있다. 이들이 기억하는 신경숙과 창비의 성장과정은 '진보적 가치'의 보루였던 한국문학이 '변절' 혹은 '타락'한 시간과 겹친다.

두 개의 퇴행과 'K문학/비평'의 기원

그런데 '차이와 반복'을 동시에 수반한 이 논쟁의 광경을 낯설게 바라보는 이들이 있었다. 시인 황인찬의 언급처럼, 오늘날의 젊은 작가들과 독자들은 신경숙과 창비에 대해 "이전 세대와는 전혀 다른 방식으로 체감"[8]한다. 이들에게 창비 및 한국문학의 흥망을 '변절과 타락'의 서사로 설명하는 일은 결코 자명한 것이 아니었으며, 별로 설득력을 갖지 못했다. 오히려 이들에게 이번 표절 스캔들과 문학권력 논쟁의 전개는 현재 한국 문학(장)에 주어진 선택지가 오직 '두 개의 퇴행'뿐이라는 것을 확인시켰다.

우선, 젊은 작가와 독자들은 이번 표절사건을 작가 스스로 자신의 이력에 남긴 오점이자 '신경숙'이라는 브랜드가 사회적 신뢰를 잃게 된 사건으로 여길 뿐, 그것을 '한국문학 전반의 타락'으로 의미화하는 작업에 동의하지 않았다. 무엇보다 신경숙의 표절을 고발하는 행위를 통해 '회복'해야 할 것이 또 다시 문학의 "치열하고 고결한 빛", 즉 '신앙' 혹은 '순정'으로서의 문학이라는 주장이 제기될 때, 21세기의 문학주체들은 모종의 '퇴행'을 감지했다. 문학은 "수호"의 대상이 아니라는 점이야말로 21세기의 독자에게

8_ 황인찬, 「할 수 있는 자가 구하라: 문학의 기대지평 변화(없음)에 대하여」, 『문예중앙』 144호, 2015년 겨울.

20세기 계몽주의적 문학관이 전해준 마지막 교훈 아니던가.

이 젊은 문학공동체 구성원들에게는 신경숙을 한국문학의 대표주자로 전제하는 논리도 생경했지만, 이응준의 글에 나타난, '타락한 한국문학에 맞설' 한국문학의 '수호자'로 상정된 "우리"라는 주체도 의심스럽긴 마찬가지였다. 한국문학이 단일하고 동질적인 이념적 주체에 의해 구성되지 않는다는 것은 이미 오래전에 깨우친 사실이었기 때문이다. 게다가 문학권력 비판론자들의 주장대로 신경숙을 비롯한 1990년대 문학의 재평가 필요성에 동의하더라도, 그 작업에 동원된 수사와 논리가 여전히 감상성과 미문주의, 그리고 '소녀 취향' 운운하는 젠더화9된 논리를 경유하는 장면들을 볼 때, 새 세대 문학주체들은 이 '수호자들'이 한국문학에 대한 '인식의 기준'을 갱신하는 데에 별 관심이 없음을 확신하게 됐다.

물론 문학권력 비판론자들의 이런 퇴행이 사소한 실책처럼 느껴지게 된 것은 그보다 훨씬 더 중대한 과오로 여겨진 창비와 문학동네의 시대착오 혹은 '비겁한 변명' 때문이다. 주지하다시피 문학비평가 백낙청을 비롯한 창비 진영에서는 '의도성 여부'와 같은 자의적 기준을 적용해 신경숙의 표절을 부인하거나 비호하는 논리를 폈으며, 문학동네는 구태의연한 문학장의 자율성 논리를 동원해 문학장의 물적 토대 및 권력구조 자체에 대한 (비)의도적 무지와 둔감함을 드러냈다.10 "권력이나 시장과 관련된 큰 규칙 안에서 비판을 하면서도, 무작정 옛 예술의 규칙을 지키라고 얘기를 하는" 문학권력 비판론자들의 주장을 "부주의한 의협심"의 발로로, "사회와 다른 룰이 통용되는 자율적 문학장이라 말할 만큼 대항이데올로기나 새 경향과의 상호작용 또는 힘의 분배"를 보여주지 못한 주류 문학장의 성향을 "섬세한 보수주의"로 대별한 문학평론가 황호덕의 분석11은 두 진영이 지닌 오류

9_ 정문순, 「환멸에서 몰락까지, 나는 시대의 증언자가 돼야 하나」, 『실천문학』 119, 2015년 가을, 143.

10_ 강경석·권희철·김용언·김현·한유주, 「문예지의 미래」, 『문학동네』 85, 2015년 겨울 중 문예지의 정치사회적 위상과 기능에 대한 권희철의 발언 참조.

11_ 황호덕·김영찬·소영현·김형중·강동호, 「표절사태 이후의 한국문학」, 『문학과사

의 성격을 비교적 적실하게 분별한 것이었다.

눈여겨볼 것은, 문학에는 '누군가가 반드시 응답하게 하는'[12] 차원의 힘이 있을 뿐이라거나, '비평에는 불가결하게 선택과 배제가 수반된다'는 식의 원론적인 이야기로 문학권력 비판론자들의 문제의식을 무화하며 문학장을 탈정치화하려는 입장이 젊은 독자들에게도 명백한 위선이거나 시대착오로 여겨졌다는 점이다. 문학권력 비판론에 대한 이들의 방어논리가 여전히 철 지난 '문학(장)의 자율성'을 근거로 성립하는 것임을 확인한 순간, 오늘날의 독자는 그 역시 또 하나의 '퇴행'임을 지각했다. 그것은 '큰 문학주의'로 지칭되는 '1980년대적 문학의 특권화'와 유사하면서도 결을 달리하는, '작은 문학주의(자유주의적 문학주의)'[13]라 할 만한 것이었다. 손아람, 장강명, 박민정 등의 젊은 작가들이 끊임없이 '생산-유통-소비'를 포함한 문학장 전반의 질서를 영화계나 자동차업계 같은 다른 산업의 그것과 비교하며 객관화해보려 했던 것은 바로 그 '작은 문학주의'를 심문에 부치고자 한 시도였다.

그런데 각각 '1980년대적' 혹은 '1990년대적'인 문학규범에 기원을 두고 있는 문학권력 논쟁의 두 입장이 공유하는 문제의식이 있다는 점 또한 분명했다. 단적으로 말해, 두 입장은 여전히 한국문학의 '세계화'를 이끌 차세대 '에이스' 발굴에 골몰한다는 점, 즉 세계문학·노벨상·영화화 등의 강박을 통한 가부장적이고 시장패권주의적인 욕망을 공유한다는 점에서 상통하며 공모한다. 이 욕망은 2000년대 이후 한국문학계의 가장 강력한 지향 중 하나가 되어 한국문학(사) 전반을 규율하는 비평적 기준으로 작동해왔다. 창비가 베스트셀러의 정치경제학에 예민하게 반응하면서 세계시장 진출을 도모하는 신자유주의적 성장논리에 충실했던 것과 마찬가지로, 문학권력

___

회』 111, 2015년 가을 중 황호덕의 발언.

12_ 권희철, 앞의 글.

13_ '큰 문학주의'와 '작은 문학주의'의 대별은 천정환, 「'몰락의 윤리학'이 아닌 '공생의 유물론'으로: 문학장과 지식인 공론장의 구조변동을 위한 제언」, 『말과활』 9, 2015 참조

비판론자들 역시 세계문학으로서 신경숙 소설의 자격미달을 지적할 뿐, '시장제패' 혹은 '세계문학'에 대한 욕망 자체를 철회하지는 않았다는 점이 이를 반증한다.

예컨대 문학비평가 오길영은 한국문학장의 오랜 관성인 '문학의 특권화'에 저항하며 현 문학시스템 및 재래적 습속에 대한 냉정한 성찰을 주문하면서도, "세계문학공간에서 활동하는 일급의 작가들과 겨룰 만한 작품이 무엇이 있는가? 그렇게 칭찬을 했던 90년대 문학, 혹은 2000년대 문학의 작품 중 세계문학공간에 무엇을 내세울 수 있는가?"[14]와 같은 질문을 결코 포기하지 않는다. 이 질문은 미문주의, 자유주의, 국가주의 등 한국문학이 여전히 떨쳐버리지 못한 오랜 구시대적 이데올로기들의 허황됨을 직시하고 있긴 하지만, '세계문학'이라는 이데올로기가 유도하는 위계화의 식민성과 허구성을 의심하지는 않는다는 점에서 여전히 문제적이다.

그런가 하면, 2000~2010년대 내내 창비를 선두로 거듭 제기된 '장편대망론' 역시 문학권력 논쟁의 두 진영이 함께 몰두해온 주요 화두였다. '장편대망론'은 한국문학이 독자들에게 거의 읽히지 않으며, 운동성·정치성과 같은 문학 특유의 진보적 가치 또한 상실했다는 '한국문학의 위기' 담론을 배경으로 등장했다. 이때 전제되는 것은 '사사화된 개인'의 '내면성'과 '여성성'을 바탕으로 성립한 1990년대 문학이 '현실경험이 일천한 청년들의 자폐적 형상'만을 다루는 2000년대 문학의 부정적 시원(始原)으로 작용했다는 문학사적 평가다. 그리고 이는 곧 한국문학이 "아저씨 독자"[15]를 잃고 몰락하게 된 경위로 설명됐다. 2000년대 장편소설론이 "의미를 축내지 않는 재미, 재미를 멸하지 않는 의미"[16]와 같은 아포리즘적 주문을 내세우며 '강렬한

14_ 오길영, 「한국문학의 아픈 징후들: 표절과 문학권력 논란에 대하여」, 『황해문화』 89, 2015년 겨울, 239.

15_ 「선 굵은 소설 쓰니 '아저씨독자' 다시 모이더군요」, 『한국경제』, 2013. 8. 1.

16_ 정유정·김경연, 「소설을 쓰는 이야기꾼과 만나다」, 『오늘의 문예비평』, 2012년 봄, 167.

서사를 최고의 미덕으로 의미화해온 정황들을 떠올려보자. 결국 '장편소설'은 1970~1980년대 황석영·조정래 등으로 상징되는 민중소설의 맥을 이으면서 2000년대 무라카미 하루키의 시장성에 대항할 수 있는 강렬한 서사성을 담보한 양식으로서 기대됐다. '장편소설'은 세계의 총체성(totality)을 담아내면서도 영화화 등을 통해 시장에 어필해야 한다는 이중의 사명을 띤 시대 정합적 양식으로서 규범화된 것이다.

이때 문학권력 비판론자들이 신경숙의 표절로 상징되는 1990~2000년대 문학의 '몰락'을, '가시화된 전선이 사라지면서 운동성을 잃어버린 채, 그저 텍스트를 통한 간접경험만을 문학적 자원으로 삼은 세대의 필연적 귀결'이라고 주장한 것은 의미심장하다. 2000년대 세대의 "체험이란 게 학교 다녔고 연애 몇 번 했고 컴퓨터게임에 빠져본 정도의 평범한 것"[17]뿐이라는 말과도 상통하는 이 주장은 '경험의 특권화' 혹은 '경험환원주의'라 할 만한 것으로, 586세대가 널리 공유하는 인식이다. 특정 세대의 체험에 대한 위계화를 통해 문학(사)의 가치화를 시도하는 이런 인식은 기실 악명 높은 '20대 개새끼론'에 깃든 반동성과도 궤를 같이한다. '장편대망론'은 바로 이 같은 586세대의 낡은 공통감각이 공모해 만든 지배적 문학규율이었으며, 여기에 깃든 정치적 무의식은 명백히 1990~2000년대 문학사의 젠더화와 타자화를 통해 586세대의 노스탤지어와 정통성에의 욕망을 충족시키는 것이었다.[18] 한국문학장의 가장 강력한 비평적 의제 중 하나인 '장편대망론'은 시장패권주의와 경험주의적 환원론에 입각한 586세대의 욕망이 투영된 문화적 산물이었던 것이다. 그리고 이것이 바로 최근 한국의 주류 문학사가 '개저씨[19]들

17_ 「문단보다 대중이 사랑한 젊은 작가들 주목」, 『경향신문』, 2011. 4. 17.

18_ 오혜진, 「'장편의 시대'와 '이야기꾼'의 우울: 천명관과 정유정에 대한 비평이 말해주는 몇 가지 것들」, 『지극히 문학적인 취향: 한국문학의 정상성을 묻다』, 오월의봄, 2019.

19_ '개저씨'는 한국 중년 남성 중에서도 성별, 연령, 지역, 학벌, 장애, 계급, 인종 등을 이유로 타인을 차별하지 않고, 타인에 대한 의무와 책임, 그리고 예의를 지키자는 '문명인들의 약속'에 적응하지 못하는 이들을 칭한다. 한국 중년남성들의 남성숭배, 부성숭배, 나이숭배를 체화한 형상인 '개저씨'는 그 지적·도덕적 결함에도 불구하고 한국 사회에서 월등한 사회적 지위를 가진 경우가 많아 일반 사회구성원들의 조롱과 지탄

의 문학사'라고 일컬어지는 이유다.

그러나 장편소설을 통해 한국문학을 성공적인 수출상품으로 만들겠다는 것, 즉 문학의 '한류'를 이뤄보겠다는 이 열망은 오늘날의 독자가 보기에 놀라울 정도로 허황된 꿈이다. 뒤에서 다시 말하겠지만, 한국문학은 세계시장은커녕 국내에서의 위상조차 '하위문화'로 강등된 지 오래이기 때문이다. 이는 한국어문학 시장의 협소함으로 인해 한국문학 자체가 세계 문학시장에서 하나의 장르문학으로 존재한다는 점, 그리고 영화, 드라마, 예능프로그램 및 웹툰, 웹소설, 온라인게임, 논픽션 등 다종다양한 문화콘텐츠로 구성된 국내시장에서도 한국(純)문학은 가장 국지적인 위상을 점하는 열세종이라는 사실과 관련된다.

이런 정황을 떠올려볼 때, 한국문학의 현실이 아무리 개탄스럽더라도 이 모든 것을 '수준 미달'의 작가 신경숙 및 상업주의와 결탁한 창비의 '타락' 탓으로 돌리는 것은 어딘지 전가의 혐의가 있다. 그것이 오늘날 한국문학이 독자를 거의 다 잃어버리고 게토화되기까지의 상황을 충분히 설명해주지는 않기 때문이다. 오히려 개탄스러운 현실을 초래한 원인은 이번 문학권력 논쟁에서 단적으로 드러난 바 있는 퇴행의 양상에서 찾아져야 한다. 그 '퇴행'은 오랫동안 한국문학(場)의 지배적 경향성을 형성해왔다는 점에서 그야말로 '한국문학적인 것'이라고 말해도 과언이 아니다. 엘리티즘적 계몽주의, 가부장주의, 시장패권주의, 순문학주의와 같은 그 퇴행의 내용들이야 말로 지금의 '몰락'을 초래한 한국문학의 어떤 '체질'을 구성하고 있다는 것이다. 그리고 오늘날 젊은 독자들은 바로 이 '체질'의 총체를 가리켜 'K문학'이라 부르기 시작했다.

'K-pop'을 기원적 용례로 삼은 'K문학'은 본래 한국문학을 유력한 해외상품으로 개발·가공하려는 문학계의 상상적·실천적 프로젝트를 지칭하

의 대상이 된다. 최근에는 '개저씨'가 지극히 '한국적이고 특수한 존재'라는 문제의식을 강조하는 의미로 'K저씨'라고도 쓴다. Se-Woong Koo, "GAEJEOSSI MUST DIE," *KOREA EXPOSÉ*, 23 December 2015.

기 위해 미디어에서 먼저 사용한 말이다. 이 용어는 "변방의 언어"로 쓰여 오랫동안 "번역의 장벽"에 가로막힌 채 세계시장에 진출하지 못했던 한국 문학의 콤플렉스를 그대로 반영하는 동시에, "음악이나 영화처럼 진짜 '한류'를 일으키"[20]겠다는 원대한 야심을 표현하는 말이기도 했다. 예컨대 한 보도기사는 서구에 소개된 한국문학을 "K문학"으로 지칭하며 "한국작가들의 작품이 해외로 뻗어가기 위한 선결과제"를 논했는데, 그 내용은 "'추리미스터리' '모성' 등 보편적 가치", "동양과 서양 문학의 조화" 등이었다. 여기에는 "소수언어권 문학에 인색한 영국독자들 사이에서 베스트셀러 1위에 오른 소감"과 같은 나르시시즘적 민족주의를 유발하는 질문도 빠지지 않았다. 이 기사에서 "K문학"의 목표는 "보편성과 비즈니스 전략"이라는 "두 마리"[21] 토끼를 잡는 것으로 정리됐다.

그러나 최근 젊은 독자대중에게 'K문학'이라는 신조어는 본래의 어의(語義)에서 이탈해 새로운 내포를 지니게 됐다. 그것은 주류 문학장의 식민주의적 열등감과 시장패권주의적 열망을 동시에 반영한 조잡한 조어로 간주되며 의심할 바 없는 비웃음의 대상이다. 이는 'K문학 프로젝트'가 상정하는 한국문학의 '수출용' 가치들과 그 존재방식 전반이 지극히 시대착오적이라는 점에 기인한다.

여성에 대한 물리적·상징적 폭력 및 도식적 재현을 필수적으로 경유하는 한국문학 전반의 여성혐오, 외국인 이주노동자 및 결혼이주여성, 장애인, 노동자, 성소수자 등에 대한 재현의 윤리를 고려하지 않는 약자혐오 및 소수자혐오, 장르문학에 대한 철저한 위계화를 통해 관철되는 순문학주의, 자체 동력을 상실한 채 환금화 가능성에만 매달리는 기생적 존재방식, 세계시장 진출 및 세계 문학상에 집착하는 제국주의적 욕망 및 후진국 콤플

20_ 「K필름·K팝 이어 이젠, K문학이다! 한국문학, 영어권 심장부 런던 상륙」, 『국민일보』, 2014. 4. 19.

21_ 「황선미·김애란·이정명 등 영어권 심장부 진출… 영미권 독자들 사로잡는 K-문학」, 『매일경제』, 2014. 9. 17.

렉스, 가족·모성애와 같은 전통적 질서 수호에 골몰하는 폐쇄적 보수성, '국뽕' 기획과 결합한 무차별적 민족주의와 애국주의, 교조주의적 "꼰대질", 오락성의 현저한 결여 등은 이미 오래 전부터 주류 한국문학의 부후한 특성으로서 새 세대 문학주체들로부터 자주 지적돼온 내용이다. 그리고 'K문학'은 이 같은 한국문학의 부정적 성격 전반에 대한 종족화를 경유함으로써 '한국문학'에 대한 가장 효율적인 조롱의 기표로 활용되고 있다. 바로 이것이 21세기의 독자들이 '개저씨'들의 'K문학/비평' 복권에 냉담한 이유다.

'취향의 시대'와 비평의 존재론

이번 표절사태 및 문학권력 논쟁이 시작될 당시, 시인이자 사회학자인 심보선은 "에이스가 한 명이건 오십 명이건 그들을 발굴해서 육성해야 한다는 비평적 강박에 대한 반성이 필요"하다고 역설하며 다음과 같이 말했다.

나는 이야기를 마무리하면서 이번 사태에서 마치 수호해야 할 공통의 신성한 대상처럼 언급되고 있는 한국문학에 대해 말하고 싶습니다. **한국문학은 비평적 개입에 의해 관리되고 정화되고 개선될 수 있는 그런 종류의 조직적 세계로 환원될 수 없습니다.** …표절이라는 사건, 표절을 은폐하는 사건, 표절을 비판하는 사건들의 저류에는 흥미롭게도 유사한 논리와 형태를 가진 행위자들의 욕망과 정동이 작동하고 있습니다. 이러한 욕망과 정동은 "한국문학"이라는 신성한 대상을 향하고 있고 그 신성한 대상을 오염과 능욕으로부터 지켜야 한다는 가히 사제적인 비장함을 공유하고 있습니다. …**오창은 평론가는 "한국문학의 위기는 비평의 위기다"라고 진단합니다. 다시 말해 나쁜 비평이 아니라 좋은 비평이 개입하면 위기는 극복될 것이라는 말이겠죠. 하지만 비평 자체는 누가 비평을 할 수 있습니까? 나는 이 같은 비평중심주의, "자신의 전문적 역량으로 한국문학을**

발전시킬 수 있다는 확고한 비평적 믿음 자체를 반성해야 한다."고 주장하고 싶습니다.[22]

에이스론 비판과 비평중심주의 비판을 통해 심보선은 '한국문학의 위기'를 타개할 방안으로 부상한 '비평의 회복'이라는 명제의 허구성 혹은 불가능성을 지적한다. 그가 보기에 '한국문학'이란, "한국어로 쓰여졌고, 쓰여지고, 쓰여질 온갖 종류의 글들, 그리고 그 글들을 읽는 독서행위, 읽기와 쓰기의 상호작용으로 이루어진 유기적인 생태계"일 뿐, 특정 주체의 의지나 규범에 의해 통제될 수 있는 것이 아니다. 기존 계몽주의적 프레임으로는 한국문학의 기율로부터 자율성을 확보해감으로써 그 자체로 한국문학(장)의 외연과 내포를 넓혀온 다양한 문학적 시도를 설명할 수 없다는 지적 또한 현재 한국문학이 처한 현실에 정확히 부합한다.

그런데 심보선의 이 논의는 혹자들에 의해 한국문학의 자기부정, 혹은 허무주의와 다름없는 비평무용론 등으로 오해되기도 했다. 하지만 특정 주체에 의해 관리·통제되는 이념적 실체로서의 단일하고 동질적인 한국문학을 부정하는 것과, 한국문학의 존재방식, 즉 한국문학이 처한 물적 토대 및 공공의 사회적 담론양식으로 기능해온 역사 그 자체를 부정하는 것은 다르다. 이는 '국민성'이라는 것의 실체는 존재하지 않지만, 그 나라 국민의 사회경제적 조건과 역사적 경험을 통해 공유되는 '공통감각(common sense)'은 엄존하는 것과 같은 이치다. 그리고 문학/비평은 바로 그 공통감각을 기반으로 형성되고, 그것에 도전하면서 새로운 공통감각을 창출·갱신해나가는 사회담론의 한 양식이다. 그러므로 심보선의 논의를 '한국문학의 공공성' 혹은 '사회적 담론양식으로서의 문학' 자체를 부정하는 '니힐'로 받아들일 필요는 없다. 한국문학에 대한 그의 구성주의적 정의를 받아들이면서도, 우리는 여전히 한국문학을 매개로 '더 나은 공동체에 대한 상상'이 갱신되

22_ 심보선, 앞의 글, 229-231. (중략 및 강조는 인용자의 것, 이하 동일)

는 장면을 꿈꿀 수 있다.

그런 의미에서 우선 신경숙 표절사건 이후, 주류 비평계로부터 너무나도 당연하다는 듯 '비평의 위기' 담론 및 '비평의 회복'이라는 과제[23]가 소환된 맥락을 점검할 필요가 있다. 신경숙의 표절은 한국문학의 '위기'이자 '타락'을 상징하고, 이를 타개하기 위해서는 비평의 잃어버린 권위를 '회복'해야 한다는 이 연쇄적 주장은 과연 논리적인가? 비평이야말로 '타락'한 한국문학장을 '계도 · 정화'할 수 있다는 믿음은 여전히 20세기적 계몽주의 프레임에 붙들려 있다. 이 말이 '계몽주의'가 단지 낡은 것이기 때문에 폐기돼야 한다거나, 계몽의 가치와 효과 자체를 부정하는 것으로 오해돼서는 안 된다. 다만, 현재 상황은 계몽주의가 시대정신으로서 효과적으로 작동해온 과거와 그 사회적 · 문화적 조건이 전혀 다르다는 점을 감안해야 한다는 뜻이다. 과거의 '귀환'은 새로운 인식의 기준을 제시하지 못한다면 그저 '퇴행'에 불과한 것이라는 점을 기억해두자.

게다가 최근 문학장에서 당위명제처럼 통용되는 '비평의 위기'라는 진단 또한 자명하지 않다. 오히려 지금이야말로 다양한 주체들에 의해 각종 소재들이 비평의 대상이 되는 '비평전성시대'라고 보는 입장도 존재한다. 대중이 스스로 문화의 생산자이자 소비자가 되어 다양한 플랫폼을 만들고 온갖 콘텐츠에 대한 담론을 생산하는 것이 현실이다. 그리고 이는 두말할 것 없이, 한때 강력한 의제로 제출됐던 '대중지성'에의 기대에 부응하는 현상이기도 하다. 다만 오늘날 그런 비평을 '의사-비평' 또는 '반(反)비평'으로, 그 비평주체들을 '사이비 비평가'로 인식하는 낡은 입장이 있을 뿐이다.

물론 이 천태만상의 비평행위들이 모두 공동체의 생산적 발전에 기여하는 것은 아니다. '일베'나 '소라넷' 같은, '공부 잘하는 멍청이들'이 모여 각종 반사회적 콘텐츠를 쏟아내는 오늘날의 현실을 보면, '비평의 대중화' 혹은 '대중지성'이란 결국 '좋았던 시절'의 낙관이었다는 생각이 들기도 한다. 온

23_ 대표적 논의로는 오창은, 「베껴쓰기, 혹은 필사(筆寫)의 파국―신경숙 표절사건과 한국문학의 폐쇄성 비판」, 『문화/과학』 83호; 오길영, 앞의 글.

갖 비속어를 동원해 인신공격을 일삼는 '종편'의 정치평론가들, 정치적 조작에 가담하며 별점을 남발하는 영화 소비자들도 있다. 그러나 이 비평들이 아무리 반지성적·반문화적이라 해도 그건 '아무나 비평을 할 수 있게 된 시대' 탓은 아니다. 그것들은 그저 '나쁜 비평'일 뿐이다. 기억하자. '아무나 비평을 할 수 있게 된 시대'의 도래는 한국문학의 엘리티즘과 권위주의를 상대화하기 위해 진보적인 문학 연구자 및 독자들이 끊임없이 '아래로부터의 문학사' '민중의 문학사', '지적 격차의 문화사와 같은 '문학의 민주화' 작업을 통해 투쟁하고 염원해온 결과이기도 하다는 것을. 그럼에도 당신이 이 '아무나'들의 '불순한' 비평행위에 감히 '비평'이라는 이름을 허할 수 없다고 생각한다면, 그것 또한 어쩔 수 없다. 우리는 서로 다른 세계에 살고 있는 것이다.

다시 한 번 강조하건대, 한국문학이 처한 작금의 사태는 '비평의 위기'라는 말로 간단히 정리될 수 없다. 예컨대 '비평의 타락'에 대한 증거로 자주 언급되는 '주례사비평'을 생각해보자. 특정 작품이 지닌 미덕에 비해 과도한 상찬을 늘어놓는 것을 '주례사비평'이라 한다. 그런데 그것이 '과도한 것인지 아닌지는 어떻게 판단할까? "나의 독서실감과 너무나 판이한 판단을 내리는 적지 않은 작품평"[24]이 문제라면, 이는 오래 전에 '취향'의 문제로 전환된 바 있다. '취존(취향입니다. 존중해주세요)'의 논리 앞에서 모든 문학관과 가치관은 평등하다. 문학이 일종의 '취향공동체'로, 비평은 '취향의 정당화' 문제로 수렴된 것이 벌써 오래 전이다. 어쩌면 "나"와 "판이한 판단"의 주체들은 서로의 비평을 '주례사비평'이라고 부를지도 모른다. 허나 그것은 답이 없는 싸움. 이들은 오직 '취향'의 영역에서 어떤 것이 더 나은 독서취향과 감식안, 공동체에 대한 비전인지를 겨뤄볼 수 있을 뿐이다.

물론, 혹자는 '문학은 취향 그 이상'이라고 반론할 수도 있다. 그들에게 '취향'이란 보수화의 혐의를 지닌 자유주의의 산물이며, '취향의 주체'란 한

24_ 오길영, 「'비평가를 찾는 전화벨이 울리면… '신경숙을 부탁해!'」, 〈프레시안〉, 2010. 10. 15.

날 수동적인 소비자에 불과한 것으로 취급된다는 점도 잘 알고 있다. 그러나 (새삼스러운 말이지만) 각자의 취향을 형성하고, 타인의 취향과 다툰다는 것은 결코 사소한 문제만은 아니다. '취향의 정당화'를 위해서는 서로의 세계관을 높은 강도로 부딪쳐야 하고, 무엇보다 '좋은 취향'을 갖기 위해서는 '계몽 또는 운동으로서의 문학'과 같은 지난날의 문학관과 비평적 자원들도 모두 학습·활용해야 한다. 취향은 그야말로 중층결정의 산물인 것이다.

요컨대, 21세기의 비평은 '취향'을 지극히 정치적인 장소로 사유하고, 이곳에서 포스트-포스트모던의 문학주체들이 펼치는 문화정치와 인식 및 교양의 갱신을 면밀히 주시하는 데에서부터 시작해야 한다. 그리고 그것은 '계몽'이 아니라, 자신의 '좋은 취향'을 시민사회의 공통감각으로 등재시키기 위한 끊임없는 '시도'의 형식으로만 존재할 수 있다.

백래시(backlash) 시대의 '문학적 사건'

그리하여 '더 나은 공동체의 비전'과 관련된 취향의 각축은 오늘날 대중독자가 가장 치열하게 수행하는 비평행위다. 특히 신자유주의 혹은 '반동(backlash)의 시대'에 문학(사)을 포함한 그간의 문화유산과 문화적 자원들은 이전과는 전혀 다르게 배치되거나 새롭게 프레이밍된다. 기존 문학규범에 입각한 '비평의 회복'이 현실에서 무력하거나 해롭기까지 한 이유는 그 때문이다. 2015년에 한국문학(사)에 대한 새로운 독해와 인식을 유도한 몇 가지 사례를 보자.

첫 번째 사례는 문학 교과서 "좌편향" 논란이다. 한창 국정 교과서 논란이 일었던 2015년 가을, 새누리당이 주최한 '역사 바로 세우기' 포럼에서는 역사 교과서뿐 아니라 최인훈, 신경림, 박민규 등의 작품들을 수록한 문학 교과서들이 '좌편향'돼 있으며, 특히 남한의 가난, 부패, 방탕, 경쟁 등을 묘사한 한국문학사의 고전들이 청년들의 '헬조선' 열풍을 부추긴다는 참신

한(?) 해석이 제기된 바 있다.25

두 번째 사례는 '한국문학과 여성혐오'라는 문제의식의 부상이다. 한국 사회에 만연한 여성혐오가 분석대상으로 부각되면서 2015년은 페미니즘 이론과 운동이 새롭게 "리부트"된 '원년'으로 기록됐다.26 그에 따라 "촛불소녀-배운 여자-메갈리안"이라는 이력을 통해 고유의 정치적 주체성을 획득한 바 있는 20~30대 여성독자들은27 이광수부터 박민규에까지 이르는 한국문학사 전반의 여성혐오를 재검토하기 시작했다.28 그 결과, 여성에 대한 물리적·상징적 폭력을 통해 남성인물의 자기각성을 수행하거나 가부장공동체의 번영을 꾀하는 한국문학의 오랜 관습적 재현이 새로운 비평적 의제로 대두됐다. 가부장적 남성 멘탈리티의 재생산장치로서 기능해온 한국문학이 새로운 독해와 심문의 대상이 된 것이다.29

세 번째 사례는 한국문학의 대체재이자 보완재인 다양한 문화콘텐츠의 급격한 부상이다. 2015년 소매판매 중 유일하게 판매액이 줄어든 분야가 '서적 및 문구'30라거나, 2015년에 출간된 장편소설 중 연간 종합베스트에 든 것은 김진명의 『글자전쟁』(새움, 2015)이 유일하다31는 사실은 고사

25_ 「문학 교과서가 '헬조선' 열풍 부추기나?」, 『중앙일보』, 2015. 10. 29.

26_ 손희정, 「페미니즘 리부트: 한국영화를 통해 보는 포스트-페미니즘, 그리고 그 이후」, 『문화/과학』 83호.

27_ 류진희, 「'촛불소녀'에서 '메갈리안'까지, 2000년대 여성혐오와 인종화를 둘러싸고」, 『사이』 19, 국제한국문학문화학회, 2015. 11.

28_ 김용언, 「김치년 백년사」, 『DOMINO』 7, 2015. 9.

29_ 최근 페미니스트의 시각으로 한국문학사의 지배적 기율 및 텍스트에 대한 전면적인 재검토를 수행하는 강좌가 진행된 바 있다. 2017년 2월에 개최된 '페미니스트 시각으로 읽는 한국 현대문학사(총10회) 강좌는 한국문학사에서 지배적 가치로 승인돼온 미학(성)의 성별화 현상을 드러내고, 주류 문학사에서 포착하지 못한 문학현상을 발굴해 한국문학사를 새롭게 구성하거나 재배치하는 작업을 시도했다. 이 강좌의 성과는 단행본 『문학을 부수는 문학들: 페미니스트 시각으로 읽는 한국 현대문학사』(오혜진 기획, 권보드래 외 12인, 민음사, 2018)로 엮어 출간됐다.

30_ 「책의 눈물…… 지난해 소매품목 중 유일하게 감소」, 『경향신문』, 2016. 2. 16.

31_ 「교보문고 2015년 연간 베스트셀러 동향」 및 「김DB의 최종분석」, 교보문고 홈페이지, 2015. 12. 14.

(枯死) 직전에 놓인 한국문학의 오랜 현실에 대한 새삼스런 예시다. 반면, 장르문학 위주의 웹소설 시장은 매출이 해마다 2~3배씩 증가해 2015년에는 800억 원이 넘었을 것으로 추정되며,[32] 불과 몇 해 전만 해도 서브컬쳐에 불과했던 웹툰은 현재 "가장 신선하고 재밌는 콘텐츠"[33]로 각광받고 있다. 한국(純)문학에 포함되지 않는 이 다양한 문화콘텐츠는 한국문학의 구성적 외부로서 한국문학의 생태계와 존재방식에 깊은 영향을 미치는 상수(常數)다.

요컨대, 각종 백래시가 횡행하는 21세기의 한국문학은 첫 번째 사례처럼 정치적·이데올로기적 쟁투의 대상으로 불시에 아무렇지도 않게 소환·소모될 수 있으며, 두 번째 사례처럼 새롭게 부상·갱신되는 인식론에 의해 이전과는 전혀 다른 가치화·맥락화의 대상이 되기도 한다. 그리고 세 번째 사례처럼 나날이 변화되는 미디올로지(mediology)에 의해 매번 새로운 위상이 부여되는 것도 피할 수 없다. 이처럼 한국문학(장)이 처한 물적·인식론적 토대의 변화에 따라 문학의 외연과 내포가 급격히 변화하는 이때, 필요한 것은 구시대의 규범에 입각한 문학/비평의 '회복'이 아니다. 당장 요구되는 것은 이 장의 역동(dynamics)을 기민하게 읽고 그것에 탄력적으로 반응하면서 새로운 '문학적 사건'을 포착할 수 있는 시민-비평가로서의 감각이다. 이는 한국문학(장)의 최전선에 위치한 한 젊은 시인의 다음과 같은 발언에서도 감지된다.

그것(사회와 대중의 다양한 이슈-인용자)을 장르별로 받아들이는 감각, 예민함이 저는 문학 분야에서 더욱 유난해야 한다는 생각이 들었어요. 사람들이 관심 갖는 이슈에 대해서 한발 앞서 나가야 하는데, 오히려 뒤떨어져 있는 게 아닌가. 표절 논란 이전에 계간지의 특집들을 보면, 한국사회의 여러 가지 이슈에 관심을 가지

32_ 「쉽다, 가볍다…이미지 홍수 시대, 쑥쑥 크는 웹소설」, 『한국경제』, 2016. 2. 12.
33_ 위근우, 「새로운 데뷔시스템은 웹툰시장을 어떻게 성장시켰는가」, 『실천문학』 119호, 2015년 가을, 231.

고 있는 사람들의 지적인 호기심, 예술적인 호기심을 충족시키는 차원의 담론을 우리 문학이 다루고 있었는가에 대한 반성도 필요하다는 생각이 들더라고요.[34]

아직도 이런 이야기가 추상적으로 느껴진다면, 최근 한국문학장에서 유일하게 독자대중의 관심을 끌었던 크고 작은 논쟁들의 성격을 점검해보자. 2016년 초 신춘문예 당선작으로 선정된 SF소설을 둘러싼 논란이나,[35] 장르소설가 겸 영화평론가 듀나의 인터뷰를 계기로 촉발된 '『악스트』 사태'[36]는 모두 '순문학/장르문학'이라는 이분법으로 지탱되는 한국 주류 문학의 허구적 성격을 문제 삼고 있다. 그런가 하면, 영화 <캐롤>(토드 헤인즈, 2005)에 대한 평론가 이동진의 비평과 동명소설의 한국어 번역자가 보여준 동성애에 대한 인식의 벽[37]은 주된 문화소비자층인 20~30대 여성들의 고양된 정치적·문화적 교양에 부딪혀 문제가 됐다. 이때, 다른 무엇도 아닌 순문학과 장르문학의 구분과 위계, 성소수자에 대한 인식과 재현의 문제가 독자대중의 문화적·정치적 통각을 가장 예민하게 자극하는 비평적 화두였다는 사실은 깊이 되새겨져야 한다. 이 논쟁들은 한국 문학/비평이 결코 재현하지 않거나 애써 해석하려 하지 않았던 것들에 대한 독자들의 오랜 불만의 표현이다.

그런데 한국 문학/비평은 한국문학(장)의 옆과 아래에서 무차별적으로 진격해오는 이 같은 비평적 의제들을 과연 어느 정도의 무게로 인지하고 있을

34_ 서효인·강영규·백다흠·황예인, 「2015년 한국문학의 표정」, 『21세기문학』 71호, 2015년 겨울 중 서효인의 발언.

35_ 김인숙·성석제, 「소설 부문 심사평: 팽팽한 문장, 활달한 상상… '상식 밖 문제작 탄생」, 『조선일보』, 2016. 1. 1; dcdc, 「「상식의 속도」, SF에 찾아온 불청객」, <IZE>, 2016. 1. 11.

36_ 장강명, 「악스트를 위한 변명」, 뉴스페이퍼, 2016. 2. 20; 「장강명 가세, 더 뜨거워진 '악스트 사태'」, 『경향신문』, 2016. 2. 22; 「얼굴 없는 평론가 듀나…문학 갈등 사이에 끼다」, 『한국일보』, 2016. 2. 23.

37_ 위근우, 「<대니쉬 걸>과 <캐롤>이 내게 가르쳐준 것」, <IZE>, 2016. 2. 22. '보편/특수의 구분에 집착하면서 '동성애 없는 동성애서사'의 방식으로 사유의 지체를 유도해온 한국 문학/비평의 관성에 대해서는 오혜진, 「순정한 퀴어서사를 읽는 방법: 윤이형의 「루카」」, 『지극히 문학적인 취향: 한국문학의 정상성을 묻다』 참조.

까? 오해하지 말아야 할 것은, 이런 독자대중의 불만이 '한국문학의 문호개방' 혹은 '시혜적 하방'을 요구하는 차원에 머무는 것이 결코 아니라는 점이다. 이는 차라리 재현장치로서의 한국문학이 지니는 무능 혹은 기능부전에 대한 강력한 고발이며, 이것이 바로 현재 젊은 독자들이 새로운 학습과 경험을 축적하는 데 필요한 지적·문화적 자원에서 한국 문학/비평을 기각한 이유다. 새롭게 갱신되는 지식과 정동, 윤리와 정치에 무관심한 '이성애자-선주민-비장애-남성-지식인'들의 문학(사)은 이제 현실에 대한 아무런 생산적 설명도 하지 못하는 구시대적 유물이거나 시대착오적 양식으로 간주되는 것이다. 장르문학을 제도문학의 영토 넓히기 차원에서 구색 맞추기 용으로만 배치한다든가, 장애인, 성소수자, 투쟁하는 노동자 같은, 현실에서 비가시화되거나 부차화된 존재들에 대한 관성적 재현과 해석에 도전하려는 의지를 보이지 않는다면, 지적·문화적 호기심 충만한 오늘날의 독자들이 왜 구태여 한국 문학/비평을 읽어야 할까. '무식할 정도로' 거의 모든 재현과 해석의 금기에 도전하는 팬픽과 웹툰, 웹드라마 등을 보는 게 훨씬 더 이롭지 않나?

예컨대, '투쟁하는 노동자, 싸우는 시민'에 대한 최근 한국(純)문학의 재현은 매우 인색한 반면, <송곳>(최규석, 네이버, 2013~2015)과 같은 웹툰의 세계에서 그것은 낡고 구태의연한 대상이 전혀 아니다. 마찬가지로, 그간 한국(純)문학에서 거의 다뤄지지 않던 동성(성)애와 퀴어정치의 문제는 최근 부상한 'BL물' 혹은 '백합물'의 인기에서 보듯, 팬픽과 웹소설 및 웹툰에서 가장 집중적인 재현을 시도하는 대상 중 하나다.[38] 흔히 '하위문화'로 분류되곤 하는 이 서사적 실험들은 한국(純)문학이 지닌 재현의 임계를 넘어서는 소재와 문제의식을 선취함으로써 주된 문화소비층인 젊은 (여성)독자들의

---

[38] 여성독자들이 동성서사를 통해 향유하는 새로운 쾌락원칙과 그 정치적 역능에 대해서는 류진희, 「동성同性 서사를 욕망하는 여자들: 문자와 이야기 그리고 퀴어의 교차점에서」, 권김현영·한채윤·루인·류진희·김주희, 『성의 정치 성의 권리』, 자음과모음, 2012; 미조구치 아키코, 『BL진화론: 보이즈 러브가 사회를 움직인다』, 김효진 옮김, 길찾기, 2018.

관심을 독점하고 있다. 특히 동성애(자)를 다루는 데 특화된 장르로 진화한 팬픽과 웹소설 및 웹툰은 '젠더 트러블'(주디스 버틀러)의 문법을 활용해 전혀 새로운 독서주체와 서사적 수행성(performativity)을 창출함으로써 동성애 '코드'를 적극 활용한 영화 및 드라마를 대중서사의 우세종으로 자리 잡게 했다. 재현의 임계에 대한 도전과 '대중적인 것'의 형질변화를 유도한 이 서사물들의 문화사적 의미는 결코 작지 않으며, 보다 새롭고 본격적인 분석의 대상이 돼야 한다.[39]

'K문학/비평'의 종말과 뉴웨이브

그런 의미에서 이번 표절사태 및 문학권력 담론 중 새로운 독자론에 대한 탐구로 나아간 논의에 주목해야 한다. 특히 젊은 작가와 비평가들이 한국문학(장)이 처한 고사 위기의 원인을 '비평의 타락'이 아니라, '한국문학과 독자의 관계'에서 찾은 것은 일리 있어 보인다. "문제는 독자들이 자기 얘기인 것 같다는 느낌을 문예지나 단행본에서 못 받는 거"[40]라거나, 독자를 "'교양'의 대상으로서, 혹은 그저 시장논리에 종속된 소비자로서만 파악해온 것이 결국 독자의 냉담한 반응으로 이어진 것"[41]이라는 진단은 더 이상 독자대중에게 한국 문학/비평이 유효한 사회적 담론양식으로 간주되지 않게 된 이유를 잘 말해준다. 이른바 '문학의 대중화' 시대에 왜 이런 일이 벌어졌을까?

문학은 신앙도 아니고 고결하지도 않다는 것이 내 생각이다. 그러므로 표절사태로 인해 열등감의 족쇄를 찬다는 것도 어불성설이거니와, 적어도 내가 아는 대부

39_ 여성독서(사)와 '대중적인 것'의 형질변화에 대해서는 오혜진, 「1980년대 여성독서사와 타자들의 역설」, <책읽기와 트랜스내셔널 문화정치: 해방 70년의 한국 독서문화사> 발표문, 2016. 1. 30.

40_ 강경석·김용언·김현·한유주·권희철, 앞의 글 중 강경석의 발언.

41_ 황인찬, 앞의 글.

분의 문인들은 이응준이 말하는 '침묵의 공범'이 될 생각이 전혀 없다. 오히려 이응준의 고해성사에 낯을 붉히는 이유는 낯이 간지러워 너무 긁어대다 불거진 상처 탓일 게다. 거기에 더해서 애먼 독자까지 끌어들여 말의 권위로 삼고 있는데, 이를 사자성어로 호가호위(狐假虎威)라고 한다. 이 종이호랑이인 독자를 서로 자신의 배경으로 삼으려는 것이 권회철이 말하는 '동참'의 의미이다. …정치적 수사로 쓰이는 국민이 실제 국민이었던 적은 단 한 번도 없었다. 독자 역시 마찬 가지다.[42]

위 인용에서 보듯, 그 답은 기존 문학담론에서 독자를 인식하는 방식이 지극히 편의적이거나 기회주의적이었다는 데서 찾을 수 있다. 기존 문학/비평 주체들이 자신의 정치적 입장을 정당화하기 위해 내세워온 '독자중심주의'가 기실은 '독자바보론'에 불과하다는 위의 지적은 정곡에 닿은 것으로 생각된다. 그에 따르면, 기존 문학/비평에서 독자론이 '문학성/대중성'과 같은 허구적 이분법에 입각해 공회전해온 까닭, 즉 문학성을 추구하면 대중과 괴리되고, 대중성에 편향되면 문학의 질이 저하된다는 식의 가짜 논의로 흡수된 이유는 바로 독자에 대한 허구적 상상 때문이다.

그러므로 다시 비평의 공공성과 문학의 대중성에 대한 재사유가 요청되는 것은 자연스럽다. 특히 "'공통적인 것(common)'을 '창조'하려는 노력·의지는, 우리가 각각의 특이성을 유지하고, 서로의 차이가 차이로 남으면서도 동시에 함께 무언가를 할 수 있는 대항력이자 구성력이 될 수 있다"[43]는 김미정의 언급이야말로 기존 규범적 비평의 무성찰적 복권이 초래할 수 있는 퇴행의 위험을 고려한, 가장 신중한 결론이라고 생각된다. 그러나 이는 그 자신이 지적한대로 "원리적"인 것일 뿐, 최종결론이 될 수는 없다. 앞서 말했듯, 현재 한국 문학/비평계는 '무엇을 공통적인 것으로 판단할 것

42_ 김종호, 「독자바보론: 서로 다르게 수없이 말하는 '이번 사태의 근본원인'에 대해 한 자리 덧댐」, 『문예중앙』 144호, 2015년 겨울, 14-17.
43_ 김미정, 앞의 글, 48.

인가, 즉 '무엇을 문학적 사건으로 포착할 것인가'라는 질문조차 통과하지 못하고 있기 때문이다.

결국 "오늘날의 독자가 바보가 아니라는 증거는 어디 있습니까?"라는 위 글의 결론과는 달리, 답은 다시 역설적으로 '독자'로부터 찾아야 한다. 다종 다양한 플랫폼과 콘텐츠의 세계를 향유하며 새로운 지식과 교양, 정치와 윤리 및 쾌락원칙들을 발견해나가는 젊은 독자들의 현실을 따라갈 방법은, 오직 매우 적극적으로 '독자'에, 더 정확히 말하면 '독자들이 더 나은 공동체를 상상하기 위해 벌이는 취향의 각축전'에 영합하는 것뿐이다.

물론 이 '퇴행'의 시대에 독자들의 선구안과 '좋은 취향'에만 전적으로 기대라는 것은 위험한 주문일지도 모른다. 허나 그렇다고 해서 한국 문학/비평의 시효만료된 권위에 집착하거나, 폐쇄적이고 보수적인 '그들만의 리그'⁴⁴에서 자족하는 것은 더 큰 불행이며, 진짜 '노답'이다. 참조할 만한 선례도 있다. '에세이'라는 형식을 통해 작가들의 서로 다른 의견을 모은 『문학동네』의 '세월호참사' 특집이나, 미스터리 서브장르의 소개와 여성혐오 논의를 결합한 『미스테리아』의 특집이 독자들에게 드문 호응을 얻었던 것은 모두 '문학보다 더 빠르고 예민한 독자들의 관심에 효과적으로 영합하고 "유행에 편승"⁴⁵ 했기 때문이다. 그리고 이런 목적을 위해서라면 독립잡지 운영, 팟캐스트 진출, 북콘서트와 낭독회 등 어떤 작은 시도라도 좋다. 다양한 관심사를 지닌 독자를 만나기 위한 문학 스펙트럼의 확대와 조율도 필수적이다.

44_ 물론 '그들만의 리그'에 자족하지 않고 꾸준하고 조용하게 한국 문학/비평의 외연과 내포를 넓혀가는 시도들이 있다. 여성문학과 소수자문학 및 르포나 논픽션 같은 비정형적 글쓰기에 주목한 논의들은 한국 문학/비평의 재현 및 해석의 임계를 뛰어넘으려는 소중하고 의미 있는 시도다. 하지만 주류 지배문학장에서 이 시도들이 점하는 위상은 미미하며, 때때로 구색 맞추기 식으로 호출될 뿐이다. 이런 변혁적인 문학실험들의 가능성과 임계, 그리고 전략에 대해서는 별고를 기한다.

45_ "『미스테리아』 2호 때 '도메스틱 스릴러'라는 미스터리 서브장르를 소개하면서 여성혐오까지 결합해서 특집을 했었는데, 어떤 사람이 그렇게 썼더라고요. '여성혐오 뭐 또, 이 잡지 벌써부터 유행에 막 편승하고 이러는 거야' 하는데, 아니 그럼 잡지가 유행에 편승해야지 뭘 하라는 거야." 강경석·김용언·김현·한유주·권희철, 앞의 글 중 김용언의 발언.

<2013~2015년 연도별 성별/연령별 도서 판매 비중>46

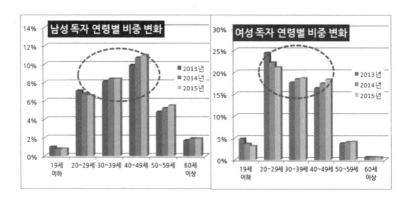

무엇보다 중요한 것은 앞서 언급한 대로, 가부장적 패권주의를 포기하지
않는 '개저씨'들이 질리지도 않고 부르는 'K문학/비평'에 대한 만가(輓歌) 혹
은 돌림노래에 동참하는 일을 단호히 거부하고 한국문학의 체질개선을 도
모하는 일이다. 오래 전에도, 그리고 지금도 한국독서계, 특히 순문학·장
르문학을 가릴 것 없이 한국문학의 주요 독자층은 언제나 20~30대 여성이
었다는 점은 바로 그 대수술을 감행해야 할 강력한 이유이자 그 방향을
말해주는 것이기도 하다. 그렇다면 묻자. 현재 가장 발 빠르게 첨단의 지식
과 문화를 소화하며 새로운 정치적·문화적 주체로 부상·활약하고 있는
20~30대 여성독자들의 정동과 문제의식에 대해 한국문학은 어떤 복안(複眼/
腹案)을 준비하고 있는가.

결국 "소설에 종이인형 같은 여성 캐릭터를 쓰게 되는 일은 결코 없을
겁니다 #나는페미니스트다"47라는 소설가 정세랑의 발언에서 보듯, 작가
들과 각종 매체들의 문학적 자의식을 추동해 실제로 한국문학의 형질변형

46_ 「김DB의 최종분석」, <교보문고 홈페이지>, 2015. 12. 14.
47_ 트위터에서 전개된 '#나는페미니스트다 운동 1주기를 기념해 게시된 소설가 정세랑
    의 트윗. 소셜미디어를 매개로 촉발되는 여성-청년들의 정치적 주체성과 그 가능성에
    대해서는 조혜영, 「낙인, 선언, 그리고 반사: "#나는페미니스트입니다"」, 『문화/과학』
    83호.

을 이끄는 것은 낡은 비평의 복권이 아니라, 더 나은 공동체를 상상하는 독자대중의 지적·문화적 호기심이다. 메갈리아의 '미러링' 혹은 '강남역 여성혐오 살인사건 이후 감수성의 혁명 및 인식의 갱신을 경험한 젊은 여성들이 한국사회의 오랜 성 각본(sexual script)을 문제 삼음으로써 '세대'와 '젠더'를 문학 창작 및 향유의 주된 벡터로 자리 잡게 한 사례[48]는 아무리 강조해도 지나치지 않다.

***

그간 주류 문학담론의 주체들은 '이성애자-선주민-비장애-남성-지식인들의 문학'이라는 한국문학(사)에 대한 심상한 진단을 관용적이고 중립적인 진술로만 받아들일 뿐, 그 진정한 의미에 대해서는 별로 고민하지 않은 듯하다. 그리고 그 오랜 습성은 시장패권주의와 결합하면서 'K문학/비평'의 탄생으로 이어졌다. 오늘날 한국 문학/비평이 더 나은 공동체에 대한 인식의 기준을 갱신하는 데 기여하지 못함으로써 생산적인 문화자원의 반열에서 탈락하게 된 것은 이 때문이다.

조금 안타까운 것은, 가까운 시일 내에 한국 문학/비평이 'K문학/비평' 혹은 '구시대의 유물'이라는 오명을 벗을 가능성이 별로 없어 보인다는 점이다. 신경숙 표절사태 및 문학권력 논쟁을 계기로 한국문학계의 퇴행적 욕망이 다 드러난 지금, 또 다시 소설가 한강의 맨부커상 수상 등을 매개로 'K문학/비평'을 확대재생산하려는 일련의 움직임들[49]은 앞으로도 한국문학이 수렁에서 빠져나올 생각이 없다는 점을 반영하는 것이 아니겠는가.

48_ 오혜진, 「우리 세대의 잡지를 갖는 기쁨」, <IZE>, 2016. 9. 28.

49_ 「소설가 한강, 해외서 다시 '한국문학'의 물결」, 『경향신문』, 2016. 2. 16; 「한강 소설이 해외에서 주목받을 수밖에 없는 이유」, 연합뉴스, 2016. 2. 21; 「미美『뉴요커』 "한韓 국민, 문학 관심 없으면서 노벨상 원해"」, 프레시안, 2016. 1. 31. 데보라 스미스의 번역을 거친 한강의 『채식주의자』 맨부커상 수상 담론에 개재한 내셔널리즘과 식민성에 대해서는 조재룡, 「번역은 무엇으로 승리하는가?」, 『문학동네』 90호, 2017년 봄.

이제 예언컨대, 젊은 독자를 잃은 'K문학/비평'은 장르화된 방식으로만 겨우 존재하면서 영원히 '그들'만의 은어로 남을 것이다. 그리고 그것은 결코 애도의 대상도 되지 않을 것이다. 'K문학/비평'이 없는 세계는 축복이며, 거기서 21세기의 독자들은 압도적인 행복을 누리기 때문이다.

9

합리적 보수는 언제 올까?
: 한국 우파의 혁신 가능성에 대한 탐색

조형근

1. 들어가며: 합리적 보수를 열망하는 진보좌파

"굳세어라, 유승민!" 지난 4월 25일, 제19대 대통령 선거 제4차 TV토론에서 정의당 심상정 후보가 바른정당 유승민 후보에게 던진 화제의 발언이다. 당시는 바른정당 내에서 자당 후보 유승민을 향해 자유한국당, 국민의당 등과 후보단일화에 나서라는 압박이 불거지던 상황이었다. 사실상 후보 사퇴 압력이었다. 진보정치인 심상정은 "수구보수를 밀어내고 유 후보가 뜻한 대로 따뜻하고 건전한 보수를 확실히 세우는 데 주도적 역할을 하길 바란다"며, 보수정치인 유승민을 응원했다.

후보 단일화를 하라 한다. 대통령 후보에서 내려오라고 한다. 나는 다시 묻는다. 나는, 우리는 왜 정치를 하는가? 보수란 무엇인가? …보수라고 변하지 않는 게 아니다. 무조건 지키기만 하는 것도 아니며 기득권을 지키는 건 더더욱 아니다. 어떤 때는 진보세력보다 더 과감히 변화하고 개혁해야 지킬 수 있을 때가 있다. …꿈이 죽어버린 시대에 나, 유승민은, 우리 개혁 보수는 여전히 꿈을 꾼다. 따뜻하고 정의로운 보수, 공동체를 지키고 살리는 보수를!

5월 1일 밤, 유승민이 페이스북에 심경을 토로한 글이다. 그는 벼랑 끝으로 몰리고 있었다. 다음 날 오전, 바른정당 국회의원 13명이 보수단일화와 홍준표 지지를 선언하며 탈당, 자유한국당으로 향했다. 유승민에게는 절체절명의 순간이었다. 하지만 그는 외롭지 않았다. 그의 페이스북 글은 큰 화제를 불러일으켰고, 탈당을 계기로 오히려 지지율 반전을 이뤄냈다. 수많은 사람들이 그의 페이스북에 지지 선언을 남겼다. 그중에는 스스로 진보 지지자임을 밝히는 이도 적지 않았다. 지지하지는 못해도 응원한다는 진보층은 더욱 많았다.

역설적이지만 한국사회에서 이른바 '참보수' '따뜻한 보수' '건전보수' '개혁보수' '합리적 보수'의 출현을 가장 목마르게 기대해온 세력은 보수우파가 아니라 진보좌파였다. 실제의 투표행동과는 별개로 유승민에게 가장 환호한 층도 진보 지지층이었다. 기존의 보수 지지층에서 유승민은 그렇게 뜨거운 환호를 받지 못했다. 왜 이런 이상한 일이 일어난 것일까?[1]

주지하다시피 한국 현대사는 반동적 보수, 즉 수구가 지배해왔다. 수구의 지배로 민주주의는 질식했고, 공론장은 파괴되었으며, 합리적 보수도 진보좌파도 설 땅을 잃었다. 모든 것이 엉망진창이 되어버렸다. 이제는 정말 바로잡아야 한다는 생각이 드는 것도 당연하다. 특히 이 과정에서 진보세력이 가장 큰 피해를 입었다는 점에서, 수구반동을 대신한 합리적 보수의 출현에 대한 진보의 욕망에는 수긍이 가는 점이 있다. 이런 갈망, 믿음 자체를 문제 삼고 싶지는 않다. 솔직하게 말한다면 나 역시 그런 정치를 소박하게 바랄 때가 있다. 정상적이고 바람직한 것이라면 당장의 현실성 여부와는 별개로, 어려움을 무릅쓰고 추구해야 한다. 오늘날 진보진영에서 떠오르고

1_ 이하에서는 바람직한 보수주의를 가리키는 수많은 어휘 중 합리적 보수(주의)를 선택한다. 사실 어떤 단어를 선택해도 큰 무리는 없을 것이다. 다만 합리적 보수주의라는 어휘는 적어도 두 가지 재미있는 논점을 형성한다는 점만 지적해두고 싶다. 우선 이 어휘는 합리성에 대한 한국인의 선호를 보여준다. 정치가 합리화되어야 한다는 욕망은 독자적인 분석의 대상이 될 법하다. 또 하나, 합리주의와 보수주의라는 대립적 사유방식이 결합되었다는 점에서도 흥미롭다. 이에 대해서는 결론에서 후술한다.

있는 공화주의, 숙의민주주의 담론들은 이런 바람들이 모인 하나의 방향일 것이다.

이 글은 합리적 보수주의에 대한 우리의 열망을 비판적으로 해부하기보다는, 보수주의의 생성과 변화·진화·퇴화의 과정 자체에 주목하고자 한다. 물론 전반적인 사상사적 계보 그리기를 시도할 만한 여유나 능력은 없다. 다만 합리적 보수주의의 이론적·현실적 가능성이 발원하던 지점들을 탐색해보고, 한국사회에서 합리적 보수주의의 가능성을 타진하는 것으로 마무리하고자 한다.[2]

2. 왜 합리적 보수주의에 대한 갈망이 이토록 클까?

합리적 보수주의의 등장을 고대하는 한국인의 심리에는 적어도 두 가지의, 서로 다르면서도 밀접히 연관된 역사적 서사가 자리 잡고 있는 것 같다. 첫째, 조선 후기부터 식민지시기를 거쳐 현대 한국에 이르기까지 한반도의 역사가 총체적으로 실패와 왜곡으로 점철되었다는 좌절의 서사다. 이 서사에서 한반도의 근세·근현대사는 노론 이래로 안동 김씨, 친일파, 이승만·박정희·전두환 일파에 이어서 현재의 자칭 보수정당들에 이르기까지 보수를 사칭한 수구반동과 기회주의자들이 지배해온 역사다. 이 세력은 소수 특권계급의 이익만을 대변해왔다는 점에서 수구반동이고, 자신의 내적 이념 대신 강한 자와 이기는 자의 편에만 서왔다는 점에서는 기회주의·매국 세력이다. 이들이 '보수주의자'로서의 이념, 가치, 태도, 품격을 보여준 적은 결코 없다. 이들을 대체하는 합리적 보수주의 세력이 성장하지 않는 한 한

2_ 보수주의는 물론 특정 이데올로기의 출현·성장·변화 과정을 다루기 위해서는 그 이데올로기의 물적 토대와의 관련성이 검토되어야 함은 물론이다. 오늘날 합리적 보수주의의 자리가 극도로 협소해진 데는 근본적으로 자본주의 생산양식의 축적위기라는 물적 현실이 있다. 보수가 양보할 것이 줄어들었다는 데 근본적인 딜레마가 있는 것이다. 하지만 논의의 집중을 위해서 이와 관련된 논의는 전적으로 생략하며 다음을 기약한다.

국정치의 악무한적 대립은 끝나지 않을 것이다.

둘째, 서구에서는 보수주의와 진보주의가 합리적 토론과 정책 경쟁을 통해 정권을 교대해나가는 정상적 정치모델이 자리 잡았지만, 한국은 그 역사적 이행의 도정에서 실패했다는 비교사적 서사다. 이 이야기에 따르면 서구의 민주주의 역사 또한 왕당파, 수구반동, 파시즘 대두와 같은 굴절과 암흑기를 거치기는 했지만, 결국 합리적 보수주의와 진보주의가 정치무대의 중심을 장악하는 데 성공했다. 이 과정에서 합리적 보수주의는 수구반동이나 파시즘 세력과 단절하고 민주주의 수호에 공을 세웠다. 반면 한국에는 이런 보수주의 세력이 없다.

두 서사의 저변에는 한국인의 정치 사유에서 준거점이 되는 '정상성'의 규범들이 존재한다. 첫째, 정치는 이해관계에 좌우되기 이전에 이념·가치 지향적인 것이어야 한다. 이념 없이 이익을 따라 움직여온 특권·기회주의·사대매국 세력은 정치세력으로서의 자격이 없다. 둘째, 이념에 충실하다보면 때로 불가피하게 극한 대결도 불사하게 되지만, 정치는 근본적으로 합리적 대화와 타협의 과정이어야 한다. 한국의 자칭 보수는 사문난적에서부터 빨갱이, 종북주의자에 이르기까지 상대를 절멸해야 할 적으로 간주하는 타자에 대한 낙인찍기와 폭력적 배제를 통해 지배체제를 구축해왔다. 이들에게서 차이에 대한 인정, 공존의 의지나 전망은 찾을 수 없다.

요컨대 보수주의를 자칭하는 이들 수구반동·기회주의 세력이 사라지고, 건전한 보수이념에 기초하고 민주주의 가치를 신봉하며 차이의 인정 위에서 공존을 추구하는 합리적 보수주의가 우파의 중심을 대체하지 않는 한, 수백 년간 좌절되어온 한국정치의 '정상화'는 요원하다는 것이 많은 진보개혁적 대중들의 믿음이자 바람인 것이다.

한국인의 이런 열망이 잘 드러나는 사례 중 하나가 참된 보수주의자들에 대한 재조명 붐이다. "우리 역사에도 참된 보수주의자가 있는가?"라는 도발적인 질문으로 시작하는 한 책은, 장준하·김병로·이회영·황현·유형원·최영 등 여섯 인물의 삶을 통해 한국 보수주의의 가능성을 찾는다. 예를 들어 우익 민족주의자 장준하의 독립운동과 반독재투쟁을, 반공주의자 김병로 전 대법원장의 인권 옹호를, 영남 명문가 출신 이회영의 독립운동과 노블레스 오블리주를 재조명하는 식이다.3 '친일하지 않은 우익' 학병세대들을 한국 우익의 기원으로 설정하면서 우익의 계보학을 새로 그려낸 최근의 한 시도 역시 큰 틀에서 이와 비슷한 맥락일 것이다.4

3. 서구의 합리적 보수주의

한국에서 합리적 보수주의 출현의 가능성을 따져보기 전에 우선 서구 보수주의 이데올로기의 등장과 변화 과정부터 짚어보고자 한다. 이 순서는 전형적으로 서구의 역사과정을 우리 역사의 이해를 위한 보편적 참조점으로 삼는 방식처럼 보일 수 있다. 사실 나로서는 정반대의 효과를 꾀하고 싶다. 서구 보수주의에 대한 우리의 상식을 '신화'로부터 해방시키는 작업 말이다.

1) 보수주의의 출현

정치철학·사상·이데올로기로서 보수주의라는 어휘의 기원은 프랑스의 샤토브리앙(François-René de Châteaubriand)이 1818년에서 20년까지 발행한 잡지 『보수주의자』(Le Conservateur)에서 기원한 것으로 알려져 있다. 원래 이 단어는 '보호자'를 뜻하며, 중세 유럽국가에서 법률 수호자나 특정 집단의 수호자에게 부여된 명칭이었다. 이 시대는 대혁명, 그리고 나폴레옹의 몰락이라는 질풍노도의 시기를 이은 왕정복고의 시대였다. 왕정은 복고되었으되 혁명 이전으로의 회귀도 불가능했다. 어떤 변화들은 불가피하게 받아들여야 했

3_ 김도훈·민회수·양택관·오제연·윤상현·홍영희, 『보수주의자의 삶과 죽음: 우리가 몰랐던 한국 역사 속 참된 보수주의자들』, 동녁, 2010.
4_ 김건우, 『대한민국의 설계자들: 학병세대와 한국 우익의 기원』, 느티나무책방, 2017.

다. 그러면서도 옛 유럽문명의 최선의 유산과 정의의 원리는 수호되어야 했다. 보수적 정치가와 문필가 들은 이 어려운 조화의 임무를 자임하면서 스스로를 수호자(le conservateur)로 불렀고, 여기서 보수주의자라는 어휘가 탄생했다.5

프랑스의 샤토브리앙, 보날드(L. G. A. Bonald), 드 메스트르(J. de Maistre), 영국의 콜리지(J. C. Coolidge), 독일의 사비니(F. C. von Savigny), 미국의 애덤스(John Adams)와 해밀턴(Alexander Hamilton) 등 여러 인물들이 보수주의 사상의 원천으로 꼽힌다. 하지만 보수주의 정치사상을 논할 때 전범이 되는 인물은 언제나 단 한 명, 영국의 정치가이자 사상가 에드먼드 버크(Edmund Burke)로 귀결된다. 버크는 프랑스혁명이 목하 진행되고 있던 1790년에 『프랑스혁명에 관한 성찰』을 썼다. 이 책으로 그는 사회주의의 칼 맑스나 자유주의의 존 스튜어트 밀처럼 '보수주의의 예언자'가 되었다. "지난 2세기 동안 전개된 보수주의의 중심 논지는 특별히 혁명기의 프랑스에 관해 버크가 제시한 논지의 확장에 지나지 않"으며,6 "모든 보수주의 연구자들은 에드먼드 버크가 전범이라는 데, 그의 사상의 기본 요소들이 보수주의의 기본 요소라는 데 동의"한다.7

2) 버크의 보수주의

그렇다면 버크의 보수주의는 어떤 것일까? 버크는 휘그당 소속 정치인으로서 자유주의를 대변하는 인물이었지만, 바로 그 자유주의 이념의 부상을 상징하던 프랑스혁명은 그에게 '인류 역사상 가장 경악할 만한 사건'으로 비쳤다. 혁명가들은 무모한 공중제비를 시도하는 모험가로만 보였다.

5_ Russell Kirk, "Conservatism," *Encyclopedia Britannica*, vol. 6 (Chicago: Encyclopedia Britannica, 1971), 372; 강정인, 『에드먼드 버크와 보수주의』, 문학과지성사, 1997, 37에서 재인용.

6_ 로버트 니스벳, 『보수주의』, 강정인 역, 이후, 2007, 16-17.

7_ Samuel P. Huntington, "Conservatism as an Ideology," *The American Political Science Review*, vol. 51, no. 2 (1957), 456.

무엇보다도 버크는 사회를 자신들의 이념에 따라 개조할 수 있다는 혁명 지도자들의 기하학적 설계주의가 끔찍했다. 세상은 자기 생각대로 그렇게 쉽게 바뀌는 게 아니다. 오래된 전통에는 그럴 만한 이유가 있기 마련이다. 우리는 겸손해져야 한다. 우리는 우리 세계의 완전한 소유자나 지배자가 결코 아니며 단지 "일시적인 소유자이며 종신 세입자"일 뿐이다. 국가나 법은 "살아 있는 자들 사이뿐 아니라 산 자와 죽은 자들, 그리고 태어날 자들 사이의 동업(partnership)"을 통해 존재한다. 자신의 시대에 대한 배타적인 소유자처럼 굴어선 안 된다.[8]

조상으로부터 물려받은 오래된 것이라는 점에서는 편견에도 어떤 합리성이 존재할 수 있다. "편견이라는 코트를 버려 알몸의 이성만을 남겨놓는 대신, 이성이 포함된 대로 편견을 지속하는 것이 더 현명하다"(159). 그 편견의 대표적 사례가 아마 종교일 것이다. 버크가 보기에 "종교는 문명사회(civil society)의 기반이며 모든 선과 모든 안락의 근원"이고, "인간은 그 성격상 종교적 동물"이다(163-164). 정치와 종교를 분리하려는 프랑스혁명의 세속주의는 인간의 본성을 부정하는 과오가 될 것이다. 마찬가지로 "모든 사회는 다양한 종류의 시민들로 이루어지는 법이어서, 그중 어떤 부류가 최상위에 있기 마련"이고, 따라서 평등화는 사물의 자연적 질서에 대한 전복으로 귀결된다(104).

그러므로 우리에게 필요한 것은 그 유용성이 증명된 모델들을 존중하는 것, 혹시나 재건축을 시도할 때는 "**무한한 조심성**"을 발휘하는 것(121. 강조는 원문), "느리고 착실하게 뒷받침된 진전 속에서 한 걸음 한 걸음" 나아가는 것, "보충하고, 조정하고, 균형 잡는" 것이다(272).

이런저런 보수주의자들이 보수주의를 설파했지만, 어느 경우든 버크의 틀을 벗어나는 경우는 거의 없다. 새뮤얼 헌팅턴은 버크적 보수주의의 기본 요소를 다음과 같이 요약한다.

8_ 에드먼드 버크 『프랑스혁명에 관한 성찰』, 이태숙 역, 한길사, 2008, 169-172. 이하 이 책에서의 인용은 그 쪽수를 본문에 명기한다.

① 인간은 기본적으로 종교적 동물이며, 종교는 시민사회의 토대다.

② 사회는 느린 역사적 성장의 자연적·유기적 산물이다. 현존 제도는 이전 세대들의 지혜를 체화하고 있다.

③ 인간은 이성만이 아니라 본능과 감성의 존재이며, 신중함, 편견, 경험, 관습은 이성, 추상화, 형이상학보다 우리를 더 잘 인도한다.

④ 공동체가 개인보다 우월하다.

⑤ 궁극적인 도덕적 의미를 제외하면, 인간은 불평등하다.

⑥ 현존하는 악들을 제거하려는 시도는 늘 더 큰 악들을 낳는다.[9]

3) 보수주의의 참된 특징은?

헌팅턴은 보수주의에 관한 유명한 논문에서 보수주의에 대한 서로 다른 이해 방식을 각각 귀족적·자율적·상황적 정의의 세 가지로 구별한 바 있다.[10] 귀족적 정의는 보수주의를 단일하고 특정한, 그리고 독특한 역사적 운동의 이데올로기로 정의한다. 보수주의는 18세기 말에서 19세기 전반에 걸친 부르주아의 부상에 맞선 중세적·귀족적·농업계급의 반동이며, 만하임(K. Mannheim)의 말처럼 '하나의 역사적·사회학적 상황의 함수로 파악된다. 자유주의가 부르주아의 이데올로기이고, 사회주의·맑스주의가 노동계급의 이데올로기인 것처럼, 보수주의는 귀족의 이데올로기라는 것이다.

반면 자율적 정의에서 보수주의는 어떤 특정한 집단, 사회세력의 배치와도 관련될 필요가 없이, 일반적으로 유효한 관념들의 자율적 체계로 정의된다. 보수주의는 정의, 질서, 균형, 절제 같은 보편적 가치의 측면에서 정의되고, 사회적 관계가 아니라 개인의 '의지와 지성'에 의해 선택된다.

상황적 정의에서 보수주의는 기존 제도에 대해 근본적 도전이 일어나고, 기존 제도의 옹호자들이 방어를 위해 보수적 이데올로기를 채용하게 되는, 구별되지만 반복되는 역사적 상황에서 부상하는 이데올로기다.[11] 따

9_ Samuel P. Huntington, op. cit., 456.

10_ Ibid., 454-455.

라서 보수주의는 언제 어디서건 근본적 도전에 맞서 기존 사회질서를 정당화하는 관념들의 체계로서, 그 정수는 기존제도의 가치에 대한 열정적인 긍정이다.

헌팅턴이 보기에는 상황적 이론이 보수주의를 가장 잘 설명한다. 하지만 그에게 중요한 것은 어떤 접근 방식이 더 옳은가가 아니다. 차이에도 불구하고 이들이 주장하는 보수주의의 내용은 어차피 동일하다. 그러므로 중요한 것은 보수주의가 다른 모든 이데올로기와는 구별되는 어떤 특징을 갖고 있다는 것, 즉 보수주의가 실체적 이상을 결여하고 있다는 점이다. 자유주의, 민주주의, 사회주의·공산주의, 파시즘 등 다른 모든 이데올로기들은 "정치사회가 조직되어야 하는 방법"에 관한 어떤 비전들을 가진다. 반면 보수주의에는 그런 종류의 프로그램이 없다. 보수주의의 본질은 "소망 없는 정치(Politik ohne Wunschbilder)"이며, 어떤 정치체계가 보수주의의 이상에 가장 가까운지 여부를 가늠하는 준거로서의 보수주의적 이상이나, 보수주의적 유토피아 따위는 없다. 보수주의는 보편주의적·형이상학적 정치철학이 아니다.12

이 점에서 보수주의와 수구반동 사이에는 결정적인 차이가 있다. 보수주의는 기성체제에 대한 근본 도전으로 일어난 변화 중 어떤 것을 불가피한 것으로서, 못마땅한 채로 받아들이고, 이윽고 '무한한 조심성'을 지닌 채 변화의 속도를 늦추고, 변화를 보충하고 조정하고 균형을 부여하려 애쓴다. 요컨대 보수주의자들은 불가피한 변화, 이미 변해버린 현실을 흔쾌하지 않지만 운명으로 받아들인다. 반면 수구반동은 옛 영화를 결코 포기하지 않으며, 실제로는 존재한 적도 없는 과거를 이상적 과거로 낭만화한다. 수구반동에게는 추구해야 할 유토피아가 있다.

이런 맥락에서 서구 보수주의의 역사에는—헌팅턴의 표현과는 달리—이데올로기라는 어휘가 발휘하는 정치적 열정의 뜨거운 아우라가 없다. 그

11_ Russell Kirk, *A Program for Conservatives* (Chicago: Henry Regnery, 1954), 22, 38-39.

12_ Samuel P. Huntington, op. cit., 457-458.

대신 신중하고 우아한 우울함이 있다. 1830~40년대 토리당의 지도자였던 로버트 필(Robert Peel) 이래로 모든 토리당의 지도자들은 정치적 반대파들에게 미래는 그들의 것이라고 암묵적으로 동의해왔다. 보수주의의 역사는 가능한 천천히, 가능한 우아하게 양보하는 과정이었다.13

4. 보수주의의 변화와 퇴화

1) 현대 보수주의의 부상

마거릿 대처는 이런 믿음을 공유하지 않은 첫 번째 토리당 지도자였다.14 레이건은 자신의 보수주의 신념을 자랑스럽게 드러내고 당선된 최초의 미국 대통령이었다.15 대처와 레이건의 시대에 보수주의는 투쟁하는 신념이 되었고, 이전까지는 보수주의가 될 수도 없고 되어서도 안 된다고 믿어졌던 것, 요컨대 완전한(full-fledged) 정치 이데올로기가 되었다. 보수주의에 실체적 내용이, 형이상학적 소망이, 유토피아가 생겼다.16 바야흐로 보수주의가 욕망의 충당 대상으로서, 대타자로서 이데올로기화한 것이다.

보수주의의 이데올로기화에 결정적인 역할을 한 사상가를 꼽으라면, 의외일 수도 있지만 소위 '20세기 가장 위대한 자유의 대변인' 프리드리히 하이에크(Friedrich Hayek)를 꼽게 된다. 하이에크에 의해서 보수주의와 자유주의는 공통의 적에 맞서 싸울 명분을 얻었다. 「나는 왜 보수주의자가 아닌가?」라는 글에서 그가 주적으로 삼은 상대는 사실 보수주의가 아니라 합리주의적 자유주의였다. 하이에크의 '진짜' 자유주의는 "자유로운 성장에 기

13_ G. Wheatcroft, "The Paradoxical Case of Tony Blair," *The Atlantic Monthly*, vol. 227, no. 6 (1996), 22-40.

14_ Ibid.

15_ 로버트 니스벳, 앞의 책, 142.

16_ Tibor Mándi, "Conservatism as an Ideology Revisited: The Case of Neoconservatism," Paper prepared for European Consortium for Political Research (2004), 1-3.

회를 주는 대신 예정된 합리적 패턴을 세계에 부과하는" 가짜 자유주의와 대립했다. 보수주의는 오히려 우군이었다. 하이에크의 자유주의는 "이성에 대한 불신을 보수주의와 공유"했고, 그 자신 또한 "진화하는 제도들의 가치에 대한 사랑과 겸손한 연구"를 보수주의자의 사유로부터 배웠다.[17]

물론 보수주의는 여전히 불충분했다. 하이에크가 보기에 보수주의는 "그 본성상 우리가 나아가고 있는 방향에 대한 대안을 제공할 수 없다. 보수주의는 현재의 경향에 대한 저항을 통해서 바람직하지 않은 발전을 늦출 수는 있겠지만, 다른 방향을 제시하지 못하는 한 그 경향의 지속을 막을 수는 없다. … '진보의 수레바퀴에 달 브레이크'가 필요하다 해도, 나 개인적으로는 그저 브레이크를 거는 데 만족할 수는 없다."[18] 요컨대 보수주의는 이데올로기 투쟁에 요구되는 무기를 결여하고 있었다. 방향을 가리킬 깃발이, "자유의 이데올로기"가 필요했다.

하이에크가 떠나온 유럽 대륙에는 오랜 보수주의의 전통이 있었지만, 미국에는 "가시적이고 용인된 문화적 보수주의"가 없었다. 미국에서 보수주의는 1940년대 중반에 시작하여 50년대에 본격적으로 형성되기 시작했다. 1944년 하이에크의 『노예의 길』이 출판되어 상당한 반향을 일으켰고, 1940년대 말과 50년대를 거치며 러셀 커크(Russell Kirk), 로버트 니스벳(Robert Nisbet), 레오 스트라우스(Leo Strauss), 다니엘 부어스틴(Daniel J. Boorstein) 등의 보수주의 저작들이 출판되었다. 보수주의 저널이 탄생했고, 미국기업연구소, 후버연구소 등이 활기를 띠고 활동하기 시작했다. 1960년대 신좌파의 부상과 학생혁명을 거치면서 신좌파의 주공격 대상으로 지목된 자유주의자들의 전향도 이어졌다. 하이에크식 자유주의와 보수주의가 결합하기 시작했고, 보수주의로 전향한 자유주의자들과 급진좌파에서 전향한 '트로츠키의 고아들'이 신보수주의(neo-conservatism)의 이데올로그로 전화했다.[19]

17_ F. A. Hayek, "Why I Am Not a Conservative," in C. Nishiyama and K. L. Leube, eds., *The Essence of Hayek* (Stanford: Hoover Institution Press, 1984).

18_ Ibid., 281-282.

2) 키메라 보수주의의 형이상학

미국에서 레이건 정부의 등장은 이처럼 30여 년 이상 축적된 지적 · 문화적 헤게모니 투쟁의 결과였다. 동시에 1980년대 이래 세계의 보수화, 즉 신보수주의=신자유주의의 확산을 가져온 결정적인 정치적 계기이기도 했다. 하지만 레이건의 승리에는 보수주의와 자유주의의 결합이라는 이야기 이상의 것이 있다.

레이건과 공화당의 승리는 1932년 뉴딜연합에 기초한 루스벨트의 승리 이래로 가장 광범위한 정치적 연합에 기초한 승리였다. 루스벨트의 승리를 뒷받침한 것은 자유주의연합이 아니라 뉴딜연합으로 불렸다. 반면, 레이건을 당선시킨 세력은 '보수주의연합'이라고 불렸다. 이 노골적인 보수주의 표방에도 불구하고 사실 그 연합은 서로를 불편해 하거나, 심지어 적대시하는 상이하고 이질적인 신념들로 가득 차 있었다. 극우파, 복음주의자, 자유지상주의자, 민중주의자, 군비 강화를 주장하는 호전주의자, 군비축소를 주장하는 구파 보수주의자 등등. 정부가 도덕심판소가 되기를 요구하는 도덕적 다수파(moral majority) 복음주의 운동가들과, 개인 · 가족에 대한 국가권력의 개입을 혐오하는 자유지상주의자는 상극이었다. 권력의 소수 집중을 꿈꾸는 극우파와 직접 민주주의적 개혁을 요구하는 민중주의자도 서로 적대적이기는 마찬가지였다. 호전주의자와 군비축소파 사이도 예외일 수 없었다. 신보수주의는 마치 잡종 키메라처럼 무대에 등장했다.

니스벳은 이 기묘한 혼란을 다음과 같이 묘사했다. "동화에 나오는 요술 거울이 오늘의 워싱턴에 실제로 등장한다면, '그 모든 이 중에서 누가 가장 아름다운 보수주의자인가?'라는 질문에 대한 각양각색의 대답을 위해 차라리 일종의 국가적 복권 제도를 만드는 것이 가치 있을 것이다. … 오직 확신할 수 있는 것은 (복권으로 뽑힌) 그런 인물이 골드워터, 태프트, 클리블랜드를 거쳐 존 애덤스와 버크로 거슬러 올라가는 선조에 뿌리를 둔 보수주의자

19_ 로버트 니스벳, 앞의 책 144-151.

는 결코 아닐 것이라는 점이다."20

니스벳은 혼란 속에서도 적어도 한 가지를 분명히 예견했다. 자기 당대와 이후의 보수주의는 더 이상 버크적 전통으로 귀속되는 보수주의가 절대 아니라는 통찰이다. 키메라적 보수주의는 버크 대신 하이에크를 자신의 구루로 섬겼고, 절제와 균형에 대한 온건하고 미지근한 설교 대신 '자유(시장)'와 '도덕(종교=기독교)'이라는 슬로건이 새겨진 깃발을 치켜들었다. 자유시장과 기독교적 도덕·가치가 보편적이고 형이상학적인 실체적 목표가 되었다.

이 키메라적 잡종화와 형이상학화의 사정은 영국의 대처·보수당 정권의 경우에도 크게 다르지 않다. 대처는 "사회 따위란 없다. 오직 남자와 여자인 개인만이 존재할 뿐"이라는 유명한 연설을 남겼지만, 이 지독한 개인주의적 신념은 토리적 보수주의가 강조하는 공동체적 전통과는 본질적으로 대립하는 것이었다. 그녀는 종종 무한경쟁과 자유시장론의 화신처럼 굴었는데, 이 또한 영국 보수주의의 온정주의 전통과는 화해하기 어려웠다. 보수당 정권 주변에는 자유시장경제 학자들과 토리식 보수주의자들이 뒤엉켜 있었고, 대처의 메시지는 종종 혼란에 가득 차 있었다. 물론 대처주의의 두뇌집단을 장악한 것은 자유시장주의였다.

보수주의라는 이름 아래서의 이런 혼란은 근대정치에서 예외적 현상이 아니라 보편적 현상이라고 볼 수도 있다. 월러스틴(I. Wallerstein)이 지적하듯이 근대성의 세 이데올로기로서 보수주의, 자유주의, 사회주의 모두 그 내부에 수많은 아류가 존재했고, 때로 서로 모순적이었다. 각각의 이데올로기 진영의 진정한 통일성은 오직 그것들이 무엇에 반대하느냐에 있었다.21

다만 이 1960년대 이래 신보수주의의 성립과 키메라적 잡종화의 과정에는 상대 이데올로기를 향한 반대를 넘어선 어떤 것이 있었다. 그것은 보수주의가 '자유의 이데올로기'와 절합(articulation)됨으로써 시대를 뛰어넘는 자

20_ 같은 곳.
21_ 이매뉴얼 월러스틴, 『자유주의 이후』, 강문구 역, 당대, 1996, 111.

유시장의 '형이상학'으로 변화, 퇴화했다는 점이다. 정통 보수주의자들에게 자유시장은 오랫동안 골칫거리였다. 사적 소유권의 수호라는 관점에서 보면 자유시장 옹호의 전선에서 보수주의자들도 예외는 아니었다. 동시에 이성 중심주의에 맞서고 공동체에 대한 애착과 책임을 강조하는 보수주의자로서, 인간이 오직 합리적·이기적 동기에 따라 행동하는 개인, 즉 경제적 인간(homo economicus)으로 존재할 뿐이라는 자유시장론자들의 교의를 받아들일 수도 없었다. 규제되지 않는 시장은 보수주의의 둥지인 공동체를 파괴하고, 매매되어서는 안 될 가치들을 상품화함으로써 우리의 정서적 애착을 소멸시키는 리바이어던 같은 존재였다. 보수주의자에게 시장은 다루기 힘든 난제였다.

이 힘든 난제가 이 시기에 어떤 타협점을 찾아 수렴점을 찾기 시작했다. 딜레마의 해결책은—역시 하이에크를 경유하여—자유시장 자체를 조상과 이웃들의 지혜가 축적된 빛나는 '전통'으로 재해석하는 데 있었다. 전통이 단지 임의적 관습이 아니라 "사람들이 자기 행동을 타인의 행동에 맞추려고 하다가 생긴 여러 시행착오의 잔여물이 담겨 있"는 축적물인 것과 마찬가지로,[22] 이제 자유시장은 무엇을 생산하여 무엇과 교환할지에 대한 자유로운 정보교환의 과정이자 축적물로 간주된다. 전통이 시간이 흐르면서 생기는 조정의 문제를 둘러싼 자생적 해법인 것처럼, 자유시장은 생산과 교환을 둘러싼 문제를 해결하면서 진화해온 자생적 질서이며 조상과 우리의 지혜의 축적물로 찬미된다. 이 지혜의 교환과 축적을 위해 시장의 자유는 옹호되어야만 한다. 물론 보수주의자들이 보수주의자인 한 시장에 대한 사회적·도덕적 제약의 필요성 자체를 완전히 부정할 수는 없다. 하지만 시장이 전통과 마찬가지로 축적된 자생적 질서라면, 그런 제약은 관습, 법, 도덕 등의 형태로, 요컨대 전통의 형태로 이미 존재하기 마련이다. 따라서 별도의 입법, 명령은 불필요하다. 그것이야말로 우리의 축적된 지혜를 위협할

22_ 로저 스크루튼, 『합리적 보수를 찾습니다』, 박수철 역, 길벗, 2016, 41.

것이기 때문이다.[23]

현대 서구의 이른바 합리적 보수주의는 더 이상 자유시장에 대해 양가감정을 갖지 않는다. 자유시장론자의 합리적 개인주의를 여전히 수긍하지 않은 채, 보수주의자들은 시장을 지키고 보수해야 할 '전통'으로, 나아가 공동체가 나아가야 할 '미래'로 자리매김하는 데 성공했다.[24] 그 결과 서구 보수주의는 기독교라는 종교와 함께 시장을 새로운 종교로, 보편적 가치로 섬기는 형이상학의 길로 퇴화하고 있는 것이다.

5. 한국 우파의 이데올로기 혁신 프로젝트

1) 뉴라이트 운동의 출현

한국에는 합리적 보수주의가 성립할 수 있는 기본 전제가 결여되어 있다는 비판이 흔히 공유되어왔다. 그 이유로 두 가지를 꼽을 수 있다. 첫째, 대한민국 정부 수립 이래 1990년대 말까지 한국 정치사회의 우파 지배세력은 반대세력에 대한 폭력적 배제에 기초해 권력을 독점해왔다. 레이건·공화당 세력이나 대처·보수당 세력이 추진해야만 했던 정교한 이데올로기적 헤게모니 전략이 한국의 지배세력에게는 불필요했다.[25]

23_ 같은 책, 95-99.

24_ 이런 맥락에서 신보수주의 정치사상의 대부로 일컬어지는 레오 스트라우스의 다음과 같은 언명은 매우 의미심장하다. "우리 시대의 보수주의는 현재의 자유주의의 방향으로의 변화로 다소간 수정된 원래의 자유주의와 동일하다." 스트라우스에 따르면 원래의 자유주의, 즉 고대의 자유주의는 쾌락의 추구가 아니라 덕성을 가진 인간의 육성을 목표로 삼는다는 점에서 보수주의와 친화적이다. 동시에 "모든 인간은 본성상 과거의 것이나 전통적인 것이 아니라 선한 것을 추구한다는 지각에 의해 인도되므로 그것은 단순한 보수주의도 아니다'(안병진, 「신보수주의의 이념적 뿌리와 정치적 함의: 레오 스트라우스를 중심으로」, 『한국정치학회보』 38권 1호, 2004, 129).

25_ 그렇다고 해서 지배세력의 이데올로기 전략 자체가 아예 부재했던 것은 아니다. 이승만 정권은 반공·자유민주주의를 내세웠고, 박정희·전두환 정권은 반공·발전주의를 내세웠다. 김영삼 정권은 여기에 신자유주의를 덧씌웠다. 전재호, 「2000년대 한국 보수주의의 이념적 특성에 관한 연구: 뉴라이트를 중심으로」, 『현대정치연구』 7권 1

둘째, 정당성을 상실한 지배세력의 초장기집권 아래서, 한국사회에는 지켜야 한다고 널리 공유되는 가치 있는 전통 자체가 형성되지 못했다. 청산의 과제만 산적한, 보수할 것 없는 보수주의는 형용모순이고 어불성설이다. 달리 말하면, 한국에서 합리적 보수의 출현 여부는 보수해야 할 참된 전통의 '발견·발명'과 '보급·확산'에 달려 있다고 해도 과언이 아니다.

주지하다시피 한국사회에서 합리적 보수주의를 둘러싼 담론이 본격화된 것은 2000년을 전후한 시점이다. 1998년 김대중 정부의 등장으로 인한 제도적 민주화의 진전, 민중운동과 시민사회운동의 강화, 특히 대북화해정책의 진행 등과 맞물리면서 기존 지배세력은 심대한 위기의식을 느끼게 되었고, 비로소 보수주의 이념에 대한 고민이 시작되었다. 바로 이 시점에 시민사회와 학계에서 부상한 뉴라이트의 활동 궤적은 검토할 만한 가치가 있다.

소위 뉴라이트는 한국사회의 기성 우파세력이 독재, 인권탄압, 부패 등으로 정당성을 상실했다는 진단 위에, 우파의 근본적 혁신과 재건을 내걸고 등장했다. 2000년대 중반에 접어들자 뉴라이트 혹은 자유주의 등의 이름을 단 수십 개의 단체가 출현했고, 보수언론은 이들의 활동을 집중적으로 조명했다. 관변어용 단체의 틀을 벗어나지 못했던 기존 우파 시민단체들에 비해 뉴라이트 계열 운동단체들의 활동은 무언가 새롭고 합리적인 운동이라는 인상을 준 측면이 있었다. 확실히 뉴라이트 운동에는 나름의 자발성이 있었다.

올드라이트가 국가주의·권위주의에 바탕을 두었다면, 뉴라이트는 한국형 자유주의와 애국적 세계주의에 이념적 기반을 두고자 했고, 올드라이트가 '정부 주도형 경제성장-큰 정부'를 지향했다면, 뉴라이트는 '시장 주도형 경제성장-작은 정부'를 지향했다. 정치면에서 올드라이트가 개발독재를 실행했다면, 뉴라이트는 진정한 자유민주주의를 추구하고자 했다. 대북정책에서 올드라이트가 수세적 반공절대주의를 내걸었다면, 뉴라이트는 한국

호, 2014, 166.

민주화운동의 연장선상에서 북한 민주화와 자유통일을 추구했다.26 한마디로 합리적 보수의 길을 추구했다고 할 수 있다.

흥미로운 점은 한국 뉴라이트 운동이 우파의 개혁을 내세우면서 명시적으로 자유주의를 표방했다는 점이다. 이런 선택은 1960년대 미국 보수주의의 혁신이 신보수주의 지향으로 나타난 것과는 대조적이다. 앞에서도 지적했지만 이는 한국 역사 속에서 보수주의가 늘 독재와 억압의 얼굴로 나타났다는 사실에 대한 콤플렉스에서 기인할 것이다. 보수주의 이데올로그 함재봉 역시 "한국에는 진정한 의미의 보수주의란 없다. 이것은 국내외의 모든 학자들의 일치된 견해이다. 이른바 보수주의자들은 자신들의 주의주장을 일관되게 설명할 철학적, 정치적, 정책적 체계를 갖고 있지 못하다"고 고백한 바 있다.27 이런 조건 속에서 뉴라이트 운동은 보수주의가 아니라 자유주의를 자신들의 슬로건으로 삼게 되었다.

2) 유교자본주의론의 시대착오

한국에서 우파 혁신 내지 합리적 보수주의 이데올로기 정립이라는 목적의식 아래 진행된 '전통'의 발견·발명의 사례로 이른바 유교자본주의론과 식민지 근대화론을 꼽고 싶다. 두 접근 모두 애당초 한국의 관련 학계가 아니라 서구학계에서 먼저 시작되었으며, 그 연구 관심 자체는 한국 보수의 이데올로기 투쟁과 직접 관련된 것은 아니었다.

유교자본주의론은 1979년 허먼 칸(Herman Khan)이 동아시아의 경제성장을 유교와 연관 지으면서 그 단초가 마련되었다. 그는 이 지역에서 공유되는 교육 중시, 근면성, 공동체주의, 조화로운 인간관계 등의 특징들이 유교 문화의 산물이며, 이 특징들이 형평성과 효율성이라는 근대사회의 두 문제를 해결하는 데서 서구의 프로테스탄트 윤리를 능가하는 측면이 있다고 평가했다.28 이 논의는 이후 하버드의 중국계 연구자 투웨이밍(Tu Wei-ming)

26_ 신지호, 「뉴라이트 운동의 전개와 사상적 특질」, 『시대정신』 32호, 2006년 가을, 170.
27_ 함재봉, 「한국 보수주의와 유교」, 김병국 외, 『한국의 보수주의』, 인간사랑, 1999, 199.

과 존 웡(John Wong) 등에 의해 유교자본주의론으로 확장되었다. 물론 유교자본주의론 자체도 '순수한' 학술적 논의는 아니었다. 유교자본주의론은 무엇보다도 1950~60년대 이래 이 지역의 고도성장을 배경으로 하고 있었고, 연구자들만이 아니라 언론인, 기업가, 정책 전문가의 관심 속에서 성립하고 진행되었다.29 투웨이밍은 싱가포르의 독재자 리콴유의 자문으로서 서구 민주주의의 보편성을 둘러싼 이른바 '아시아적 가치' 논쟁에도 깊숙이 연루되었다.

한국에서는 현재 수구보수 진영의 대표 자유한국당의 혁신위원장 유석춘 등의 보수적 연구자들을 중심으로 유교자본주의론이 수용되었다. 이들은 "유교적 유산이 없었다면 동아시아의 발전은 불가능했을 것"이라는 전제 아래, 한국사회의 봉건적 병폐로 곧잘 지적되어온 가족 중심주의, 연고주의, 소속 집단에 대한 충성심, 연공서열주의, 교육열 등은 물론, 성취 의욕, 근면 절검과 같은 성향과 태도들을 유교문화의 유산으로 해석하면서, 이것들이 경제성장에 오히려 도움이 되었다고 주장했다. 이런 성향과 태도의 항목들은 하나같이 한국사회의 민주주의와 실질적 평등의 진전과 대립하는 것이었고, 현실적으로는 권위주의적 통치와 사회구조, 재벌의 가족경영을 옹호하는 이데올로기적 근거로 유용하게 활용되었다. 이들이 목소리를 낸 잡지의 제목이 『전통과 현대』였다는 점은 의미심장하다. 이들은 한국 보수가 결여한 것으로 평가되어온 '전통'을 발명하고자 했던 것이다.

하지만 유교자본주의론을 통한 한국 보수의 정당화 프로젝트는 의미 있는 성과를 낳기도 전에 실패하고 말았다. 무엇보다도 1997년 말 한국을 뒤덮은 IMF 사태와 아시아 지역의 경제위기가 결정적 타격을 가했다. 아시아적 가치는 서구학계와 정계의 비웃음거리가 되었고, 박정희 유신체제와 새

28_ Herman Khan, *World Economic Development: 1979 and Beyond* (New York: Morrow Quill Paperbacks, 1979), 121-122.

29_ 대표적인 공동작업으로 Tu Wei-ming, ed., *Moral Education and Economic Culture in Japan and Four Mini-Dragons* (Cambridge: Harvard University Press, 1996) 서문 참조.

마을운동의 멸사봉공론에 가까운 유교자본주의론은, 시장의 자유와 개인의 경쟁력이라는 동력에 기반을 둔 한국 자본주의의 신자유주의적 재구조화 프로젝트의 관점에서 보면 시대착오로 판명 났기 때문이다.

3) 식민지 근대화론: 자유주의 전통으로서 시장경제의 발견

식민지 근대화론 역시 서구학계의 논의가 한국으로 수입된 것은 마찬가지지만, 그 현실적 파괴력과 파장은 유교자본주의론과는 사뭇 다른 양상을 보인다. 식민지 근대화론의 초기 버전은 일제가 서구 제국주의 국가들과는 달리 식민지의 개발에 주력했다는 '식민지 개발론'의 형태로 1980년대 초중반 미국학계에서 먼저 등장했다.[30] 이후 1980년대 후반을 거치며 일본의 한국사학계와 한국의 경제사학계가 식민지기의 개발과 수탈을 균형 있게 파악해야 한다는 '개발과 수탈론' '식민지공업화론'으로 문제의식을 본격화한 다음, 1990년대 중반을 거치면서 마침내 일제의 식민 지배가 한국의 근대화에 기여했음을 적극적으로 주장하는 '식민지 근대화론'으로 전화해갔다.[31]

식민지 근대화론이 한국사회에 몰고 온 충격과 반발은 유교자본주의론과는 비교할 수 없이 거대했다. 유교자본주의론을 둘러싼 논쟁도 그랬지만, 식민지 근대화론을 둘러싼 논란은 학계를 넘어 정치와 사회 전반으로 확산되었다. 무엇보다도 식민지 근대화론자들 자신이 이 논쟁에 강력한 역사적·정치적 의미를 부여했다. 식민지 근대화론의 대표자들은 자신들의 주장을 단지 실증적 연구 차원이 아니라 대한민국이라는 국가, 나아가 한반도의 역사, 심지어 문명사 자체에 대한 우익적 재해석의 차원에서 접근했다.

30_ Samuel Pao-San Ho, "Colonialism and Development: Korea, Taiwan, and Kwangtung," in Ramon H. Myers and Mark R. Piettie, eds., *The Japanese Colonial Empire* (Princeton: Princeton University Press, 1984); Bruce Cumings, *The Legacy of Japanese Colonialism in Korea*, ibid.

31_ 식민지 개발론에서 식민지공업화론, 식민지 근대화론의 변화 과정에 대해서는 다음을 참조. 조형근, 「한국의 식민지근대성 연구의 흐름」, 공제욱·정근식 편, 『식민지의 일상: 지배와 균열』, 문화과학사, 2006.

식민지 근대화론을 대표하는 논자인 이영훈의 주장을 들어보자.

남한의 민주주의와 시장경제는 온갖 잡동사니 문명소들이 뒤엉켜 출발이 심히
불안정했지만, 인간 본성인 자유와 이기심이 한껏 고양되는 가운데, 한반도에서
문명사가 시작된 이래 최대의 물질적, 정신적 성과를 축적했다. 이 [북한과—인용
자] 대조적인 현대사를 역사의 신 클리오는 처음부터 알고 있었다. 왜냐하면 그
녀의 손에 들린 역사의 잣대는 자유와 이기심을 눈금으로 하기 때문이다. …역사
가 그러한 잣대로밖에 발전하지 않음을 익히 안 소수의 선각자들이 있었다. 민주
주의와 시장경제의 토대에서 대한민국이라는 국가를 세우는 데 공이 컸던 사람
들이다. 그들의 나라 세우기가 처음부터 '정의'였던 것은 그들이 선택한 체제 원
리로서 민주주의와 시장경제가 현대 인류가 공유하는 기나긴 문명사의 경험에
서 '정의'였기 때문이다.[32]

이영훈을 비롯한 강경 식민지 근대화론자들이 친일파를 시대 상황의 불가
피한 희생자 정도로 이해하는 수준이 아니라 우리 역사의 선각자로 높이 평
가하는 데는 이런 이유가 있다. 이들에게 식민지기의 근대화를 해명하는 과
제는 실증적 논쟁의 차원을 넘어 자유와 이기심을 인간의 본성에 위치시키
고, 시장경제≒자본주의를 역사의 신 클리오가 태초부터 예정해둔 역사의
목적(telos)이자 종착점으로 설정하는 문명사적 과업이다. 이들에게 자유시장
은 우리가 물려받고 지켜야 할 자랑스러운 전통이자 우리가 당도해야 할 역
사의 목적이 되었다. 이런 맥락에서 일제강점기는 매우 중요한 분기점이다.
왜냐하면 자유와 이기심이 인간의 본성인 한 한반도의 장구한 역사 속에도
늘 존재했겠지만, 그 본성은 오직 일제의 통치가 구축한 시장경제 제도 아래
서만 본격적으로 발양할 수 있었기 때문이다. 비록 일제가 가져다준 것이라
해도, 자유시장이 민족의 차이를 뛰어넘어 문명사적 차원에서 인간 본성에

32_ 이영훈, 「왜 다시 해방전후사인가」, 박지향·김철·김일영·이영훈 편, 『해방전후사
의 재인식 1』, 책세상, 2006, 63.

합당한 제도인 한 굴욕감이나 수치심 따위를 느낄 필요는 전혀 없다.

이런 맥락에서 식민지 근대화론이 함축하는 자유, 자유주의는 정치적 자유주의를 철저히 배제한 경제적 자유주의, 재산권적 자유주의라는 점이 명백해진다. 이영훈은 "분별력 있는 이기심을 본성으로 하는 인간에게 사유재산 제도를 확립해주고 경제활동의 자유를 부여하면 시장의 경제적 성취는 최적 상태에 이른다는 경제학의 오래된 신념 체계가 자유주의"라고 주장한다.[33] 이영훈에게서 자유주의는 사유재산 제도의 확립과 경제활동의 자유의 측면에서만 파악될 뿐, 정치적 자유에 대한 인식은 완전히 거세되어 있다.[34]

이영훈과 함께 식민지 근대화론을 주도하고 있는 김낙년의 경우 노골적인 이데올로기적 성향과는 거리를 두고 실증적 접근에 주력해왔다. 하지만 그의 이 실증주의 지향 또한 근본적으로는 정치와 경제의 철저한 분리를 전제로 하기는 마찬가지다. "제국주의의 식민지 지배=민족문제는 기본적으로 정치적 차원의 문제이며, 경제적 차원과는 분리해야 한다. 경제 논리는 민족문제와 상용하기 어렵다. 민족문제의 관점에 서서 곧바로 경제에 접근하는 방법은 경제 분석을 민족문제에 종속시켜버리게 된다. 그 결과 천편일률의 민족주의적 결론에 빠져버리고 경제의 동태적 파악이 불가능해진다."[35]

박근혜 정부 아래서 우익정치세력과 식민지 근대화론자들이 그토록 강력하게 교과서 국정화를 밀어붙인 배경에는 이런 맥락이 있다. 그들에게는 새로운 전통의 서사가 필요했다. 그들이 친일파의 과거를 숨기거나 축소하기 위해 국정교과서를 추진했다는 생각들이 있다. 큰 착각이다. 이들은 그 시기 친일의 역사를 문명사적 차원에서 자랑스러운 선각자들의 전통으로 재조명하고 싶었던 것이다.

33_ 안병직·이영훈, 『대한민국 역사의 기로에 서다』, 기파랑, 2008, 329-330.
34_ 전재호, 앞의 글, 174
35_ 김낙년, 『일제하 한국경제』, 해냄, 2003, 16.

6. 나가며: 합리적 보수는 어떻게 올까?

　주지하다시피 한국의 뉴라이트 운동은 철저히 실패했다. 우익 혁신운동의 진지전을 펼치겠다던 뉴라이트의 대표 얼굴들 상당수는 이명박 정부가 들어선 후 대거 제도정치권으로 진입했고, 뉴라이트 시민단체들은 정권의 외곽단체화되었다. 시민운동으로서 뉴라이트 운동의 동력은 급속히 소멸했다. 유신체제 친화적이던 유교자본주의론은 일찍이 파산했고, 식민지 근대화론자들은 국정교과서 추진과정에서 아카데미즘이 지켜야 할 최소한의 금도를 성큼 넘어섰다. 이들은 한국 우익이 자랑스러워할 만한 보수 전통의 발견·발명에 실패한 채로, 스스로 합리적 보수 탄생의 걸림돌이 된 것처럼 보인다.

　서론으로 돌아가자. 유승민과 그들의 정당은 소위 합리적 보수주의의 길로 나아갈 수 있을까? 비록 통과되지는 않았지만, 유승민은 지난 19대 국회에서 시장경제의 폐해를 교정하기 위한 종합적 입법대책으로서 사회적경제기본법을 대표발의한 바 있다. 보수 일간지와 경제지 들은 유승민이 시장경제 원리를 부정하는 좌파라고 몰아붙였다. 바른정당은 그 정강정책에서 사회 정의와 경제 정의의 실현, 인권의 가치와 양성 평등, 사회적 약자의 인권 보호를 다짐하고 있으며 일부 의원들은 더 이상 종북몰이는 안된다며 목소리를 높이고, 김대중 재평가를 주장하기도 한다. 문제는 언제나 말이 아니라 행동이다. 그들의 행동이 자신의 고향을 벗어나고 있을까? 부정적이다.

　개별적인 정치인이나 인물의 차원에서 합리적 보수주의의 가능성은 언제나 열려 있다. 하지만 의미 있는 정치세력이자 이데올로기로서 합리적 보수주의의 가능성은 다른 문제다. 단지 지켜야 할 그럴듯한 보수 전통을 발명한다고 해서 보수주의가 성립하는 것은 아니다.

　앞에서 살펴보았던 서구 보수주의의 역사를 돌이켜보자. 보수주의가 한때 합리적으로 보였을 때, 합리적이라는 수식어가 지시하는 내용은 보수주의가 반대하는 이성 중심적 합리주의가 아니라, 자신의 이념을 절대화·형이상학화하지 않는다는 의미에서 합리적이라는 의미였다. 이런 의미에서 합리적 보수주의는 사실 거대서사에 반대하는 실용주의에 가깝다. 링컨의 노예해방, 비스마르크의 실업보험 추진, 디즈레일리의 개혁법안을 향한 선회, 처칠의 자유당 포용과 반귀족법안 수용, 드골의 알제리정책 선회 등 보수주의자들의 대담한 조치들을 보수주의라는 이데올로기에 억지로 꿰맞추려 해서는 안 된다. "정치가란 본질적으로 실제적 인물"이라는 디즈레일리의 연설에 보수주의자들은 귀를 기울여야 한다.[36] 이 실용주의를 버리고 자유이념의 투사가 된 순간부터 합리적 보수주의의 자리는 이미 소멸했다. 한국에서 합리적 보수주의가 성립하기 위해서는 우선 보수주의라는 어휘, 이데올로기 자체에 대한 집착을 버려야 한다. 오직 그때만이 최소한의 가능성이 열린다. 가능할까? 성급하게 부정하기보다는 일단 열어두자. 어차피 그들의 숙제다.

그렇다면 이제 우리, 혹은 진보진영으로 시선을 돌려보면 어떨까? 이미 확인한 것처럼 보수주의가 한때 합리적으로 보였을 때, 그 합리성은 사실 변화의 저항할 수 없는 실증성, 불가피함에 대한 수용성에 가까웠다. 그 변화의 동력 자체가 존재하지 않는다면 보수주의가 합리적 외관을 띨 이유 따위는 존재하지 않는다. 합리적 보수주의의 출현을 열망한다면, 진보가 해야 할 일은 진보를 강화하는 것이다. 이것이 우리 몫의 숙제다.

36_ 로버트 니스벳, 앞의 책, 13.

10

생태문화 민주주의의 페미니즘적
재구성을 위하여

태혜숙

1. 생태문화 민주주의 담론에 느끼는 불편함

새로운 진보의 내용과 목표에 대한 논의가 한창 진행 중이다. 노동사회에서 벗어난 문화사회를 구성하는 문제와, 민주화·세계화 '이후'의 민주주의 탐색이 그 주된 방향인 것 같다. 이 방향에 생태론적 전환이 함께 설정됨으로써 생태문화 민주주의 담론이 가동되고 있다. 생태-문화-민주 담론에서는 신자유주의 시대 한국사회의 위기를 어떻게 돌파할 것인가, 진보와 개혁의 관계를 어떻게 설정할 것인가, 다양한 각 부문 사회운동들은 어떻게 새롭게 연대할 것인가 등의 문제들이 거시적으로 또 미시적으로 점검된다. 이러한 탐색에서 생태학적 인식은 한국사회의 숱한 문제들을 헤쳐 나가는 데서 근본적으로 필요한 새로운 사회구성의 원리로 제시되고 있다.

나는 대구 인근의 경산 지역에서 10여 년 이상 오랜 시간을 살아왔으면서도 대구에서 발행되는 『녹색평론』의 작업에 거의 관심을 갖지 않았다. 진보적이라는 사상들에서 흔히 그렇듯 너무나 심대한 생태위기 앞에서 생태론적 인식 전환과 생태운동만 일어나면 여성문제는 그냥 해결될 것으로 보는 무언의 전제에 대한 반감 때문이었을 것이다. 그래도 이런저런 자리에서 나에게 깊이 박혀 있는 근대주의자의 면모를 지적받으면서 그 면모가 왜 문제인가를 생각하게 되었고 탈주, 변이, 증식과 다른 탈근대 방식을 찾아보고 싶은 욕구가 생겼다. 그러다가 2, 3년 전부터 에코 페미니즘 책들을 접하게 되었다.

2000년대에 접어들면서부터 지금 이 글을 쓰고 있는 순간까지, 내게서 떠나지 않는 가장 큰 의문은 나는 왜 이렇게 갈수록 노동을 많이 해야 하는가 하는 것이었다. 그래서 내가 읽으려고 한 에코 페미니즘 책들은 소위 급진적 문화주의적 에코 페미니즘 책들이 아니라 여성노동을 중심에 놓는 유물론적 경향의 에코 페미니즘 책들이었다. 이러한 경로를 통해 접하고 받아들이게 된 생태학적 인식은 앞으로 어떤 식으로든 나의 이론과 실천에 큰 영향을 미칠 것이라고 본다. 그런 점에서 나의 주위 사람들에게도 생태론이 점차 퍼져나가고 있다는 것은 반가운 일이다. 나의 사유와 진보적인 지인들의 사유가 그리는 유사한 궤적은 민주적 생태적 문화사회 구성에 긍정적인 힘으로 작용할 테니 또한 신나는 일이다. 그런데 나는『문화/과학』의 생태-문화-민주 담론에 불편함을 느낀다. 왜 그런 것일까 하는 물음에서 이 글은 시작된다.

2. 남성 권력-지식-욕망의 네트워크가 문제다.

8, 90년대 포스트주의가 언어학적 전환을 표상한다면 현재 우리의 지식 생산에는 가히 생태학적 전환이 일어나고 있다고 할 만하다. 이 전환은 10 대 90의 사회라고 할 사회적 양극화의 심화와 사회적 공공성의 약화라는 흐름과 맞닿아 있는 우리의 정치, 경제, 문화 패러다임을 좀 더 넓고도 깊게 성찰할 것을 요구하고 있다. 그래서 분배의 정의와 민주개혁만이 아니라 환경의 위기, 주체성의 위기, 사회적 소통의 위기가 거론되며, 그러한 맥락에서 사회적 공공성과 민주적 공론장의 확대재생산 과제와 사회운동들 사

이의 연대 방식이 탐구되는 가운데 새로운 진보적 사회구성의 원리와 방법이 제시되고 있다. 『문화/과학』에서 그동안 주로 제시한 내용은 "이제 생태주의를 무시한 민주주의는 성립할 수 없다" "사회운동 전반을 가로지르는 '거대한 생태연대'"[1] "생명인권적 사상과 생태문화적 자치민주주의" 지역공동체의 생태문화운동을 통한 '생명-민주효과의 생산[2] "자립적이고 호혜적인 생태적 삶의 영위" "노동-농민-환경-보건의료-교육-여성-문화운동이 서로 협력하여 각자에게 부족한 부분을 채워주는 방식"[3]으로 정리된다.

이러한 모색에 공감이 가는 부분도 많고 동의하는 대목도 많다. 하지만 다양한 운동주체들 사이의 차이들이 '생태'의 이름으로 다시 지워지고 해소되는 것은 아닌가 하는 의문이 든다. 특히 페미니즘에서 줄기차게 말해온 **'가부장적 사회구성'의 문제**는 현단계 신자유주의적 자본주의와 떼려야 뗄 수 없이 얽혀 있다. 여성을 가정주부화하고 남성을 부양자로 이분화하는 이데올로기와 (핵)가족 이데올로기는 여러 층위에서 다양한 형태의 노동을 하고 있는 대다수 한국 여성의 실상과 어긋난다. 또한 여성을 성적 대상으로 여기게 하는 성차별 이데올로기는 '조신한' 주부의 규제된 섹슈얼리티를 잣대로 성매매 여성들의 섹슈얼리티를 범죄시함으로써 우리 사회의 가장 하위주체라 할 성노동자들의 노동을 은폐시킨다.

그런데 바로 이러한 젠더/섹슈얼리티 이데올로기들을 기반으로 하는 가부장적 남녀관계가 계속 유지되지 않는다면 현 지구적 자본이 도모하는 축적과 성장은 성취될 수 없다. 현단계 신자유주의적 자본주의는 가부장제 없이 기능할 수 없으며 가부장제는 **가시적인** 자본주의의 가장 **비가시적인** 이면을 구성한다. 또한 한 국가 내의 자본주의적 비대칭적 성별노동분업은

1_ 홍성태, 「개발주의와 생태주의」, 『문화/과학』 43호, 2005년 가을, 137; 「생태적 전환의 사회운동」, 『문화/과학』 45호, 2006년 봄, 108.

2_ 고길섶, 「정치, 새로운 민주주의로: 생태정치와 자치민주주의」, 『문화/과학』 44호, 2005년 겨울, 120; 「생태문화사회―나의 상상, 나의 실험」, 『문화/과학』 46호, 2006년 여름, 212.

3_ 심광현, 「한국 사회-운동의 문화정치적 쇄신을 위하여」, 『문화/과학』 45호, 31, 32.

국제적 노동분업을 떠받치는 사회적 패러다임으로 작동한다. 제3세계로 배치되는 공해산업에서의 값싼 비정규직 여성노동자들과, 성관광(sex-tourism) 산업 및 성산업에 종사해온 여성들은 제3세계 국가들이 이룩한 눈부신 경제발전의 대들보였고 신자유주의적 지구적 자본의 토대였기 때문이다.[4]

지난 30년간 한국사회가 이루어온 외형적 경제 성장은 "비가시적 자연적, 사회문화적 자원의 소모와 고갈을 바탕으로 한 것"으로서 한국경제의 재생산 과정을 공짜로 떠받쳐온 비가시적 자원의 누진적 소모라는 문제"[5]를 안고 있다는 점이 지적되기는 한다. 출산율 저하가 바로 이 문제와 닿아 있음을 부인할 논자는 없을 것이다. 그런 만큼 여기서 누구의 어떠한 소모와 고갈인지를 구체적으로 말하는 것이 새로운 사회구성을 위해 중요한 부분일 것이다. 그렇다면 비가시적 자원의 소모와 고갈을 말할 때 '자연'과 함께 '여성'의 감정노동 자원도 반드시 가시화되고 거론되어야 한다. 이 비가시적 자원들이야말로 우리 사회의 발전을 추동해온 근간이므로, 죽어가는 이것들을 살려내지 않고서는 새로운 사회구성을 말할 수 없기 때문이다.

우리 사회에서 주 5일제 근무 등으로 인해 노동시간이 줄고 여가시간이 많아짐으로써 문화사회로 가는 여건이 마련되고 있는 것으로 보일지 모르겠다. 하지만 실상 길어진 주말은 대다수 여성들에게는 더 많은 일거리와 감정노동만을 안겨주고 있을 뿐이다. 임노동 시간이 줄어들어서 새로 생긴 시간을 가사, 육아에 할애하기보다 다른 사회문화적 행위들이나 텔레비전, 비디오, 컴퓨터 등 미디어에 더욱 열중하는 남성들이 많기 때문이다. 매일 그것도 오전 9시에서 오후 6시까지도 아닌, 끝없이 이어지는 일인 데다 반복적으로 해도 크게 표시나지도 않는, 사회적 경제적 가치도 인정받지 못하는 가사 노동을 누군들 좋다고 기꺼이 하겠는가? 가사노동을 기피하고 회

4_ Maria Mies, *Patriarchy and Accumulation on a World Scale: Women in the International Division of Labour* (NJ: Zed Books, 1986), 38, 142.

5_ 심광현, 「위기의 한국경제 생태문화적 리모델링의 전망」, 『문화/과학』 43호, 2005년 가을, 25.

피하고 싶은 것은 남성이나 여성이나 마찬가지다. 그렇지만 생명생산, 가사, 육아 등, 삶(돈이나 부가 아니라) 자체의 생산이 바탕이 되어야 소위 지식생산과 문화생활이 비로소 가능해진다. 그렇다면 우리의 지식생산물은 누군가의 노동과 감성과 정서를 착취하는 가운데 획득되는 것은 아닌지 생각해볼 일이다.

생태적 삶을 주장하는 남성 논자들의 논리 저변에는 사회나 국가가 생명생산, 가사, 육아 등 삶을 생산하는 일에 실질적인 경제적 문화적 이니셔티브를 주자는 생각이 깔려 있는 것으로 짐작된다. 그렇지만 아무도 우리의 일상 삶을 영위하도록 하는 가사·감정노동에 대해서, 양성 간의 비상호적 착취적 노동분업에 대해서 한마디도 말하지 않는다. **침묵의 공모**라고나 할까? 엄청난 생태위기 앞에 여성들이 일반적으로 여전히 일방적으로 감당하는 일상의 노동문제는 구체적인 거론을 회피함으로써, 거창한 대안들의 화려한 수사들이 난무하는 가운데 또 다시 가려지고 잊혀진다. 노동운동-농민운동-교육운동-문화운동-환경운동-여성운동-보건의료운동 사이의 긴밀하고도 역동적인 네트워크적 연대라는 새로운 사회운동 패러다임에서 언급되는 여성운동은 그저 하나의 부문운동일 따름이다. 말하자면 생태문화 민주주의 사회구성을 위해 여성문제는 동일한 수준의 다른 운동들—아마도 더욱 시급하고 더욱 일반적인—의 긴 리스트에 하나 더 첨가되는 수준이다.

현존하는 남녀관계를 바꾸고 가부장적 성별 노동분업을 넘어선다는 목표 설정과 처음부터 함께 하지 않는 문화사회와 대안경제에 대한 개념화는 불완전할 뿐만 아니라 기존체제를 털끝하나 건드릴 수 없다. 여성문제를 여러 일반적인 사회문제들에 하나 첨가되는 수준의 것으로 설정하는 논리는 **자본-국가-민족이라는 강력한 삼각동맹에 대항하거나 넘어서기는커녕 그 동맹과 공모하는 것**이다. 자본이 선호하는 현 가부장적 사회구성을 유지하기 위해 국가가 핵가족을 조직하고 보호하고 있기 때문이다. 진보진영이 오랜 고뇌와 탐색 끝에 내놓는 지식과 논리라고 해서 그것에 자동적으로 정당성이 담보되지 않는다. 남성논자들이 누리는 지식의 기술들, 권력의 전략들, 남성적 자기확대 욕망의 네트워크에서 생산되는 지식의 효과들은 자기비판적으로 또 자기혁신적으로 성찰되어야 한다.

3. 여성노동과 초과착취를 계속 말해야 하는 이유

생산력 발전과 자동화로 노동시간이 줄어들고 문화적 향유의 시간이 길어질텐데 여성노동과 초과착취를 말하는 것이 시대에 맞지 않는, 좀 지겨운 소리로 들릴지 모르겠다. 최근 한국 여성들 중 70% 이상이 비정규직 임노동, 생명생산노동, 가사노동, 육아라는 실제 노동에다 그 외 여러 형태의 감정노동에 교육노동과 소비노동까지 부과되고 있는 실정이다. 이런 노동들로부터는 면제되는 대신 성산업에 종사하는 여성들의 경우는 노동으로 인정받지도 못하며 아이를 낳아 기르고 싶은 욕구를 가질 수조차 없다. 몇 중의 노동 부담에 더 이상 자신을 소모시킬 수 없어 아이를 낳지 않기로 (강제적) 선택하거나 아이를 아예 낳을 수 없는 처지로 내몰리는 숫자가 점점 늘어나는 추세다. 여성들이 아이를 낳지 않으면 대한민국이라는 국가의 존립 자체가 위협받는다. 한국 여성의 최근 출산 기피 현상은 여성의 생명생산노동과 가사노동이 놀면서 하는 '자연스런' 일이 아니라 엄청나게 부담스럽고 힘든 노동임을 입증한다. 이것이 21세기 한국에서만 일어나고 있는 특별한 현상일 뿐, 옛날에는 달랐는지 우리 사회가 추종해온 서구 자본주의 가부장제의 역사를 여성의 시각에서 살펴볼 필요가 있겠다.

근대 자본주의 이후 여성의 가정주부화/매춘부화를 통한 여성에 대한 차별과 착취가 이루어졌던 반면 적어도 농경사회에서는 그렇지 않았을 것이라고 생각하기 쉽다. 하지만 남성-수렵자/여성-채집자 모델로 흔히 이해되는 농경사회에서부터 폭력과 강제를 통한 여성에 대한 착취가 시작되고 있었다. 남성은 활, 창, 도끼 등으로 짐승을 사냥해오고, 바구니, 항아리,

호미 등으로 주변의 숲에서 열매들을 따오거나 식물들을 키워서 식량을 마련하고 보전하는 여성의 자급(subsistence)노동 패턴에서 여성이 생산하는 식물들이 식량의 주를 이루고 남성이 갖고 오는 육식 동물은 어디까지나 보조적인 것이었다. 사냥에서 아무 것도 잡지 못하고 허탕 치는 날도 많을 것이기 때문이다. 사실 남성의 사냥은 생산적인 것이 아니라 있는 것을 잡아오는 것이고 여성이 키우는 식물들과 가축들이 생산적인 것이다. 또한 아이들을 낳고 먹이고 입히는 것도 그러한 여성의 자급노동으로 이루어지는 삶과 생활의 일부로서 수행되었다.[6]

그런데 남성들은 한 공동체에 필요한 것 이상으로 생산되는 잉여를 점차 일방적으로 전유하고자 할뿐만 아니라 다른 공동체들과 거래(무역)할 때에도 다른 공동체의 필요물들을(심지어 여자들이나 어린아이들까지) **무기를 써서** 강제로 빼앗고 훔치는 비생산적 약탈적 전유방식을 일삼게 된다. 특히 **백인 유대-기독교인들의 정복, 전쟁, 노예제도로 축적된 자본**은 서구 자본주의 발전의 원동력이 되는 셈인데, 이들의 전유방식은 그냥 양적인 이익의 착취만이 아니라 자율적인 인간적 생산자들을 타자들을 위한 생산조건으로 자연자원으로 바꾸는 것으로서, 세계가 자본주의로 묶이는 시대 이후 인간 존재들 사이의 모든 역사적 착취적 관계들의 패러다임이 된다. 서구 중세 때 유럽에서 자행되었던 마녀사냥도 생산적·성적 자율성을 지닌 여성들을 통제해 그들의 자본과 지식을 강탈하는 것이었으며 중세시대보다 평화적으로 보이는 자본주의적 임노동은 노동통제의 새로운 형식들을 취한 것으로 경제적 강제(구조적 폭력)의 메커니즘에 기초한 '평화로운' 생산관계일뿐, 비생산자들(무역업자, 중간상인들, 자본가들)이 생산자들을, 그들의 생산수단과 생산물을 약탈적으로 폭력적으로 획득하는 것은 크게 바뀌지 않는다.[7]

서구 근대 자본주의 사회에서 남성노동자는 상품을 생산하는 생산자이기는 하였지만 노동과정의 조직, 법, 경제적 종속, 가족/교회/국가의 제도들

6_ Maria Mies, chapter 2 "Social Origins of the Sexual Division of Labour," in op. cit. 참조.
7_ Ibid., 66, 67.

의 힘을 빌려 그의 '식민지'인 여성의 몸과 노동을 마음대로 종속시키는 특권을 누린다. "비대칭적 위계적 노동분업들의 다양한 형태들은 이제 자본주의의 명령 하에 전체 세계가 불평등한 노동분업 체계 속으로 구조화되는 단계에 이르기까지 역사를 거쳐 발전되어왔다. 이것들은 약탈적인 사냥꾼-전사의 사회적 패러다임에 근거를 두고 있다. 이 사냥꾼-전사는 자신은 생산하지 않으면서 무기에 의해 다른 생산자들을, 그들의 생산력을, 생산물을 전유하고 종속시킬 수 있다."[8] 따라서 **사냥꾼-전사는 기본적으로 기생자이며 생산자가 아니다. 무기독점**으로 자행되어온 약탈 및 도둑질과 소위 무역 사이의 밀접한 연계는 이처럼 오랜 역사를 갖는다. 한미FTA의 역사적 뿌리만 해도 바로 이러한 일방적 약탈적 서구 백인 남성주의 및 군사주의였던 셈이다.

한편 삶(생명)의 일반적 생산 및 일상생활에서의 먹을 것과 입을 것을 공급하는 자급노동은 여성들과 식민지에서의 노예들, 계약노동자들과 같은 다른 비임금 노동자들의 비임금 노동을 통해 주로 수행되어왔다. 소위 자본주의적 생산과정은 비임금노동자들(여성들, 식민지 사람들, 농민들)에 대한 초과착취—임노동 착취를 가능하게 하는—로 이루어진다. 여기서 초과착취라는 것은 자본주의적 잉여가치를 획득하기 위해 사람들 자체를 자원으로 삼아 사람들 자체의 생존 혹은 자급적 생산에 필요한 시간과 노동을 전유하는 것을 말한다. **초과착취에 의한 이러한 인간적 자원의 소모와 고갈**은 임금에 의해 보상되고 있지 않음은 물론 이런저런 부분적 방안들로는 회복되기도 힘들다. 현단계 지구적 자본주의의 근간에는 여성, 자연, 이민족에 대한 초과/ 착취(착취 및 초과착취)가 자리잡고 있다. 따라서 생산노동에 대한 편협한 자본주의적 정의에 따라 여성노동을 재생산 노동이라고 규정하면서 부차화하는 태도는 여성노동에 대한 초과/착취를 비가시화하는 장애물로서 척결되어야 한다.

8_ Ibid., 71.

생태문화사회에서라면 적어도 인간의 몸과 노동이 초과/착취된다는 느낌이 지배적이어서는 안 될 것이다. 여성의 입장에서는 여성노동을 '생산적이지 못한' 재생산 노동이라며 여성을 고갈시켜온 성별노동분업체계의 근본적인 변화와 더불어 생태문화사회가 시작된다고 볼 수 있다. 이 입장에 따라 자본주의적 생산노동과 시장경제 중심 경제의 근본적 재구조화를 도모하는 대안경제라면, 현존하는 성별노동분업(남성부양자-가정주부)구조의 변혁을 그 중심에 놓아야 할 것이다. 그런데, 이러한 페미니즘적 주장은 그동안 끈기있게 제기되었는데 또다시 지금 말해야 하는 것은 무엇 때문인가? "서발턴은 말할 수 없다"는 오해 사기 십상인 스피박의 주장은 서발턴들이 자기 말을 할 수 없다는 뜻이 아니다. (젠더화된) 서발턴들이 수없이 말을 한들 그들의 이해관계가 지배적 서구백인 남성중심적 담론구조에서 제대로 인정받거나 나아가 그 구조와 상호작용하는 데까지 이르기 힘든 불평등한 구조를 지적하는 말이다. 그냥 인정하는 제스처 정치는 기존 담론구조에 페미니즘적 주장을 포섭시킴으로써 그 비판의 날을 무디게 하고 문제의 근본을 무마하며 결국 그 주장을 배제시키고 만다. 이러한 현실 때문에 성별노동분업 구조 및 국제적 노동분업구조를 둘러싼 여성노동과 초과착취를 계속 말해야만 하는 것이다.

4. 그렇다면 여성주의자와 남성주의자는 무엇을 할 것인가

내가 글을 쓰고 말을 할 때 나의 발화 지점을 여성주의라고 한다면 생태문화 민주주의 담론을 형성해온 『문화/과학』 논자들의 지점은 남성주의일 것이다. 이 차이와 간극은 이론과 실천에서 두루두루 나타날 것이다. 서로 분리된 채 남아 본의 아니게 자본-국가-민족에 힘을 실어주는 결과를 빚지 않으려면 어떤 식으로든 소통해야 할 것이다. 사실 이 소통행위 자체가 굉장히 문화적인 것이다. 그야말로 민주적으로 자유롭고 활발하게 소통이 이루어지다 보면 풍성한 담론 공간이 생성됨은 물론 창조적인 실천 운동도 더욱 힘을 받을 수 있을 것이다. 그런데 그렇게 되려면 몇 가지 해야 할 일들이 있을 것 같다.

이 글에서 여성주의자와 남성주의자를 동일한 수준에서의 행위·소통 주체인 것처럼 언급하고 있지만 출발부터 불평등한 관계며 그 역사는 너무나 오랜 것이다. 어쩌다가 양념처럼 한 번씩 기획되는 페미니즘 특집 구도부터 그러한 역사의 산물이다. 그러니 그 구도에 발을 디디고 역사의 짐을 진 채, 이성애 지식인 여성이라는 나의 정체성으로부터 구축된 나의 시각에 따라 현 국면과 상황에서 말해야 할 것을 말할 수밖에 없다. 나의 지점에서 지금 말해야만 하는 것들은 더 보편적이거나 더 옳다기보다 하나의 상황적 지식이다. 이 말들은 우선 귀 기울여지고 들리도록 하는 게 중요하다.

한국 여성주의 지식과 이론이 학계나 비제도권이나 운동단체에 자리잡기 시작한 지 20여 년이 되었지만 남성중심인 진보진영의 지식판도와 맺고 있는 담론상의 크나큰 불균형 관계는 좀처럼 바뀌지 않고 있다. 여성주의 지식과 이론 자체가 부족한 데다 그나마 생산되는 것조차 제대로 읽히거나 연구되지 않는다. 간혹 여성주의 이론의 중요성을 인정하고 단편적으로 언급되기는 하지만 일회성인 경우가 많다. 나는 이러한 현상을 일상의 여성노동을 무시하고 비가시화하는 구도와 같은 선상에 있다고 본다. 예전의 우리 유교사회에서 식자인 선비들은 일상에서 무슨 일이 벌어지고 있는지 모르는 것이 남자다운 지식인 윤리였던 것처럼, 요즘은 일상생활은 물론 여성주의 지식과 이론도 그렇게 도외시된다.

이러한 비대칭적 관계를 어느 정도 대칭적인 관계로 만들어야 소통다운 소통을 할 수 있을 것이다. 그러려면 여성주의자들 편에서 남성 일방적인 담론구도에 개입하는 글들과 책을 많이 써야 할 것이다. 그런데 그렇게 하려면 일정한 물질적 조건이 확보되어야 한다. 여성주의자들은 더 조금 자고 거의 휴식을 취하지 않으며 몸을 축내가면서 글을 쓸 조건을 만들어야 하는가? 아니다. 여성으로 하여금 몇 중의 노동에 시달리게 하는, 여성은 일차적으로 가정주부라는 이데올로기와 그것을 바탕으로 한 성별노동분업 구조를 바꾸는 데서부터 먼저 그 조건을 마련해 나가야 한다. 거기서 남성주의자의 의식과 역할이 크다는 점은 두말할 필요 없을 것이다.

내가 보기에 여성주의에 심정적으로 동조하는 것만으로 남성주의를 탈피하는 이론과 실천으로 나아가기 힘들다. 두루뭉술 은근슬쩍 가만히 있는 것은 기존체제를 부지불식간에 도와준다. 여성주의에 동조한다고 하면서도 그 이론을 읽을 생각을 하지 않는 남성주의자들은 여성주의는 여자들만 하는 것이라는 초보적 인식 혹은 편견 때문일 것이다. 그 정도 이상의 의식을 갖고 있는 남성주의자들은 뭔가 거창하고 거대한 지평에 대한 끝없는 욕망, 새로운 담론들을 놀라울 정도로 계속 생산해 무한히 자신을 뻗어나가게 하고 싶은 자기확대 욕망, 보편성·일반성에 대한 집착 및 애착—자본의 그것과도 유사하게 느껴지는데—이 큰 것 같다. 그래서 대다수 지식인 남성들이 여성의 일상노동에 기생하면서도 여성노동을 사소하고도 하찮은 것으로 외면하고 부인하고 싶을지도 모르겠다. 어쩌다가 여성노동·여성문제의 중요성을 인정하는 척하면서 궁극적으로는 의도적으로 무시하고 소홀하게 대하는 밑바탕에 꿈틀대고 있는 것은 지식과 이론에 대한 과도한 욕망으로 보인다. 이 욕망은 인간의 소박한 욕구마저 어느 덧 망각하게 하고 급기야 상실하게 한다.

남성주의자들은 '가사(생명생산, 육아, 가사노동, 노인 수발)'에 대한 책임을 맡아보아야 한다. 그저 어쩌다가 돕거나 보조하는 차원이 아니라 여성과 동등한 조건 위에서 가사를 함께 해야 한다. 남성 스스로 생명을 키우고 보전하는 일에 동참함으로써 신체로 소통되는 공통감각과 생명존중의식을 키울 수 있을 것이며 상생적인 상부상조에 대한 감각을 일상생활에서 몸으로 체득할 수 있을 것이다. 그러한 감각과 의식을 바탕으로 성, 세대, 교육환경 별로 나뉘어 있는 가족들과의 소통능력부터 키워나가는 것이 바로 생태문화적 민주주의 능력으로 나아가게 하리라 본다.

그러한 궤적 속에 있을 때 착취적이고 폭력적인 자본주의적 가부장적 제도에서의 노동—지식노동도 그 주요한 일부가 되어가는데—을 극복하는, 오래 전부터 있어온 여성의 자율적 자립적 활동·일이 보이기 시작할 것이다. 가부장제에 반대하는 남성들의 이론과 실천은 온정주의가 아니라 여성의 몸과 삶의 자율성에서 출발하는 여성의 일들을 존중하는 마음을 키움으로써 오히려 자신의 존엄과 인간성을 찾는다는 소박한 욕구에 의해 동기화될 수 있다. 이로써 현존하는 성별노동분업에 변화가 일어나도록 해야 하며, 그리하여 자본주의 가부장적 남녀관계를 특징짓는 착취와 폭력은 여성이 아니라 남성에 의해 폐기되도록 해야 한다.

여성주의자들은 생명 생산 및 일상생활 유지와 관련되는 자급적 노동에 대한 몫을 받아들이라고 남성주의자들에게 요구해야 한다. 성, 세대, 교육환경을 축으로 서로 얽혀 있는 소위 사적 관계에서 하고 싶은 말을 자유롭게 하고 서로 소통하는 가운데 합의구조를 이루어 나가고 일상의 노동을 지속적으로 분담하는 체계를 만들어가지 못할 경우, 소위 공적 관계에서 그러한 구조를 만들어나가기를 기대하기란 힘들다. 가족과 사회에 분명 다른 차원이 있을 것이다. 그렇지만 가족 내부에서 성별노동분업이 고착된 채 여성에게만 가사노동의 책임과 가족유지에 대한 책임이 부과되는 구도에 대해 말하고 바꾸어나가는 노력을 하는 것은 한국 여성의 인간적 고갈과 소모를 회복하는 첫 걸음인 것만은 분명하다. 그러한 첫 단추를 제대로 꿰지 못해 현 성별노동분업 구도를 묵인하고 묵종하는 핵가족 구조 속에서 자란 아이들에게 들러붙어 있는 성차별적 문화적 인식적 습속은 어른이 되어서도 시대가 바뀌어도 아무리 대대적인 문화운동이 일어난다고 해도 쉽게 바뀌지 않는다. 그래서 가정에서부터 어느 성을 성적으로 대상화하지 않고 말하는 주체로 존중하는 가운데 소통과 합의구조를 이루어내는 민주화 훈련을 거치는 것이 중요하다. 이 민주의식은 어느 한 성에 가족을 위한 노동을 일방적으로 부과하는 착취 구도나 사적 폭력을, 나아가 공적 폭력을 용인하지 않도록 할 튼튼한 바탕이 될 것이다.

한국사회의 평범한 가정에서 남편은 술 마시고 TV 보는 시간을, 아이들은 DVD 보는 시간을 줄여 설거지, 청소를 현재 일년에 열흘 정도에서 하는 수준에서 백일 정도 하게 되는 날, 아내는 참 행복하다고 느끼고 그래서 거기서 힘을 얻어 몇 배로 더 힘든 노동으로 지치고 피폐해진 여성들과 남성들에게로 눈길을 보내고 손길을 보탤 수 있어 서로 힘을 얻고, 그 힘들을 다시 모아 한미FTA를 막는 데 앞장서러 나가는 것, 그것이 민주적 생태적 문화사회로 가는, 자그마하지만 실속 있는 길이 아닐까 한다. 이 작은 목소리가 나의 주위 사람들에게 소중한 것으로 들릴 수 있게 되는 것, 이것이 새로운 사회구성의 원리가 되었으면 정말 좋겠다.

지금 한국사회와 맞물려 돌아가고 있는 거대한 공적 체제인 지구적 자본주의 가부장제는 여성, 이민족, 자연을 점점 더 초과착취함으로써 자본주의의 지속가능한 발전을 꾀한다. 이 인식은 한미FTA의 공격에 대면할 수 있는 새로운 진보의 내용과 목표를 설정하는 작업에 필수적이다. '가부장적 사회구성의 문제'를 계속 덮어둔 채, 누군가의 노동에 대한 착취와 자연파괴라는 밑바탕의 폭력을 그대로 둔 채, 도모하는 대안담론은 지식생산자들 자신도 모르는 사이에 기존체제를 온존시킨다. 따라서 이 체제를 넘어서기 위해서는 자연과 생명을 살리고 돌봄으로써 우리의 삶을 지속·소통가능하게 하는 일상노동에 대한 지속적인 관심과 공평한 배분을 통해 문화를 거론하고 삶을 생산해내는 민주정치를 구상할 필요가 있다. 이를 위해 진보진영의 대안담론에 촉구하는 '여성주의적 전환' 혹은 '페미니즘적 재구성'이라는 이론적 과제가 나의 주위 사람들에게 또 독자들에게 이번엔 정말로 제대로 들릴 수 있게 되기를 바란다.

11

페미니즘 리부트: 한국영화를 통해 보는
포스트-페미니즘, 그리고 그 이후

손희정

1. "페미니즘 리부트"

2015년, 페미니즘이 리부트 되었다. 물론 다소 과감한 진단이다. 영화에서 '리부트(reboot)'란 기존 시리즈의 연속성을 버리고 몇몇 기본적인 설정들을 유지하면서 작품 세계를 완전히 새롭게 구성하는 것을 의미한다. 기존의 브랜드 가치와 팬덤에 기대면서도 새로운 이야기를 펼쳐 보일 수 있는 안전성과 유연성을 두루 갖춘 전략인 셈이다. '토비 맥과이어'의 <스파이더맨>이 3편까지 제작되고 완결된 이후에 '앤드류 가필드'의 스파이더맨이 <어메이징 스파이더맨>이라는 이름으로 돌아온 것이 리부트의 전형적인 예라고 할 수 있다. 최근 "#나는페미니스트입니다" 선언에서부터 메르스갤러리(메갤)의 미러링 스피치(mirroring speech) 운동[1]에 이르기까지, 온라인을 중심으로 (그러나 온-오프라인을 자유롭게 넘나들면서) 펼쳐지고 있는 어떤 새로운 흐

1_ '미러링 스피치 운동'이란 남성들의 여성혐오 발화에 대해서 "앵무새처럼" 똑같이 받아침으로써 경각심을 불러일으키는 운동이다. 메르스갤러리에서 펼쳐지고 있는 '여혐혐' 운동 및 『오마이뉴스』의 기사에서 소개된 한 고등학교의 사례 등이 주목해 볼 만하다 (정지영, "'마부장 놀이'에 맞선 '계집년'들의 퍼포먼스', 2015. 7. 6. http://www.ohmynews.com[2015. 8. 1 검색]).

름의 운동 역시 '페미니즘 리부트'라 할 만하다.

'페미니즘 리부트'는 실용적인 이유에서 고안해낸 표현인데, 이렇게 묘사하는 이유는 두 가지다. 첫째, 기존의 페미니즘 문화운동과 최근 일어난 운동 사이에 존재하는 단절과 접속의 지점들을 의식하기 위해서다. 최근의 흐름은 2000년대에 활발히 활동했던 영페미니스트들의 온라인 페미니즘이나 여성주의 문화운동의 계보로 엮을 수 없는 배경으로부터 등장했으며, 지금까지 지속되어온 운동들과는 다른 새로운 세계를 구축하고 있다. 이 운동들은 오히려 "나는 페미니스트는 아니지만…"의 인식론적 바탕을 공유했던, 1990년대 이후 등장한 소비 주체로서의 여성들과 조금 더 가까운 자리에 위치한다. 그런 의미에서 지금 활발하게 움직이고 있는 이 의식적인 흐름은 '페미니즘'보다는 '포스트-페미니즘'[2]과의 관계 안에서야 비로소 포착될 수 있다. 그리고 이런 이해를 바탕으로 두 번째 이유가 등장한다. '리부트'는 명백히 문화상품과 소비주체라는 자본주의적 수사에 기대고 있는 표현으로, 이를 사용함으로써 우리는 소비사회의 대중문화와 대중미디어를 지반으로 하는 '포스트-페미니즘'의 자장 안에서 등장한 '페미니즘 리부트'의 정치경제적 조건들을 예민하게 인식하고 그것의 문화적인 성격, 그리고 대중문화와 맺고 있는 관계를 적극적으로 드러낼 수 있게 된다.

이 글은 최근 등장하고 있는 페미니즘 운동을 포스트-페미니즘의 연장 혹은 그 이후라는 문제의식 안에서 다룬다. 많은 이들이 해시태그 및 포스트-해시태그, 그리고 메갤에 대해서 말하는 것이 아직은 성급하고, 그렇기 때문에 '위험하다'고 판단한다. 동의하지 않을 수 없다. 이 글 역시 펄펄 끓어오르고 있는 활화산을 표구화된 이미지로 포착함으로써 그 폭발적인

2_ 이 글이 '포스트-페미니즘'을 어떻게 규정하고 또 어떤 의미에서 사용하고 있는지는 3절에서 다루도록 하겠다. 여기서는 '페미니즘은 이미 그 목표를 성취하였다'는 성급한 진단 속에서 소비자본주의에 적극적으로 동참하는 신자유주의적 반페미니즘(anti-feminism) 경향을 의미하는 것이라고 설명하는 정도로 일단은 충분할 것 같다. 그러나 중요한 것은 포스트-페미니즘이 반페미니즘 정서임에도 불구하고 그 인식론적 차원에서 페미니즘의 수혜 속에 있음을 이해하는 것이다.

힘을 평가하고 박제하려는 의도를 가진 것은 아니다. 정확히 말하자면, 평가와 박제에는 아무런 관심이 없다. 능력 밖의 일이기 때문이다. 이 글의 목적은, 다만, 해시태그와 메갤 등 소위 'SNS 페미니즘'의 등장은 87년의 제도적 민주화와 시장적 자유화를 중요한 결절로 차근차근 마련되어온 조건들로부터 가능했다는, 개연성 있는 해석을 제안하는 것에 한정되어 있다. 따라서 이 글은 가장 '핫한 소재를 다룬다기보다는, 지루할 정도로 낡은 이야기의 반복 속에서 급박한 필요를 가지고 터져 나온 어떤 움직임의 계보를 그려보려는 시도다. '페미니즘 리부트'는 신자유주의라는 낡아가고 있는 시대의 증거이기도 하면서, 바로 그런 이유에서 그 시대에 파열을 내는 가능성이기도 하다.

이제 우리는 포스트–페미니즘의 지형도를 그리고 그 안에서 '페미니즘 리부트'의 등장배경을 확인하기 위해서 87년 이후 한국사회의 정치, 경제, 문화적인 상황들의 변화를 '대중문화', 그 중에서도 특히 '한국 영화'를 경유해서 살펴볼 것이다. 한국 영화라는 문화적인 장은 한국사회의 정치, 경제적 상황을 뚜렷하게 반영하고 있을 뿐만 아니라 이런 상황들의 젠더화된 성격 역시 살펴볼 수 있는 공간이다. 특히 대표적인 문화상품 중 하나로서, 영화는 1990년대 이후 소비주체로 등장한 여성이 문화/상품과 맺고 있는 관계를 추적할 수 있는 특정한 경로를 제공한다. 2015년에서 2000년대 중반으로, 2000년대 중반에서 1990년대로, 그리고 그로부터 다시 2010년대로 돌아오는 조금은 복잡한 시간여행 안에서 우리는 특히 주목해야 할 몇 가지 '사건'들을 분석적으로 벼려낼 것이다. 그리고 그 사건들에 대한 해석을 차곡차곡 쌓으면서 우리는 결국은 지금/이곳에 도달하게 된다.

2. 여성 캐릭터 실종 사건: 포스트–페미니즘의 등장 배경

한국 영화의 한 경향으로부터 이야기를 시작해 보자. 그 경향이란 남성 캐릭터의 전횡과 여성 캐릭터의 실종, 즉 남성의 과잉 재현과 여성의 과소 재현에 따른 상징적 소멸[3]이다. 이에 대한 문제제기는 2000년대 초중반 아 카데미를 중심으로 잠시 등장[4]했다가 이내 사라졌고, 그간 별 주목을 받지 못했(거나 구닥다리 문제제기로 치부되어왔)다. 그러나 최근에 이르러 다시 대중적으로 회자되고 있는 중이다.

평론가 듀나 역시 2014년 한 칼럼에서 한국 영화 기획/제작자들에게 "여성 중심 영화와 여성 배우에 대한 확신이 지나치게 부족하다"고 지적하고 여성 캐릭터가 등장하는 영화들을 좀 더 적극적으로 기획할 것을 요구한 다.[5] 그러면서 듀나가 언급한 '벡델 테스트'라는 것이 SNS를 중심으로 회자되었는데, 벡델 테스트란 미국 만화 작가 앨리슨 벡델이 만화 <위험한 레즈비언들>(Dykes to Watch Out For)에서 소개한 '영화를 고르는 기준'이다. 내용은 이렇다. "첫째, 영화에 이름을 가진 여성 캐릭터가 둘 이상 등장하는가, 둘째, 그 둘이 영화 속에서 서로 대화를 나누는가, 셋째, 그 대화의 주제가 남자 이외의 것인가." 얼핏 들었을 땐 별로 까다롭지 않은 기준인 듯하지만, 최근 15년 간 국내에서 개봉해서 흥행했거나 평단의 주목을 끌었던 작품들을 떠올려 보면 그렇게 만만한 기준은 아니라는 사실을 알게 된다.

그런데 이 글에서 듀나는 강인한 남성성이 흥행의 보증 수표가 될 수 없음을 논증하면서 "하정우가 남성이라서 성공한 것은 아니지 않은가?"라고 질문하고 "하정우라는 배우/스타의 매력을 이루는 것에서 가장 중요한

3_ G. Tuchman, *Making News: A Study in the Construction of Reality* (New York: Free Press, 1978).

4_ 김소영, 「사라지는 남한 여성들」, 김소영 외, 『아틀란티스 혹은 아메리카』, 현실문화연구, 2001; 주유신, 「한국 영화의 성적 재현에 대한 연구―세기 전환기의 텍스트를 중심으로」, 중앙대학교 첨단영상대학원 박사학위 논문, 2003; 손희정, 「한국의 근대성과 모성재현의 문제」, 중앙대학교 첨단영상대학원 석사학위 논문, 2005 등이 2000년대 중반까지 이 문제에 관심을 기울였던 작업들이고, 2011년에 나온 고윤희, 「2000년대 한국 영화에 나타난 여성 캐릭터 위축현상」, 한양대학교 대학원 석사학위 논문, 2011이 이 문제에 다시 주목하고 있다.

5_ 듀나, '하정우가 남성이라서 성공한 것은 아니지 않나: 한국 영화 과도한 남성중심주의 깰 때 됐다', <엔터미디어>, 2014. 7. 11. http://www.entermedia.co.kr(2015. 8. 1 검색).

것은 그가 하정우라는 것이지, 남성이라는 캔버스는 아니다'라고 대답한다. 듀나의 글은 매우 적절한 문제제기 안에서 주목할 만한 관점을 제시하고 있지만, 이와 같은 그의 진단에는 동의하기 힘들다. 왜냐하면 그가 상징적으로 소환하고 있는 '남자 배우 하정우'는 명백하게 남성이기 때문에 한국 영화라는 장에서 성공한 것이기 때문이다. 다시 말하자면, 1990년대 말 이후 한국에서 영화가 상업적으로 성공하기 위해서는 서사를 추동하는 동기부여자의 성별이 남성이어야 한다는 조건은 (거의 필수를 넘어서) 필연이다. 이게 무슨 이야기일까?

주목할 것은 90년대 한국 영화는 2000년대에 비해 다양한 '한국-여성-캐릭터'를 선보이고 있었고 심혜진이나 최진실처럼 '그'를 빼고는 90년대 한국 영화를 이야기할 수 없을 정도로 영향력 있는 주연급 여배우들의 활약이 있었다는 점이다. 그리고 그런 여성 등장인물의 다변화가 흥행을 견인하는 중요한 요소였다. 그랬던 것이 2000년대에 들어서 극적으로 상황이 변해버린 것이다. 2000년대 이후 한국 영화의 두드러지는 특징인 여성의 상징적 소멸은, 그야말로 '실종 사건'이었다. 그리고 이 실종 사건은 1997년 IMF를 기점으로 본격적으로 신자유주의화된 한국사회가 어떻게 젠더화되어 있었는지의 문제와 깊게 연관되어 있었다. 신자유주의라는 새로운 판본의 자본주의는 젠더 중립적이지 않았다.

뷰티풀 1990년대, 한국 영화 신르네상스, 그리고 신세대 여성

1990년대는 군부 독재 하에서 문화가 척박해졌던 70~80년대의 침체기를 극복하고 한국 영화의 '신르네상스기'가 열렸던 시대다. 민주화된 공간, 새롭게 열린 자유 시장에서 드디어 가능해졌던 문화와 소비의 시대. 영화 산업에 있어서도 이 시기는 일종의 '벨에포크(belle époque)'였다. 이 시기 영화는 서사와 영화 미학, 그리고 담론의 측면에서 풍성해졌을 뿐만 아니라 대중과의 접촉면도 확장시켜갈 수 있었다. 이런 분위기 안에서 여성 재현 역시 일종의 전환을 선보였다. 특히 주목할 만한 구매력을 갖추기 시작한 여

성 관객을 대상으로 기획되었던 일련의 로맨틱 코미디를 중심으로 90년대의 한국 영화는 변화된 여성 캐릭터를 등장시켰다.

최초의 기획 영화로 기록되면서 한국 영화 신르네상스기를 열었던 <결혼이야기>(1992)에는 당시 '트렌드'로 자리잡기 시작했던 맞벌이 부부가 등장했다. 심혜진이 연기했던 여성 주인공은 이 영화에서 '방송작가'라는 새로운 직업을 부여받았고 자신의 일과 사랑, 욕망에 대해서 말할 수 있는 목소리를 가지게 된다. 영화의 성공 이후 이를 벤치마킹한 수많은 로맨틱 코미디들이 등장했는데, 이들 영화는 여성의 공적 영역에서의 생산 활동을 자연스러운 것으로 묘사했다. 비디오 판권 딜러(미스터맘마), 영화사 사장(마누라 죽이기), 작사가(닥터봉), 카디자이너(고스트맘마) 등, 대부분의 여성들은 전문직에 종사했다.

이 시기 일련의 흥행 로맨틱 코미디에서 볼 수 있었던 여성 인물의 변화는 당시 사회적 분위기를 반영한 것이었다. 70~80년대의 경제발전과 사회 인식의 성장을 바탕으로 여성들의 자아계발과 사회 진출이 권장되었고, 비록 '슈퍼 우먼 콤플렉스'와 같이 신자유주의적 생존주의에 사로잡힌 여성 종속성을 예비하는 새로운 여성 억압 기제들이 등장하긴 했지만 페미니즘의 전통적 의제로서 공적 영역에서의 '여권 신장' 요구는 그 성과를 보고 있는 것처럼 보였다. 1987년 남녀고용 평등법의 제정은 이런 변화의 상징이면서 동시에 또 그런 변화를 견인했던 제도적 계기였다. 그러나 남녀고용평등법의 제정이 여성의 생산 활동을 보장하고 그 입지를 넓히려던 여성계의 요구와 신자유주의적으로 재편되고 있는 전지구적 자본주의의 자장 안에 적극적으로 편입해 들어가던 자본과 국가의 필요가 만나 그 결실을 볼 수 있었던 것처럼, 여성의 생산 활동에 대한 인식의 변화는 '공적 가부장제(월비)'[6]로의 진전의 측면이 컸다. 여성 노동력에 대한 자본과 국가의 통제가 강해지고 노골적인 배제보다는 자발적인 예속을 유도해내는 (가부장제와 착

6_ 실비아 월비, 『가부장제 이론』, 유희정 옮김, 이화여자대학교 출판부, 1996.

종된 자본주의인) 가부장체제의 새로운 국면이 펼쳐지기 시작했던 것이다.

그런 의미에서 이 시기 흥행했던 로맨틱 코미디들은 사회 변화의 반영인 동시에 그 변화를 이끌어내는 이데올로기적 장치이기도 했으며, 성격이 조정된 가부장체제 안에서 유효한 노동력이자 소비자로 여성 주체를 구성하는 역할을 했다. 여성들은 적극성과 진취성을 띠었을 뿐 아니라 독립적이고 당당한 주체들로 묘사되었고, 이런 여성 재현은 "나는 나"라는 시대적 언명과 공명하고 있었다. 그리고 "나는 나"는 다품종 소량 생산의 시대였던 소비 자본주의 시대와 함께 진동하는 새로운 욕망의 주조와 연결되어 있었다. 물론 영화보다 이런 역할을 더 적극적으로 했던 것은 여성을 '새로운 소비자'로 구성하는 데 관심을 기울이고 있었던 광고였다. 지금까지 가족을 대신해 소비하는 구매 활동의 주체로 인식되었던 여성들은 광고를 통해 이제 여성 개인, 그러니까 바로 '나'로서 소비하도록 초대되었다. 광고 속 여성들은 "나 자신"을 "활발하게 표현"하기 시작하고, 영화에서와 마찬가지로 그녀들의 에너지는 '매혹'으로 묘사되었다.[7] 이런 대중문화는 '신세대 여성', '신세대 주부', '미시족', '커리어 우먼' 등과 같은 "새로운 여성 주체상을 주조"했다.[8] 가부장체제의 공적 가부장제로의 성격 전환과 대중 미디어 속 여성 재현의 변화는 동시에 진행되고 있었다.

이처럼 1990년대는 여성을 자유주의적 주체로 구성해내고, 여성들은 그에 부응하면서 자본의 영역에서 삶의 주체성을 누릴 수 있는 가능성을 열어

7_ 정영희에 따르면 "한국네슬레의 '네스카페' 광고에 커리어 우먼이 등장하고 화장품 광고에서도 여성이 변화하기 시작했다. '산소 같은 여자' 이영애가 미모의 여형사로 나오는 '마몽드' 화장품 광고는 "세상은 지금 나를 필요로 한다"는 카피와 함께 운동과 사격으로 자신을 단련하고 사건 현장에서 남성들을 지휘하는 모습을 보여준다. 화장품 광고에서도 여성들은 인형 같은 미인이 아니라 적극적이고 진취적인 개성과 미인으로 변하기 시작한 것이다. '세상은 지금 나를 필요로 한다' '이 봄을 정복하라', '이 봄의 출격 암호' 등의 카피를 사용하며 남성적 색깔을 입혔다"(정영희, 「광고 속 젠더 재현」, 이나영 외, 『다시 보는 미디어와 젠더』, 이화출판, 2013, 285-286).

8_ 엄혜진, 「신자유주의 시대 한국의 자기계발 담론에 나타난 여성 주체성과 젠더 관계: 1990년대 이후 베스트셀러 여성 자기계발서 분석을 중심으로」, 서울대학교 여성학 박사학위 논문, 2015, 65.

나가기 시작했다. 그럼에도 불구하고 공적 가부장제는 결정적인 순간에 여성을 사적 영역으로 구속할 수 있는 무소불위의 핑계거리를 하나 가지고 있었으니, 그것은 다름 아닌 모성이라는 이름의 이데올로기였다. 공적 가부장제는 여성의 공적 영역에서의 활동을 요청했지만, 동시에 그렇게 자유를 얻게 된 여성들을 단속할 수 있는 의식적, 무의식적 차원의 알리바이가 필요했다. 일차적으로 여성들은 언제나 유연하고 가변적인 노동력으로 유지되어야 했기 때문이며, 이차적으로는 유동하는 사회의 불안을 안정시킬 수 있는 견고한 전통에 대한 믿음과 의존은 여성이라는 매개를 통해서만 재생산될 수 있었기 때문이다. 그러니까 기실 문화의 시대가 열어놓은 자유의 공간은 언제든지 다시 반동의 시대로 돌아갈 수 있는 가능성을 안고 있는 셈이었다.

덕분이랄까, 때문이랄까. 그래서 <미스터 맘마>나 <고스트 맘마>, <닥터 봉> 등에서 유능한 커리어 우먼으로 인정받았던 영화 속 여성 주인공들은 결국 하나같이 '모성'이라는 이름으로 남성 주인공의 자녀와 연결되면서 가부장제적 핵가족 안으로 포섭되어 들어갔다. 이 영화들은 여성 재현의 관점에서는 여성 입지의 변화를 보여주는 것 같지만, 남성 재현의 관점에서 보자면 남성이 기존의 아내를 새로운 아내로 '교체'하는 '아내-교체-서사'를 선보이는 것이기도 했다. <미스터 맘마>는 아직 자기계발을 완수하지 못한 전업주부인 아내가 자아실현을 위해 유학을 떠나면서 홀로 남겨진 남자(최민수)가 이미 전문직에서의 업무 수행 능력과 모성을 두루 갖춘 새로운 아내(최진실)를 얻는 내용이고, <고스트 맘마>의 경우에는 남자(김승우)가 현모양처(최진실)가 죽은 후 카디자이너이면서도 전통적인 여성성을 갖춘 새로운 아내(박상아)를 맞이하는 내용이다. 영화들은 새로운 (그러나 여전히 남자들이 그 주인인) 1990년대가 요청하는 '여성' 혹은 '여성 파트너'의 성격이 무엇인지를 노골적으로 스크린 밖으로 흘려보낸다.

그리하여 여성들은 전통적으로 요구되었던 정체성과 새롭게 부여받은 정체성 사이에서 긴장하고 갈등하고 교섭하면서 지속적인 줄타기를 해야만 했다. 이때 '모성'은 여성이 궁극적으로 성취해야 할 것은 결국 사적 영역에서의 남성의 인정이라는 것을 암시하는 하나의 기표이기도 했다. 그런 의미에서 1990년대 로맨틱 코미디의 '모성'이라는 이름은 2000년대 <내 이름은 김삼순>이나 <달콤한 나의 도시> 등의 칙릿 드라마에서의 '로맨스'와 연결되어 있는 것이었다. 지금 여기의 로맨스가 여성들의 욕망이자 동시에 이성애 섹슈얼리티와 커플주의라는 이데올로기에 포박되어 있었던 것만큼이나, 그 시대의 모성 역시 이데올로기적 산물임과 동시에 여성들 자신의 욕망이기도 했던 것이다. 문화의 시대와 소비의 시대, 무엇보다 자유의 시대에는 욕망이야말로 이데올로기다.

그러던 와중에 2000년대가 되자, 스크린에서의 여성 인물은 감쪽같이 사라져버린다. 그렇게 사라진 여성들은 단 하나의 장르에 몰려들어가게 된다. 다름 아닌 공포 영화였다. 이 시기의 공포 영화는 하나같이 여성 괴물을 전시하게 되는데, 이제 여성들은 귀신이나 괴물이 되지 않고서는 어떤 방식으로든 자신을 표현하기 힘들어진다. 그리고 여성 괴물들은 예외 없이 모성이라는 올가미에 붙들려 이승을 배회하고 있었다.[9]

포스트-IMF, '쓰레기장'이 된 한국사회

무슨 일이 벌어진 것일까? 이 실종 사건의 중요한 계기는 IMF였던 것으로 보인다. 1997년 한국에 경제위기가 닥쳐왔다. 한국은 구제금융이 제안한 노동력 유연화 조건을 받아들임으로써 미헤게모니하의 신자유주의적 경제 체제로 적극적으로 진입한다. 대대적인 구조조정이 시작되었다. 1990년대 2%를 유지하던 낮은 실업률이 1998년에는 6.8%로 급격히 증가하고 1999년 2월에는 8.6%까지 올라가게 된다.[10] 가족 부양 능력을 위축시키는 대량 실

9_ 2000년대 이후 공포 영화와 한국 근대성, 그리고 모성 이데올로기의 관계에 대해서는 손희정, 「한국의 근대성과 모성재현의 문제」 참고.
10_ 안병철·임인숙·정기선·이장원, 『경제 위기와 가족』, 미래인력연구센터/생각의 나무, 2001, 11.

업이 벌어지면서 남성 가장의 권위 상실'감'에 따른 '남성 위기'가 사회적으로 문제가 되기 시작했다. 남성의 가출로 인한 노숙자의 증가, 가족 동반자살 등은 남성의 지나친 책임감 혹은 남성에 대한 지나친 기대가 빚어낸 사회적 비극으로 해석되었다. 이런 상황에서 사회 전반적으로 '남편 기 살리기'가 대대적으로 강조된다. 각종 드라마와 광고, 신문, 잡지, 출판물에 이르기까지 '남편·애인 기 살리기'에 열중하면서 여성들은 '어머니'의 이름으로 재호명되어 '강한 어머니'에 대한 향수를 자극하게 된다.[11] 한동안 커리어 우먼의 성공담이 놓여있던 베스트셀러 진열대는 '행복한 가정'을 유지하는 지혜로운 어머니가 쓴 에세이들의 차지가 되었다.[12]

그러나 IMF가 남성들에게만 고통의 시기였던 것은 아니었다. 공적 가부장제 안에서 사회로 진출했던 여성들은 남성들보다도 더 먼저 그로부터 배제되었다. IMF 이후에 여성의 사회활동은 급격하게 감소한다. 여성, 특히 결혼한 여성은 정리 해고 1순위에 올랐고 공적 영역에서 사적 영역으로 '쫓겨났다.' 하지만 실제로 여성들이 '가사와 육아'라고 이야기되는 재생산 노동에만 전념할 수 있었다면 오히려 다행이었을 것이다. 여성들이 내몰린 것은 일용직이나 계약직, 비정규직 등 더욱 열악하고 더욱 불안정해진 고용과 노동 조건이었다. 물론 남성 파트너의 실직으로 인해 의지와 무관하게 직업 활동을 시작해야 하는 경우도 태반이었다. 이 역시 열악한 상태에서 노동력을 착취당한 것은 마찬가지였으며, 그렇다고 해서 가사노동이 줄어든 것도 아니었다.

그럼에도 불구하고 가부장체제는 경제활동을 남성 본위로 이해했다. 한편에서는 '전통의 고안'을 통해 과거의 강한 어머니의 정형이 재현과 담론을 통해 현재로 불러들여지고, 또 한편에서는 여성의 자아실현 욕구를 비난하면서 재생산 의무를 강조하는 담론이 득세했다. 심지어 출산율 저하와 호주제 폐지 등에 의해 위협을 느낀 보수 진영에서는 '건강가족기본법'을

11_ 윤택림, 『한국의 모성』, 미래인력연구원 지식마당, 2001, 122-138.
12_ 이선옥, 「신현모양처 이데올로기의 부상」, 『여성과 사회』 제8호, 1997.

제정하기에 이른다. 그야말로 신보수주의의 도래였다. 이제 '신현모양처 이데올로기'는 사회 불안의 극복을 위한 하나의 도피처가 되었다. 그러면서 한국 영화에서 여성들은 '이름할 수 없는 여자들로 퇴행하거나, 공포물을 통해 모성으로 다시 포섭되었던 것이다.

그렇다면 이런 경제적인 위기와 여성의 상징적 소멸은 어떤 관계가 있었을까. 경제적 상황의 변화에 따라 영화 속 젠더 재현 양상이 달라지는 것은 낯선 풍광은 아니다. 이미 1940년대 할리우드 영화는 이와 흡사한 여성 재현의 변화 궤적을 선보인 적이 있었다. 1941년 일본이 진주만을 폭격한 뒤 미국은 전시 체제로 전환된다. 남자들이 전쟁터로 떠난 본토에서 군수공장에만 4백만 명이 넘는 여성들이 취업했으며, '남성적인 일'로 생각되었던 노동직에 취업한 여성들은 155만 명에 달했다. 할리우드는 '탱크 여공 로자'란 표어를 등장시키면서 하류층 근로 여성을 40년대 '무비퀸'으로 호명했다. "여성의 용기와 사회 참여는 이상적인 것"으로 그려졌다. 그러나 전쟁이 끝나자 남자들이 집으로 돌아왔다. 1944년에 80% 이상의 여성이 직장을 계속 유지하기를 원했지만, 남성 노동자의 복귀와 함께 여성 노동자는 대대적으로 해고된다. 그리고 "지금까지 여성적인 힘을 강조했던 영화는 그것을 파괴하기 시작했다." 할리우드 영화의 여성 주인공들은 말하지 못하거나 듣지 못하게 되었고, 편집증이나 정신병에 시달려야 했다. 이런 재현의 끝에 1950년대 할리우드는 '좋은 남자와 결혼하는 것이 지상 과제'인 여성을 '시대의 아이콘'으로 내세우게 된다. 마릴린 먼로의 등장이었다.[13] 이런 변화는 여성의 생산 에너지를 거세하기 위한 담론의 층위가 전사회적으로 작동했기 때문이기도 하면서, 동시에 그렇게 거세당한 여성들의 자의식 자체를 반영하는 것이기도 했다.

활달하고 적극적이었던, 그러나 사랑하는 이에게는 결국 순종적이었던 1990년대의 여성 캐릭터들이 광인이나 귀신, 향수의 공간, 남성들 간의 교

13_ 마조리 로젠, 「팝콘 비너스」, 『페미니즘/영화/여성』, 유지나 외 옮김, 여성사, 1993, 27-31.

환가치 등으로 전환되었던 2000년대 한국 영화의 여성 재현 변화는 이와 크게 다르지 않았다. 중요한 것은 1990년대와 2000년대 중 어느 시대의 여성 재현이 더 '우월'한가를 따지는 것이 아니라, 국가와 자본의 필요 안에서 대중의 욕망이 어떻게 움직였으며, 그에 대중문화의 상상력이 어떻게 조응했는지를 포착하는 일일 것이다. 여성의 상징적 소멸은 근본적으로 한국사회가 '위기의 시대'를 어떻게 전통적이고, 따라서 안전하고 효율적인 이데올로기의 작동 안에서 손쉽게 통과하려 했는지 보여준다. 동시에 우리는 이로부터 대중문화의 게으른 상상력 역시 확인할 수 있다.

이 시기에 여성 노동력의 유연화를 막지 못하면서 결과적으로 한국사회는 남녀공히 유연한 노동의 공간으로 내몰리는 유동성의 시대, '쓰레기화'의 시대를 맞이하게 된다. 금융과 서비스 산업이 중심이 된 신자유주의 시대에는 노동의 재생산은 오히려 국가의 부를 생산하는 데 짐이 된다. 국가는 노동력을 재생산하는 것이 아니라 생산의 장으로부터 탈락시켜 '쓰레기'로 만들고, 파편화된 개개인이 스스로 쓰레기임을 받아들이도록 그 과정을 합리화하는 것에 집중한다. 유연성이 가장 효과적인 통치의 합리성이 되었을 때, 노동력은 필요할 때 쉽게 취하고 필요 없을 때 쉽게 폐기할 수 있는 '쓰레기'가 된다.[14] 거대한 쓰레기장. 그것이 신자유주의화된 한국사회의 초상이었다.

시대의 불안은 곧 남성의 불안으로 이해되었다. 한국의 대중문화는 '쓰레기가 된 남성'들의 불안을 이해하고 위로하는 일에 몰두해왔다. 그리고 이를 통해 상징적으로 그들에게 다시 설 자리를 마련해주고자 했던 것이다. 물론 그 과정이 언제나 성공적이었던 것은 아니다. 남성의 불안에 주목하면 할수록 불안은 오히려 자연화되고 강화되었으며, 그 영향력을 확장해 갔다. 뿐만 아니라 이런 불안의 위로는 세계의 모순에 대한 근본적인 해결에 무관

14_ 지그문트 바우만, 『쓰레기가 되는 삶들—모더니티와 그 추방자들』, 정일준 옮김, 새물결, 2008; 지그문트 바우만, 『유동하는 공포』, 함규진 옮김, 산책자, 2009; 지그문트 바우만, 『새로운 빈곤-노동, 소비주의 그리고 뉴푸어』, 이수영 옮김, 천지인, 2010.

심했다. 지존파 사건, 성수대교/삼풍백화점 붕괴, 대구 지하철 참사 등 IMF
를 전후해서 펼쳐졌던 다양한 재난/참사들과 IMF라는 사건 자체가 풀어놓
은 '한국 근대화의 실패'에 대한 책임은 누구에게도/무엇에게도 제대로 요
구되지 않았다. 이런 회피는 젠더화된 자본주의와 국가주의라는 지배적 체
제를 문제 삼지 못하는 인식론적 한계와 연결되어 있었으며, 재난을 개인화
함으로써 체제를 공고히 하는 신자유주의적 통치성과도 관계된 것이었다.

현실적인 차원에서는 아무것도 해결되지 않은 상태에서 상징적이고 문
화적인 차원에서 혼란을 수습하려 했다는 점에서, 어쩌면 1990년대 이후
한국사회는 그야말로 '문화의 시대'였던 셈이다. 그런데 그 문화는 명백하
게 젠더화되어 있었고, 그랬기 때문에 개인화되어 있었다. 그리고 이런 상
징적이고 문화적인 해결 방안 안에서 위기와 재난은 남녀 성대결의 문제로
치환되어 버렸다. 그것이 신자유주의 시대에 가부장제가 수행했던 가장 중
요한 역할 중 하나였을 것이다. 이 시대에 와서 가부장제는 남성의 지배를
견고하게 유지하는 방식이라기보다는 모든 것을 성별화시킴으로써 거대한
구조 자체를 가리는 방식으로 자본과 국가에 착종된다. 그리고 한국 영화라
는 재현의 장에서 이런 흐름은 지속되었다. 2015년 천만 영화의 초상[15]은
2000년대 중반 히트작의 면모로부터 한 발자국도 더 나아가지 못했다.

그렇다면 1990년대를 지나면서 새로운 주체로 호명되었던 여성들, 페미
니즘의 수혜 속에서 스스로에 대한 다른 인식을 가지게 된 여성들은 어째서
이런 대중문화의 게으른 상상력에 '대단한 흥행 성적'으로 부응해 주었던
것일까. 여성들의 욕망은 대중문화와 어떻게 만나고 있었을까? 달라진 인
식과 경제적 위상, 그리고 달라진 주체성 안에서 '위기의 시대'를 만난 여성
들은 적극적으로 새로운 자리를 찾게 되었던 것 같다. 사회가 공식적인 생

15_ 2015년 5월을 현재로 했을 때, 천만 영화는 <태극기 휘날리며>(2003), <실미
도>(2003), <왕의 남자>(2005), <괴물>(2006), <해운대>(2009), <7번방의 선
물>(2012), <광해, 왕이 된 남자>(2012), <도둑들>(2012), <변호인>(2013), <명
량>(2014), <국제시장>(2014)이다. 과연, 10년의 세월은 변화를 만들었는가?

산의 영역에서 탈락시켜 더욱 유연한 조건 속에서 비가시화된 노동으로 여성들을 착취하기 시작했을 때, 그런 각자도생, 무한 경쟁의 조건 속에서 여성들은 자신들만의 생존 전략을 짜기 시작한다. 그 새로운 생존 전략의 자리가 바로 포스트-페미니즘의 자리라는 것이, 이제부터 하고자 하는 이 야기다.

3. <왕의 남자>(2005)와 <써니>(2011)의 이상한 흥행: 포스트-페미니즘 판타지와 여성

그렇다면 포스트-페미니즘이란 무엇인가? 이는 여전히 경합 중인 개념 이지만 일반적으로 두 가지 층위에서 설명할 수 있다. 첫째, "페미니즘의 목표는 이미 성취되었다"는 '오해' 혹은 '의도된 속단'을 바탕으로 미디어를 통해 드러나는 '퇴행적이고 보수적인 흐름'을 일컫는 비평적 용어로 사용된 다. 둘째는 포스트모더니즘, 포스트식민주의, 포스트구조주의와의 만남 속 에서 본질적으로 상정되어 있는 정체성과 주체의 경계를 해체하는 정치적 이고 이론적인 입장을 지칭하면서, 기존 페미니즘에 인식론적 전환을 요청 했던 '포스트모던 페미니즘'을 포괄하는 개념이다.16 우리가 '페미니즘 리부 트'의 지평으로 주목한 '포스트-페미니즘'은 전자의 의미에 가까운데, 이는 소비와 연결되어 있는 여성의 주체적인 선택을 강조하며, 자기 경영 신화 속에서 공사 영역 모두에서의 성공을 추구하는 신자유주의적 여성성과도 뗄 수 없는 관계에 놓여있다. 북미의 일부 학자들은 레이건 시대 보수화 물결 속에서 대중문화가 보여준 반페미니즘적 흐름을 포스트-페미니즘으 로 이름17하기도 했으며, 페미니즘 운동의 수혜 속에서도 "나는 페미니스트

16_ 포스트페미니즘의 개념에 대해서는 앤 브룩스 『포스트페미니즘과 문화 이론』, 김명 혜 옮김, 한나래, 2003; Angela McRobbie, "Post-Feminism and Popular Culture," *Feminist Media Studies* 4(3), 2004 참고.

는 아니지만…(남성들과 똑같은 급여를 원해 등등)"을 입에 달고 있는 현대 여성들의 젠더의식을 꼬집는 데 사용하기도 했다.

1990년대 서구 비평 담론이 사용하기 시작한 포스트-페미니즘이라는 용어가 한국에 본격적으로 소개되어 비평적 개념으로서 영향력을 발휘하기 시작한 것은 2000년대 중반이었다. <앨리 맥빌>(1997~2002)이나 <섹스 앤더 시티>(1998~2004), 『악마는 프라다를 입는다』(2003)와 같은 대표적인 포스트-페미니즘 텍스트가 한국 대중들을 만나면서 한국에서도 칙릿 소설인 『달콤한 나의 도시』(2006), 『스타일』(2008) 등과 <내 이름은 김삼순>(2005), (동명의 소설을 드라마화한) <달콤한 나의 도시>(2008) 등이 등장하기 시작했다. 그리고 이를 설명하고자 하는 비평적 시도 역시 동반되었다. 서구 지형에서 등장한 포스트-페미니즘이라는 개념이 한국 상황을 설명하는 데 적절한가, 한국에서 페미니즘 이후를 말하는 것은 성급하거나 불가능한 것은 아닌가는 여전히 논쟁적이지만, 그럼에도 불구하고 2006년을 전후해서 문화적으로 포착해 낼 수 있는 어떤 "새로운 정체성을 지닌 젊은 여성들의 담론", 그리고 그런 여성들의 문화적 실천들이 "뚜렷하게 진행되고 있는 것"[18]은 부인할 수 없는 사실이다.[19]

이제 우리는 두 편의 '기묘한 흥행작', 혹은 '조금 특이한 성공 사례'인 <왕의 남자>(2005)와 <써니>(2011)를 둘러싼 맥락과 그 시기에 개봉해서

17_ Susan Faludi, *Backlash: The Undeclared War against American Women* (New York: Crown, 1991).

18_ 이화정, 「포스트페미니즘 드라마에 대한 수용자의 선호연구—<달콤한 나의 도시>의 시청자 게시판을 중심으로」, 『기초조형학연구』 vol. 13, No. 2, 2012, 436. 한국의 포스트-페미니즘 문화와 텍스트 소비에 대해서는 이 논문을 참고.

19_ 이 시기는 한국 영화에서 '남성의 과잉 재현과 여성의 과소 재현'이 흥행 요소로 자리 잡았고, 그런 와중에도 문학과 드라마에서는 포스트-페미니즘 텍스트들이 여성 소비자에게 인기를 끌었다. 더불어서 신자유주의적 주체성과 긴밀한 상관 관계를 맺고 있었던 자기계발서 붐이 일었다. 지갑을 가지고 소비하는 여성들에 대한 비하를 담은 '된장녀' 담론이 불특정 다수의 한국 여성을 혐오의 대상으로 구성하면서 그 영향력을 발휘하기 시작한 것 역시 이 즈음이었다. 영화 <브로크백 마운틴>(2005)과 뮤지컬 <헤드윅>(2005)의 성공은 한국 대중문화에 퀴어 코드를 기입시켰고, 무엇보다 <왕의 남자>(2005)와 <후회하지 않아>(2006)가 흥행하면서 주요 소비자 층으로서 여성들의 하위문화였던 '부녀자' 문화가 상업적 목적 안에서 변별되고 가시화되기 시작했다.

여성들의 관심을 끌었던 영화 몇 편을 살펴보면서 '우리(그러니까 우리 시대의 여성들)'가 어떻게 포스트-페미니즘적 지형 혹은 포스트-페미니즘의 판타지에 사로잡혀 있는지 살펴볼 것이다. 여기서 중요하게 주목되는 것은 소비자 정체성의 강화와, 그와 연동되어 있었던 신자유주의적 여성성의 문제다. <왕의 남자>를 통해서는 전자에, <써니>를 통해서는 후자의 문제에 집중해 보자.

<왕의 남자>(2005)와 "여성-THE 소비자"

2015년 7월을 현재로 천만 관객 동원을 넘긴 국내 영화는 모두 11편이다. 이 영화들의 흥행에는 스크린 독점과 양극화라는 물적인 토대가 중요한 역할을 했다. 천만 영화들은 평균적으로 717.5개(평균 스크린 점유율 22.4%)의 스크린에서 개봉했고, 평균 첫날 상영 횟수 및 상영 점유율은 3,367.8회와 28.4%를 차지한다. 그런데 <왕의 남자>의 경우에는 이런 천만 영화들과 그 배급 규모에서 확연한 차이를 보인다. 207개의 스크린에 14.3%의 점유율, 첫날 상영횟수 1,217회에 상영 점유율 16.9%는 천만 영화의 양적 평균을 훨씬 밑돈다. <명량>이 첫날 상영 점유율 42.3%라는 엄청난 독점을 통해 12일 만에 천만 관객을 동원했던 것과 달리 <왕의 남자>는 천만 영화가 되기까지 66일이나 걸렸다.[20] <왕의 남자>의 흥행에는 산업적 조건의 격자를 확실하게 빠져나가는 어떤 특별한 이유가 있었던 셈이다. 뿐만 아니라 영화는 다른 천만 영화들이 공유하고 있는 어떤 이데올로기적 지반 역시 피해가고 있었다. 예컨대 당시 가장 인기 있는 소재였던 분단이라는 역사적 주제를 다루지도 않았고, 강한 남성성을 전시하거나 향수의 공간을 제공하지도 않았으며, IMF 이후 쏟아졌던 부성 멜로드라마를 펼쳐보이지도 않는다.[21] 흥미로운 일이 아닐 수 없다.

20_ 김현정, 「디지털 시대, 천만 관객 영화에 대한 고찰」, 『2015 춘계학술대회 자료집: 무엇이 천만 영화관객 시대를 만드는가?』, 한국영화학회, 2015, 52.

21_ 2006년에 박스오피스 1위를 점하고 있었던 <괴물>(2006)과 더불어 이 시기에 개봉한

이 문제에 대해서 생각할 때마다 떠오르는 하나의 에피소드가 있다. <왕의 남자> 신드롬이 화제가 되고 있던 2006년 어느 저녁의 일이다. TV를 켰는데 공중파 뉴스에서 <왕의 남자>를 상영하는 극장을 찾았다. 아직 영화가 개봉한 지 한 달이 되지 않은 시점이었다. "영화를 몇 번이나 보았느냐?"라는 기자의 질문에, '직장인'이라고 소개된 여성 관객은 환한 얼굴로 이렇게 대답했다. "스물여덟 번이요." '회전문 관객'의 공중파 등장이었다. 그리고 이 회전문 관객(한 작품을 여러 차례 재관람하는 관객)의 존재야말로 207개의 소규모 스크린, 천만 달성까지 걸린 66일이라는 짧지 않은 시간의 답일 것이다.

당시 한 기사에 인용된 서동진의 인터뷰는 이 회전문 관객의 성격을 잘 설명해 준다. 그는 <왕의 남자>의 시놉시스가 '전형적인 야오이22 코드'라고 언급한다.23 2006년에 1억이라는 초저 예산을 들여서 흥행에 성공했던 <후회하지 않아>의 개봉 전략을 살펴보면 이런 분석이 무리가 아니라는 것을 알게 된다. <후회하지 않아>의 제작자였던 김조광수는 작품 기획 전략 중 하나가 "야오이 팬덤의 활용"이었다고 설명한다. "기획 단계에서부터 야오이 또는 동인녀라고 불리는 퀴어 문화의 팬층을 적극적으로 활용한다는 계획을 세웠다"는 것이다. 그러면서 "이러한 팬들의 역할이 <후회하지 않아> 성공에 1등 공신임은 더 말할 필요도 없을 정도"라고 덧붙였다.24

이처럼 <왕의 남자>(및 동시대에 주목을 끌었던 영화들)의 흥행 이면에는

부성 멜로드라마들에는 <가족>(2004), <날아라 허동구>(2007), <눈부신 날에>(2007), <아들>(2007), <우아한 세계>(2007), <마이 파더>(2007), <브라보 마이 라이프>(2007), <즐거운 인생>(2007) 등이 있다.

22_ 야오이는 남성 사이의 동성애물, 혹은 그것을 창작하고 즐기는 문화를 통칭하는 말로 "여성들이 자신들의 작품을 '클라이막스가 없고(やまなし)', '이야기의 완결이 없고(おちなし)', '이야기의 의미가 없다(いみなし)'고 평한 데에서 기원했다고 한다(김효진, 「'동인녀(同人女)'의 발견과 재현—한국 순정 만화의 사례를 중심으로」, 『아시아문화연구』 제 20집, 2013, 44, 각주 1).

23_ 조은미, '사람들은 왜 <왕의 남자>에 열광하는가, 『오마이뉴스』, 2006. 1. 9. http://www.ohmynews.com(2015. 8. 5 검색).

24_ 김조광수, 「<후회하지 않아> 기획에서 개봉까지」, 『독립영화』, 2007, 85.

여성들의 하위문화였던 야오이 문화의 대중문화로의 확장이 놓여있었고[25], 이처럼 야오이 문화가 '돈'이 되는 시대가 열리면서 이는 대중 담론 안에서 적극적으로 발견되고 주목 받기 시작한다. 그러면서 점차 소수의 동인녀[26]를 중심으로 향유되었던 야오이 문화는 "어느새 한국 젊은 여성들의 소비 문화에서 취향을 결정하는 데 중요한 역할"을 하게 된다. 그렇게 야오이 문화를 향유하는 대중적인 여성 관객층을 일컫는 새로운 용어가 바로 '부녀자(腐女子)'다. '부녀자'란 주류 미디어와의 긴밀한 관계 안에서 완전히 소비 자화한 여성 하위문화의 성격을 함께 보여주는 것이었다.[27]

우리가 다른 여성 소비주체보다도 특히 부녀자에 주목하고 이를 포스트-페미니즘의 맥락 안에서 살펴보는 이유는, 그것이 젠더화된 관객성을 보여 주는 대표적인 사례이자, 동시에 보수적이고 억압적인 사회에 대항하는 전 복적인 문화실천으로 해석되어왔기 때문이다. 동시에 이는 IMF를 거치면 서 남성 캐릭터만을 살려놓은 한국 영화가 여성 관객을 끌어들이는 또 하나 의 주목할 만한 전략이기도 했다. 남성에 비해 젠더와 섹슈얼리티를 넘나드

25_ <브로크백 마운틴> 역시 야오이 문화의 연장선상에서 해석되기도 했다. 첫째, 에니 스(히스 레저)와 잭(제이크 질렌할)의 성적이고 로맨틱한 관계를 소비하는 주 관객층 이 여성이었다는 것, 둘째 그들이 젊고 매력적이라는 것, 셋째 야오이의 관습에 따라 에니스는 약한 '공(top)'이고 잭은 강한 '슈(bottom)'로 묘사하고 있다는 것이 그 근거였 다(Chris Berry, "The Chinese Side of the Mountain," *Film Quarterly*, Vol. 60, No. 3 (Spring, 2007), 35-36; 김경태, 「야오이를 전유한 동아시아 남성 동성애 영화 재고」, 『영상예술 연구』 19호, 2001, 18).

26_ "원칙적으로 동인녀는 아마추어 만화·소설 텍스트인 동인지를 생산·유통시키는 여 성으로 아마추어 창작 활동을 하는 여성이라면 모두 이 범주에 포함된다. 그러나 아마 추어 작가들이 개인 차원, 혹은 동호회를 통해 생산한 작품을 기성 유통망의 개입 없이 유통시키는 텍스트로서, 관련 이벤트를 통해 판매되는 동인지의 많은 수가 남성 간 동성애적 관계를 그리고 있다는 점에서 야오이·BL을 애호하는 여성을 동인녀로 정의하는 경우가 많다"(김효진, 앞의 글, 44, 각주 2).

27_ 1970년대 일본 만화로부터 이어지는 한국의 독특한 만화 문화라는 유서 깊은 역사 속에서 이해되어야 하는 동인녀 문화에서 부녀자를 보편적인 대중문화와의 관계 안 에서 따로 변별해서 이야기할 수 있는 이유는 "2000년대 후반에 이르러 동성애가 점점 더 많은 대중문화의 소재로 등장하게 되면서 동인 문화와는 별개의 맥락에서 동성애 관련 콘텐츠를 향유하고 즐기는 소비자층이 등장"하게 되었기 때문이다. "부녀자는 바로 이런 소비자층을 가리키는 용어"다(김효진, 앞의 글).

는 동일시에 능한 여성 관객들은 재현의 장에서 거세되었을 때에도 유연하게 주인공에 대한 동일시를 수행하고, 자신들의 다양하고 또 은밀한 서사 소비 욕망을 충족시킴으로써 지속적으로 한국 영화에 대한 충성도를 유지했다. 한국 영화는 쓰레기가 된 남성들을 위로하면서 남성 관객을 유혹하고, 여성 관객에게는 삶을 옥죄는 일상의 규범들과 권위로부터 벗어날 수 있는 상상력을 자극하는 틈 있는 서사를 제공함으로써 그들을 다크 큐브로 불러들였다. 이런 전략의 가능성을 확인한 한국 영화는 노골적으로, 때로는 심지어 서사와는 전혀 무관한 '관습적 형식'으로서, 야오이 코드를 심기 시작한다. <놈놈놈>(2008)을 비롯, <고지전>(2011), <신세계>(2012), <화이>(2013) 등은 이런 전략을 활용함에 있어 노골적이었던 작품들이었을 뿐만 아니라 팬덤의 남-남 커플링과 2차 창작이라는 문화적 실천의 대표적인 작품들이었고, 하나하나 거론하기 어려울 정도로 이런 영화는 많다.

그런데 이렇게 '부녀자 문화'에 소구되는 영화들의 이데올로기적 효과는 무엇이었을까? 남남 커플링 놀이가 영화의 흥행에 영향을 미쳤던 한 편의 영화 <고지전>을 살펴보자.

1953년 겨울, 휴전 협상이 난항을 겪고 있는 가운데 접전지인 동부 전선 애록 고지에서 벌어지는 사건을 따라가는 <고지전>은 방첩대 중위 강은표(신하균)가 살인 사건을 조사하기 위해 애록 고지로 떠나면서 시작된다. 동부 전선을 맡고 있던 악어 부대 중대장이 아군의 총알에 맞아 사망했는데, 이 사건에 아군과 인민군 사이의 내통이 관련되어 있다는 증거가 발견되었던 것이다. 끝나지 않는 전쟁 속에서 남한 정부의 무능과 폭력에 불만을 품고 있던 강은표는 전쟁에 대한 회의 속에서 애록 고지로 향하고, 그곳에서 죽은 줄로만 알았던 친구 김수혁(고수)을 만나게 된다. 악어 부대의 실질적인 리더 수혁과 어떤 이유에선지 정신적인 구심점이 되어 있는 청년 신일영(이제훈)을 보면서 강은표는 무언가 의심스러운 공기를 감지한다. 그리고 곧이어 악어 부대의 비밀이 밝혀진다. 그것은 바로 악어 부대원들이 북한군과 애록 고지를 뺏고 빼앗기는 와중에 은밀한 우정을 나누고 있었다는 사실이었다.

장기판 위의 말처럼 아무렇지도 않게 국민을 죽음으로 내모는 망가진 세계에서, 그 세계의 처참을 돌파하기 위해 영화가 상상적으로 복원시키고자 하는 '민족'이다. 그리고 그 '민족'은 남성들만의 배타적인 공동체로 상상된다. 남과 북의 남성 군사들은 애록 고지의 지하 벙커를 통해서 대가 없는 선물을 서로 주고받으면서 남성 연대의 호수적 교환을 실천한다. 여기서 여성은 남성들 간의 유대를 강화시키는 하나의 이미지이자 선물로서 교환된다. 북한의 여성 군인 태경은 자신의 가족 사진을 벙커의 선물 상자 안에 넣는데, 남한의 남성 군인들은 '태경' 본인을 자연스럽게 '남성 태경'의 여동생으로 이해한다. 수혁은 애인을 삼겠다는 듯 '태경(의 동생이라고 생각하는 여성)'의 사진을 가슴에 품는다. 이런 오해가 자연스러운 것은 벙커에서의 교환관계의 성격 자체가 그러하였기 때문이다. 선물의 증여는 증여자의 자격을 갖춘 남성들 사이에서 이뤄져야 하며, 선물이어야 하는 여성이 증여자로서 '그들만의 유통 체계'에 들어서는 순간 남성 연대는 위기에 처하게 된다. 태경이 서사의 주요 갈등 요소로 등장하는 것은 바로 이 탓이다. 그런 의미에서 영화의 여성 재현은 여성혐오적이다.

그러나 영화의 여성혐오는 이렇게 하나의 층위로 구성되어 있지 않다. 흥미롭게도 영화는 남성 동성사회성에 남성 동성애 코드를 묘하게 섞어 넣어 더욱 적극적으로 여성혐오를 드러낸다. 은표의 수혁에 대한 애정은 동성 간의 진한 우정으로 읽힐 수도 있다. 그러나 영화는 은표와 일영이 처음 대면하는 장면에서 은표가 일영의 누드를 바라보는 시선을 스크린에 각인시킴으로써, 의도적으로 은표의 섹슈얼리티에 대한 의문을 남긴다. 그리고 은표의 모호한 섹슈얼리티는 남성 주인공들의 섹슈얼리티로 확장되어 여성 관객의 상상력을 자극했다. 이후 수혁이 '나의 여자'로 점찍었던 '태경의 여동생'이 실은 태경 자신이었음이 밝혀지고, 수혁은 태경에 의해 사살당한다. 결국 총탄이 나르는 최후의 전장에서 은표와 태경이 대면하게 되었을 때 은표는 태경의 복부에 칼을 꽂아 넣는다. 사각(canted angle) 미디엄

샷 및 클로즈업으로 보여지는 이 장면은 칼=남근의 오래된 은유를 환기시키며 오묘하게 성적인 함의를 드러내는데, 그 때문에 이것이 수혁을 가운데 둔 연적에 대한 처단인지 친구를 살해한 자에 대한 복수인지 분명하게 알 수가 없다. 매우 사실적인 전쟁 묘사 속에서 이 장면만 유독 비현실적이고 몽환적으로 그려진다. 그런 비균질적인 영화 언어를 통해 이 장면은 매끈한 스크린에서 영화의 동성애적 욕망 혹은 여성혐오적 욕망을 스크린 밖으로 흘려보내는 찢어진 틈새가 된다.

애록 고지는 초국적 자본과 무능한 정부에 의해 '그토록 망가진 세계'인 지금/여기의 알레고리이며, 그런 자본과 국가의 착종에 대응할 수 있는 것은 자본주의적이고 국가주의적인 교환 관계를 넘어서는 벙커에서의 교환을 바탕으로 하는 남성 연대다. 흥미로운 것은 어째서 영화가 남성 연대에 대한 위협으로 여겨지면서 언제나 배제되어왔던 남성 동성애성을 스크린에 이토록 적극적으로 기입하고 있느냐 하는 것이다. 영화는 남성 동성애에 대한 긍정을 그 숨은 주제로 가지고 있었던 것일까? 그러나 설사 그렇다고 하더라도 이는 새로운 의미를 만들어내지 못하는데, 기실 동성애에 대해서 아무런 메시지도 전송할 수 없기 때문이다. 오히려 이렇게 미묘한 남성 동성애에 대한 묘사는 여성 관객들을 매혹하기 위한 하나의 흥행 코드로 의도되었다고 보는 것이 더 적절하다. 그런 의미에서 <고지전>의 남성 동성애와 여성혐오는 여성 관객을 극장으로 유도하기 위한 장치가 된다.

그렇다면 영화는 텍스트 내외 이중으로 반동적이다. 텍스트 내부에서는 전쟁을 경유해 표현되는 전지구적 자본주의와 국가주의에 저항하는 대안적 공간인 상상적 공동체로부터 여성을 배제하고, 텍스트 외부에서는 그렇게 여성을 배제하는 전략을 통해서 여성을 소비자로(만) 호명한다. 이것이 재현의 장에서 여성을 거세하면서도 동시에 여성 소비자를 주요 타겟으로 삼는 한국 영화의 반동성인 셈이다.

페미니즘 비평이 안고갈 수밖에 없는 난제란 바로 여기에 있다. 이처럼 여성을 소외시키는 재현에서 여성 자신이 쾌락과 즐거움을 찾으며, 그 쾌락과 즐거움에는 충분한 이유가 있는 것이다. 부녀자 문화에서 '문화적이고 따라서 정치적인 가능성'을 찾는 담론들은 영화 속 꽃미남을 적극적으로 소비하는 모습에서 여성의 향상된 지위를 진단하기도 하고, 가부장제와 이성애 규범 속의 진부한 관계가 현실 속에서 낳는 사회적, 심리적 제약을 거부하는 젊은 여성들의 의지를 반영한다고 해석하기도 했다.28 또 한편으로 팬픽 등에서의 남남 커플링 놀이는 소녀들의 억압된 성욕구 분출구이자 유연한 젠더 수행을 보여주는 것이라고 분석된다. 물론 이런 해석은 여전히 유효하며, 부녀자 문화에서 발견할 수 있는 전복적인 역동에 대해서는 해석의 여지를 열어놓아야 한다.

그러나 2000년대 중후반에 대중문화의 장에서 가시화되기 시작한 부녀자 문화를 바라볼 때 주목할 수밖에 없는 것은 여성들이 해방의 공간을 찾을 수 있었던 곳이 이와 같은 문화 상품의 소비를 비롯한 다양한 소비의 영역에서뿐이었다는 점이다. 우리는 여성이 누구보다 먼저 '유연한 노동력'으로 자리매김 되고 초국적 자본의 흐름을 따라 가장 적극적으로 국경을 가로질러 흐르는 노동이 되었을 뿐 아니라, 그런 유연성의 가치가 '여성적 가치'로 소통되는 시대를 맞이하였다. 그럼에도 불구하고 여성은 그렇게 유연하기 때문에 오히려 언제나 '소비자'의 이름으로 호명되어 그 자리에 위치하게 된다. 노동력의 유연화 속에서 남성들이 '쓰레기/잉여'화 되었다면 여성들은 '빠순이'와 '된장녀' 그리고 '김여사'와 같은 소비의 계급으로 불려졌다. 이런 소비자 정체성의 강화는 파편화된 삶의 조건을 지속시키는 데 기여해왔다. 소비자 문화, 그리고 팬덤과 같이 특화된 문화 안에서 '여성 공동체성'에 대해서 말하는 문화연구는 그 역사가 깊지만, 그것이 시장을 확장하는 것 이외에 어떤 역할을 했는지, 그것이 실제로 여성들의 삶 자체의 어떤 근본적인 변화를 견인할 수 있었는지에 대해서는 적극적으로 질문할 필요가 있다. 이를 질문의 장에 올려놓을 수밖에 없는 또 하나의 이유는,

---

28_ 김경태, 앞의 글, 15-16.

여성의 소비는 신자유주의적 여성성과 깊게 연관되어 있었기 때문이다.

'메이크오버 필름'과 신자유주의적 여성성

남성 주인공들이 스크린을 휘젓고 다니면서 흥행 순위를 휩쓸었지만, 그렇다고 해서 여성 주인공 영화가 전혀 제작되지 않은 것은 아니다. 그러나 여성 주인공 영화는 그다지 흥행 성적이 좋지 않았다. 2015년 7월 현재 흥행 성적 100위 안에 드는 영화 중 여성 주인공 영화는 15편에 불과하다.[29] 한국에서 영화가 상업적으로 성공하기 위해서는 남성이 서사의 주요 동기 부여자이거나 혹은 여성이 주요 동기부여자로 등장하고 있을 때에도 이미 언급했던 것처럼 모성성, 혹은 모성 이데올로기의 문제로부터 자유로울 수 없었다.

이런 상황 속에서 2011년 한국 영화 박스오피스에는 10여 년 만에 이례적인 상황이 벌어진다. <고양이를 부탁해>(2001), <아프리카>(2001), <걸스카우트>(2008), <걸프렌즈>(2009) 등의 처참한 흥행성적이 남긴 교훈을 비웃듯이 여성들 간의 우정을 다룬 영화 <써니>(2011)가 7백만을 기록하면서 박스 오피스 상위에 그 이름을 올리게 된 것이다. 어머니로만 규정되지도 않고, 벗지도 않았으며, 이성애 로맨스에 포박되어 있지도 않은 여성들의 이야기가 '대박'을 친 상황이 벌어진 것이다. 어떻게 보면 이상하다고 할 만큼 예외적인 상황. 하지만 <써니>가 선보이고 있었던 여성 주체의 성격을 잘 살펴보면 이는 사실 '특별할 것이 없는' 성공이었다. 영화는 1990년대와 2000년대를 지나면서 공적 가부장제의 유연한 노동력이자 소비 자본주의의 강력한 소비자로 호명되었던 여성들이 2010년대에 이르러 어떤

29_ 흥행 순위대로 정리하자면 <해적>(2014), <수상한 그녀>(2014), <과속 스캔들>(2008), <숨바꼭질>(2013), <써니>(2011), <미녀는 괴로워>(2006), <내 아내의 모든 것>(2012), <댄싱퀸>(2012), <우리 생애 최고의 순간>(2008), <친절한 금자씨>(2005), <스캔들>(2003), <장화 홍련>(2003), <마파도>(2005), <하모니>(2009), <마더>(2009)의 15편이다. 국내 영화 흥행 관련 자료는 영화진흥위원회 영화관 입장권 통합전산망 DB(http://www.kobis.or.kr)의 '공식 통계 역대 박스오피스'를 참고했다.

주체로 거듭났는지, 혹은 어떤 주체로 구성될 것을 요청받았는지 잘 보여준다. 그리고 영화의 흥행은 이런 새로운 여성성이 우리 시대 관객들에게 '잘 먹혔음' 외에 아무것도 의미하는 것이 없었다.

<써니>는 비슷한 시기에 개봉해서 관객의 사랑을 받았던 두 편의 '메이크오버 필름(makeover film)' <미녀는 괴로워>(2006), 그리고 <댄싱퀸>(2012)과 그 궤를 함께하는 작품이다. 메이크오버 필름이란 '바람직하지 않은 외모'의 여성이 특정한 계기를 바탕으로 변신을 시도하고, 그 변신을 통해 일과 사랑, 둘 다 성취하는 서사를 선보이는 작품이다. 메이크오버 필름은 여성 주인공의 외모 변신 과정과 쇼핑 몽타주가 함께 등장하는 메이크오버 시퀀스를 관습적으로 선보이는데, 이렇게 주체의 극적인 전환을 소비와 필연적으로 연결시킨다. 메이크오버 필름은 일반 대중이 "페미니즘이 폐기해버렸다"고 상상하는 여성스러움과 남성과의 이성애적 관계를 회복하고, 이를 통해 자기계발을 추구한다는 점에서 포스트-페미니즘 텍스트의 특성을 지닌다.[30]

한국형 메이크오버 필름인 <미녀는 괴로워>는 강한나(김아중)가 목소리라는 상품성 있는 재능을 가리는 '신체적인 한계'를 개선하고 스스로를 계발하는 이야기다. 스토리온의 오디션 성형 프로그램 <Let美人>(2011~2015)을 방불케 하는 대대적인 성형 수술과 지독한 다이어트 후 새롭게 거듭난 한나가 쇼핑을 나가는 메이크오버 시퀀스는 전형적인 재현 관습을 따른다. 그렇게 스스로를 계발하여 '강한 나'가 된 자기계발 주체이자 자기경영 주체인 한나는 결국 가족이라는 굴레를 벗어나 일과 사랑, 두 마리 토끼를 다 잡는다. 영화는 한 여성이 자신의 꿈을 추구하고 자아를 성취하는 이야기를 통해 자유주의 페미니즘의 전통적인 의제를 따르는 것 같지만, 그런 성취를 위해서 구비해야 할 여성 섹슈얼리티를 스펙터클화하면서 페미니

30_ Yvonne Tasker, "Enchanted(2007) by Postfeminism—Gender, Irony, and the New Romantic Comedy," in Hilary Radner · Rebecca Stringer, eds., *Feminism at the Movies* (London: Routledge, 2011); Yael D. Sherman, "Neoliberal Femininity in Miss Congeniality," in *Feminism at the Movies*.

즘을 '철지난 이야기'로 만들어 극복한다. 여성의 진정한 자아실현과 성공은 페미니즘 안에서가 아니라, 페미니즘의 '도덕적 강박'을 넘어섰을 때에야 비로소 가능해진다. 그러면서 영화는 이 시대에 여성이 추구해야 할 새로운 가치가 무엇인지, 한나를 둘러싼 상품 이미지 속에서 전시한다. (물론 자기계발에 성공한 한나 자체가 이미 상품-이미지이자, 이미지-상품이다.)

 "<미녀는 괴로워>에서 정식화된 여성들의 자기계발 서사가 중년 여성들에게도 확장된 형태"[31]를 띠는 <댄싱퀸>은 정민(황정민)과 정화(엄정화) 양성 모두가 '단장(makeover)'하는 영화로 여성-단장-소비-성공으로 이어지는 일반적인 공식을 흥미롭게 비튼다. 전형적인 메이크오버 시퀀스에서 정민은 촌스러운 인권 변호사에서 시장 경선 후보로, 정화는 왕년의 매력을 다 잃은 주부/에어로빅 강사에서 눈에 띄는 '슈퍼스타K' 지원자로 변신한다. 남자는 국민 경선에, 여자는 오디션 프로그램에 참여하는 것은 숨 쉬는 것조차 경쟁이 된 시대의 삶의 조건을 농담으로 삼는다. 그리고 동시에 그런 무한 경쟁에서 살아남기 위해서 개인들이 어떻게 자신을 경영해야 하는지 '코칭'해준다. 그런데 흥미롭게도 이 시퀀스에서 이런 저런 옷을 갈아입어 보는 쇼핑 몽타쥬에 출연하는 것은 정화가 아니라 정민이다. 영화는 기존 메이크오버 필름의 젠더 편향성을 비틀음으로써 '소비하는 여성'과 '성공하는 여성' 사이의 고리를 분리한다. 심지어 이 시퀀스에서 정화는 아직 '단장' 전이며, 정화의 단장은 외모를 가꾸는 것보다는 '댄싱퀸즈'에 발탁된 이후에 실력을 다지는 과정에서 완성된다. 뿐만 아니라 영화는 남성의 성취와 여성의 성취를 전면적으로 대치시키면서, 결과적으로 여성의 자아실현에 방점을 찍는 것처럼 보인다. 자신의 욕망을 따르는 여성 파트너의 진취성이 남성 파트너의 '앞길'을 막을 수밖에 없는 이 진부한 사회에서, 21세기에도 여전히 "일상과 꿈"을 찾는 것이 여성의 정치일 수밖에 없음이 강조된다.

31_ 권은선, 「신자유주의 문화 논리와 여성의 정체성: <미녀는 괴로워>, <써니>, <댄싱퀸>을 중심으로」, 『영상예술연구』 vol. 21, 2012, 85.

그럼에도 불구하고 <댄싱퀸> 역시 여성은 성공하기 위해서 몸을 가꾸고 자신의 섹슈얼리티를 자원화할 수밖에 없다고 말한다. 물론 섹슈얼리티를 팔아야 하는 것은 남성도 마찬가지다. 뿐만 아니라 남성은 경선에서 살아남기 위해서 자신의 사생활을 미디어에 전면적으로 공개하고, 그 사생활 자체를 자신의 자원으로 삼을 수밖에 없다. 여성의 성공은 그녀의 섹슈얼리티 안에서 가능해지고, 남성의 성공은 오히려 '여성 파트너의 꿈'이라는 사생활의 자원화 안에서 가능해진다.

야엘 셔먼은 메이크오버 필름이자 신자유주의적 여성성을 전시하는 대표적 영화인 <미스 에이전트>(2000)를 분석하면서 신자유주의적 여성성이라는 새로운 형태의 여성성에 대해 설명한다. 복지국가 모델에 대한 공격 속에서 "국가의 도움을 받는 것은 개인을 의존적이고 병들게 하는 것"이며 "시민 소비자는 스스로를 도와야한다"고 설득하는 신자유주의 사회의 세계관은 개인으로 하여금 "스스로를 돌보며, 스스로 책임지고, 스스로 기업화" 하도록 고무한다. 이런 조건 속에서 등장한 신자유주의적 여성성은 "'예쁨'과 '똑똑함'을 서로 대치시키기보다, 그들을 같은 편에 놓는다. 전통적인 중산층 여성성이 사적인 영역에서의 결혼을 통해 '성공'을 가능하게 했다면, 신자유주의적 여성성은 여성성을 사적 영역에서뿐만 아니라 공적 영역에서의 자산으로 사용한다. 신자유주의적 여성성은 페미니즘, 신자유주의, 그리고 전통적인 여성성의 요소들을 차지한 새로운 형태의 여성성이다."[32] 사적인 것이 정치적인 것임을 전면적으로 보여주는, 자기계발 주체인 정화는, 이 신자유주의적 여성성에 정확히 부합한다. 그녀는, 물론, 인간적일 뿐만 아니라 정치적으로 진보적인 시장-남편의 똑똑하고 섹시한 아내이자 야무지고 당찬 딸의 예쁘고 자랑스러운 엄마로서 그 역할에도 충실할 것이다.

앞의 두 작품과는 달리 전형적이지는 않지만 <써니> 역시 다소 변형된

32_ Yael D. Sherman, op. cit., 83.

형태로 메이크오버 필름의 서사 구조를 따라간다. 주인공 나미(유호정)는 우연한 기회에 학창 시절 동창이었던 춘화(진희경)을 만나면서 완벽하기 때문에 '유령'이 되어버린 주부에서 자신의 욕망에 충실하고 목소리를 낼 수 있는 한 명의 '역사를 가진 인간'으로 거듭난다. 이 영화에서 '소녀들의 추억과 꿈'은 지금의 나를 계발하고 때에 주어지는 미션을 완수하기 위한 필수적인 자원이 된다. "나미를 비롯한 '써니' 멤버들은 의식 저편에 묻어두었던 학창 시절의 꿈을 퍼올려 그것을 재료삼아 현재의 나를 변화시키고 개선하고 나의 능력을 실험"[33]하면서 계속해서 CEO인 춘화가 던져주는 미션을 수행해 간다. 이 미션 수행은 팀 체제가 일반화된 신자유주의 시대에 한국 대중문화를 사로잡고 있는 예능 프로그램의 재현 관습이기도 하다.

1990년대 이후 대한민국의 사회적 성격을 결정지었던 중요한 계기가 정치적 민주화와 시장적 자유화였다면, 영화는 민주화의 가치를 폐기하고 시장적 자유화에 집중함으로써 "살기 좋아진 지금"을 시장적 가치에서 찾아낸다. 신자유주의적 시장에서야말로 여성들은 해방될 수 있으며, 그것이 춘화가 미션 수행의 보상으로 엄청난 유산을 남기는 것이 극도의 해피엔딩으로 그려질 수 있는 이유다. <써니>의 '증여'는 <고지전>의 증여와 그 성격이 확연히 다르다. '보상'의 의미가 계속해서 강조되기 때문이다. 영화는 우리 시대의 여성들이 누리고 있는 자유가 기실은 정치적 민주화 이후에 따라왔던 질적 민주화(다양한 신사회 운동의 노력과 성과들)의 결실임을 간단히 넘겨버린다. 주목할 만한 것은 <써니>와 마찬가지로 <댄싱퀸>에도 노동자 투쟁처럼 민주화를 위한 투쟁이나 위험에 빠진 사람을 위해 몸을 던지는 등의 윤리적인 행위에 대한 조소 혹은 폄하가 녹아들어 있다는 점이다. 사회가 가치 있게 여기는 어떤 행위들은 모두 우연성에 기대고 있는데, 그 우연한 기회들이 정민에게는 성공에 활용할 수 있는 '이야기'가 된다. 이야기야말로 이 시대가 가장 강렬하게 원하는 '셀링 포인트'임을 생각하

33_ 권은선, 앞의 글.

면, 두 영화 모두에서 '민주주의'는 시장의 지배에 하릴 없이 복속되어 있다.

<써니>와 <댄싱퀸>은 "여성 주인공들이 가부장제가 할당해 놓은 여성의 위치를 거부하고 여성 간의 우정과 연대라는 페미니즘의 이상향을 구현"[34]하기도 하며, 공적 영역에서의 자아실현을 그려내기도 한다는 점에서 모성을 중심으로 구성되었던 기존의 흥행 여성 주인공 영화와는 다른 위치를 점하고 있는 작품들이었다. 하지만 신자유주의 시대의 자기계발 신화에 종속되어 있는 "'나 주식회사'의 최고 경영자로서의 여성 정체성"을 전시하면서 적극적으로 신자유주의 시대와 조응하고 있는 것으로, 영화는 기본적으로 미션 완수를 위한 경쟁을 내면화하고 있는 작품들이었다. 이 영화들은 페미니즘이 꿈꿨던 여성들 간의 연대와 신자유주의가 내세우는 초-경쟁적 개인주의 사이의 갈등을 미묘하게 해결하고 넘어간다. 페미니즘은 포스트-페미니즘의 흐름 안에 이런 식으로 기입되지만 곧 부인되며, 궁극적으로는 위험과 갈등 요소가 제거된 안전한 이야기가 된다.[35]

포스트-페미니즘은 이 시대를 견뎌낼 판타지를 여성들에게 제공했다. 실제로 "한 손에는 통장을"이 의미 있는 구호일 수밖에 없었던 조건들 안에서 자본의 영역은 여성들에게 해방의 공간을 열어주었지만, 또다시 자본은 여성들을 적극적으로 포섭함으로써 새로운 삶의 모순들을 생산했다. 자본주의 초창기에 이미 '유연한 노동력'이었던 여성은 신자유주의 시대에 유동하는 노동의 성격을 규정하면서 동시에 그런 노동 시장의 공백들을 메우는 구성원으로 적극적으로 포섭되었다. 포스트-페미니즘은 여성들이 그 공백에 진입하기 위해서 무엇을 자원으로 삼아야 하는지, 그렇게 '각자도생'의 삶의 조건에 적응해 나갔을 때 어떤 보상을 받을 수 있는지 전시한다. 페미니즘의 풍부한 논의는 사회가 원하는 가치들 안에서 단순화되고 전복적이거나 위험한 상상력은 거세당한다. 그러면서 포스트-페미니즘의 상상력은 유리 천장을 뚫은 소수의 여성들을 재현의 장으로 불러들임으로써 여성들

34_ 같은 글.
35_ Yael D. Sherman, op. cit.

에게는 '희망'을 사회적으로는 '역차별'의 감각을 만들어 낸다. 그러나 이제 우리 시대의 여성들은 체험적으로 알게 되었다. 우리는 '섹스로 잠들지 못하는 뉴욕'이 아니라 나의 쓸모를 끊임없이 증명해내지 않으면 제거되고야 마는 '차이나타운'에서 살아간다는 것을. 그리고 '차이나타운'에서 우리는 '캐리'가 될 수 없음을.

4. '페미니즘 리부트', 그리고 그 이후

이런 메이크오버 필름들이 선보이는 포스트-페미니즘 판타지와 신자유주의적 여성성은 '페미니즘 리부트'와 직접적으로 연결되어 있다고 논해지는 '여성 시대'와 같은 일련의 여초 커뮤니티의 성격과 맞닿아 있다. 포스트-페미니즘의 조건과 여초 커뮤니티는 서로 상관적으로 영향을 미치면서 형성되었기 때문에, 이는 물론 자연스러운 일일 터다.

처음 인터넷 공간이 열렸던 1990년대, 초기 사이버 공간에서 여성들은 일차적으로는 인터넷이라는 '남성용 테크놀로지'에 대한 접근의 한계를 경험해야 했고 이차적으로는 남성들의 언어 폭력과 성희롱, 성폭력이라는 장벽에 부딪혀야 했다. 사이버 공간은 여성들에게 있어 연대와 해방의 공간이기 이전에 사회의 성별 위계가 재연되는 공간이었던 셈이다. "젠더 정치의 차원에서 사이버 공간은 현실 사회의 공간보다 오히려 더 격렬한 전쟁터"였는데, "현실 사회에 비해 그 참여 인원이 더 적었고 법제도적 정비도 미진했기" 때문이었다. 사이버 공간을 둘러싼 접근성 및 정보 불평등을 해소하고 성폭력의 문제를 해결하기 위해 여성계가 제도적 차원에서 움직이기 시작하고, 문화운동의 영역에서는 영페미니스트들을 중심으로 온라인 페미니즘이 조직되어 '언니네'와 같은 페미니스트 사이트가 만들어진다. 그러나 이런 페미니스트 사이트들이 "보편적인 지지"를 받은 것은 아니었으며, 여성들은 페미니즘에 대한 죄책감 없이 "다이어트와 연애와 좋은 남자를 찾아 안전하게 결혼하는 법에 대해 이야기할 수 있는" 안전한 공간을 원했다. 남성들의 사이버 (성)폭력과 페미니즘의 PC함으로부터 자유로운 공간. 여성들은 마이클럽, 룰루, 아이지아, 주부닷컴, 아줌마닷컴 등의 상업주의적 여성 사이트에서 그런 공간을 찾아냈다.36

이후 자율적이며 현명한 소비주체로 스스로를 정체화하기 시작한 여성들은 지나치게 상업적이었던 여성 사이트들로부터 좀 더 독립적이었던 '삼국카페'나 '여성시대'와 같은 커뮤니티로 모여들었다. 이 사이트 유저들의 "20대 성인 여성으로서의 당당함과 주체성을 내세우는 부분은 포스트-페미니즘이 강조하는 평등의 성취와 신자유주의에서 중요시하는 개인의 노력이 만나는 지점"을 잘 보여주었다. "이들은 자기계발과 현명한 소비를 강조하면서 얼마나 자신들이 주체로서 잘 살아가고 있는지를 증명"한다. 또 한편으로 이들은 종종 페미니즘의 언어를 "채택해 자신의 경험과 위치를 성찰하고 이를 통해 여성혐오 문화나 성차별적 사회에 대항할 수 있는 힘"을 기르고자 했다. 이는 포스트-페미니즘 시대의 '새로운 여성들'에게 페미니즘이 어떤 영향을 미치고 있었는지 가늠할 수 있게 해준다. "대다수의 회원들은 자신을 페미니스트라고 정체화하지 않지만 페미니즘과 자신의 주장이 어떤 면에서는 공명할 수 있음을" 알고 있었다.37

그러나 이런 '공명의 깨달음'에는 포스트-페미니즘적인 한계가 내재되어 있었다. 그들은 페미니즘의 수혜 안에서 여성으로서 겪게 되는 차별과 억압의 단면들을 여성 젠더로서 포착하고 저항하고자 했지만, 신자유주의적 가부장체제를 내면화한 특정한 실천을 통해 자신이 어떤 보상을 받고 있으며, 그것이 체제의 유지에 어떻게 복무하는지에 대해서는 깊이 있게 성찰하지 못했다. 예를 들어,

---

36_ 이에 대해서는 김수아, 「한국사회 사이버 공간과 젠더정치」, 『한국언론학회 심포지움 및 세미나』, 2011을 참고.
37_ 전혜영, 「포스트페미니즘 시대, 여성전용 사이버공간의 필요성과 페미니즘의 역할」, 『여성연구논총』 vol. 28, 2013, 124-131.

소위 시월드의 부당함에 대해서는 집단적으로 분노하지만 평소에는 멋모르는 순진한 여성으로 일코를 하는 동시에 남자 친구의 즐거움을 위해 가터벨트를 입는 이벤트는 자신의 성적 주체성으로 인지한다. 또는 순결 이데올로기와 성별 이중 규범에 대해서는 예민하게 촉각을 세우지만 성매매 여성에 대해서는 규범적이지 않다며 비난한다. 더불어 신자유주의의 자기관리 서사와 소비주의가 사회를 잠식함에 따라 여지없이 자유게시판에는 지속적으로 '얼평', '몸평' 등 자신의 외모를 평가해 주기를 바라는 글이 올라오고 일상적인 자기 검열을 관리의 과정으로 해석한다. 외모 관리를 통해 얻은 젠더 보상에 대해서는 수많은 관심이 쏠리지만 외모 관리가 어떤 메커니즘 속에서 작동하는지, 혹은 어떻게 저항해야 하는지에 대해서는 침묵한다.[38]

이렇게 사회의 모순을 생산하는 근본적인 구조에 저항하지 않는 인식의 한계는 여초 커뮤니티에서 감지되는 소수자 혐오와도 연결되어 있었다. 한국의 인종화된 혐오에 대한 연구에서 류진희는 "다문화 가정과 결혼 이주 여성에 대한 불편함이 자주 토로되고, 이는 특히 필리핀계 귀화인이자 새누리당 국회의원인 이자스민을 향한 혐오에서 드러나고 있다"고 지적한다. "남성들이 '김대중-노무현' 정권하 가장 본격적으로 가시화되었던 여성 정책에 반감을 가졌던 것과 마찬가지로, 이들은 '이명박-박근혜' 정권에서 주로 집중되었던 다문화 정책에 거부감을 가지고 있"[39]었다는 것이다. 메갈에서 "남성의 부정을 공격하기 위해 라이따이한이나 코피노 문제를 전면화"[40]하고 있는 '여성들의 혐오'를 고민하지 않을 수 없는 이유다. '여성혐오에 대한 혐오(여혐혐)'는 명백하게 '여혐(여성혐오)'에 대한 '반사 행위'다. 그러나 신자유주의 시대 '쓰레기'가 된 자들이 자신의 불안을 극복하기 위한 적극

38_ 같은 글.
39_ 류진희, 「'촛불소녀'와 그 이후, 이천년대 한국 여성의 탈/인종화」, 『한국사회와 성/문제: 식민지 자본주의에서 신자유주의까지』, 성균관대 동아시아학술원 인문한국연구소·국제한국문학문화학회, 2015, 38.
40_ 같은 글, 36.

적인 '주체화의 정동'으로 혐오를 다시 소환하고 있을 때, '된장'이 된 자들 역시 또 다른 소수자에 대한 혐오에 의지한다면, 미러링의 정당성은 훼손될 수밖에 없다. 메갈의 미러링 스피치에 대해서 여혐혐이다 남혐이다 의견이 분분하지만, 여전히 성별 권력 관계가 명확한 한국사회에서 '남성 혐오'는 가능하지 않다. 사회적 현상으로서 '혐오'란 소수자와의 관계 안에서 가능해지는 것이기 때문이다. 따라서 그런 논의는 '물타기'에 가깝다. 그보다 우리가 주목하고 고민해야 할 '여혐혐'의 '혐오'는, 남성에 대한 것이 아니라 또 다른 소수자에 대한 것일 터다.

'페미니즘 리부트'는 지금까지 추적해온 한국사회의 정치, 경제적인 변화와, 그 변화의 굴곡마다 반동적 회귀의 묘를 선보였던 한국사회에 정당성을 부여해준 문화의 자장 안에서 등장했다. 이런 과정 안에서 '페미니즘 리부트'의 주체들은 '촛불 소녀'에서 '아는 여자'로 성장했고, '차이나타운'에서는 '캐리'가 될 수 없다는 것을 체험적으로 습득했다. 가정 및 학교에서 구체적인 성차별을 겪지 않았던 여성들은 취업시장에 뛰어드는 순간부터 난감함을 느끼게 된다. 신자유주의와 적극적으로 만난 포스트-페미니즘이 자기계발과 각자도생으로 깨고 넘어갈 수 있다고 말해왔던 유리 천장이 기실은 매우 낮게, 우리의 삶 자체에 밀착해 있음에 온몸으로 부딪히게 되는 것이다. 그리고 그 유리 천장은 그렇게 개인의 차원에서 간단하게 깨질 수 있는 것은 아니다. 신자유주의 시대에 생존의 문제는 젠더를 넘어서는 것으로 간단히 분석되곤 하지만, 우리가 지금까지 살펴본 것처럼 그것은 명백하게 젠더화되어 있다. 여성은 여성 젠더로서 사회적 안전망은 무너지고, 공감하고 이야기를 나눌 '곁'은 파괴되었으며, 아무것도 보장하지 않는 세계에서 살아남기 위해 발버둥 쳐야 하는 지옥을 산다. '페미니즘 리부트'는 결국에는 신자유주의 시대의 포스트-페미니즘이라는 판타지의 실패가 가져온 아주 현실적인 조건으로부터 등장한 운동이었다. '페미니즘 리부트'의 중요한 의제가 '동일노동 동일임금'에 집중되어 있고, 공적 영역의 재편에 방점이 찍혀있었던 것은 (매우 자연스럽게도) 이런 조건을 반영하는 것이다.[41]

이 글은 우리 시대의 젠더화된 모순을 추적하면서 그 안에서 배태된 또 하나의 페미니즘의 원초적 장면을 그려보려는 시도였다. 페미니즘은 언제나 '우리'가 놓여있는 그 조건으로부터 등장했다. 현실과 분리된 채로 공허하게 등장한 페미니즘이란 없으며, 바로 그런 이유에서 시대의 한계를 당대 페미니즘의 한계로 내재화하게 되는 것은 필연적인 일이었을 것이다. 그러나, 그럼에도 불구하고 명백한 것은, 그 안에서도 페미니즘은 언제나 그 한계를 갱신하는 상상력이자 실천의 에너지였다는 점이다. 우리는 깨고 부수고, 꿈틀거리기를 멈춘 적이 없다.

'페미니즘 리부트'는 각자도생의 시대에 '편'을 조직하려는 적극적인 움직임으로서 등장했던 것은 아닌지 조심스럽게 질문하게 된다. 염려되는 것은 '편'의 동학에는 그 '편' 안에 누구를 포함하고 누구를 배제할 것인지에 대한 강력한 타자화의 동학과 절대적인 '적대'의 세계관이 내재되어 있다는 점이다. 엄기호는 "편으로 이루어진 세계는 '지지 혹은 적대'의 세계이기 때문에 자기가 지지하는 쪽은 무조건 옳고 반대편은 무엇을 하더라도 틀리게 된다"고 말한다. "그래서 편의 언어는 단순"하고, "편들어야 하는 자는 일방적으로 말한다"는 것이다. 그리하여 '편'의 세계가 파괴하는 것은 '곁'이다. 이때 '곁'이란 말하는 자리이기보다는 듣는 자리, 개인의 이야기를 공공의 의제로 바꾸어낼 수 있는 동료의 자리다.[42] 이런 곁의 자리는 타인의 주목(attention)을 두고 무한히 경쟁해야 하는 SNS라는 밀림[43]에서는 도저히

41_ 이 글에서 전혀 다루지 못한 부분은 <메리다와 마법의 숲>(2012)이나 <겨울왕국>(2013), <말레피선트>(2014) 등이 선보였던 '디즈니 페미니즘과 히포시(HeforShe)와 할리우드 여성 배우들의 움직임 등으로부터 힘을 얻고 있는 '셀렙 페미니즘'이라는 '글로벌 페미니즘'의 영향력이다. 해시태그의 경우에도 미국 트위터의 해시태그 운동 (#YesAllWomen 운동) 등이 한국의 SNS 페미니즘과 어떤 관계를 서로 주고받고 있는지에 대해 추적해 볼 수 있을 것이다.

42_ 엄기호, 『단속사회』, 창비, 2014, 5-12.

43_ 신자유주의 시대 SNS의 주요 형식이자 대표적인 '편짜기 놀이'라고 할 수 있는 '조리돌림' 문화에서 발견할 수 있는 주목 경쟁의 문제에 대해서는 손희정, 「혐오의 시대— 2015년, 혐오는 어떻게 문제적 정동이 되었는가」, 『여/성이론』 32호, 2015, 33-37 참고

형성되기 힘든 공간이기도 하다. '페미니즘 리부트'는 이런 '편'의 형식을 먼저 차용하고 있지는 않았을까? 그것이 '페미니즘 리부트'를 가능하게 했던 현실적 조건의 한계인 것은 아닌가? 기실 '페미니즘 리부트'의 한계는 '동일노동 동일임금' 등 소위 자유주의 페미니즘의 의제를 '재반복'하고 있다는 것이 아니다. 재차 강조하지만 세계의 현실적인 조건이 여전히 우리를 그 구호 속에 포박하고 있기 때문이다. 오히려 우리가 우려해야 할 것은 바로 그 조건들 외부를 상상하지 못함으로써, 우리가 신자유주의적인 소외와 파편화의 과정에 동참하게 된다는 것이다. 이런 한계로부터 어디로 나아갈 수 있을지, 스스로를 갱신하는 페미니즘의 새로운 상상력, 이제부터는 그 이야기를 해야 할 것 같다. 그것이 2015년 인구에 회자되기 시작한 "이제, 다시, 페미니즘"의 진정한 의미다.

3부

파국의 시대,
문화론의 조건들

12

오토포이에시스와 마음의 정치학

이득재

들어가기

새로운 사상권이 부상하고 있다. 최근 통섭, 융복합 문제, GNR 혁명에 대한 정보와 더불어 국내에도 새로운 사상권에 속하는 주요 저작들이 번역되어 나오고 있다. 1989년에 에리히 얀치의 『자기조직하는 우주』와 그레고리 베이트슨의 『마음의 생태학』이, 1990년에는 그레고리 베이트슨의 『정신과 자연』이, 1995년에는 『구성주의』와 움베르토 마투라나의 『인식의 나무』가, 1997년에는 바렐라와 톰슨, 로쉬의 『인지과학의 철학적 이해』가 번역되어 나오더니 다마지오의 『스피노자의 뇌』, 마크 존슨과 조지 래코프의 『몸의 철학』, 최근에는 『윤리적 노하우』, 브루노 라투르의 『인간 사물 동맹』 등이 번역되어 나오기도 했다. 물론 그 자체로는 새로운 것이 아니고 우리가 인문학적이고 사회과학적인 사상권에 속하는 사상가들을 탐독하는 동안 다른 한편에 존재하고 있던 다른 사상권이 이제 눈에 띄는 것일 뿐이다. 이미 우리는 2000년에 나온 『지적 사기』의 번역을 통해 소칼 논쟁을 경험한 바 있기도 하다. 물론 소개 자체가 그동안 꾸준하게 이루어져온 측면이 있기는 하지만, 아직도 단편적이고 초보적인 수준인 데다가 그 새로운 사상권이 사회변혁에 어떻게 이바지할지도 아직 분명하지 못하다.

본고에서 다룰 오토포이에시스 이론은 1970년에 움베르토 마투라나가 「인지생물학」을 발표한 이후 꾸준하게 관심을 받아오던 것으로서, 본고의 부록에서 알 수 있듯이 사이버네틱스 이론의 발전 속에서 시스템 이론, 인지과학 이론 등과 더불어 서로 상호 연관을 맺으며 발전한 이론이다. 『지적 사기』를 통해 포스트모던과 과학 이론 간의 관계를 규명하는 작업들이 있었지만 윌슨의 『통섭』(統攝)이 번역되어 나오기 전에 이미 인문과학과 사회과학 및 자연과학은 통섭(通攝)하고 있었다. 자연과학이 일방적으로 인문사회과학을 거세게 몰아붙이며 공학 중심의 이윤 추구 논리에 의해 학문 편성을 심하게 왜곡시키고 있는 현실을 타파하자면 학문의 분과성 문제를 재고해야 할 시대이기도 하다. 소칼은 포스트모던적인 사기에 대해 언급하지만 그가 언급한 사상가들은 사실 제한적이고, 인문과학적인 사고가 자연과학에 미친 영향에 대해서는 무지하다고 볼 수 있다.

학문 재구성 문제는 필자가 본고에서 다룰 사안이 아니기 때문에 더 언급하지 않겠다. 본고에서 필자가 관심을 갖는 것은 오토포이에시스 이론이 니클라스 루만의 사회시스템 이론처럼 사회과학 분야에 적용될 수 있다면 그와는 다른 방식으로 오토포이에시스 이론이 사회 변혁의 새로운 회로를 트는 데 기여할 수 있지 않을까 하는 의문을 해소하는 것이다. 움베르토 마투라나는 자신의 이론이 사회과학에 적용될 수 있는지에 대해 회의적이었던 것으로 알려져 있지만, 같은 오토포이에시스 이론가였던 프란시스코 바렐라는 자신의 스승이었던 마투라나와 이 문제에 관해 다른 견해를 갖고 있었던 것으로 알려진다. 필자는 이러한 맥락에서 최근 국내에서도 주목받고 있는 뇌과학의 성과를 바탕으로 하여 마음의 문제를 살피고 마음의 재구성을 통해 오토포이에시스 이론이 어떻게 정치적인 가능성을 열어줄 수 있는지 니클라스 루만과 푸코를 이론적으로 대비시키면서 살펴보고자 한다.

주지하다시피 자본주의는 심적인 세계마저도 미지의 영역으로서 자본의 활동대상으로 가공하고 있다. 그동안 국내에서 논의되었던 비물질노동의 문제나 인지자본주의 문제는 결국 노동과 심적인 세계 혹은 마음의 문제이기도 하지만, '마음의 시장화'가 급속도로 진행되고 있는 상황에 대한 철저한 인식 내지는 그로부터의 해방이라는 기획에 대해서는 사실 전무했던 편이라고 할 수 있을 것이다. 야마노우치 야스시(山之內靖)는 이탈리아의 맑스주의 건축비평가인 만프레도 타푸리의 『건축신화의 붕괴—자본주의의 발전과 계획의 사상』을 인용해 타푸리가 말하는 '자기프로그램화하는 사이버네틱스'라는 개념을 사용하여 인지자본주의를 자기프로그램화하는 사이버네틱스의 새로운 단계로 파악하고 있는데,[1] 이 개념이 야만적인 한국판 자본주의 분석에 실제로 사용될 수 있을지는 재고해 보아야 할 문제로 보인다. 타푸리가 말하고자 한 것은 결국 자본주의의 착취 영역이 인간의 심적인 내부로 돌진하는 디지털화된 기술 발전에 의해 확산된다는 것인데, 그렇게 된다 하더라도 결국 자기프로그램화하는 사이버네틱한 자본주의에 의해 창출되는 유효수요가 맑스가 말한 실물 생산 부문과 비실물 생산 부문을 벗어나 별천지에서 나타나는 것은 아니기 때문이다.

지난 번 한국사회를 들끓게 했던 용산 제4 구역 재개발 문제나 얼마 전 부산 해운대에서 일어났던 화재는 한국사회에서 시세 차익을 노리는 개발의 욕망이 사람의 마음을 얼마나 훼손시키고 있는가를 보여준, 그리고 그칠 줄 모르는 인간의 탐욕이 빚어낸 필연적인 결과였다. 부산 해운대의 화재는 인화성 물질로 뒤덮인 주상복합 공간에서 비롯된 것이지만 더 깊이 들여다보면 시장의 욕망, 경쟁의 욕망이 마음을 지배하고 있기 때문이라는 것을 알 수 있다. 자본주의는 그 자체가 인지자본주의든 자기프로그램화하는 사이버네틱스든, 오토포이에시스 이론에서 말하듯이 지속적으로 작동하는 공간이고 그렇게 자본주의화된 마음은 변화를 모른 채 한국사회에서 수십 년 동안 지속적으로 작동하고 있다. 가계부채가 700조를 넘어선 오늘날의 한국 경제는 한국사회에서 마음의 시장화가 얼마나 철저하고 야만적으

1_ 山之內靖, 「社會システム論と批判理論」, 『現代思想』, 29권 3호, 2001. 2, 76.

로 압축성장해 왔는지를 단적으로 보여준다. 그렇다면 시세 차익과 프리미엄의 쾌락에 젖은 개발의 욕망은 극복 불가능한 것인가? 일본의 생명과학자인 모리오카 마사히로가 『무통문명』에서 말하듯이 쾌락을 가져다주는 현대자본주의의 숱한 무통화 장치로부터 해방될 수 없는 것인가? 그 쾌락은 즐거움으로 전환될 수 없는 것인가? 만일 소비자본주의가 고통을 회피하는 무통문명의 소산이고 현대자본주의가 무통격류에 휩쓸리고 있다면 노동자 민중의 고통을 호소하는 기존의 운동 방식은 변해야 하는 것 아닌가? 잡지 『좋은 생각』처럼 대중은 좋은 생각, 즐거운 생각으로 자신들의 마음을 가득 채우는데 사회운동은 그와 반대되는 방향으로만 작동해온 것 아닌가? 소비욕망과 개발욕망이 뒤범벅된 한국사회에서 마음의 재구성은 과연 불가능한 것인가? 마음의 재구성을 위해서는 마음의 정치학을 어떻게 구축해야 할 것인가에 대한 인식, 그리고 그 이전에 무엇보다도 '마음'이란 무엇인가에 대한 사고가 필요하다 할 것이다.

마음의 의미

뇌과학 붐이 일어나면서 '마음, 신체, 뇌'의 문제가 새롭게 조명을 받고 있다. 데이빗슨(Davidson)의 마음의 사건, 리베트(Libet)의 마음의 시간, 다마지오의 스피노자의 뇌, 레이코프의 몸의 철학 등 뇌과학의 성과에 따라 마음과 신체의 관계가 새롭게 주목받고 있다. 물론 마음과 몸, 즉 심신문제는 철학적으로 데카르트, 피히테, 스피노자, 쉴레겔, 칸트를 거쳐 훗설의 현상학이나 하이데거의 철학에 이르기까지 철학적인 검토 대상이기도 했다. 몸과 몸에 속한 부분들은 물리적 물질이지만 마음은 그렇지 않다는 데카르트의 실체적 이원론은 뇌과학의 성과에 힘입어 새롭게 해석된다. 신경생물학이 밝혀낸 과학적인 정보들에 따라 정신적인 현상들이 신경회로의 수많은 작용에 밀접하게 의존하고 있다는 사실이 밝혀졌다는 것이다.[2] 그러나 그렇다고 해서 심신문제라는 수수께끼가 완전히 해결된 것은 아니다. 뇌 안에 신체지도가 존재하고 느낌이 신체 상태에 대한 신경의 지도에 연관된다는 사실이 밝혀졌다고 해서 그러한 지도를 누가, 무엇이 뇌 안에서 작성하는 것인지는 아직 알 수 없다. 네오 사이버네틱스라는 개념과 유사한 'Second of cybernetics(2차 사이버네틱스)'라는 개념을 창안한 하인츠 폰 푀르스터가 말하는 것처럼 '관찰행위를 관찰하는 것'이 '2차 사이버네틱스'라면[3] 뇌라는 관찰자의 지도를 그리는 관찰행위를 누가, 무엇이 관찰하는 것인지는 아직 분명하지 않다는 말이다. 심적인 이미지가 신경 패턴에서 비롯되고 뇌가 몸이 어떤 방식으로 행동할 것인지 명령을 내린다고 하더라도 이것이 마음의 기원을 속시원하게 밝혀주는 것은 아니다. 다마지오는 인간의 뇌란 탄생 때부터 몸을 모니터링하는 수많은 지도를 갖고 있다고 하지만 마음 안에는 뇌의 명령과 무관하게 생각과 의식, 정서와 느낌이 창발(emergent) 되는 것이라고도 할 수 있다. 오토포이에시스 이론에서 말하듯이 접속에 실패한 뉴런이 세포자살이라는 회로를 사용하여 스스로 사멸하듯이 정서와 느낌의 접속, 마음과 마음의 접속이 가능하다면 부정적인 것이든 긍정적인 것이든 새로운 정서와 느낌이 창발될 수 있다고 말할 수 있기 때문이다. 여기서 접속이란 인간과 인간의 마음의 접속일 수도 있고 셰리 터클(Sherry Turkle)이 머드 게임 플레이어 분석을 통해 말하는 '사이버-자기'의 탄생과 연관된 인간과 기계의 접속이기도 하다.[4] 심적인 이미지가 오로지 뇌의 신경회로에 따른다고 말하는 것은 신경회로를 전자회로로 간주하는 사이버네틱스에 대한 오해만큼 잘못된 것일 수 있다.[5] 물론 사람의 뇌에는 약 1,000억

2_ 안토니오 다마지오, 『스피노자의 뇌—기쁨, 슬픔, 느낌의 뇌과학』, 임지원 옮김, 사이언스북스, 2007, 219. 이하 이 책에서의 인용은 본문에 그 쪽수를 표시한다.

3_ 西垣通, 「ネオサイバネティクスからの自己像」, 『現代思想』, 38권 9호, 2010. 7, 88.

4_ 이것은 셰리 터클의 1995년 저서인 Life on the Screen: identity in the age of the Internet (New York: Simon & Schuster, 1995)에 나오는 내용이다.

5_ 신희섭, 「불교와 뇌과학」(『불교평론』, 2010. 6), 강병조 「유식론과 신경과학」(『열린 논단』, 2009. 4) 등은 뇌과학의 입장을 옹호하는 글들이다.

개의 신경세포가 있고 약 100조 개의 시냅스가 있는 것으로 추정되기 때문에 뇌의 복잡계를 인정할 수밖에 없지만 바로 그 복잡계적인 뇌 때문에 마음을 뇌의 표상으로만 치부할 수 없는 결과가 생긴다. 조지프 르두의 실험에서 밝혀진 것처럼(65) 편도가 공포나 분노의 정서를 촉발하는 역할을 한다는 사실이 밝혀졌지만 그것은 동물을 가지고 한 것이기 때문에 신체의 일부인 편도가 인간의 사회적인 정서까지 설명할 수 있으리라고 기대하는 것은 무리다. 같은 단어인 공포와 분노라 하더라도 그것이 일차적인 정서와 사회적인 정서로 각각 사용될 때 그 단어의 의미는 달라질 수 있고 다마지오의 말대로 정서 이후에 느낌이 발생할 때 가령 공포의 정서가 그대로 공포의 감정을 촉발시키는 것이라고는 볼 수 없다. 공포의 정서가 분노의 느낌 등 다양하고 복잡한 느낌으로 분화되어 나타날 수도 있는 것 아닌가라는 생각이 들기 때문이다. 동양의 아비달마(阿毘達磨) 이론에서 말하는 연기설 중 8번째 연기에 해당하는 애(愛)의 경우 84,000 가지의 애착이 있다고 말하는 것6과 달리 다마지오의 정서 이론은 지나치게 단순화되어 있다는 생각이 든다.7

필자가 여기서 관심을 갖는 것은 마음과 몸의 관계에 대한 철학적인 이해나 몸과 마음을 하나의 실체의 두 가지 속성으로 보는 스피노자의 견해가 아니다. 필자가 보기에는 다마지오의 이론은 정서의 생물학이나 마음의 생물학에 경도된 나머지 정서, 느낌이 사회적으로 어떻게 정치화될 수 있는지에 대해서는 아무 관심이 없다. 말 그대로 '무감의 정서'라 할 만하다. 그럼에도 불구하고 다마지오는 '사회적 정서'를 이야기한다는 점에서, 그 '사회적'이라는 말의 한계에도 불구하고 생각거리를 던져주는 측면을 갖고 있다고 여겨진다. 한 가지 예로 다마지오가 로버트 힌데의 공포에 대한 연구를

6_ フランシスコ・ヴァレラ, エヴァン・トンプソン, エレノア・ロッシュ 著, 『身體化された心』, 田中靖夫 譯, 工作舎, 2001, 166. 우리나라에는 이 책이 『인지과학의 철학적 이해』로 번역되어 있는데, 누락된 부분이 있어 일본판 번역서를 사용하기로 한다.

7_ 다마지오는 협의의 정서를 배경 정서, 일차적 정서, 사회적 정서로 나누어 그 관계를 성층적으로 이해한다.

인용하며 말하는 '지배와 복종의 양식'이 매우 어린 영장류의 놀이에서 확립된다는 사실을 말하는 대목이 그러하다(61). 그러나 다마지오는 여전히 벌집을 중심으로 사회를 이루며 살아가는 꿀벌의 9만5천 개의 신경세포를 언급함으로써 여전히 신경생물학적이고 뇌과학적인 입장을 우선시하는 것처럼 보인다. 이보다 더 문제인 것은 그가 사회적 정서를 사회적 조절이라는 복잡한 문화적 메커니즘을 발달시키는 역할을 수행했을 가능성이 높다고 말함으로써 정서의 생물학 내지는 마음의 생물학을 그대로 사회에 적용시키고 생명체의 호메오스타시스적인 견해를 드러냄으로써 생명체의 자기 유지와 보존 문제를 사회라는 유기체의 자기 유지와 보존과 등치시키는 인상을 심어주고 있다는 점이다. 다시 말하면 왜 생명체의 자기 보존 본능이 사회의 질서 유지 내지는 보존과 등치되어야 하고 또 등치될 수 있는 것인지에 대한 설명이 없이 안정과 질서를 찾아가는 호메오스타시스적인 사회를 상정하고 있는 것이다.8 이러한 다마지오의 '마음의 생물학'은 파슨즈의 『사회시스템』(1951)이나 니클라스 루만의 『사회시스템』(1984)으로 맥락이 이어질 수 있는 논의다. 다마지오가 안전을 위해 여럿이 뭉치는 행동, 협동의 힘, 내핍 생활, 이타주의, 심지어는 초기 상태의 노동조합 등 수많은 사회적 개념의 전조를 말하면서 벌꿀이나 302개의 신경세포와 5,000개의 신경세포 간 연결점을 가진 '예쁜 꼬마 선충'이나 벌꿀을 그 예로 드는 것은 크로포트킨이 말하는 '상호부조사회'의 개념처럼 마음의 생물학으로 모든 것을 환원시키는 우를 범할 수도 있다. 생명의 조절 기능과 파슨즈가 말하는 사회시스템의 패턴 유지와 갈등 처리 기능, 호황과 불황을 반복하며 결국엔 호메오스타시스적으로 평형상태로 되돌아간다는 케인스주의 경제학은 따지고 보면 사회시스템의 안정에 기여한다는 점에서 서로 상동성을 갖고 있는 것들이다. 다마지오는 스피노자의 『에티카』 4부 정리 18에 나오는 덕에 관해 이야기하면서 자기 나름의 스피노자 해석 내용을

8_ 다마지오는 실제로 『스피노자의 뇌』의 195쪽 이하에서 '항상성과 사회적 삶의 조절' 문제를 다루고 있다.

다음과 같이 밝힌다.

> 내가 해석한 스피노자에 따르면, 시스템은 각 개인의 자기 보존 메커니즘에 기초
> 해서 윤리적 의무를 구성하지만 사회적 문화적 요소 역시도 염두에 두고 있다.
> 개인이나 사회적 실체가 자기 자신 외에 다른 이가 존재한다···. 다른 이들과
> 공유된 평화로운 합의 속에서 살아가고자 하는 노력은 나 자신을 보존하고자
> 하는 노력이 확장된 것이다. 우리는 특정 방식의 생물학적 구조를 갖게 되었다.
> 사회적 정치적 계약은 개인적 생물학적 요구가 확장된 것이다.(203)

그러나 시스템이 만들어낸 현실 속에는 학생운동이나 노동운동에서 보
듯이 자기 보존 메커니즘과 무관하게 윤리적 의무를 짊어진 타인이 존재한
다. 생물학적인 관점에서라면 어종 중에 자기 보존을 위해 트랜스젠더를
감행하는 물고기도 있을 수 있겠지만 사회시스템의 안정이 늘 쉬운 것도
아니고 다시 안정을 찾아간다 해도 1929년의 대공황과 그 이후의 세계전쟁
처럼 전쟁이라는 비상수단을 동원해야 스스로의 작동에 의해 생긴 모순을
해결하는 자본주의 시스템도 존재하는 것이다. 다마지오가 언급하는 시스
템은 본고의 부록에 실린 <표 5>에서 보듯이 고전적인 사이버네틱스 이론
에서 말하는 시스템 이론을 상기시키기에 충분하다.

마음은 숱한 정서와 느낌들이 생성 소멸되는 공간이자 다른 마음들과의,
신체 혹은 다른 신체와의 접속과 소통을 통해 전혀 다른 정서와 느낌이
창발되는 장이기도 하다. 오토포이에시스적으로 말하면[9] 마음에는 안팎의
경계 구분이 없다. '마음의 문을 열고'라든가 '마음의 문을 닫다'라는 말처럼
마음은 문이 자동 개폐되는 오토포이에시스적인 공간이기도 하다. '문'이라
는 은유 탓에 마음과 몸, 마음과 뇌, 마음과 환경 사이에 마치 경계가 있는
것처럼 여겨질 수 있지만 '마음이 돌아서다'라는 말처럼 마음은 스스로의

9_ 오토포이에시스의 좀 더 구체적인 예로는 이득재, 「오토포이에시스와 맑스주의 문학이
론」, 『문예미학』 12호, 2006 참고.

작동을 통해 경계를 만들기도 하고 부수기도 한다. '마음 가는대로 살라'는 말 또한 (마음 속의) 마음과 마음, 마음들과 마음들 사이에 경계가 부재한다는 것을 나타내기도 한다. '마음이 콩알만해지다'라는 말처럼 마음은 신축성이 강한 공간이기도 하고 마음의 용광로라는 다마지오의 표현도 있듯이 마음 안에서는 격한 마음, 앙심처럼 무수한 정서의 입자들이 충돌하고 '마음이 열두 번 씩 변사를 한다'는 말처럼 마음 안에서는 무수한 정서들과 느낌들의 변이가 일어나기도 한다. 이러한 점에서 마음은 오토포이에시스적인 시스템이라고 말할 수 있다. 바렐라가 시스템을 가리켜 존재가 아니라 작동이라고 말했듯이 마음은 존재가 아니라 작동이고, 스스로의 작동에 의해 특정한 마음과 특정한 마음의 경계 세우기와 해체 및 변이와 창발이 생성되는 시스템인 것이다. 그것이 뇌나 호르몬 분비에 일정 정도 영향을 받는 것은 사실이겠지만 오토포이에시스 이론이 입력도 출력도 없는 것이라면 마음에서도 신경회로, 호르몬 등의 입력이 없어도 출력이 생겨날 수 있다고 말할 수 있을 것이다. 본고의 뒷부분에 실린 부록 중 <표 1>에 나오는 제3세대 시스템 방정식인 $f(\square, \square, \square, \square \cdots)$처럼 마음은 마음이라는 오토포이에시스적인 시스템의 작동에 의해 생성된 변수인 □가 무수하게 산출되는 공간이다. 여기서 □는 정서와 느낌으로 구성되는 정동(affect)들을 가리킨다.

마음에 대한 이러한 규정은 '자기'에 대한 규정의 문제와 동일하다. 주지하다시피 오토포이에시스 이론은 무엇보다도 '면역계'와 연관된 것이었다. 사람의 면역반응을 단순화시켜 보면 생물학적인 자기와 다른 이물질 즉 다른 HLA(Human Leukocyte Antigen) 항원을 갖고 있는 세포를 흉선에서 만들어지는 T세포라고 불리는 림프구 계의 면역세포가 공격하고 파괴하는 작용이다. 여기서 HLA항원이란 자신의 유전자 군이 만들어내는 일군의 단백질로서 개인마다 다르다. 따라서 다른 사람의 장기를 이식할 경우 면역반응이 떨어져 목숨이 위험해질 수 있다. 면역반응에서 보듯이 '자기(自己)'란 결코 하늘에서 떨어진 채로 고정된 안정적인 존재가 아니다. 어떤 시점에서 T세

포가 인지하는 것이 '자기'가 되거나 '비-자기'는 '자기'와의 차이에 의해 배제됨으로써 '자기' 그 자체가 시시각각 변화하기도 한다. 다시 말해 흉선에서 계속 만들어지는 다양한 T세포에 의해 인지됨으로써 비로소 '자기'가 규정되는 것이다. 니시가키 토호루(西垣通)는 「ネオサイバネティクスからの自己像」에서 '자기'를 일종의 장으로 규정했고 오오다(多田富雄)는 1993년에 쓴 『면역의 의미론』에서 자기와 T세포 간에 이루어지는 자기언급적인 행위들의 체계를 두고 '초시스템'이라고 불렀다.10 오오다가 말하는 초시스템은 '자기 창출시스템'인 오토포이에시스와 일치하거니와 마음에도 적용될 수 있는 개념이라고 말할 수 있을 것이다. 마음 안에는 온갖 정서와 느낌들로 가득 차있으면서 동시에 텅 빈 미규정의 공간이기도 하고, 자기와 비-자기의 구별이 면역반응에서 불분명하듯이 마음 안에서도 마음과 마음의 경계 구분은 안정적이지 못하기 때문이다.11

바렐라는 톰슨, 로쉬와 함께 쓴 『身體化された心』에서 마음을 직접 거론하지는 않지만 '자아 없는 마음'이라는 장을 통해서 마음속에 자아가 없고 자아 또한 오온(五蘊)들의 창발 형식이라고 규정함으로써12 마음과 자아의 동일성에 대해 언급한다. 바렐라가 보기에 자아란 오온 전체와 동일한 것으로서 마음이나 자아는 창발적 속성을 갖고 있고 달마 그 자체 또한 창발하는 체계라는 것이다. 스피노자 식으로 마음이 실체이기는 하되 물질이 아닌 것처럼 바렐라에게 있어서도 마음이나 자아처럼 창발하는 것에는 존재론적인 실재(물질)의 지위가 없는 것이다.13 그렇다면 마음이 창발의 형식이고

10_ 西垣通, 「ネオサイバネティクスからの自己像」, 『現代思想』, 38권 9호, 2010. 7, 87쪽 재인용.

11_ 들뢰즈는 『차이와 반복』에서 "나(je)와 자아(moi)가 개체화의 영역에 속하는지가 전혀 확실하지 않'다고 말하면서 그 구분이 분화의 형태라고 말한다. "나는 고유하게 심리적인 종별화를 형성하고 자아는 고유하게 심리적인 유기적 조직화를 형성한다." 들뢰즈는 개체가 나는 물론이고 자아와도 구별된다고 말하는데 들뢰즈가 말하는 미규정성으로서의 개체는 아무 것도 규정된 바 없는 오토포이에시스적인 자기와 마음에 비견될 수 있다. 들뢰즈 『차이와 반복』, 김상환 역, 민음사, 2004, 543-552쪽 참고.

12_ 『身體化された心』, 109.

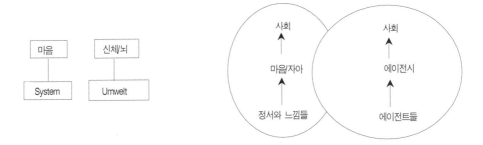

자아가 온들의 창발형식인 이상, 마음이나 자아는 스스로 작동하고 그 지속적인 작동을 통해 스스로를 창출하는 오토포이에시스적인 시스템이라고 할 것이다. 그렇다면 '사회'란 무엇인가? 바렐라는 온들의 창발성에 대해 이야기하는 가운데 마빈 민스키(Marvin Minsky)가 말하는 '사회로서의 마음'에 대해 언급한다. 바렐라는 자아 없는 마음을 말하기 위해 자아에 대한 확신을 포기할 수 없었던 민스키를 비판하면서도 민스키의 사회로서의 마음에 기대 "마음이 사회로서 창발한다"[14]고 말한다. 마음이 숱한 정서와 느낌들로 구성되어 있듯이 민스키가 말하는 대로 마음은 많은 에이전트들로 구성되어 있고, 이러한 에이전트들로부터 에이전시가 창발하듯이 숱한 정서와 느낌들은 새로운 마음을 창발시킨다고 말할 수 있다. 다마지오는 정서 촉발 부위와 정서 실행 부위를 뇌 안에서 탐색하겠지만 연기설(pratityasamutpada)의 12개 링크가 서로서로를 순환식으로 창발하는 것처럼 입력도 출력도 없는 오토포이에시스 시스템 안에서는 정서가 느낌을 촉발시킨다기보다는 창발하고 이러한 에이전트들이 사회를 창발한다고 말할 수 있을 것이다. 여기서 염두에 둘만한 바렐라의 중요한 지적은 마음을 비통일적이고 이질적인 과정 네트워크의 집적으로 규정하는 대목이다.[15] 이것은 따지고 보면 오토포이에시스적인 시스템으로서의 마음에 대한 규정과 거의 똑같은 말이기 때문이다.

13_ 같은 책, 172.
14_ 같은 책, 155.
15_ 같은 책, 156-157.

앞의 그림에서 ↑는 창발의 과정을 나타내는 것이고 앞의 그림 중 왼쪽 것은 마음과 신체/뇌의 관계를 니클라스 루만의 시스템이론을 원용해 그린 것이다. 앞의 이 두 가지 그림을 인용하면서 니클라스 루만의 사회시스템 이론을 푸코의 이론과 비판적으로 비교 검토해 보자.

니클라스 루만에서 미셸 푸코로

니클라스 루만이 1984년『사회시스템』에서 오토포이에시스 이론을 사회현상에 적용시켜야 한다고 선언했다. 그러나 니클라스 루만의 사회시스템 이론은 비단 오토포이에시스 이론의 영향만 받은 것이 아니라, 그 이전의 탈콧트 파슨즈가 1951년에 쓴 주저『사회시스템』, 베버와 훗설의 영향을 받아 현상학적인 사회학을 확립한 알프레드 슈츠, 민속방법론자로서 일상생활 속에서 사회적 행위의 상호관계를 연구한 H. 가핑켈 등의 영향을 받았다. 자연과학에서 탄생한 오토포이에시스 이론 외에도 루만의 지적인 영향권 안에는 제3세대 시스템에서 첫 번째에 해당하는 베르탈란피가 1973년에 발표한『일반시스템이론』이 있다. 루만이 오토포이에시스 이론을 법학, 문학과 예술, 사회학 등 생명 현상 이외의 영역으로 확장시켰듯이, 베르탈라피는 이미 1973년에 자신의 생체론적인 시스템 이론을 생체를 떠나 모든 영역에 보편적으로 적용시키려고 했다. 루만의 이론에 영향을 끼친 지적인 흐름에는 루만의 자기언급성 문제와 연관하여 괴델의 불완전성 정리, 러셀과 비트겐쉬타인의 패러독스 이론도 들어 있다. 러셀은 1902년 프레게에게 보낸 편지에서 "자기 자신을 요소로 갖지 않는 집합을 생각할 경우 그와 같은 집합(총체로서의)도 마찬가지로 존재하지 않는다. 여기서 나는 정의 가능한 집합이 어떤 경우에는 하나의 총체를 형성하지 않는다고 결론 내리고 싶다"[16]라고 쓴 적이 있다. 이러한 러셀의 주장은 본고 뒷부분에 부록으로 실린 <표 1>, <표 3>의 시스템 역사에서 보듯이, 시스템 이론은 전체를 요소들로 환원시키는 기계론의 요소환원주의와 유기체를 각 요소의 독특한 구성관계를 나타내는 개방계로 파악하는 유기 구성적 생기론을 수학적으로 넘어서는 통찰이었다.

이러한 지적인 배경[17] 하에서 생겨난 루만의 사회시스템 이론은 전기의 '복잡성의 응축'[18] 이론과 후기의 '오토포이에시스 이론'으로 나뉜다. 이 두 시기 사이에 연속성이 있는가 불연속성이 있는가라는 논쟁이 있지만 루만 자신은 두 시기가 서로 연속된다고 본다. 앞의 왼쪽 그림에서 보듯이 루만의 사회시스템 이론은 시스템/환경-차이라는 정식으로 표현된다. 루만 자신은 앞의 왼쪽 그림처럼 시스템/환경-차이의 정식을 마음과 신체의 관계로까지 확장시켜 보지는 않지만—필자도 본고의 논의 구조상 루만의 시스템 이론을 마음과 신체의 차이와 동일성 이론으로 발전시켜 논의하지는 않았지만—루만의 시스템 이론 중 가장 결정적으로 중요한 것은 '환경세계 (Umwelt)'이다. 루만에 따르면 세계는 세계를 구성하는 요소[19] 수의 산술적 증가와 거기에 동반되는 요소 간의 관계의 수의 기하급수적인 증가에 의해 요소의 무한한 관계 가능성을 전제하지 않을 정도로 망막한 것이다. 따라서 통일적인 의미로 세계를 말할 수 없고 세계를 전체로서 이해할 수도 없다. 다수의 요소들과 그 상호관계로 이루어지는 규정 불가능한 상태가 바로 세계인 것이다. 따라서 그 요소들은 선택되거나 한정되지 않으면 안 된다. 이것이 루만이 말하는 복잡성의 응축이다. 세계(Welt)를 둘러싼(Um) 환경세계(Umwelt)는 망막할 정도로 무수한 요소들과 그 관계로 이루어져 있기 때문에 그것들을 응축시킬 필요가 있고 따라서 세계를 시스템 자신의 환경세계

16_ http://www.jca.apc.org/~teramako/autopoiesis/autopoi_1.html
17_ 이외에도 루만의 이론에 미친 사상의 지형도에 대해서는 발터 리제 쉐퍼, 『니클라스 루만의 사회 사상』, 이남복 옮김, 백의, 2002, 제6장 참조.
18_ 복잡성의 '응축'이라고 할 때 일본어로는 '축감'이라고 하는데 한국어로는 '감축'이라고 할 수 있다. 루만의 코드와 프로그램을 고려하면 요소의 수를 줄인다는 의미에서 감축이란 말이 어울릴 듯하다. 그러나 본고에서 사용하는 복잡성의 '응축'이라는 말도 루만의 기능 체계 도표를 고려하면 그리 나쁜 번역어는 아닐 듯하다.
19_ 요소는 파슨즈에게 있어서는 사회적 행위다.

로 만들어야 한다. 환경세계란 시스템을 둘러싼(Um) 세계(Welt)이고 시스템은 환경세계와 시스템 사이의 복잡성의 차이에 있다. 따라서 앞의 왼쪽 그림은 다음과 같이 다시 그려져야 한다.[20]

그림에서 주의할 것은 환경세계가 시스템과 경계를 이루고 있어서 시스템으로부터 독립적인 것으로 보인다는 점이다. 그러나 루만에게 있어서 시스템과 환경세계는 한 세트다. 또 한 가지 시스템과 환경 사이의 차이란 시스템과 환경세계의 복잡성의 차이로 인해 환경세계의 복잡성을 응축함으로써 시스템이 형성되고 그에 따라 시스템에 고유한 환경이 형성된다는 뜻이다. 이것을 달리 말하면 환경세계의 응축으로 인해 시스템과 환경세계 간에 복잡성의 차이가 만들어진다는 뜻이다. 여기서 복잡성이란 시스템과 세계의 관계를 나타낸다. 시스템은 스스로의 작동에 의해 현실을 만들어내고 세계는 시스템의 작동을 통해 의미부여를 받는 소재가 된다.

그런데 루만의 경우 문제는 그러한 복잡성의 응축이 코드와 프로그램으로 이루어지는 몇 가지 시스템, 혹은 다기능의 시스템으로 단순화된다는

20_ 이 그림은 「레닌과 보그다노프」, 『문예미학』, 제4호에서 필자가 그린 보그다노프의 시스템 이론을 루만 식으로 변형시킨 것이다. 보그다노프의 경우에는 요소가 커뮤니케이션이 아니라 활동이다. 보그다노프의 시스템 이론은 보그다노프 스스로 조직학 (Tektology)으로 불렸는데 이러한 시스템 이론은 캇시러의 '행위로서의 시스템 이론'과 유사하다. 보그다노프의 시스템 이론은 탈콧트 파슨즈의 시스템 이론에 영향을 미쳤다. 카시러의 시스템 이론에 대해서는 아키모토 아키히토(柿本昭人)의 「アクトとしてのシステム」, 『現代思想』, 27권 4호, 1994. 4를, 보그다노프가 파슨즈에게 미친 영향에 대해서는 Z. A. Socher, *Revolution and Culture* (Ithaca: Cornell UP, 1988) 참조.

데에 있다. 루만이 법, 가족 등을 사회시스템의 하위시스템으로 고려한다든지 경제시스템, 법시스템, 정치시스템, 문학예술시스템 하는 식으로 시스템을 기능에 따라 분화시키는 것이 그러한 것이다. 루만이 코드와 프로그램을 말할 때 그 코드 또한 이원적인 코드에 머무른다. 하지만 모든 생명 시스템이 호메오스타시스, 즉 자기조절을 실현할 때 복잡성의 응축이 이원적인 코드에 머무르는 것은 아니다. 게다가 루만의 기능적인 사회시스템 이론에는 마음이라는 시스템이나 마음과 신체의 관계에 대한 고려가 전혀 들어가 있지 않다. 마음이라는 복잡계 시스템을 고려하지 않고 시스템을 기능적으로만 생각하게 되면 기능적인 여러 사회시스템에 마음이라는 시스템이 어떻게 복잡계적으로 영향을 미치는지 파악할 수 없게 된다.

주지하다시피 루만의 시스템에는 고유한 환경이 있고 거기에 고유한 코드가 있다. 앞의 그림에서 시스템의 요소가 커뮤니케이션이듯이 이러한 커뮤니케이션들 간의 접속을 가능하게 하는 것이 바로 코드다. 예를 들어 법시스템에서 법/불법, 경제시스템에서 소유/비소유, 학문시스템에서 참/거짓이 바로 그러한 코드들이다.21 예를 들어보자. 세계의 복잡성을 법적으로 응축시킨 법시스템에서, 환경세계의 여러 요소들 관계가 응축된 결과, 법적인 관계들로 다시 얽히게 된다. 그 관계는 합법/불법이라는 커뮤니케이션 코드에 의해 연쇄적으로 얽혀 들어간다. 이것이 법시스템의 커뮤니케이션이다. 경제시스템도 마찬가지다. 루만에게 있어서 프로그램이란 합법/불법이라는 코드에 대한 법률, 계약이다. 학문시스템의 경우 프로그램은 이론이다. 합법/불법의 각각의 조건과 목적을 가리키는 것, 좀 더 정확하게 말하면, 합법/불법이라는 코드가 작동하는 데 기준을 부여하는 것이 프로그램이다. 그렇다면 그 기준은 무엇이 결정하는가? 프로그램에 의해 시스템이 코드의 가치, 부정적이거나 긍정적인 가치를 결정한다. 코드에 의해 작동하는 시스템이 프로그램에 의해 합법/불법의 코드가치를 결정한다는 것이다. 여기서

21_ 이 코드들은 『니클라스 루만의 사회 사상』의 마지막 부분에 '기능 도표 체계'로 요약 정리되어 있다.

코드는 이원적으로 단순화되어 있지만 프로그램은 고도의 복잡성을 가진 것이다. 복잡성의 프로그램을 이원적인 코드로 응축하는 것은 시스템과 환경세계의 관계를 반복이라도 하듯이 복잡계적인 세계를 응축하는 것이다. 그런데 문제는 그렇게 했을 때 복잡계적인 프로그램과 이원적인 코드 사이에 존재할 수 있는 차이 혹은 낙차, 복잡성의 차이를 루만은 고려하지 않는다는 것이다. 게다가 프로그램은 일회로 끝날 수도 있고 계속 실행될 수도 있으며 프로그램 실행 중에 변경될 수도 있다. 또한 적절한 프로그램을 찾지 못할 수도 있다.

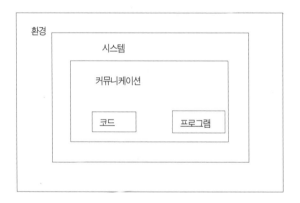

루만이 이러한 기능분화의 개념을 시스템이론에 도입한 것은 그가 복잡성의 응축이라고 말하듯이 바로 현대에 이르러 복잡성이 증대했기 때문에 사회의 어떤 기능시스템도 전체로서의 사회를 대표하거나 표상할 수 없다는 인식 때문이다. 사실 이러한 인식은 그리 새로운 것이 아니다. 루만은 이것을 시스템들 간의 갈등이라고 표현하지만 알튀세르의 중층결정론에서 이미 논의되었던 것이다. 루만은 자신의 사회학이론의 실천적인 과제로서 '사회학적 계몽'을 제기한다. 그러나 이성중심주의의 파탄에 기초한 사회학적인 계몽 또한 미래사회를 불확실한 것으로 생각하는 사고라는 점에서 그렇게 새로운 내용도 갖고 있지 않다. 루만은 사회적으로 구성된 현실을

당사자의 입장과 일치하지 않는 시점(Inkongruente Perspektive)에서 파악한다. 현실이란 시스템의 자기창출 작동과정에서 생성된 것이고 시스템은 스스로 계속 작동해가는 것이기 때문에 여기에 당사자의 입장이 개입될 여지는 없다. 루만이 철저하게 관찰자의 입장에 서는 것은 이 때문이다. 루만에게 있어서 관찰자는 시스템 바깥에 머물러 있다. 루만의 시스템 이론에서 시스템의 구성 요소는 위의 그림에서 보듯이 인간이 아니라 커뮤니케이션이다. 커뮤니케이션을 매개로 해서 커뮤니케이션을 관찰하고 구성하는 것이 루만의 시스템 이론의 핵심이기 때문에 여기에 등장하는 관찰의 주체는 이차적인 질서의 관찰을 할 뿐이다. 네오 사이버네틱스 이론에서 관찰행위를 관찰하듯이 커뮤니케이션을 매개로 커뮤니케이션을 관찰하는 것뿐이다. 물론 루만의 이론이 반인간주의의 입장에 서있기는 하지만 각 개인에게 사회적 커뮤니케이션이 미치는 영향에 대해서까지 침묵하는 것은 아니다. 교육, 가족 등을 '제2의 에콜로지 문제'라고 말하기도 한다.[22] 그러나 문제는 개인에게 미치는 사회적 커뮤니케이션의 영향에 대해 개인이 개입할 여지를 주기보다는 시스템에 그 몫을 넘긴다는 점이다. 커뮤니케이션의 자기창출이라는 오토포이에시스적인 시스템에 의해 스스로를 구성하는 시스템이 루만의 사회시스템 이론이듯이 시스템의 작동, 코드에 의한 시스템의 작동과 그 작동에 가치를 부여하는 프로그램에 그 몫을 넘기는 것이다. 루만에게 있어서는 커뮤니케이션이 시스템의 가장 밑바닥에서 작동을 지속하는 것이고 그 작동을 통해서 시스템은 환경과의 경계를 스스로 구성하고 자신 안에서 환경을 정보적으로 구성한다. 루만에게 있어서 시스템에 의한 구성을 매개로 하지 않는 일면적인 현실을 상정하는 것은 존재론으로 기각된다. 시스템 자체가 존재하는 것이 아니라 작동하는 것이기 때문이다. 시스템은 이 시스템 자신의 작동에 의한 시스템의 경계 설정을 통해 스스로에게 고유한 환경을 확정하고 이 경계설정과 고유영역의 확정을 가리켜 '작동에 의한

22_ 清水太郎, 「ルマンは家族とセラピをどう見るか」, 『現代思想』, 30권 4호, 2002, 211.

닫힘(Operative Schliessen)' 혹은 포위(Einschlissen)라고 부른다.23 여기서 고유영역
이란 어디까지나 커뮤니케이션이 구성하는 의미와 정보의 영역이지 시각
적 공간적으로 의의를 갖는 것은 아니다. 이 작동을 통해 환경을 코드를
통해 정보적으로 구성하는 것이 루만이 말하는 복잡성의 응축이거니와 환
경을 구성할 때 시스템과 환경의 차이가 시스템 안에 다시 삽입되는데 이
재삽입이 바로 루만이 말하는 자기언급(Selbstreferenz)이라는 사태다. 루만의
사회시스템 이론이 자기언급적 시스템 이론인 이유는 여기에 있다. 어쨌든
이렇게 시스템이 그 자신에게서 근거를 찾지 않고 스스로 구성하는 시스템
과 환경의 차이에 근거를 둔다는 것, 더 나아가 이 시스템과 환경의 차이가
시스템에 다시 삽입된다는 것은 루만에게 영향을 미친 패러독스의 개념을
상기시킨다. 루만의 이러한 작동적 폐쇄성은 시스템과 그 작동에 모든 책임
을 돌린다는 것으로서 커뮤니케이션의 관찰과 커뮤니케이션의 생성과정에
대한 실천적인 개입을 방해하는 것이기도 하다. 가족 바깥의 문제, 학교
바깥의 문제, 가족 바깥에서 개인이 하는 행동 등을 루만은 가족 안으로
끌어들인다. 커뮤니케이션(=가족)을 가족의 경계 바깥에 있는 환경과 단절
시키고 커뮤니케이션과 그에 의한 시스템의 작동에만 주목하는 식이거나
코드가치를 커뮤니케이션 안에 끌어들여 그것만을 작동시키기 위해 자기
언급적인 시스템에 함몰되거나 궁극적으로는 그러한 자기언급에 의해 시
스템 자체의 변용 가능성을 봉쇄해버리는 식이다. 루만의 시스템 이론이
자기언급적인 폐쇄성을 특징으로 하는 이유는 이것 때문이다. 따라서 루만
의 사회시스템 이론에서는 시스템 자체의 변화를 가능하게 하는 새로운

23_ 바렐라는 이와 달리 유기구성적 폐쇄성을 말한다. 루만이 말하는 작동적 폐쇄성은
뒷부분에서 구성주의와 연관되어 이야기되겠지만 사실은 자기언급적인 폐쇄성이라
고 해야 더 정확하다. 유기구성적 폐쇄성은 동역학적인 안정성과 다른 것이다. 동역학
적인 안정성은 유기구성적 폐쇄성의 특수한 경우다. 루만의 작동적 폐쇄성은 시스템
의 안정성을 유지하는 데 기여한다. 유기구성적 폐쇄성이란 그 자체가 오토포이에시
스를 가리키는 말이자 시스템의 안전성이라는 고전적인 개념으로서 사이버네틱스가
고전역학에서 빌어온 개념으로서 1930년대에 안드로소프(Androsov)와 폰트랴긴
(Pontriagyn)이 제기한 것이다.

회로가 창출되지 않는다. 오토포이에시스가 스스로의 지속적인 작동을 통해 끊임없이 새로운 구성소를 산출하는 과정이지만 루만의 이론은 시스템에 의한 새로운 구성소의 산출보다는 시스템 자체의 유지 내지는 안정화에 기여한다. 시스템이 환경을 변화시키고 환경이 시스템을 변화시키지 않은 채 시스템을 이원적인 코드로 한정시키는 것은 오토포이에시스 이론의 창시자인 마투라나가 말하는 '구조적 커플링'24이 아니다. 물론 오토포이에시스적인 생명시스템의 붕괴처럼 시스템 자체의 변화를 넘어 붕괴를 상정하기는 어렵다. 그러나 동일성을 잃지 않는 범위 안에서의 시스템의 변화, 시스템이 놓여 있는 환경의 변화는 가능한 것 아닌가? 하지만 루만은 그 변화의 가능성을 시스템 자신의 작동에 의해 닫아 버린다(einschliessen).

혹자는 루만과 하버마스의 논쟁을 빌어 하버마스가 코소보 공격을 적극적으로 지지한 데 비해 루만이 침묵을 지켰다는 이유로 하버마스를 비판하기도 한다. 그러나 루만은 파슨즈처럼 시스템 이론을 통해 사회통합을 내세운 것 아니냐는 혐의를 벗기 어렵다. 비록 코드와 프로그램에 의해 시스템의 작동을 말하긴 하지만 말이다. 야마노우치 야스시(山之內靖)는 자신의 글 「社會システム論と批判理論」에서 루만을 베버-파슨즈에 이은 지적 전통에 편입시킨다. 그러나 다른 한 편에서 베버의 『지배의 사회학』에 나오는 규율권력론은 푸코의 그것과 중첩되는 측면을 가지고 있다. 파슨즈는 베버의 전통을 가치체계라는 관점에서 잇고 있고 해결불능의 홉스적인 질서문제를 파악하는 것이 그의 사회학의 출발점이었지만 푸코는 정서, 가치, 통합 등의 문제의식으로 비판적인 사회과학을 옹립한 것이 아니었다. 파슨즈가 1937년 『사회적 행위의 구조』를 쓰는 동안 프랑크푸르트 학파는 파슨즈처럼 새로운 유형의 사회진화론을 구축한 것이 아니라 파슨즈와 전혀 다른

24_ フランシスコ・ヴァレラ, 「生物學的 自律性の原理」, 染谷昌義 外 飜譯, 『現代思想』, 29권 12호, 2001. 10, 89. 커플링이란 인지과학에서 지각과 행위가 순환하는 것, 인지 이후에 행위가 있는 것이 아니라 인지 자체가 행위라는 것을 뜻한다. 바렐라가 말하는 발제적 인지도 같은 의미다. 그렇다면 지각과 행위, 유기체와 환경, 시스템과 환경은 서로 접속하고 상호작용하는 것이다.

문제 영역을 파고들었다. 파슨즈가 근대사회의 위기를 예리하게 지적하면서 주인과 노예의 변증법의 정치를 보고 1951년의 『사회시스템』을 통해 시스템 이론으로 나갔다면 프랑크푸르트 학파는 변증법의 재편―이데올로기와 문화―쪽으로 나갔던 것이다. 야마노우치 야스시는 파슨즈의 이러한 전통이 니클라스 루만에게 어떻게 계승되었는지에 대해 다음과 같이 말한다.

> 파슨즈에게 있어서 권력 개념은 권위 개념에 사실상 흡수되어 버렸다. 이 발언은 말을 바꾸면 헤겔 식의 주인과 노예의 변증법이 그 논리를 정지시켰다고 선언한 것이다. 즉 사회시스템을 구성하는 모든 단위들 사이의 권력 행사를 둘러싼 죽음을 건 도박(헤겔)이 소멸해 버렸다면 혹은 그러한 죽음을 건 투쟁이 아니라 그저 리더십의 쟁취라는 이차적인 분쟁이 예상될 뿐이라면 거기서는 사회질서의 근본적인 역사적 변동은 존재하지 않게 되고 일반적인 통합의 가능성이라는 평범한 사태만 남게 된다. 이 사태를 받아들여 니클라스 루만은 파슨즈에 의해 새로운 사회이론의 출발점이 주어졌다고 인정하게 된다. 이 새로운 사회이론의 관심은 사회질서의 변혁이 아니라 '사회질서는 어떻게 가능한가'라는 물음으로 대체된다.[25]

그러면서 야마노우치 야스시는 니클라스 루만의 시스템 이론이 변동→변혁을 축으로 하는 것에서 질서형성→복잡성의 응축(=안정)을 축으로 하는 것으로 변질되었다고 지적하고 사회시스템 이론의 이러한 문제제기들을 진지하게 받아치지 않으면 이후의 맑스주의 이론들의 전망이 생겨나지 않을 것이라고 경고한다. 야마노우치 야스시의 이러한 지적은 자연과학에서 생겨난 이론이 인문사회과학 안으로 들어와 비판적인 사회과학의 이론을 흡수 통합해 버림으로써 사회시스템에 대한 사회과학적이고 비판적인 개입을 봉쇄해 버리는 학문적인 상황을 지적한다는 점에서 주목할 만한

25_ 山之內靖, 「社會システム論と批判理論」, 76. 이러한 물음은 실제로 루만이 던진 것으로서 그의 1985년 저서인 『사회시스템론의 시야』에 같은 제목의 글로 실려 있다.

주장이다.26

　필자는 이러한 점에서 니클라스 루만의 시스템 이론을 푸코적으로 전환·재구성하고 움베르토 마투라나, 프란시스코 바렐라와 그들의 오토포이에시스 이론을 맑스주의 역사 안으로 복귀시키며 마음의 정치학이라는 구상을 통해 사회적 실천의 프로그램으로 사용할 필요가 있다고 생각한다.

　루만의 시스템 이론에서 엿보이는 자기언급적 폐쇄성은 구성주의의 구성 개념에 연관된다. 구성주의적 인식론의 핵심은 현실(reality)과 사실(actuality)의 구별에 있다.27 우리는 현실을 볼 수 있는가? 현실이 구성되어 있는 것이라면 우리는 현실을 보더라도 볼 수 없는 것 아닌가? 마투라나와 바렐라가 『인식의 나무』에서 우리는 우리가 볼 수 없다는 것을 볼 수 없다고 말하는 것과 비슷하게, 우리는 볼 수 없는 것인데도 볼 수 있다고 생각하는 것은 아닌가? 현실이 구성된 것이라는 이러한 구성주의의 입장은 구성주의의 주장 그 자체가 의문에 부쳐지는 래디칼한 성찰성은 구성주의의 구성의 구성을 생각하게 한다는 점에서 자기언급적이고 사실적인 세계의 구성자가 그 세계에 포함되지 않는다는 점에서 폐쇄적이다. 따라서 관찰자가 세계의 바깥에 존재한다는 것은 세계의 바깥으로 배제되는 것이고 세계의 구성에 참여하거나 개입하지 않는 것이면서 시스템 바깥에서 시스템의 안팎 사이에 경계를 만들거나 관찰에 의해 안팎을 구분한다는 것이다. 결국

26_ 루만이 말하는 닫힌 시스템이란 그것이 닫혀 있기 때문에 시스템 외부로부터의 비판적 개입을 허용하지 않는 것 아니냐는 비판을 하는데, 가령 루만이 법시스템을 자기완결적이고 독자적인 논리에 바탕을 두고 움직이는 존재로 볼 경우 말하자면 생활자의 입장에서 법의 불비 상태를 고발해가는 논의를 배제해 버리는 테크노크라트의 논리가 '닫힌 시스템'의 논리에 있다는 것이다. 그러나 시스템의 폐쇄성이란 자기 것은 자기가 스스로 결정해야 한다는 뜻이라는 해석도 있다. 하지만 이러한 루만의 논리는 자기결정이 불가능할 경우에는 어떻게 할 것인가라는 역설을 낳는다. 루만은 '탈역설화라는 개념을 통해 법에 모순이 있더라도 그것을 무리하게 힘을 써가며 해소하려는 사람이 있는가 하면 그렇지 않은 사람도 있다고 말한다. 경제시스템의 경우 자본주의의 모순은 자기결정의 불가능성을 나타내는 것 아닌가. 자본주의라는 시스템은 스스로를 붕괴시킬 정도로 악성의 환경을 형성해 나가는 시스템이다. 자본주의는 스스로 시스템을 변화시킬 정도로 자기결정을 내릴 수 있는 시스템인지도 생각해 봐야 한다.
27_ 西垣通, 「ネオサイバネティクスからの自己像」, 66.

관찰로서의 구성에 의해 시스템의 안팎이 구분되고 '자기'와 '비-자기'가 구분되는 것이다. 그러나 루만이나 구성주의의 이러한 자기언급적인 폐쇄성, 관찰은 작동을 기저로 하는 오토포이에시스 이론과 사뭇 다르다. 타자를 생산하는 알로포이에시스(allopoiesis)가 아니라 '자기'를 창출하는 오토포이에시스 이론에서 '자기'란 시스템 외부의 관찰자에 의해 생성되는 것이 아니라 시스템의 지속적인 작동에 의해 만들어지고 생산되는 것이다. 루만의 자기언급적인 폐쇄성의 시스템은 그 '자기'를 문제로 삼지만 오토포이에시스는 그 '자기'가 형성되는 작동의 기구 자체를 문제로 삼는 것이다. 알로포이에시스에서는 자기와 비-자기 사이의 경계가 관찰에 의해 생산되지만 오토포이에시스에서는 그 경계가 시스템 자체의 작동에 의해 생산되는 것이다. 관찰자가 관찰에 의해 전체(whole)를 찾으려고 해도 그 전체 안의 균열(w-hole)은 찾을 수 없다. 그 균열이 프랑크푸르트 학파의 경우에는 이데올로기에 의해, 푸코의 경우에는 권력에 의해 은폐-봉합되어 있고 메워져 있기 때문이다.

푸코는 늘 확실하게 볼 수 있는 현실의 구성 가능성을 이야기한다는 점에서 구성주의와 유사해 보인다. 푸코의 권력 이론이 그렇다. 푸코의 권력 이론은 관찰자의 입장에서 현실을 구성할 때 거기서 원인으로서의 권력을 찾으려는 것이 아니라 권력이 어떻게 행사되는가를 다시 말해 권력의 작동 방식을 찾으려는 것이다. 이것을 두고 '권력의 오토포이에시스화'라고 말할 수 있을지 없을지는 모르겠지만 권력의 작동 방식이 오토포이에시스의 작동 방식과 유사하다는 것은 확인할 수 있다. 푸코와 오토포이에시스 이론이 만날 수 있는 지점은 여기—작동—에 있다. 들뢰즈가 "권력은 본질을 지니지 않으며 작동하는 것이다. 그것은 속성이 아니라 관계다"[28]라고 지적한 것은 푸코의 권력론의 본질을 꿰뚫은 것이다. 일본의 소노다 히로유키(園田浩之)는 「あるいはフーコの強度的 使用 行爲存在論による/へ向けての」이라는 글[29]에서 구

28_ 질 들뢰즈, 『푸코』, 권영숙·조형근 옮김, 새길, 1995, 55. 번역판의 '조작적'이라는 말은 오역으로 보인다.

조, 비판, 근거의 세 가지 관점에서 푸코의 이론과 오토포이에시스 이론의 유사성을 설명하고 있다. 그 중에서 소노다 히로유키는 비판의 관점에서 루만이나 구성주의의 관찰 이론은 관찰자에게 특권을 부여해 불가시의 것을 가시화하면서 볼 수 없는 배후를 폭로하거나 그 배후가 공허하고 비어 있다는 것을 지시함으로써 비판 행위를 하지만 푸코는 별도의 경험회로를 창출하는 것이 비판이라고 본다는 것이다. 소노다 히로유키의 이러한 지적은 오토포이에시스의 창발적인 속성을 잘 보여준다는 점에서 설득력 있는 견해다. 오토포이에시스적인 시스템은 스스로의 작동을 통해 새로운 구성소를 산출하는 것이기 때문에 새로운 경험 회로를 창출하는 것이 비판 행위라고 보는 푸코의 견해는 오토포이에시스 이론과 조우할 수 있는 근거를 갖는 것이다. 오토포이에시스적으로 푸코의 권력 비판을 표현하면 원인이 시스템의 배후에 있는 것이 아니라 시스템 자체의 작동이 원인이므로 권력의 작동 방식을 바꾸는 것, 시스템의 작동 방식을 바꾸는 것이 급선무로 떠오른다.

따라서 앞에서 말했듯이 마음의 정치학은 시스템으로서의 마음의 작동 방식을 변화시키는 데에서부터 출발한다. 그러나 불행하게도 한국사회는 앞의 그림 오른쪽에서 보듯이 새로운 경험의 회로가 창발되는 사회가 아니다. 개발과 소비, 이윤의 욕망이 마음을 지배하고 마음의 상위 시스템으로 군림하고 있으며 그 이외의 정서와 느낌을 박탈하는 식으로 마음을 작동시키는 시스템이 자리 잡았기 때문이다. 이러한 마음의 작동 방식의 변화, 마음의 변화가 전제되지 않으면 마음의 정치학, 한국사회의 변혁은 요원하거나 불가능해 보인다. 신자유주의적인 자본주의 시스템은 이명박 정권이라는 최악의 환경을 형성했고 이명박 정권이라는 권력시스템은 개발주의라는 최악의 환경을 형성했기 때문이다. 앞의 335쪽의 오른쪽 그림에서 보듯이 한국사회에서는 에이전트들의 마음을 억압하는 에이전시의 상부 시

29_ 園田浩之, 「あるいはフーコの强度的 使用」, 『現代思想』, 29권 12호, 2001. 10, 235.

스템이 철옹성과 같아서 문화, 교육 등의 시스템을 통해 마음의 작동방식의 변혁을 꾀하는 대대적인 문화혁명이 절실하게 요구된다 할 것이다. 문제는 오토포이에시스와 푸코의 구상을 어떻게 실행에 옮길 것인가 하는 점이다. 앞에서도 말했지만 오토포이에시스와 푸코의 이론은 새로운 경험=행위를 실행하고 행위의 실행 속에서 자기를 형성해 나가는 것이다. 새로운 경험을 어떻게 개발할 것인가? 경험을 바꾸어 나가는 실행 도구를 어떻게 구비할 것인가? 이론적인 도구를 마스터할 것이 아니라 경험의 방식을 어떻게 바꾸어 나갈 것인가? 자기가 나날이 새로워지지 않는다면 마음의 작동 회로가 변하지 않는다. 오토포이에시스 이론에서 인지가 곧 행위이듯이 푸코가 말한 지식도 바로 행위다. 지식은 권력의 관계를 바꾸고 그것을 통해 새로운 경험의 방식을 창출하는 것이다. 이러한 경험의 새로운 회로를 찾는 데 있어 주체들은 구성주의에서처럼 사건의 외부에 머물러서는 안 된다. 푸코가 말한 지식이란 진리의 게임 안에서 자기 자신을 변화시키는 시련을 뜻하는 것이다. 내가 누구인가를 알려고 할 것이 아니라 내가 어떻게 행위할 수 있는가. 지식, 권력, 행위 바깥에서 관찰자의 입장을 견지하는 것은 시스템의 안팎을 구분하고 경계선을 치는 행위다. 오토포이에시스 이론에서 말하는 경계의 자기결정이란 시스템의 통일이 시스템 안에 있다는 뜻이다. 그렇다면 한국사회에서 노동운동은 오토포이에시스적인가? 전교조운동은 오토포이에시스적인가? 노조 지도부와 일반 조합원 사이의 경계선, 교사와 학생 사이의 경계선은 누가 그은 것인가? 노조 지도부와 교사가 관찰자로서 그은 것인가 아니면 시스템 자체가 그어 놓은 것인가? 소노다 히로유키가 카프카의 소설 『소송』에 대한 들뢰즈의 비평을 인용하며 말하듯이 "『소송』의 비밀이 주인공 K 자신이 변호사이고 재판관이기도 하다"는 데 있다면,[30] 노조 지도부는 스스로가 노동자(피억압자)이면서 동시에 지도자(억압자)이고 교사는 스스로가 노동자이면서 교사인 것 아닌가. 노동자/지도자,

---

30_ 같은 글, 240.

교사/노동자 사이의 분할선은 누가 그은 것인가? 둘 사이에는 경계의 안팎도 입력도 출력도 없는 것 아닌가? 자본주의적인 오토포이에시스 시스템은 안팎의 경계를 허물고 착취의 영역을 마음의 영역으로까지 확산시키고 있는데 우리가 자본주의에 대항하는 방식은 새로운 경험의 회로를 창발하는 방식으로부터 여전히 멀리 떨어져 있다. 필자는 그 회로를 코뮌의 창출에서 찾고자 한다. 노동자가 프롤레타리아로 전락하고 빈곤 계층이 늘어가는 상황에서 노동운동은 무엇보다도 사회운동과 결합하여 도시빈민운동 내지는 반빈곤운동에 관심을 가져야 한다. 코뮌은 그 거점이 될 것이다. 그리고 무엇보다도 그와 동시에 노동자들이 파업을 벌일 수 있도록 하는 진보진영의 사회적 지원시스템을 갖추어야 한다. 코뮌이 그 일을 해야 한다. 코뮌은 무엇보다도 마음을 노나메기하는 노동자 민중 진영의 시스템이다. 코뮌이 지자체를 대체할 정도로 코뮌을 성숙시키는 작업이 필요하다. 그러기 위해서는 지역 거점의 코뮌 건설이 절대적으로 필요하다. 맑스의 말대로라면 그것은 어소시에이션의 건설이고 이것이 전국화되면 어소시에이션의 어소시에이션이 구축될 것이다. 이 시스템을 갖추기 위한 프로그램이 필요하다. 『문화/과학』에서 자기통치성 이야기를 거론한 적이 있지만 그것은 결국 자기마음/타자의 마음의 통치 능력을 가리킨다. 푸코가 말한 바의 자기배려와 더불어 이 능력을 기르기 위한 프로그램이 마련되어야 한다.

두 명의 맑스주의자: 움베르토 마투라나와 프란시스코 바렐라

마투라나와 바렐라는 스승과 제자의 관계다. 칠레 대학교에서 생물학을 공부하던 바렐라는 마투라나 밑에서 생물학을 공부하다가 하버드 대학교에서 박사학위를 취득했다. 하버드 대학교의 조교수 자리 권유를 거부하고 칠레에 사회주의 정권이 들어서기 이틀 전에 바렐라는 칠레로 귀국했다. 마투라나가 「인지생물학」을 쓴 1970년의 일이다. 1973년 군인 출신인 피노

체트가 군사쿠데타로 정권을 잡은 후 칠레는 반체제운동으로 들끓었다. 바렐라는 그 와중에 의붓아버지가 생명의 위협을 느끼는 상황에까지 이르자 1973년 가족들과 함께 칠레를 다시 떠난다. 이때 마투라나는 칠레에 남아 있었다. 라틴아메리카 역사 전공자인 사키야마 마사키(琦山政毅)에 따르면 마투라나는 1968년 이후 산티아고 칠레대학교에서 일어난, 대학 그 자체를 변혁하려고 한 학생운동에 참여한 반란교수였다. 마투라나는 자신의 대학 변혁 참여 활동에 대해 다음과 같이 말했다.

> 1968년 5월 초 칠레대학교는 변혁을 추구하는 상황에 들어갔다. 학생들은 그전까지 대학을 움직여온 원리를 변혁하려고 대학을 점거하고 나도 거기에 참여했다. 통상적인 대학 운영은 모두 중지되고 학생과 일부 교직원들은 뭔가 새로운 것을 말하려고 했지만 쉽지 않았다. 언어는 하나의 미끼이고 이 경험 전체가 사람이 어떻게 말 못하고 보지 못하며 귀로도 들을 수 없는가를 생각하고 알 수 있는 둘도 없는 교육의 장이었다. 에고에 사로잡힌 것이 없어지면 먼저 귀를 기울이는 일부터 시작하고 언어는 변해간다. 그때 그리고 그때에만 새로운 것을 말할 수 있다. 이러한 상황이 수개월 지속되었다.[31]

마투라나는 여기서 '새로운 경험의 장'을 말하는데 그는 그것을 대학변혁운동에서 발견했다. 그것이 성공했든 실패했든 그것은 중요하지 않다. 그것의 작동 실패가 반성적인 사고를 불러들이기 때문이다. 마투라나에게 중요한 것은 여러 가지 관계의 새로운 배치다. 이 점에 대해 마투라나는 『인식의 나무』에서 다음과 같이 말한다.

> 우리들이 할 수 있는 것은 언어에 의해 세계를 생겨나게 하는 메커니즘을 분명하게 하는 설명을 낳는 것이다. 존재함으로써 우리들은 다만 다른 장소에서 새로운

31_ 琦山政毅, 「バレ-ラたちのチリ, オ-トポイエ-シスの「始まりの日日」をめぐって」, 『現代思想』, 29권 12호, 2001. 10, 249쪽 재인용.

맹점을 낳는 것에 의해서만 인식상의 맹점을 없앤다. 우리들에게는 자신이 무엇을 보지 못하고 있는지 볼 수 없고 볼 수 없는 것은 존재하지 않는다. 다만 어떤 상호작용이 우리들을 그때까지 있었던 장소에서 추방할 때 예를 들어 갑자기 이문화의 환경에 놓일 때 그리고 우리들이 그것에 대해 반성적인 사고를 행할 때에만 우리들은 그것을 알지 못했다라든가 그것은 있을 수 없다고 생각하고 있었다라고 하는 말로 설명하게 되는 여러 가지 관계의 새로운 배치를 낳게 하는 것이다. 어떤 사회 집단의 커플링에 특유한 여러 가지 규칙성이 꽉 들어찬 저 가방. 그 이름은 생물적 문화적 전통이다. 전통이란 보기도 하고 행동하기도 하는 방식만으로가 아니라 또한 하나의 은폐방식이기도 하다. 전통이란 사회시스템의 역사에서 분명히 규칙적이고 받아들여진 모든 행동으로 이루어진다. 그 행동들이 실행되려면 반성적인 사고는 필요하지 않기 때문에 그것들은 실패하지 않는 한 눈으로 볼 수 없는 것이다. 전통을 이루는 행동이 실패했을 때 비로소 반성적인 사고가 등장한다.[32]

마투라나는 이 책 전반부에서 '맹점'에 대해 이야기한다. 맹점을 없애려면 다른 맹점을 낳을 수밖에 없는 것, 보지 못한다는 것을 보지 못하는 맹점에 대한 이야기는 한국사회의 사회운동 안에 존재하는 맹점에 대해 상상하게 해준다. 사회운동은 보지 못한다는 것을 보지 못하고 있는 것 아닌가. 맹점을 피하려고 하다가 또 다른 맹점만 낳고 있는 것 아닌가. 마투라나와 바렐라가 인간사회를 생물학적인 시스템으로 보는 입장을 수용할 경우 그들이 말하는 '맹점'의 문제는 한국사회에서 사회운동의 작동 방식의 변화를 요구한다는 점에서 주목할 만한 가치가 있다고 여겨진다. 마투라나가 에셔의 <그림 그리는 손>에 관해 말하듯이 한국사회에서 사회운동은 동일한 손이 순환 반복하듯이 반복적으로 작동해온 것 아닌가. 반복적인 작동 과정에서 차이를 낳는 것이 아니라 루만의 자기언급적인 시스템처럼 재귀적으

32_ 같은 글, 249-250.

로 반복되어온 것이 아닌가 하는 반성도 오토포이에시스 이론에서 얻을 수 있는 교훈이다. 또한 마투라나가 인용하는 에서의 그림 <화랑>처럼 소년이 보는 그림이 화랑으로 변하듯이 사회운동(소년)이 바라보는 그림이 화랑으로 변할 수 있는 방법은 무엇일까? 그것은 앞에서도 말했듯이 운동의 작동 방식을 바꾸고 마음의 작동 방식을 전환시키는 것이다. 그러나 그것이 여의치는 않다. 바렐라가 말하듯이 자기언급적이고 재귀적이며 반복되는 액자구조의 사회제도들 때문이다. 바렐라는 1980년에 마투라나와 함께 쓴 『오토포이에시스와 인지』가 출판되었던 당시 가진 인터뷰에서 다음과 같이 말하고 있다.

이미 나는 대답을 확신하고 있다. 인간사회는 생물학적인 시스템이다. 본서는 이 점을 포괄적으로 증명하려고 하고 있다고 생각한다. 다만 이것은 미묘한 문제이고 아마도 오토포이에시스 이론의 창시자는 적어도 어딘가에서는 이 점에 찬동하지 않고 확신을 갖고 있지 않겠지만…내 연구에서 분명히 다다른 결론에서 분명해진 것은 응집성을 가진 사회제도는 어떤 것이든 오토포이에시스 시스템이라는 점이다. 즉 사회제도 자체는 존속하고 그 생존방법은 오토포이에시스의 기준에 따라 시스템의 과정 안에서 전체상이나 목적을 그 경우 바꾸기 때문이다. 예를 들어 회사, 기업, 학교, 대학, 병원, 요양소, 병원, 직업단체, 국무성, 국가 등 모두 그렇다. 만일 이 생각이 옳다면 가장 중요한 결론을 얻을 수 있다. 여러 사회제도(그 제도망에 개인이 엮여 들어가 있지만)는 더 큰 사회제도에 엮여 들어가 있고 그 액자구조의 상자가 계속 반복되고 재귀적으로 간다. 이것들 전부가 오토포이에시스다. 여기서부터 바로 재귀의 어떤 수준을 취해도(개인에서 국가에 이르기까지) 왜 변화의 과정을 걷는 것이 어려울 뿐만 아니라 사실상 불가능한지 설명된다. 나는 자신을 모두 바꾸어 간다라는 말을 문자 그대로 보면 불가능하다. 왜냐하면 나 즉 스스로를 포함하는 오토포이에시스 그 자체가 다른 오토포이에시스 시스템의 구성소이기 때문이다…이 논의를 재귀의 모든 수준에서 생각해 보자. 스스로의 생활을 바꾸려고 하는 개인은 오토포이에시스적인 가족 안에서는 충분히 새로운 자기가 될 수 없다. 왜냐하면 가족은 그가 현실에서는 낡은 자기라고 주장하기 때문이다. 사회주의 국가이려고 하는 나라는 완전한 사회주의 국가가 될 수 없다. 그 국가가 얽혀 들어가 있는 국가를 초월한 자본주의의 오토포이에시스가 존재하기 때문이다. 따라서 혁명국가는 알로포이에시스가 될 수밖에 없다. 이러한 결론은 저자들이 세운 전제에서 필연적으로 나오는 것으로서 아주 중요한 성과다.[33]

바렐라가 말하는 사회제도의 재귀적인 반복처럼 나날이 새로워지는 경험은 불가능한 것인가. 바렐라가 언급하는 액자구조의 상자도 그 안에는 빈 공간이 있는 것 아닐까. 그 공간은 자기언급적이고 액자구조의 상자 안에 빽빽하게 담긴 사회제도들의 근거를 의심하고 제도 바깥으로 나가기 위한 토대가 된다. 바렐라나 마투라나에게 있어서 제도 바깥으로 외출할 경우 다가올 미래의 모습이 무엇인지는 확실하지 않다.[34]

1970년 아옌데 사회주의 정권이 출범했을 때 칠레에서는 신좌파들이 활발하게 운동을 벌였다. 자본주의가 필연적으로 몰고온 유동적인 하층계급들의 자연발생적인 운동에 주목하고 그 한계를 타파하기 위한 정치적이고 사회적인 개입을 시도했다. 바렐라가 칠레에 돌아왔을 때 칠레는 아옌데, 살바도르, 곳센의 인민연합정권을 출범시켰다. 와인과 고기가 들어간 빵의 혁명으로 불렸던 사회주의정권은 자유로운 분위기를 확산시켰지만 그 자유는 기아에 허덕일 수 있는 자유이자 집을 가질 수 없는 자유를 뜻하기도 했다. 말하자면 사회주의 정권 출범 후 도시빈민이 급증한 것이다. 산디에

33_ 같은 글, 250-251.

34_ 마투라나는 전체주의를 비판하면서 그 사회를 비계급적인 사회라거나 무정부주의적인 사회라고 표현한다. 그는 학대의 제도화를 끊임없이 저지하는 관계의 창출을 강조하지만 관찰자의 입장을 포기하지 않는 것이 전체주의 사회인지 아닌지 불분명하게 말한다. 전체주의 사회란 관찰자에 의한 관찰자만을 위한 사회이기 때문이다. 그는 다른 곳에서 인간이 관찰자로 작동하지 않는 경험을 그대로 놔두는 사회를 전체주의 사회로 보고 사람들이 반체제에 꼬드김을 당해 관찰자가 되어서는 안 되는 사람들을 사회에서 분리시키는 것을 부정적으로 생각한다.

고 데 칠레시 하나만 놓고 보더라도 1970년 11월에는 도시빈민의 숫자가 40만 명을 훨씬 넘어섰다. 도시빈민들은 도시 안의 빈 땅에 침입하여 집단적으로 점거를 시도하고 그곳을 거점으로 하여 거부에 연관된 기본적인 서비스를 요구했다. 이러한 사건은 산디에고에서만 1970년에 103건, 칠레 전역에서는 220건이던 것이 다음 해가 되자 칠레 전역에서 560건으로 증가했다.

바렐라는 이러한 아옌데 정권 시절에 혁명적인 좌파 운동의 지지자로서 도시빈민활동에 참가했다. 자본주의적인 도시개발에 관한 일반적인 이론에 반대하여 수개월 간에 걸쳐 주택과 서비스를 획득하기 위해 수천 명이 거리로 쏟아져 나왔다. 물론 새로운 사회적 관행을 창출하려던 실험은 낡은 질서가 여전히 강고한 힘을 유지하고 있던 정치적인 제도들에 의해 한계를 돌파하지는 못했지만 바렐라는 자기언급적인 시스템에도 불구하고 새로운 경험의 회로를 여는 실험을 했던 것이다. 인간사회를 오토포이에시스 시스템으로 생각했던 바렐라는 인간사회가 새로운 구성소를 산출하는 시스템인 오토포이에시스를 통해 규정된다고 믿었고 거기서 사회의 역동성이 분출한다고 믿었다. 바렐라의 이론생물학이 신좌파의 이념과 커플링되었던 것이다. 대학이라는 제도 공간 안에서 그 바깥에 있는 도시빈민운동에 참여한 것은 안팎의 경계가 없는 오토포이에시스적인 시스템을 그가 믿었기 때문이다. 바렐라의 이러한 활동은 비록 그가 2001년 C형 간염으로 세상을 떠났지만 낡은 것은 소멸하지 않고 새로운 것은 나타나지 않고 있는 우리의 사회운동을 되돌아보게 한다.

나가며

온라인 저널지 <폭동노트> 2호에 실린 로렌 골드너의 미국 노조운동에 관한 글을 보면[35] 노동운동도 이제는 낡은 것을 버리고 새로운 것을 창발하는 시점이 된 것 같다. 노동운동이 노조운동으로 다 환원되는 것인데도 노조운동을 모두 노동운동으로 생각한 것 아니냐는 반성이 필요하다. 그렇다면 기존의 노조운동에 플러스 알파가 필요한 것 아니냐 하는 생각이 든다. 필자는 그것을 코뮌운동에서 찾고자 하고 코뮌운동을 통해 전국적 단위의 경제적인 노농공동체 설립, 코뮌 안에서의 마음의 자기통치 훈련, 마음의 소통 훈련 같은 마음의 정치학을 가동시켜야 한다고 생각한다. 그것이 새로운 경험의 회로의 창발에 기초한 새로운 노동운동의 형태가 될 수 있을 것이라고 생각한다. 문제는 우리가 운동의 관찰자로 머물러서는 안 된다는 것이다.

<부 록>

<표 1> 3세대 시스템[36]

제1세대 (동적 평형계)	정	자기 유지계 시스템	organization (유기구성)	경계 전제	계층 이미 있음	양으로 부터 질로	A=A (동일률)
		진화의 결과에서 본 세포의 생명 논리	관계	자기폐쇄계, 환경개방계	자기 이미 있음	$f(x,\ y,\ z,\cdots\alpha,\ \beta,\ \gamma)$	
제2세대 (동적 비평형계)	반	자기 조직화 시스템	organization (조직화)	경계 형성	계층 형성	대립물의 상호침투	모순율 $(A \neq 비A)$
		생명세포의 생활현상에서 본 생명 논리	생성	자기개방계, 환경개방계	자기 형성	$f(x,\ y,\ z,\ t,\ \square,\ f,\ f2,\ f3\cdots)+\alpha$	
제3세대 (오토포이에시스)	합	자기산출 시스템	organization (생명화)	경계의 자기결정	계층 소멸	부정의 부정	배중률
		생명 발생, 생명 그 자체의 시점에서 본 논리	산출	내외 소멸	자기 산출	$f(\square,\ \square,\ \square,\ \square\cdots)$	

35_ http://insurgentnotes.com. 이 글은 『레프트대구』 2호, 2010에 실렸다.

36_ http://www.geocities.jp/toryon33/autopi.html

1세대 시스템 이론의 방정식 중 x, y, z는 에너지 형태 및 각종 기능계의 상태를 나타내는 변수이고 α, β, γ는 조정인자다. 이 경우 시스템 평형을 유지하는 데 시간이 필요 없다. 즉 1세대는 시간의 관수가 아니다.

2세대 방정식에서 x, y, z는 에너지 및 공간적 배치에 관계하는 변수이고 여기서는 시스템이 비평형이기 때문에 시간 변수 t가 도입된다. □는 시스템이 작동하여 새롭게 획득한 변수이고, f…는 이 관수 자체가 자기언급적으로 변한다는 것을 나타내는 변수이며, α는 환경과의 상호작용에 의해 생긴 섭동항이다.

3세대 방정식에서 □는 시스템이 작동하면서 얻은 변수이고 분명하게 결정되어 있는 것은 아니다. 이 방정식의 변수는 모두 미지수다.

<표 2> 3세대 인지과학[37]

고전적 계산주의	인지과학은 1950년대 후반 인공지능을 골격으로 하여 탄생한 학문이고 인공지능은 1940년대에 처음 만들어진 디지털 컴퓨터를 토대로 하여 거기에 인간의 지능을 부여하는 것을 목표로 한 학문으로서 그 배후에는 인지란, 디지털적인 기호구조를 가진 표상처리다라는 견해가 깔려 있다. 인간을 일종의 디지털 컴퓨터로 본다.
연결주의 connectionism	1970년대에 이르면 연결주의라는 인지관이 등장한다. 연결주의는 표상을 뉴런의 집합적인 흥분 패턴으로 본다. 이 흥분 패턴은 디지딜직인 구소를 갖지 않는다. 연결주의에서 인지란, 기호적인 구조를 갖지 않는 분산표상의 처리를 뜻한다. '지구는 둥글다'라는 문장에서 '지구'를 나타내는 요소와 '둥글다'를 나타내는 요소가 나누어져 있는데 똑같은 내용을 나타내는 뉴런들의 흥분 패턴은 그러한 기호구조를 갖지 않고, 뉴런들은 전체로서 지구가 둥글다는 것을 나타낼 뿐이다. 뉴런들의 어떤 부분 패턴이 지구를 나타내고 다른 부분 패턴은 둥글다를 나타내는데 이것을 분산표상이라 한다.
반표상주의	고전적 계산주의나 연결주의는 모두 인지를 표상의 처리로 본다는 점에서 동일하다. 다만 전자는 그 처리 방식이 논리적이고 형식적인 데 반해 후자는 역학적이라는 점만 다르다. 반표상주의 인지과학에서는 인지는 표상을 처리하는 것이 아니라 표상이 전혀 필요없는 것으로 본다. 반표상주의는 1990년대에 등장한 것으로서 인지에서 표상을 제거하면 인지가 소화 흡수 등의 비인지적인 활동과 뭐가 다른가라는 의문점이 생긴다. 하지만 반표상주의는 인지주체와 환경 간에는 상호작용이 있고 그 상호작용이 표상하는 것과 표상되는 것의 관계로 파악될 수 없다고 보는 점에서 주목할 만한 이론이다.

<표 3> 시스템의 역사[38]

생물학	기계론	요소환원주의
	생기론	생명을 기계로 환원시킬 수 있는가? H. Drisch, 유기구성(organization＝제2세대 시스템에서 말하는 '조직화')
	생체론	베르탈란피의 『일반시스템이론』(1973), 생체는 정상 상태의 개방계이고 동적 능동적인 시스템이며 단순한 요소들의 가산이 아니다. M. 메자로비치의 '자기조직화' 개념(1963)

<표 4> 자연과학과 인문과학[39]

시스템	제 1 국면 (1970's-1985)	키워드: 관계, 시각, 전체성, 반성. 개념이 사태 분석에 중요한 역할	요소간의 관계, 네트워크로서의 시스템. 관계를 파악하는 시각. 개개의 사실들을 배치하는 전체성. 독일관념론에 관련된 번역어로서 '체계'라는 말 사용. 레비스트로스/피아제/야콥슨의 은유와 환유(복수의 집합이 부분－전체 관계로 배치되는 것이 환유고 부분－전체 관계에 들어가지 않고 밀접하게 연관되는 것이 은유).
		1980년-1995년	관계 그 자체에 대한 회의, 관계의 우연성, 외면성, 분산성 및 의미의 가변성, 다양성, 미결정성, 해체에 데리다, 현상학이 주목. 포스트모던. 패러독스는 헤겔의 모순에 대한 20세기적인 표현.
	제 2 국면	키워드: 언어와 의미, 지각. 의미의 한계를 나타내는 자기의식이 개념을 대신하고 그것에 의한 의미분석이 주된 역할을 함	괴테의 지각론. 자기의식에 대한 회의적 반성. 기존 네트워크의 한계 돌파. 의미와는 다른 과정으로 라캉이 레비스트로스의 집합 개념을 활용하여 확대시킴. 집합과 집합의 관계는 은유의 관계이고 요소와 집합전체의 관계는 환유. 집합을 무한집합으로 확대하여 무한집합의 위치로부터 집합전체의 대표상과 무한집합 사이의 관계를 연관시킨다. 집합을 무한집합으로까지 확대하면 전체로서 지목된 대표상은 무한요소에 있어서의 전체이기 때문에 실재적인 것이 아니라 그 자체 이름이 된다. 이름은 부재한 채로 존재하는데 이것이 '아버지라는 이름의 은유'다. 우연성의 내재＝자기조직화에는 초기조건으로 결정할 수 없는 우연성이 남아 있다. 잉여의 내재＝생성과정은 다음 생성과정에 접속하는 회로와 그와 동시에 잉여로서 결정을 형성하는 두 가지 작동. 동력학으로서의 패러독스
	제 3 국면	키워드: 사물 신체 행위. 사물은 늘 움	사물은 지각되는 것도 인지적으로 구성되는 것도 아니다. 그것은 신체행위를 통해 접촉되는 것이다. 따라서 사물의 의미가 아니라

37_ 『現代思想』, 29권 12호, 2001. 10, 32, 34.

38_ 『現代思想』, 29권 3호, 2001. 2. 임시중간호, 65-69.

39_ 같은 책, 12, 22.

(1990년대 초-)	직이고 유동한다	지각되는 사물이 문제가 된다. 의미→움직임. 언어→시스템의 행위. 스스로의 작동을 통해서 비로소 자기를 제작한다. 스스로란 무엇인가. 작동이란 무엇인가. 자기란 무엇인가. 베르그송의 '생명의 비약'. 들뢰즈의 '차이화 그 자체' 경험의 존재 방식 자체를 변경해야 한다. 운동과 인지라는 두 개의 질적으로 다른 활동들의 관계에 주목. 라이프니츠의 모나드란 운동과 인지가 미분화상태에서 개체에 구비되어 있는 것이다. 인지는 운동의 한 종류고 운동은 인지의 한 종류다. 통합할 수 없는 채로 연동되어 움직이고 있는 장면을 적극적으로 문제설정한 것이 오토포이에시스고 어포던스고 내부관측이다. 메를로 퐁티의 운동하는 신체 문제. 면역계와 신경계의 작동. 신경간세포(神經幹細胞), 조혈간세포, 근원적인 배성간세포의 자기복제. 조혈간세포는 적혈구, 백혈구, 혈소판 등으로 분화하기 때문에 발생배와 유사하다. 그러나 발생배는 스스로를 복제하지 않는다. 발생배는 분화했을 때 늘 퇴로를 막아놓듯이 분화를 진행한다. 이 간세포는 자기복제를 반복한다. 간세포는 필요에 따라서 분화한다. 늘 하나로부터 개시할 수 있는 초기상태로 계속해서 회귀하는 것이 간세포이고 발생분화 형성 중에 신체는 재생가능성을 계속 형성해간다.			

<표 5> 사이버네틱스의 역사[40]

1948년	노버트 위너 (1894-1964)	First of cybernetics	호메오스타시스 (homeostasis)와 자기조절을 핵심으로 하는 생명기계의 모델이 사이버네틱스	1960년대, 70년대에 제어 통신공학, 미디어와 커뮤니케이션 및 정보 문제에 큰 영향을 미침
1946-1953년	미국 메이시 재단 주최 원탁회의	위너, 존 폰 노이만(수학자), 윌리엄 로스 아슈비 (정신과 의사), 마가렛 미드 (문화인류학자), 그레고리 베이트슨, 페르스터 참가		First of cybernetics는 관찰하는 행위와 주체를 분리시킴, Second of cybernetics는 관찰하는 행위를 관찰하는 것으로서 관찰행위와 환경 인지가 일체가 되는 자기언급적인 행위를 중시함. 따라서 주체와 객체의 이항 관계는 성립되지 않음
1958년-	하임츠 폰 푀르스터가 일리노	네오 사이버네틱스	푀르스터가 1958년부터 1975년까지	1970년대: 옴베르토 마투라나(1929-)

40_ 『思想』, 2010. 7, 9-14; 「ネオサイバネティクスからの自己像」, 『現代思想』, 38권 9호, 2010. 7, 88-90쪽을 정리한 것이다.

	이 대학교에 <생물컴퓨터연구소>(Biological Computer Laboratory =BCL) 창립, BCL 레포트에 움베르토 마투라나의 「인지생물학」 실림	의 모체	그룹 리더/Second of cybernetics라는 개념 창시자	의 『인지생물학』(1970), 바렐라의 『생물학적 자율성의 원리』(1979), 에른스트 폰 글라저스펠트(1917-)의 '래디컬 구성주의', 루만의 『법사회학』, 『사회구조와 의미론』 1980년대: 마투라나와 바렐라의 공저 『오토포이에시스』(1980) 글라저스펠트가 피아제의 발달심리학을 세련화시킴 니클라스 루만의 『사회시스템』(1984) 바렐라의 『신경현상학』(1996), 『공성(空性, sunya)의 현상학』(1997) 네오 사이버네틱스와 Second of cybernetics의 혼재(전자를 좁은 의미로 해석하면 후자와 같다)/네오 사이버네틱스는 생명과학, 정보공학, 심리학, 사회학, 철학, 윤리학, 문학, 교육학, 경영과학, 정신의학 등에 걸친 21세기 지식의 흐름
2009년	시스템문학론을 전문으로 하는 텍사스공과대학의 연구자이자 영문학인 B. Clarke와 시카고대학에서 미디어론과 신체론을 연구하는 M.B.N. Hansen의 논문 「네오 사이버네틱 어머전스」(2009), 이 논문은 같은 해 가을에 『창	네오 사이버네틱스라는 21세기 지식이론 등장/네오 사이버네틱스=자기언급에 기초를 둔 인지이론과 그 응용/객관적 실재론, 인지주의, 표상주의에 안티를 걸고 외부에 절대적인 준거를 인정	Second of Cybernetics (네오 사이버네틱스를, 위너 류의 고전적인 사이버네틱스 혹은 First of cybernetic의 연장선 위에 있고 어떤 종류의 창발을 다루는 공학적인 연구로 보는 사람이 있어서 이것과 구별하고자 Second of cybernetics 라는 용어를 사용한다)	생명론, IT, 환경문제, 뇌과학, 신체론, 마투라나와 바렐라의 오토포이에시스 생명론, 니클라스 루만의 『사회의 사회』(2009), 바렐라와 톰슨의 발제적 인지과학, 글라저스펠트의 래디컬 구성주의 교육학, 루만의 기능분화 사회론, 지그프리트 슈미트의 시스템문학론, 가와모토 히데오의 시스템현상학, 기초정보학

발과 신체화』(Emergence and Embodiment)라 는 제목으로 듀 크대학 출간	하지 않음		

<표 6> 하이퍼사이클[41]

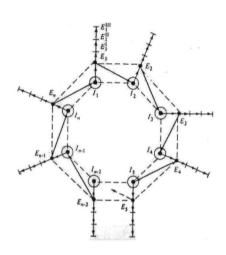

1960년 아이겐(Eigen)은 하이퍼사이클로 불리는 위의 그림을 완성한 공로로 노벨상을 받았다. 오토포이에시스란 바로 이 하이퍼사이클의 작동 방식을 가리킨다. 아이겐은 생명의 기원에 관한 일련의 연구를 했다. 아이겐은 세포를 닮은 시스템, 더 구체적으로는 유전자코드와 유사한 시스템을 구성할 수 있는 화학반응에 주목하여 그것이 안정화하는 계열적 단계를 조사했다. 그리고 비평형계 열역학으로부터 빌려온 분석 방법을 컴퓨터 시뮬레이션에 조합시켜 분자 진화의 과정에 선택압이 어떻게 관계할 수 있는지 분명하게 보여주었다. 아이겐의 결론에 의하면 분자진화의 과정에서 가장 중요

41_ 『現代思想』, 29권 12호, 2001. 10, 85. 바렐라가 인용한 아이겐의 그림.

한 것은 과정이 순환적으로 연쇄한다는 것이다. 그는 그러한 연쇄를 하이퍼 사이클(hypercycle)이라고 불렀다.

그림에서 E_1은 촉매분자고 I_2란 RNA를 닮은 분자 En이 Ii를 촉진시킨다. I_1은 자기복제를 하고 동시에 E_1을 산출한다. 그 E_1이 E_2를 산출하여 I_2를 낳는 다. 이것을 계속 반복하여 최후에는 자기 자신에게 되돌아온다. 맹목적인 자 기복제 사이클이 기계적으로 자기유지하는데 결과적으로 보면 전 사이클의 작동에 연결된다. 그 하나의 예가 RNA 퍼지가 세균세포에 감염된 경우다.

하이퍼사이클은 동일한 하이퍼사이클을 구성요소로 하는 일단계의 고 차적인 '초하이퍼사이클'로 확대할 수 있다. 이러한 확대는 제한없이 이루 어진다. 또한 I_1이 E_1만이 아니라 F_1도 산출할 수 있고 거기서 I_1에 서브사이 클 컵이 붙여진 '초하이퍼사이클'이 성립한다.

3×10의 9승 개에 해당하는 DNA가 RNA로, RNA가 다시 단백질로 변하 는 과정에서 세포를 조사해보면 DNA는 폴리펩티드의 특정화에 관계한다. 즉 DNA는 효소가 되는 단백질과 세포를 만드는 단백질로 특정화한다. 폴 리펩티드는 특정 단백질 핵산 지질 당질 대사물질의 산출에 참여한다. 대사 물질은 세포를 구성하는 다양한 과정과 반응의 속도를 조절하는 데 참여하 고 병렬적 혹은 순차적으로 서로 절합한 과정 그 자체의 속도가 서로 관계 하는 과정 속도 네트워크를 형성한다. 대사물질은 이 속도 네트워크의 형성 을 게토 조절, 세포구성에 의해 행하고 세포 안의 모든 반응을 그것들이 통합되는 네트워크 상태 전이 계수가 된다. 세포 안의 여러 과정은 구성관 계의 산출과정에 참여하여 세포 위상을 정하고 이 위상에 구속되어 생긴다.

관계의 산출	특정화	핵산의 산출
관계의 산출	구성화	단백질의 산출
관계의 산출	질서화	대사물질의 산출

↓

분자 차원에서 오토포이에시스 방식으로 관계

13

정동의 이론적 갈래들과
미적 기능에 대하여

박현선

1. 정동의 기이한 출현

성공한 한 남자가 있다. 전직 세일즈맨이었던 그는 우연치 않게 자신이 쓴 책이 베스트셀러가 된 후에 여러 지방을 돌아다니며 강연회를 열고 최고급 호텔에 묵으며 업계 사람들의 환호를 받는다. 그러나 이 남자는 행복하지 못하다. 자신의 성공과 일상에 무감각해진 그에게 세상은 전혀 동떨어진 곳에 놓인 것처럼 보인다. 모든 이들이 동일한 톤과 음색을 가진 목소리로 말한다. 그는 이에 대해 지루하다 못해 우울을, 그리고 엄청난 공포를 느낀다. 여느 때와 다름없이 고객 강연회를 위해 그는 출장길에 오른다. 신시내티. 한때 사랑했던 여인을 버리고 떠났던 도시다. 그는 마침내 이전에 만나보지 못한 독특한 여성을 만나게 된다. 갈색머리, 얼굴 위에 난 상처, 자신감 없는 태도, 그러나 누구보다 아름다운 목소리의 '아노말리사' 앞에서 그는 오래전에 잃어버린 생의 감각을 되찾을 희망을 품는다.

찰리 카우프만 감독과 듀크 존슨 감독이 만든 영화 <아노말리사>는 중년 남성의 무디어진 일상, 낯선 도시, 그리고 하룻밤의 갑작스러운 로맨스에 관한 스톱 모션 애니메이션이다. 자칫 대중적이고 관습적일 수 있는 이야기를 <아노말리사>는 매우 독특한 형식 속에서 몸과 정동에 대한 실험으로 탈바꿈시킨다. 마치 이 영화를 만든 목적이 살아있는 인간의 기본적인 신체활동들이 어떻게 이루어지는가, 감정은 어떻게 몸으로 표현되는가 하는 질문들을 던지기 위해서인 것처럼 보일 정도이다. 매 순간마다 주인공이 느끼는 감정들이, 그의 시선과 호흡, 처진 어깨와 낮아지거나 높아지는 목소리, 부드러운 손짓을 통해 표현된다.

주인공 강연자 마이클 스톤은 희끗희끗한 머리에 나이살이 붙어 둥그레진 몸을 지닌 중년 백인 남성이다. 문제는 일상적이고 사실적인 인간의 조건이 스톱 모션 애니메이션의 인형들 위에서 체화된다는 점이다. 인형들은 사실적이라기보다는 인공적이다. 몸에 비해 큰 얼굴, 다소 짧은 팔과 다리, 천으로 된 피부뿐만 아니라 각각의 얼굴에는 눈에서 귀, 그리고 코와 턱에 이르는 분리선이 선명하게 보인다. 게다가 주인공 마이클과 리사, 그리고 영화 초반의 택시 운전사를 제외하고는, 모든 인물이 같은 목소리를 갖고 있다. 이로 인해 관객은 인물들이 느끼는 감정에 동일화되거나 그들의 사랑 이야기에 몰입하기가 완전히 어려워진다. 매 순간, 영화 속 등장인물과 이들이 느끼는 감정 사이에는 화해 불가능한 거리가 존재하고 관객의 영화 보기는 그 둘 사이의 어딘가에 위치 지워진다. 마치, 보는 것과 느껴지는 것 사이의 좁혀지지 않는 거리 위에서 카메라가 줄타기를 하고 있는 것처럼 말이다.

영화는 마이클이 호텔방에 도착해서 옷을 벗고 샤워를 하고 마티니를 마시고 담배를 피우는 모습을 엄청난 디테일을 가지고 묘사한다. 여기에, 결정적으로 기이한 순간들이 끼어든다. 샤워를 마친 인형의 몸이 욕실 거울의 김 서린 표면을 닦아내며 자신의 얼굴과 몸을 들여다보는 장면과 마이클이 강연을 들으러 온 콜센터 직원 리사를 만나 하룻밤의 사랑을 나누는 장면이 그것들이다. 인간의 삶에서 가장 친밀한 두 순간들―즉, 자기 자신을 대면하는 반영의 순간과 타인의 몸과 교섭하는 성교의 시간―을 이 스톱 모션 애니메이션은 직접적으로 재연한다. 만들어진 몸을 통해서 말이다. 이것은 인형의 몸이 마치 인간의 몸이라는 식의 환영성의 창조와는 완전히 다른 것이다. 문제가 되는 것은 우리가 흔히 인간 주체에 부착된 것으로 여겼던 감정의 다발들을 유기체적 몸에서 떼어내어 이를 생경한 비유기적 몸 위에 배치하는 방식이다. 신체 활동과 인형의 몸들, 그리고 권태와 공포와 사랑의 감정들이 따로따로 분리되어 탈주한다. <아노말리사>에서 관객이 마주하는 것은 결국 몸 자체이자 정동 자체가 된다.

<아노말리사>에서 정동의 기이한 출현은 지식과 문화, 담론의 새로운 구성요소로 떠오르고 있는 '정동'의 관점에서 어떻게 주체와 육체성, 이미지의 관계를 재구성할 수 있는지 그 가능성을 보여준다. 최근 들어 많은 이들이 주목하듯이, 1990년대 중반 이후 인지과학과 문화연구, 사회학, 인류학, 여성학, 비평이론 등 다양한 영역에서 '정동적 전환(affective turn)'으로 불리는 새로운 패러다임이 대두되었다. 그럼에도 불구하고, 국내에서 '정동'은 아직까지 매우 낯설고 이질적인 용어로 외래어의 취급을 받아왔고 우리는 이것을 어떻게 번역해야 하는 것인지부터 논의를 시작하는 단계이다.[1] 이 글의 목표는 크게 두 가지다. 먼저, 정동의 도래에 따른 전환점이 무엇인가 살펴보고 정동 이론의 다채로운 담론적 궤적들을 추적해보는 것이다. 그리고, 철학적, 이론적 개념으로서 형성된 '정동'을 통해서 어떤 미적, 비평적 기획이 가능한가를 가늠해보는 것이다. 이 글은 최근 '정동'이란 용어의 정의와 번역을 둘러싼 논의에서 벗어나 '아직 아닌' 미완성의 상태에 있는 비평 담론으로서 정동의 기능과 여러 가지 잠재성을 살펴보고자 한다.

2. 정동 이론의 세 가지 흐름

<아노말리사>가 던진 몸과 정동에 관한 문제에 대해 이야기하기 전에,

1_ "정동은 라틴어 affectus, 영어와 불어의 affect에 상응하는 말이다. 네그리 · 하트와 들뢰즈 · 가따리의 저작에서 주요하게 사용되어온 이 용어는 '변양(變樣)'(『천 개의 고원』), '정서(情緒)'(『제국』), '감화(感化)'(『시네마』 1권), '정감(情感)'(『영화』 1권), '감응(感應)'(질 들뢰즈) 등 여러 용어로 번역되어 왔다'(조정환, 『인지자본주의』, 갈무리, 2011, 557).

먼저 어떻게 정동이 우리에게 도래했는가를 살펴보는 것으로 논의를 시작해보자. 올해 초 한국에 번역, 출판되어 국내에서 정동에 대한 관심을 고조시킨 시그워스와 그레그의 『정동 이론』에 따르면, 정동의 출현은 자본주의와 지식권력, 문화적인 것들을 이루는 관계들을 바라보는 방식이 이전과 달라지게 되는 시점과 중첩된다. 가령, 인문과학의 영역에서 인간/비인간을 아우르는 신체적 능력에 대한 관점이 현상학적으로나 과학적으로 달라지게 되는 계기가 있었고, 철학의 전통에서는 반–주체적이고 반–데카르트적인 전통의 철학적 접근이 코기토의 전통을 뒤엎고 대두되게 되었다. 문화인류학과 정치적 실천들의 영역에서는 서발턴 존재들의 육체와 경험에 대한 주목이 새롭게 이루어지게 되었다. 인식의 변화와 담론적 변화가 급격하게 일어나면서, 정동에 대한 관심의 분수령이 동시적으로 형성된 것이다.[2]

이런 맥락을 염두에 두고, 우리는 정동에 대한 이론적 갈래들을 크게 세 가지로 묶어볼 수 있다. 물론 이 세 가지 흐름이 모든 정동 이론을 포함하는 것도 이 흐름들이 각각 독립적으로 분할되어 있는 것도 아니다. 다만, 앞의 책에서 시그워스와 그레그는 정동 이론을 여덟 개의 분파로 나누어 설명하고 있지만, 필자가 보기에 이들이 분류한 각 이론들이 서로 중첩되고 상호 연관되어 있다는 점에서 오히려 정동의 담론화 과정을 이해하는 데 혼란스러운 점이 있기 때문에, 여기서는 좀 더 포괄적인 접근을 취해서 크게 세 가지의 흐름으로 묶어보려 하는 것이다. 첫 번째 흐름은 과학, 기술, 신경 이론과 연접한 초–미시적 정동 이론이다. 이와 관련해서는, 1995년 이브 세즈윅과 애덤 프랭크가 실번 톰킨스의 1960년대 심리생리학을 전유해 발표한 논문 「사이버네틱 주름에서의 수치」("Shame in the Cybernetic Folds")가 그 촉발점으로 회자된다. 이들은 추상적, 문화적, 사회적 표현으로 생각되어 온 감정이 어떻게 신체적이고 물리적인 반응들을 일으키고 신경생리적 현상으로 변화하는가를 이해하고자 한다. 두 번째는, 자본주의와 근대성

---

2 멜리사 그레그·그레고리 시그워스 편, 『정동 이론』, 최성희·김지영·박혜정 옮김, 갈무리. 2016.

의 변화에 따른 감정의 담론화 과정을 파헤치고 역사적 국면마다의 감정구조 분석을 통해 새로운 구성을 모색하는, 감정과 문화의 사회학이다. 예를 들어, 21세기 들어 옥스퍼드 대학 출판부가 발간하기 시작한 『역사 속의 감정들』(*Emotions in History*) 시리즈가 감정적 삶의 역사적 차원에 대한 급등하는 관심을 반영하고 있다면, 동아시아학에 관한 저명한 국제저널인 『포지션스』(*positions: east asia cultures critique*)의 2008년 가을호 특집은 '가슴으로 느끼기: 감정, 근대성, 아시아'라는 주제를 잡음으로써 근대성의 경험을 아시아 감정구조 속에서 추적한 바 있다. 또한, 사라 아메드가 쓴 『감정의 문화정치학』은 자본주의 민족국가가 형성되는 과정에서 감정이 작동하는 방식에 대해 살펴봄으로써 문화연구와 수사학의 차원에서 감정 연구를 시도하고 있다.3 세 번째 정동 이론의 흐름은 처음 두 흐름과 어느 정도 연결되어 있으나 명확히 다른 초점을 갖고 있다. 이들이 정동의 기원으로 삼는 것은 개인의 신체 활동이나 사회적 요인이 아니라 그 자체로 세계를 구성하는 '힘'과 '강도'의 문제이다. 여기에는 몸과 세계, 미디어, 이미지 간의 관계를 정동적 관계로서 사유하는 철학적, 미적, 윤리적 입장들이 포함된다. 흔히 서구 철학 내에서 감정의 역사적 기원은 그리스 철학의 로고스(logos)와 파토스(pathos)의 대립으로 거슬러 올라갈 것이다. 아리스토텔레스가 '욕망, 분노, 공포, 태연, 질투, 환희, 친애, 증오, 동경, 경쟁심, 연민 및 쾌락이나 고통을 수반하는 감정'으로 정의했던 파토스는 로고스나 이성과 대립되는 것으로 위치 지워졌고 부정적으로 취급되었다. 이렇게 비(非)이성과의 연계 속에서

3_ 아메드의 감정 이론은 데리다의 언어 철학의 영향을 받았는데, 데리다에 따르면 언어는 반복되어 사용되며 그 반복의 효과로 그것이 처음 출현했던 맥락에서 언어가 이탈하게 된다. 즉, 의미화와 맥락 사이에 어떤 이접과 일탈이 일어나게 되는데, 그 틈새로부터 감정들이 등장하게 된다. 예들 들어, 헤이트 스피치의 경우, 무언가를 혐오스러운 것으로 호명하는 것은 일련의 사회적 정서적 가치들을 유발시킨다. 아메드에 따르면, "증오는 다른 공동체들 사이, 자아들과 타자들 사이의 경계 바로 위에 관여하는데, '타자들'이 위협적 존재로 자아의 영역에 침입하게 된다"(Sara Ahmed, *The Cultural Politics of Emotion* [New York: Routledge, 2004], 51). 같은 맥락에서 우리는 9.11 사건 이후 어떻게 서방세계에서 공포가 주요한 대중담론의 정서가 되었는가를 목격하기도 했다.

처리되어온 정념 문제는 데카르트에 이르러 육체적 문제로 폄하되었다. 결과적으로, 이성과 감성, 정신과 몸, 자아와 사물, 주체와 타자를 둘러싼 이원론적 담론 속에서 감정이라는 것은 주변화되고 사변화된 것이다. 이러한 철학적 전통과 결별하여 스피노자에게서 온 '정동'의 개념을 전면화하는 흐름이 세 번째 정동 이론에 속한다. 스피노자의 경우, 정동은 변용하는 힘이자 변용되는 힘으로써, 하나의 육체가 다른 육체 위에 미치는 영향이자 그 육체의 지속(duration)을 의미한다. 정동 이론을 정초하는 데 가장 파급력 있는 논문 중의 하나로 평가되는 브라이언 마수미의 1995년 논문, 「정동의 자율」이 스피노자, 베르그송, 시몽동의 논의를 경유하여 들뢰즈와 가타리의 철학으로 이어지는 궤적을 잘 보여준다.

이렇듯 정동이 이론화되는 다양한 흐름들 속에서 정동은 결코 '전(前)사회적'이고 '전(前)이데올로기적'이고 '전(前)담론적인' 무언가가 아니라는 사실이 드러난다.4 정동은 이론적 가치가 없는 변덕스러운 잔여물이 아니라 신체적 표면에 작동하는 물질적 반응이자, 사회적이고 문화적인 실천이며, 끊임없는 접촉과 변용을 통해서 전체로 퍼지는 강도와 힘의 문제로 다르게 이해되기 시작한 것이다.

또한, 이러한 이론적 궤적들을 벗어나 사회비판적 맥락에서도 정동의 출현을 논의해보는 것이 유의미할 것이다. 그것은 감정의 경제학에 관한 것이다. 주로 문화연구와 여성주의의 관점에서 여러 많은 이들이 정동을 생산하거나 그것을 조정하는 방식 속에서 자본의 교환과 축적이 일어나는 과정을 추적해왔다. 감정노동은 지금까지 가정과 같은 친밀성의 영역에서 행해지던 노동을 일컬을 뿐만 아니라 더욱 유연화된 자본주의 시대에 시장에 흘러들어온 감정의 자본화를 지칭하는 용어이다. 몸과 정동의 문제를 다루는 문제적 영화로서 앞서 이야기한 <아노말리사> 역시, 보다 친숙한 사회경제적인 차원에서 감정의 문제를 건드리고 있다. 가령, 마이클이 쓴

4_ Athena Athanasiou, Pothiti Hantzaroula, and Kostas Yannakopoulous, "Toward a New Epistomology: The 'Affective Turn'," *Historein*, Vol. 8 (2008).

베스트셀러의 제목은『당신이 남을 돕는 것을 제가 어떻게 도와드릴까요?』이다. 그는 지역순회를 하며 고객 서비스와 소비자 만족에 대한 강연을 하고, 그 강연에 오는 청중들은 주로 서비스업에 종사하는 경영진과 노동자들이다. 직장 동료와 함께 강연회에 참석하기 위해 온 리사 역시 제과업체의 텔레마케터로 어떻게 더 효율적으로 고객을 다룰 수 있을까에 대해 고민하며 마이클의 책에서 영감을 받은 여성으로 등장한다. 후기자본주의 사회에서 서비스 산업의 부상에 대해 주목하고 이를 마음의 관리로 간파한 이는 1983년에『감정노동』(The Managed Heart)이란 책을 쓴 미국 (감정)사회학자 앨리 러셀 혹쉴드였다. 그녀는 당시 미국 사회에서 1/3에 육박하는 서비스업계 노동자가 수행하는 감정노동의 특성에 대해 델타항공사의 예를 들어 상세히 밝혀냈다. 감정노동 연구는 친밀성의 상품화로 이야기되어온 여성노동의 현상을 조명한다는 점에서 감정노동의 젠더화를 문제 삼으며 진행되었다. 여성들은 전문 기술과 지식노동의 생산에 연계된 '하이테크 서비스 (high-tech service)'가 아닌, 마사지사, 보모, 돌봄노동자, 성노동자 등 '하이 터치 서비스(high-touch service)' 노동에 종사하고 있다.5 이를 이어서, 에바 일루즈의『감정 자본주의』(Cold Intimacies: the Making of Emtional Capitalism, 2007)는 어떻게 서비스 종사자들이 자본주의 사회 내에서 다시 잠재적 소비자들로 순환되어 관리 대상이 되는가를 지적한다. 즉, 감정 자본주의 사회에서 감정노동자들은 고통과 스트레스를 완화하기 위해 우울증 극복과 자기 계발의 거대한 치료 산업의 체계 내에 이중적으로 귀속된다. 일루즈는 모더니티와 자본주의 연구에서 간과되어 온 감정의 차원을 발굴함으로써 자본주의가 형성된 과정이 고도로 특화된 모종의 감정 문화가 형성된 과정과 궤를 같이함을 파악하고 자본주의 사회구조의 새로운 질서를 이해하고자 한다. "감정 자본주의는 한편으로 경제적 자아를 감정적이 되게 만들었고 다른 한편

5_ Linda McDowell, *Working Bodies: Interactive Service Employment and Workplace Identities* (New Jersey: Wiley-Blackwell, 2009), 11; 여성문화이론연구소,『페미니즘의 개념들』, 동녘출판사, 2015, 50.

으로 감정들이 도구적 행위에 종속되게 만들었다."[6] 치유와 소통의 모델이 감정 자본주의에서 생긴 고통과 트라우마를 치유하는 대안이 아니라 그 자체로 자아를 병리화하고 감정의 역량을 도구화하는 토대적 필수조건이 되는 것이다. 글로벌 자본주의에 빠르게 편승한 한국의 경우도, 감정노동의 문제는 다양한 타자들을 낳으며 사회 전반에 뿌리내리고 있다. 김소영은 「신자유주의 시대의 폭력, 육체, 인지적 매핑」에서 신자유주의 시대, 노동 형태 및 자본 형태가 변화되고 노동과 자본 사이의 사회적 관계가 변화되는 가운데 한국영화가 어떻게 여성과 이주자와 같은 타자를 통해서 젠더화된 감정노동의 문제를 다루는가를 분석한 바 있다.[7] 최근 한국영화들은 감정 노동의 착취적 속성, 젠더화된 속성이 다양한 글로벌 하층민의 삶을 지배하는 양상을 드러내는 동시에, 어떻게 감정의 경제학이 폭력의 이미지를 내포하고 있는가를 시각화한다는 점에서 정동 이론의 관점에서 주목할 만하다.

3. 정동, 이데올로기, 한국사회

정동의 도래는 또한 이데올로기 논쟁의 전환 국면과 맞물려 있다. 신자유주의의 확산과 글로벌 정치 체제의 재편, 그리고 인지자본주의로의 이동 등 번성과 파국이 동시에 진행되는 시대에 더욱 복잡해진 권력의 작동 방식을 바라보는 담론적 성좌가 요청되고 정동이 '발견'된 것이다. 마수미에 따르면, "정동은 이데올로기 (논쟁) 이후 포스트모던 권력을 재고하는 데 있어 열쇠가 된다."[8] 즉, 이데올로기가 여전히 우리 곁에서 포효하고 있음에도 불구하고, 그것만이 우리를 결정하는 것은 아니라는 것이다. "이데올로기는 더 이상 권력이 기능하는 전지구적 양태를 설명할 수 없다. 이데올로기

6_ 에바 일루즈, 『감정 자본주의』, 김정아 옮김, 돌베개, 2010, 55.
7_ 김소영, 「신자유주의 시대의 폭력, 육체, 인지적 매핑」, 『젠더와 문화』 제4권 2호, 2011.
8_ 브라이언 마수미, 『가상계』, 조성훈 옮김, 갈무리, 2011, 81.

만으로는 전체를 규정할 수 없는 거대한 장 내에서, 이데올로기는 이제 단 하나의 권력 양태에 불과하다."9 예를 들어서, 후기 자본주의 경제에서 인플레이션의 근본 원인은 실제적인 경제 변동이 아니라 오히려 '미래에 대한 느낌들'이라 할 수 있다. 위기와 불황에 대한 느낌들이 실제적 조건들을 역전시키고 자기충족적 예언이 되게끔 사람들을 추동하고 시장을 장악한다. 경제가 좋아지고 있다는 정동적 전망 속에서 실제로 시장이 탄력을 얻게 되는 효과가 이렇게 생겨난다.

마찬가지로, 국가적 차원에서 정동이 중요한 정체성의 토대가 되어왔다는 점을 간과하기 어렵다. 조셉 니에가 주조했던 "소프트 파워(soft power)"라는 말이 이제 한 국가의 국제정책과 문화 관계를 지칭하는 유행어가 된 것처럼, 국가적 영향력이 경제와 정치 영역 이전에 이미 문화적 감정의 영역에서 가늠되기 시작했다.10 앞서 이야기한 사라 아메드의 작업에서도 국가의 소프트 파워 개념이 정동 이론에 도입된다. 즉, 어떻게 한 민족국가가 "소프트 터치(soft touch)"를 민족적 정체성의 특징으로 삼는가 하는 문제가 대두된 것이다. 이와 동시에 소프트 파워 강조가 자칫 민족을 여성화의 위험에 빠지게 할까 하는 우려가 제기되는데, 결국 민족국가는 감정 내에 다양한 위계를 설정하는 방식으로 이를 극복하고자 한다. 즉, 이성 대 감정의 이분법을 넘어서는 대신에 다시 감정 내의 위계화를 재구성하는 방식으로 정동의 국가장치가 작동하는 것이다. "어떤 어떤 감정들은 문명화의 기호로서 '고양'되는 반면, 다른 감정들은 약함의 기호로서 '비천하게' 느껴진다."11 국내의 경우, 권명아의 『음란과 혁명』이 정동과 권력의 접합 양상을 잘 보여주고 있다. 그 부제인 '풍기문란의 계보와 정념의 정치학'에서 드러내듯이, 이 연구는 어떻게 특정한 정념들이 당대 사회에 부적절한 것으로 간주되고 동시에 환멸, 슬픔, 애도, 상실, 불안, 외로움, 사랑으로 이어지는

9_ 같은 책, 81.

10_ Joseph S. Nye, *Soft Power: The Means to Success in World Politics* (New York: Public Affairs, 2004).

11_ Sara Ahmed, op. cit., 3.

정념의 목록들이 어떻게 새로운 주체의 정치적 열정으로 물들게 되는가를 분석한다.

한국의 맥락에서 정동은 정치적인 것과 새로운 주체성의 출현이라는 맥락에서 관심의 대상이 되었다. 권명아의 지적대로, 한국사회는 "신자유주의 시대로 진입하면서 정치적인 것에 대한 아파지(무관심, apathy)가 가장 중요한 시대의 징후로 간주"되기도 했다.[12] 무감, 무통, 무능의 정치권력은 대중을 포획하여 세계에 무관심하도록 이끈다. 그러나 무관심의 현실과 부딪히고 혹은 중첩하는 정동적 출현이 다중의 잠재적 힘들을 휘젓는 순간, 우리는 정동의 예상치 못한 파급 효과를 목격하게 된다. 2008년 미국산 쇠고기 수입 재개 협상을 반대하기 위해 광장에 모여든 학생들과 시민들의 촛불 시위는 "다중의 잠재성과 역능에 대한 긍정과 낭만주의 인민주의의 반복이라는 비판" 사이에서 대중의 정동적 힘에 대한 논의를 불러일으켰고,[13] 2014년 세월호의 침몰은 죽음과 정치의 치밀한 공모 속에서 침몰의 순간이 4시간으로, 72시간으로, 그리고 2년 이상의 시간으로 연장되는 동안, 시간의 지속과 함께 상실과 애도, 기억의 정치적 정동들이 계속해서 확산되고 있다.

흔히 정동과 관련해 제기되는 질문은 이러하다. "(서구의) 정동 이론을 (한국의) 정치 문화에 대한 논의에 끌어오는 게 얼마나 생산적인가?" 그러나 그런 질문을 하기 이전에 적어도 우리는 정동을 외래에서 온 것으로 보는 관점을 버려야 할 것이다. 동시에 하나의 전체 혹은 총체성으로 정동을 바라보는 시각을 버릴 필요가 있다. 정동 개념 자체가 얼마나 타당성이 있는가를 검증하기 위해서가 아니라 한국의 식민지-탈식민지 근대성과 신식민지-신자유주의적 자본주의에 담긴 변화와 정동의 양태를 파악하기 위해서 말이다. 한국 근대의 역사와 정치적 주체의 형식을 닫힌 구조로 보는 것이 아니라 열린 과정으로 보고 그 과정에서 이질적 공간과 시간의 지속, 감정

12_ 권명아, 『무한히 정치적인 외로움』, 갈무리, 2012, 19.
13_ 권명아, 『음란과 혁명』, 책세상, 2013, 80.

의 요소들이 뒤섞여 드러나는 것을 파악하고자 한다면, 정동의 연구가 필연적으로 수반될 수밖에 없기 때문이다.

4. '정동이란 무엇인가?'라는 질문

그렇다면, 정동이란 무엇인가? 앞서 지도 그린 정동 이론의 세 가지 갈래와 정동이 출현하게 된 사회정치적 맥락에 대한 이해에도 불구하고, '정동'이란 것이 정치적 비평적 차원에서 언어/의미를 얻어나가는 과정은 결코 순탄하지 않다. 최첨단 과학 분야와 사회과학, 미디어, 문학과 예술에서 정동의 중요성이 점차 커지고 있지만, 정동을 이야기할 언어들, 단어들, 기호들이 문화적으로나 이론적으로 아직 확립되지 않은 것이다. '정동'이라 지칭하는 것을 둘러싼 혼란과 논쟁, 혹은 그 자체로 '아직 아님'의 상태는 정동 이론이 최근에 부상한 새로운 사유의 트렌드이기 때문만은 아닐 것이다. 그보다는, 정동 자체가 기존의 언어구조적 담론화나 이데올로기 정치학을 벗어나 구성되어야 할 것으로 논의되어야 한다. 정동의 본질에 대한 흥미로운 이해 중에 하나는 정동을 "엑스트라-담론적(extra-discoursive)이고 엑스트라-텍스트적(extra-textual)"이라고 보는 것이다.14 왜냐하면, 정동 자체는 인식적 구조와 같은 담론의 밖에 있는 동시에 텍스트가 하는 것 같은 그러한 의미생산을 하지 않기 때문이다. 정동이 언어의 의미론적 혹은 기호학적 차원으로 환원되는 순간, 정동은 이데올로기나 상징, 언어나 서사학의 차원에서 일종의 상징의 차원을 얻게 될 것이다. 그러나 그 순간, 정동의 특이성, 즉, 사건으로서의 정동은 언어의 손가락 사이로 미끄럽게 빠져나가게 된다. 그렇다면, 무엇보다 정동을 둘러싼 아포리아는 언어와 이데올로기의 베일 뒤에 숨겨진 정동적 질료들을 직접 이야기할 수 있는가 하는 점일 것이다.

14_ Simon O'sullivan, "The Aesthetics of Affect: Thinking Art Beyond Representation," *Angelaki: Journal of the Theoretical Humanities*, vol. 6, no. 3 (2001), 126.

정동이 이데올로기 혹은 자본의 잠재태로서 작동하기도 하고 새로운 정치의 가능성으로서 작동하기도 하는 변덕스러운 방식을 어떻게 설명할 수 있을까? 혹은 언어와 기표를 벗어난 정동적 사건들을 의미화 과정 내로 끌어들이는 것이 과연 성공할 수 있을까?

이런 질문들과 관련해서 하나의 실마리는 정동과 감정을 구별해서 생각해보는 방법이다. 예리한 독자들은 이미 알아차렸겠지만, 지금까지 이 글에서 '정동'은 '감정'과 종종 혼합되어 사용되었다. 일차적으로는 정동 이론의 패러다임 안에서도 각 이론가들이 emotion, affect, passion, pathos, 감정, 정서, 정동, 열정, 정념 등과 같은 다양한 언어들을 사용하고 있기에 이들의 논의를 이야기하는 과정에서 각 용어들이 번역되어 통용되는 맥락을 반영하지 않을 수 없다. 문제가 복잡해지는 것은 이차적인 의미에서이다. 즉, 철학적, 담론적 입장의 측면에서 여러 용어들 간에 엄청난 차이와 복잡한 중첩이 존재하고 그로부터 혼란스러우나 다채로운 대화가 이미 진행되고 있기 때문이다. 이런 점을 염두에 두고, 여기서는 적어도 '감정'과 '정동'으로 대변될 수 있는 두 가지 큰 입장의 차이를 중심으로 이데올로기와 언어에 포섭되지 않는 정동의 특성에 대해 논의하고자 한다. 감정과 정동을 구별해서 사용하고자 하는 대표적인 이론가들에는 마이클 하트와 안토니오 네그리, 그리고 마수미가 포함될 것이다. 먼저, 하트와 네그리는 신자유주의 자본주의 시대에 비물질적 노동이 지배적 위상을 차지하는 것에 주목하면서 비물질 노동의 대표적인 양극단으로 지적 노동과 정동 노동을 지적한 바 있다. 이들은 의사에서 항공기 승무원, 패스트푸드 노동자들까지 신체적 영향을 다루는 노동을 '감정노동'이 아닌 '정동 노동(affective labor)'이라는 말로 지칭하면서 그 정의를 다음과 같이 내리고 있다. "정신적 현상인 **감정과 달리 정동은** 몸과 마음을 동일하게 가리킨다. 사실은 기쁨, 슬픔과 같은 정동들은 특정한 사유의 양식과 함께 전체 유기체의 현 삶의 상태를 드러낸다. 정동적 노동은 정동을 생산하거나 그것을 조정하는 노동이다"[15] 즉, 정동 노동은 단순히 감정의 자본화뿐만 아니라 여기 분리할 수 없이 결속된 신체적 자본화의 문제를 지시함으로써 생명정치적 함의를 지닌다. 여기서 2015년 여성영화제에서 상영되기도 했던 김숙현, 조혜정 감독의 단편 실험영화, <감정의 시대: 서비스 노동의 관계미학>을 언급하지 않을 수 없다. 이 작품은 감정노동자들의 육체와 공간을 실험적으로 살펴보고 있다. 영화는 휴대폰 AS 기사, 스튜어디스, 보육 교사, 간호조무사, 패밀리레스토랑 고용인, 경호원, 콜센터 직원, 마트 캐셔 등 다양한 서비스업계 사람들의 인터뷰를 토대로 극한으로 통제된 육체적 정신적 조건을 재연한다.[16] 각 서비스 노동을 맡은 공연자들은 견디기 괴로운 자세를 취하고 2분 30초 동안 지속하는 작업을 한다. "반갑습니다, 무엇을 도와드릴까요, 뭐 불편하신 게 있으면 말씀해주세요, 죄송합니다, 감사합니다" 등을 반복해야 하는 정동 노동의 의미가 비좁은 캐비닛 안에서 비틀린 몸으로 음료가 담긴 유리잔들을 들고 있는 승무원의 모습과 손이 닿지 않는 마네킹의 가발을 손질하려고 손을 뻗은 미용사 등 고통스럽고 가식적으로 얼어붙은 신체 위에서 비판적으로 표출된다.

마수미의 논의는 감정의 정신적, 인지적 차원과 달리 정동이 지닌 가상적 속성과 자율성에 대해 조명한다. 앞서 언급한 논문, 「정동의 자율」에서 그는 "잃어버린 0.5초의 미스테리"라는 말속에 정서와 정동의 차이를 확보한다. 치료를 목적으로 대뇌피질 전극을 삽입한 환자들에게 행한 실험에서 어떤 자극이 느껴지기 위해서는 최소한 0.5초의 시간이 필요하다는 결과가 나온 데서 정동의 특이성이 발견되는 것이다.[17] 이 0.5초가 의미하는 바는 무엇인가? 그것은 자극이 내향적인 방향에서 육체 쪽으로 변용되는 순간의 시작과 육체가 자극을 향해 열리며 외향적으로 변용하는 순간의 완성 사이에 걸리는 짧은 시간이다. 그리고 이 짧은 시간은 뇌신경의 그물망에 포착

15_ 안토니오 네그리·마이클 하트, 『다중』, 조정환·정남영·서창현 옮김, 세종서적, 2008. 강조는 필자.

16_ <감정의 시대>는 2014년의 전시 공연의 형태로 출발해 영상 설치와 퍼포먼스, 공연, 실험영화 등 다양한 형태로 변주되었다.

17_ 마수미, 앞의 책, 55-56.

될 수도 있고 아닐 수도 있다. 즉, 정동은 일종의 에너지 차원에서 움직이는 힘이 증가하거나 감소하는 과정을 보여주는데 이때 인지적으로 감각되지 않는, 즉, 지각된 '감정'으로 포섭되지 않는 순간들이 존재한다. 마수미에 따르면, "정서는 주관적인 내용으로, 경험의 질로 사회언어학적으로 고정하는 것이다. 경험되는 순간부터 그것은 개인적인 것으로 제한된다. 정서는 자격이 부여된 강렬함이며, 틀에 박힌 것이다. 그리고 의미론적이며 기호학적으로 형성된 진행 과정 속으로, 내러티브화할 수 있는 작용-반작용의 회로 속으로, 기능과 의미 속으로 강렬함이 삽입되는 합의된 지점이다."[18] 반면에, 정동은 가상계의 영역이라 할 수 있다. 즉, 무언가가 너무 빨리 일어나서, 실제로 나타날 수 없을 때 그것이 가상적이라면, 이러한 가상계 안에 정동이 참여하는 것이고 그로 인해 정동의 자율이 보장된다. 즉, 얼마나 특정한 감정의 구속으로부터 벗어나느냐에 따라 정동은 자율적이라고 할 수 있는 것이다. 이러한 정동의 자율을 포획하고 폐쇄하는 힘을 마수미는 정서라 부르며, 잠재적 감각들의 상호작용이 그 실제적 연결이나 방해의 기능을 충족시키기 위해 "형태가 주어지고, 자격이 부여되고, 위치가 정해진 지각과 인식"이라고 설명한다.[19]

이러한 논의들은 정동을 감정이나 정서와 분리해서 정동의 방식으로 생각하는 방식들을 우리에게 가르친다. 마찬가지로, "정동이란 무엇인가?"라는 질문 역시 정동의 자율을 묻는 질문, 즉, '정동은 무엇을 할 수 있는가?'라는 질문 속에서 더 생산적인 답을 찾을 수 있음을 시사해주고 있다. 정동이 지식이나 의미와 관계없는 무언가라면, 정동은 이데올로기나 정신과는 완전히 다른 영토에서 출현하는 사건일 것이며 본질적 정의를 포착하기보다는 그것의 기능을 상상하는 것이 보다 생산적인 작업이 될 것이다. 정동의 미학적 윤리적 정치학이 의미화 과정이나 주체성 이론, 지식의 범위 밖에서 다루어지는 이유도 이런 연유일 터인데, 우리는 이제 정동의 새로운

18_ 같은 책, 59.
19_ 같은 책, 68.

기능, 즉, 주체의 해체를 통한 미학적, 비평적 기획으로 넘어가 살펴보게 될 것이다.

5. 주체의 죽음 이후의 정동

조금 다른 지점에서 정동에 관한 이야기를 풀어보자. 동시대 한국영화에서 가장 인상적인 정동의 이미지를 꼽자면, 필자는 박찬욱 감독의 영화 <박쥐>의 마지막 장면을 꼽고 싶다. 이 장면은 태양이 지는 절벽 앞에서 두 명의 뱀파이어가 먼지로 산화하는 고통스러운 모습을 제시한다. 두 뱀파이어의 치명적인 자기-파괴, 그리고, 그들의 육체가 바람결에 재로 날려간 이후에 남겨진 것은 한 켤레의 낡은 구두이다. 카메라의 시선은 오랫동안 여기 머무른 후 곧장 엔딩 크레딧으로 넘어간다. 스크린 앞에 펼쳐지는 이 기이한 클로즈-업은 이제 막 수평선 너머로 지는 태양광선 혹은 절벽 위 붉은 토양을 닮은, 낡고 해진 가죽 구두의 정동 외의 다른 어떤 것도 아니다.[20]

정동과 주체, 미학의 뒤엉킨 관계를 논의하기 위해서 이러한 우회적 접근은 필수적이다. 하나의 비판적 입각점으로서 구두의 이미지 안에 담긴 정동의 철학적, 정치적 미학은 결코 짧지 않은 역사를 갖고 있다. 가장 논쟁적인 구두 이미지는 빈센트 반 고흐가 그린 수 편의 구두 시리즈 중에서도, <끈이 달린 구두>라는 유화 작품(1896)이다. 오래되고 낡고 구겨진 이 구두 이미지는 하이데거에서 출발하여 메이어 샤피로, 자크 데리다, 그리고 프레드릭 제임슨에 이르기까지 단순히 수사학적인 형상이 아니라 철학적 대상

20_ 예술과 미학에 대한 철학적 탐구에서 구두는 이미 오랜 사색의 대상이 되어 오기도 했던 것이다. 구두 이미지는 단순히 수사학적인 형상으로 볼 것이 아니라 철학적 대상이자 정동적 사물로 반복해서 이야기되었다. 하이데거는 빈센트 반 고흐가 그린 레이스가 달린 낡은 구두 한 쌍의 유화를 보면서 어떻게 사물이 예술이 되는가를 추적했다.

이자 정동적 사물로 반복해서 이야기되었다. 특히, 프레드릭 제임슨은『포스트모더니즘, 후기 자본주의의 문화 논리』에서 반 고흐의 그림과 앤디 워홀의 <다이아몬드 더스트 슈즈>를 비교하고 있는데, 두 회화를 가르는 큰 구분점이 바로 모더니즘 시대에서 포스트모더니즘 시대로의 전환이다. 일례로, 반 고흐의 구두와 이를 둘러싼 담론이 의미의 깊이에 천착하는 해석학적 영역에 머물렀다면 앤디 워홀의 포스트모던 스타일에는 그러한 '해석학적인 제스처'가 보이지 않는다고 말한다. 그러나, 제임슨이 지적한 여러 가지 차이들 중에서도 가장 문제적인 것은 바로 두 그림을 가르는 정동의 문제이다. 제임슨의 주장은 모더니즘에서 포스트모더니즘의 전환은 '정동의 소멸(the waning of affect)'을 의미한다는 것이다. "불안이나 소외와 같은 개념들은 더 이상 포스트모던 세계에서 적절한 것이 아니다."21 그에 따르면, 우리가 개인으로서 느끼는 것을 표현하려는 시도 자체가 동시대 문화지형에 더 이상 걸맞지 않는 것이 되고 '정서'나 '정동'의 문제는 문화적, 미학적 무게를 상실하게 된다. 그런데, 한 가지 제임슨이 이러한 주장을 하는 근저에는 모종의 가정이 문제적으로 존재한다. 즉, 여기에 '정동의 소멸'과 '주체의 죽음'이 하나의 등가관계를 이루며 공식화되어 있는 것이다. 그의 논지에 따르면, 해석학적 모델, 변증법적 모델, 프로이트적 모델, 실존주의 모델, 기호학적 대립 등 심층 모델이 사라지게 됨에 따라 현대 사회에서는 "감정을 느낄 자아가 더 이상 존재하지 않"게 된다.22 물론, 필자 역시 근대 주체에 대한 자율적이고 총체적인 이해가 더 이상 불가능하다는 제임슨의 비판에 전적으로 동감하고 있다. 그러나 주체와 정동을 연합해서 동일시하고 이를 모더니즘과 포스트모더니즘의 이분법적 틀 안에서 보려는 시도는 결국 정동의 생산적 논의를 예견하지 못하게 한 가리개가 되고 말았다.

여기에 레이 터라다의 논의가 유용할 듯싶다.『이론 안의 감정』(Feeling

21_ 프레드릭 제임슨, 「포스트모더니즘—후기자본주의 문화논리」, 강내희 외 옮김, 『포스트모더니즘론』, 문화과학사, 1996(1989), 151-152.
22_ 같은 글, 156.

in Theory)이라는 자신의 책에서 터라다는 어떻게 감정이라는 개념이 주체의 개념과 상반될 수 있는지 다양한 철학적 문화적 실례들을 해체하며 보여주고 있다. 터라다에 따르면, "감정은 어떻게 주체가 상실된 이후의 경험이 가능한가를 보여준다."[23] 뛰어난 예 중의 하나는 영화 <블레이드 러너>에서 숀 영이 맡은 리플리컨이 눈물을 흘리는 장면을 들 수 있다. 이 영화에서 스스로를 인간이라 믿었던 인공지능 리플리컨은 자신이 인간이 아니라 기계임을 깨닫게 된다. 그리고 모든 기억들이 자신의 것이 아님을 깨닫게 되는 순간, 그녀의 눈에서 눈물이 흘러내린다. 터라다에 따르면 이 순간의 눈물은 주체성의 환영이 사라지고 난 이후에도 정동은 사라지지 않는다는 사실을 드러내는 알레고리적 표출이다. 이 눈물은 어떻게 감정과 주체성의 엉킨 매듭을 풀어야 할 것인가 제시하는 데 좋은 길잡이가 된다.

다시 이야기를 되돌려, <박쥐>의 마지막 장면에서 주체의 죽음 이후에 살아남은 '정동'의 문제에 대해 생각해보자. 이 영화는 지방 소도시에서 존경받는 신부였으나 수혈을 받은 피에서 바이러스에 감염, 뱀파이어로 변한 남성 상현과 고아로 자라 시어머니와 남편 밑에서 모든 감정을 억누르며 살아온 여성인 태주의 이야기다. '행복 한복집'에서 시어머니를 도와 일하는 태주의 표정은 가게의 마네킹보다도 더 기계적이고 창백한데,[24] 무감각한 세계에서 그녀가 시도하는 유일한 탈출은 모두가 잠든 밤 맨발로 거리를 질주하는 것이다. 반면에 뱀파이어로 변한 상현은 온몸의 세포가 초감각적으로 변이되어 온갖 움직임과 소리, 즉, 아주 작은 신체적 부대낌과 멀리서 나는 기침 소리에도 예민하게 반응하게 된다. <박쥐>에서 구두가 등장하는 것은 마지막 장면을 포함해서 단 두 번이다. 첫 번째는 바로, 상현이 거리를 질주하는 태주를 멈춰세우고 자신의 구두를 벗어 신겨주는 장면이다. 이때 구두는 남녀를 연결하는 서사적, 정서적 매개물로서, 두 주체들

23_ Rei Terada, *Feeling in Theory: Emotion after the 'Death of the Subject'* (Cambridge, Mass.: Harvard University Press, 2001).

24_ 태주의 일상이 지닌 감정노동적 성격에 대해 김소영의 앞선 논문을 참조하라.

간의 감정적 소통의 출발점으로 제시된다. 이 순간 이후로 두 사람은 관계를 맺고, 태주 역시 상현의 피를 받아 뱀파이어로 변신하게 된다. 흥미로운 것은 이 둘의 뱀파이어 표상이 서구의 전통적이고 관습적인 형상에서 자주 보이는 근대 자본주의의 부르주아 이미지를 벗어나 한국사회의 식민화 경험과 탈식민화 과정, 그리고 신자유주의 궤도로의 진입을 날카롭게 보여주는 지점이다. 특히, 태주가 뱀파이어가 된 후 드러내는 멈출 줄 모르는 욕망과 폭력은 과거 자신을 학대했던 시어머니와 남편, 그리고 남성 일반에 대한 복수를 넘어 새로운 타자와 희생양을 필요로 하는 무한 질주로 확장되어 나간다. 태주의 뱀파이어성은 식민지 서발턴의 위치에서 신자유주의 하위제국의 위치로 이행된 최근 한국사회의 모습을 드러내는 듯하다. 결국, 이런 태주의 질주에 제동을 거는 것은 상현이다. 지상의 끝과도 같은 절벽 위에서 상현은 태주와 함께 뱀파이어의 초주체화된 몸을 산화하기에 이른다. 영화의 마지막 장면에 나타나듯이, 떠오르는 태양빛 아래 남겨진 것은 처음 상현이 태주에게 건넸던, 그리고 마지막 순간 태주가 신고 있던 그 구두뿐이다. 구두가 등장하는 이 두 번째 순간을 우리는 주체의 죽음 이후 살아남은 '정동'의 이미지라고 부를 수 있을 것이다. 여기서 구두는 더 이상 마음 혹은 주체와 관련된 감정의 사물이 아니라 탈-주체의 이미지이자 정동의 숭고한 사물로서 재출현하게 된다.

영화의 마지막에서 상현과 그의 구두들은 경계 넘기의 의미, 한계를 초월하는 불가능한 과제에 대해 의미심장한 질문을 던지고 있다. 신부에서 뱀파이어로, 뱀파이어에서 뱀파이어 헌터로 변모하게 되는 상현의 다층적인 변신 속에서 문제가 되는 것은 몇 개로 갈라지는 자아의 분열이나 억압된 타자의 귀환이 아니라 주체와 그 한계 사이의 숭고한 관계라고 할 수 있다. 여기서 잠시 생각할 것은 정동의 출현과 더불어 숭고미가 던지는 급진적인 정치학의 문제들이다. 숭고함은 주관적인 상상이나 표현과는 동떨어진, 매우 특별한 정동 중의 하나이다.[25] 글로벌 자본주의의 맥락에서 숭고함의 정치적 의미는 그것이 바깥 세계의 끊임없는 확장에 직면해서 자아의 범위를 지각하도록 하고 그러한 경험의 정동적인 사건을 통해서 또 다른 타자와의 조우를 가능케 한다는 사실이다. 이는 단순히 경험을 정신 세계의 주관적 영역으로 몰아넣지 않는 동시에 그 경험의 경계를 드러내어줌으로써 최종적이고 절대적인 초월을 부정한다. 더 나아가 그 힘은, 정동적 대상의 힘은 주체와 세계 사이의 접촉점을 강조하고 다층적 감정들의 공존을 허락한다.

6. 미학적 기획으로서의 정동 이미지

정동이 지닌 힘은 예술과 미학의 정치학과 관련해 더욱 확장될 수 있다. 예술에 대한 질문은 결국 정동의 힘에 대한 질문이기도 하기 때문이다. 여기서 우리는 예술과 이미지를 재현으로 보는 방식이나 재현의 위기에 놓인 무언가로 이해하는 기존의 패러다임을 벗어나 사고할 필요가 있는데, 예술의 가상적 차원에 대해 논의할 필요가 있다. 미학적 충동에 대해 이야기하면서 들뢰즈가 존재와 가능성이라는 예술의 범주 대신에 현실적인 것(the actual)과 가상적인 것(the virtual)으로 나누어 사유한 바 있듯이, 예술은 이러한 비가시적 세계들을 현실화하는 힘이다. 혹은 최소한 예술은 잠재적인 것과 현실적인 것 사이의 경계에 자리한다고 말할 수 있으리라. 미적 사건은 정상적인 운동 활동이 유보되고 현실의 다른 면들이 세계에 열리는 순간들을 말한다. 일상적인 시공간에서 우리는 항상 우리가 보아온 것만을 본다. 그러나 예술과 더불어 우리는 이전에 보지 못 했던 것을 감지하게 된다. 폭죽이 터지는 꽃무늬나 도시 차량들의 흐름들을 포착하는 타임랩스 사진들이

25_ 숭고미의 문제를 철학과 윤리학의 질문들과 연결시키는 작업 속에서 장 뤽 낭시의 글 「숭고한 제시」를 들 수 있는데 그에 따르면, "the sublime imagination touches the limit, and thistouch lets it feel its own powerlessness"(Jean-Luc Nancy, "The Sublime Offering," in Jean-François Courtine, ed., *Of the Sublime: Presence in Question* [New York: SUNY Press, 1993], 44).

나 빠른 운동을 느리게 재생해서 그 변화를 정확히 보여주는 슬로 모션 영화들에서부터 현미경, 확대경, 천체 망원경에 이르기까지 새로운 매체의 미적 기능들은 이렇게 기존의 지각과 경험을 탈영토화하고, 우리를 '기관 없는 신체'로 만들 수 있도록 도와준다. 기관 없는 신체는 특정한 이미지로 고착되길 거부하는 강렬도들을 경험하거나 발산하는 신체로서 미적, 윤리적 사건을 불러일으킨다. 스피노자와 들뢰즈를 따라서 이것은 예술의 윤리학, 즉, 익숙한 영토를 넘어 움직이고 일종의 자기-극복으로서 다른 영토에 몸을 여는 행위이다.26 즉, 예술은 가상의 세계로 주체를 탈영토화시킨다. 슬픔이 행복과 뒤엉키고 좌절이 열정과 춤을 춘다.

여기서 들뢰즈의 정동 이미지(affective image)가 지닌 미적, 윤리적 함의를 생각해볼 수 있다.27 스피노자와 베르그송, 퍼스의 철학에 힘입어 들뢰즈는 고전 영화와 현대 영화의 단절을 운동 이미지와 시간 이미지의 두 항 속에서 사유한 바 있다. 여기서 흥미로운 점은 현대 영화가 행동 이미지(자극-반응의 도식에 갇힌 운동 이미지의 실망스러운 변종)에서 시간 이미지(이미지가 운동 자체가 되는 과정)로 이행하는 과정에서 정동 이미지가 중요한 역할을 하고 있다는 사실이다. 정동 이미지의 특징은 고전 영화의 서사적 구조와 고착된 시공간적 좌표들로부터 벗어나 "모든 규정된 시간-공간에 독립적"이라는 점이다.28 일종의 특질이거나 잠재성으로서 정동-이미지는 임의의 공간이 구축되는 곳에서 발생한다. 이 공간은 상황이 발생하지 않은 공간이다. "즉, 그것은 더 이상 좌표를 가지지 않는다. 그것은 순수한 잠재태이며, 오직 순수한 권력과 질들을 보여줄 뿐인데, 이것들은 자기들을 현실화하는 사물

26_ 예술의 기능이란 무엇인가? 그것은 예술이 우리의 intensive register를 변환시켜서 우리를 세계에 연결시킨다. "세계와의 춤, 혹은 예술과의 춤" 재현 내의 파열들 속에서 분자적인 것이 열리고 미학적인 것이 활성화되고 예술은 우리 자신들에 대한 스스로의 감각을, 그리고 세계에 대한 개념을 변화시킨다. 비록 일순이라 할지라도 말이다 (Simon O'sullivan, "The Aesthetics of Affect: Thinking Art Beyond Representation, 128).

27_ 엄밀히 말하면, 정동 이미지라 부르는 것이 맞지만, 국내 번역서의 명칭을 따라가기로 한다.

28_ 질 들뢰즈, 『영화 1』, 주은우·정원 옮김, 새길신서, 1996, 139.

들의 상태 또는 환경과는 독립되어 있다."²⁹ 가장 유명한 예는 칼 드레이어의 <잔다크의 수난>(*La Passion de Jeanne d'Arc*)에서 화면 가득 보여주는 잔다크의 얼굴과 눈물일 것이다. 순교 직전의 상황에서 카메라는 인물이 직면한 사건보다는 신음하는 입술과 코, 눈을 집중적으로 포착한다. 2차원의 평면이 감정적 이미지 속에서 3차원의 공간을 압도하고 탈영토화한다. 혹은 일상적인 차원에서 비가 오는 날의 정동적 분위기를 떠올려 볼 수 있다. 세계에 내리는 눈물처럼, 비의 시각적 인상은 어떤 시공간 개념이나 단일체로 묶이지 않는다. 정동 이미지가 포착하는 것은 비가 실제로 무엇인가가 아니라 비의 미적 기능이다. "부드러운 봄비가 나뭇잎을 흘러내릴 때, 연못의 표면에 빗방울이 파닥거릴 때, 빗방울 하나가 조심스레 창문을 타고 미끄러져 내려갈 때, 젖은 보도가 도시의 삶을 반영할 때 그것이 어떻게 보이는가"이다.³⁰ 또한, 정동 이미지의 중요성은 그것이 지닌 '잠재성'과 '탈영토성'에 있다. 일종의 질이자 권력이자 공간으로서 정동 이미지는 강력한 의미화 과정에 사로잡혀 현실화되고 영토화되지 않는다는 점에서 정동의 미학적, 윤리적 정치학을 담지하고 있다. 정동 이미지가 담고 있는 감정이 어떤 것인가의 문제가 아니다. 그것이 표출되는 과정에서 정동은 무수히 많은 접속 속으로 들어간다. 마수미가 예를 든 눈사람 영상의 실험에서처럼 이미지 가운데서 아이들은 무서워하고 슬퍼하고 흥미로워한다. 아이들의 신체가 정동적 이미지와 만나 접촉하고 개방되는 것이다.

이미지의 정치학이라는 점에서 정동과 색의 관계 역시 간과할 수 없다. 색채 이론의 시각적, 촉각적, 그리고 물질적 경험은 정동을 둘러싼 정치적, 미학적 지평을 확장시킨다.³¹ 들뢰즈는 색채가 곧 정동이라고 말한 바 있다.

29_ 같은 책, 230.

30_ 데이비드 노먼 로도윅, 『질 들뢰즈의 시간기계』, 김지훈 옮김, 그린비, 2005, 134.

31_ 권명아의 경우, 아예 정동을 '물듦'이라고 번역하기도 한다. 권명아는 일제시기 풍속통제가 진행되는 구체적인 모습을 살펴보는 중요한 역사적 자료로 이기영의 「서화」를 분석하면서, 어떻게 이 텍스트 전체를 맴도는 붉은 빛과 그 스펙트럼이 혁명적 주체와 문란한 욕망의 경계를 오가며 색과 정치의 관계를 놀랍게 포착하고 있는가에 주목한

마찬가지로, 감정 이미지와 연결된 또 하나의 이미지인 색채 이미지는 "단 순히 채색된 이미지와는 반대로, 색채-이미지는 특정한 대상을 참조하지 않으며, 그것이 할 수 있는 모든 것을 흡수한다. 그것은 자기 영역 내에서 일어나는 모든 것을 붙잡는 권력, 또는 상이한 대상들에 공통적인 질이다."32 키에슬롭스키의 세 가지 색채에 관한 영화들ー<블루>(1993), <화이트> (1994), <레드>(1994)ー가 사실은 모두 정동에 관한 영화들이었다는 사실을 기억하는가? 그것은 사랑과 질투, 외로움과 공감에 대한 이야기들이었고 그 감정들의 지속과 운동에 관한 영화들이었다. 흔히 색채는 그 상징주의에 대해 많이 이야기되어왔다. 즉, 녹색은 희망, 검은색은 좌절, 붉은색은 열정 을 의미한다. 이는 색채와 정동 사이에 대응 관계가 있다고 보는 색채상징 주의의 설명이다. 이와는 다르게, 색채는 정감 그 자체, "그것이 집어내는 모든 대상들의 잠재적인 접속"으로 재조명될 필요가 있다.33 일례로, 반 고 흐가 색채에 접근할 때 느꼈을 주저와 두려움과 존경심은 불타는 노란색과 파도치는 푸른색 속으로 화가의 존재가 흡수되는 파괴적이고 창조적인 순 간들을 예견한 것이다.34

정동 이미지 혹은 색채 이미지의 정치적 효과는 사회 곳곳에서 의도적으 로든 우연적으로든 뚜렷하게 가시화되고 있다. 세월호 사건을 추모하는 노 란 리본의 물결과 홍콩에서 민주화를 열망하는 노란 우산 혁명은 그러한 움직임을 보여주는 명확한 예이다. 다중이 표현하는 하나의 색채는 정동을

다(권명아, 『음란과 혁명』, 56-60).

32_ 들뢰즈, 앞의 책, 226-227.

33_ 같은 책, 227.

34_ 혹은 오승욱 감독의 <무뢰한>에서 어슴푸레한 푸른빛에 휩싸인 거리의 풍경들이 떠오른다. 푸른색은 영화 전체를 지배하는 강렬함으로 캐릭터와 그들의 세계를 지배 하고 표현하고 움직인다. 아직 출현되지 않은 정동의 가능성을 드러내려는 듯, 세계는 해질 무렵, 혹은 해 뜰 무렵의 어슴푸레한 푸른색으로 물들어 있다. 어두운 밤이 물러 나기 전에 새벽 거리에 던지는 푸른 자락, 주변으로 자꾸 밀려나던 인물들은 더욱더 하층의 세계로 내려가기 전에 기다림과 실망의 시간을 맴돈다. <무뢰한>은 색채 이 미지를 통해서 밤과 낮의 경계에 놓인 기묘한 시간적 전이와 어쩔 수 없이 덫에 놓인 인물들의 감정적 교착을 이 '푸른빛'의 순간적인 상승과 숙명적인 침전 속에서 표출한다.

촉발하고 정동이 촉발되는 힘을 불러일으키며 현실에서 미디어의 가상세계로, 그리고 다시 현실로 이동하고 정동의 이미지 정치학을 구성해낸다. 정동은 언제나 미결정의 상태에서 출발한다. 아직 아닌 것이 출현하고 무언가 불확실한 것이 포착된다. 이렇게 어떤 정동이 출현하는 순간이 우리에게 중요하다. 왜냐하면 아무리 단순하고 감각적이고 문제적이라 할지라도 정동의 출현은 개인과 사회를 연결지으며, 감각과 역사, 이데올로기의 중층적 관계를 만들어내고, 정치학과 미학 사이의 소통을 더욱 확장하기 때문이다. 확실히 정동은 후기 자본주의 시대 혹은 신자유주의의 시대, 몰락이 아니라 새로운 출현을 보여주고 있다. 불안과 위기감, 수치와 혐오가 뒤엉켜 무엇을 느껴야 할지 모르는 혼란 속에서, 정동은 역설적으로 그 어느 때보다도 정치적이고 미학적인 기획의 장이 될 수 있을 것이다.

14

이데올로기와 어펙트, 혹은 '인간학적 조건' 을 어떻게 사고할 것인가?: 루이 알튀세르와 브라이언 마수미 사이의 쟁점을 중심으로

정정훈

1. 역사유물론의 대상으로서 인간학적 조건

최근 몇 년간 국내에서 소위 '정동'이론이 유행하면서 비판적 연구의 자장 안에서 어펙트(affect)의 문제가 중요한 쟁점으로 떠올랐다.1 특히 정동이론은 맑스주의 진영 이데올로기론의 한계를 돌파하고자 하는 기획을 암묵적으로 전제하기 때문에 정동이론에 대한 맑스주의 진영의 반비판과 그에 대한 재반박이 수행되면서 이 쟁점은 더욱 뜨거워졌다.2

1_ 어펙트(affect)를 국내의 문학연구자들이나 예술, 미학이론가들, 일부 문화연구자들은 '정동(情動)'으로 번역한다. 나는 어펙트의 적합한 번역어는 개념사의 맥락에서 정동이 아니라 '정서(情緖)'라고 보는 입장에 동의한다. 그러나 이는 번역어의 적합성 문제라기보다는 어펙트라는 개념을 어떻게 해석하는가, 혹은 정의하는가의 문제다. 나는 스피노자에 의해 규정된 어펙트 개념이 이 용어를 개념적으로 적합하게 사용할 수 있도록 해준다는 입장이며 스피노자의 어펙트 개념은 정서로 번역되어야 한다고 생각한다. 그래서 브라이언 마수미를 비롯한 논자들이나 국내의 조정환, 권명아 등의 논자들이 말하는 어펙트, 정동과 구별하기 위하여 나의 입장에서 어펙트를 사용하고자 할 때는 정서라고 번역할 것이다.

2_ 물론 이는 맑스주의자들과 비맑스주의자들 사이에서만 벌어진 논쟁이 아니다. 맑스주의 내부에서도 정동의 문제를 둘러싼 논쟁이 벌어졌다. 대표적으로는 정동의 관점에서 현대 자본주의를 분석하는 후기 자율주의적 경향의 국내적 대표자인 조정환의 『인지자

이 글 역시 그 논쟁의 맥락에 놓여 있다. 나는 이 글을 통해 알튀세리안 이데올로기 이론을 옹호하면서 정동이론의 이데올로기론 비판에 대해 반박하고자 한다. 그러나 이러한 논쟁에 개입함으로써 내가 부각하고자 하는 바는, 정동이론은 그리고 이데올로기 이론은 옳다는 테제의 논증이 아니다. 그보다는 정동이론과의 논쟁을 통해서 알튀세르(Louis Althusser)의 이데올로기 이론을 보다 확장된 관점에서 해석하고자 시도할 것이다. 이는 생산양식의 분석으로만 환원될 수 없는 역사유물론의 또 다른 계기인 '인간학적 조건'이라는 문제를 보다 정교하게 사고하기 위함이다.[3]

이를 위하여 이 글은 인간학적 조건으로서의 이데올로기라는 문제를 논의하기 위해서 일차적으로는 브라이언 마수미(Brian Massumi)의 정동이론과 알튀세르의 '이데올로기'론 사이의 토론이라는 구도를 취하게 될 것이다. 그것은 인간학적 조건을 탐구하려는 최신 기획인 정동이론이 자신의 대결 상대 중 하나로 '이데올로기'론을 지목하고 있기 때문이기도 하다. 마수미의 정동이론에 의하면 이데올로기는 그 개념상 중대한 결함이 있

본주의』를 둘러싸고 벌어진 서동진과 조정환의 논쟁을 들 수 있다. 맑스주의자들, 특히 알튀세르주의, 혹은 스피노자-맑스주의적 입장에서 정동이론에 대한 비판은 다음을 참조. 진태원, 「정동인가 이데올로기인가?: 스피노자 철학에 대한 초보적 논의」, 『현대시학』 563호, 2016년 4월호; 최원, 「'정동이론' 비판: 알튀세르와의 쟁점을 중심으로」, 『문화/과학』 86호, 2016년 여름. 진태원과 최원에 대한 비판으로는 다음을 참조 권명아, 「비교 역사적 연구를 통해 본 정동 연구의 사회정치적 의제: '여자떼 공포와 다스려질 수 없는 자들의 힘」, 『여성 문학연구』 39호, 2016.

3_ '인간학적 조건'이란, 생산양식 혹은 넓은 의미의 경제로 환원될 수 없는 사회적 삶의 조건으로서, 인간의 신체구조(fabric)상 인간의 사고와 정서 그리고 행동을 규제하는 인간의 내재적 조건을 의미한다. 이 문제는 무엇보다 스피노자가 중요하게 탐구했던 주제며 정신분석학의 무의식에 관한 논의나 신체적 차이로부터 페미니스트 인식론과 정치를 사유하는 엘리자베스 그로츠, 로지 브라이도티 등의 페미니스트 신체 유물론이 탐구하는 대상이기도 하다. 나는 인간 신체구조에 대한 스피노자의 논의가 역사유물론의 또 다른 차원을 이룬다는 착상을 발리바르의 논의로부터 얻었다. 인간학적 조건과 관련된 발리바르의 논의는 다음 글들을 참조 에티엔 발리바르, 「스피노자, 루소, 맑스: 정치적인 것의 자율성에서 정치의 타율성으로」, 『스피노자와 정치』, 진태원 역, 이제이북스, 2005; 「'인간의 권리'와 '시민의 권리': 평등과 자유의 현대적 변증법」, 『'인권의 정치'와 성적 차이』, 윤소영 역, 공감, 2003; Étienne Balibar, "The Infinite Contradiction," *Yale French Studies*, no. 88 (1995).

거나, 아니면 현 시대의 맥락에서 더 이상 유효한 개념이 아니다. 그는 다음과 같이 이데올로기론의 한계를 지적하며 정동 개념의 중요성을 역설한다.

> 정동은 이데올로기 이후 포스트모던 권력을 재고하는 데 있어서 열쇠가 된다. 이데올로기가 여전히, 어떤 경우에는 가장 유해한 형식으로 우리 곁에 상당부분 건재하지만, 더 이상 우리를 둘러싸고 있지는 않다. 이데올로기는 더 이상 권력이 기능하는 전지구적 양태를 설명할 수 없다. 이데올로기만으로는 전체를 규정할 수 없는 거대한 장 내에서, 이데올로기는 이제 단 하나의 권력 양태에 불과하다.[4]

이데올로기는 이제 이 시대의 권력이 작동하는 방식과 권력에 대한 저항의 가능성을 사고하기에는 불충한 개념이 되었다는 것이다. 권력은 이데올로기를 넘어서 작동하며, 그러므로 그러한 권력과 투쟁하기 위해서는 이데올로기 개념을 넘어서는 차원을 사고해야 한다. 그 차원이 '바로 정동'이라고 마수미는 주장한다.

나는 이 글에서 마수미의 이와 같은 이데올로기론 비판의 문제점에 대해 비판할 것이다. 마수미의 이데올로기론 비판이 알튀세르의 이데올로기론에 대한 오독에 기반하고 있음을 지적한 이후 그가 제시하는 정동이론 자체의 난점들을 부각하는 방식으로 논의를 전개하려 한다. 하지만 정동론자들을 비판하는 것은, 인간학적 조건의 문제를 사고하는 데 정동은 무의미한 개념이고 알튀세르에 의해 쇄신된 이데올로기론만으로 충분하다는 주장을 하기 위함은 아니다. 오히려 나는 '정동'이론의 문제제기를 통하여 오늘날의 정세 속에서 알튀세르의 이데올로기론을 구성하는 계기들 가운데 어느 것에 보다 더 강세를 찍어야 하는지를 보고자 한다. 역사유물론이 사회적

4_ 브라이언 마수미, 『가상계』, 조성훈 역, 갈무리, 2011, 81.

삶의 조건에 대한 분석 프로그램이라면, 사회적 삶의 조건 가운데 인간학적 조건이 포함되는 것이라면, 그리고 그 조건이 변동하는 것이라면, 이데올로기 개념을 엄밀하게 논구하는 것 못지않게 그 개념이 현재의 역사적 지반 위에서 어떻게 유효하게 작동하도록 할 것인가의 문제가 중요하기 때문이다. 그런 의미에서 정동이론이 던지는 문제의식 가운데에도 수용할 부분이 있다고 생각한다. 이 같은 고민 속에서 이 글은 정동이론의 문제제기에 대해 이데올로기론이 어떻게 응답할 수 있는지를 생각해봄으로써 동시대의 인간학적 조건과 관련된 정치를 분석하고 사고하기 위한 사고의 틀을 모색하고자 한다.

2. 이데올로기에 대한 비판과 이데올로기의 쇄신

맑스주의 이데올로기 개념에 대한 비판들

맑스주의의 이데올로기 개념에 대한 비판은 맑스주의의 역사만큼이나 오래되었다. 그 가운데서도 오늘날까지 가장 전형적인 비판은 들뢰즈(Gilles Deleuze)/가타리(Félix Guattari), 그리고 푸코(M. Foucault)에게서 나타난다. 가령 들뢰즈와 가타리는 이데올로기 개념에 대해 이렇게 비판한다.

이것은 이데올로기의 문제가 아니다. 사회장의 무의식적 리비도 투자가 있는데, 이것은 전의식적 투자들 또는 전의식적 투자들[이어야 마땅한] 것과 공존하기는 하지만 꼭 일치하는 건 아니다. 바로 이런 까닭에 개인이건 집단이건 주체들이 자기 계급의 이해관계에 명백히 어긋나게 행동할 때, 또 그들의 객관적 상황으로 보아 투쟁해야 마땅한 계급적 이해관계와 이상들에 찬동할 때, "그들은 속았다, 대중은 속았다"라고 말하는 것으로는 충분치 않다. 그것은 이데올로기의 문제, 오해와 가상의 문제가 아니다. 그것은 욕망의 문제이며, 욕망은 하부구조의 일부이다.[5]

또 다른, 그러나 유사한 푸코의 비판은 다음과 같다.

나로서는 이데올로기의 개념은, 다음과 같은 세 가지 이유로 사용하기 곤란하다고 봅니다. 첫째는, 이데올로기는 마치 진실이라는 것이 틀림없이 존재한다는 전제 아래에 그 진실에 반대되는 지식은 모두 이데올로기라고 몰아붙이는 인상을 주기 때문입니다. …둘째로, 이데올로기가 갖는 용어상의 난점은 그것이 주체, 또는 주관이라는 차원을 내포하고 있다는 점입니다. 셋째는, 이데올로기는 하부구조나 물질성 또는 경제적 결정요인에 비하면 부차적인 위치에 있다고 주장하고 있기 때문입니다.6

들뢰즈/가타리 및 푸코의 이데올로기 개념에 대한 비판은 무엇보다 이데올로기란 '속임수', '가상'이고 이에 대립하는 진실과 과학이 존재한다는 맑스주의자들의 주장, 이데올로기와 대립하는 진실을 복원해야할 주체가 존재하며, 진실은 바로 경제적 하부구조/토대에 존재한다는 식의 이분법을 향해 있다. 맑스주의가 입각하고 있는 토대와 상부구조, 진실과 허위, 깨달음과 속임수, 과학과 이데올로기의 이분법은 사태에 대한 적합한 인식을 오히려 흐릴 뿐이라는 것이다.

이들은 다른 방식으로 지배와 피지배의 문제를 사고하고자 한다. 푸코의 경우 권력관계라는 일반화된 장을 상정하고 여기서 벌어지는 전투에 주목한다. 이 전투는 무엇보다 진실에의 의지를 둘러싼 투쟁이라는 형태로 전개된다. 이 투쟁에 대해서 선험적으로 존재하는 참과 거짓이나, 이 투쟁과 무관한 자율적 주체도 존재하지 않는다. 반면 들뢰즈/가타리는 욕망의 일의적 장을 상정하며 지배권력의 문제도, 이에 대항하는 혁명적 실천의 문제도 사실은 모두 욕망이 배치되는 방식의 문제라는 방향으로 나아간다. 여기에도 거짓, 속임수, 가상 따위는 없다. 그러므로 지배적인 것도 실정적인 것이

5_ 질 들뢰즈, 펠릭스 가타리, 『안티오이디푸스』, 김재인 역, 민음사, 2014, 187.
6_ 콜린 고든, 『권력과 지식』, 홍성민 역, 나남, 1991, 151.

며 저항도 실정적인 것이다. 이러한 작업을 통해 들뢰즈/가타리와 푸코는 이데올로기 개념에 전제된 이분법을 해체하고 그런 이분법과 다른 방식으로 지배에 대한 피지배자들의 자발적 복종과 이에 대한 저항을 사유하고자 하는 것이다.

알튀세르에 의한 이데올로기론의 쇄신: 상상으로서의 이데올로기

그러나 이분법적 이데올로기 개념은 그들의 비판이 행해지던 시대에 이미 맑스주의에 의해 극복된 것이라 할 수 있다. 들뢰즈/가타리와 푸코의 동시대에 알튀세르가 「이데올로기와 이데올로기적 국가장치」라는 유명한 글을 통해 이데올로기가 단지 지배계급의 속임수라거나 그로 인해 피지배 계급이 갖게 된 허위 따위에 불과한 것이 아님을 이미 보여주었기 때문이다.7 이러한 이분법을 탈피한 알튀세르의 이데올로기 이론은 맑스로부터 연원하는 이데올로기 이론에 대한 쇄신을 통해 구축되었다.

이데올로기 이론의 쇄신이라는 알튀세르의 기획은 생산관계의 재생산 메커니즘 규명이라는 문제설정에 기초한다. 알다시피 그에 의하면 재생산 의 비밀은 자본주의적 주체성의 생산에 있으며, 이데올로기가 담당하는 핵심적 기능이란 바로 노동력의 재생산, 즉 자본주의적 생산 양식에 순응적인 주체성의 생산에 있다. 그 유명한 "이데올로기는 개인들을 주체로서 호명한다"는 테제가 보여주는 것이 바로 이 점이다.8 그런데 호명을 통해 주체를 구성하는 이데올로기의 힘을 이해하기 위해서는 이데올로기의 두 가지 측면에 주목해야 한다. 그 하나는 영원성이고 다른 하나는 상상적 성격이다.

이데올로기는 영원하다, 즉 "이데올로기는 역사를 갖지 않는다"는 테제 의 의미는 특정한 생산 양식하에서 만들어지는 모든 구체적 이데올로기들

7_ 루이 알튀세르, 「이데올로기와 이데올로기적 국가장치」, 『아미엥에서의 주장』, 김동수 역, 솔, 1994.
8_ 같은 글, 115.

이 영원하다는 뜻은 아니다.9 그 영원성이란 '이데올로기 그 자체' 혹은 이데올로기 일반은 "모든 (시간적) 역사에 대해 초월적인 것을 의미하는 것이 아니라, 모든 역사에 걸쳐 어디서나 나타나고 역사를 관통한다는 것, 따라서 그 형태에 있어 변함없다는 것을 의미"한다.10 그러므로 이데올로기를 계급 지배의 효과로 파악하며 계급이 폐절된 사회, 즉 공산주의 사회에서는 이데올로기가 사라질 것이라고 주장했던 맑스와 달리 알튀세르는 공산주의 사회에서도 이데올로기는 존속하게 될 것이라고 주장한다.

> 그것이 도덕이건 예술이건 '세계의 표상'이건 간에, 역사유물론에서 이데올로기 없이 존재할 수 있는 공산주의적 사회를 상상할 수 없다. ⋯엄격하게 간주된 맑스주의 이론의 현존상태에서는, 특정한 생산력과 생산관계를 내포하고 있는 새로운 생산 양식으로서의 공산주의가 생산의 사회적 조직과 그에 상응하는 이데올로기적 형태들 없이도 존재할 수 있다는 것은 생각할 수 없다.11

다시 말해, 이데올로기 없는 역사적 사회란 존재하지 않았다는 것이며 또한 이데올로기 일반이란 인간의 사회적 관계가 존재하는 한 어떠한 생산 양식에서도 결코 사라지지 않는다는 것이다. 이는 모든 역사적 사회에서 개인들은 영원히 이데올로기 안에서 자신들이 살아가는 세계를 체험하게 됨을 의미한다.

이데올로기의 이러한 영원성은 이데올로기의 본질적 계기, 곧 '상상 (imagination)'이라는 계기에 연관된 것이다. 주지하는 바와 같이 알튀세르는 이데올로기를 "그들의 실재조건에 대한 개인들의 상상적 관계의 표상"으로 정의한다.12 이데올로기 안에서 개인들은 그들의 실재조건, 즉 개인들의

9_ 같은 글, 103.
10_ 같은 글, 106.
11_ 루이 알튀세르, 『맑스를 위하여』, 이종영 역, 백의, 1997, 278-279.
12_ 같은 책, 107.

동일성, 활동양식, 사고방식 등을 규정하는 조건 그 자체를 표상하는 것이 아니다 .이데올로기 안에서 표상되는 것은 개인들이 그러한 조건과 맺고 있는 '관계'다. 그런데 이 관계는 항상 상상적인 관계라고 알튀세르는 말한다. 이는 결국 개인들이 자신의 실재조건을 어떻게 '체험'하는가의 문제이다. 자신의 실재조건에 대한 체험, 즉 개인들이 자신의 실재조건과 맺고 있는 관계를 인식하는 방식이 바로 상상이라는 점이 이 테제의 핵심인 것이다.

그런데 여기에서의 상상을, 개인들이 자신의 머릿속에서 아무것이나 만들어낼 수 있는 현실 초월적 구상능력과 같은 것으로 파악해서는 곤란하다. 알튀세르가 이데올로기의 개념을 벼려내기 위해 사용하는 상상이라는 용어는 스피노자로부터 연원하는, 엄밀하게 규정된 철학적 개념이다.13 스피노자에게 상상이란 인식의 한 종류로서 원인과 결과의 관계에 대한 타당하지 않은 인식이다. 상상은 자신의 신체가 외부의 다른 존재자(물체나 기호)에 의해 변용될 때, 그 변용의 관념에 입각해서 외부의 존재자를 관찰하는 것을 의미한다.14 이때 상상을 통해 개인들 안에 형성된 관념은 외부의 존재자의 본성보다는 그 존재자에 의해 변용된 자기 신체의 상태를 더욱 많이 포함하고 있다.15 그러므로 상상이란 인식방식을 통해 형성된 관념이란 인식 대상의 본질에 대한 왜곡을 포함할 수밖에 없으므로 그것은 적합하지 않은 인식이 되는 것이다.

그런데 여기서 중요한 것은 상상적 인식만이 아니라 이성적 인식도 신체의 변용이라는 기본 조건으로부터 결코 자유로울 수 없다는 점이다. 스피노자에 의하면 인간의 인식은 언제나 외부 세계와의 마주침에 의해서 발생하는 것이고, 그 외부 세계의 존재자들과의 마주침은 인간 신체에 항상 일정

13_ 이에 대해서는 다음을 참조. 진태원·홍기숙, 「스피노자와 알튀세르에서 이데올로기의 문제: 상상계라는 쟁점」, 『근대철학』 3권 1호, 서양근대철학회, 2008.
14_ 스피노자, 『에티카』 2부 정리26의 증명.
15_ 『에티카』 2부 정리16의 보충2.

한 변용을 일으키게 된다. 그렇다면 인간의 인식은 언제나 그 발단에 있어서는 신체의 변용의 관념에 입각한 대상 인식, 즉 상상적인 것일 수밖에 없다. 심지어 인간이 이성을 통하여 대상에 대한 타당한 인식을 가지게 된다고 하더라도 그 대상에 의한 인간 신체의 변용과 그로 인한 변용의 관념이 형성되는 작용 자체는 사라지지 않는다. 태양이 1억 5천만 킬로미터 떨어진 거리에 존재한다는 것을 과학을 통해 알고 있지만 우리에게 태양은 여전히 60미터 거리에 있는 것으로 나타난다.

다시 말해, 상상이란 인간을 구성하는 내적 요인이 물리적으로 작용한 효과이다. 그것은 이성적 인식에 의해서 완전히 대체되거나 사라질 수 있는 것이 아니다. 상상은 인간의 세계 인식을 위한 영원한 초기 조건이다. 이런 의미에서 상상이란, 인간으로서 우리가 세계를 체험하게 되는 기본적인 틀, 곧 인간학적 조건이라 해야 할 것이다. 이데올로기가 개인들이 자신의 실재 조건과 맺고 있는 상상적 관계에 대한 표상이라고 할 때 알튀세르의 상상 개념은 바로 이와 같은 스피노자적 의미에서의 상상 개념에 연원을 두고 있는 것이다. 알튀세르의 이데올로기 개념은 스피노자적 의미의 상상, 즉 인간의 신체와 정신 구조에 결부된 인식의 초기 조건을 정치라는 맥락에서 포착한 개념이라고 할 수 있다.

그러므로 알튀세르에게 이데올로기는 결코 계급사회에서만 존재하는 것이 아니며 존재를 배반하는 허위의식이거나 지배계급에 의해 만들어진 환상 따위가 아니다. 스피노자의 상상 개념에 바탕을 두고 구축된 그의 이데올로기 개념은 인간의 신체와 정신이 조직되는 질서에 의해 필연적으로 인간에게 내재화되어 있는 인간학적 조건인 것이다. 그러므로 이데올로기는 더 이상 참된 앎과 속임수, 진실과 거짓, 참된 의식과 허위의식이라는 이항대립을 전제하지 않게 된다.

알튀세르의 「이데올로기와 이데올로기적 국가장치」가 『라 팡세』에 게재된 것이 1970년이다. 그런데 이데올로기 개념에 대한 비판이 담겨 있는 '진실과 권력'이라는 제목의 인터뷰를 푸코가 한 것은 1977년이었고[16] 들뢰즈/가타리의 비판이 담긴 텍스트인『안티 오이디푸스』는 1972년에 출간되었다. 이러한 서지 정보가 알려주는 바는 동시대 같은 공간에서 작업을 해온 그들이 알튀세르의 이데올로기 쇄신 작업을 몰랐을 리가 없었다는 점이다. 그렇다면 푸코와 들뢰즈/가타리의 이데올로기 개념에 대한 비판은 알튀세르에 대한 의도적 무시 내지는 은폐를 바탕으로 이루어진 것이라 할 수 있다. 알튀세르의 이데올로기론을 회피하는 방식으로, 즉 이데올로기를 정통 맑스주의에 국한하는 방식으로 이들은 이데올로기 개념을 비판하고 폐기한 것이다. 하지만 그런 방식으로 이데올로기 개념을 비판함으로써 또한 이들의 비판은 이미 극복된 한계에 대한 비판에 머무를 수밖에 없게 되었다.

3. 정동의 정치철학: 이데올로기에서 정동으로?

알튀세르 비판 그리고 정동적 전회

알튀세르의 이데올로기론을 겨냥한 비판의 핵심은 그것이 진실과 거짓이라는 이분법에 머물러 있다는 점에 있기보다는 기능주의적이라는 점에 맞추어져 있다. 재생산이라는 문제설정 속에서 알튀세르는 이데올로기의 기능이 개인을 주체로서 호명하는 것에 있으며 이러한 호명이 항상 성공한다는 것을 보여준다. 그렇다면 주체가 이데올로기에 의해 구성된다면 이데올로기에 대해 저항하는 주체는 어떻게 생산되는가라는 질문이 제기될 수밖에 없다. 그래서 알튀세르의 이데올로기론은 지배권력이 이데올로기를 통해 생산관계의 재생산에 항상 성공한다는 것을 입증한 것에 불과하다는 비판이 제기되는 것이다.

사실 이러한 비판은 알튀세르의 이데올로기론에 대한 일면적 독해에 근

16_ 알렉산드로 폰타나와 파스케일 파스키노가 진행한 이 인터뷰는 *Microfisica del Potere*에 "Intervista a Michel Foucault"라는 제목으로 게재되었다.

거한 것이며 알튀세르 자신에 의해서도, 그리고 이후 알튀세르 해석자들에 의해서도 반박된 것이다. 그럼에도 불구하고 이데올로기적 호명으로부터 벗어나는 주체화의 가능성을 자신의 이론적 구조 내에서 충분히 내재적으로 설명해내지 못했다는 비판은 지속되고 있다. 이러한 비판은 지배질서 내지는 지배권력에 의한 주체화와는 달리, 그 질서에 저항하고 그 권력과 투쟁하는 주체화의 가능성을 해명하기 위해서는 이데올로기와는 다른 지반을 찾아야 한다는 문제의식으로 이어진다. 그러한 맥락에서 동시대의 비판적 이론가들은 정동/어펙트(affect)에 주목하는 것이다.

정동이론가들은 정동이야말로 인간을 지배질서에 예속되게 하는 메커니즘임과 동시에 그 질서와 투쟁하는 저항적 주체화를 가능하게 하는 메커니즘을 해명해주는 관건적 개념이라고 생각한다. 정동은 예속적 주체화와 전복적 주체화 모두를 동시적으로 사고할 수 있게 해주는 인간학적 조건이라는 것이다. 정동을 통해서 정치를 사유하려는 이들은 현재적 권력의 핵심적 수단이자 대상이 바로 정동이라고 파악하며 정동의 영역에서 작동하는 정치에 대한 분석을 통해 권력을 비판하는 작업으로 나아가야 한다고 주장한다. 또한 이들에게 더욱 중요한 것은 권력의 작동이 정동을 통해서 이루어질 뿐만 아니라 그 권력의 한계 역시 정동이라는 점에 있다. 가령 벤 앤더슨(Ben Anderson)은 정동의 정치적 함의를 다음과 같이 지적한다.

> 만약 권력이 정동을 그 대상으로 삼는다면, 이는 권력이―어떤 정치적 구성체이건―정동의 이차적이고 반동적인 축소밖에 되지 않다는 것을 보증한다. 정동은 그 자체 한계가 없기 때문에 권력의 한계로 작용한다. 정동이 불특정한 외부(그중의 하나가 잠재성으로 불린다)에 가해진 '관점'이기에, 그것은 생명을 표현적이고 차이 나는 것으로 드러낸다.[17]

17_ 벤 앤더슨, 「정동의 과잉 조절하기: '총력전' 상황의 사기 진작」, 멜리사 그레그, 『정동이론』, 그레고리 시그워스 편, 최성희, 김지영, 박혜정 역, 갈무리, 2015, 277.

이런 관점에서 시도되는 정동의 정치철학적 개념화 작업은 정동이 정치적 영역에 포함되어야 할 관건적 개념임을 보여주는 것뿐만 아니라 정동이 권력에 저항할 수 있는 가능성의 입각점임을 보여준다는 데 핵심이 있다.

이 두 번째 행보[브라이언 마수미의 정동이론-인용자]는 정치적인 것의 단순한 확장보다 더 급진적인데, 왜냐하면 여기서 정동은 명령하고 포획하고 제한하는 권력의 유효성에 대한 한계로서 설정되기 때문이다. 따라서 정동에의 관심은 약속과 동의어이다. 정동의 약속이란, '아래에서부터' 오는 권력의 생산적 효과를 목격할 때조차 창조적 생산의 운동이 더 우선적이라는 것을 의미한다.[18]

그런데 여기서 말하는 '정동의 약속'이란 어떤 약속일까? '창조적 생산의 운동', 즉 현재의 지배적 권력에 대항할 수 있는 저항적-해방적 실천 가능성에 대한 약속일 것이다. 그렇다면 마수미를 비롯한 '두 번째 행보'에 속하는 정동연구자들의 정동 이해가 어떤 것이기에 정동에서 이렇게 강한 희망의 '약속'을 발견할 수 있는 것일까? 다시 말해, 정동적 전회라는 일련의 지적 흐름에 동참하는 이들은 정동을 어떻게 파악하고 있기에 거기서 일종의 '저항과 해방의 가능성에 대한 약속'을 발견하는 것일까?

정동의 정치철학: 브라이언 마수미의 경우

브라이언 마수미의 「정동의 자율」은 정동적 전회를 촉발한 기념비적 저술들의 목록에 속한다고 평가된다.[19] 뛰어난 들뢰즈 연구자이기도 한 마수미는 자신의 정동 이해에 있어서도 들뢰즈의 이론틀을 적극적으로 활용한다. 마수미는 정동을 인간의 차원을 넘어서 존재론적 차원에서 논의하는데, 그는 정동을 들뢰즈가 '강도계(system of intensity)'라 불렀던 차원에 속하는 것

18_ 같은 글, 280.
19_ 이 논문의 한국어판은 다음 책에 실려 있다. 브라이언 마수미, 『가상계』, 조성훈 역, 갈무리, 2011. 이후 이 책에서의 인용은 본문의 괄호에 그 쪽수를 표시한다.

으로 이해한다. 사실상 마수미는 정동과 강도를 동일시하며, 이를 통해 마수미가 강조하고자 하는 바는 정동이 개체성의 발생 이전에 이미 존재하며 개체들이 발생한 이후에도 각각의 개체들의 내부에 제한되지 않으며 그 개체들을 관통하는 어떤 것이라는 점이다. 정동은 개인성의 성립 이후에 개인에게 귀속하는 감정(emotion)[20]이 아니다. 정동은 오히려 개인성 또는 개체성을 발생하게 하는 개체 이전의 수준에서 파악되어야 한다는 것이다.

> 정동은 이들의 실제적인 특수성 안에서, 이들[정"신과 육체, 의지와 인식, 육체의 심층과 외피, 과거와 미래, 작용과 반작용, 행복과 슬픔, 정적과 흥분, 수동성과 능동성" 등등-인용자]의 발생점이다. 또한 특이성 안에서, 이들의 잠재적 공존과 상호연결 안에서, 이들의 소실점이다. …들뢰즈의 철학이 개념화하려 노력을 기울인 강렬함의 왕국[강도계-인용자]이 비록 경험적으로 바로 접근할 수 없다는 점에서 선험적이긴 하지만, 그것이 초월적인 것은 아니며, 경험으로부터 완전히 벗어나는 것도 아니다. …강렬함은 물질에 그리고 사건들에, 정신에 그리고 육체에, 그리고 그들을 구성하고 또 그들이 구성하는 분기의 모든 수준에 내재한다.(63-64)

이 복잡한 문장에서 마수미가 말하고자 하는 바는 결국 정동이란 각각의 사물 및 인간 개인의 발생과 소멸의 지점, 개체들의 운동과 개인들이 느끼는 감정들의 일어남과 사라짐의 지대, 각 개체들이 합성되어 또 다른 개체화를 이루게 되는 장과 같은 것이라 할 수 있다.

마수미에 의하면 정동은 무엇보다 감정(emotion)과 구별되어야 한다. 일반적으로 정동을 각각의 개인들이 느끼는 슬픔과 기쁨, 유쾌함과 불쾌함 등으로 생각하기 쉽지만 이는 개인성에 의해 포획되고 층화된 정동의 응고 상태일 뿐이라는 것이다. 마수미는 감정을 "주관적 내용으로, 경험의 질을 사회

20_ 번역자는 emotion을 정서로 번역한다.

언어학적으로 고정하는 것"이며, "경험되는 순간부터 그것[감정-인용자]은 개인적인 것으로 제한"되며, "자격이 부여된 강렬함(intensity)이며, 틀에 박힌 것"이라고 규정한다(54). 즉 감정이란 "의미론적이며 기호학적으로 형성된 진행 과정 속으로, 내러티브화할 수 있는 작용-반작용의 회로 속으로, 기능과 의미 속으로 강렬함이 삽입되는 합의된 지점"이다(54).

결국 인간 개인이 느끼는 감정이란 인간에 의해 언어적으로 해석되고 인지 가능하게 의미화된 정동을 뜻하는 것이다. 하지만 정동은 항상 개인성을 초과하고 있으며 오히려 개인성을 규정하는 선험적 장에 속한다. 그것은 일종의 '전개체적인 것'이다. 정동은 서사, 언어구조, 기호체계, 문화 등 인간적 의미세계에 의해서 전부 포획되지 않으며 그것들로 환원되지 않는 잔여의 차원을 항상 남긴다.

그런데 왜 마수미는 이렇게 전개체적인 장, 강도로서의 정동에 주목하는 것일까? 그것은 오늘날의 자본주의와 그와 상관적인 통치권력이 자신의 타겟으로 삼고 있는 것이 바로 정동이기 때문이다. 그에 의하면 오늘날 지배권력은 미디어를 매우 중요한 통치의 테크놀로지로 삼고 있는데 미디어는 정동을 겨냥하여 정동을 더 효과적으로 포획하고 관리하는 것을 목적으로 하고 있다. 또한 현대의 자본주의 자체가 바로 정동에 기반하여 작동하고 있다는 것이 마수미의 생각이다. 그렇다면 정동을 분석해야 현재적 자본주의와 통치권력이 작동하는 방식을 적합하게 사고할 수 있을 것이다.

> 경제학 자체보다도 더 빠르고 확실한 경제효과를 생산하는 정동의 능력이 의미하는 바는 정동이 후기 자본주의 체계의 실제적 조건이며, 내적인 변수라는 것이다. 그것은 공장에 버금가는 하부구조이다.(87)

하지만 그가 정동을 강조하는 이유는 이렇게 현대의 정치·경제 권력이 정동에 기초하여 작동하고 있다는 것, 정동을 통해 인구를 통치하고 이윤을 축적한다는 점에만 국한되어 있지 않다. 정동에 대한 그의 강조점은 그 권력들이 결코 정동을 온전히 장악할 수도, 통제할 수도 없다는 데에 찍혀 있다. 모든 권력체들도 개체인 이상 정동은 항상-이미 권력체의 개체성을 넘어서며 초과할 수밖에 없기 때문에, 정동은 권력의 한계를 드러내는 지대 이기도 하고 개체성을 질서 지우는 체제를 변혁할 수 있는 가능성의 조건이 기도 하다. 정동은 현행적 지배 체제를 전복할 수 있는 잠재력의 장이라는 것이다.

> 실제로 정동은 하부구조를 넘어서 있다. 그것은 어디에나 있고, 어디서든 작동한 다. 간접적으로 오는, 영토들을 교체하고 그 모두를 가로질러 효과들을 생산하 는, 그 능력은, 정동에 메타공장적 편재성을 부여한다. 그것은 하부구조를 넘어 선다. 그것은 횡단선이다.(85-86)

정동을 연구하는 의미도 바로 여기에 있다. 정동이야말로 권력의 동력이 지만 동시에 권력을 뒤집을 수 있는 힘이기 때문이다. 그래서 마수미는 정 동 연구의 의미를 다음과 같이 규정하는 것이다.

> 그 자체로 가상적인 것(the virtual, 잠재적인 것-인용자)에 관한 개념들은, 발생에 대한 화용론적 이해에 기여하는 한에서만, 변화(새로움의 유도)를 촉발시킬 수 있 는 한에서만 중요하다. 중요한 것은 잠재성의 끄트머리(the edge of virtual)이다. 그 곳은 잠재성이 현실적인 것(the actual, 현행적인 것-인용자) 쪽으로 새어 들어가는 곳이다.(83)

그런데 이데올로기 개념은 바로 이 역설적 차원, 지배의 힘이 곧 저항의 힘이 되는 차원을 사유하지 못한다고 마수미는 주장한다. 단지 이데올로기 는 정동의 포획, 제어, 환원만을 말할 수 있을 뿐이다. 그래서 권력의 전복 가능성이 권력의 작동방식, 이데올로기적 국가장치의 작동방식에 어떻게 내재되어 있는지를 알튀세르는 설명하지 못한다고 마수미는 파악한다. 마수미는 데이비드 봄(David Bohm)의 '함축된 질서'라는 개념이 사실상 자신이 말하는 정동과 같은 것임을 말하면서, 이 개념에 입각하여 알튀세르의 이데올로기론을 다음과 같이 비판한다.

이것[함축된 질서-인용자]이 필요한 이유는 의미화의 평면 위에서 포착과 폐쇄를 피하기 위해서이다. 아무리 절대적이라고 해도 그것은 모든 이데올로기 구조의 이질적 현실로의 열림의 척도를 나타낸다. 그것은 실재적인 것과 관련하여 저항의 개념적 가능화를 위한 제스처이다. 이때 이데올로기는 상식적 의미에서는 신념의 구조로, 문화-이론적 의미에서는 호명하는 주체의 정위로 해석된다.(78의 각주 39)

이 문장에서 언급되는 '이데올로기 구조'란 명백히 알튀세르의 이데올로기론을 겨냥한다. 신념의 구조, 보다 이론적으로는 폐쇄된 의미세계로의 호명, 곧 이데올로기 구조를 넘어서는 저항의 가능성을 열어주는 개념이기 때문에 정동이 중요하다. 다시 말해, 주체를 호명하는 이데올로기 구조가 아무리 절대적으로 강력하더라도 정동(=함축된 질서)은 그것을 빠져나가며 그것에 저항할 수 있다는 것이다. 정동과 이데올로기에 대한 이와 같은 대비는 정동 개념이 없는 알튀세르의 이데올로기론은 저항을 사고할 수 없다는 비판을 함축하게 된다. 그러나 과연 정말 그러한가? 이제 어펙트라는 질문을 갖고 다시 알튀세르에게로 돌아가 볼 차례다.

4. 이데올로기론의 재검토와 정동이론 비판

알튀세르의 이데올로기 이론에 있어서 정서(affect)의 문제

앞에서 우리는 "이데올로기는 역사를 갖지 않는다"는 이데올로기의 영원성 테제가 "이데올로기는 그들의 실재조건에 대한 개인들의 상상적 관계

의 표상"이라는 알튀세르의 이데올로기의 개념과 어떻게 연관되는지를 살 피면서 이데올로기가 단순히 진실을 은폐하고 왜곡하는 허위의 문제가 아 님을 보았다. 그리고 이를 통해 진실과 허위의 구분이라는 이분법이 갖는 한계를 부각함으로써 이데올로기 개념을 폐기하려는 푸코 및 들뢰즈/가타 리의 시도가 그들 당대에 이미 알튀세르에 의해 쇄신된 이데올로기 개념에 는 해당되지 않는 철지난 비판임을 논의했다. 그렇다면 마수미의 알튀세르 이데올로기론 비판, 즉 알튀세르의 이론에는 정동의 차원이 사상되어 있기 때문에 저항을 내재적으로 사유할 수 없다는 비판은 어떠할까?

개인들이 자신의 실재조건과 맺고 있는 상상적 관계의 표상이 이데올로 기라는 알튀세르의 정의는 "이데올로기는 물질적 존재를 갖는다"는 이데올 로기의 물질성 테제로 이어진다.[21] 그리고 나는 이 이데올로기의 물질성이 정서(affect)의 문제와 밀접하게 연결되어 있다고 생각한다. 알다시피 알튀세 르는 이데올로기적 국가장치라는 개념을 활용하여 이데올로기가 물질적 존재를 갖고 있음을 보여준다. 이데올로기가 개인을 주체로 호명하는 작업 은 언제나 특정한 장치들을 통해서 이루어지는 것이다. 알튀세르에 따르면 이데올로기적 국가장치 안에서 우리의 신체는 특정한 행동들을 의례적으 로 수행하게 된다. 이러한 신체적 수행을 통해 우리는 우리가 누구이며 무 엇을 해야 하는지에 대한 동일성의 감각을 획득하는 것이다. 알튀세르가 인용한 "무릎을 꿇어라. 기도의 말을 읊조려라. 그러면 믿게 될 것이다"라는 파스칼의 문장처럼, 우리는 학교 안에서 학생으로서 해야 할 행동을 수행하 는 물질적–신체적 과정을 통하여, 혹은 회사에서 직원으로서 해야 할 행동 을 수행하는 물질적–신체적 과정을 통하여 특정한 주체가 된다.

그런데 여기서 장치에 의해서 개인이 특정한 주체로 호명된다는 알튀세 르의 사유 또한 스피노자적 계기를 가지고 있다는 점을 강조할 필요가 있 다. 앞에서 이미 지적했듯이 알튀세르의 이데올로기 개념은 스피노자의

21_ 루이 알튀세르, 「이데올로기와 이데올로기적 국가장치」, 110.

상상 개념으로부터 연원한다. 정신이 신체의 변용의 관념에 의해서 외부 대상을 관찰하는 작용이 상상이다. 그런데 상상적 인식은 스피노자에 의하면 정서(affect)와 깊이 결부되어 있다. 스피노자는 정서를 다음과 같이 정의한다.

> 나는 정서를 신체의 활동능력을 증대시키거나 감소시키고, 촉진하거나 저해하는 신체의 **변용인 동시에 그러한 변용의 관념**으로 이해한다. 그러므로 만일 우리가 그러한 변용의 어떤 타당한 원인이 될 수 있다면, 그 경우 나는 정서를 능동으로 이해하며 그렇지 않을 경우는 수동으로 이해한다.[22]

여기서 정서는 두 가지 계기에 의해서 규정된다. 하나는 신체적 능력의 증대와 감소라는 계기이고 다른 하나는 신체의 변용과 변용의 관념이라는 계기다. 지금의 맥락에서는 바로 이 두 번째 계기인 변용이 우리의 논의에서 중요하다. 이미 지적한 바와 같이 스피노자에게 상상이란 신체의 변용의 관념에 의하여 자기 외부의 존재를 관찰하는 정신의 활동을 뜻한다. 그런데 신체의 변용의 관념이란 또한 정서를 규정하는 계기이기도 하다. 즉 정서와 상상은 '신체의 변용'과 그 변용의 관념을 공유하고 있다. 양자는 신체의 변용에 의해 연결되어 있는 것이다. 그렇다면 상상이란 외부의 물체에 의해 나의 신체가 변용될 때, 변용인 동시에 그러한 변용의 관념인 정서를 통해 외부의 물체를 관찰하는 정신의 활동이다. 다시 말해 정서에 의한 인식, 항상 정서와 결부되어 있는 인식, 정서에 입각한 인식인 것이다.

이제 다시 알튀세르가 말하는 이데올로기 국가장치라는 개념으로 돌아가보자. 이데올로기적 국가장치란 이데올로기의 물질성을 보여주는 개념이다. 이데올로기의 물질성이란 이데올로기가 구체적인 물질적 장치를 통해서 작동함을 포착하려는 개념이다. 개인들은 가족, 교회, 학교, 군대 같은

22_ 『에티카』, 3부의 정의3, 강조는 인용자.

특정한 물질적 장치들이 요구하는 행동들을 신체적으로 수행함으로써 특정한 주체가 된다. 무릎을 꿇는 신체적 행동의 수행이 신의 존재를 믿는 신자를 만든다는 것이다. 이때 내 믿음이란 교회라는 외부의 물질적 장치에 의해서 내 신체가 변용될 때, 즉 무릎을 꿇을 때 발생한다. 다시 말해 이데올로기적 국가장치, 이데올로기의 물질성은 개인의 신체에 작용함으로써 그 신체를 변용함과 동시에 변용의 관념을 형성하도록 하는 것이다. 그 변용의 관념이 바로 이데올로기다. 이데올로기는 이데올로기적 국가장치가 개인의 신체에 작용함으로써, 즉 개인의 신체가 이데올로기적 국가장치에 의해 변용됨으로써 형성된 관념이라 할 수 있다. 이데올로기는 장치라는 물질성을 통하여 개인의 신체를 변용함과 동시에 변용의 관념을 형성하게 함으로써 개인을 주체로 호명하는 것이다.

그러므로 이데올로기적 호명이란 정서를 통해 이루어지는 것이라 할 수 있다. 이데올로기가 개인을 주체로 호명하는 것은 개인의 의식이나 사고에 작용함으로써 이루어지기 이전에 개인의 신체에 대한 작용을 통해 그 신체를 변용함으로써 이루어진다. 그렇다면 ISA가 겨냥하는 근본적인 대상은 바로 신체의 변용 및 변용의 관념, 곧 정서(affect)라고 할 수 있다. 다시 말해, ISA를 통한 호명의 과정이란 정서적 과정인 것이다. 그러므로 개인이 자신의 실재 조건과 맺고 있는 관계에 대한 상상, 즉 이데올로기에는 항상 정서의 차원, 즉 기쁨, 슬픔, 욕망이 담겨있을 수밖에 없다. 그래서 알튀세르는 이데올로기 안에서 만들어지는 "상상적 관계란 현실을 묘사하기보다는 하나의 의지(보수적, 관행적, 개혁적 또는 혁명적인), 게다가 **하나의 희망 또는 향수**를 표현하는 것"이라고 주장한다.[23] 이데올로기는 희망이나 향수와 같은 정서의 차원을 표현한다는 것이다.

이데올로기에 의한 개인의 주체 호명 과정은 정확히 정서와 관련된 것이다. 이때의 정서는 특히 수동적 정서이다. 내 신체가 변용되고 그러한 변용

23_ 루이 알튀세르, 『맑스를 위하여』, 281. 강조는 인용자.

에 의해 관념이 형성되는 과정에서 내가 타당한 원인이 되지 못하기 때문이다. 정서에 의한 인식인 상상은 그래서 항상 혼돈된 인식이다. 알튀세르가 이데올로기를 '개인들의 실재적 조건에 대한 그들의 상상적 관계의 표상'이라고 말할 때, 즉 "모든 이데올로기 속에서 관찰할 수 있는(만일 사람이 그 진실 속에서 체험하지 않는다면) 모든 상상적 왜곡의 기반은 바로 이 관계의 상상적 본성"이라고 주장할 때 말하는 이데올로기의 상상적 본성이란 곧 정서에 의한 인식을 의미하는 것이다.[24]

그러므로 알튀세르에게 있어서 이데올로기는 근본적으로 정서(affect)라는 인간학적 조건을 겨냥하는 개념이라 할 수 있다. 알튀세르의 이데올로기 이론이 정서의 문제를 방기한 것이 아니다. 오히려 그의 이데올로기 이론은 정서의 정치적 효과를 규명하는 이론으로 이해되어야 할 것이다. 그의 이데올로기 이론은 정서/어펙트를 대상으로 작용함으로써 주체성을 형성하는 권력의 작동 메커니즘을 분석하기 위한 이론이라는 말이다. 그렇다면 브라이언 마수미의 알튀세르 비판, 곧 알튀세르의 이데올로기론이 어펙트의 차원을 고려하지 못함으로써 의미화의 평면이 폐쇄되는 방식만을 설명하는 기능주의를 벗어날 수 없다는 비판은 알튀세르에 대한 무지로부터 비롯된 통념적 비판의 수준을 넘어서지 못한다고 할 수 있을 것이다.

정동이론의 난점들

알튀세르를 잘못 읽었다고 해서 마수미의 논의가 부질없다는 결론이 도출되는 것은 아니다. 그렇다면 마수미가 알튀세르의 이데올로기론이 가지는 정서의 문제에 대한 함의를 파악하지 못했다는 것 외에는 그의 정동이론에 별다른 난점이 없을까? 안타깝게도 그렇지 않다. 마수미의 정동이론에는 몇 가지 난점들이 있다.

일차적으로 개념적 적합성의 문제를 지적할 수 있다. 그는 자신의 정동

24_ 루이 알튀세르, 「이데올로기와 이데올로기적 국가장치」, 109.

(affect) 개념을 스피노자 및 들뢰즈와 명백하게 연결시키고 있음에도 불구하고[25] 이 개념을 자의적으로 사용함으로써 그 개념의 정확한 의미를 한정하지 못한다. 그는 정동과 관련된 스피노자의 철학을 다음과 같이 정리한다.

> 스피노자의 윤리학은, 정념 안에 있는, 영향 안에 있는, **능동과 수동성의 구별에 앞서는, 세 번째 상태, 배제된 중간**으로만 이해할 수 있을 뿐인 순수하고 생산적인 수용성 안에 있는 하나의 기원, 즉 정동(affect)으로부터 나온, 정신과 육체의 서로 평행하는 생성-능동의 철학이다.[26]

여기서 마수미가 말하는 능동도 아니고 수동도 아닌 '순수하고 생산적 수용성' '세 번째 상태, 배제된 중간'으로서의 정동이란 무엇인가? 이는 자극에 의해 능동의 극으로도, 수동의 극으로도 움직일 수 있는 어떤 중지(suspense), 언제든지 다른 특질을 띠고 변이될 수 있는 비결정성으로 보인다. 그래서 마수미는 정동을 미결정적인 것이라고 이해하고 그 미결정성을 정동의 자율이라고 규정한다.

하지만 일단 이와 같은 정동/어펙트(affect) 개념은 스피노자가 말하는 어펙트와는 다른 함의를 가진다. 스피노자에 의하면 어펙트는 근본적으로 세 가지밖에 없다. 기쁨과 슬픔, 욕망이 그러한 근본적 어펙트다.[27] 그런데 스피노자는 기쁨도 슬픔도 모두 '이행'이라고 규정한다. 또한 그는 욕망을 의식된 충동, 즉 정신과 신체에 모두 관련되는 코나투스로 이해한다.[28] 즉 어펙트란 어떤 '상태', 멈춰짐이 아니라 이행, 움직임, 운동의 차원에 속하는 것이다. 스피노자는 어펙트를 능동도 아니고 수동도 아닌 세 번째 상태로 규정한 적이 없다.

25_ 마수미의 정동 개념에서 스피노자적 계기는 마수미, 앞의 책, 55, 60-61, 들뢰즈적 계기는 62-65에 드러나 있다.
26_ 마수미, 앞의 책, 61. 강조는 인용자.
27_ 『에티카』 3부 정리11의 주석.
28_ 『에티카』 3부 정리9의 주석.

어펙트를 움직임, 이행으로 이해하는 것은 마수미가 직접적으로 기대고 있는 들뢰즈도 마찬가지다. 들뢰즈는 어펙트를 "존재의 능력의 연속적인 변이"라고 명료하게 정의한다.[29] 그에 의하면 "어펙트는 힘의 실행"이며 "내가 능동과 수동 속에서 경험하는 것"(71)이고 "능력의 증대와 감소"다(90).

> 어펙트란 무엇일까요? 그것은 **이행**입니다. 변용은 어두운 상태이자 밝은 상태입니다. 절단되는, 두 개의 연속적인 변용들. 이행은 **한 상태에서 다른 상태로의 생생한 변이**입니다.(91 – 번역 일부 수정, 강조는 인용자)

그러니까 마수미가 기대고 있는 철학적 전통에 의하면 어펙트는 능동과 수동 이전에 존재하는 중간항이나 상태, 능동으로의 움직임이나 수동으로의 움직임이 중지된 '상태' 같은 것이 아니다. 스피노자나 들뢰즈 모두에게서 어펙트는 준안정적 평행 같은 움직임의 일시적이고 불안정한 중지나 순수한 수용성이 아니라는 말이다. 어펙트는 능력의 증대와 감소, 이행과 변이, 즉 움직임이다. 다시 말해 마수미의 정동 개념은 그가 끌어들이려는 스피노자와 들뢰즈의 정서 개념과는 많은 차이가 있다.[30]

들뢰즈/가타리의 맥락에서 좀 더 살펴보자면 마수미가 말하는 "정념 안에 있는, 영향 안에 있는, 능동과 수동성의 구별에 앞서는, 세 번째 상태, 배제된 중간으로만 이해할 수 있을 뿐인 순수하고 생산적인 수용성 안에 있는 하나의 기원"이란, 어펙트라기보다는 차라리 들뢰즈/가타리가 말하는 강도=0으

29_ 질 들뢰즈, 「정동이란 무엇인가」, 질 들뢰즈, 안토니오 네그리 외, 『비물질노동과 다중』, 서창현, 김상운 외 역, 갈무리, 2005. 34. 이후 이 책에서의 인용은 본문에 그 쪽수를 표시한다.

30_ 그러나 스피노자와 들뢰즈의 affect 이해가 일치하는 것 또한 아니다. 들뢰즈는 스피노자의 어펙트를 신체의 변용이나 실존과 활동의 역량의 증대와 감소를 중심으로 이해하지만, 스피노자는 단지 신체의 변용이 역량의 증대와 감소만이 아니라 변용의 관념, 그 능력의 증대와 감소에 따라 정신이 형성하는 관념을 중요시 한다. 이러한 차이 및 그 함의는 2018년 개최된 서양근대철학회에서 진태원이 진행한 발표가 매우 잘 드러내고 있다.

로서 '기관 없는 신체'에 해당한다고 말할 수 있다. 그리고 이들은 스피노자의 구도 속에서 기관 없는 신체를 속성에, 강도를 양태에 위치시킨다.

> 결국 기관 없는 신체에 관한 위대한 책은 『에티카』가 아닐까? 속성이란 기관 없는 신체의 유형 또는 유이며, 실체, 역량, 생산의 모체로서의 강도=0이다. 양태란 발생하는 모든 것, 즉 파동과 진동, 이전, 문턱과 그레디언트, 특정한 모체로부터 시작해 특정한 유형의 실체 아래서 생산된 강도들이다.[31]

다시 말해, 들뢰즈/가타리에게 강도란 스피노자적 구도에서 양태에 해당하는 것이다. 그런데 스피노자적 의미에서 양태란 "능동과 수동성의 구별에 앞서는, 세 번째 상태, 배제된 중간으로만 이해할 수 있을 뿐인 순수하고 생산적인 수용성 안에 있는 하나의 기원"과 같은 것이 아니다. 그것은 오히려 속성에 해당하며 들뢰즈/가타리적 의미에서는 강도=0으로서 '기관 없는 신체'에 해당한다. "기관 없는 신체는 강도들을 지나가게 하고 생산하며, 자체로 강렬하며 비연장적인 내포적 공간 안에 강도들을 분배"하는 것이며 "강도적이고, 형식을 부여받지 않았고, 지층화되지 않은 물질, 강도적 모체, 강도=0"이기 때문이다.[32]

결국 마수미는 스피노자와 들뢰즈/가타리에 대한 오독 내지는 자의적 독해에 기반하여 자신의 정동이론을 구축함으로써 이 개념으로 그가 포착하고자 하는 대상이 어떤 것인지를 불명료하게 만들었다. 그리고 이러한 자의적 독해는 정동이란 개념이 갖는 정치적 함의에도 혼돈이 발생하도록 만든다.

정동에 대한 마수미의 규정을 수용한다고 하면 정동이란 순수한 생산적 수용성이며, 잠재적인 것이자 강도=0이고, 현행화의 방향은 그 자체로 규정되지 않은 미결정적인 것이다. 그렇다면 정동이 기존 질서를 뚫고 나올

31_ 질 들뢰즈, 펠릭스 가타리, 『천개의 고원』, 김재인 역, 새물결, 2001, 294-295.
32_ 같은 책. 293-294. 번역 일부 수정.

수 있다고 하더라도 정동의 그와 같은 분출의 정치적 방향 역시 당연히 미결정된 것일 수밖에 없다. 다시 말해, 정동이 자본주의 질서를 뚫고 나와 그것에 맞선다고 하더라도 그 정동의 본질적 성격상 현행화의 방향(sens)은 미결정된 것이기에 정동의 힘이 향할 방향이 반드시 해방적이고 평등 지향적이며 민주적인 것이라는 보장은 없다는 것이다.

'정동의 자율성'이 '의미론적이며 기호학적으로 형성된 진행 과정'이나 '내러티브화할 수 있는 작용–반작용의 회로' 혹은 '기능과 의미 속으로 강렬함(intensity)이 삽입되는 합의된 지점' 등과 같은 현행적 질서를 뚫고 분출할 수 있으며, 그 질서를 전복할 수 있는 힘일 수는 있지만 그렇게 전복된 질서가 반드시 해방의 약속을 담보한다는 보장은 없다. 이미 들뢰즈/가타리가 잘 보여준 바와 같이 파시즘조차도 어펙트의 차원에서 실행된 정치다. 파시즘은 당대 독일의 사민주의 체제라는 현행적 질서를 폭파하며 분출한 어펙트적인 대중운동이었다. 정동의 자율성, 정동의 미결정성이 곧 정동의 해방적 성격을 담보해주는 것은 전혀 아니다.[33]

정동은 정동을 대상이자 수단으로 지배하고 착취하는 권력의 한계를 명시하며 그것을 변화시킬 수 있는 가능성의 조건으로 제시되지만 그 한계 지점으로부터 나갈 방향, 그것에 의한 변화의 지향을 정동 자체로서는 알 수 없는 것이다. 그렇다면, 현행 질서에 대한 정동의 반발 내지는 초과를 해방적 정치의 차원으로 활용하기 위해서는 정동에 정치적 방향/의미(sense)를 부여하는 작업이 필요할 수밖에 없다. 다시 말해 정동이라는 존재론적 힘에 정치적 지향점에 대한 인식 내지는 표상이 결합되어야 하는 것이다. 이러한 인식 혹은 표상의 작업과 결합되지 않는 정동이란 현행질서에 대한 맹목적 부정의 힘 이상이 될 수 없다.[34] 정동이론이 존재론적 차원에서 현행

33_ 이런 측면에서 보자면 마수미가 정동에 주목함으로써 새롭게 확보해낸 정치적 가능성이 들뢰즈/가타리가 욕망에 주목함으로써 포착한 정치의 전환에서 어떤 점이 진전된 것인지 모호하다. 내 생각에는 오히려 마수미는 들뢰즈/가타리의 어펙트 개념이 가지는 양가적 차원에서 파괴적 차원을 생략하고 해방적 차원만을 강조함으로써 일종의 자연주의적 낙관론으로 퇴보했다.

질서에 대한 부정의 힘으로 기술되는 것을 넘어서 정동의 맹목성에 정치적 방향/의미를 결합시키는 작업, 즉 대항 이데올로기의 구축 작업 내지는 이데올로기의 전화라는 작업이 있어야 정동의 정치학이 해방의 정치학이 될 수 있을 것이다.

5. 이데올로기 비판과 정서 분석

앞에서 살펴본 바와 같이 마수미의 정동이론에는 중요한 난점이 있다. 그렇지만 어펙트를 오늘날 자본주의 지배체제에서 중요한 정치적 의제로 부각시킨 점에 대해서는 적극적으로 평가할 필요가 있다. 이는 역사유물론의 또 다른 축인 인간학적 조건을 탐구하는 데 있어서 어펙트, 즉 정서가 대단히 중요하기 때문이다. 일찍이 스피노자가 보여준 바와 같이 인간은 그 신체 구조(fabric)상 무엇보다 정서에 좌우되는 존재다. 인간이 자유에 이르는 길은 이성의 힘으로 정서의 힘을 제어함으로써 열리는 것이 아니라 슬픔의 정서를 기쁨의 정서를 통해서 극복함으로써 열리는 것이다.[35] 정서, 즉 어펙트의 역동이야말로 가장 근본적인 인간학적 조건의 계기 가운데 하나라고 할 수 있다.

그동안 알튀세르의 이데올로기 이론을 둘러싼 논쟁들은 주로 기능주의와 저항 가능성의 문제, 라깡에 대한 알튀세르 해석의 정확성 문제 등을 둘러싸고 진행되었다. 그러나 발리바르가 알튀세르의 이데올로기론을 비판적으로 발전시키면서 이데올로기를 사유함에 있어서 스피노자의 상상이

34_ 이런 난점은 들뢰즈/가타리의 '욕망의 정치학'에서도 발견된다. 이에 대해서는 다음을 참조. 정정훈, 「해방적 주체화의 존재론적 토대와 욕망의 인식론적 전화」, 『문화/과학』 65호, 2011년 봄.

35_ 이성의 기능이란 바로 슬픔의 정서를 촉발하는 마주침을 피하고 기쁨의 정서를 촉발하는 마주침을 조직할 수 있는 길을 인식하는 것, 즉 슬픔과 기쁨의 촉발의 인과관계, 그 조건의 작동과정을 인식하는 데 있다.

론이 매우 중요하다는 것이 드러났으며,[36] 사실 알튀세르의 작업에서도 상상의 문제가 매우 중요한 계기였음이 부각되었다. 이렇게 알튀세르의 이데올로기 이론에서 스피노자의 상상이론이 갖는 중요성에 대한 강조는 이데올로기의 관건적 문제가 바로 어펙트, 즉 정서임을 알 수 있게 해준다. 이미 살펴본 바와 같이 스피노자적 의미에서 상상이란 정서 작용에 의한 인식이기 때문이다.

정동이론가들의 기여를 통해 우리가 얻게 되는 통찰은 어펙트가 경제와 정치에서 매우 중요한 문제가 되는 오늘날의 상황에서, 이데올로기를 구체적으로 분석할 때 강조되어야 하는 것은 그것이 정서의 수준에서 작동한다는 점이라 할 수 있다. 이데올로기가 의식적 수준보다는 무의식의 수준에 작용한다고 할 때 무의식의 수준이란 사실상 정서의 장이라는 점을 명확히 강조하는 것이 필요하다. 다시 말해 오늘날 이데올로기 분석 내지 이데올로기 비판의 핵심은 정서의 정치화 양식에 대한 분석이자 비판이 되어야 한다. 정동이론은 이데올로기 안에서 정서 작용이라는 문제를 생각하게 만들어 준다. 동시에 정동이론은 이데올로기 없는 정동이란 맹목임을 보여주고 있다.

36_ 이런 관점을 잘 보여주는 대표적 저술 가운데 하나로 다음 글을 들 수 있다. 에티엔 발리바르, 「스피노자, 루소, 마르크스: 정치적인 것의 자율성에서 정치의 타율성으로」, 『스피노자와 정치』, 진태원 역, 이제이북스, 2005.

15

역사적 자본주의의 시각에서 본 신자유주의 금융세계화

백승욱

1. 머리말

한미FTA 협상 반대의 목소리가 여름을 더욱 뜨겁게 달구고 있다. 지난 20여년간 여러 국면을 거치면서 확대되어온 신자유주의적 재편이 전면적으로 확대되는 계기가 될 한미FTA가 가져올 파국적 효과에 대해서는 이미 많은 논의가 진행되어왔다. 그러나 한미FTA 반대는 전지구 자본주의의 신자유주의적 재편에 반대하는 출발점일 뿐 목표가 될 수 없음이 다시 한 번 확인되고 있는 상황이다.[1]

한미FTA는 1980년대 이후 확대되고 있는 신자유주의적 금융세계화의 한 파장효과이다. 우리는 이러한 신자유주의적 금융세계화의 동학에 대해 좀 더 세밀하게 살펴볼 필요가 있으며, 또한 이런 신자유주의적 금융세계화는 전지구적으로 확대되고 있는 군사적 개입의 확대, 다시 말해 무장한 세계화와 동시적으로 진행되고 있다는 점에도 관심을 기울여야 할 것이다. 그리고 이런 변화는 민중들의 최소한의 권리조차 파괴하고 삶의 전반적

1_ 백승욱, 「서문」, 사회진보연대 외, 『한·미 FTA, 이미 실패한 미래』, 도서출판 사회운동, 2006.

위협으로 다가온다는 점에서 이를 극복하기 위한 민주주의를 위한 새로운 싸움의 필요성이 커지고 있다는 점도 주목되고 있다.

우리는 신자유주의 금융·세계화라는 변화를 미국 헤게모니하의 세계 자본주의의 역사적 변화과정이라는 좀 더 넓은 시야를 통해 바라볼 필요가 있다고 보며, 이런 미국 헤게모니의 역사적 변천을 이해하기 위해서는 자본주의의 역사적 변천과정을 역사적 자본주의라는 시야 속에서 자리매김할 필요가 있다.

이 글에서는 세계체계 분석에서 제기하는 역사적 자본주의라는 문제설정에 기반해 20세기 말에서 21세기 초 세계 자본주의의 변화를 살펴봄으로써, 한국사회에서 벌어지고 있는 변화를 이해해 보려고 한다.2

세계체계 분석에 기반한 역사적 자본주의라는 문제설정은 세계화가 자본주의 역사에서 전례 없는 예외적 현상이 아니라 헤게모니 위기하에서 나타나는 금융적 팽창의 반복적 사례임을 강조함으로써 세계화에 대한 신화들을 비판하는 동시에, 이와는 달리 20세기 말 금융세계화에서 나타나는 이례적 특징들이 현시기 세계적 위기를 어떻게 구조화하고 있는지를 보여준다는 점에서 우리의 시각을 확장하는 데 도움이 될 수 있을 것이다.

2. 역사적 자본주의와 맑스

자본주의에 대한 논의를 역사적 위상 속에 자리매김한 것은 맑스의 공헌이다. 맑스는 자본주의를 고유한 내적 모순을 갖는 구조로서 이해함으로써, 그것이 근대 세계에 출현한 이래, 어떻게 사회적 적대를 출현시켰고, 그 내적 모순으로 인해 계속적 자기 변신을 겪으면서도, 결국 그 모순이 해결되지 못함에 따라 어떻게 구조적 위기가 발생하는지, 그리고 그 때문에 자

2_ 이에 대해 더 자세한 것은 백승욱, 『자본주의 역사 강의』, 그린비, 2006 참조.

본주의라는 구조가 왜 영원히 지속될 수 없는지를 설명해 보여주었다.

그런 점에서 맑스는 자본주의 역사성에 대한 대표적 이론가로 자리매김될 수 있을 것이다. 그런데 이 논의를 우리의 관심인 역사적 자본주의로까지 확대하는 데 있어 맑스는 기여와 동시에 한계를 보여주고 있는 것도 사실이다. 맑스의 역사변증법의 난점이라 할 수 있는 이 문제는 두 측면에서 논의될 수 있다.

1) 자본주의의 역사로서 역사적 자본주

우리는 이런 쟁점들을 『자본』의 역사변증법과 관련된 문제 속에서 다시 해석해볼 수 있을 것이다. 『자본』에서 맑스는 '경향적 법칙'을 강조한다는 점에서 특징적이다. 이 입장은 두 가지 측면을 보여주는데, 한편에서는 법칙을 우위에 둔다는 점이다. 이는 경험주의적 접근에 대한 비판과 구조를 우위에 두는 입장이라고 할 수 있다. 다른 한편에서 이 법칙들은 '경향적'이며, 항상 반대로 작용하는 요인들과 결합함으로써만 현실에서 작동한다. 이처럼 구조적 법칙의 우위하에 현실에서 상쇄하는 요인들의 작동이라는 요인이 결합됨으로써, 현실의 역사적 궤적이 형성되는데, 실제로 존재하는 것은 이 구체적 역사 궤적일 뿐이다. 법칙과 상쇄하는 요인들의 변증법적 작용은 역사적인 정세, '장치', 그리고 '제도'와 같은 것으로 귀결되는데, 그 때문에 예를 들어 19세기의 세계 자본주의와 20세기에 세계 자본주의가 걷는 궤적이 동일하게 나타날 수 없으며, 그 한 세기내에서도 일정한 시간대를 나누어 보면 상이한 추세를 발견하지 않을 수 없게 된다.

그렇지만 다른 한편에서 보자면 이 둘을 다 묶어서 자본주의라고 부를 때의 여전히 나타나는 공통점이 있는 것은 사실이며, 이는 구조의 문제, 그리고 시간대의 중첩이라는 문제로 나아가게 된다.[3] 그것을 자본주의 구

3_ 여기서 우리는 장기지속과 콩종튀르(정세)라는 시간대를 중첩된 것으로 통일시키는 브로델의 시간대 관념이 왜 역사적 자본주의 분석에서 핵심적으로 중요해지는지 알 수 있다. 브로델과 세계체계 분석(월러스틴, 아리기) 사이의 명시적 연계성은 이 점에서

조와 역사적 정세로 구분할 수 있을 것이며, 이는 맑스주의 역사에서는 기본모순과 주요모순을 둘러싸고서 나타난 바 있는데, 알튀세르의 지적처럼 이는 과잉결정 관계 속에 있다는 점을 다시 확인하게 된다.

맑스에게 역사변증법의 문제는 『자본』 안에서도 역사에 관련된 장들의 문제를 통해 이미 제기되고 있다. 역사적 장은 크게 두 부분이 중요한데, 이른바 '시초 축적' 부분과 '공장법' 부분이다. 그런데 두 경우 모두 서술에서 중요한 것은, 이 논리가 순수히 '경제적' 논리선을 따라갈 수 없고, 국가의 개입이 매우 중요한 고리로서 나타난다는 점이다. 즉 자본주의적 축적에서 국가 개입의 필연성이라는 논리를 내장하고 있다는 점이다. 다른 하나는, 이 서술은 매우 역사특수적이며, 논리로 환원되지 않는다는 특성을 담고 있다.

2) 재생산의 문제

여기서 한 걸음 더 나아가 재생산, 특히 생산관계의 재생산이라는 문제로 나아가 보자. 맑스가 『자본』에서 설명하고 있는 적대적인 관계가 성립하려면 몇 가지 전제가 필요하다. 첫 번째로 노동자들은 어떤 시점에서인가 자본주의적 생산방식에 적합한 '노동력 상품'으로 노동시장에 등장하여 이른바 '소외된' 노동을 감수할 수 있어야 한다. 이는 다시 '시초축적'의 문제로 돌아가는 것인데, 이렇게 규율화한 노동자의 탄생은 역사적으로 어떻게 이루어졌을까?[4] 두 번째로 생산에서의 적대적 관계가 형성됨에도 불구하

발견된다. 또 다른 연계성은 자본주의를 시장경제의 상부구조로서 반(反)시장으로 보는 삼층도식이라는 견해에서도 발견된다. 브로델의 이 삼층도식론은 세계경제로서의 자본주의, 국가를 매개로 한 세계시장에서의 독점을 향한 경쟁, 세계공간의 위계적 구조화, 정치와 경제의 융합, 자본의 변신성(즉, 상업, 생산, 금융 어느 한 곳에 얽매이지 않는) 등 세계체계 분석의 주요한 테마의 배경이 된다. 이에 대해서는 백승욱, 「세계체계 분석과 역사적 자본주의」, 백승욱 편저, 『'미국의 세기'는 끝났는가?』, 그린비, 2005를 참고할 것.

4_ 이는 폴라니의 『거대한 변환』의 재독해를 통해 제기될 수 있는 쟁점이다. 이러한 재독해를 통해 우리는 노동운동이 사로잡혀 있는 애덤 스미스적 투쟁관, 즉 시장조건의 비대칭성에 대한 대응으로서 노동자의 조직화를 통한 단체협상의 체결을 넘어서는 문제, 즉 사회적 관계의 적대성이라는 문제를 제기할 수 있고, 자유주의의 '파멸적 효과'라

고, 노동자들은 매일매일의 생활 속에서 자본의 확대재생산을 보증하기 위한 일상적 노동력으로 노동과정 속에 투입될 수 있어야 한다. 그러면 이것은 어떻게 가능한가? 여기서 지배이데올로기라는 문제가 제기될 것인데, 어떻게 이렇게 적대적 관계를 내장한 한 사회는 지배이데올로기를 통해 이런 적대적 관계를 적대적이지 않은 외양을 갖추도록 재생산할 수 있는가라는 문제가 제기된다. 지배이데올로기는 저절로 주어지는 것은 아니며, 그 역사적 구체적 형태는 시기마다 지역마다 매우 다르다. 그리고 핵심적으로 지배이데올로기는 지배계급의 이데올로기가 아니라, 피지배계급의 자생적 이데올로기의 요소를 핵심적으로 담고 있다. 그런 점에서 피지배계급의 열망을 담지만, 그것을 위험하지 않게 억압하며, 동시에 늘 모순적 균열의 가능성하에 놓여 있다고 할 수 있다.

앞서의 역사적 자본주의라는 문제설정을 이러한 이데올로기적 재생산 시각과 결합하면, 우리는 자본은 세계경제적 차원에서 재생산되는 반면, 지배는 국가를 매개로 하여 사회구성체 차원에서 국지화하여 재생산된다고 정리해볼 수 있을 것이다. 역사적 자본주의는 이처럼 자본의 추상화와 노동의 구체성이라는 비대칭성을 세계적 차원과 역사적 차원에서 해석하기 위한 출발점이 된다.[5]

3. 세계체계 분석과 근대세계

1) 세계체계 분석과 근대
세계체계 분석의 문제의식은 근대라는 시대 규정에 대한 쟁점에서 시작

고 부를 수 있는 것에 대해 고민할 수 있다. 이에 대해서는 백승욱, 『자본주의 역사 강의』를 참고할 것.

5_ 여기서 특히 자본과 국가는 자본의 재생산에서 주요한 두 축이 되는데, 국가의 개입은 자본의 경쟁이 국가간체계의 동학에서 전개되는 매개로서, 그리고 사회구성체의 차원에서 자본-노동간 적대에 대한 개입으로서 중요하게 부각된다.

한다고 볼 수 있다. 세계체계 분석은 근대성의 요소론적 접근을 비판하고서, 근대를 하나의 시대규정으로서 설정하면서 이를 '관계론적' 방식으로 해석하는 데서 출발한다. 관계론적 방식이라 함은 동일한 근대라는 시대의 규정이 서구적인 근대와 제3세계의 근대, 또는 식민지적인 근대를 만들어냈다는 것이고, 동일한 근대의 규정이 하나로 수렴되지 않는 두 가지 분기하는 길을 만들어냈다는 것이다.

이렇게 규정된 근대는 세계경제로서의 자본주의가 전지구적으로 확대되어온 역사이며 끊임없는 자본축적이라는 자본주의의 원리가 지배적으로 작동한 시대이긴 하지만, 모든 것이 그 논리로 환원되지는 않는 시대에 대한 규정이라 할 수 있다.[6]

이 근대는 우선 세계경제로서의 자본주의로 규정된다. 장기 16세기에 걸쳐 자본주의는 국지적 현상에서 세계경제적 현상으로 확장되었다.

다음으로 중요한 것은 이런 세계경제가 국가간체계의 틀 속에서 작동해왔다는 점이다. 이는 근대적 국가형태인 민족국가를 기본원리로 하면서, 이들 국가를 매개로 하는 자본간의 경쟁에 의해 헤게모니 국가가 출현하고 다시 쇠퇴하기를 반복해온 역사이다. 자본축적의 논리가 이처럼 국가간체계의 논리와 절합되어왔기 때문에 여기서 독특한 역사적 자본주의의 궤적이 발견된다.

세 번째로 이런 세계경제와 국가간체계의 결합은 세계체계의 공간에서 중심과 주변으로의 분할이라는 위계적 구도를 발생시켰다.

넷째, 노동력의 측면에서 보면 자본축적의 원리는 노동력 상품화를 주요한 경향으로 관철시키지만, 반드시 임금노동이 전일화하지는 않는 구성을 가져왔다. 임금노동은 오히려 부분적인 임금노동화, 강제적 노동, 불불노동 등을 보완적 요소로 갖춤으로써 제대로 작동할 수 있었다. 이 때문에 계급

6_ 역사적 자본주의라는 문제설정에 선 세계체계 분석의 시각에 대해서는 월러스틴, 『이매뉴얼 월러스틴의 세계체계 분석』, 이광근 옮김, 당대, 2005; 월러스틴, 『우리가 아는 세계의 종언』, 백승욱 옮김, 창작과비평사, 2001을 볼 것.

은 늘 그자체로 투명하게 등장하지 않고, 소득 공동체로서의 가계의 틀 속에서 등장하며, 또한 연관되면서도 상이한 동일성을 지닌 국민과 종족체라는 '신분집단'과의 결합 속에서만 등장하게 되었다.

다섯째, 이런 근대사회는 내부적으로 적대적 사회적 관계를 발생시키는데, 이에 따라 그것의 위험성을 관리하는 이데올로기로서 지배 이데올로기인 자유주의의 역사적 변천을 낳게 된다. 이 지배이데올로기 없이 근대 세계의 모순은 관리될 수 없지만, 이런 지배이데올로기의 정착과정은 무모순적이고 자연적인 과정으로 등장한 것은 아니었다.

2) 헤게모니 순환

역사적 자본주의로서 자본주의 근대세계체계의 중기적 시간대에는 자본축적의 상대적 안정기인 헤게모니의 시기가 나타난다. 이는 강한 국가를 등에 업고서 세계경제에서 독점을 확보하려는 국가들 사이에서 경합이 벌어진 결과, 역사적으로 한 국가가 상대적으로 세계경제와 국가간체계에서 우위에 서게 되어, 고이윤 부문을 독점하고, 다른 국가들을 자신의 이미지에 따라 변형시켜 지도하게 되는 시기이다.[7]

헤게모니 국가는 세 가지 새로운 구도를 형성함으로써 세계 자본주의를 위기로부터 탈출시켜 새로운 축적의 순환을 개시할 수 있었다. 첫 번째는 새로운 축적체제를 형성하는 체계적 축적순환의 출발점을 만들어내게 된다. 이를 위해서는 이전 축적체제의 이윤율 저하의 위기를 반전시킬 수 있는 새로운 조직혁명이 필요하며, 이를 기반으로 전지구적 차원에서 세계경제를 재편할 수 있어야 한다.[8] 두 번째는 이렇게 만들어진 경제적 토대에

---

[7] 세계 헤게모니에 대한 규정은 세계체계 분석의 시각을 갖고 있는 논자들 사이에서도 일치하는 것은 아닌데, 대표적으로 월러스틴과 아리기의 세계 헤게모니 규정의 차이점에 대해서는 백승욱, 『'미국의 세기'는 끝났는가?』, 그린비, 2005, 33쪽을 볼 것.

[8] 아리기는 자본주의 역사에서 세계 헤게모니가 교체되어온 배경에는 이러한 조직혁명이 중요하게 작용하였다고 보는데, 이를 네덜란드 시기의 '보호비용의 내부화', 영국 시기의 '생산비용의 내부화', 미국 시기의 '거래비용의 내부화'로 정리한다. Giovanni Arrighi,

따라 국가간체계의 질서를 헤게모니 국가의 자본축적에 유리하고 정치적 영향력하에 복속시키는 형태로 새롭게 만들어내야 한다. 세 번째는 이렇게 만들어진 새로운 질서가 새로운 보편성의 구현으로 상상될 수 있도록 만들어주는 지배이데올로기의 구성·재편이 필요해진다.

새로운 헤게모니는 세계경제의 질서와 국가간체계의 질서가 하나로 유기적으로 결합됨으로써만 가능한데, 이 양자의 논리는 달리 말하자면 자본주의적 팽창의 논리와 영토주의적 논리가 모순적으로 결합된다는 것을 뜻한다. 근대세계체계에서 헤게모니 국가가 이전 세계제국과 다른 점은 헤게모니의 지속기간이 상대적으로 짧다는 점과, 헤게모니이긴 하지만 절대적 지배는 아니기 때문에 잠재적 헤게모니 경합 국가의 추격을 중단시킬 수 없다는 점이다. 새로운 국가간체계 질서의 영토주의적 논리가 자본축적에 순기능적인 한 세계경제와 국가간체계는 모순 없이 공존하지만, 양자가 충돌할 경우에는 모순이 드러난다. 이럴 경우 기존 헤게모니의 영토주의적 논리는 자본주의적 팽창의 논리와 서로 갈등 관계에 놓일 수 있으며, 이는 특히 헤게모니 쇠퇴기에 심화된다.

새로운 체계적 축적순환은 상승과 하강의 국면을 반복한다. 헤게모니의 상승기가 이윤율의 상승을 동반하는 축적순환의 상승국면으로 나타나면, 헤게모니 쇠퇴기는 이윤율의 경향적 하락을 동반하는 축적순환의 하강국면을 나타낸다. 아리기는 이러한 축적순환의 상승기를 실물적 팽창으로, 하강 국면을 금융적 팽창이라고 부른다.

실물적 팽창 국면에는 생산 또는 상업이라는 핵심 영역에서 이윤율이 상승함에 따라 신규 투자가 증가하고, 고용, 국제 무역, 지리적 팽창도 이어서 나타난다. 그러나 자본간 경쟁이 신규 고정자본 투자의 증가를 촉진함에 따라 자본의 유기적 구성도가 높아지고 이것이 이윤율의 저하를 촉진하는데다, 후발국가들의 추격이 높아짐에 따라 비용경쟁이 강화되고, 임금과

The Long Twentieth Century (London, New York : Verso, 1994). 이하 헤게모니 순환에 대한 설명도 이 책을 참조할 것.

토지비용의 증가가 자본수익성을 더욱 위협하게 되면서 이윤율은 점차 하락하게 된다. 이윤율 하락이 지속되면, 헤게모니 국가내에서 결국 금융수익률과 이윤율이 같아지는 지점에 도달하고, 이 이후 금융화가 대대적으로 진행되는 금융적 팽창 국면이 진행된다.

그러나 이러한 금융적 팽창이 본격적으로 진행되기 이전에 이윤율 하락이 지속되면서 위기가 발생하게 되며, 이러한 위기는 과잉축적된 자본이 신규투자로 전화하지 못하면서 금융적 휘발성이 높아지게 되는 과잉축적 위기 형태로 표출된다. 이후 금융부문을 새로운 돌파구로 찾아 나선 자본이 늘어나면서 기존의 생산부문내의 경쟁도 완화되어 헤게모니 국가 자본의 전반적인 이윤율이 다시 상승하는 일시적 국면이 발생하는데, 이를 벨에포크(화려한 시절)라고 부른다.

그러나 벨에포크는 지속기간이 짧으며, 벨에포크 시기에 오게 되면 오히려 헤게모니를 계승하려는 국가들 사이의 경합은 치열해진다. 왜냐하면 기존 헤게모니 국가의 축적체제를 모방한 국가들이 증가하고, 이들 국가가 활용할 수 있는 유동적 자본의 양은 세계적으로 증가하고, 이를 이용해 세계경제에서 우위를 확보하고 국가간체계에서 영향력을 증대시키려는 국가들 사이의 경합이 커지게 되기 때문이다. 이러한 국가들 사이의 경합은 한편에서 세계경제의 분할과 위기로, 다른 한편에서 국가간체계 질서의 붕괴로 이어지는데 이를 체계의 카오스라고 부를 수 있다. 체계의 카오스는 역사적 자본주의의 재생산의 구조적 위기이며, 역사적으로 체계의 카오스가 세계전쟁까지 이어진 경우가 많은 데서 알 수 있듯이, 전지구적인 자본축적의 전반적 중단 가능성이 높아지는 시기였다.

3) 영국 헤게모니의 특징

역사적 자본주의의 세계 헤게모니는 네덜란드, 영국, 미국으로 이어지는데, 현재의 시각에서 특히 중요한 것은 영국 헤게모니와 미국 헤게모니의 비교일 것이다.

역사적으로 영국 헤게모니에서 제기되는 쟁점은 두 가지이다. 하나는 영국 헤게모니의 특징을 산업자본주의만으로 규정할 수 있는가 하는 것이고, 두 번째는 첫 번째 질문에 대한 부정적 또는 제한적 대답이 제시될 때, 그럼에도 영국의 시기와 더불어 나타난 산업자본주의적 성격을 어떻게 해석할 것인가 하는 점이다.

역사적으로 검토해 보면 영국 헤게모니의 핵심적 특징이 반드시 산업자본주의에 있던 것은 아니다. 오히려 전지구적 상업네트워크에 기반한 영토제국주의라는 특징이 중요하며, 이를 통해서 산업혁명이 촉진되었다는 측면을 강조할 필요가 있다.

영국이 네덜란드보다 우위에 서게 된 것은 '생산비용의 내부화'에 있었는데, 생산비용의 내부화는 원료가격의 통제와 노동력 가치의 통제를 중요한 요소로 담고 있다. 이를 위해서는 저가의 원료공급지로서의 식민지 개척과 상시적으로 공급되는 노동력 저수지의 형성, 그리고 이를 판매할 수 있는 전국시장의 탄생, 그리고 이러한 공급과 판매의 전지구적 네트워크의 형성이 결합되어야만 했다. 여기서 세계의 공장으로서의 산업자본주의는 이 모든 과정을 주도한 동력은 아니었으며, 그 과정의 하나의 요인이었을 따름이다. 이는 영국의 산업혁명이 면방직에서 시작한 이유, 그리고 1차 산업혁명과 2차 산업혁명 사이의 직접적 연관성이 결여되었던 점, 또 19세기 중반까지 산업혁명의 영향력이 지역적으로 한정적이었다는 점을 고찰해보면 분명해지게 된다. 영국은 산업혁명의 결과 세계 헤게모니로 등장한 것이 아니라, 세계 헤게모니로 등장한 이후 본격적으로 산업혁명을 추진하게 되었던 것이다. 영국이 세계 헤게모니로 등장하는 데 결정적인 중요성을 지녔던 인도라는 요소를 고려할 때 헤게모니 형성의 과정에서 정치·경제적 요인의 결합의 중요성은 다시 한 번 확인된다.[9]

9_ 영국 헤게모니에서 인도의 중요성에 대해서는 Giovanni Arrighi, "The social and political economy of global turbulence," *New Left Review*, No. 20 (2003); Beverly Silver, and Giovanni Arrighi, "Polany's 'double movement': the belle epoques of British and U.S. hegemony compared,"

영국 헤게모니의 두 번째 쟁점으로, 자본이 생산의 영역을 장악한 이후 즉 생산비용을 내부화한 역사적 자본주의라는 문제에 오게 되면 자본주의에 그 전과 다른 특징들이 나타난다는 점에 주목하게 된다. 이는 세 가지 영역에서 관찰되며, 이것이 맑스가 『자본』에서 분석하는 핵심적 내용이라 할 수 있다. 첫 번째는 고정자본의 규모가 커지면서 상업과 산업 사이의 관계가 역전되면서 이전과 달리 산업이 상업의 우위에 서게 된다. 둘째로 기계제가 도입됨에 따라 투자비용의 효율성을 높이기 위해 생산요소가 시장에서 즉시 구매가 가능해져야 하는데, 대표적인 것은 노동력이었다. 따라서 노동력 상품의 상대적 과잉인구 법칙이 작동하게 된다. 셋째로 이제 생산은 사회적 수요에 맞추어 공급되는 것이 아니라, 늘 그것을 넘어서는 과잉 상태로 나타나며, 이 때문에 새로운 시장 개척의 필요성이 세계적으로 확대된다(I부문과 II부문의 불비례).

영국 헤게모니는 1873년 이후 장기침체 국면에 접어들면서 금융적 팽창이 시작된다. 이와 더불어 영국을 계승하는 헤게모니 경합이 치열해졌는데, 이 경합은 독일과 미국 사이에 주요하게 전개되었다. 후발 국가들은 19세기 영국 모델을 모방하면서 출발하였는데, 이는 공업화와 영토제국주의라는 특징으로 나타난다. 독일은 중화학 군수산업을 중심으로 하는 국가독점적 길을 추진하면서 해외 팽창을 가속화하였고, 미국은 법인자본주의적 조직혁명을 중심으로 수직적 통합의 방식을 추진하면서 국내적 영토 팽창을 가속화하는 길을 걸었다.

유럽의 주요 중심부 국가들이 영국을 모방하여 공업화, 식민지 팽창, 중상주의를 통한 국내시장 형성의 길을 걷게 됨에 따라 국가들 사이의 제국주의적 팽창이 일반화하고, 국가들간 충돌의 가능성은 높아졌다. 특히 후발국가들은 협소한 영토와 시장의 한계를 넘어서기 위해 식민지 재분할 전쟁에 돌입하게 되는데, 이것이 제국주의 전쟁의 형태로 촉발되면

Politics and Society, Vol. 31, No. 2 (2003).

서 영국 헤게모니 하의 '백년 평화'는 종식되고 국가간체계의 질서는 붕괴하게 된다.

4) 미국 헤게모니의 부상

미국은 독일과 달리 기업들 사이에 트러스트나 카르텔을 통한 수평적 통합이 금지되면서 수직적 통합을 통한 범위의 경제를 확보하는 길로 나아가게 되었다. 이는 법인기업이라는 새로운 기업 형태를 동반하였다. 법인기업은 원료의 수급에서 생산과 자금조달, 유통과 판매까지 한 기업 내에서 통일함으로써 각 고리마다 발생하는 거래비용을 내부화하여 비용의 우위를 확보한 기업형태였다. 이런 법인 기업은 대륙규모의 미국 국내시장의 팽창에 수반하여 시장에 적응하기보다 시장을 개척하고 확대하는 방향으로 나아가게 되었다.

법인기업은 영국 헤게모니하에서 전지구적 상업네트워크하에 분산 고립된 가족기업들의 네트워크 체제와 달리, 하나의 기업 자체가 초민족적 네트워크를 형성해내는 특징을 가지고 있었다. 또한 이후 발전과정에서 보듯이 초국적기업으로 발전한 법인기업은 영토식민지보다는 독립국가에 자회사를 진출시키는 방식을 선호하는 형태로 전환되었다.

법인기업은 대량생산과 대량유통을 결합하였으며, 기업내에 자금과 정보를 집중함으로써 규모의 경제를 확대하였고, 이렇게 집중된 자금과 정보의 운영을 위해 위계화한 경영구조를 갖추게 된다. 산학협력을 통해 과학이 생산력으로 전화하고, 경영학의 도입을 통해 생산관리, 노무관리, 재무관리, 회계관리, 마케팅이라는 영역에서 시장과 노동에 대한 과학적 관리체계가 형성되는 것 또한 이런 미국식 축적체제의 특징이었다.

이런 기업구조상의 특징이 미국자본주의의 특징으로 확대되는 계기는 1930년대 뉴딜이었다. 뉴딜은 국제금융체계의 불안전성이 가져오는 충격을 제어하기 위한 정부의 개입으로 나타났으며, 그 핵심적 조치로서 고도금융의 이동 자유성에 대한 제한이 시행되었다. 고도금융에 대한 정부의 우위는 정부의 경제정책의 자율성을 형성하였으며, 이것이 이후 뉴딜연합에 의한 20세기적 노동의 포섭의 기반이 되었다.

법인자본주의와 뉴딜을 기반으로 한 미국자본주의의 새로운 축적체제는 미국 일국적 틀 속에서 형성되었지만 미국이 이를 기반으로 2차대전 종전시까지 세계 헤게모니로 부상한 것은 아니었다.

미국이 세계 헤게모니가 되기 위해서는 네 가지 과제를 해결해야 했다. 첫 번째는 제국주의 전쟁으로 이어지게 된 원인인 국제 금융체계의 질서를 새롭게 복원하고 금융자본에 대한 국제적 통제의 틀을 마련하는 일. 두 번째는 전쟁 후 초토화된 유럽과 동아시아를 세계경제의 틀 속에 다시 포섭해 들이고, 이들 국가의 달러 부족을 해결함으로써 세계경제를 다시 팽창의 국면으로 견인하는 일. 세 번째는 무너진 국가간체계의 질서를 새롭게 짜는 일. 네 번째는 자본주의 체계에 대한 도전으로 등장한 조직된 운동인 노동자 운동과 민족해방 운동을 위험하지 않게 체계내로 수용해 관리해야 하는 일이었다.

국제적 금융체계의 질서 회복은 브레튼우즈 체제와 다자적 국제 무역질서의 회복으로 달성되었다. 그렇지만 브레튼우즈의 틀은 미국도 포함하는 초국적인 경제관리 질서 대신 미국이라는 지배적 경제에 의한 국제 금융질서 관리 체제로 정착되면서, 미국 경제의 위기가 이 틀 자체의 위기로 이어질 수 있는 취약성을 갖고서 출발하게 되었다. 두 번째로 전후 세계경제의 복구는 미국내의 반발에 부딪혔는데, 제한적인 규모에 유보적 조건으로 시행된 마샬플랜에 이어 전지구적 전후 복구가 가능했던 것은 냉전의 발발 때문이었다. 세 번째로 국가간체계의 새로운 질서 또한 냉전의 발발로 수월하게 진행되었으며, 이는 또한 신생독립국과 UN체제라는 틀의 등장에 의해 유럽세력권의 식민지권력의 약화를 의도한 것이었다. 네 번째로 위험한 세력의 체제내화는 식민지 체제의 해체와 노동을 분할포섭하는 사회적 국가의 등장과 발전주의 이데올로기의 확산을 통해 진행되었다.

4. 신자유주의 금융세계화

1) 미국 헤게모니의 위기

그러나 이렇게 성립된 미국 헤게모니의 황금기는 그렇게 길지 않았다. 미국은 2차대전 직후부터 황금기를 구가하다가 1960년대 말이 되면 위기의 조짐을 보이게 된다. 1967-73년 시기부터 나타난 위기의 조짐은 여러 면에 걸쳐 있었다. 경제적 측면에서 보면 미국은 1970년대 초부터 장기침체에 돌입하게 된다. 이는 경상수지 적자와 재정수지 적자라는 이중적자로 나타난 바 있으며, 그 결과 1971년 금-달러 본위제에 기반한 브레튼우즈 체제는 붕괴하고 변동환율제가 도입되면서 국제적 금융체계의 안정성이 무너지게 된다. 군사적으로 이 시기는 미국이 베트남 전쟁에서 사실상 패전하면서 가장 자본집약적 전쟁이 가장 노동집약적 저항에 무너지게 되는 역설을 보인 시기이다. 이데올로기적으로 보면 미국식 자유주의의 위기가 전지구적으로 확산된 시기이기도 하다.

이러한 장기침체에 직면해 미국은 한 세기 전 영국과 비교해 보면 완전히 반대의 길을 걸었는데, 경제긴축과 대대적 구조조정 대신에 임금인상과 인플레이션이 나타난 것이 그 특징이었다. 이른바 스태그플레이션이라는 특징은 20세기 세계 자본주의에서 노동 포섭의 중요성을 보여주는 상징이었다고 할 수 있다. 1970년대 경기 침체에 대한 미국의 대응은 달러 발권특권(시뇨라지)을 활용하여 달러 공급량을 늘린 것이었다. 이는 결국 인플레이션을 낳았고, 1970년대 말 미국 달러의 가치를 하락시키고 달러 신뢰성의 위기를 촉발시켰다. 반면 제3세계로서는 국제적으로 공급되는 저리의 자본이 늘어나면서 발전주의 시기의 정점을 구가한 시기였고, 또한 1969년 닉슨 독트린과 맞물려 반주변 국가에서 군수산업 성장과 군사무기 구입이 증가한 시기이기도 했다. 그러나 1970년대의 이러한 조치들의 결과 자본의 수익성은 급격하게 하락하였다.

2) 금융적 팽창과 벨에포크

1970년대 말 자본 수익성의 위기는 1979년부터 시작된 자본의 반격의 출발점이었다. 카터가 임명한 연방준비이사회 의장 볼커가 추진한 '볼커혁명'은 미국 재무성 채권을 중심으로 한 대폭적인 이자율 상승과 긴축정책을 동반함으로써 세계의 자본이동의 방향을 일거에 미국으로 집중시켰고, 인플레이션의 통제를 통해 안정적 금융적 수익률 확보를 중요한 목표로 삼게 되었다. 이어진 레이건 정부하에서의 노동에 대한 대대적 공세와 대규모 구조조정, 금융화를 위한 제도적 여건을 마련한 결과 미국은 이제 금융적 팽창의 국면으로 전환하게 된다. 이러한 볼커의 반격은 제3세계에서는 외채 이자율 상승과 채무연장 불가능에 따른 외채위기를 촉발시켰다.[10]

그러나 레이건 정부하에서 금융적 팽창은 아직 본격적으로 진행된 것은 아니었는데, 제2차 냉전이라는 군사적 케인즈주의에 따른 재정수지 적자의 팽창이 이 중간과정에 등장하였다. 이 때문에 금융우위하의 축적 구조 형성을 위한 기반이 1980년대를 거쳐 마련되었지만 그 효과는 1990년대 초반이 되어서야 본격적으로 나타나게 되었다. 이것이 클린턴하의 '신경제'라는 현상이다. 신경제는 사실 미국의 경제적 부담을 여타세계로 이전함으로써 미국의 벨에포크를 촉발한 것이었는데, 1995년 강한 달러 정책과 주식시장 부양정책의 결과 1990년대 말에 최고 정점에 이르게 된다. 이로써 미국은 달러-월스트리트 레짐이라는 월스트리트 우위의 금융적 축적체제를 정비하게 되었다.

이러한 미국의 벨에포크는 한 세기 전 영국의 헤게모니 쇠퇴와 벨에포크에 비교하면 매우 이례적인 특징들을 보인다. 첫째로 미국이 절대적인 군사력의 우위를 차지하고 있다는 점이다. 이는 2차대전 이후 미국 중심의 국가간체계의 기본적 특징이기도 했는데, 냉전하에서 미국과 소련하의 세력균

10_ 신자유주의적 전환의 내용에 대해서는 도미니크 레비·제라르 뒤메닐, 『자본의 반격: 신자유주의 혁명의 기원』, 이강국·장시복 옮김, 필맥, 2006; 피터 고완, 『세계 없는 세계화』, 홍수빈 옮김, 시유시, 2001을 볼 것.

형이라는 특징하에서 다소 유보된 일극적 체제가, 소련 해체 후 탈냉전 시기 들어서 미국의 절대적 군사력 우위라는 특징으로 나타나고 있다. 그 결과 중심부 사이의 전쟁 가능성은 사실상 제거되었고, 대서양 공동지배를 위한 군사력의 기반은 미국 중심으로 유지되고 있다고 할 수 있다. 그렇지만 반면 북-남 사이의 갈등 구도는 커지고 있고, 군사력의 비대칭 구도하에서도 오히려 남에 대한 군사적 개입은 더 빈발하게 벌어지고 있다.

둘째로 세계의 금융이 미국으로 집중한다는 특징이 두드러진다. 이전의 헤게모니 쇠퇴 국면에서는 헤게모니 국가의 금융화한 자본이 새로운 생산의 중심지로 이전해 부상하는 헤게모니 국가를 지원했던 것이 일반적인 특징이었다. 이에 비해 현시기 제조업 자본은 중국과 동아시아로 유입되고 있는 것은 사실이나, 핵심적인 자본의 유입 통로는 절대적으로 미국으로 집중되고 있고, 이것이 미국의 '신경제'라는 특징을 유지시켜 주었다. 그만큼 미국과 대립되는 새로운 축적의 중심지의 가능성은 덜 가시적으로 나타나고 있다.

세 번째로는 초국적 기업의 상호침투적 경제망이 확대된 것이 20세기적 특징이기 때문에 한 세기 전과 비교해볼 때 헤게모니 쇠퇴 국면이 국가들 사이에서 경쟁적으로 보호주의의 벽이 높아지는 현상을 초래할 가능성은 낮아졌다. 이것이 미국 헤게모니 쇠퇴국면이 보호주의보다는 WTO라는 다자주의적 자유무역의 틀을 통해 자유무역이 농업, 서비스업, 지적재산권이라는 새로운 영역으로 확대되게 된 배경이었다. 물론 그렇지만 미국 경제의 위상 하락의 결과 개별 국가들의 차원에서는 미국 자국의 보호주의적 조치는 강화되며, 미국 국내기업의 우위를 확보하기 위한 조치들이 국면마다 강화되는 경향도 나타나는데, 슈퍼 301조에서 FTA 체결에 이르는 흐름 속에서 이런 추세를 관찰할 수 있다.

네 번째 탈냉전과 미국 헤게모니 위기는 국제적 차원에서 미국 자유주의의 위기를 동반하는데, 이는 발전주의의 위기로 나타난다. 영국과 달리 미국은 본래 세계적으로 팽창하는 자본주의가 아니었으나, 냉전이 발전주의의 틀을 통해 이 팽창을 촉진하였던 것에 비해, 탈냉전 이후 세계에 대해 미국은 선별적 포섭과 결합한 배제를 일반화하는 전략으로 전환하였다. 자본의 이동은 주로 북-북 사이에 이루어지며, 생산이 재배치된 일부 동아시아 지역만이 자본투자처로 선발되고, 그 외의 다수의 지역은 제한적으로만 금융적 투자의 대상으로 떠오를 뿐이고, 그렇지 않은 경우 자원수탈의 대상이거나 저가소비재 공급의 무한 경쟁 장소로 전락하게 되었다. 이는 국가구조의 양극화를 촉발한 요인이 되어, 다수의 제3세계 국가들에서는 국가구조 자체가 붕괴하는 데 비해 중심부 국가에서는 초국가적 국제기구와 결합한 전지구적 영향력이 오히려 증대하는 특징을 보여준다.

다섯 번째는 한 세기 전과 비교해볼 때 조직적 저항의 약화가 관찰되며, 이 때문에 자본 양보의 필요성도 줄어들었음을 발견하게 된다. 한 세기 전 조직된 저항은 사회주의 운동과 민족해방운동이라는 형태를 띠었고, 양자 공히 정당이라는 형태로 출현하였으며, 그 목표로 국가권력 획득이 상정되었다. 그러나 발전주의의 위기, 국가권력 획득 전략의 위기, 당형태의 위기는 이런 형태의 조직된 저항운동의 결집력을 손상시켰으며, 그 대신 등장한 운동들은 여전히 분산된 형태로 나타나고 있다. 그러나 이처럼 조직된 저항이 없다는 것이 국가간체계의 질서를 안정화시키고 있는 것은 아닌데, 한편에서 국가간체계의 구성요소들인 국가구조들이 제3세계에서 붕괴해가고 있고, 국가라는 구조로 통합하기 어려운 새로운 동일성의 중심들이 분출하면서 이런 이탈세력에 대한 체제내 포섭은 더욱 어려워지고 있고, 이러한 남으로부터의 반발이 이후 국가간체계 질서의 질서붕괴의 요인이 될 가능성이 높아지고 있다.

3) 위기의 세계와 '제국'이라는 쟁점

20세기 말 미국의 벨에포크는 군사력의 절대적 우위와 금융투자의 세계적 집중이라는 이례성을 배경으로 미국의 부담을 타지역으로 이전하면서 미국의 세계적 중심성을 유지시키고 있다. 군사력과 경제력의 집중은 이러한 흐름을 일정기간 지속시킬 수 있는 영향력으로 작용할 것이지만, 그것이 위기를 감소시킬지는 의문이다.[11]

이를 통해 미국은 금융부문과 비금융 부문을 비교해볼 때 금융부문의 이윤율 상승을 중심으로 하여 경제 전체의 이윤율이 다시 상승하는 벨에포크의 시기를 겪게 된다. 하비는 이러한 금융적 축적을 '강탈에 의한 축적'이라고 불렀다.[12]

미국의 금융우위의 축적구조는 세계적으로 위계적 구조를 형성하면서 확대되었다. 1990년대를 거치면서 세계도처를 타격한 금융위기와 그 해결사로 나선 초민족적 국제기구—IMF, 세계은행, 신용평가기구 등—는 금융 우위의 축적구조에 적절한 방식으로 세계경제를 강제적으로 구조조정하였다. 1997년 금융위기 이후 한국의 예에서도 잘 알 수 있듯이, 내부적 반발이 있던 경우도 금융위기는 구조조정의 촉매로서 강하게 작동하였다. 이처럼 주기적으로 반복되는 국제적 금융위기는 미국 우위의 금융적 축적구조를 세계적으로 확산시키고 규율화하는 데 매우 중요한 메커니즘으로 작용하게 되었다.

국제적인 금융 우위의 축적체제가 형성한 위계적 구도는 미국의 일방적 압력에 의해서 달성되는 것이 아니라 주요국가들 사이의 협조체제를 통해서 유지되며, 이런 점에서 신자유주의 금융세계화의 추동력은 전지구적으로 확산되어 있다고 할 수 있다. 이런 구도가 등장하는 이유는 동아시아와 유럽이 여전히 미국의 소비시장에 강하게 의존하고 있기 때문인데, 이 때문에 미국과 여타 지역 사이에는 환율 협조와 이자율 협조뿐 아니라 국제 군사적 협조까지 이어지는 위계적 협력관계가 다자주의적 틀을 통해 유지되지 않을 수 없다.

여기서 특히 주목되는 것은 동아시아의 역할이다. 미국의 경상수지 적자

11_ 이하에 대해 더 자세한 내용은 백승욱, 「미국 헤게모니의 쇠퇴와 제국」, 『세계정치』 26집 1호, 2005를 볼 것.
12_ 데이비드 하비, 『신제국주의』, 최병두 옮김, 한울, 2005.

는 1990년대 후반부터 급증하여 2000년대 들어서는 6천억 달러를 넘어서 2005년 8천억 달러 수준에 도달하였다. 그럼에도 미국경제가 유지되는 것은 경상수지 적자를 자본수지 흑자를 통해 보전하기 때문인데, 여기서 주목되는 점은 1990년대 말까지 미국 기업의 초국경적 인수합병을 위해 유입되던 유럽의 자본을 대신해 2000년대 들어서는 동아시아 주요 국가들의 외환보유고가 재무성 채권 구입형태로 유입되면서 미국 경상수지 적자를 보전해 주고 있다는 점이다. 동아시아는 EU와 유로 같은 완충장치가 없기 때문에 미국과 1대1의 쌍무적 관계에 더욱 노출되어 있고, 금융적으로도 그만큼 더 취약하며, 이는 미국에 대한 위계적 구도를 강화하는 요인이 되고 있다.

금융적으로 이러한 전지구적 위계구도가 정착되었다 하더라도 불안 요인은 여전히 확산되고 있는데, 이는 특히 신자유주의 세계화의 파괴적 영향력에 노출된 지역으로부터의 다양한 통제되지 않는 반발이 증가하는 것에서 나타난다. 이는 신자유주의적으로 편입된 지역내에서의 실업의 증가와 빈곤화 증가라는 현상, 그리고 종족 집단들 사이의 적대감의 증폭, 더불어 신자유주의에서조차 배제된 지역에서 국가구조의 붕괴와 새로운 동일성의 형성, 또는 미국식 자유주의에 의해 포섭되지 않는 새로운 지역적 주도권 등장 등의 현상에서 관찰된다.

미국 군사력의 절대적 우위는 대서양 공동지배의 틀내에서 중심부 국가들 사이의 갈등을 통제할 수 있는 틀로 작동하지만, 그 외부에서 냉전체제의 붕괴와 발전주의의 종식에 따라 이탈하고 있는 세력을 통제하기에 적절한 구도라고 할 수는 없다. 이 때문에 신자유주의적 금융세계화의 관리를 위한 새로운 군사적 개입전략이 등장하게 되는데, 이를 우리는 무장한 세계화라고 부를 수 있다.

그 방식은 클린턴 시기와 부시의 시기에 다소 달라져서, 부시 시기에 들어서는 좀 더 직접적인 개입전략과 일상화된 전쟁으로 나타나게 된다. 이러한 전쟁은 전쟁주도국 측에서는 '자동화한 전쟁'으로 가상전쟁화를 통한 인명 손실의 최소화와 국민 징집 필요성의 최소화로 나타나지만, 전쟁의 피해국가의 측면에서는 절멸전쟁의 형태로 나타나는 비대칭성을 극대화한다. 그러나 이라크전쟁의 경우에서 보듯이 이렇게 일상화한 전쟁과, 전지구적으로 확대되는 군사적 개입은 오히려 군사적 개입 효과를 점차 부정적인 방향으로 돌리고 있으며, 국지적인 분란 요소를 전지구적으로 확대시킴으로써 위기를 더욱 증폭시키게 된다.

다른 한편 이러한 직접적 개입은 전쟁수행 비용의 분담에 성공하지 못함에 따라 미국의 재정부담을 늘리게 되는데, 경상수지 적자를 보전하는 것과 달리 이런 부담의 외부화가 가능한 통로를 찾지 못한다면 군사적 개입의 부담은 전지구적 금융축적의 안정성에 위협이 될 가능성이 높다.

게다가 2000년대 들어 신경제 현상이 종료하고 미국경제에 침체 기미가 나타나면서 여기에 이라크 전쟁의 부담이 가중되자 이 부담의 외부화가 점점 더 큰 문제로 등장하게 되었다. 부시 정부 들어 '전지구화'라는 용어가 주요 정부 담론에서 사라지고 있다는 징후가 보여주듯이, WTO를 중심으로 한 다자주의적 틀을 우회하여 대신 미국의 부담을 좀 더 직접적으로 이전하는 동시에 취약한 조건에 처한 미국 국내기업을 보호할 수 있는 틀로서 FTA에 대한 선호가 더 높아지고 있다는 특징이 관찰된다. 그러나 이는 내부적 부담을 외부화하는 것으로서 신자유주의에 노출된 국가들의 민중의 생활조건을 더욱 열악하게 만들 뿐이다.

또한 이런 전지구적 변화는 세계 도처에서 정치의 위기로 나타나고 있다. 신자유주의가 강하게 관철되고 있는 지역에서는 노동에 대한 공세를 대중적 원한의 정치와 결합하는 포퓰리즘이 전반적으로 등장하고 있고, 반면 배제된 지역들에서는 미국의 통제로부터 이탈하려는 새로운 지역적 세력의 등장이 나타나면서 이를 인종적 적대의 선을 통해 동원전략을 이끌어내는 시도가 강화되고 있다. 전지구적으로 이주노동자는 늘어나는 가운데, 각 사회마다 사회적 권리의 최전선마저 박탈당하는 최소인간의 경계는 확대되고 이것이 인종주의와 성차별주의의 강화로 나타나면서 민주주의에 대한 전반적 위협이 가시화하고 있는 것이다.

5. 맺음말

한국사회의 현안이 되고 있는 한미FTA는 이러한 미국 헤게모니 이후의
세계 자본주의의 전지구적 변화를 배경으로 하여 추진되고 있다. 미국 헤게
모니는 그 독특한 특성상 앞선 헤게모니 교체 시기에 나타났던 특징과는
매우 상이한 구도를 만들어내고 있는데, 이는 세계적 위험성을 더 줄이고
있는 것은 아니다. 노동에 대한 공세에서 출발한 신자유주의는 한편에서
자본의 부담을 민중에게 대대적으로 전가하는 구조조정으로서, 그리고 중
심부의 위기의 부담을 반주변부와 주변부로 대대적으로 이전하는 체계의
재편으로 나타난다.

이 때문에 한미FTA가 쟁점으로 등장하는 현 시점에서 우리는 시야를
신자유주의 전반으로 확대하여, 그것의 역사적 맥락을 이해해야 하며, 왜
신자유주의 반대가 세계화 반대에 머물 수 없고, 대안적 세계화를 위한 운
동으로 나아가야 하는지에 대해 고민해야 할 것이다.

16

플랫폼 위에 놓인 자본주의 이후의 삶

김상민

명멸하는 데이터 풍경

늦은 봄밤이었다. 강연과 뒤풀이를 마치고 택시에 올라탄 뒤, 택시가 한 강을 건너기 직전 횡단보도에 잠시 서 있는 사이 나는 강의 풍경을 바라보려고 스마트폰에서 눈을 떼고 고개를 들어 차창 밖으로 시선을 돌렸다. 뿌연 미세먼지 속에서 나타난 오토바이 한 대가 천천히 차와 차 사이를 헤치면서 내가 탄 택시 옆을 지나가고 있었다. 순간 내 눈을 의심하며 다시 바라보게 만든 곳은 오토바이 운전자의 눈높이보다 높은 대시보드였다. 경험대로라면 속도계 같은 계기판이 있어야 할 곳에 네모난 검정 패널이 커다랗게 붙어 있었고, 패널의 표면에는 아래 위 각 다섯 대 정도의 스마트폰이 빛을 내뿜고 있었다. 그러니까 총 열 대 정도의 스마트폰이 배달용 오토바이 운전자의 시야를 가릴 정도의 높이인 대시보드에 장착되어 있었다. 키가 작은 중년의 운전자는 헬멧 속 그의 얼굴을 환하게 비추는 열 대의 스마트폰을 보고 있는 것인지, 아니면 그 너머의 도로상황을 응시하고 있는 것인지 도무지 알 수 없었다.

잠시 동안 눈앞에 펼쳐졌던 그로테스크함 때문인지 멍하게 있는 사이 그 오토바이는 이내 사라지고 말았다. 그 장면은 쉽사리 잊히지 않고 계속

뇌리에 남아 맴돌았고, 나는 우리 시대 이곳에서의 포스트휴먼에 대해 상상했다. 명멸하는 멀티스크린 대시보드에 넘쳐흐르는 데이터의 파고에 휩쓸리지 않고 배달 오토바이 운전자의 망막은 그 너머 질주하는 다른 강철의 야수들이 득실거리는 한밤의 도시 모습을 제대로 트래킹할 수 있을 것인가. 그는 미로처럼 얽힌 복잡한 도심을 가로지르며, 플랫폼에서 클라우드 데이터 센터를 거쳐 스마트폰 화면으로 전송된 이 특수 배달의 임무를 무사히 수행할 수 있을 것인가. 사이버펑크 영화에 나올 법한 그 장면에서 배달 오토바이 운전자는 왜 운전을 위한 혹은 생존을 위한 현실의 시야를 포기하는 대신 각종 지도 데이터, 주문 데이터, 지시 데이터가 명멸하는 작은 스크린들의 조합을 자신의 눈앞에 배치하기로 결정했을까?

스마트폰과 온갖 플랫폼이 세상의 모든 생각과 지식, 물건과 상품, 생산과 창조, 소통과 물류, 소비와 유희의 영역을 지배하고 있는 이곳에서 그 풍경은 한 명의 노동자가 플랫폼을 만나는 특별하지 않은 방식을 보여주었다. 플랫폼은 그의 노동의 세상과는 마치 아무런 연관성도 없는 것처럼 데이터를 작은 스크린 위로 뿜어내기도 하고 그 스크린 뒤에 부착된 여러 센서들에서 자동적으로 생성된 데이터를 집요하게 추적하기도 하면서 그를 둘러싸고 있었을 것이다. 플랫폼은 다양한 모습으로 개인의 세상과 마주한다. 아니 플랫폼은 다양한 방식으로 개인과 대중의 삶에 개입한다. 그러나 실제로 플랫폼은 개인들의 삶에 개입하거나 대중이 대면하여 경험하는 어떤 상대적 도구로 경험되지는 않는다. 그것은 오히려 이미 주어진 하나의 환경으로, 혹은 삶의 조건으로 존재한다.

플랫폼으로의 초대

플랫폼은 광대하다. 우리가 상상할 수 있는 아주 많은 것들이 플랫폼이라는 이름으로 통한다. 추상적인 차원에서 말하자면 사유의 틀이나 운영의 방식(거버넌스)일 수도 있고, 보다 구체적으로 보자면 온라인 비즈니스 유형이나 스마트폰의 애플리케이션을 가리킬 수도 있다. 사실 플랫폼이라고 부를 수 있을 만한 도구·기관·조직의 운영 방식은 인류 역사 이래로 언제나 존재해왔다. 크게는 국가나 도시도 하나의 플랫폼일 것이고 근대적인 학교나 포드주의적 공장, 우리 사회에서의 아파트 같은 주거공간도 플랫폼처럼 기능해왔을 것이다. 작게는 책이나 신문에서부터 대중음악이나 심지어 포스트잇 같은 물건에 이르기까지, 일종의 플랫폼이라고 생각해볼 수 있는 것들은 무수히 많다. 물론 역사 이래로 가장 거대하고 성공적인 플랫폼이라면 자본주의 자체라는 생각도 가능할 것이다. 역사적·물질적 조건의 변화에 따라 혹은 그 변화를 조건 지으면서, 정치·경제·사회의 기본 원리를 지배하고 전체 인민의 삶의 모든 영역을 관통하는 제도가 자본주의라고 한다면 이를 근원적 플랫폼이라 부를 수도 있겠다. 이 글에서는 디지털 혹은 온라인 플랫폼(기술적인 형식), 공공의 관심보다는 산업적 혹은 상업적 관심에 따라 운영되는 플랫폼(경제적 추구), 흔히 '공유경제'라고 부르는 비즈니스 모델을 염두에 두고 플랫폼을 다룬다.

오늘날의 플랫폼은 다양한 방식으로 우리의 삶에 관계하고 있다. 우리는 플랫폼이라는 어떤 추상적이고도 구체적인 구조 위에서 혹은 안에서 삶을 지속한다. 이 플랫폼에 대하여, 독일 철학자 하이데거라면 게슈텔(Gestell), 즉 틀(frame)이라는 개념을 들어 기술의 본질에 관하여 논의하고 기술이 어떻게 스스로를 드러내면서 근본적인 차원에서 우리 삶을 틀 짓는지를 보여줄 것이다.[1] 플랫폼은 현대인이 그 안에 거주하는 어떤 기술적 형식이다. 이 시대에 우리가 플랫폼을 언급하고 그것에 관심을 가지는 이유는 무엇일까? 무엇보다 그것은 우리로 하여금 그것에 참여하지 않을 수 없도록 만들기 때문이다. 마치 자본주의라는 이미 존재하고 지배적인 하나의 삶의 터전

1_ Martin Heidegger, "The Question Concerning Technology," in David F. Krell, ed., *Basic Writings* (New York: Harper Collins, 1993). 하이데거적 사유의 전통하에서 현대의 기술문화를 논하고 있는 최근의 철학자들로 베르나르 스티글레르나 육허이를 들 수 있겠다.

처럼, 플랫폼은 생업(노동)이나 일상(여가)을 유지하는 데 있어서 우리에게 선택의 여지를 남기지 않는다. 디지털 정보통신기술의 혁명적 발전이 가속화되는 상황에서, 친목도모에서부터 상품의 생산과 거래, 각종 서비스 제공, 금융, 교육, 언론 등에 이르기까지 다양한 목적과 분야에 따른 플랫폼이 이미 우리 사회 모든 곳에 구조화되어 있다. 요컨대 기술·산업적 플랫폼들의 생태계가 우리의 사회·문화적 생태계를 빈틈없이 뒤덮고 있기 때문에, 개인들과 대중의 플랫폼 참여는 자연스럽고 심지어 불가피하다.

플랫폼은 다양한 종류의 사람들을 각자의 다양한 목적에 따라 어떤 장소에 모이게 한다. 혹은 사람들이 모이게 되는 바로 그 장소가 플랫폼이다. 플랫폼이 무엇인가에 대한 논의들이 많지만, 디지털 정보 경제학자이자 컨설턴트로 활동하는 앨스타인, 초더리, 파커는 『플랫폼 레볼루션』에서 플랫폼을 이렇게 정의한다.

> 플랫폼은 외부 생산자와 소비자가 상호작용을 하면서 가치를 창출할 수 있게 해주는 것에 기반을 둔 비즈니스이다. 플랫폼은 이러한 상호작용이 일어날 수 있도록 참여를 독려하는 개방적인 인프라를 제공하고 그에 맞는 거버넌스를 구축한다. 플랫폼의 가장 중요한 목적은 사용자들끼리 꼭 맞는 상대를 만나서 상품이나 서비스, 또는 사회적 통화를 서로 교환할 수 있게 해주어 모든 참여자가 가치를 창출하게 하는 데 있다.[2]

저자들은 플랫폼을 우리 시대 가장 성공적이고 혁신적인 비즈니스 모델로 간주하는데, 이들이 생각하는 플랫폼의 핵심은 생산자와 소비자의 상호작용을 통한 가치 창출이 가능하도록 '참여를 독려하는 개방적인 인프라 제공'과 '거버넌스의 구축'에 있다. 부연하자면, 플랫폼은 누구나 그리고 많은 사람이 참여할 수 있도록 개방되어야 하며, 그렇게 개방된 상태에서 다

2_ 마셜 밴 앨스타인·상지트 폴 초더리·제프리 파커, 『플랫폼 레볼루션』, 이현경 역, 부키, 2017, 35-36.

양한 참여자들의 지속적인 상호작용, 즉 거래와 교환이 가능하도록 기술적 프로그래밍 혹은 설계가 이루어져 있어야 한다. 플랫폼이 시장에서 성공할 수 있는 가장 기본적인 조건은 다수의 플랫폼 참여이며, 이 다수의 참여와 상호작용이 일어나는 원리는 '네트워크 효과'로 설명된다. 플랫폼의 사용자 혹은 참여자가 늘어날수록 그들이 일으키는 상호작용의 조합과 경우의 수가 기하급수적으로 늘어나며 따라서 플랫폼 자체의 가치가 커지게 된다는 원리다. 따라서 초기에 빨리 그리고 많은 수의 사용자들을 플랫폼으로 끌어들이는 것이, 그리고 그 사용자들로 하여금 상호작용을 발생시키고 그 상호작용을 통해 더 많은 사용자들을 끌어들이는 것이 플랫폼 경제의 성패를 결정한다.

앞의 저자들과는 달리 플랫폼을 비판적인 관점에서 바라보는 닉 스르니첵 또한 플랫폼을 "가장 일반적인 수준에서 말하자면, 둘 혹은 그 이상의 그룹이 상호작용할 수 있게 하는 디지털 기반시설"이라고 정의한다.[3] 기반시설로서 플랫폼은 단지 외부의 생산자나 소비자뿐만 아니라 "서로 다른 사용자들을, 즉 고객, 광고업자, 서비스 제공자, 제작자, 공급자, 심지어 물리적 객체까지도 망라하는 중개자(intermediaries)"로 스스로를 위치 짓는다. 더 정확하게 표현하면, 플랫폼 기업[4]은 플랫폼을 관리하고 플랫폼에서 발생하는 여러 종류의 사용자들과 다양한 행위자들 사이의 상호작용을 가능하게 하는 중개자로 스스로를 드러내고자 한다. 사용자들 간 상호작용의 중개자로서 플랫폼은 특히 공유경제라는 비즈니스 모델을 통해 우리 사회에 알려져 있는데, 이 이름은 사용자들의 상호작용이 특히 어떤 유휴 상품이나 재화 혹은 서비스를 공유(share)함으로써 이뤄진다는 점에 착안하여 붙여졌다. 즉 플랫폼은 그 이전에는 불가능했던 상품이나 서비스의 공유나 매칭(matching) 같은 거래와 교환(즉 상호작용)을 가능하게 하는 중개자로 기능하

3_ Nick Srnicek, *Platform Capitalism* (Cambridge, UK: Polity Press, 2016), 43.
4_ 플랫폼을 운영하는 기업, 플랫폼 모델을 기업 경영에 도입한 기업, 혹은 그 자체로 플랫폼인 기업 모두를 가리킬 수 있다.

며, 그 중개에서 발생하는 수수료와 플랫폼 사용료, 그리고 광고료가 주 수입원이 된다.

공유경제가 아닌 플랫폼 자본주의

공유경제의 핵심에는 '공유'라는 공동체적 가치보다는, 이전에는 시장 바깥에 있던 유휴 자원과 조각난 노동을 데이터화 및 금융화를 통해 시장 내부로 끌어들이는 플랫폼 기술이 있다. 그 안에 공동체적 가치가 분명 존재하기는 하지만 공유경제는 분명 하나의 성공적인 비즈니스 모델, 경제적 이익 추구의 형식이다. 나아가 공유경제라는 것은 무엇을 공유하는지, 누가 공유하는지, 공유는 '공동' 소유인지 '공공' 소유인지, 아니면 아예 '소유'가 아니라 임시적인 공동의 '사용'을 의미하는지 등의 문제에 대해 적절한 답을 제공할 수 없다. 따라서 공유경제라는 모호한 용어 대신에 공유경제 모델의 기반에 있는 플랫폼의 기술적·경제적 역할을 강조하는 '플랫폼 경제', 그 플랫폼 경제의 사회 전체적 확산과 지배적 역할을 강조하는 '플랫폼 자본주의'가 더 적합한 개념으로 대두된다. 플랫폼 자본주의라는 용어를 거의 처음 사용한 사샤 로보가 공유경제는 단순히 새로운 경제체제, 즉 플랫폼 자본주의의 한 측면을 완곡하게 가리키는 것이라고 말한 것은 그러한 배경을 가지고 있다.[5] 따라서 플랫폼 자본주의라는 명칭에는 공유경제라는 명칭을 통해 제외되거나 무시되는 것들, 예를 들면 그 안에서의 노동이나 자본의 축적 방식 같은 문제에 대한 비판적 관점이 포함되어 있다. 요컨대 플랫폼 자본주의는 현행 디지털 경제의 순환에 대한 비판적 이해의 중심에 기술적 플랫폼을 위치시킨다.[6]

5_ Sascha Lobo, "Auf dem Weg in die Dumpinghölle," *Spiegel Online*, 3 Sep 2014. http://www.spiegel.de/netzwelt/netzpolitik/sascha-lobo-sharing-economy-wie-bei-uber-ist-plattform-kapitalismus-a-989584.html.

그렇다면 지금의 플랫폼 기반 디지털 경제를 과연 플랫폼 '자본주의'라고 이름 붙일 만한 이유는 무엇일까? 그것은 자본의 새로운 축적체제를 가리키는 것인가? 디지털 혹은 정보 자본주의나 인지 자본주의 같은 명명과 어떤 차이가 있고 얼마나 더 근본적인 자본주의의 특성 변화를 가리키는가? 스르니첵은 플랫폼 자본주의를 70년대의 경기침체, 90년대의 닷컴버블의 형성과 파괴, 나아가 2008년의 금융위기 같은 (미국이 중심이 된) 일련의 전세계적 경제위기를 극복하기 위한 자본의 새로운 축적 전략과 관련이 있다고 본다. 말하자면 플랫폼 자본주의는 2008년 위기라는 국면을 마주하여, 새로운 기술, 새로운 조직 형태, 새로운 직업 유형, 새로운 시장, 새로운 착취 방식을 모두 취합하면서 자본주의가 스스로 변화하고자 내놓은 새로운 자본축적의 방식이다.7 플랫폼 자본주의는 기존의 정보 자본주의나 인지 자본주의라는 명명과 완전히 다른 어떤 정치경제적 현상이나 근본적인 변화를 가리키고 있다기보다는, 새롭게 형성되고 확장되는 자본주의의 현실적 특성에 대한 외연의 확장에 가깝다고 보인다. 즉 90년대나 2000년대 초기에 디지털 자본주의나 정보 자본주의라고 부를 때는 그것의 주요 대상이 디지털 기술이나 정보 소통능력의 향상이었고, 인지 자본주의라고 할 때에는 인간 주체의 지적 능력이나 감정까지 자본주의 발전의 동력 혹은 가치 축적의 매개체로 포섭되기 시작했다는 판단에 기인했다. 그런 의미에서 플랫폼 자본주의라는 개념은 단순히 기술 발전이나 인간 주체의 역량의 문제가 아니라 그 모두를 둘러싸고 벌어지는 어떤 새로운 삶의 형식에 대한 비판적 관점에서 요청되었다고 하겠다.

그런 점에서 플랫폼 자본주의라는 개념의 사용은 지금의 공유경제 같은 방식의 플랫폼 기반 경제활동이 가까운 미래에 기존의 정치-경제, 노동, 일상의 모습을 근본적으로 바꾸어놓을 정도로 우리 사회에 강력한 영향을

6_ Paul Langley, and Andrew Leyshon, "Platform capitalism: the intermediation and capitalisation of digital economic circulation," *Finance and Society*, vol. 3, no. 1 (2017), 1-21.

7_ '제4차 산업혁명' 같은 명칭도 사실은 동일한 맥락에서 이해할 수 있을 것이다.

미치고 지배적으로 작동하게 되리라는 예견과 관련이 있다. 현행의 그리고 새로이 생겨나는 무수히 다양한 플랫폼들이 점점 우리의 기술·조직·금융·문화를 통합하면서 몇몇 거대 플랫폼으로 진화하고 있다는 점은 미래 플랫폼의 지배적 위상을 짐작케 한다. 그것은 단순히 플랫폼에 사용자 대중 생활이 종속되는 차원이 아니라 대중의 삶 전체의 '기계적 예속',[8] 나아가 플랫폼을 통한 통치체제(governance regime)의 변화를 내포한다. 플랫폼 자본주의는 디지털 및 네트워크 기술의 사용이 일상화된 모든 영역에서 기존의 양식들을 파괴하면서 혹은 새롭게 규정하면서 확산되고 있다. 실리콘밸리의 성공적인 소규모 플랫폼 기업들은 모두 기존 기업의 역할·목적·수익 구조를 파괴하면서 등장해 전세계적 규모의 거대 기업으로 성장한 이력이 있다. 플랫폼은 가장 먼저 기존의 형식을 부수고 기존의 경제적 규범으로는 상상하지 못한 것들을 상업화함으로써 일상의 미세한 영역으로 파고든다.

플랫폼 자본주의가 작동하기 위해서는 우선 전통적으로 공유 불가능했던 자원과 노동(상품과 서비스)을 플랫폼 내로 끌어들인 뒤 그들 사이의 상호작용으로부터 새로운 가치를 창출 혹은 추출해내는 것이 절대적인 과제이며 목적이다.[9] 따라서 플랫폼(인터페이스)의 설계와 디자인에서 가치발생적 상호작용을 더 풍부하게 일어나도록 하는 것이 플랫폼의 핵심으로서 고려된다. 이와 관련하여 앨스타인, 초더리, 파커는 플랫폼의 세 가지 핵심 기능을 제시하는데, 바로 "끌어오기(pull), 촉진하기(facilitate), 매칭하기(match)"이다.[10] 플랫폼의 핵심 기능들은 각각 참여자(사용자)를 양적으로 확대하고, 그들의 상호작용을 더욱 용이하게 하며, 참여자들의 데이터를 수집·분석하여 상품과 서비스의 수요·공급이 그들 간에 서로 효율적으로 연결되도록 한다.

8_ 마우리치오 랏자라또, 『기호와 기계』, 신병현·심성보 역, 갈무리, 2017.

9_ 예컨대 우버는 전통적으로 상품이 될 수 없었던 개인 소유 차량(의 일시적 사용)을 플랫폼으로 끌어들임으로써 택시와 유사한 공공 교통의 수단으로 재창조했고, 에어비앤비도 개인 소유의 방이나 집에 대한 일시적 접근권을 상품으로 판매할 수 있도록 만들었다.

10_ 마셜 밴 앨스타인 외, 앞의 책, 96.

이 같은 기능은 플랫폼을 통해 다양한 사용자의 자발적 참여에 기반을 두고 공유경제가 작동하는 것과 같은 효과를 낸다.

또한 플랫폼은 여러 참여자로 하여금 손쉽게 플랫폼에 뛰어들 수 있도록 플랫폼의 기술 혹은 도구를 무료로 제공한다. 플랫폼은 주로 "사용자들이 그들 자신의 제품, 서비스, 장터를 구축할 수 있[도록 해주]는 일련의 도구"와 함께 제공된다.11 따라서 플랫폼 기업은 장터를 애초에 밑바닥부터 새로이 구축할 필요가 없으며, 단지 "서로 다른 그룹들 사이를 매개하는 기본적인 기반시설을 제공"하기만 하면 된다.12 플랫폼이라는 기반시설을 제공하고, 사용자들을 끌어들이고, 기본적으로 제공된 도구를 그들 스스로 사용하여 제품이나 서비스를 서로 교환하도록 하며, 그러한 활동들에서 새로운 가치를 발생시킴으로써 플랫폼 기업은 수익을 창출한다.

플랫폼이 전통적 비즈니스 모델과 또 한 가지 결정적으로 다른 점이 있다. 바로 생산자나 소비자뿐만 아니라 상품이나 부품을 포함하여 여러 다양한 사용자 사이의 상호작용 데이터를 축적, 재가공하고 그 결과를 다시 플랫폼 내부로 피드백함으로써 막대한 이익을 창출한다는 점이다. "이것이 바로 데이터와 관련하여 전통적인 비즈니스 모델보다 우위를 차지하는 핵심이다. 왜냐하면 플랫폼은 1) 사용자들 사이에 위치하고, 2) 사용자들의 활동이 발생하는, 따라서 그 활동을 기록하는 데 특권적인 접근성을 제공하는 토대로서 위치하기 때문"이다.13 요컨대, 플랫폼 비즈니스의 핵심은 사용자 사이의 상호작용에서 발생하는 데이터에 대한 자유로운 접근에 있다. 구글은 서치엔진 사용자들의 검색 데이터, 우버는 운전자와 탑승자의 위치 및 교통 데이터, 페이스북은 개인정보 및 사회적 관계 데이터를 확보함으로써 새로운 가치를 만들어낸다. 더 정확하고 빠른 정보의 제공, 교통수단의 제공, 사회적 관계망의 제공이라는 명목으로 다양한 참여자의 데이터가 가공되어

11_ Nick Srnicek, op. cit., 43.

12_ Ibid., 44.

13_ Ibid.

플랫폼에 되돌려지고 거기에서 또 새로운 가치가 추출된다. 바로 그 지점에서 전통적 의미의 플랫폼이라고 부를 수 있는 것들과 지금 우리가 논의하고자 하는 디지털 혹은 온라인 플랫폼의 본질적인 차이가 드러날 것이다.

새로운 일상을 조직하는 플랫폼

플랫폼은 디지털 경제의 가장 성공적인 수익 모델 혹은 비즈니스 모델로 등장하여 기존 산업의 형태와 구조를 적극적으로 파괴하면서 세상의 모든 경제적 형식을 플랫폼 자본주의로 밀어 넣고 있다. 동시에 플랫폼 자본주의가 우리 사회를 점점 더 장악할수록 더 많은 사람이 플랫폼에 참여하거나 포획되지 않을 수 없게 된다. 사람들은 애초에는 그 네트워크에 자발적으로 발을 디뎠겠지만 점점 예속된다. 플랫폼 자체는 인간의 여러 삶의 양태와 결합하여 각각 하나의 독자적인 생태계를 구성하는데, 이 각각의 플랫폼들은 여러 층으로 겹치면서 인간 삶의 전영역을 뒤덮는 또 다른 거대한 생태계를 구축한다. 이처럼 플랫폼들의 총합으로 구축된 후자의 전지구적 생태계의 다른 이름이 바로 플랫폼 자본주의다. 플랫폼 자본주의는 기본적인 삶의 조건이 되어 전세계 사람들의 삶과 정치, 노동과 경제, 소비와 유희, 생산과 소통의 방식을 특정한 방향을 향해 무서운 속도로 재구성해내고 있다.

플랫폼은 일상을 조직하고 그 조직된 일상의 작동으로부터 가치를 만들어내면서 다시 더욱 더 정교한 방식으로 일상을 재조직한다. 그 일상 재조직의 기반이 되는 것은 점점 더 많은 사람들의 자발적 플랫폼 참여다. 왜 사람들은 스스로 플랫폼으로 들어가고 또 그 플랫폼에 모든 것을 기꺼이 내어 놓으면서(공개, 교환, 공유하면서) 그들 자신에 대한 지배력을 확장해가는 플랫폼에 점점 더 의존하게 되는 것일까? 이처럼 플랫폼의 지배력에 순응하는 과정에서 플랫폼 사용자 혹은 참여자는 무엇을 경험하며 어떻게 변화하고 나아가 어떻게 플랫폼 자본주의적 삶의 방식에 동화될까?

혼히 신자유주의적 자본주의 고용의 주요 특징으로 불리는 임시직 및 아웃소싱 같은 노동(고용) 형태는 디지털 기술의 도약, 네트워크 인프라의 확장 같은 기술 여건의 급속한 발전과 더불어 우리 삶의 기본 조건으로 간주된 지 오래다. 거침없이 발전하는 디지털 및 네트워크 기술에 기반을 둔 플랫폼들은 이전에 불가능하던 거래·노동·소통·유희를 가능하게 한다. 또한 거래·노동·소통·유희 사이의 구분도 플랫폼을 거치며 점점 흐려진다. 고용 없는 노동은 소통인지 유희인지가 불분명해지고 그 역도 마찬가지다. 앞서 본 것처럼, 플랫폼 자본주의가 결국은 현 자본주의의 위기 상황을 극복하고 재구성해내는 자본의 새로운 축적체제라고 이해할 때, 그 새로운 자본주의가 착취하거나 전유해내는 것은 위기 상황에서 탈각되거나 잉여화된 인간, 아웃소싱되거나 임시직으로 고용된 이들이다. 달리 말하면, 전통적인 정규적 고용이 사라져버린 (혹은 그러한 것을 없애버린) 상황에서 다시 자본의 회로 속으로 빨려 들어가는 것은 불안정한 삶을 살아가는 사람들의 노동과 시간, 그리고 그들의 데이터다. 불안정 노동계급 (precariat)에게 다양한 플랫폼 참여와 상호작용은 노동이나 소통인지 유희나 소비인지 구분되지 않은 채 이루어지지만, 이미 플랫폼 바깥이란 상상하기 어렵다.

다양한 참여자(사용자)들은 여러 이유로 어쩔 수 없이 플랫폼을 사용한다. 편리하거나 효율적이거나 저렴하거나 쉽기 때문이다. 그들은 고객(소비자), 광고업자, 서비스 제공자, 제작자, 공급자 등으로 플랫폼이 설정해놓은 역할을 수행하기만 하면 된다.14 그럴듯하게 디자인된 앱을 열어 원하는 작업을 찾고 적절히 입력하며 잠시 기다리면서 그 앱이 제시하는 것을 선택하거나

14_ 여기서 '역할을 수행한다는 것은 타인의 역할을 가상하여 대신(대리)한다는 점에서 롤플레잉(role playing)을 떠올리게 하지만 결과적으로는 자신에게 주어진 어떤 과제나 의무를 수행 혹은 실행한다는 의미에서 퍼포밍(performing)에 더 가깝다. 이에 관해서는 뒤에서 더 논의한다.

결정하면 된다. 그 나머지는 플랫폼에서 알아서 한다. 그리고 플랫폼에서 요청하는 역할을 완수함으로써 거래는 종료된다. 국내의 카카오드라이버 같은 플랫폼에서는 자동차 소유자와 대리운전 기사가 플랫폼에 참여한다. 일정 시간과 구간에서 자동차를 운전할 수 없는 상황에 처한 자동차 소유자는 플랫폼을 통해 그를 대신하여 운전할 대리인을 찾고, 그에게 일정 기간 운전자 역할을 부여함으로써 문제를 해결한다. 대리운전 기사는 고용된 것은 아니지만 역시 플랫폼을 통해 임시로 역할을 부여받아 그 역할을 수행한다.

플랫폼 노동은 이처럼 플랫폼에서의 역할 수행으로 이해할 수 있다. 다시 말해 플랫폼에서 노동력 공급자의 역할을 수행하는 것이다. 플랫폼이라는 중개자를 통해 정규적인 직업을 갖지 못한 수많은 이들이 대체노동력 공급자로 노동을 수행한다. 어쩌면 이 플랫폼 노동은 누군가의 노동을 대리하여 수행하는 어떤 활동은 아닐까? 손수 대리운전을 하며 기록한 『대리사회』의 저자 김민섭의 표현처럼 "우리 시대의 노동은 '대리노동'"이고[15] 이 대리사회에서 우리는 대리인간으로 살아가고 있지는 않은가. 물론 플랫폼에서의 노동은 단순한 역할의 대리 수행만으로 온전히 설명되지는 않을 것이다. 일할 기회를 박탈당한 수많은 산업예비군에게 플랫폼은 임노동 계약에 얽매이지 않고 자유롭게 일하며 자기 삶을 꾸려나갈 수 있도록 기회를 제공한 고마운 존재이기도 하기 때문이다. 대리 역할을 수행하는 것이 우리 시대에 특별한 노동 방식이라고 볼 수도 없다. 본래는 편의점, 물류, 배달, 운전에서부터 거의 모든 종류의 분야에서 전문가 혹은 정규직 노동자에게 주어졌어야 할 일들을 알바, 프리랜서, 임시직, 비정규 고용 혹은 외주 노동자들이 처리하고 있기 때문이다.

따라서 플랫폼을 통한 노동자들을 가리키는 데에는 대리 노동자라는 명칭보다는 크라우드 워커(crowd worker)라는 용어가 주로 쓰인다. 크라우드 워

15_ 김민섭, 『대리사회』, 와이즈베리, 2016.

커는 주로 배달 노동자나 대리운전 기사처럼 플랫폼을 통해 일거리나 주문이 주어지기를 기다리는 불특정 군중의 모습을 띤다. 웹 같은 온라인 기반 플랫폼으로만 일거리가 주어지는 경우(장소에 상관없이 지구상 어디에서나 일을 수행할 수 있다)에는 클라우드 워커(cloud worker)라고 부르기도 한다. 긱 워커(gig worker)라고 한다면 특정 지역에 기반을 두고 디지털 기기(스마트폰)를 매개로 주로 임시직 일거리에 투여되는 노동자를 의미한다.16 플랫폼 노동자들은 각각 조금씩 다른 방식으로 그것과 관계를 맺으며 주어진 일을 수행하고 있지만, 기본적으로 플랫폼 노동은 그 특성상 누가 수행하더라도 크게 상관은 없어 보인다. 누구라도 대체 가능한 노동이다. 고객이 요구하는 시간 동안 임무를 완수하면 된다. 이런 점에서 플랫폼 노동은 긱 워커나 크라우드 워커들에게 자유로움을 주는 것처럼 보이기도 한다. 앞서 말했듯이 어느 한 조직에 얽매이지 않고 자영업자로서 어떤 플랫폼을 통해서든 고용계약 같은 아무런 제약 없이 원하는 시간과 장소에서 원하는 만큼 일할 수 있는 것은 축복일 수 있기 때문이다.

생산자 혹은 노동자로 플랫폼에 참여하는 이들이 크라우드 워커로 대리 노동을 한다면, 소비자(고객)로 참여하는 이들은 일종의 DIY 방식으로 임무를 수행한다. 기존의 서비스 제공자 역할이 플랫폼으로 넘어가면서, 소비자는 능동적으로 자신의 데이터를 전달하면서 스마트폰과 앱을 이용하여 검색·매칭되는 생산자와 직접 연결된다. 물론 그 매칭의 과정은 온전히 능동적이라고 할 수 없을 정도로 어떤 자동적인 프로세스를 따르기도 한다. 그 사이에 중개인으로 개입하는 플랫폼은 존재하지 않는 듯 존재하면서 소비와 생산을 조정하고 연결시킨다. 마치 '보이지 않는 손'처럼 말이다. 플랫폼 상에서는 오로지 고객과 노동자 사이의 거래나 교환만 상연될 뿐, 플랫폼은

16_ Florian A. Schmidt, "Digital Labour Markets in the Platform Economy Mapping the Political Challenges of Crowd Work and Gig Work," Friedrich-Ebert-Stiftung, 2017 참조. 여기서는 플랫폼 노동자가 아니라 플랫폼 노동의 종류를 크게 크라우드 워크, 클라우드 워크, 긱 워크로 나누고 있다. 플랫폼 노동은 기준이나 관점에 따라 다르게 구분되기도 한다.

스스로의 작동 과정과 그 흔적을 철저히 무대 뒤로 감춘다. 고객과 노동자 (서비스 제공자)는 수요와 공급의 양면에서 각자 자신의 단말기(스마트폰, 앱, 혹은 웹)를 통해 접근하고, 이들 사이의 매칭과 거래는 알고리즘의 매끄러운 자동화 프로세스를 통해 처리된다. 우버나 카카오드라이버 같은 교통 플랫폼은 그저 탑승자와 운전자를 이어줄 뿐이고, 페이스북이나 트위터 같은 사회관계망 플랫폼은 단순히 사용자들의 다양한 소셜 활동과 관계를 매개해줄 뿐이다. 그런데 이 매끄럽고 빈틈없는 거래와 교환의 과정에서 어떤 문제가 생기면 플랫폼 사업(제공)자가 책임을 회피하는 경향이 있다. 모든 것은 자동화된 알고리즘이 그렇게 작동한 결과일 뿐, 자신들은 그저 알고리즘과 플랫폼을 관리하는 역할을 한다면서 말이다.[17] 그러나 플랫폼이 점점 우리 사회의 지배적 환경이 되어갈수록 그것에 요구되는 사회적 책임은 더 커질 수밖에 없다. 머지않아 더 이상 얼굴을 드러내지 않는 단순한 테크 컴퍼니라는 가면, 중립적인 알고리즘이라는 허울, 나아가 모든 이에게 골고루 혜택이 돌아가는 (모두가 윈윈하는) 비즈니스라는 기만이 통용되기 어려운 시점이 올 것이다.[18]

17_ 구글, 우버, 페이스북 같은 거대 플랫폼 사업자들은 대체로 플랫폼상에서 혹은 플랫폼을 통해 벌어진 중대한 문제들을 플랫폼 혹은 알고리즘이라는 기계적 과정에 떠넘기면서 자신들의 사회적 역할을 방기한다. 우버는 열악한 노동환경이나 최저임금 이하의 수입 등에 관한 문제에 대해 자신들은 단순히 테크컴퍼니일 뿐이며 자신들이 교통 서비스를 제공하는 것이 아니라 고객을 운전자와 연결시킬 뿐이라고 주장한다. 구글은 검색 과정에서 자동완성 기능에 인종차별적인 요소들이 드러나는 문제에 대해 그것은 단순히 자신들의 알고리즘이 가장 적절한 내용을 효율적으로 찾을 수 있도록 하는 데서 발생한 것일 뿐이라고 말한다. 페이스북은 가짜 뉴스를 퍼뜨리는 주요한 수단이 된 것에 대해 문제는 자신들의 플랫폼이 아니며 가짜뉴스를 만들고 유포하고 공유하는 사람들이라고 주장한다. Mark Graham, "Let's Make Platform Capitalism More Accountable," *New Internationalist*, 13 Dec 2016 참조.

18_ 영국에서는 최근 몇몇 우버 운전자가 자신들이 자영업자로 분류되면서 종업원의 기본적 보호를 받지 못했다는 우버 대상 항소심에서 승소했다. 이는 형식적인 고용계약 없이 노동하고 있는 플랫폼 노동자들에 대해 플랫폼 기업들이 최저임금, 유급휴가, 실업보험 등의 노동자 보호 장치를 통해 실질적으로 고용 노동자로서 대우하라는 결정으로 이해할 수 있다. Prashant Rao, "Uber Hit With New Blow in London as Panel Says Drivers Aren't Self-Employed," *New York Times*, 10 Nov 2017 참조.

플랫폼 노동: 인간 능력의 파편화

누구나 참여할 수 있도록 열려 있는 범용 생태계로서 플랫폼은 오랫동안 갈고닦은 특별한 재능이나 전문적 능력을 임시의 아마추어적 역량과 구별하지 않는다. 생산자에 한정하면, 일정 기간 부여된 임무나 요청사항(request)을 수행할 수 있는 것으로 플랫폼 참여의 자격이 부여된다.19 차량을 (소유한 것이든 대여한 것이든) 보유하고만 있으면, 우버의 운전자 자격은 운전할 수 있는 능력이면 충분하다. 오토바이 한 대만 소유하고 있다면 음식배달 플랫폼에서 오히려 더욱 중요하게 요구되는 테크닉은 콜이나 오더를 적절히 파악하고 응대하며 스마트폰의 앱상에 표시된 지점들을 어떻게 찾아갈 수 있는가 하는 일종의 '플랫폼 리터러시(literacy)'일 것이다.20 운전자에게는 현재 자신의 위치를 앱상의 지도 내에서 좌표설정(coordinate)을 하고 제시된 목적지까지의 경로를 순간순간 시뮬레이션할 수 있는 능력이 요구된다. 음식배달 기사라면 오더를 보고 어떤 경로를 가로질러 가야 주문된 음식이 식기 전에 배달될 수 있는지 혹은 가장 빠른 시간에 가장 많은 음식을 배달할 수 있는지 파악하는 능력과 앱에 내장된 인공지능 알고리즘이 순식간에 파악해준 경로를 실수 없이 찾아갈 수 있는 능력이 필요할 것이다. 조그만 스크린 위의 지도에 표기된 경로를 인지하고 현재 자신이 위치한 현실의 좌표와 싱크(synch)하는 능력은 이미 보통 사람들이 일상적으로 수행하고 있는 일이다. 전세계의 잠재적 플랫폼 노동자들은 매일 그들의 일상 속에서 지도 앱과 네비게이션 앱을 사용하면서 플랫폼 노동자의 자격을 획득하고 있다.

19_ 그런 점에서 디지털 플랫폼에서의 임무나 요청사항에서 온라인 게임에서의 미션(mission)이나 퀘스트(quest)를 떠올리는 일은 자연스럽다.

20_ 물론 대다수 사람이 스마트폰을 소유하고 있으며 다양한 종류의 앱을 직접 내려 받아 여러 목적으로 사용하는 데 익숙하고 또 능숙하기까지 하다는 사실, 즉 대다수의 사람들이 플랫폼 리터러시를 이미 갖추고 있다는 사실은 플랫폼 자본주의가 얼마나 보편적으로 받아들여질 수 있는지를 방증한다.

크라우드 노동자 혹은 플랫폼 노동자는 자신의 임무가 무엇이 되었든 수요가 발생할 수 있는 곳이라면 어디든 찾아가 노동을 공급할 준비가 되어 있다. 그들은 수요 예상 지역 곳곳에 군중의 형태로, 그러나 여기저기 흩어져 자율적으로 움직인다. 한 손에 혹은 오토바이 대시보드에 여러 대의 스마트폰을 장착하고 플랫폼 앱을 켜둔 채 온 시각을 스크린에 집중한다. 플랫폼 앱에서 혹은 배달 대행업체를 거쳐 주문 혹은 '콜'이 들어오면 거리, 시간, 요금 등의 데이터를 통해 즉각 판단하고 주문을 받거나 무시한다. 주문을 받을 경우 자동적으로 거래가 성립한다. 이제 플랫폼 노동자는 자신이 위치한 장소를 기반으로 그 주문을 수행하기만 하면 된다. 배달이든, 허드렛일이든, 아니면 운전이든, 노동의 종류와 상관없이 주어진 명령(order)을 수행함으로써 거래는 완료된다. 주문 혹은 명령을 수행하기만 하면 되고 주문의 내용에 대해서는 알 필요가 없다. 플랫폼 노동자는 고객에게 서비스를 제공할 뿐 소속도 고용도 없이 플랫폼이 지시하고 모바일 기기가 전달하는 업무를 수행하기만 하면 된다.

고객은 앱을 통해 몇 번의 화면 터치로 주문하고 미리 입력된 신용카드로 지불하기만 하면 된다. 원하는 일을 수행해줄 사람(누구든 상관없지만)을 직접 찾을 필요도 없다. 나머지는 모두 플랫폼의 알고리즘과 알고리즘이 연결시켜주는 플랫폼 노동자가 알아서 할 것이기 때문이다. 또한 플랫폼 업체는 생태계를 관리하고 알고리즘을 효율적으로 운영하거나 앱을 주기적으로 업데이트하고 고객의 의견과 노동자에 대한 평가 관리에 힘쓰기만 하면 된다. 플랫폼은 노동자들의 고용이나 그들의 최저임금과 보험에 대해서는 책임질 필요가 없다. 플랫폼에 참가하는 모든 이는 각자 자신에게 주어진 일을 수행하기만 하면 되고, 나머지는 자동화된 플랫폼이 데이터를 수집하고 연결하고 조정한다.

플랫폼에서 벌어지는 여러 주체의 활동 혹은 상호작용은 '플랫폼 수행성 (platformativity)'이라는 용어로 지칭된다.21 토머스 라마르는 『아시아스케이프: 디지털 아시아』의 "지역 플랫폼" 특집으로 동아시아 지역연구와 미디어 연구의 결합 가능성을 논의하면서 '플랫폼 수행성' 개념을 언급했다.22 라마르는 "플랫폼과 인간, 개체와 집단 사이에서 일어나는 하부-개체의 내부-작용(infra-individual intra-actions)"인 플랫폼 수행성, 즉 "플랫폼을 통한 수행성(performativity via platform)"의 사례로 한국의 먹방(mukbang)을 든다.23 먹방을 단순히 한국사회의 문화적·기술적 특성을 반영하는 개인들의 개별적 선택의 결과로 이해하기보다는, 새로운 미디어(개인방송이나 스트리밍) 같은 플랫폼 기반시설을 통해 하부 개체들(동등한 존재론적 위상을 갖는 기술, 인간, 이미지 등)이 반복적으로 수행하는 내부 작용(플랫폼 내에서의 상호작용)이 표면적으로 드러난 것이라고 본다. 플랫폼 수행성이라는 관점에서 본다면 인간 개체의 플랫폼 사용 혹은 플랫폼 생태계 내에서의 활동은 주체적이거나 개인적인 활동이라고 보기 어렵다. 인간 개체의 플랫폼 사용 혹은 노동은 플랫폼이 매개하는 데이터의 교환이나 알고리즘의 기능, 앱과 스크린에 표시되는 위치나 경로, 플랫폼이 배치하는 역할 등으로 드러난다. 한국사회에서 유튜브와 개인방송 플랫폼을 통한 먹방의 붐은 단순히 플랫폼 기술 발전의 결과이거나 한국인의 새로운 문화적 취향의 반영이 아니라, 플랫폼 수행성의 복합적 결과, 즉 플랫폼이 설계해둔 방식으로 플랫폼 내의 수많은 인간과 기술적 객체들이 반복적인 상호작용을 통해 문화적으로 형성하고 표면화한 것이다.

플랫폼은 노동과 경제를 플랫폼 앱 안에서의 단순한 상호작용으로, 잘

21_ 플랫폼 수행성이라는 용어는 조스 핸즈가 *Culture Machine*의 플랫폼 특집호 총론에서 소개한 것으로, 의아하게도 그 용어 자체의 정의나 용례는 그의 글에 한 차례도 등장하지 않는다(Joss Hands, "Introduction: Politics, Power and 'Platformativity'," *Culture Machine*, vol. 14, 2013). '플랫폼 수행성' 개념은 그로부터 수년 뒤 다른 저자(토머스 라마르)의 글에 등장한다.

22_ Thomas Lamarre, "Platformativity: Media Studies, Area Studies," *Asiascape: Digital Asia*, vol. 4, no. 3 (2017), 285-305. 라마르는 주디스 버틀러의 '젠더 수행성(gender performativity)' 개념의 의미와 용법을 차용하고 변형하여 플랫폼이라는 기술적 인프라를 통해 주체성을 드러내는 '플랫폼 수행성' 개념을 재구성한다.

23_ Ibid., 301.

게 쪼개진 행위들(나아가 취향이나 데이터)의 매칭과 거래로 변환한다. 플랫폼 노동은 파편화된 행위가 되어 팔려 나간다. 사샤 로보는 플랫폼 자본주의의 논리를 노동을 경매와 같은 방식으로 만드는 데 있다고 본다.

> 플랫폼은 생태계를 통제함으로써 모든 경제적 거래(Transaktion)를 하나의 경매 (Auktion)로 바꾸는 무대를 만들어낸다. 경매만큼 비용을 최소화하는 데 나은 것은 없다. 노동 비용을 포함하여. 따라서 노동은 플랫폼 자본주의의 사회적 측면에 있어서 결정적이다. 플랫폼 자본주의와 공유경제의 막대한 혜택을 활용할 것인지 아니면 착취된 아마추어들이 오로지 프로페셔널들의 가격을 후려치는 기능을 하는 쓰레기 지옥(Dumpinghölle)을 만들 것인지 우리가 결정해야 하는 지점이 바로 여기다.24

말하자면 플랫폼 자본주의는 무수한 아마추어들을 플랫폼 노동자로 만들고 그들의 노동을 파편화된 활동으로 만들어 경매에 부치고 가장 낮은 가격을 제시한 노동자를 낙찰하는 방식을 추구한다. 이로써 플랫폼 기업들은 막대한 이익을 얻을지 모르지만 결과적으로 대다수 플랫폼 노동자들은 불안정한 노동과 경쟁적으로 낮아지는 수입으로 인해 잉여화되고 '쓰레기가 되는 삶'을 면치 못하게 된다.25 노동은 있으나 고용은 없는 아웃소싱, 독립계약자, 하청, 자가고용의 노동 형태, 책임지지 않는 노동과 고용, 공유경제라는 이름으로 사회적 가치를 착취하는 플랫폼 자본주의의 문제는 결국 신자유주의적 자본주의가 기술적 혁신과 결합하여 낳은 부작용의 산물이라 할 수 있다. 신자유주의 경제 노동정책의 결정체인 플랫폼 자본주의는 고용 없이도 어떻게 노동을 투여하고 잉여가치를 추출해낼 수 있는지 보여준다. 플랫폼 자본주의의 심화가 우리에게 어떤 미래를 가져올지가 점점 더 명확해지고 있다.

24_ Sascha Lobo, op. cit.
25_ 지그문트 바우만, 『쓰레기가 되는 삶들: 모더니티와 그 추방자들』, 정일준 역, 새물결, 2008.

플랫폼과 데이터-주체: 인간 존재의 파편화

플랫폼 생태계 내에서 물리적 노동이 앱을 경유하여 경매에 부쳐지고 값싸게 판매되는 반복적인 과정은 노동의 파편화, 나아가 인간 능력의 파편화와 삶의 금융화를 낳는다. 그 배경에는 플랫폼이 하나의 거대한 생태계로 구축되면서 그 속에서 인간 개체가 다른 기술적 도구나 데이터 혹은 그 데이터의 시각화된 이미지와 동일한 수준에서 추출 및 착취 가능한 것으로 대상화되는 과정이 숨겨져 있다. 물론 이 플랫폼 자본주의는 그 내밀한 논리를 널리 알리지도 그 작동원리를 쉽사리 보여주지도 않는다. 따라서 플랫폼 속에서 인간의 현 위치 혹은 위상을 알아내는 것은 매우 어려운 일이다. 플랫폼 자본주의의 작동원리와 내밀한 논리 속에서 인간 주체 혹은 개체의 위치를 알 수 있는 유일한 방법은, 어떤 면에서는 '플랫폼 수행성'이라는 개념과 더불어 객체 혹은 사물의 관점에서 플랫폼을 들여다보는 것이다.

플랫폼을 통해 매개되는 것은 인간의 살아 있는 노동이 아니라 데이터다. 아니, 플랫폼은 인간의 살아 있는 노동과 활동을 데이터로 치환하고 그 데이터를 되살려(reanimate) 가치를 추출하는 기술적 생태게다. "이 모든 플랫폼 비즈니스에 핵심적인 것—그리고 자본주의에서의 광범위한 이행이 시사하는 바—은 데이터의 중심적 역할이다."[26] 지금 우리에게 플랫폼이 문제라면 그것은 본질적으로 데이터와 연관된다. 앞서 보았듯이 플랫폼의 성패는 초기에 얼마나 많은 참여자를 플랫폼으로 끌어들일 수 있는가에 달려 있다. 소셜미디어 플랫폼이 사용자들로 하여금 그곳에 머무는 시간을 늘리고 그들의 주목을 빼앗기 위해 사용자들의 심리적이고 정서적인 취약성(vulnerability)을 활용한다는 점은 공공연한 사실이다.[27] 플랫폼이 네트워크 효

26_ Nick Srnicek, "The Challenges of Platform Capitalism: Understanding the logic of a new business model," *Juncture*, vol. 23, no. 4 (2017), 254.

27_ Mike Allen, "Sean Parker unloads on Facebook 'exploiting' human psychology," *Axios*, Nov 9, 2017. https://www.axios.com/sean-parker-unloads-on-facebook-2508036343.html.

과를 통해 다수의 사용자를 확보한 이후에는 그들에게 제공하는 서비스의 독점, 그들의 상호작용이 낳는 데이터의 독점, 나아가 그들의 데이터로 인해 발생하는 부가적인, 즉 파생적인 가치의 독점이 플랫폼을 지속하게 하는 동력이 된다. 인간 개체로서의 사용자들의 웹 추적 정보나 사용 데이터뿐만 아니라 플랫폼이 제공하는 디지털 공간에서 상호작용이 가능한 모든 것, 예를 들어 날씨나 계절의 주기 같은 자연환경에서부터 상품의 제작과 사용이 이루어지는 공장 조립라인과 부품에 삽입된 센서를 통해서도 데이터 추출이 이루어진다. 요컨대 "플랫폼은 데이터 추출 도구다".[28]

플랫폼은 특정한 알고리즘을 수행하는 애플리케이션(소프트웨어)인 동시에 수많은 사용자가 접속하여 자신들의 역할을 수행함으로써 경제활동을 하는 생태계이자 비즈니스 모델이다. 플랫폼은 그 자체가 사람들의 특별한 능력, 노동, 기술, 사물을 거래하고 교환하는 시장인 동시에 그 상호작용과 활동(의 데이터)을 추출, 축적, 매개하는 도구인 셈이다. 따라서 플랫폼 시장에서 제작·공유·판매되는 것과 플랫폼 도구가 매개·수집·분석하는 것은 서로 다른 층위에 있다. 예를 들어 우버 앱을 통해 운전자와 탑승자는 차량의 운행을 일정 기간 거래한다. 하지만 우버는 그들 사이의 거래 자체보다는 (그것을 포함하여) 그들이 만들어내는 탑승·운행·교통·위치 데이터를 전유함으로써 가치를 생성한다.[29] 음식배달 대행 앱의 경우에도 마찬가지로 플랫폼의 관심사는 음식 그 자체라기보다는 음식의 배달을 둘러싸고 발생하는 수많은 데이터(위치, 거리, 소요시간, 경로, 음식 종류, 취향, 패턴 등)의 추출과 그것의 전유에 있다.

결과적으로 중요한 것은 플랫폼이 다양한 종류의 사용자 데이터를 수확

28_ Nick Srnicek, *Platform Capitalism*, 48.
29_ 우버는 궁극적으로 무인자동차 혹은 자율주행자동차의 개발과 운행을 목표로 한다. 사실 구글, 애플 같은 실리콘밸리의 다른 거대 IT기업들도 마찬가지의 목표를 갖고 있다. 지금의 우버 운전 노동자들이 생산하고 있는 각종 데이터는 결국 무인자동차를 위한 알고리즘 소스로 제공될 것이다. 따라서 역설적이게도 현재의 우버 플랫폼 운전 노동자들의 역할은 자신들의 소멸이라는 결과를 가져오게 될 수단을 제공하는 데 있다.

하여 그 데이터로부터 엄청난 수의 사용자 패턴을 추출함으로써 추상적 혹은 인구학적 진리에 접근하거나, 반대로 개체화된 데이터를 축적함으로써 개별 사용자의 특성을 파악한다는 점이다. 거대한 데이터 축적을 통해 파악된 전체 인구의 행동·사고·감정 패턴은 광범위하게 이루어지는 매스마케팅의 도구로 기능하며, 개별 사용자의 (사실상 모든 것에 관한) 정밀 데이터는 각 사용자에게 맞춤형 서비스를 제공하는 데 이용되거나 그들을 마이크로타겟팅의 대상으로 만든다. 플랫폼 사용자의 데이터를 축적, 분석하고 그것을 다시 그 사용자에게 되먹임하는 과정에서 사용자는 또 다른 타겟화된 소비자가 된다. 즉 플랫폼에서 생산적 역할을 한 사용자의 데이터는 한 번은 그 자체로 데이터 상품이 되어 광고회사에 팔리고, 다른 한 번은 채굴, 가공된 정보, 즉 데이터-주체(혹은 알고리즘 정체성)가 되어 원래의 사용자에게 되돌아가 그가 원할 법한 상품을 광고하는 데 활용된다. 사용자는 데이터화를 통해 한 번은 상품이, 다른 한 번은 상품의 대상이 된다. 이 과정에서 살아 있는 사용자 주체는 데이터로 완벽하게 치환되고 또 바로 그 자신의 데이터를 통해 주체에서 다시 대상으로 소외된다. 악순환의 피드백 루프가 이어진다.

이러한 과정을 삶 혹은 생명의 파생상품화라고 부를 수 있겠다. 사실 플랫폼 자본주의하에서는 그 무엇이든 파생되기 마련이다. 그렇다면 물류란 오히려 데이터 흐름을 생성하고 추출하기 위한 미끼가 되어버린 것은 아닌가. 웹에서 서치하고 클릭하는 활동이 그랬던 것처럼, 그리고 앱에서 터치와 스와이프(swipe)가 그런 것처럼, 표면에서 행해지는 모든 활동은 그 이면에서 발생하는 데이터를 추출하기 위한 보조수단이 되어버렸다. 생성하는 것과 파생된 것 사이에 전복이 발생하고 결국 파생된 것이 힘의 우위에 서게 되었다.

어떤 것이든 이 플랫폼에 들어서면 그것의 본질적 속성이 변화한다. 플랫폼 안에서 책은 더 이상 지식이 활자화된 종이 뭉치가 아니라 (어떤 것이든) 콘텐츠가 탑재된 오브제가 된다.[30] 모든 문화예술 작품은 문화산업의 콘텐츠가 된다. 플랫폼의 생태계 내에서, 음악은 더 이상 음악이 아니다. 영화도 더 이상 영화가 아니다. TV 드라마와 예능, 스포츠와 게임, 언론과 뉴스도 예외가 아니며, 노동과 여가도 이 플랫폼을 통과하면서 더 이상 우리가 알던 것이 아닌 다른 것으로 거듭난다. 여행이나 관광을 통해 얻는 풍경과 경험도 플랫폼을 거치면 무엇이 될지 알 수 없다. 플랫폼은 마술처럼 기존에 우리가 알고 경험하던 물건과 이벤트를 전혀 다른 것으로 만들어낸다. 연금술처럼 고귀한 어떤 것을 만들어내는 것이라기보다는 마치 어떤 종류의 복잡한 함수 f에 x값을 입력한 후 전혀 예상할 수 없는 y가 출력되는 것과 같은 베일에 싸인 과정이다. 물론 이 복잡한 함수라는 것은 모든 것을 파생시키고 마는 플랫폼의 알고리즘을 가리키는 것이다.

플랫폼 뒤집기

무언가 원래의 것이 아닌 어떤 것이 되는 것, 자신의 주체적 삶이 아닌 대상화되고 객체화된 삶을 사는 것, 그것이 플랫폼 자본주의가 만들어내는 우리 미래의 모습일까? 무엇을 하더라도 (생산을 하든 소비를 하든) 플랫폼의 도구화를 면하지 못하고 플랫폼 생태계의 파생화된 착취를 벗어나지 못한다면 새로운 첨단기술의 편리함과 정밀함이 우리에게 무슨 소용인가. "인스타노예(instaserfs)의 도시에서 앱착취(apploitation)"[31]가 일상적인 것이 되었을 때 우리의 삶은 여전히 조금은 행복하다고 할 수 있을까? 플랫폼 자본주의

30_ 이와는 다소 대비되는 방식으로 보이지만, 일본의 츠타야 서점을 운영하는 컬처 컨비니언스 클럽 주식회사의 최고경영자인 마스다 무네아키는 서점 혹은 서적 자체를 일종의 플랫폼으로 재규정한다. 그는 서점은 서적을 판매하기보다는 그 서적의 제안을 판매해야 한다고 주장한다. 따라서 기존 서점의 분류 방식이 아닌 서적의 제안 내용을 중심으로 한 공간의 재배치가 필요하다고 본다. 마스다 무네아키, 『지적자본론』, 이정환 역, 민음사, 2015 참조.

31_ Andrew Callaway, "Apploitation in a City of Instaserfs," *Monitor*, vol. 22, no. 5 (2016), 18-22. https://www.policyalternatives.ca/publications/monitor/apploitation-city-instaserfs.

의 생태계 안에서 우리는 어떻게 지배적인 기술적·정치경제적 조건들과 더불어 그리고 그것에 대항하여 자기 삶을 온전히 구축해낼 수 있을까?

가장 현실적인 대안은 플랫폼으로 플랫폼을 극복하는 방법이다. 공유경제의 공유(공동 사용)가 아니라 커먼즈(commons) 운동의 공유(공공 소유)가 여전히 플랫폼 독점을 견제할 수 있는 강력한 관점이고, 플랫폼 협동조합주의 또한 플랫폼을 소수의 소유에서 모두의 것으로 되돌릴 수 있는 구체적인 방법일 것이다.[32] 그러나 플랫폼을 통해 플랫폼을 극복하는 방법은 비록 지역적이고 소규모로는 성공적이라 할지라도 근본적인 돌파구를 찾기에는 어려움이 있다. 플랫폼 협동조합주의는 여전히 협동조합이라는 조직구조에 묶여 있으므로 플랫폼이 가진 폭발적으로 확장되는 네트워크 효과가 여기에서는 잘 발생하지 않는다. 공동체에서 발생한 가치가 공동체 전체의 소유로 혹은 배당 같은 공평한 분배로 이어지는 사회적 경제 모델은 약탈적 자본주의의 대안이 될 수 있겠지만, 협동조합 자체의 경제적 지속 가능성은 여전히 미지수다. 정치적으로도 세계 각국의 온라인 정치 참여 플랫폼들이 등장하고 그에 발맞춰 새로운 시민·정당 운동과 조직이 등장하고 있지만 특정한 정치적 조건과 환경에서만 성공적이다. 말하자면 플랫폼이 여전히 우리 삶의 형식을 구성하고 문화 콘텐츠를 틀 짓는 현실에서 그 틀과 형식 자체를 뛰어넘을 수 있을 만큼 충분히 혁명적인 역량을 우리는 아직 발명해 내지 못한 셈이다.

미디어 예술가이자 비평가인 히토 슈타이얼과 다수의 저자들은 소셜 미디어, 리얼리티 TV쇼, 우버, 가상화폐 같은 각종 디지털 플랫폼이 지배적인 현재의 상황에 대해 '기이한 보편주의'라는 이름을 붙인다.[33] 이 기이한 보

32_ 플랫폼 협동조합주의에 관해서는 Trebor Scholz, *Uberworked and Underpaid: How Workers Are Disrupting the Digital Economy* (Cambridge, UK: Polity, 2017); Trebor Scholz, and Nathan Schneider, eds., *Ours to Hack and to Own: The Rise of Platform Cooperativism, a New Vision for the Future of Work and a Fairer Internet* (New York: OR Books, 2016) 참조.

33_ Hito Steyerl, Julieta Aranda, Brian Kuan Wood, Stephen Squibb, and Anton Vidokle, "Strange Universalism"(Editorial), *e-flux journal*, no. 86 (2017). http://www.e-flux.com/journal/86/162860/

편주의의 세계관으로 보면, 맑스가 『자본』에서 상품의 물신적 성격을 논하면서 언급한 춤추는 책상이라는 알레고리가 뒤집혀 보인다. 당시에는 "상품인 책상이 춤을 추는 것 같으나 실상 그것은 환상에 불과했었고" 오로지 "사람들의 이해(interests)와 행위(actions)에 의해 살아 움직일 뿐"이었다면, 오늘날에는 정반대로 "책상이 일련의 플랫폼으로 변했으며, 그 플랫폼은…마치 사람들이 자율적으로 움직이는 것처럼 보이게 함으로써 그들끼리 서로 등을 돌리도록 만든다." 플랫폼이 이제 사람들을 움직이게 하고 춤을 추게 하는 것처럼 보이지만 사실은 자동화된 과정일 뿐이다. "디지털 플랫폼은 사람들 사이의 사회적 관계(social relation)가 표출된 것이 아니다. 사람들 사이의 사회적 관계가 플랫폼에 의해 자동화된 것이다."[34] 플랫폼 자본주의가 뒤바꾼 이 기이한 보편주의의 권력관계, 자동화된 사회적 관계를 되돌려놓기 위해서는 우선 플랫폼의 '아래에'(über가 아니라 unter) 비가시적이고 자동화되었지만 여전히 살아 움직이는 사람들이 실재하고 그들의 근육과 운동에 의해 플랫폼이 작동하고 있음을 끊임없이 되새겨야 한다.

자신의 시야를 포기하는 대신 명멸하는 스크린으로 모든 감각을 집중하여 플랫폼의 세계를 움직이던 배달 노동자의 '인간 이후'의 모습을 통해 우리는 플랫폼 자본주의가 약속하는 미래가 결코 아름다운 모습으로만 다가오고 있는 것이 아니라는 것을 미리 엿보고 있다. 플랫폼은 결국 인간 이후의 인간, 즉 데이터로서의 인간이 살아갈 세계를 기어코 만들어낼 것이다. 여기서 우리는 지금의 플랫폼 스크린에 비치는 것이 화려하게 시각화된 데이터만이 아니라 플랫폼 노동자의 땀에 젖은 얼굴이기도 하다는 것을 기억해야 한다.

---

editorial-strange-universalism.

34_ Ibid., 3.

17

'인류세' 논의를 둘러싼 쟁점과 테크노-생태학적 전망

이광석

'생태발자국'이라는 용어가 있다. 이는 인간의 의식주 등에 소모되는 자원 유지와 폐기의 비용을 토지 면적으로 환산한 지수다. 생존하는 전 인류의 생태발자국을 따져보니 이미 그 면적이 지구 크기의 수십 배를 넘어선 지 오래다. 이는 달리 말하면 인간의 생태 수탈 지수가 전 지구적 임계점을 초과했음을 뜻한다. 이제 너그럽고 참을성 있는 '마더랜드' 지구에 대한 향수는 동시대 감성과 그리 어울리지 않는다. 무엇이든 가없이 품을 것 같던 자연의 희생적 숭고함은 확실히 지금의 '지구' 모습과는 격세지감이다. 정말 '값싼(cheap)' 자연의 역할은 끝났다.[1] 동시대 지구는 온몸을 다해 인간의 생태파괴에 저항하고 몸부림친다. 끊임없이 사라지는 생명종들과 사막, 태풍, 홍수, 폭염, 초미세먼지 등 기후재앙은 지구가 우리에게 즉각적으로 분노를 표출하는 흔한 방식이 됐다. 그래서일까, 브뤼노 라투르같이 '인류세'를 주도하는 학자는 이제야 '지구'가 제대로 역사의 '행위자(agency)'가 되었

1_ 제이슨 무어는 이제까지 자연의 홀대에는 이중적 의미가 있다고 말한다. 하나는 자본주의적 비용의 맥락에서 '싸구려(cheap in price)' 자원이라는 뜻이 있고, 다른 하나는 인류-정치학적 맥락에서 자연을 '값싸게 다뤘던(to cheapen)' 정황이다(Jason W. Moore, ed., *Anthropocene or Capitalocene? Nature, History, and the Crisis of Capitalism* [Oakland, CA: PM Press, 2016], 2-3).

다고 말한다.[2]

인간종의 영향력이 그저 지구의 작은 일부분일 때만 해도, 양변기 물을 내리는 효과마냥 인류의 생태 영향이 지구에서 미미해 보이는 착시감을 안겨줬던 시절이 있었다. 물론 아직도 한쪽에서 오염되거나 폐기된 것들이 가난한 국가로 수출되거나 소각·재생 등을 거쳐 처리, 이전되면서 일시적으로 지구오염 상황이 해제되는 '양변기 효과'를 내기도 한다. JTBC 뉴스 앵커는 국내 미세먼지에 대한 근본적 정책의 부재를 들면서, '공기 좋을 때 나쁠 때를 매번 잊는다'란 말을 언급한 적이 있다. 하지만 위기와 파국의 비가시성이 주는 안도와 망각이 더 이상 유지되기는 어려워 보인다. 과거 자연이 인간문명의 폐해를 품던 시절이 지나고, 생태파괴의 효과가 거의 모든 곳에서 편재(遍在)되어 나타난다. 가령, 후쿠시마 원전에서 바다로 방출된 방사능에 피폭된 참치떼는 저 멀리 태평양을 헤엄쳐 건너가 미 어부들에게 포획되고, 날것으로 캘리포니아 식당의 스시 접시에 오른다. 나노 크기로 잘게 부식된 플라스틱 조각들은 바닷속 물고기 입과 위를 거쳐 최종 우리의 밥상에 오르고 우리 몸에 차곡차곡 쌓여 산모의 자궁을 거쳐 다음 세대의 몸으로 악순환되는 과정에 있다. 이제 더는 착시 효과란 없다. 쓰레기의 빈국 수출도 어려워 수백만 톤이 넘는 폐기물들은 갈 곳을 잃은 채 그저 쌓이고 넘쳐난다. 매일같이 우리는 눈을 뜨자마자 그날의 날씨를 검색하고 미세먼지 앱을 켜 호흡기에 밀려드는 0.6~0.4㎛(마이크로미터) 1급 발암물질 미세입자를 막기 위해 제각각 생존의 미봉책인 마스크에 의지한 채 사투한다. 국가가 나서 미세먼지의 공학적 해법으로 야심차게 벌였던 서해상 인공강우 실험은 '강수량 제로'를 기록하면서 일종의 해프닝처럼 끝났다.

'인류세(人類世, anthropocene)' 논의는 곧 있을 생태재앙을 매번 망각의 늪에 가두고 유예하는 모든 효과들이 중단되는 지점에서 등장했다. 인류세라는

2_ Bruno Latour, "Agency at the time of the Anthropocene," *New Literary History*, vol. 45 (2014), 1-18.

개념은 인류 자신이 만들어낸 화석연료의 과도한 사용과 과학기술 문명의 폐해로 인해 온난화, 재난, 종 파괴와 멸종 등 지구'균열' 상황은 물론이고, 급기야 지구 인간 생명 자체가 절멸에 도래했음을 알리는 진혼곡이다. 과거 생태위기론과 달리, '인류세' 담론은 자연계가 정해진 가변성의 자장 안에서 변동하면서 이에 대한 인간 예측이 가능하던 시대가 끝난, 이른바 '정상성(stationarity)의 종말' 상황을 의미하기도 한다.[3] 즉 생태파괴가 지구에 미치는 영향을 인간 자신이 파악하기 어려운 상황에 이른 것이다. 한쪽에서의 파괴가 지구 다른 한쪽을 불구화하고 비정상적으로 만들며, 인간의 생태 흔적이 지구 곳곳에 남겨져 지질학적으로 퇴적층을 형성하며, 인류의 자연 예측적 기법이나 패턴이 더 이상 측정 불가능하게 되는, 지구 전체의 '행성적(planetary)'이고 시스템적 위기 상황을 전제한다. 또한 지구생태 주제를 다루는 범위 또한 이전의 녹색정치나 생태정치경제학의 개별 전문화된 영역들에서의 문제제기를 넘어, 지질학, 비판지리학, 자연과학, 지구 시스템공학, 도시사회학, 과학기술연구, 인문학, 예술 등 거의 모든 학계에서 인류세 지구를 논하는 지점에 이르렀다.

이미 맑스와 엥겔스가 그리스 등 고대 인류의 생태파괴로 인해 발생한 '자연의 복수'에 대해 언급했지만, 동시대 자연의 재앙은 그에 비해 훨씬 비예측적이고 거대하다. 생태사회주의자인 사이토 코헤이(齋藤幸平)의 말대로, 우리가 인간종의 탁월성으로 보아왔던 것이 자연의 인간화였다면 인류세는 인간이 벌인 '자연의 실패'를 전적으로 증거한다.[4] 동시대 '인류세'라는 용어를 둘러싼 담론 효과는 적어도 인간이 이뤄낸 문명에 대한 역사적 상찬이 아닌 것만은 사실이다. 이 글은 서구에서 점화된 인류세 논의를 화두로 이 신생 논의가 시도하는 특징들이 무엇인지, 그리고 기존 맑스 에콜로지 논의와 다른 질감이 무엇인지에 대한 인식론적 평가를 시도한다. 더불어,

---

3_ 마크 사피로, 『정상성의 종말: 지구 대재앙 시나리오』, 김부민 역, 알마, 2019.
4_ 사이토 코헤이, 「마르크스 에콜로지의 새로운 전개」, 『마르크스주의 연구』 14권 4호, 2017, 93.

인류세 논의를 화두 삼아 우리가 어떻게 자연과 인간, 비인간을 포함한 사물과 인간의 앙상블적 관계로 물질적 전환을 이뤄야 할지, 그와 동시에 인본주의적 전통과 과학기술의 확장성을 유지하면서도 생태 대안의 전환가능성을 찾을 수 있을지에 대한 논의까지 살펴보고자 한다.

'인류세' 개념의 출발

우리 대부분은 인류세 혹은 '인신세(人新世)'⁵라는 개념이 네덜란드 대기화학자 파울 크뤼천이 내뱉은 인류에 대한 경고이며, 그의 최초 언명이 시간이 지나면서 시대의 사안으로 커져버린 것으로 그렇게들 알고 있다. 즉 인간에 의해 지구 시스템 전체가 심각하게 흔들리는 새로운 지구 연령대를 지칭해 만든 전문용어로 말이다. 하지만 '인류세'는 이미 1922년 구소련 지질학자 알렉세이 파블로프(Aleksei Petrovich Pavlov)가 약 16만 년 전부터 옛 인간 선조가 자연과 공진화해 내려온 행성 시대를 두고 처음 명명했던 용어다.⁶ 인류세 개념은 파블로프에 의해 구소련 내 지질학자들 사이에서 통용되었으나, 자본주의 세계 바깥에서는 크게 상용되지 못했던 셈이다. 그러곤 80년대 들어와 몇몇 서구 지질학자나 생물학자 등이 학술 논문에서 인류세라는 말을 언급했지만 그리 주목을 끌지 못하다가, 노벨상 수상자이자 당대 지질학계의 슈퍼스타급 인사인 크뤼천의 말 한마디로 인류세가 급격히 국제 신조어로 부상했다. 구체적으로, 2000년 2월 크뤼천이 주도하는 '국제 지권-생물권 프로그램(the International Geosphere-Biosphere Program, 이하 IGBP)'이

5_ 일본에서는 일반적으로 '인신세'로 번역되어 쓰인다. 의미론적으로 보면 이 개념이 조금 더 잘 풀어쓴 표현법처럼 보이나, 국내에서 이미 '인간세'나 '인류세'로 굳어져 쓰이고 있는 처지라 우리에게 가장 폭넓게 선호되는 '인류세' 개념을 무리없이 따르려 한다.

6_ 가령, 생태사회주의자 이언 앵거스(Ian Angus)는 자신의 책에서 인류세의 개념적 진화를 잘 풀어쓰고 있다. 그의 책 *Facing the Anthropocene: Fossil Capitalism and the Crisis of the Earth System* (New York: Monthly Review Press, 2016) 참고.

멕시코에서 열렸고, 그가 그 회의석상에서 "우리는 인류세에 살고 있다!"라고 천명하면서 일파만파 개념의 바이럴 효과를 얻었던 것이다.

인류세는 인류를 뜻하는 '안트로포스(anthropos)'와 시대 '세(-cene, epoch)'가 합쳐져 이뤄진 말이다. 이는 지난 1만 년 동안 안정적이었던 '홀로세(holocene)'에 이어 지질학적으로 인간에 의해 좌우되는 지질학 시대를 새롭게 써야 한다는 과학자들의 문제의식에서 출발한다. 실제 크뤼천의 말을 따라 인류의 지구 영향력을 입증하기 위해 IGBP 소속 과학자들이 구체적으로 실증 작업을 벌이기도 했다. 예컨대, 1750년에서 2000년 사이 24가지 변인(역사 속 인간활동 관련 지표들과 지구체계 내 물질 변화 지표들)들의 개별 시계열 그래프를 그렸다. 그러고선 이로부터 흥미로운 결과값을 얻었다. 역사적으로 1800년대 자본주의 산업화를 시작으로 꾸준히 화석연료의 사용이 급증했고, 1950년대 소위 '대가속(the Great Acceleration)'이라는 자본주의 전환기를 넘기면서 그 어느 때보다 대기 중 이산화탄소 집중도가 빠르게 늘고 기후온난화와 대기오염이 급속히 진행되는 상황을 시각화해 보여줬다.[7] 그와 달리 일부 좌파 생태학자들은 18세기 산업혁명 시기를 대가속의 시점으로 보거나 심지어는 인간의 불 사용을 그 시작으로 보기도 하지만, 2차대전 이후를 미국식 소비사회의 성장과 연결해 과거 어느 때보다 생태변화가 심각해지고 전체 지구에 급속히 영향을 미치는 전환의 시점으로 보는 것이 더 합리적으로 보인다.

크뤼천의 '인류세' 개념은 그 후로 대기과학이나 지질학 등 관련 학계의 자장 내에서 거론되곤 했으나, 자연과학계 밖을 넘어 타학문 분과들과 교섭하거나 일반인이 이를 인지하는 시점은 그보다 한참 뒤의 일이다. 무엇보다 2011년 영국의 보수경제지 『이코노미스트』가 "환영 인류세(Welcome to the Anthropocene)"라는 특집호를 내고 나서야 그 개념이 그나마 대중의 주목을

7_ Will Steffen, Paul J. Crutzen, and John R. McNeill, "The Anthropocene: Are Humans Now Overwhelming the Great Forces of Nature?" *Ambio*, vol. 36, No. 8 (December 2007), 614-621.

받게 됐다.8 무엇보다 2016년『사이언스』에 홀로세와 다른 인류세 특유의 퇴적층을 증거하는 논문이 게재되면서, 과학자들은 물론이고 언론에서 이를 주목하며 여러 학계 논의에 군불을 지폈다.9 특히 경관생태학자 얼 엘리스(Erle Ellis) 등을 포함해 이십여 명이 공동 집필한『사이언스』논문에서는, 인류세의 전제로서 인간이 생태계에 미치는 영향의 징후, 특히 지구지질학적 변화를 뒷받침하는 실제 증거물을 얻기 위해서 빙하 퇴적층 조사를 토대로 파악하는 방법을 취했다는 점에서 꽤 설득력을 지녔다. 논문 집필자들은 그린란드 빙하 지역의 지구온난화로 인한 지질 층서의 변화에서 그 증거를 찾았다. 구체적으로 기후변화로 빙하가 녹으면서 이끼 등 유기 조직물이 빙하 위를 덮고 그 아래 흙, 유기물과 뒤섞인 플라스틱 찌꺼기, 콘크리트 잔해, 혼합시멘트, 핵물질, 살충제, 금속 성분, 바다로 유입된 비료 반응성 질소(N_2), 온실가스 농축 효과의 부산물 등등 유례없이 쌓인 인간문명의 퇴적물 단면을 시각화하고 이의 성분을 분석해 인류세의 동시대성을 입증하려 했다.

크뤼천을 위시한 지구 시스템 과학자들이 시도했던 지구의 막대한 인간 영향력에 대한 실증 분석들은, 또 한 번 이것을 '인간사회' 문제로 전화하면서 소위 자연과학 분과의 영토를 넘어서서 다양한 영역에서 논쟁을 불러일으켰다. 층서학적으로 '인류세'의 지위가 공식 인정되진 않았지만, 이미 '인류세' 개념은 관련 과학연구 범위를 훨씬 넘어서서 타 분과 학문 영역들로 그 논쟁적 맥락이 확장 중이다. 애초 지질학자와 지구 시스템 과학자에 의해 제기된 인류세 논의는 이제 공학, 과학기술학, 생태학, 포스트휴머니즘, 생태맑스주의, 신유물론, 페미니즘, 예술론 등으로 연계되어 자연과학적 개

8_ "The geology of the planet: Welcome to the Anthropocene," *The Economist*, May 26, 2011. https://www.economist.com/leaders/2011/05/26/welcome-to-the-anthropocene

9_ Colin N. Waters, Jan Zalasiewicz, Colin Summerhayes, Anthony D. Barnosky, Clement Poirier, Agnieszka Galuszka, Alejandro Cearreta, Erle C. Ellis, et al., "The Anthropocene is functionally and stratigraphically distinct from the Holocene," *Science*, vol. 351, no. 6269 (January 8, 2016), 137-148.

넘을 넘어서 인식론, 주체론, 생태론, 실천론 등 그 개념적 파장이 눈덩이처럼 확산되는 추세다.10

출구 없는 '지구행성'에 매달린 인류

앞서 필자는 인류세 개념이 생태파괴와 생명종 파국 상황을 전면화하면서 등장했다고 봤다. '인류세' 논의를 주도하는 과학기술학(STS) 연구자 브뤼노 라투르는 이러한 동시대 지구의 전면화된 위기 상황의 급박함을 다음과 같이 비유적으로 묘사하기도 했다. 예컨대, 항공유가 얼마 남지 않았다는 사실을 알고 착륙 장소를 찾아 헤매는 비행기 속 지구인들, 전 지구적 위기에서 살아남겠다고 구명보트를 찾는 우리들, 집은 불에 타고 촌각을 다투는 가운데 소방서에 전화해야 하나 망설이는 부질없는 인간의 모습 등이 그것이다.11 연료가 바닥난 비행기, 구멍이 난 배, 이미 불타는 집의 비유들은, 계급이나 인종 등 어떠한 사회적 삶의 구속과 상관없이, 부자나 빈자 어느 누구 할 것 없이 공동 괴멸의 급박한 상황을 지칭한다. 동시에 그의 비유는 운명 동반자적 지구행성에 우리 모두가 함께 거하고 있다는 점을 주지시킨다. 물론 이 두 가지 낡아 보이는 수사학적 강조들은, 이제까지 인간이 주목하지 못했거나 홀대했던 하나의 '에이전시(행위자)'이자 시스템 총합으로서 '지구' 그 자체를 읽어야 한다는 점을 드러내기 위해 동원됐다.

10_ 이런 맥락에서 인문사회과학 학술지들의 '인류세' 특집 붐 또한 흥미롭다. 가령, 『이론, 문화와 사회』(Theory, Culture & Society), 『비판연구』(Critical Inquiry), 『테크네』(Techné: Research in Philosophy and Technology), 『계간 사우스 애틀란틱』(The South Atlantic Quarterly)이나 일본의 『현대사상』(現代思想) 등은 최근 몇 년 동안 인류세 관련 특집호를 통해 전통적인 인간 중심주의를 넘어서서 지구행성과 인간과의 관계를 어떻게 새롭게 파악하고 생태 패러다임 전환의 계기를 삼을 것인지에 대해 다각적인 이론적 모색과 논쟁을 벌여 왔다.

11_ 브뤼노 라투르·폴린 줄리에, 「[대담] 지층과 자연: 왜 인류세인가?」, 『오큘로』 7호, 2018, 86.

먼저 인류세 논의의 특징은 생태위기의 밀도 측면에서 '지구행성주의'적 시각을 지니고 있다고 공통분모화할 수 있다. '포스트-○○' 논의 이후로 다시는 근대성의 거대 서사로 돌아올 것 같지 않았던 지금에 와서 지구행성론이라니! 인류세 논의를 퍼뜨리는 자연과학자들뿐만 아니라 인문학자들은, 인류세 시대가 '지구 시스템'을 이해할 수 있는 총체화된 학문 분과를 만들고 이를 통해 인간에게 새로운 사유와 실천의 가능성을 줄 수 있는 '신'패러다임 구축 논의를 요구한다고 말한다.[12] 클라이브 해밀턴 같은 인류세 연구자는 이를 일종의 '게슈탈트 전환(gestalt shift)'이라 보는데, 새로운 학문 체제를 구축하기 위해서는 기존의 지질학, 생태학, 고고학, 고인류학, 인문지리학 등 분과 학문적 사고나 사유 체계에서 벗어나 지구 시스템 전체를 조망할 수 있는 메타적 사유가 필요하다고 제안한다. 그러면서 그는 "(지역) 생태계의 경계를 초월해 전 세계적으로 작동하는 지구 시스템의 작용들"[13]에 대한 행성주의적 논의를 시작하자고 주장한다.

"'경관'도 아니고, '환경'도 아니고, '지표면'도 아니다. 전체로서의 지구 시스템이다"라는 해밀턴의 주장을 주목할 필요가 있다.[14] 라투르가 지구를 하나의 행위자이자 '행위소(actant)'[15]로 간주하는 것처럼, 해밀턴 등도 지구행성을 단일의 유기체적 행성 시스템으로 보자고 말한다. 사실상 이와 같은 인류세 주류 논의는 구소련의 지구화학자였던 블라디미르 베르나츠키(Vladimir Vernadskii)가 봤던 시스템으로서의 지구에 대한 이해에 기초한다. 즉

12_ 클라이브 해밀턴, 『인류세: 거대한 전환 앞에 선 인간과 지구 시스템』, 정서진 역, 2018, 이상북스, 42-43.

13_ 같은 책, 44.

14_ 같은 책, 41.

15_ 라투르는 주로 인간 지배에 짓눌린 과학기술적 사물의 위상을 자유롭게 만들기 위해 행위자(actors) 혹은 '행위소(actants)' 개념을 도입한다. 그는 이를 통해서 '비인간(the nonhuman)'적 실체인 기술을 엄연한 개별 주체와 맞먹는 위치로 끌어올리고 있다. 그의 사물 격상 효과로 인해 '숨겨지고 경멸받는 사회적 덩어리들(hidden and despised social masses)'인 기술과 사물의 인간 노예적 지위를 나락으로부터 구원해낸다. Bruno Latour, *Pandora's Hope: Essays on the Reality of Science Studies* (Cambridge, MA.: Harvard University Press, 1999) 참고.

베르나츠키는 지구를 생물권(biosphere), 대륙/지권(lithosphere), 대기권(atmosphere), 수권(hydrosphere), 인류권(anthrosphere)이라는 '권(sphere)'들 사이의 역동적 상호 관계에 기초한 복잡한 체계로 바라봤고, 이 권들 사이 주고받는 물질과 에너지(주로 태양 에너지)의 교환에 기초해 지구 전체를 이해했다. 그는 이 가운데 생물권이 지구의 대기권, 수권, 지권 사이에서 에너지와 물질 순환을 조절하는 아주 얇은 녹색 막 같은 기능을 수행한다고 봤다. 베르나츠키의 독특함은 행성의 변화(지구과학)와 생태계(생물권)를 통합해 생명의 부침 현상을 전 지구적으로 이해하고자 했다는 데 있다.16 그 밖에도 잘 알려진 '가이아 가설'은 베르나츠키의 지구 모형과 흡사한데, 인류세 논의와 관련해 또 다시 주목을 받고 있다. 이는 지구를 좀 더 적극적 행위자의 지위로 끌어올려 살핀다. 알려진 것처럼, 영국 과학자 제임스 러브록은 그의 가이아 가설에서 지구를 단순히 생명체를 지탱하는 암석덩이가 아니라 그 안에서 생물과 무생물이 서로 관계를 맺으며 스스로 자가 진화하는 능동의 유기체로 바라본다. 이는 행위자 혹은 행위소로서 지구에 대한 '생기론(生氣論)적' 상상력을 극화한다.17

가이아 가설, 베르나츠키 모형, 해밀턴의 '지구 시스템', 라투르의 행위자로서의 지구 모델 등은 '인류세'의 접근과 특성을 설명하기 위한 중요한 기초 개념들을 구성한다. 무엇보다 이들의 공통 핵심은 '지구행성' 주목 효과다. 지역 안에서 환경 문제를 다루거나 권역을 분리해 환경 사안에 접근

16_ 프리먼 다이슨, 『과학은 반역이다: 물리학의 거장, 프리먼 다이슨이 제시하는 과학의 길』, 김학영 역, 반니, 2015.

17_ '생기론(vitalism)'은 스피노자 철학에서 유래하는데, 즉 일원론적 세계 속 모든 물질(자연)이 '자기생성적(autopoietic)'이고, 동시에 관계적 방식으로 서로 '공동생성적(sympoietic)' 변화의 힘을 갖는다는 점을 강조한다. 특히 생기론적 유물론은 인간-자연의 객체화된 분리나 그로부터 파생한 인간중심주의적 논리를 거부한다. 다시 말해 생기론적 접근은 이전에는 분리되어 사유되던 생명종 그리고 사물 범주와 영역을 가로질러 종 횡단의 변형력을 강조하고, 그 가운데 인간의 지위를 무수한 사물 중 하나에 둠으로써 인간중심주의를 극복하려는 신생 유물론적 테제로 등장한다. 이와 같은 '산유물론적' 시각으로 보면, 인류세적 지구는 생기론적 사물의 집합이자 거대 행위자인 셈이다.

하거나 권역들 간 상호작용성을 생물권에 비해 부차적으로 보던 전통적 생태주의 접근과 달리, 이들은 지구행성 자체를 일종의 자율적인 행위 주체로 주목하고 인정할 것을 주장한다. 더 나아가 아예 이를 궁구하는 새로운 '지구행성' 연구 패러다임의 창안까지도 요구한다. 이는 생태학 논의의 스케일 변화를 예고한다. 즉 인간이 벌인 생태파괴의 행적이 지구 전체로 번지는 효과를 제어하기 위해 지구 바깥에서 혹은 지구 곁에서 지구를 '줌아웃'해 이를 인류와 동등한 협상력을 지닌 객체로 바라봄으로써, 인류 미래를 조건화하는 대상으로 시야를 확장하자고 요구한다. 인류세는 또한 이제까지 크게 문제시하지 않던 인간종이 지구에 거한 시간성의 문제 또한 거론한다. 존재의 지질학적 시간으로 보자면, 우주의 탄생으로부터 138억 년, 46억 년 전 지구 탄생 이래 약 5억 년 전 고생대쯤 생명체의 형성과 진화가 시작되었다. 억겁의 지구 시간의 계열체 속에서 너무나 작은 일부에 불과한 110만 년 전에야 현생 사피엔스 인간이 출현하고, 그 가운데 1백 년도 채 못 되어 지구 역사에 중대한 각인임을 알리는 '인류세'라니 말이다.[18] 도대체 지구행성 시스템의 시선으로 보면 얼마나 가소롭고 위험천만하게 찰나를 사는 인간종들인가!

인류세 주류 논의에서 보이는 지구행성에 대한 이와 같은 시·공간의 물리적 '이격 효과'는, 관찰 대상이자 행위자로서 '지구 그 자체'를 주목하게 하고 지구의 모든 생명과 비생명 사이의 유기적 공존관계를 자연스레 강조하는 효과를 동시에 거두고 있다. 하지만 지구생태 위기 문제를 해결하기 위해 '지구 시스템 과학'을 기존의 역사와 학문 전통의 상위에 마치 조정자인 양 두고 인간중심주의를 초극하려는 접근법은 또 다른 문제를 낳는다. 지구를 추상화해 인간 실존태의 바깥에서 이를 보는 '지구행성주의'적 관점은 지구 안팎의 상호 동등하게 공존하는 계들과 행성들의 지형과 영향력을

18_ 中村桂子, 「特集: 人新世: '人新世'を見届ける人はいるのか」, 『現代思想』, 45권 22호, 2017, 42-45. 나카무라 케이코는 우리가 지구라는 시스템 안에 있음에도 '바깥에서의 시각'에서 얘기하고 있는 '인류세' 논의 현실을 불편해한다.

살피는 데 도움을 줄지는 몰라도, 지구 속 인간사회와 현실 자본주의, 그리고 정치 구도나 경제 모순 구조에 의해 생성되는 생태 결핍과 파괴 근원들을 설명하고 밝히는 데 여전히 취약하다. 인류세적 행성주의에서 인류는 인간의 실존적 가치보다 인간 '종'으로 현현되고, 로컬에서 벌어지는 생태의 미세한 결들과 국지적 변화들은 행성주의적 시야로 인해 거의 대부분 부차화되기 쉽다. 『문화/과학』 97호(2019년 봄) 특집에서 바이오아티스트 이소요가 과학기술학 연구자 횡린 크바의 글을 들어 논의한 바처럼,19 지구 시스템 과학자들은 과거 생태학이 특정 지역과 생물의 현장 관찰을 통해 행하는 연구 방식과 달리, 원격탐지 기술을 도입해 지구생태학적 위성 이미지 데이터를 촬영하는 방식을 점차 선호하고 있다. 이는 인류세의 지구 행성주의적 시각을 강조하다보면 환경변화의 생태학적 시각 표상을 강조하는 연구 방식이 과장되며, 구체적으로 지역 생태 내적으로 구성되는 구체적인 현실 문제를 반영하지 못하는 추상 오류를 포함할 수 있다는 반증인 셈이다.

지구를 당당한 하나의 행위자로 다루면서 우리가 얻는 수확은 지구와 인간종에 대한 새로운 차원의 위상 감각이지만, 이제 우리 모두가 지구행성이라는 탈출구 없는 '구명보트'에 매달려 똑같은 운명을 맞이할 평등한 생명 존재들인지도 따져 물어봐야 한다. 물론 인류세 논의는 지구를 살아 있는 단일의 유기체적 실체로 보면서 그 안의 인간, 동물, 사물, 인간 아닌 생명의 호혜적 공존을 중대하게 논할 근거를 마련했다. 하지만 인류세의 지구행성주의는 자본주의 인간형 안에서 생성된 자연 착취와 균열로 생긴 생태파괴와 배타적 적대의 논리를 빠르게 봉합하는 듯 보인다. 실제 세계보건기구(WHO)가 기후변화로 야기된 140여 개 나라의 홍수, 가뭄, 태풍, 산불 등 자연재난 상황을 살펴본 일이 있는데, 저개발국의 여성과 아이, 빈곤자

19_ Chunglin Kwa, "Local Ecologies and Global Science: Discourses and Strategies of the International Geosphere-Biosphere Programme," *Social Studies of Science*, vol. 35, no. 6 (December 2005), 923-950; 본지 특집글 중 이소요, 「위기에 처한 생물의 모습」의 횡린 크바 재인용.

등 사회적 취약 계층이 상대적으로 더 큰 위험에 노출되어 있고 그들의 사망률도 월등히 높다는 수치가 보고되었다.[20] 인류세의 지구지질학적인 규모에서 이뤄진 생태폭력의 시각 이미지들은 누구의 신체가 보다 취약하고 희생양이 되는지를 볼 수 없게 만들고 있다.[21] 즉 인류 절멸의 거대 서사가 전경화되는 대신 구체적으로 고통받는 존재들이 우리의 시야에서 저 멀리 사라진다.

생태맑스주의자들의 주장처럼, 지구생태와 종 절멸의 순간에조차 인간 사회는 부유층과 특권층이 살아남을 구명보트나 탈출구가 아직은 따로 존재하는 듯 보인다. 인류세 논의가 인간사회 모든 곳에서 발현되는 사회적 차별과 취약의 현실을 뻔뻔하게 외면한다는 이들의 비난이 그리 무도한 주장은 아닌 셈이다.[22] 지구행성주의에 기댄 인류세의 추상적 논의는 구체적으로 보면, 자본주의 "산업혁명을 계기로 한 테크놀로지의 변화가 가져온 경제적 불평등이나 온난화 가스 배출을 둘러싼 지리적·정치적 불평등을 인식하기 힘들게 할 가능성"을 지닌다.[23] 인간종 절멸의 공포를 자극하는 인류세 논의틀에서는, 그 어떤 자본주의 체제에서 발생하는 생태위기의 정치경제학적 본질은 무시되거나 대수롭지 않게 다뤄질 공산이 크다.

탈-인간중심주의가 빠뜨린 것

인류세 논의를 가르는 또 다른 중요한 근거에는, 인간과 자연과의 관

20_ World Health Organization(WHO), *Gender, Climate Change and Health* (2014). https://www.who.int/globalchange/GenderClimateChangeHealthfinal.pdf

21_ 飯田麻結·北野圭介·依田富子, 「特集: 人新世: 誰が人新世を語ることができるのか」, 『現代思想』 45권 22호, 2017, 110–121.

22_ Andreas Malm, and Alf Hornborg, "The Geology of Mankind? A Critique of the Anthropocene Narrative," *The Anthropocene Review*, vol. 1, no. 1 (April 2014), 62–69 참고

23_ Ibid., 65.

계, 그리고 지구행성에서 인간종의 위상에 대한 새로운 인식론이 작용한
다. 인류의 철학사로 보면, 데카르트는 사유하는 인간으로부터 신의 창조
물로서 자연 만물을 철저히 객체화해 나눴다. 베이컨은 데카르트의 '자연
의 객체화'에서 한발 더 나아가 '자연에 대한 인간의 지배권' 개념을 근대
과학의 핵심 모토로 정초했다. 이들 객체화된 지배와 복종의 대상으로서
자연관은 18세기 계몽주의의 발흥은 물론이고 19세기 산업혁명과 맞물린
과학기술 태동, 그리고, 20세기 과학을 통한 진보와 현실 개조의 인간이성
낙관주의가 번성하는 데 근거가 됐다.24 사유하는 인간의 특성이 현실에
서 특권화하고, 인간의 자연으로부터 분리와 지배가 기정사실화된 20세
기 자본주의의 성장과 생명종 파괴는 기실 데카르트적 세계에 충실한 결
과였다.

   인간의 자연지배력이 생태파괴와 '자연 실패'의 현실로 드러난 오늘의
상황에서도, 인간의 합리적·이성적 판단 능력에 의해 지구의 지속적 성장
에 대해 긍정하고 자연에 대한 인간의 통제력이 유효하다고 보는 '인간중심
주의'적 믿음은 여전히 지배적이다. 인류세 논의를 주도하는 소위 '에코모
더니스트'라 불리는 과학자 집단은 데카르트적 이원론에 충실하다. 예컨대
'좋은' 인류세를 주장하면서, 현재의 행성 위기를 인류의 오만에서 비롯된
결정적 증거라고 보는 것이 아니라 자연을 개조하고 제어하는 인류 능력의
새로운 기회이자 표현으로 보는 관점을 내세운다. 이의 주요 논객인 얼 앨
리스는 인류세를 '인간이 주도하는' 기회가 무르익은 새로운 지질 시대의
시작이라 주장하며,25 인류 스스로 합리적 이성과 고도 과학에 의해 생태위
기를 제어할 수 있다는 자신만만한 낙관론을 편다. 이는 인간이 생성한 파
괴의 문제를 인간 진보의 부산물로 여겨 인간이 이룬 과학기술력을 통해
극복의 대상으로 삼는 데카르트적 전통에 서 있다. 주류 국제기구들이나
관련 환경단체들의 의식에도 비슷한 관점이 팽배해 있다. 가령, 기후 시스

24_ 남창훈, 「과학을 통해 자연과 연대하기」, 『말과활』 3호, 2014, 66-67.
25_ Erle C. Ellis, *Anthropocene: A Very Short Introduction* (London: Oxford University Press, 2018).

템을 조작하려는 소위 주류 '에코모더니스트'들의 세계경제포럼이나 미국 '브레이크스루 연구소(Breakthrough Institute)'의 '위대한 인류세' 활동이 대표적이다. 크뤼천은 실제 기후온난화의 해법으로 유황산화물의 에어로졸을 대기 상층에 살포하여 태양광을 차단해 지구를 냉각하려는 지구공학적인 해결책을 제시하고 있기도 하다.[26] '태양 지구공학(solar geoengineering)'이라 불리는 그의 환경공학적 해법은, 현재 지구기온 상승 흐름을 뒤바꿀 인간의 대안으로 그럴듯하게 포장돼 언급되고 있다.[27] 이 저렴하고 국부수술식 해법은 기후나 생태계를 불안정하게 만들어 어떤 다른 형태의 재앙을 불러올 수도 있다는 점에서 무모하다. 여기서 그보다 더 큰 위험은 물론 인간 과학 기술에 대한 데카르트적 과신과 오만에 있음은 물론이다.

사실상 인류세 개념이 담론의 차원이 되고 패러다임 지위로 상승한 데는 현존하는 그 누구보다 라투르의 공이 크다. 그는 행성주의 입장에서 지구를 인간과 공존하는 능동의 행위자들 집합으로 보면서, 사물을 행위소나 행위자의 지위로까지 끌어올린다. 그는 지구와 인간, 그리고 다른 (비)생명종과의 평평하고 동일한 내재성의 평면 위에서 상호관계를 맺고 존재하며 역동적으로 관계를 맺으며 변화한다고 보는 '비'데카르트적 인간(문화)-자연 일원론과 '탈'인간중심주의의 입장을 견지한다.[28] 인류세론을 주도하는 그는 인간이 지구'자연'의 유기적 부분'이라는 '탈'인간중심주의적 자연관을 강력히 표방한다. 또한 우리가 자연(물질)과 인간(문화)을 분리하지 않고 이들 다양한 종의 연합이 공동세계를 구성한다는 '자연문화(natureculture)'의 혼종적 사태를 인정할 때, 현재 동시대 자연의 인간 지배나 개조 과정으로 인해 파생된 생태 파국을 이해하는 단서가 된다고 본다. 역사학자 차크라바티 또한 인류세라는 문제제기 자체가 이미 자연(의 지질학)과 인간(사회과학)이

26_ Paul J. Crutzen, "Albedo Enhancement by Stratospheric Sulfur Injections: A Contribution to Resolve a Policy Dilemma?" *Climatic Change*, vol. 77 (2006), 211-219.

27_ 「인류 종말을 겨누는 10가지…누가 쏜 화살인가?」, 『한겨레』, 2018. 12. 26.

28_ 김환석, 「사회과학의 새로운 패러다임, 신유물론」, 『지식의지평』 25호, 2018. 9.

만나는 새로운 국면이라고 파악하고 있다.[29] 국내에서 유일무이하게 인류세를 화두로 개소한 연구소로 주목받고 있는 KAIST '인류세 연구센터' 수장의 말을 들어보자.

우리는 더 이상 우리가 알던 인간 존재가 아닙니다. 우리의 몸은 다양한 종, 화학물, 장치들의 협력체입니다. 마치 우리 사회가 다양한 종족, 물질, 그리고 기계들의 집합체인 것처럼 말입니다. 이로써 자연의 역사와 인간의 역사라는 오래된 구분은 붕괴해버립니다. 우리는 우리를 문화로부터 떼어놓을 수 없는 것처럼, 자연으로부터도 분리해낼 수 없습니다. 우리는 혼종물입니다. 우리는 '자연문화'의 일부입니다. 지구도 마찬가지입니다.[30]

불안정하고 관계적 실체로서 인간의 파악과 인간–자연에 대한 이와 같은 '물질성(materialities)'의 주된 발견과 강조는, 인간과 자연이 합일되는 '자연문화'론을 낳고 자연스레 이제까지 인간이 누린 특권적이거나 지배적 지위를 부정하도록 이긴다. 오늘날 '신유물론'이라 불리는 '힙한' 학문 영역은 인류세의 유기체적 행성주의 시각에서 사연스럽게 추론할 수 있듯이 관계적 물질성, 자연–인간(문화)의 일원론, 비인간과 사물의 행위성(agency)을 그 주요 특징으로 삼으며 진화해왔다.[31] 이와 같은 비데카르트적 일원론이 인류세적 맥락에서 갖는 효과는 꽤 분명하다. 인간종의 특권적 자연지배력을 배제하고, 인간종 너머 이웃 종과 (기계)사물들과의 평등주의적 공생관계를 도모하고, 체계로서 지구 행위자에 대한 인류의 주목도를 높이는 등등을 목적으로 삼는다.

반면에 말름과 호른보리 같은 완고한 생태맑스주의자들은, 인류세의 행

29_ Dipesh Chakrabarty, "The Politics of Climate Change Is More Than the Politics of Capitalism," *Theory, Culture & Society*, vol. 34, no. 2–3 (2017); 『문화/과학』 97호 특집글 중 박현선·이문우가 옮긴 차크라바티 글(「기후변화의 정치학은 자본주의 정치학 그 이상이다」) 참고

30_ 박범순 인류세연구센터장 인사말. https://anthropocenestudies.com/directors-message/

31_ 김환석, 앞의 글, 6.

성주의적 입장이나 탈-인간중심적 일원론이 오히려 자연과학적 세계관을 인간사회에 확장하려는 시도라고 바라보는 입장에 있다. 그들은 인류세 효과가 종을 기초로 하는 기후변동에 관한 자연과학적 사고가 정치적 마비 상태를 조장하는 이데올로기처럼 작동한다고 본다.[32] 지구 위기의 상징적 표상들에 사람들의 공포가 쏠림에 따라 지구행성주의적 관심에 우리 의식을 붙들어 매면서, 우리가 비축해왔던 비판 사회과학의 작동이 멈춰버리거나 정치적 중립의 국면이 끼어든다고 본다.

탈-인간중심주의를 가장 극렬하게 비판하는 해밀턴의 '신'인간중심주의의 주장 또한 흥미롭다. 그는 "인간을 자연과정의 참여자로 이해"해야 한다는 문제의식에 동의하지만, "인간의 행위성을 희석하지 않으면서"도 그 "특별한 지위를 책임감 있게 사용해야 할 의무"가 언제나 인간에게 주어진다고 주장한다.[33] 그의 '신'인간중심주의는 기존의 인간중심주의적 데카르트적 세계관에서 비롯한 인간의 오만을 반성하는 인류책임론을 제기한다는 점에서 여타의 주장과 다르다. 또한 해밀턴은 비난의 화살을 데카르트적 에코모더니스트뿐만 아니라 인류세 담론을 이끄는 탈인간중심주의자들에게도 겨누고 있다. 즉 후자가 지구생태계 비인간적 존재들과의 공생을 주장하지만, 인간이 궁극적으로 '윤리적으로 책임'져야 할 내용을 (비)인간적 종과 사물들로 각개 분산시키면서 오늘 인류세 시대를 만든 주범인 인간의 책임을 약화하거나 삭제하고 있다고 경고한다. 그가 전통적 에코모더니즘과 다른 결은 인간과 과학기술에 대한 낙관론이 아니라 생태파괴의 반성과 책임 속 인류세 문제의 뒤처리를 고민해야 할 주체로서 인간을 다시 소환한다는 점이지만, 여전히 그의 '신인간'은 종적 주체이자 윤리적 책임 주체로만 강조된다는 한계를 지닌다.

그렇다면, 근래 맑스적 생태학은 인류세의 지구행성주의적이고 탈-인간중심주의적 문제제기를 어떻게 받아들일까? 그리고 이를 대표하는 동시대

32_ Andreas Malm, and Alf Hornborg, op. cit., 62-69.
33_ 해밀턴, 앞의 책, 97.

신유물론적 발흥에 어떻게 반응할까? 이후 논의에서 좀 더 본격적으로 생태맑스적 해석의 동시대적 확장성을 발견해보고자 한다.

맑스 에콜로지와 '자본세'

맑스주의적 전통 속에서 생태학적 문제의식을 발견하는 일은 그리 낯설지 않다. 소비에트 사회주의자 부하린은 진즉에 인간이 생태자연의 일부(자연의 리듬이자 순환)이며 동시에 인간의 특별한 능력('지적 인지')을, 그리고 인간의 자연지배로 야기되는 '적대'를 정확히 짚어낸 바 있다.

> 인간은 자연의 산물이자 부분이다. 인간이 사회적 존재라는 것을 배제해본다면 (하지만 그것은 사라질 수 없는 사실이다!) 인간은 생물학적 토대를 갖는다. 인간은 그 자신이 자연의 정점이자 자연의 산물이며, 자연 속에서 살아간다(인간이 특수한 사회적·역사적 생활조건에 의해 그리고 이른바 '미적 환경'에 의해 자연으로부터 크게 분리되어 있을지라도 말이다). 그렇다면 **인간이 자연의 리듬과 자연의 순환 속에 존재한다**는 사실은 그리 놀랄 만한 일이 아니지 않는가? 이 땅의 **인간은 자연에 대한 지적 인지보다는 자연의 실제적이고 인지적 복속에 관심이 크다. 사회적·역사적 인간들은 주체들로, 상대적으로 적대 원칙들로, 정복자 혹은 조련사로 자연에 마주 서 있다. 즉 인간은 자연의 요소들과 비인간의 유기적 세계에 마주해 생성의 창의력으로 맞서 있다.**[34]

엥겔스는 부하린의 논의에 덧붙여 인간의 자연지배력에 대한 우려를 좀 더 명시적으로 드러내기도 했다. 엥겔스는 다른 생명체와 달리 '노동'을 매개한, 자연에 대한 인간의 영향을 강조하고 있지만, 동시에 인간의 노동과

34_ Nikolai Bukharin, "Living Nature and the Artistic Attitude toward It," in *Philosophical Arabesques* (New York: Monthly Review press, 2005), 101. 강조는 인용자.

지식을 동원한 자연의 개조 방식이 어떻게 생태파괴로 이어지고 곧이어 그 자체가 성난 힘이 되어 인류에게 '복수'의 부메랑으로 되돌아오는지에 대해 짚었다. 가령, 엥겔스는 알프스의 이탈리아인들이 경작지를 얻기 위해 전나무숲 경사면을 남벌해 없애면서 그 지역 낙농업의 뿌리가 뽑히고 산에 물이 줄고 홍수로 평지에 물이 더 쏟아지는 등 '황폐화'의 기반이 만들어졌다고 비판한다. 그러면서 다음의 말을 덧붙인다.

> **자연에 대한 우리 인간의 승리에 너무 우쭐해 하지는 말자. 그러한 승리 각각에 대해 자연은 우리에게 복수한다.** …우리가 한걸음 한걸음 나아갈 때마다 상기해야 할 것은, 우리는 정복자가 다른 민족을 지배하듯이 자연의 외부에 서 있는 사람처럼 자연을 지배하는 것이 아니라는 사실, …오히려 우리는 **살과 피와 두뇌와 더불어 자연에 속해 있으며 그 자연의 한가운데 서 있다**는 사실, 그리고 자연에 대한 우리의 지배 전체의 요체는 **다른 모든 피조물보다 우월하게 자연의 법칙을 인식하고 그것을 올바르게 적용할 수 있다**는 데에 있다는 사실이다.[35]

인간은 자연의 일부이며 인간은 "다른 모든 피조물보다 자연의 법칙을 인식하고 그것을 올바르게 적용"해야 한다는 엥겔스와 부하린의 논의는, 이제까지 봤던 인류세의 탈-인간주의적 일원론적 세계관과 다르다. 자연 속 인간을 인정하지만 인간의 특별한 능력 또한 긍정하면서 자연 순환과 리듬에 조응하는 인간의 이원론적 관계성을 강하게 전제하고 있다. 더 나아가 자연에 대한 인간의 오만이 불러오는 지구 '황폐화'와 자연-인간 공생의 가치를 제기한다는 점에서 그들의 사유는 맑스적 전통에서 보자면 인간중심주의적이고 비데카르트적이고 생태학적이다. 인간-자연 관계가 비데카르트적 이원론이라면, 이 둘의 관계적 앙상블을 매개하는 맑스적 사유의 고리를 가로지르는 것은 무엇일까? 맑스는 이를 정확히 '물질대사(stoffwechsel;

35_ 프리드리히 엥겔스(1876), 「원숭이의 인간화에서 노동이 한 역할」, 김세균 감수, 『칼 맑스-프리드리히 엥겔스 저작 선집』 5권, 박종철출판사, 1994, 389. 강조는 인용자.

metabolism)' 개념으로 설명한다. 그는 인간사회 영역의 물질대사와 더불어, 자연에 가하는 인간노동을 매개로 이뤄지는 둘 사이의 의존적이고 선순환적인 과정을 물질대사로 설명했다.[36] 가령, 인간이 자연의 자원과 지력을 과잉 소모하고 수탈해 잉여생산력을 끌어올리는 행위는, 자연의 리듬과 순환에 반하면서 자연-인간의 물질대사 과정에 문제를 일으켜 지구에 '균열(metabolic rift)'을 가져오는 일이다.

인간이 자연의 일부이고 자연과 연결되어 있다는 진술이, 곧 인간이 다른 물질과 동일하거나 다원적 물질과 생명체 종들 중 하나로 격하될 이유는 없다. 맑스 에콜로지는 인류세 논의의 탈-인간중심주의적 태도와 이 점에서 크게 갈라진다. 문화비평가 테리 이글턴이 제대로 봤던 것처럼, 인간은 하나의 물질 조각이나 생물 종일지 몰라도 대단히 "독특한 유형의 물질 조각"이다. 즉 "사람은 물질세계의 돌출부"라 할 수 있다.[37] 인간은 자연의 일부이지만, 이와 분리 가능한 특유의 능력인 '노동'하는 동물인 것이다. 이는 인간의 '특별한 본성', 특히 물질과 비물질 노동을 수행해 자연을 개조하는 예외적 능력을 지니고 있다는 점을 뜻한다. 여기서 분명히 할 것은 맑스 에콜로지로 보면 인간의 예외적 능력이 인간의 자연(사물) 지배력까지 용납하진 않는다는 사실이다. 곧 이와 같은 변증법적 유물론은 인간-자연(비인간) 상호 구성의 관계적 속성을 배제하지 않으면서도 인간 고유의 태생적 능력을 인정하려는 철학 논리다. 결국 이 맑스주의적 생태 접근은 오늘날 인류세 논의에서 종종 보이는 탈인간중심주의적 태도와 가장 크게 다른 지점이다.

맑스의 '물질대사'와 '물질대사의 균열' 개념은 각각 자연과 인간의 상호 관계성에 대한 일종의 중요한 생태학적 고리를, 그리고 인간과 자연과의 물질대사적 관계에서 생기는 심각한 교란과 파괴를 문제시했고 그 균열의

36_ 존 벨라미 포스터, 『마르크스의 생태학: 유물론과 자연』, 김민정·황정규 역, 인간사랑, 2016. 특히 「제5장 자연과 사회의 물질대사」를 참고.
37_ 테리 이글턴, 『유물론』, 전대호 역, 2018, 26.

원인을 특정의 자연수탈 과정에서 찾는다는 점에서 생태정치경제학적이다. 맑스의 '균열'은 자본주의의 복구 불가능한 에콜로지적 모순 상황을 지칭한다. 맑스는 자신의 생산력 개념을 설명하면서, 자본주의적 착취에 기초한 생산력을 거부하면서 동시에 '자연조건적' 생산력을 본질적인 구성 요소로 삼아야 한다는 점을 분명히 했다. 여기서 '자연조건적'이라 함은 착취적 생산력을 배제하면서도 자연파괴에 비판적인 자연의 생태학적 재생산 혹은 물질대사를 내포한 의미다.[38]

예를 들어, 코뮌주의 이론가인 데 안젤리스(Massimo De Angelis)는 '치킨 너겟'의 정치경제학을 통해 오늘날 작동하는 생태파괴의 기제를 구체적으로 설명한다.[39] 금빛으로 먹음직스럽게 놓인 치킨 너겟은 "북구에서 먹는 샐러드의 토대를 이루는 쓰레기 같은 재료, 스트레스 주는 노동과정, 동물학대, 환경파괴, 이주노동자들의 지구적인 생존순환과 그들이 벌이고 있는 생존투쟁 등 그 모든 비극적 사실을 감쪽같이 감춘다". 다시 말해 '치킨 너겟'이 상징하는 바는, 동시대 자본주의 사회가 인간, 노동, 가축, 토양 사이의 물질

38_ 황태연, 『환경정치학과 현대정치사상』, 나남출판, 1992, 64.

39_ 데 안젤리스는 치킨 너겟의 제조 현실을 그의 책에서 거의 한 장 넘는 각주로 상세히 묘사하는데, 여기서 이를 압축해 인용해보려 한다. "치킨 너겟은 가축의 산업화에, 즉 표준화된 공장기계에 들어맞는 균일한 공장 닭의 끝없는 공급에 의존한다. 그것은 또한 합법뿐 아니라 불법 노동자의 대량 이주에 의존하고 저가 노동 공급을 필요로 한다. 자본주의의 횡국가적 산업의 전형적 생산물이다. 몇몇 제조업자들은—소위 가수분해 단백질을 주입하는—새로운 기법을 사용하고 있었다. 이 단백질은 늙은 동물이나 피부, 털, 가죽, 뼈, 인대처럼 음식으로 사용되지 않는 동물 부위에서 화학적 가수분해를 통해 혹은 고온으로 추출한 것이다. 그리고 콜라겐 성형 이식처럼 그것은 살을 부풀게 하고 수분을 유지하게 한다. 이러한 발견은 닭고기로 인한 광우병 발병 가능성을 제기한다. 다른 한편 냉동 닭은 태국의 방콕 외부에 있는 대규모 공장에서 유럽과 영국의 패스트푸드 및 슈퍼마켓 체인으로 수출된다. 아주 적은 보수를 받는, 대다수가 여성인 다양한 국적의 이주노동자들이 이 냉동 닭을 '생산한다'. 이 공장들에서는 하루에 15만 마리의 닭을 도살한다. 각 노동자는 한 시간에 190마리까지 도살하며 그런 다음 닭을 세척하고 자르고 다지고 뼈를 발라내고 부위를 재배열하고 포장한다. 이들은 하루에 165바트(2.5파운드 또는 3달러)를 받고 일주일에 6일을 일하며 한 시간의 휴식을 포함하여 하루에 9시간을 일한다. 치킨 너겟의…금빛 이미지는 자본주의적 생산이 가진 모든 문제, 극복해야 하는 모든 것을 담고 있다"(맛시모 데 안젤리스, 『역사의 시작: 가치 투쟁과 전 지구적 자본』, 권범철 역, 갈무리, 2019, 177-178).

대사에 균열을 야기하고 자연이 부과한 지속가능성이라는 조건을 위반한 응축물이다. 즉 인류세 담론은 종 위기를 전 인류의 책임으로 전가하면서, 이로부터 이익을 얻는 글로벌 자본권력에 면죄부를 주는 행위로 볼 수 있다. 이는 다름 아닌 자본주의의 역사적 특수성을 삭제하거나 글로벌 자본주의의 가치 시스템을 외면하는 것으로 평가된다.

그렇게 맑스 에콜로지는, 이미 "인간이 하는 생산을 사회적인 것으로만이 아니라 자연에 대한 물질대사 관계에 뿌리를 두고 있는 것으로 보는 통합적인 비전"만이 지구생태 균열에 맞설 수 있다고 본다.[40] 이는 역사적으로 지구생태 균열을 막으려는 현장의 실천적 활력인 '녹+적' 연대의 실천 형식을 동반하기도 했다. 즉 맑스 에콜로지는 비록 동시대 인류세 상황을 전제하고 있지 않지만, 이미 생태위기의 근원을 자본주의 노동가치의 잉여 기제와 자연수탈의 맥락에서 바라본다는 것, 그리고 이 균열의 고리를 끊기 위한 실천론 또한 제기한다는 점에서 실재적이다.

동시대 '인류세' 논의와 관련해서 그리고 맑스 에콜로지의 연장선상에서 '자본세(Capitalocene)'라는 개념이 논쟁적 의제로 함께 떠오르고 있다. 이 개념은 급진 경제학자 데이비드 루치오(David Ruccio)가 처음 언급했고, 제이슨 무어나 안드레아 말름 등 일부 생태맑스주의자들이 직접적으로 인류세의 문제를 지적하기 위해 고안해냈다.[41] 이들은 현재 국면을 인류세가 아니라 그 대신 자본세라 불러야 한다고 어깃장을 놓는다. 그것이 생떼가 아닌 까닭은, 즉 지구 표면이 생물권의 녹색 막이 아니라 자본의 흔적으로 뒤덮여 있으며, 지구행성을 규정하는 것에 인간과 (비)유기체적 사물들의 동거와 합일되어가는 세계에 대한 이해뿐만 아니라 인간, 특히 자본권력의 논리

40_ 존 벨라미 포스터·브레트 클라크·리처드 요크, 「생태, 그 결정적인 순간」, 존 벨라미 포스터 외 9인, 『생태논의의 최전선』, 김철규 외 역, 2009, 필맥, 31.

41_ Jason W. Moore, ed., op. cit. '인류세를 희화화하거나 논쟁화해, 인문사회 학자들이 무수히 복제된 여러 '~세' 개념들을 만들어내고 있다. 이들의 논의는 일면 인류세 개념이 사실상 현재 전 지구적 위기의 본질과 위상을 보는 데 한계가 있다고 보고, 이를 새롭게 확장적으로 독해해 내놓는 까닭이다.

기제가 그 아래 작동하고 있다는 데 있다. 자본세 개념을 주도하는 무어는, 맑스의 물질대사 개념 속에서 자연이 '수동적이며 정적인' 위치에 놓여 있고, 인간의 렌즈와 정반대로 '자연을 통해 자본주의 발전사를 볼 수 없는' 한계를 지적한다. 그는 전통적 맑스 에콜로지의 수동적 자연 해석의 한계를 벗어나, 자연-인간의 비데카르트적 일원론을 스스로 지지하면서 자신의 입장인 '생명의 그물에 있는 자본주의'라는 해석을 덧붙인다.[42] 그는 자본세 개념을 통해, 이를테면 포스트휴먼론자들의 지구종 횡단석 사유와 진통적 맑스 에콜로지의 화해를 꾀하려 했다.

차크라바티는 대체로 좌파 생태주의자들의 접근이 동일한 전제에서 인류세를 자본의 문제로만 축소한다고 반박한다. 폭주하는 지구생태 파괴의 근원에 자본주의가 위치하고 있음을 부정할 수 없지만 동시에 이는 '전체로서 지구 시스템, 즉 '다른 종의 고통'과 '행성의 고통'이라는 또 다른 차원의 문제임을 직시해야 한다고 말한다. 그는 인류세의 문제에 접근하기 위해서는 외려 자본세 바깥에 머무르는 해석적 공백의 영역을 살펴야 한다고 보며, 이것이 '인류세(에서)의 정치학적 함의를 제대로 포괄할 수 있을 것으로 판단한다.[43] 그의 문제의식은 꽤 정당해 보인다. 다만, 라투르 등 주류 지구행성주의자들이 자본주의로 인한 '인류 내부의 불의'에 대해서 우리 모두가 이미 잘 알고 있는 사실이라는 전제하에 이제까지 문제의 원인에 대한 밀도 있는 논의 없이 그냥 건너뛰는 불성실함을 보인 것도 사실이다. 이 점에서 라투르 등 인류세 행성주의와 "신유물론의 모든 유파들(이) 착취적 세계에서 사람들이 처한 운명에 그다지 관심이 없는 듯하다"라는 이글턴의 지적은 그리 근거 없는 독설로 보이진 않는다.[44] 즉 우리가 생태위기를 '자본세'가 규정하는 범위로 축소하지 않기 위해서라도 일단 출발은 자본의 생태 발자

42_ Jason W. Moore, *Capitalism in the Web of Life: Ecology and the Accumulation of Capital* (London: Verso Press, 2015).

43_ Dipesh Chakrabarty, op. cit. 참고.

44_ 이글턴, 앞의 책, 31.

국에 대한 비판적 진단으로부터 시작하고, 이어서 체계로서 지구 행위자를 다뤄야 했던 것이다.

'인류세' 시대 인간 문제

　이 글에서 인류세 논쟁의 지점들을 다채롭게 만드는 주요 특징을 되새겨보면, 우리는 인간종의 생존과 직결된 거대 시스템으로서의 지구라는 행위자에 대한 주목, 인간중심주의의 쇠락이나 물질성이나 사물 지향의 존재론, 인간 아닌 종과 사물들의 탈인간중심주의적 사유 등등을 살필 수 있었다. 무엇보다 인류세의 약점은 자본세 논의에서도 드러나듯, 대체로 지구'행성주의'적 시각이 자본주의적 자연 수취로 인한 균열에 대해 '패싱'한다는 사실을 지적했다. 더불어 생태위기 문제의 주된 원인을 물질대사 교란으로부터 파악하려는 전통 맑스 에콜로지의 해석이 여전히 유효하다는 점 또한 강조했다. 그럼에도 여전히 미진한 점은, 인류세 논의에서 '인간'의 위상 문제가 여전히 표류한다는 사실이다. 인류세 시대 인간의 문제를 좀 더 면밀히 들여다보려면 자연과학자 주축의 '인류세' 외곽에서 '포스트휴머니즘'적 렌즈를 통해 인간과 과학기술의 문제를 바라보는 몇몇 인문학자들의 주장을 살필 필요가 있다. 무엇보다 인류가 과학기술 활동의 고도화를 통해 사회와 자연 질서를 거의 완전히 예속하는 '자연의 인공화(제2의 자연)' 국면에서는 더욱 이의 논의가 필요하다. 동시대 자본주의 권력·자본·기술의 확장 속에서 노동능력의 고도화는 생명과학기술로 매개되어 인간과 자연 사이에 새로운 인공 창조물들(예컨대 유전학적 돌연변이 생명체나 인공지능 사이보그 등)을 낳으면서, 실제 인간–자연(사물) 관계 밀도를 극한으로 높이고 있다. "우리는 기술 인공물과의 관계를 자연과의 관계에서 그랬던 것처럼, 친밀하고 가까운 것으로 재개념화해야 한다. 기술 장치는 우리의 새로운 '환경'이며 이 새로운 환경과의 친밀성은 근대성이 만들어낸 보철적·기계적 확장보다 훨씬 더 복잡하고 발생적(generative)이다."[45] 신이 되고픈 인간의 욕망인 '인간의 기계화'나 '(AI)기계의 인간화'가 인간-자연(사물) 사이 경계를 더욱 더 흐리게 만들고 무너뜨린다. 즉 우리 곁에 "유기체와 비유기체, 태어난 것과 제조된 것, 살과 금속, 전자회로와 유기적 신경체계 같은 존재론적 범주나 구조적 차이의 분할선"이 완전히 무너지면서, 인간은 존재론적인 측면에서 '탈-인간중심주의'를 고민해야 하는 실재적 지점에 이르렀다.[46] 갈수록 "주체를 인간과 우리의 유전자적 이웃인 동물과 지구 진체를 포괄하는 횡단체(a transversal entity)로 시각화"하는 일이 중요해진다.[47] 굳이 무어식으로 지구를 "물질적 자장과 생명체들의 그물망"으로 보려 하지 않더라도, 이미 인간은 그들의 탁월한 능력으로 인해 반휴머니즘적 평등주의와 다양한 (비)생명체의 종 횡단적 상상력이 실제로 가능한 (비)인간-자연 경계를 해체하는 '자연문화'를 구성 중이다.[48]

문제는 인공지능과 생명복제 등 자본주의 과학기술 혁명을 통해 인간의 사회적 명령과 관습이 기계장치에 '직권 위임'되거나 인간의 문화유전학적 '밈(meme)'이 복제 이식되어 자동화되는 사물의 새로운 인공 질서의 출현이다. 기술 대상들에 가치 실체이자 주체성을 부여하자는 평등주의의 슬로건이 시간이 갈수록 타당해 보이지만, 마찬가지로 타 생명종들과 다른 인간만이 지닌 자연 개조 능력 또한 도드라지고 있다. 데카르트적 인간의 자연 복속을 차치하더라도, 현실 속 인간의 특별한 능력과 욕망을 배제하기가 점점 어려워진다. 그럴수록 인공자연과 지능기계를 만들어내는 인간의 특권적 능력을 주목해야 한다는 말이기도 하다. 하지만 인류세적 탈-인간중심주의적 시각에서 인간의 위상은 외려 절대주권적 주체의 지위에서 완전히 미끄러져 밀려나고 있다. 인간이 만들어낸 과학기술의 인공환경 혹은

45_ 로지 브라이도티, 『포스트휴먼』, 이경란 역, 아카넷, 2015, 110.

46_ 같은 책, 118.

47_ 같은 책, 109.

48_ 이동연, 「동물과 인간 사이, 그 철학적 질문들과 문화적 실천」, 『문화/과학』 76호, 2013년 겨울, 32.

인공자연이 새로운 비인간과 예기치 않던 돌연변이 생명종을 창조하면서 새로운 관계성의 정치를 생성하기도 하지만, 인지자본주의적 흐름 아래 빅데이터 알고리즘, 생명정보 혹은 유전공학의 정치경제 권력으로 인해 인간이 신생 사물과 맺는 평평한 관계가 급속히 훼손되며 자본 지배력이 더 내밀하게 행사되고 있다는 점 또한 간과하기 어렵다.

국가나 시민사회 통제 밖에 머무는 글로벌 기업들의 실험실 속 비공개 인공지능 실험과 비밀 거래되는 '동물-프롤레타리아', 비자발적 생명공학적 돌연변이들(복제양 돌리와 생명특허로 얼룩진 온코마우스 생쥐), 유전자편집 인간 등등은 일종의 '기술기형적' 상상력으로 인간이 탄생시킨 (비)생명체들이다. 즉 인간-기계, 인간-비인간종 사이의 부정적인 사회적 상상력이자 물질대사의 균열 속에서 파생된 신생 물질들인 셈이다.49 오늘날 급변하는 과학기술 국면에서, 갈수록 종들 간 현실적인 힘의 배치는 그리 평등주의적으로 이뤄지지 않고, 인지자본의 사유화된 가치 체제와 사물화의 그늘 아래로 대부분이 포획되는 추세다. 이러한 기형적 인공자연과 사회의 형성을 우리가 단순히 '인간중심주의를 극복하려는 포스트휴먼 감수성'만으로 풀기에는 역부족이다. '우주적 평등주의'에 입각해 인간과 사물의 불균등한 관계성을 무위화하는 신유물론적 시선은 대체로 동시대 생태균열의 주된 원인을 살피는 데 치밀함이 떨어진다.50 즉 인간과 자연(사물) 공생의 횡적 유대관계에 대한 신유물론적 통찰을 포용하더라도, 자본주의적 가치 생산에 의해 발생하는 생태균열적 상태를 정확하게 진단하고 인간-자연의 선순환을 촉진하는 방식으로 종들 간 범연대 정치로 응대하는 것이 필요하다. 이는 해밀턴식으로 생태위기의 윤리적 책임론에서 출발한 신인간주의가 아니라 인간종적 능력을 인정하고 그 가운데 다른 종과 사물과의 연대를 통해 자연과 사회의 물질대사에 조응하려는 정치 기획에 해당한다.

49_ 로지 브라이도티, 앞의 책, 85.
50_ 테리 이글턴, 앞의 책, 27.

해러웨이나 브라이도티 등의 논의는 탈인간중심주의에 기대어 인간-사물-생명 사이 공생과 연대의 정서를 통해 새로운 '친족(kin)'들과 평등주의적 관계를 생성하고, "(테크노)타자들과의 새로운 사회적 접속 형식을 만들고 새로운 사회적 결합관계를 창조"하면서 인간의 인식론적 전환을 유도하고, 이를 통해 상호 생성적이고 종 횡단적인 실천론을 제시한다는 점에서 패러다임 전환적 의의가 크다고 하겠다.[51] 하지만 이들은 GNR(유전공학, 나노기술, 로봇공학) 혁명 등 과학기술의 새로운 단계 속 인간-(인공)자연에서 발생하는 물질대사의 새로운 균열 상황을 비판의 시선으로 보는 데는 여전히 미진하다. 이 점에서 해러웨이의 '툴루세(Chthulucene)'라는 인류세의 또 다른 비유적 개념이 염두에 둔 다종적으로 무수히 교차하고 접 붙는 (비)인간 종들의 시공간적으로 누적된 역사를 인정하더라도,[52] 유전·생명공학, 인공지능 등으로 인간 아닌 종들을 생성해 생명질서와 자연을 아예 개조하려는 사유화된 '자본세' 문제를 제대로 평가해야 한다. 즉 지구행성내 "인간과 자연계를 무차별적으로 휩쓰는 물질적 힘들" 사이에 생성된 평등주의적 비전이 잃는 것은,[53] 자연 층위에 전면화하는 인간중심적 사물 설계와 비인간 종 탄생에 자본의 사물화된 질서를 삽입하고 자동 복제하는 힘이다. 이로 인해, 종들 사이 횡단의 평평한 관계성이라는 슬로건은 사실상 형식적인 평등과 화해에 불과해 보인다.

동시대 인간이 지닌 과학기술의 특권적 위상이 그 극단에 이르면, 인간이 자연과의 물질대사를 교란하며 생명을 다루고 창조하는 능력을 지닌, 신이 된 인간, 유발 하라리식으로 '호모 데우스(Homo Deus)'가 될지도 모른다.[54] 이는 데카르트적 자연지배론의 절정에 이른 인간형이다. 우리는 호모

51_ 로지 브라이도티, 앞의 책, 76-77.

52_ Donna Haraway, "Anthropocene, Capitalocene, Plantarionocene, Chthulucene: Making Kin," *Environmental Humanities*, vol. 6 (2015); 『문화/과학』 97호 특집글 중 김상민이 옮긴 해러웨이의 글(「인류세, 자본세, 대농장세, 툴루세: 친족 만들기」) 참고.

53_ 테리 이글턴, 앞의 책, 25.

54_ Yuval Noah Harari, *Homo Deus: A Brief History of Tomorrow* (London: HarperCollins, 2017).

데우스로부터 (비)인간-자연과의 평등주의적 종 횡단과 연결이 질적으로 가능하지 않다는 사실을 짐작할 수 있다. 호모 데우스는 맑스 에콜로지가 경고해왔던 자연지배적 생명정치의 권력체에 가깝다. 맑스 에콜로지가 지닌 장점은 현 단계 자본의 가치 전유로 인한 생태균열을 비판하고 자연지배가 아닌 방식으로, '인본주의' (인간-아닌 타자들과 함께 휴머니즘적 가치와 권리를 자연의 조건과 법칙에 위배되지 않는 형태로)적으로 자연과의 물질대사를 유지하려는 시스템의 전환을 꾀하려 한다는 점이다. 인간-자연의 새로운 공생의 방법을 고민하면서도, 생명-기술-자본이 맺는 정치경제학의 비판 문법을 이해하고 신종 생명통치 권력에 맞서는 대항 정치를 구상할 필요가 있다.

지구 위기관리 시스템의 범정부 간 국제협의체는 형식적 합의만을 행하는 퍼포먼스의 장으로 활용되면서 삐거덕거린다. 지구위기 상황에 대한 실질적 규제나 대안 마련보다는 시장 기제를 통한 방안이나 공학적 해결책들만을 내세우고 있다. 이 안개 속 같은 지구의 미래에서 대안의 주체가 과연 누구여야 하는가? 아직은 추상적 진단이긴 하지만, 비인간적 존재와의 공존이라는 종 평등주의적 테제 속에서도 생태 계급정치의 구도를 인정하는 종들의 '연합'이어야 하지 않을까. 새로운 인류세 시대 인간형은 비인간적 새로운 존재들과의 공생을 다지면서도 합목적적 자연생산력을 이끌며 생태학적 실천의 가능성을 살피는 전망을 갖출 것이 요구된다.

'인류세' 너머

생태위기와 관련해 제기된 자연 속 인간 위상의 문제는, 생명지구 속 인간 과학기술의 수용 방식의 문제 또한 드리운다. 물론 이는 반문명론에 입각한 과거로의 회귀라기보다는 인간의 노동으로 이룬 사회생산력과 문명의 결과물을 지구생태적 비전으로 재사유하는 일과 같다. 기존 생태공동체주의가 인간 과학기술 성장 문제에 적대적이었던 것은 자본주의적 자연수탈과 균열 때문이다. 자본주의 '생산력주의'가 생태위기의 근원이라면, 적어도 대안의 전망은 인간 과학기술의 생산력 자체에 대해서는 또 다른 태도가 필요하다. 그럴 때 인류세의 비극을 낳는 자본주의 개발의 문제들에 대한 실질적 개입 또한 원활하다. 중요한 문제는 인간의 생산력을 제어할 것이 아니라 인간의 과학기술로 매개된 생산의 사회적 통제가 어떠해야 하느냐는 것이다. '가속주의'는 우리에게 과학기술 실천의 방향과 관련해 중요한 단서를 제공한다. 가속주의자들은 이제까지 과학기술의 생산력을 폐기하지 않으면서 기존 생태모순과 파국의 논리를 제거하고 우리에게 가장 이로운 방식으로 과학기술의 가속을 추구하는 슬로건을 제시한다.

> 신자유주의의 물질적 플랫폼은 부술 필요가 없다. 공동(통)의 목표를 향해 재목적화되어야 할 필요가 있을 뿐이다. 현존하는 토대는 박살나야 할 자본주의 단계가 아니라, 자본주의 이후를 향해 나아갈 발판이다.[55]

인류세 논쟁과 관련해서 보자면, 생산력의 발전이 지구생태 위기를 야기하고 있다기보다는 생산(지상)주의나 생태파괴의 발전주의적 전망이 문제인 것이다. 다시 말해 자본주의 체제의 과학기술을 매개한 생산력의 발전은 진보에 조응하는 자연의 합목적적 이용 방식이 아니었다.[56] 오히려 '생산을 위한 생산'이라는 자본주의 욕망 기제가 우리의 노동을 포섭하고 자연과의 물질대사의 균열을 조장해왔다고 볼 수 있다. 즉 생산수단의 사적 소유로 인해 자본이 생산의 방식을 결정하고 노동자를 그로부터 소외

55_ Alex Williams, and Nick Srnicek, "#ACCELERATE MANIFESTO for an Accelerationist Politics," *Critical Legal Thinking*, 14 May 2013. http://syntheticedifice.files.wordpress.com/ 2013/ 06/ accelerate.pdf

56_ 김민정, 「마르크스 이론으로 '생태주의'에 질문하기」, 제8회 맑스코뮤날레 편, 『혁명과 이행』, 한울아카데미, 2017, 361.

시키면서 노동수단과 자연의 활용과 관계 맺기에 대한 자본의 예속과 종획이 끝 간 데 없이 확대되어왔다고 볼 수 있다. 인류세 위기의 근원이 이 고삐 풀린 '생산력주의'에 있음은 자명하다. 인류세 시대의 위기 상황을 제어하기 위해서, 인간은 기존 물질적 토대를 사회적으로 재전유하고, 과학기술의 합목적적 가속을 추구하기 위한 공통의 민주적 조직 구성의 방식을 고안하고, 자연생태조건적 생산력을 확대할 수 있는 전 지구적 방안을 동시에 이뤄내야 한다. 이는 생산력의 부정을 통한 소생산의 자율공동체로의 과거 회귀형이거나 단순히 생단수단의 '재용도화(re-purposing)'를 염두에 둔 발언이 아니다. 기술철학자 육휘(Yuk Hui)의 언급대로, 기존의 성장력을 새로운 전망 아래 '재전유(reappropriation)'하는 방식이어야 한다. 이전과 아예 "다른 존재론과 인식론에 바탕을 둔 대안을 창출"하려는 과학기술 실천이 요구된다.[57]

육휘의 관점은 비판지리학자 하비의 맑스『자본』의 「13장 기계와 대공업」해석을 통해서도 유사하게 드러나 있다. 그는 자본주의 기계란 이미 "일정한 사회적 관계, 정신적 관계, 그리고 생산방식과 생활양식 등을 내부화하는 방식으로 설계되고 만들어진 것"이기에 단순히 이를 취한다면 또다시 자본(주의)의 변형 기술만을 얻게 될 것이라고 주장한다.[58] 당시 주위 압력에 의해 생산력주의에 매달려 포드주의 기술을 확산시켰던 구소련의 쓰라린 역사 경험은 바로 이를 증명하는 사례라 봤다. 하비는 현 단계 자본주의 기술의 대안은 "자연과의 관계나 사회적 관계, 그리고 생산 체계, 일상생활의 재생산, 정신적 세계관 등 모두에 있어 대안적인 내용을 갖추어야만

57_ 육휘, 「자동화와 자유 시간에 관하여」, 국립현대미술관·이플럭스건축 기획, 『슈퍼휴머니티: 인간은 어떻게 스스로를 디자인하는가』, 문학과지성사, 2018, 17. 같은 글에서 육휘는 재용도화와 재전유의 차이로 페이스북을 언급하고 있다. 즉 우리가 페이스북을 용도 변경해 '안티-페이스북 운동'을 벌일 수도 있으나, 그 정도로는 이 글로벌 플랫폼이 지닌 개인과 사회 관계의 정의 방식이나 기술적 설계에 여전히 매이게 된다고 본다. 그녀는 어렵지만 아예 새로운 판에서 새로운 플랫폼을 구축하는 일이 재전유의 방식으로 중요하다고 주장한다.

58_ 데이비드 하비, 『맑스 '자본' 강의』, 창비, 2011, 397.

한다"고 판단한다.[59] 시몽동을 경유해 심광현 또한 인간-자연(사물)의 진정한 만남은, 인간과 사유화된 자본 욕망이 틈입하기 전 단계의 원초적 자연의 '전(前)개체적인' 요소들 간의 쌍방적인 만남이어야 가능하다고 보고, 이미 자본의 사유화된 현 질서 속에서 '특정한 형태로 개체화된 자연적 혹은 인공적 사물' 질서에서는 자연-인간 선순환적 대사과정이 왜곡될 수밖에 없다고 본다. 이어서 그는 인간-자연의 평등주의적 만남을 위해서 단지 자본주의적 소유관계의 변화뿐만 아니라, "자연의 전-개체적인 잠재력과 만나는 인간의 잠재력을 올바르게 깨닫고 활성화하는 일이 반드시 필요하다"고 언급한다.[60] 달리 말하면 이는 맑스의 '자연조건적' 생산력 개념과 맞닿아 있는 테크노-생태 지향의 노동하는 인간상에 대한 희망을 피력하는 것일 뿐만 아니라 '비자본주의적' 과학기술 활동의 창안을 의미한다. 더불어 이 과정에는 "비인간과 상호 협력하며 전 개체적 자연의 포텐셜을 표현하는 개체초월적 주체"[61] 구성이 동반되어야 한다.

정리하면, 동시대 인류세 담론은 이렇듯 '행성주의'의 외관 속 감춰지고 표류하는 여러 논쟁점들을 담고 있다. 지구 전체를 주목하고 위기의 화급함을 알리는 것이 인류세 개념이 지닌 시대적 무게였다면, 이 글에서 나는 그 논의 구도에서 중요하게 빠뜨리거나 놓친 것을 챙겨보고자 했다. 그럼에도 불구하고, 인류세 논쟁은 적어도 인간을 둘러싼 사물과 비인간적 실존에 대한 종 감각의 요청, 자연의 신이 되거나 자연 위와 바깥에 서려는 우리 인간 욕망의 제어, 성찰적 과학기술을 배양하는 일에 대한 중요성을 본격적으로 제기한다는 점에서 그 의의가 있다. 하지만 오늘 '인류세'의 가장 큰 딜레마는 그것의 생태공포식 정의법을 넘어서는 일에 달려 있다. 희망의 미래를 위해 궁구할 일은 인간의 성장력을 지우려 하거나 성과를 부정하는

59_ 같은 책, 399.

60_ 심광현, 「뇌의 안정성과 가소성의 변증법」, 『슈퍼휴머니티』, 137-138. 그는 시몽동의 '전개체적(pre-individual)'이라는 용어를 빌려 쓰고 있는데, 이는 통상적 사회적 의미 관계로 묶인 물질 대상들이 아닌 원래부터 내재한 자연과 물질의 속성들에 해당한다.

61_ 김재희, 「포스트휴먼 시대, 탈노동은 가능한가?」, 『슈퍼휴머니티』, 46-47.

것이 아니라, 과학기술-사회-자연의 "뒤섞이고 이질적인 전선들 전체 위에서 접합"한 새로운 테크노-생태 실천을 도모하는 일이리라.[62]

62_ 가타리는 세 가지 '사회적 생태철학'의 비전을 갖고, '생태계(자연)' '사회-개인(주체)' 준거세계 '기계권(과학기술의 인공계)' 사이 상호작용을 횡단해 생태학적 사유와 실천을 꾀할 것을 요청했다. 세 가지 '계들', 즉 자연, 주체, 사회에 덧붙여, 그는 권역의 구분법 속에 '기계권'이라는 신생 영역을 추가하고 있다. 이것이 정확히 그가 인간의 특별한 지위를 인정하지 않는다 하더라도, 자연과의 관계 속 미래 과학기술의 위상을 중요하게 다루고 있다는 점을 보여준다고 볼 수 있다(펠릭스 가타리, 『세 가지 생태학』, 윤수종 역, 동문선, 2003, 23-26, 35 참고 및 인용).